Assoziationen

Assoziationen
Deutsch für die Mittelstufe

Ronald W. Walker
Colorado State University

Erwin Tschirner
University of Iowa

Brigitte Nikolai
University of Iowa

Gerhard F. Strasser
The Pennsylvania State University

McGraw-Hill, Inc.
New York St. Louis San Francisco Auckland Bogotá
Caracas Lisbon London Madrid Mexico Milan
Montreal New Delhi Paris San Juan Singapore
Sydney Tokyo Toronto

This is an ⴺ book.

Assoziationen
Deutsch für die Mittelstufe

Copyright©1991 by McGraw-Hill, Inc. All rights reserved. Printed in the United States of America. Except as permitted under the United States Copyright Act of 1976, no part of this publication may be reproduced or distributed in any form or by any means, or stored in a database or retrieval system, without the prior written permission of the publisher.

2 3 4 5 6 7 8 9 0   DOH DOH   9 5 4 3 2 1

ISBN 0-07-557364-4

This book was set in Galliard and Kabel by Progressive Typographers Inc.
The editors were Leslie Berriman and Stacey Sawyer;
the production supervisor was Fred Martich;
the text designer was Francis Owens;
the copyeditor was Stacey Sawyer;
the illustrator was Robert Jackson;
the photo researcher was Judy Mason;
the cover designer was Francis Owens.
R. R. Donnelley & Sons Co. was printer and binder.

Cover: Hans Hofman, *The Lark*, 1960, oil on canvas, 60⅛″ × 52⅜″. University Art Museum, University of California, Berkeley, 1965.10.

Library of Congress Cataloging-in-Publication Data

Assoziationen : Deutsch für die Mittelstufe / Ronald W. Walker . . . [et al.].
   p. cm.
  Includes index.
  ISBN 0-07-557364-4
  1. German language—Grammar—1950- 2. German language—Textbooks for foreign speakers—English.   I. Walker, Ronald W.
PF3112.A87   1991
438.2′421—dc20   90-26535
                                                          CIP

Contents

Thema 1

Spiegelbilder

KAPITEL 1

Der Mensch im Spiegel

KAPITEL 2 . . . . **50**

Schau mir in die Augen

KAPITEL 3 . . . . **78**

Rollenspiele

Thema II

Jahreszeiten **107**

KAPITEL 4 . . . . **108**

Familienglück

KAPITEL 5 138

Generationen

KAPITEL 6 166

Reifeprüfung

Thema

III

Zwischen zwei Welten

Heimat in der Fremde

KAPITEL 8 · **224**

Auf der Suche nach Amerika

KAPITEL 9 · **254**

Blick auf Deutschland

Des Deutschen liebstes Kind

KAPITEL 11 314

Umwelt —na und?

KAPITEL 12 342

Gestern war heute

Thema V

Kennzeichen D

Berlin im geteilten Deutschland

KAPITEL 14 400

Das tausendjährige Reich

KAPITEL 15 426

Deutsche Perspektiven

PREFACE

Assoziationen, an intermediate German program, offers an authentic and contemporary view of the language, culture, ideas, and values of German-speaking Europe. The four skills of reading, writing, listening, and speaking are complemented by an emphasis on sociocultural information found in the readings, activities, and conversational situations. The title *Assoziationen* was chosen purposely to reflect the pedagogical approach of the program. Students make guided and free associations based on photos, realia, art, words, and texts, as well as with their own world, a process that helps to develop their command of German vocabulary and structures. In addition, special attention to language functions helps students acquire skills for communicating competently and appropriately in various situations in German. The grammar, which combines a review of basic structures with the introduction of more advanced points, makes *Assoziationen* a complete intermediate coursebook.

The textbook has four hallmarks:

1. The primary readings are authentic and, in most cases, unabridged. Only the corresponding activities and exercises are author-written.
2. The activities and exercises occur in self-contained contexts that relate to the themes of the readings.
3. The activities and exercises are communicative. Students exchange information in natural conversational situations.
4. The activities and exercises are functional and situational. They encourage the acquisition of language and its functions as reflected in the American Council on the Teaching of Foreign Languages proficiency guidelines and the *Kontakt-schwelle Deutsch als Fremdsprache* (by the Council of Europe's Council for Cultural Cooperation).

Novels, radio plays, short stories, magazine and newspaper articles, advertisements, polls, interviews, letters, and poetry are among the many literary and nonliterary genres represented in *Assoziationen.* Chosen to reflect a broad range of views and attitudes, the literary readings are by widely known authors and poets like Christa Wolf, Heinrich Heine, Klaus Mann, and Reiner Kunze, as well as by less well-known contemporary and sometimes unconventional writers like Yüksel Pazarkaya, Reinhardt Jung, and Wolfgang Körner. Prereading and postreading activities help students not only to get through the readings but also to appreciate their literary, sociocultural, and historical value.

While constituting the core of the textbook, the readings act as a springboard for communicative activities that involve students in discussions of pertinent personal, social, cultural, political, and historical issues. The themes of the readings and the communicative activities provide the basis for the organization of the vocabulary. Moreover, the grammar explanations, organized according to conceptual and cognitive principles, provide students with the linguistic means to express themselves appropriately and accurately in the given activities, conversations, and situations.

Organization

The textbook consists of an introductory chapter and five units (**Themen I–V**), each of which comprises three chapters that treat different facets of a broader unit theme. Opening photographs set the themes for the five units and the fifteen regular chapters and, together with their summarizing captions, provide a basis for initial discussion and introductory activities. Like the supporting realia and artwork throughout the textbook, the photographs are meant to be integrated into instruction. The instructor's manual offers suggestions for using the photographs to introduce chapter themes and to promote student interest in the subject matter.

Following the opening photograph is an overview of chapter contents that lists the readings (**Texte**), language functions (**Sprechakte**), vocabulary (**Wortschatz**), and grammar points (**Strukturen**). Functional descriptions, given in English, of the points covered in the three latter sections illuminate the relationship between the materials and the proficiency goals of the chapter. The overview provides students with both an orientation and a checklist of language-learning goals.

Each chapter is organized as follows:

Einstimmung: Advance organizer
Lesetext: Introduction to reading
Vor dem Lesen: Reading strategies and prereading activities
Text: Reading
Nach dem Lesen: Postreading activities
Aktivitäten: Core activities
Sprechakte: Language functions
Variationen: Language function activities
Und jetzt zu Ihnen!: Role playing
Wortschatz: Vocabulary
Strukturen: Grammar

As the advance organizer, the **Einstimmung** provides a visual preview of the chapter theme. The visuals, usually realia or line drawings, are accompanied by questions for pair, group, or class discussion that orient the students within the theme and stimulate their creative and associative capabilities. In addition, the introductory discussion of the chapter theme offers students the opportunity to recall previously learned vocabulary and structures, which smoothes the transition to the readings and their related activities.

The prereading section, **Vor dem Lesen,** gives background information on the subject and the author of the reading and presents strategies that aid students in reading in an active and engaged manner. Prereading activities teach students how to use the linguistic and cultural context, the skills of skimming and scanning, and selective decoding to enhance their understanding of the text. Some prereading activities in *Assoziationen* include predicting the content of a reading from its title or from nonverbal clues in the accompanying illustrations, recognizing cognates, understanding stage directions in a play, or brainstorming to activate the students' background knowledge about the particular subject.

Each chapter contains two or more reading selections — the number depending on the readings' length and difficulty. Since the reading strategies are designed to lead to independent reading of unglossed texts, the readings have been glossed as little as possible. A number of criteria determined the selection of the readings. The authors desired to include many different types of literary and nonliterary genres. The topics of the readings should appeal to North American college students learning German. The tone and the subject matter of the readings should range from the serious to the light-hearted. The readings should also vary in level of difficulty. With well over thirty readings, *Assoziationen* has accomplished these goals.

In the postreading activities, appearing under the heading **Nach dem Lesen**, students work with the text they have just read. Among other activities, students organize and categorize information, give personal reactions to statements or passages, expand vocabulary, summarize and analyze the text, and discuss the content of the reading. The postreading activities develop students' proficiency in the four skills and broaden their understanding and appreciation of sociocultural matters.

The **Aktivitäten** are sequenced, moving from controlled and guided to more open-ended. Tying in to the general chapter theme, they serve as a bridge from the readings to the functional-situational activities, or **Sprechakte.**

The language functions presented in the **Sprechakte** provide students with additional linguistic tools to communicate appropriately and successfully in various situations they might encounter in a German-speaking country. Pragmatically oriented dialogues illustrate situations in which particular language functions, such as expressing disappointment or making requests, typically occur. In performing the accompanying activities, or **Variationen**, students draw possible and relevant vocabulary and phrases from a stock of useful expressions.

The **Sprechakte** culminate in a section entitled **Und jetzt zu Ihnen!**, which sets up plausible role playing situations. Among other things, the role plays may require students to maneuver through difficult situations, solve conflicts, change a particular state of affairs, elicit a particular response from someone, or cause someone to carry out a particular action. The role plays are designed as pair activities.

In keeping with the conceptual focus of the textbook, the themes and language functions establish thematic categories for the chapter vocabulary, or **Wortschatz.** Unlike other textbooks, in which vocabulary items are listed according to parts of speech, *Assoziationen* organizes vocabulary in four semantic categories per chapter that correspond to the chapter themes, readings, and activities. Within each "semantic field," vocabulary items have been grouped according to level. The subsections, entitled **Das wissen Sie schon,** review basic, or "first-year," vocabulary without English translations, whereas more advanced expressions, accompanied by English translations, fall under the subsections called **Das ist neu.** Expressions from the **Sprechakte** also appear in the **Wortschatz**, thus consolidating all "vocabulary to be learned" in one place. The vocabulary lists are introduced by questions that stimulate the reactivation of the vocabulary. In addition, the **Arbeitsbuch** contains extra vocabulary exercises for each list.

Although not considered the focal point of instruction, grammar provides the underpinning for the communicative activities in the textbook. Structures and functions from the chapter readings and the activities establish the grammatical categories treated in the grammar explanations. Thus, the grammar explanations, or **Strukturen**, are conceived both syntactically and semantically. For example, the subjunctive is presented in stages according to its various uses; and concessives, whether conjunctions, prepositions, or adverbs, are handled together. In this way, students acquire analogous structures that enhance their repertoires and encourage sensitivity to stylistic variation.

The **Strukturen** have been written in English so that students can work through the grammar on their own. This approach toward grammar instruction is carried one step farther, in that all grammar exercises appear in the **Arbeitsbuch**, making this supplement an integral part of the *Assoziationen* program. The answer key in the **Arbeitsbuch** allows students to check their own work on completion, thereby enabling them to practice grammar on their own.

Clearly, some instructors may wish to discuss grammar in the classroom. For this reason, section heads with grammatical terminology have been supplied in German. Although students are not expected to use such terminology actively, they should understand it passively.

Outside the Classroom

The time in the classroom should be used primarily for the readings and communicative activities. Since acquiring a second language requires frequent and intensive practice in listening, vocabulary building, grammar reinforcement, and writing, the *Arbeitsbuch* that accompanies *Assoziationen* offers students the opportunity for independent study outside the classroom. The listening comprehension dialogues in the first section, entitled **Hörverständnis**, are based on the chapter themes. By listening to natural-sounding dialogues and doing the associated exercises, students practice their receptive skills and improve their comprehension. The vocabulary exercises in the **Wortschatz** section reactivate and reinforce the newly acquired vocabulary. This, in turn, prepares students to work through the grammar exercises in a more meaningful way. Based on the explanations in the textbook, the exercises in the **Strukturen** section make it possible for students to study and practice grammar successfully on their own. These exercises, which are always contextualized, lay the foundation for the writing exercises in the subsection called **Schreiben Sie.** With these guided and free writing exercises students develop their proficiency in written German. Each chapter of the **Arbeitsbuch** culminates with a subsection treating writing or reading strategies. Geared toward developing the students' writing or reading proficiency in German, the **Vor dem Schreiben** or **Vor dem Lesen** subsections have accompanying exercises that show students how to write in different styles (such as diaries, descriptions, letters to the editor, speeches, and others) or how to understand and analyze literary texts (such as poetry or parables).

Components of the *Assoziationen* Program

- The *Textbook* with realia, readings, reading strategies, prereading and postreading activities, role plays, and thematically organized vocabulary and grammar explanations.
- The *Arbeitsbuch* with listening comprehension exercises based on taped dialogues, vocabulary and grammar review exercises, and writing exercises. The accompanying *Audiocassette Program* contains dialogues for listening comprehension. Tapes are available on cassette or reel to reel and are free to all adopting institutions.
- The *Instructor's Manual* that discusses the methodology in detail and offers the instructor chapter-by-chapter notes with essential ideas for the exploitation of the realia, readings, activities, vocabulary, and grammar.
- *Visual Materials and Activities*, a package of materials for the instructor, corresponding to each chapter in the textbook and including optional activities, realia, and transparency masters of illustrations from the book.
- A video entitled *The McGraw-Hill Video Library of Authentic German Materials, Vol. I: A German TV Journal*, accompanied by an *Instructor's Guide* and including authentic segments from German television (ZDF). Topics relate directly to major topics in the text. The *Instructor's Guide* contains a variety of activities that can be duplicated for students. Ordering information is available on request; contact your McGraw-Hill representative.
- The *McGraw-Hill Electronic Language Tutor* (MHELT), computer materials containing the single-response exercises from the workbook, available for the IBM PC, Macintosh, and Apple IIe and IIc.
- *Color slides*, accompanied by a pamphlet of commentary and questions.

Acknowledgments

The authors wish to thank the many students and instructors who used earlier versions of these materials and who provided us with indispensible information on how to make the text effective in the foreign language classroom. Particular thanks go to the instructors and students at the University of Michigan who field tested the materials in various stages of their development.

The authors and publisher would also like to express their thanks to those instructors who responded to a series of surveys and reviews during the development of *Assoziationen*. The appearance of their names does not necessarily constitute their endorsement of the text or its methodology.

Veldon J. Bennet, Jacksonville State University
Robert Di Donato, Miami University, Oxford, Ohio
Lloyd Flanigan, Piedmont Virginia Community College
Ursula S. Hendon, Samford University
Robert Hoeing, State University of New York, Buffalo
Regula A. Meier, Old Dominion University
Claus Reschke, University of Houston
Stephen Shearier, New York University
Christian Schneider, Central Washington University
David A. Veeder, Drake University
Morris Vos, Western Illinois University
Larry Wells, State University of New York, Binghamton

We would also like to thank Meg LeSchack, whose careful reading of the manuscript and whose stimulating and insightful comments led to many improvements and new ideas. Our deep gratitude to Stacey Sawyer for her important editorial contributions to the development of the manuscript as well as for her guidance of the manuscript through production. And to Francis Owens, whose artistic design of the cover and the interior of the book make *Assoziationen* a delight to the eyes, special thanks. Moreover, we are indebted to Karen Judd and her staff for the meticulous work done in the production of this book as well as to Phyllis Snyder and Fred Martich who led *Assoziationen* through the intricate manufacturing stages, and who kept the text on schedule. We would also like to thank Karin Vanderspeck for her fine work on the index, Wiebke Strehl for preparing the end vocabulary, and Renate C. Strasser for her valuable comments.

Finally, the authors wish to acknowledge the McGraw-Hill editorial staff. Eirik Børve and Thalia Dorwick should be credited for conceiving and launching this project, not to mention guiding it smoothly through its initial development. Special thanks to Leslie Berriman, whose constant assistance, guidance, encouragement, and confidence kept this project on course and helped it to reach its happy conclusion.

Assoziationen

Einführungskapitel

Texte
„Houghton—Odyssee eines Stars"   aus *Die Welt*
„Ein Fichtenbaum steht einsam"   Heinrich Heine

Sprechakte
Verständnissicherung   Verifying
                              understanding

Strukturen
Kasus   Overview of the case system
Wortstellung   Overview of word order

Erste Begegnung. Die Besucherin aus den USA stellt sich vor.

Julia
Stefan

A. Interview. Stellen Sie Fragen an Ihren Partner / Ihre Partnerin:

Wie heißt du?
Wie alt bist du?
Woher kommst du?
Was studierst du?

Wo warst du schon mal? In Europa? Anderswo? (wann, wo, wie lange?)
Was machst du gern?
_____?

B. Vorstellen. Stellen Sie nun Ihren Partner / Ihre Partnerin vor.

BEISPIEL: Meine Partnerin heißt Julia.
Sie ist 21 Jahre alt.
Sie kommt aus Stuttgart.
Sie studiert Informatik.
1989 war sie zwei Monate lang in Texas.
Sie spielt gern Trompete, geht gern schwimmen, und am liebsten besucht sie ihre Oma.

LESETEXT: Der Fußballstar

This text is taken from *Die Welt,* a newspaper that appears daily in the Federal Republic of Germany. As you are aware, newspaper articles are arranged under certain headings, themes, or logos to make it easier for readers to focus on a topic and find what they are interested in. Pictures, photos, and visuals of all kinds also assist a reader in finding out what a text is generally about.

Vor dem Lesen

A.   Was ist das Thema? Use the logo above to decide what the following article is most likely about.

_____	Politik	_____	Kultur	_____	Musik
_____	Wirtschaft	_____	Sport	_____	Ausland

B.   Kognate und internationale Wörter. This text includes many cognates — that is, words whose spelling and meaning are similar in German and English (and some other European languages). For example:

GERMAN	ENGLISH
der Experte	*expert*
der Vater	*father*

Look over the text and underline all words that are cognates, names, or simply taken from English, like **der Star.**

Note which words refer to a person, a place, or an object and which ones refer to a quality. You can use what you recognize to help you understand the article.

C.   Was steht im Text? Skimming is the technique of reading for the main ideas and basic information, leaving out details and unfamiliar vocabulary for the time being. Read the following statements. Then read the text quickly to find this information. Jot down the line numbers where you find confirmation of each statement. (You may find more than one confirmation).

_____   Ray Houghton spielt Fußball.
_____   Bei der Europameisterschaft[1] hat Irland gegen England 1:0 gewonnen.
_____   Ray spielt nur bei der Europameisterschaft für Irland, sonst spielt er für einen englischen Fußballklub.
_____   Ray ist Ire, aber in Glasgow geboren.
_____   Die Europameisterschaft ist für Ray sehr wichtig.
_____   Wegen des Siegs[2] über die Engländer spricht man in Europa über die Iren.

---

[1] *European championship*   [2]*win, victory*

Jürgen Klinsmann, einer der Stars im bundesdeutschen Fußball, bei einem der spektakulärsten Tore der Bundesliga-Saison.

„Houghton — Odyssee eines Stars"

Ray Houghton mag es gar nicht gerne, wenn um ihn viel Aufhebens gemacht wird. Für ihn ist es „ganz normal", daß die Namen Gullit, Lineker, Michel fallen, wenn über die großen Stars dieser Fußball-Europameisterschaft gesprochen wird. Aber Ray Houghton? Bis zum vergangenen Sonntag, als der Ire das Siegestor zum 1:0 über die Engländer errang, kannte ihn hierzulande wohl kaum jemand.

Und dabei ist dieser Ray Houghton allemal ein interessanter Mann. Was er zu bieten hat, ist schon bemerkenswert. Der 26 Jahre alte Mittelfeldspieler des englischen Meisters FC Liverpool versteht es glänzend, seine hervorragende Technik mit einer für den Fußball auf der Insel so typischen Dynamik und Athletik zu verbinden, die ihn für das Konterspiel der Iren prädestiniert. Sein Trainer Jack Charlton schwärmt über ihn: „Durch seine außergewöhnliche Ballkontrolle kann er sogar im vollen Lauf und bei hohem Tempo ungeheuer produktiv spielen." Ray Houghton hört solche Komplimente gerne; doch der irische Mittelfeld-Star, der das goldene Tor gegen die Engländer mit dem Kopf erzielte, verliert keineswegs den Blick für die Realitäten. „Wir bleiben Außenseiter, aber über diese Rolle sind wir nicht unglücklich."

Die Laufbahn des Ray Houghton glich einer wahren Odyssee. In Glasgow geboren, erlernte er das Fußballspielen bei West Ham United. Über Pulham und Oxford United landete der nur 1, 70 Meter große Spieler beim FC Liverpool. Ablösesumme: stolze 2, 5 Millionen Mark. Auf Anhieb schaffte er es, Stammspieler zu werden, wurde Meister und stand im Pokal-Endspiel. Doch dies alles hat für ihn nicht die Bedeutung wie die Teilnahme an der Europameisterschaft. Er sagt: „Die EM ist und bleibt aber etwas ganz Besonderes. Damit kann man die Spiele im Verein nicht vergleichen. Nicht auszudenken, wenn wir das Halbfinale erreichen sollten."

Zumindest eines haben die Iren erreicht. Vor der EM wurden sie nur mitleidig von der Seite angesehen. Heute spricht man über sie.

Nach dem Lesen

A. Selektives Lesen. Looking quickly for detailed information in a text is called *scanning;* it is also an important reading skill.

The following questions are ones that a sports fan might have in mind when reading about a soccer star. Read the questions first, then scan the text for the answer. You can use key words or phrases in the questions, or simply run your eyes quickly over the text, looking for signals like numbers, names, cognates, and so on.

1. Wie alt ist Ray Houghton?
2. Bei welchem englischen Verein spielt Ray gerade?
3. Wie heißt Rays Trainer?
4. Wie erzielte Ray das goldene Tor[1] gegen die Engländer?
5. Wie groß ist Ray nur?
6. Wieviel zahlte der FC Liverpool, um Ray zu bekommen?

---

[1] *goal*

B. Idiomatik. This text contains phrases particular to soccer and the sports world and some other idiomatic expressions that you may not have seen. Most of these terms do not affect your understanding of the facts of the article, but they do affect your understanding of the mood of the article.

Find the following phrases in the text. From what you now understand, and using the context of the preceding or following sentences to help you, select the likely meaning for each phrase.

1. um eine Person viel Aufhebens machen
2. das Konterspiel
3. im vollen Lauf spielen
4. das goldene Tor erzielen
5. die Laufbahn des Ray Houghton
6. etwas auf Anhieb schaffen

a. das Tor zum Sieg schießen
b. spielen, während man sehr schnell läuft
c. etwas beim ersten Mal schaffen
d. eine Person sehr wichtig nehmen
e. Rays Karriere
f. Gegenangriff[1] bei Ballspielen

---

[1] *counterplay*

Die Spiele der EM 1988

Gruppe I			Gruppe II		
BR Deutschland			**England**		
Italien			**Republik Irland**		
Dänemark			**Niederlande**		
Spanien			**UdSSR**		
10. Juni in Düsseldorf			12. Juni in Stuttgart		
BR Deutschland – Italien	1:1	(0:0)	England – Republik Irland	0:1	(0:1)
11. Juni in Hannover			12. Juni in Köln		
Dänemark – Spanien	2:3	(1:1)	Niederlande – UdSSR	0:1	(0:0)
14. Juni in Gelsenkirchen			15. Juni in Düsseldorf		
BR Deutschland – Dänemark	2:0	(1:0)	England – Niederlande	1:3	(0:1)
14. Juni in Frankfurt			15. Juni in Hannover		
Italien – Spanien	1:0	(0:0)	Republik Irland – UdSSR	1:1	(1:0)
17. Juni in München			18. Juni in Frankfurt		
BR Deutschland – Spanien	2:0	(1:0)	England – UdSSR	1:3	(1:2)
17. Juni in Köln			18. Juni in Gelsenkirchen		
Italien – Dänemark	2:0	(0:0)	Republik Irland – Niederlande	0:1	(0:0)

LESETEXT: Ein Gedicht

Vor dem Lesen

Lyrik. A short text like a poem usually requires intensive reading. Every single word is carefully chosen by the poet to convey the meaning and feelings he or she wants to express. What impressions and images do the following words call forth? What do you associate with them?

der Norden
der Süden

Now read the following poem aloud a few times to get a feeling for it. Note how the placement of an image—at the beginning or at the end of a line—affects the rhythm and the tone of the poem.

„Ein Fichtenbaum steht einsam"

Heinrich Heine

Ein Fichtenbaum steht einsam
Im Norden auf kahler Höh'.
Ihn schläfert; mit weißer Decke
Umhüllen ihn Eis und Schnee.

5 Er träumt von einer Palme, *far away*
Die fern im Morgenland
Einsam und schweigend trauert
Auf brennender Felsenwand. *to burn*

Nach dem Lesen

A. Erkennen Sie die Wörter. Even when you read intensively, it is unnecessary to look every word up in the dictionary. You can identify cognates, guess meaning from context, split up compound nouns, and derive meaning from prefixes, suffixes, and root words. Only when you feel that a word is crucial and you haven't a clue to its meaning should you consult the dictionary.

1. Welches Nomen steckt in dem Verb *schläfern*?
   a. das Schiff
   b. der Schlaf
   c. das Schaf

2. Welches Adjektiv erkennt man in dem Verb *trauern*?
   a. betrunken
   b. trocken
   c. traurig

3. Das Nomen *die Hülle* (*wrap, cover, shroud*) steckt in dem Verb *umhüllen*. Was bedeutet das Verb? *to wrap, to cover*

4. Welche Nomen stecken in diesen Komposita? Was bedeuten die Nomen? Was bedeuten die Komposita?
   a. der Fichtenbaum *pine tree*
   b. das Morgenland *Orient*
   c. die Felsenwand *wall of rock*

B. Fragen zum Gedicht.

1. Welches Adjektiv kommt zweimal im Gedicht vor? Was beschreibt es?
2. Was beschreibt der Dichter in der ersten Strophe des Gedichts, was in der zweiten? Was setzt er dabei in Kontrast?

„Der Wanderer über dem Nebelmeer" von Kaspar David Friedrich (1774–1840), einem der bedeutendsten Maler der deutschen Romantik.

3. Was fühlen Sie, wenn Sie das Gedicht lesen? Kreuzen Sie an:

_____	Freude	_____	Langeweile[1]
_____	Desinteresse	_____	Melancholie
_____	Mitgefühl[2]	_____	Einsamkeit
_____	Kälte	_____	Traurigkeit
_____	Wut[3]	_____	Schmerz
_____	Zufriedenheit	_____	Glück

4. Was haben Ihre Mitstudenten und -studentinnen angekreuzt? Fragen und vergleichen Sie.

5. Heinrich Heine (1797–1856), der Verfasser des Gedichts, steht in der Tradition der Romantik. Welches bekannte Thema (_der Fichtenbaum: „er"_ und _die Palme: „sie"_) hat dieses Gedicht?

---

[1] _boredom_   [2] _compassion_   [3] _anger, rage_

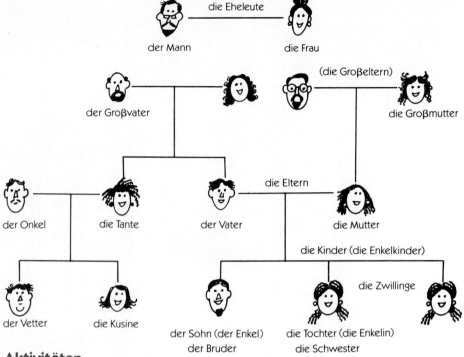

die Eheleute
der Mann   die Frau

(die Großeltern)
der Großvater   die Großmutter

der Onkel   die Tante   der Vater   die Mutter
die Eltern

der Vetter   die Kusine

die Kinder (die Enkelkinder)

die Zwillinge

der Sohn (der Enkel)   die Tochter (die Enkelin)
der Bruder   die Schwester

Aktivitäten

A.   Verwandte. Sprechen Sie in Gruppen zu fünf über Familie und Verwandtschaft.

1. Wer hat den jüngsten Vater?
2. Wessen Großeltern wohnen am weitesten weg?
3. Wer hat den reichsten Onkel?
4. Wer hat keine Tante in New York?
5. Hat jemand Zwillinge in der Familie?
6. Hat schon jemand einen Sohn oder eine Tochter?
7. Wessen Eltern sind geschieden?
8. Wer hat die meisten Verwandten?
9. Wer hat nur Schwestern?

B.   Wer tut was? Machen Sie eine Umfrage[1] in Ihrer Gruppe.

1. Wer wandert gern?
2. Wer geht oft zelten?
3. Wer kann nicht Schlittschuh laufen?
4. Wer ist schon in den Alpen Ski gelaufen?
5. Wer hat als Kind Klavierspielen gelernt?
6. Wer kann Schach spielen?
7. Wer tanzt gern die ganze Nacht?
8. Wer sieht mehr als zwei Stunden pro Tag fern?
9. Wer hält sich durch Radfahren fit?
10. Wer liest gern im Bett ein Buch?
11. Wer telefoniert stundenlang mit Freunden?
12. Wer läßt sich nicht gern fotografieren?
13. Wer . . .

---

[1] *poll*

wandern

Schach spielen

ein Buch lesen

zelten

tanzen

reiten

Schlittschuh laufen

fernsehen

telefonieren

Ski laufen

Theater spielen

fotografieren

angeln

schwimmen

kochen

Klavier spielen

zeichnen

radfahren

C. Interessenprofil. Fragen Sie Ihren Partner / Ihre Partnerin. Kreuzen Sie an.

BEISPIEL: S1: Schreibst du oft Briefe?

S2: Nein, nur manchmal.

	SEHR OFT	OFT	MANCHMAL	SELTEN	NIE
Briefe schreiben			✗		
Rollschuh laufen					
in der Sonne liegen					
Wasserski fahren					
Gitarre spielen					
Kaffee trinken					
Freunde besuchen					
ins Theater gehen					
einkaufen gehen					
Karten spielen					

D. Stundenplan. Eine Schweizer Freundin beginnt ihr Studium an Ihrer Universität. Sie hat nur die Matura (das Abitur) und muß deshalb alle Pflichtfächer belegen,[1] das heißt, 3 naturwissenschaftliche, 4 geisteswissenschaftliche und 2 musische Fächer. Besonders interessiert ist sie jedoch an Fremdsprachen. Stellen Sie für sie einen Stundenplan zusammen. Denken Sie auch an Sport und Pausen.

---

[1] *register for*

STUNDENPLAN

	Montag	Dienstag	Mittwoch	Donnerstag	Freitag
$8^{00} - 8^{45}$					
$8^{50} - 9^{35}$					
$9^{35} - 9^{50}$					
$9^{50} - 10^{35}$					
$10^{40} - 11^{25}$					
$11^{25} - 11^{35}$					
$11^{35} - 12^{15}$					
$12^{20} - 13^{00}$					
$13^{00} - 13^{45}$					
$13^{50} - 14^{25}$					

E. Feiertage erraten. Ein Student denkt an einen deutschen Feiertag. Die anderen haben fünf Fragen, um ihn zu erraten.
Mögliche Fragen:

Ist dieser Feiertag im Frühling?
Kann es an diesem Feiertag schneien?
Fällt dieser Feiertag immer auf einen Sonntag?
Gibt man sich an diesem Tag Geschenke?

Feiertage 1988 und 1989

Mariä Himmelfahrt	Donnerstag 15. 8.88
Allerheiligen	Dienstag 1.11.88
Buß- u. Bettag	Mittwoch 16.11.88
Weihnachten	Sonntag 25.12.88
Weihnachten	Montag 26.12.88
Silvester	Samstag 31.12.88
Neujahr	Sonntag 1. 1.89
Heilige 3 Könige	Freitag 6. 1.89
Karfreitag	Freitag 24. 3.89
Ostersonntag	Sonntag 26. 3.89
Ostermontag	Montag 27. 3.89
Maifeiertag	Montag 1. 5.89
Christi Himmelfahrt	Donnerstag 4. 5.89
Pfingstsonntag	Sonntag 14. 5.89
Pfingstmontag	Montag 15. 5.89
Fronleichnam	Donnerstag 25. 5.89
Tag d. dt. Einheit	Samstag 17. 6.89
Mariä Himmelfahrt	Dienstag 15. 8.89
Allerheiligen	Mittwoch 1.11.89
Buß- u. Bettag	Mittwoch 22.11.89
Weihnachten	Montag 25.12.89
Weihnachten	Dienstag 26.12.89
Silvester	Sonntag 31.12.89

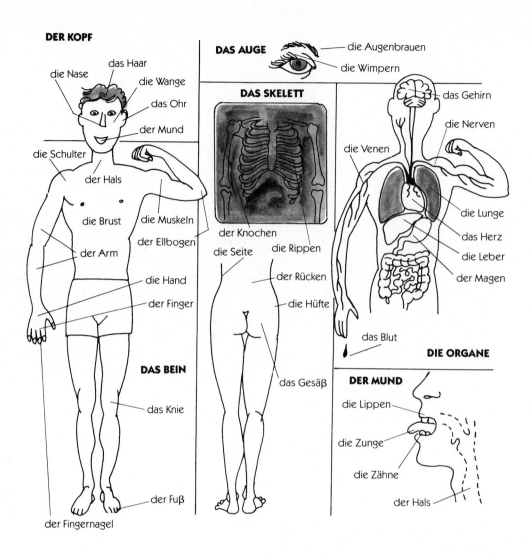

DER KOPF

die Nase
das Haar
die Wange
das Ohr
der Mund
die Schulter
der Hals
die Brust
die Muskeln
der Ellbogen
der Arm
die Hand
der Finger

DAS BEIN

das Knie

der Fuß

der Fingernagel

DAS AUGE

die Augenbrauen
die Wimpern

DAS SKELETT

der Knochen
die Rippen
die Seite
der Rücken
die Hüfte

das Gesäß

DIE ORGANE

das Gehirn
die Nerven
die Venen
die Lunge
das Herz
die Leber
der Magen

das Blut

DER MUND

die Lippen
die Zunge
die Zähne
der Hals

F.   Assoziation. Wählen Sie fünf Körperteile und assoziieren Sie dazu jeweils fünf Wörter.

BEISPIEL: *Fuß:* gehen, Fußgänger, Schuhe,
Fußball, barfuß

Auge: Brille, blau, Augenblick,
Mikroskop, blind

Außer Weihnachten und Ostern zählt in Deutschland auch Pfingsten (*Pentecost*) mit zwei gesetzlichen Feiertagen zu den wichtigen Festen. Neben dem Neujahrstag, der in allen Teilen Deutschlands, der Schweiz und Österreichs arbeitsfrei ist, ist in Süddeutschland auch der 6. Januar ein Feiertag. Er nennt sich Heilige Drei Könige zur Erinnerung an den Besuch der Könige aus dem Morgenland (*orient*) beim Jesuskind. Rosenmontag (*Monday before Lent*), Faschingsdienstag (*Tuesday before Lent*) oder Fastnacht und Aschermittwoch (*first day of Lent*) sind zwar keine gesetzlichen Feiertage, aber in vielen Gegenden bleiben dennoch die Läden geschlossen. Man verkleidet sich, feiert, und vor allem im Rheinland finden die berühmten Karnevalszüge (*carneval parades*) statt. Der 1. Mai, ebenfalls ein Feiertag in Deutschland, Österreich und der Schweiz, ist der Tag der internationalen Arbeiterbewegung. Er wird mit Kundgebungen und Demonstrationen begangen. Im Mai oder Juni liegen Christi Himmelfahrt (*Ascension Day*) und Fronleichnam (*Corpus Christi*), an dem in katholischen Gegenden eine Prozession stattfindet. Der 3. Oktober, der Nationalfeiertag Deutschlands, ist der Tag, an dem im Jahre 1990 die DDR dem Grundgesetz (*basic law/constitution*) der Bundesrepublik beitrat. Der 1. August und der 26. Oktober sind der Bundes- bzw. Nationalfeiertag der Schweiz und Österreichs.

SPRECHAKTE

Verständnissicherung: Haben Sie verstanden?

Bitte?	Wie bitte?	Wie war das?

Ich habe nicht zugehört.
        Sie nicht verstanden.
Entschuldigung, was haben Sie gefragt?
             hast du gesagt?
Können Sie das buchstabieren?
Kannst du das übersetzen?
        wiederholen?
        noch einmal sagen?
Wie schreibt man das?
Wie spricht man das aus?

Ich verstehe (das) nicht.	Ich weiß nicht.	
Was bedeutet . . . ?	Was heißt . . . ?	Was ist . . . ?

Wie heißt das auf deutsch?
Wie sagt man das auf deutsch?

<table>
<tr><td>

(*Im Zug*)

FAHRGAST: Entschuldigen Sie, wie heißt der nächste Ort?

SCHAFFNER: Rzlpflpf.

FAHRGAST: Wie bitte?

SCHAFFNER: Rzlpflpf!

FAHRGAST: Also, das verstehe ich wirklich nicht. Könnten Sie das mal buchstabieren?

SCHAFFNER: r-z-l-p-f-l-p-f!

FAHRGAST: Ach so. Ja, danke.

</td><td>

(*Im Restaurant*)

GAST: Was ist denn Ihre Spezialität?

KELLNER: „Arme Ritter".

GAST: Was? Was ist denn das?

KELLNER: Ja, kennen Sie das nicht? Das ist Weißbrot, in Ei gebacken, mit Zucker und Zimt.

GAST: Was war das letzte Wort? Könnten Sie das wiederholen?

KELLNER: Zimt! Sie wissen doch, was das ist?

GAST: Ja doch, auf englisch heißt es „cinnamon".

</td></tr>
</table>

Variationen

A.   Alles klar? Was würden Sie in den folgenden Situationen sagen?

1. Ihr Lehrer / Ihre Lehrerin verwendet ein neues Wort. Sie wollen sich dieses Wort aufschreiben.
2. Ein Mitstudent spricht sehr leise; Sie haben nichts verstanden.
3. Ihr Lehrer / Ihre Lehrerin stellt Ihnen eine Frage; Sie haben geträumt.
4. Sie wollen etwas sagen, wissen aber das deutsche Wort nicht.
5. Ein Student in Ihrer Gruppe spricht sehr schnell, und Sie verstehen nichts.

B.   Spielen Sie!

1. In einer Jugendherberge in Österreich lernen Sie einen Pakistani kennen. Fragen Sie ihn nach dem Namen, woher er kommt und was er in Österreich macht. Sie verstehen nicht alles sofort und müssen nachfragen.
2. Sie sind in einem Studentenlokal und setzen sich zu einem jungen Mann / einer jungen Frau an den Tisch. Sie kommen ins Gespräch, finden sich sympathisch und wollen weiter in Kontakt bleiben. Tauschen Sie Adressen und Telefonnummern aus. Um sicher zu gehen, lassen Sie sich die Adresse auch buchstabieren.

C.   Zum Schluß. Wer im Kurs . . .

spielt gern Tennis?	trinkt keine Milch?
steht nicht gern früh auf?	ist größer als Sie?
möchte Ingenieur werden?	geht gern im Regen spazieren?
trägt Turnschuhe?	haßt Mathematik?
hat eine deutsche Großmutter?	frühstückt selten?
hat im selben Monat Geburtstag wie Sie?	mag gern Katzen?

Dem Ingenieur ist nichts zu schwör.

STRUKTUREN

The grammar sections at the end of each chapter provide you with a detailed overview of German language structures. Study each chapter carefully, but do not try to memorize everything. You should have a good understanding of the grammatical principles involved, but many of the details are provided for your information only. We suggest the following steps:

1. Read the first section carefully and jot down everything that is new to you.

2. Without referring back to the grammar explanations, do the exercise in the workbook that refers to this section.

3. Check your answers and correct them with the help of the grammar explanations.

4. Read the same section carefully again and write down everything you think important to remember. Then go on to the next section.

The grammar sections also function as a reference. Whenever you need information about a particular grammatical point, look it up in the grammar index at the end of the book. This index will refer you to the chapter section that can answer your question. Don't hesitate to look up items you need to know more about, especially when writing assignments in the workbook and when proofreading your work.

E.1 KASUS
Overview of the Case System
A. Verwendung *(Usage)*

The German case system highlights the structural function of a particular noun or pronoun in a sentence. Case is also determined by prepositions, verbs, and certain expressions.

1. Funktion *(Function)*

Function refers to the role a particular noun plays within a sentence — the subject, the direct object, the indirect object, or a possessive. The *subject* of a sentence indicates who or what is doing or experiencing something. The subject is in the *nominative* case.

> **Ich** habe nichts gehört.   *I did not hear anything.*
> **Die Katze** sprang auf den Tisch.   *The cat jumped up on the table.*

The *direct object* indicates the thing to which or the person to whom the action is "done." The direct object is in the *accusative* case.

> Der Sohn stellte **seinen Vater** vor.   *The son introduced **his father**.*
> Der Kellner brachte **den Kuchen.**   *The waiter brought **the cake**.*

The *indirect object* is usually a person to whom something belongs or is given or told, or for whom something is done. The indirect object is in the *dative* case.

Meine Tante schrieb **mir** den Buchtitel auf.	*My aunt wrote down the title of the book **for me**.*
Für das Radio biete ich **Ihnen** 50 Mark.	*I'll offer **you** 50 marks for the radio.*

Possessives express relationships of various kinds, such as belonging to or being part of someone or something. Possessives are in the *genitive* case.

Das ist die Brille **meines Groß- vaters.**	*These are **my grandfather's** glasses.*
Sie buchstabierte den Namen **der Insel.**	*She spelled the name **of the island**.*

2. Präpositionen (*Prepositions*)

In German, prepositions affect the case of a following noun or pronoun. There are four groups of prepositions:

1. Prepositions such as **durch** and **für** take the *accusative* case.

Das junge Paar tanzte **durch den Saal.**	*The young couple danced **through the hall**.*
Das Geschenk ist **für meine Schwester.**	*The gift is **for my sister**.*

2. Prepositions such as **mit** and **zu** take the *dative* case.

Ich unterhalte mich gern **mit meiner Tante.**	*I like to talk **with my aunt**.*
Rita fuhr **zu ihren Großeltern.**	*Rita went **to her grandparents**.*

3. Prepositions such as **in** and **auf** take either the *accusative* case or the *dative* case.*

Heute abend gehen wir **ins Theater.**	*Tonight we'll go **to the theater**.*
Der Zucker steht **auf dem Tisch.**	*The sugar is **on the table**.*

4. Prepositions such as **trotz** and **wegen** take the *genitive* case.

Trotz der neuen Brille sehe ich nicht besser.	***In spite of my new glasses** I don't see any better.*
Wegen des Fußballspiels bleiben wir heute abend zu Hause.	***Because of the soccer game**, we'll stay home tonight.*

---

* The accusative/dative prepositions use the accusative case when movement *toward* a destination is involved. They use the dative case when no destination is expressed and the focus is on a stationary location or place. Refer to **Strukturen 10.3.**

3. Verben (*Verbs*)

Certain verbs require a noun or pronoun to be in a particular case. Verbs such as **sein** and **werden** require a predicate noun to be in the *nominative* case, like the subject.

Jetzt bin ich nur **ein armer Student.**	*I am just **a poor student** now.*
Der kleine Markus möchte **Pilot** werden.	*Little Markus wants to be **a pilot.***

Verbs such as **helfen** and **zuhören**—so-called dative verbs—require the *dative* case.

Sabine, könntest du **mir** mal tragen helfen?	*Sabine, could you help **me** carry something?*
Hör **deiner Mutter** doch mal zu!	*You'd better listen **to your mother!***

For a list of dative verbs see **Strukturen 10.2.**

4. Zeit- und Maßangaben. (*Expressions of Time and Measurement*)

References to a *specific* point or length of time are made with the *accusative* case.

Wir haben **den ganzen Tag** ferngesehen.	*We watched TV **all day.***
Nächsten Monat habe ich Geburtstag.	*My birthday is **next month.***

References to an *indefinite* point or length of time are made with the *genitive* case.

Eines Tages werde ich auch Kuchen backen können.	***Some day** I'll also know how to bake a cake.*
Eines schönen Tages schwamm der Ingenieur allein im See.	***One day,** the engineer swam alone in the lake.*

Measurement is expressed with the *accusative* case.

Die Kiste ist **einen Meter lang, einen halben Meter breit** und **einen halben Meter hoch.**	*The box is **three feet long, one and a half feet wide,** and **one and a half feet deep.***

CASE FUNCTIONS: SUMMARY

	Funktion	*Präpositionen*	*Verben*	*Ausdrücke*
Nominativ:	Subjekt		sein, werden	
Akkusativ:	direktes Objekt	durch, für, in, auf (*Ziel*)	viele Verben	den ganzen Tag einen Meter lang
Dativ:	indirektes Objekt	mit, zu, in, auf (*Lage*)	helfen, zuhören	
Genitiv:	Possessiv	trotz, wegen		eines Tages

B. Form   (*Case Forms*)

Case is expressed usually by pronouns and by articles and similar types of words (**der**-words and **ein**-words*). The endings of pronouns, **der**-words, and **ein**-words are quite similar.

	SINGULAR			PLURAL
	M	*N*	*F*	
Nominativ:	de**r** Pulli	da**s** Hemd	di**e** Bluse	di**e** Kleider
	diese**r** Pulli	diese**s** Hemd	dies**e** Bluse	dies**e** Kleider
	ein Pulli	ein Hemd	ein**e** Bluse	Kleider
	mein Pulli	mein Hemd	mein**e** Bluse	mein**e** Kleider
	er	**es**	**sie**	**sie**
Akkusativ:	de**n** Puli	da**s** Hemd	di**e** Bluse	di**e** Kleider
	diese**n** Pulli	diese**s** Hemd	dies**e** Bluse	dies**e** Kleider
	eine**n** Pulli	ein Hemd	ein**e** Bluse	Kleider
	meine**n** Pulli	mein Hemd	mein**e** Bluse	mein**e** Kleider
	ihn	**es**	**sie**	**sie**
Dativ:	de**m** Pulli	de**m** Hemd	de**r** Bluse	de**n** Kleider**n**
	diese**m** Pulli	diese**m** Hemd	diese**r** Bluse	diese**n** Kleider**n**
	eine**m** Pulli	eine**m** Hemd	eine**r** Bluse	Kleider**n**
	meine**m** Pulli	meine**m** Hemd	meine**r** Bluse	meine**n** Kleider**n**
	ihm	**ihm**	**ihr**	**ihnen**
Genitiv:	de**s** Pullis	de**s** Hemds	de**r** Bluse	de**r** Kleider
	diese**s** Pullis	diese**s** Hemds	diese**r** Bluse	diese**r** Kleider
	eine**s** Pullis	eine**s** Hemds	eine**r** Bluse	Kleider
	meine**s** Pullis	meine**s** Hemds	meine**r** Bluse	meine**r** Kleider
	—	—	—	—

E.2 WORTSTELLUNG

Overview of Word Order

A. Stellung des konjugierten Verbs   (*Position of the Conjugated Verb*)

The position of the conjugated verb is determined by the kind of sentence.

First position:	**Helfen** Sie mir!	command
	Kommst du mit?	yes/no question

---

* The most common **der**-words are **dieser** (*this*), **jener** (*that*), **jeder** (*each*), and **welcher** (*which*). The **ein**-words are **kein** and the possessive adjectives (**mein, dein,** and so on).

Second position:	Der Zug **fährt** bald ab.	statement
	Wann **fährt** er denn genau?	information question
Last position:	Ich weiß nicht, wann er genau **abfährt.**	dependent clause

1. Erststellung (*First Position*)

The conjugated verb is in first position in *commands* (**Aufforderungssätze**) and in *yes/no questions* (**Satzfragen**).

Zeichne mir eine Insel.	*Draw me an island.*
Wiederholen Sie bitte den Satz.	*Please repeat the sentence.*
Besuchst du mich morgen?	*Will you visit me tomorrow?*
Schwimmen Sie gern?	*Do you like to swim?*

2. Zweitstellung (*Second Position*)

The conjugated verb is in second position in *information questions* (**Wortfragen**) and *statements* (**Aussagesätze**). In information questions, the question word is in first position.

Was **würden** Sie sagen?	*What would you say?*
Wessen Auto **ist** das denn?	*Whose car is this?*

In statements, the first position may be taken by an element other than the subject —often an adverb or an adverbial phrase of time. In this case, the subject follows the conjugated verb.

An Weihnachten **fahren** wir nach Innsbruck.	*On Christmas, we'll go to Innsbruck.*
Kirsten und Franz **fliegen** nach Neuseeland.	*Kirsten and Franz are flying to New Zealand.*

When a dependent clause (**Nebensatz**) takes the first position, then the conjugated verb of the main clause (**Hauptsatz**) occurs immediately after the comma separating the two clauses.

NEBENSATZ   HAUPTSATZ
Wenn die Sonne scheint, **gehen** wir in den Garten.
When the sun comes out (shines), we'll go into the garden.

3. Endstellung (*Verb Last*)

In dependent clauses (**Nebensätze**), the conjugated verb is in last position. Dependent clauses begin with a subordinating conjunction such as **daß** or **weil,** usually followed by the subject of the dependent clause.

Ich verstehe dich nicht, weil du so schnell **sprichst.**	*I can't understand you, because you talk so fast.*
Ich wußte nicht, daß heute ein Feiertag **ist.**	*I didn't know that today is a holiday.*

Dependent clauses may precede or follow the main clause.

> Wenn es nicht bald **schneit, können** wir nicht Ski laufen.
> Wir **können** nicht Ski laufen, wenn es nicht bald **schneit**.

B. Satzklammer   *(Sentence Frame)*

1. Hauptsätze *(Main Clauses)*

When the verb phrase of a main clause consists of two or more parts, then the two parts form a frame (**Satzklammer**) around the rest of the sentence.

> <u>Kannst</u> du mir bitte deine Adresse <u>aufschreiben?</u>

> *Could you please write down your address for me?*

The conjugated verb occupies first or second position, and the infinitive, past participle, or separable prefix occupies last position.

Wir **müssen** bis morgen ein ganzes Buch **lesen.**	*We have to read a whole book for tomorrow.*
Ich **habe** mein ganzes Geld **verloren.**	*I lost all my money.*
Wann **stellst** du mir endlich deinen neuen Freund **vor?**	*When are you finally going to introduce me to your new friend?*

2. Nebensätze *(Dependent Clauses)*

In dependent clauses, the sentence frame consists of the subordinating conjunction in first position and the conjugated verb in last position.

> Ich weiß nicht, <u>ob</u> es morgen schneien <u>wird.</u>

> *I don't know if it's going to snow tomorrow.*

Note that when the verb phrase contains two or more parts, the other part(s) precede the conjugated verb.

> Ich komme nicht mit, <u>weil</u> ich den Film schon <u>gesehen habe.</u>

> *I'm not coming because I've already seen the movie.*

When a separable prefix verb falls at the end of a dependent clause, it occurs as one word.

> Ich glaube, <u>daß</u> mein Bruder zu Hause <u>fernsieht.</u>

> *I believe my brother is home watching TV.*

Spiegelbilder

Thema I wirft einen Blick auf die Menschen im Umgang mit sich selbst und mit anderen. Kapitel 1 beschäftigt sich mit dem Äußeren der Menschen und damit, wie sie wirken wollen. Kapitel 2 geht auf den Partner oder die Partnerin ein. Kapitel 3 schließlich befaßt sich mit Problemen, die sich im Miteinander von Mann und Frau ergeben können.

KAPITEL 1: *Der Mensch im Spiegel*

KAPITEL 2: *Schau mir in die Augen*

KAPITEL 3: *Rollenspiele*

1

Der Mensch im Spiegel

Texte

Aus *Momo*   Michael Ende
„Stilbruch"   aus *Stern*

Sprechakte

beschreiben   Description
beraten   Giving advice

Wortschatz

Aussehen   Physical appearance
Kleidung   Clothing
Stoffe   Materials
Charakter;   Character; character traits
    Charaktereigenschaften
Körperpflege   Personal hygiene

Strukturen

Interrogativa 1: Pronomen   Asking questions about
    und Artikelwort   people and things
Personalpronomen   Avoiding repetition
Adjektive 1   Describing how, what,
                                   what kind of

Wortstellung 1:   Word order for talking
    Objektsequenzen   about someone or
                                   something

Reflexivpronomen 1   Describing what one does
                                   for oneself

der Lockenkopf

die Bluse

die Jacke

die Jeans

der Rock

die Socken

die Sandalen

der Pulli

die Ohrringe

der Hut

der Schmuck

die Hose

die Schuhe

barfuß

LESETEXT: Ein ungewöhnliches Mädchen

The following text is the beginning of a novel that is very well known in the German-speaking countries. It is called *Momo* and was written by Michael Ende. Although Michael Ende is best known as a children's author, his books are read by many adults as well. *Momo* and another book called *The Never-ending Story* became cult books for young adults during the '70s and the '80s. A world in which everything is dominated by materialism and cold pragmatism is contrasted with a phantasy world where a child hero fights for more human warmth and understanding, and for the survival of imagination and dreams.

Vor dem Lesen

Vorhersagen machen. It is easier to understand a text when one has an idea what it is about or who is in it before one actually starts reading. Sometimes the title or the subtitle and visual clues like photos or sketches offer important information and are helpful in making predictions.

Use the sketch of Momo, the protagonist of the novel, and your imagination to answer the following questions. Then read the text to find out whether you interpreted the sketch correctly. How did your predictions differ from the text? (Note for this and the following tasks that you will understand the text better if you read it quickly once or twice than if you read it only once slowly.)

1. Welche Haarfarbe hat Momo? Hat sie Locken? Kämmt sie sich oft?
2. Welche Augenfarbe hat sie wahrscheinlich? Blau, grün oder pechschwarz?
3. Wie alt ist sie wahrscheinlich? Ist sie erwachsen oder noch ein Kind?
4. Was trägt sie? Paßt ihr diese Kleidung, oder ist sie zu groß oder zu klein?
5. Wie sieht ihre Kleidung aus?
6. Hat Momo Eltern? Was sind sie von Beruf? Kümmern sie sich um ihr Kind?
7. Wo wohnt Momo? In einer modernen Wohnung, im Kinderheim, in einer Ruine oder in einer Höhle?
8. Hat sie ein Haustier? Was für eins? Wie heißt es?
9. Hat sie Freunde? Wie alt sind sie? Was machen sie?

Aus Momo

Michael Ende

Draußen am südlichen Rand einer großen Stadt, dort, wo schon die ersten Felder beginnen und die Hütten und Häuser ärmlicher werden, lebte Momo in einer alten Theaterruine.

5 Momos äußere Erscheinung war in der Tat ein wenig seltsam und konnte auf Menschen, die großen Wert auf Sauberkeit und Ordnung legen, möglicherweise etwas erschreckend wirken. Sie war klein und ziemlich mager, so daß man beim besten Willen nicht erkennen konnte, ob sie erst acht oder schon zwölf Jahre alt war. Sie hatte einen wilden, pechschwarzen Lockenkopf, der so aussah, als ob er noch nie mit einem Kamm oder einer Schere in Berührung gekommen wäre. Sie hatte sehr große, wunder-

10 schöne und ebenfalls pechschwarze Augen und Füße von der gleichen Farbe, denn sie lief fast immer barfuß. Nur im Winter trug sie manchmal Schuhe, aber es waren zwei verschiedene, die nicht zusammenpaßten und ihr außerdem viel zu groß waren. Das kam daher, daß Momo eben nichts besaß, als was sie irgendwo fand oder geschenkt bekam. Ihr Rock war aus allerlei bunten Flicken zusammengenäht und reichte ihr bis auf

15 die Fußknöchel. Darüber trug sie eine alte, viel zu weite Männerjacke, deren Ärmel an den Handgelenken umgekrempelt waren. Abschneiden wollte Momo sie nicht, weil sie vorsorglich daran dachte, daß sie ja noch wachsen würde. Und wer konnte wissen, ob sie jemals wieder eine so schöne und praktische Jacke mit so vielen Taschen finden würde.

Nach dem Lesen

A.   Was steht im Text? Entscheiden Sie, ob die folgenden Sätze richtig (R) oder falsch (F) sind. Korrigieren Sie falsche Sätze.

_____   Momo lebte am Rand einer großen Stadt.
_____   Momo sah ganz normal aus.
_____   Momo war klein und mager.
_____   Sie war acht oder zwölf Jahre alt.
_____   Momo hatte blaue Augen.
_____   Sie trug nur im Sommer Schuhe.
_____   Sie trug einen Rock und eine viel zu weite Männerjacke.

B.   Wie Sie Wörter aus dem Kontext erraten können. One way to understand an unknown word or expression is to guess its meaning from context. What you already know about the topic can help you understand individual words and expressions. In addition, you can often discover useful clues in the preceding or subsequent sentence.

Versuchen Sie jetzt, die Bedeutung des kursivgedruckten Wortes oder Ausdrucks aus dem Kontext zu erraten. Denken Sie auch daran, was im ganzen Text steht.

1. Momos *äußere Erscheinung* war in der Tat ein wenig seltsam. Sie war klein und ziemlich mager.
   a. wie Momo aussieht   b. wie Momo spricht   c. wo Momo wohnt

2. Momo lebte *am südlichen Rand* einer großen Stadt.
   a. mitten in der Stadt   b. weit weg von der Stadt
   c. in der Peripherie der Stadt

3. Momos äußere Erscheinung war ein wenig *seltsam* und konnte auf manche Menschen erschreckend wirken.
   a. ungewöhnlich   b. normal   c. traurig

4. Momo hatte sehr große, wunderschöne und ebenfalls *pechschwarze* Augen.
   a. oval   b. sehr schwarz   c. sehr hell

5. Momo lief fast immer *barfuß*. Nur im Winter trug sie manchmal Schuhe.
   a. Sie trug immer Schuhe.   b. Sie lief fast immer ohne Schuhe.
   c. Sie lief sehr schnell.

C.   Wie Sie Wörter erkennen können: Komposita. In addition to contextual guessing, you can deal with unfamiliar vocabulary by trying to divide words into smaller units. Compound words are often made from two nouns or from a noun and an adjective. Frequently one or both of these words has an English cognate.

BEISPIELE: Momo lebte in einer alten *Theaterruine*.   Sie hatte *wunderschöne* Augen.
              das Theater + die Ruine = die Theaterruine   *das Wunder + schön = wunderschön*

Suchen Sie im Text alle Komposita. Es gibt insgesamt[1] sieben Komposita in *Momo.*

---

[1] *altogether*

D.   Wie Sie Wörter erkennen können: Suffixe. Another type of compound is made with a word plus a suffix. In this text you will find words created from these patterns: *verb stem* + **-ung** and *adjective* + **-keit.** (Words ending in **-ung** or **-keit** are always feminine.)

BEISPIELE: Momo hatte keine richtige *Wohnung*.   Er ist kein Freund von *Traurigkeit.*
              wohnen + ung = die Wohnung   *traurig + keit = die Traurigkeit*

Suchen Sie im Text alle Nomen dieser Art. Es gibt drei Nomen mit dem Suffix **-ung** und ein Nomen mit dem Suffix **-keit.**

E.   Gefühlsbarometer. Wie finden Sie Momo? Schreiben Sie Zahlen hinter die Adjektive: 1 = sehr; 2 = ziemlich[1]; 3 = nicht besonders[2], 4 = gar nicht.

nett	sympathisch	nervös	intelligent	komisch
egoistisch	ehrlich	exzentrisch	langweilig	radikal
freundlich	erschreckend	lustig	progressiv	dumm
seltsam	ruhig	pessimistisch	neugierig	spontan

Jetzt vergleichen[3] Sie Ihre Antworten mit zwei anderen Studenten. Bei welchen Eigenschaften[4] stimmen Sie alle drei überein? Wie wichtig finden Sie diese Eigenschaften? Hätten Sie Momo gern zur Freundin?

---

[1] *quite*   [2] nicht . . . *not particularly*   [3] *compare*   [4] *characteristics*

Aktivitäten

A.   Interview. Arbeiten Sie mit einem Partner / einer Partnerin zusammen. Stellen Sie die folgenden Fragen. Tauschen Sie[1] dann die Rollen.

1.   Wann bist du geboren?
2.   Was ist dein Sternzeichen?
3.   Liest du Horoskope? Warum?
4.   Glaubst du an Sternzeichen? Warum?
5.   Kennst du Leute, die an Horoskope glauben? Wen?

---

[1] *exchange*

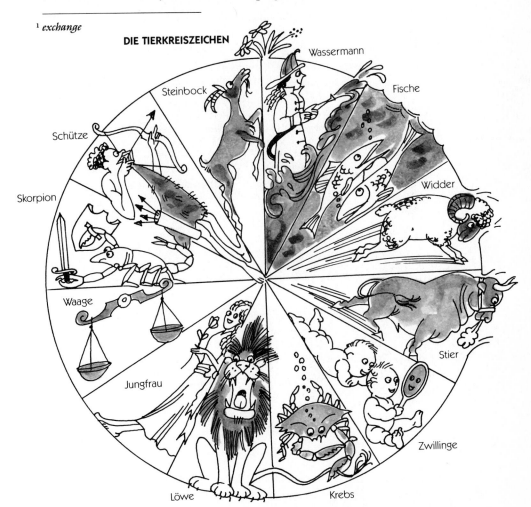

DIE TIERKREISZEICHEN

Wassermann
Fische
Steinbock
Schütze
Widder
Skorpion
Waage
Stier
Jungfrau
Zwillinge
Löwe
Krebs

B.   Interaktion. Stehen Sie auf und stellen Sie sich den Tierkreiszeichen nach auf.[1] Beginnen Sie mit Widder.

> BEISPIEL: Was ist dein Sternzeichen? —Widder
> In welchem Monat bist du geboren? —Im April.
> Dann bist du Widder. Stell dich da hin.

---

[1] sich aufstellen nach   *to arrange according to*

C.   Selbstanalyse. Schreiben Sie Ihre Eigenschaften in ein Raster. Benutzen Sie die Ausdrücke: Wie ich bin. / Wie ich nicht bin. / Wie ich gern sein möchte.

NÜTZLICHES VOKABULAR

treu/untreu
materialistisch/idealistisch
leicht zu faszinieren/kritisch
extrem schwierig/einfach
häuslich[1]/abenteuerlustig
frech/schüchtern
langweilig/faszinierend
leidenschaftlich[2]/reserviert
eifersüchtig[3]/tolerant

verantwortungslos[4]/verantwortungsvoll
sportlich/unsportlich
kompromißlos/kompromißbereit
unromantisch/romantisch
unabhängig/anhänglich
emanzipiert/traditionell
intellektuell/praktisch
sensibel[5]/unsensibel
ungeduldig/geduldig

---

[1] *domestic*   [2] *passionate*   [3] *jealous*   [4] *irresponsible*   [5] *sensitive*

D.   Interview. Fragen Sie jetzt Ihren Nachbarn / Ihre Nachbarin, wie er/sie ist, wie er/sie nicht ist, wie er/sie gern sein möchte. Machen Sie Notizen. Reagieren Sie darauf mit Ausdrücken wie:

Ach ja?
Das macht nichts.
Das ist schön.

Wirklich?
Das ist nicht so schlimm.
Das wäre ich auch gern.

SPRECHAKTE

beschreiben: Wie sehen Sie aus?

Meine Schwester ist 19 Jahre alt. Sie ist 1,65 m groß und wiegt ungefähr 55 Kilo. Sie hat dunkelblondes, langes Haar, das sie oft zu einem Pferdeschwanz zusammenbindet. Meistens trägt sie Jeans und karierte Hemden; Röcke haßt sie. Sie ist auch meistens überhaupt nicht geschminkt.

Variationen

Spielen Sie!

1. Ein Überfall. Sie waren Zeuge eines Banküberfalls. Beantworten Sie der Polizei die folgenden Fragen.

POLIZISTIN: Es war ein Mann, nicht wahr? Beschreiben Sie ihn uns, bitte.
Wie groß war er?
War er eher dick oder schlank? Wie sah er denn aus?
Wie war sein Haar?
Und was hatte er an?
Ist Ihnen sonst noch etwas aufgefallen?
Vielen Dank. Wir rufen Sie an, wenn wir noch mehr Fragen
haben.

2. Beschreiben Sie einen Freund oder eine Freundin oder ein Mitglied Ihrer
Familie. Denken Sie dabei an: Größe, Gewicht, Frisur, Körperbau, Kleidung.

3. Sie kommen aus dem Lebensmittelgeschäft und sehen,
wie ein Mann auf Ihrem Fahrrad wegfährt. Beschreiben
Sie ihn für den Polizeibericht.

LESETEXT: Im Trend

Im folgenden Artikel aus der Illustrierten *Stern* berichtet der Reporter Matthias
Matussek, wie ein Stylist versucht hat, mehr aus seinem Aussehen zu machen.
Matussek sieht aus wie ein ehemaliger „Alternativer", so nennt man in
Deutschland Leute, die z.B. in der Friedensbewegung aktiv sind, sich gegen
Atomkraft und für die Umwelt engagieren und wenig Wert auf modische
Kleidung und andere Äußerlichkeiten legen.

Jason, so heißt der Stylist, zu dem Matussek geht, schaut sich das Gesicht
seiner Kunden sehr genau an und versucht, ihre Persönlichkeit zu analysieren.
Dann schlägt er zum Beispiel eine neue Frisur, andere Kleidung oder eine neue
Brille vor. Oft nimmt er Fotos aus der Werbung, die einen bestimmten Typ
zeigen, als Modell.

Vor dem Lesen

A. Vorher und hinterher. Schauen Sie sich zuerst die Fotos von Matthias
Matussek an. Wie hat er sich verändert?

	VORHER	HINTERHER
Kleidung		
Schuhe		
Brille		
Frisur		
Sonstiges[1]		

---

[1] *other*

B.   Definitionen. Bevor Sie mit dem Lesen anfangen, schauen Sie sich die folgenden Textstellen aus „Stilbruch" an. Die kursivgedruckten Wörter und Ausdrücke sind wichtig für das Textverständnis. Suchen Sie für das kursivgedruckte Wort / den kursivgedruckten Ausdruck die richtige Definition aus der rechten Spalte.

1. *Ein Haufen Arbeit,* der da auf Jason zukommt.
2. Jason ist kein einfacher *Frisör,* er ist Stylist. Er offeriert keine Haarschnitte, sondern Lebenskonzepte.
3. Um seine Frisuren zu modellieren, analysiert Jason Gesicht und *Persönlichkeit.*
4. Jason *taxiert* Matusseks Gesicht.
5. Die Augen sind okay. Die Kopfform? Na ja. „Aber der *Kiefer!*" ruft Jason. „Viel zu markant." [1]
6. Es handelt sich um eine *Anzeige* für Videokassetten.
7. Auf dem Foto sieht Matussek ein *kantiger Surfertyp* mit Brikettfrisur an.
8. Ich lasse mir einen Termin beim *Chefredakteur* geben.
9. Jason hatte von beruflichem Aufstieg erzählt. „Was ist nun mit meiner *Gehaltserhöhung?*"

a. prüfend ansehen, mustern [2]
b. viel Arbeit
c. Teil des Kopfes, in dem die Zähne sitzen
d. jemand, der Haare schneidet
e. Individualität, Charakter
f. mehr Geld
g. Mensch mit eckigem Gesicht, der wie ein typischer Surfer aussieht
h. der Leiter [3] einer Gruppe von Personen, die für eine Zeitung oder Illustrierte schreiben
i. Werbung, Reklame

---

[1] *prominent* [2] *scrutinize* [3] *manager, director*

C.   Wie man Zeitungs- oder Zeitschriftentexte liest. Newspaper and magazine articles differ from literary texts in style and function. Their main purpose is to inform about general or specific topics, to encourage critical discussion, and sometimes to amuse the reader. They have to be up to date and thus are composed in a fast and often casual manner. They have to be visually appealing and easily accessible to the reader, who is confronted with many different articles and wants to find out quickly which ones are worth reading. Therefore, an article's main idea is often presented in the first or last sentences of a paragraph.

When you read a newspaper or a magazine article, particularly if it is a long article, first look it over to get a general idea of what it's about from headlines, photos, and other visual clues. Next, skim the text, not stopping at unfamiliar words, looking for a few main ideas and checking the tone of the article. Then scan for specific details.

Because the following article is long, we have broken it into three sections. First read the following three questions to get a sense of the themes and events. Second, read the first section in order to get an overview. Then look for the answers to the questions. The line numbers in parentheses will help you orient yourself. Proceed in the same manner with the subsequent two sets of questions and sections.

TEIL 1

1. Wie heißt der Stylist, zu dem Matussek geht, und was bietet er an? (1 bis 12)
2. Wie sehen Jasons Kunden[1] hinterher aus, und wie alt sind viele von ihnen? (13 bis 19)
3. Wie wirkt[2] Matussek und wie möchte er wirken? (20 bis 23)

---

[1] *customers* [2] *appear, give the impression of being*

„Stilbruch"

„Ach Gott", sagt Jason, als ich den Laden im Charlottenburger Kiez betrete. Ich schäme mich. Ich weiß nur noch nicht wofür. „Wohl mal 'n Alternativer gewesen, was?!" Jason kennt die Sorte. In seiner Stimme liegt kein ideologischer Tadel,° eher eine Art Stöhnen,° das alles bedeuten kann, auf jeden Fall aber: ein Haufen Arbeit, der da auf
5 ihn zukommt.

    Jason ist kein einfacher Frisör, er ist Stylist. Er offeriert keine Haarschnitte, sondern Lebenskonzepte. Wer zu Jason geht, läßt sich nicht nur den Kopf waschen, sondern seine Identität. Nach einer Methode, auf die er ein Patent hat. Er bietet den Styling Service „The Optimal Correction" an. Früher ging ich zum Frisör mit der ehernen
10 Maxime: „Kürzer, aber nicht zu kurz." Jetzt komme ich auf die Couch. Um seine Frisuren zu modellieren, analysiert Jason Gesicht und Persönlichkeit. Und er bietet Einkaufsberatung an.

    „Das heißt aber nicht, daß du hinterher besser aussiehst", dämpft Jason meine Euphorie, „nur eben interessanter, erfolgreicher." Was ich davon habe? „Du siehst nicht
15 nur so aus. Du bist es dann auch." Aha.

    Seine Philosophie hat Jason in einem amerikanischen Bestseller entdeckt. „Dress for success". Nicht die Eitelkeit, sondern der nackte kapitalistische Existenzkampf treibt Jason viele seiner Kunden in die Arme. Leute, die sich fit stylen lassen wollen. Viele zwischen 40 und 50.
20   Wie wirkt man? Wie glaubt man, daß man wirkt? Wie möchte man wirken? Die erste Frage beantwortet Jason so: „Intellektuell, alternativ, gedankenverloren." Und dann fragt er mich, wie ich wirken möchte. „Interessanter", stottere ich. „Das habe ich mir gedacht", nickt Jason grimmig.

criticism

groan

TEIL 2

4. Was sagt Jason über Matusseks Augen, Kopf und Kiefer? (1 bis 5)
5. Nach dem Haarewaschen schneidet Ollie Matussek die Haare. Als Modell für die Frisur dient eine Anzeige. Wofür ist die Anzeige? (9 bis 15)
6. Wohin gehen Jason und Matussek nach dem Haareschneiden und was kaufen sie? (16 bis 19)

Er taxiert mein Gesicht. Seine Devise: Schwächen verbergen. Stärken hervorheben.
25 Die Augen sind okay (Trotzdem verpaßt er mir später eine getönte Brille). Die Kopf-form? Na ja. „Aber der Kiefer!" ruft Jason. „Viel zu markant. Das muß ausgeglichen werden!" Mit dem Befehl, ab sofort hohe Kragen und Schals zu tragen, entläßt er mich zum Waschen.
 „Normal oder spezial?" fragt mich das Mädchen, wahrscheinlich eine diplomierte
30 Shampoonistin. „Spezial", antworte ich reflexartig — nur nichts Normales mehr. „Fetten denn deine Haare wirklich so stark?" „Nö, eigentlich nicht." „Also normal."
 Dann wird Ollie auf mich angesetzt. Ein sympathischer Junge mit zweifarbigen Haaren. Im Spiegel hinter ihm taucht Jason auf. Er drückt Ollie einen Zettel in die Hand. „Du verstehst, was ich meine?" Ollie nickt. „Alles klar." Und setzt die Schere an. Irgend-
35 wann gelingt es mir, ihm den Geheimplan zu entwenden. Es handelt sich um eine Anzeige für TDK-Videokassetten, auf der ein kantiger Surfertyp mit Brikettfrisur mich anschmollt. Nach dem werde ich ummodelliert! Drunter der Spruch: „Alles Brillant — Alles Bestens." Für die letzten Korrekturen greift der Meister selbst zur Schere.
 Ein paar Minuten später stolpere ich hinter Jason her in Berlins teuerstes Modege-
40 schäft. Jason schnürt an Garderobenständern entlang, prüft, schüttelt den Kopf, mur-melt. Dann ein entschlossener Griff. „Das ist es!" Triumphierend hält er eine Wildleder-jacke ins Scheinwerferlicht. Clou der Jacke: ein Kragen, den man hochstellen kann!

TEIL 3

7. Welche Farben haben die anderen Kleidungsstücke, die sie kaufen? (1 bis 9)
8. Jason faßt in einem Satz zusammen, was in der modernen Welt wichtig ist. Wie lautet sein Fazit[1]? (10 bis 14)
9. Mit welchen Personen vergleicht[2] sich der Reporter im Theater? (15 bis 20)
10. Zwei Tage später geht Matussek zu seinem Chef. Er möchte eine Gehaltser-höhung. Bekommt er sie? (21 bis 28)

---

[1] *conclusion*   [2] *compare*

Und dazu jetzt eine 501er!" sagt Jason begeistert. Wieso? Muß ich eine Waffe zur Jacke tragen? „Eine 501er in Schwarz, eine Jeans, kapierst du? 'Ne exquisite Jacke und
45 'ne billige Jeans, das sind so die Feinheiten, auf die es ankommt."
 Jason hat meinen Typ bereits im Kopf: grün. Ein Hemd mit grünen Streifen, einen grünen Pullover. Mißtrauisch beäuge ich den Pullover. Der Preis? Tausend Mark für einen Pullover? Als Jason mein Gesicht sieht, lenkt er ein. „Der muß nicht sein."

Das Modehaus Gianni Versace steuert schwarze Wildlederslipper und einen grell-
50 gelben Schal (Kiefer!) bei. Zu guter Letzt wird mir ein Gürtel mit Silberschnalle umge-
hängt. Jason tritt drei Schritt zurück. Er sieht zufrieden aus. Ich atme auf.

Im Brillenladen nebenan, wo mir dunkle Gläser verpaßt werden, zerstreut Jason
letzte Bedenken: „Schau mal, die ganze Umwelt ist lauter geworden, bunter, schneller,
aggressiver. Ja, meine Güte, da kann ich doch gar nicht erkennen, was einer drauf
55 hat—wenn der auch noch einen grauen Anzug trägt!" Klar. Ich kapiere.° Jason zieht   verstehe
sein Fazit: „Du mußt deinen Typ darstellen!"

In seinem goldfarbenen Mercedes setzt er mich am Ku'damm° ab, wo ich eine   Kurfürstendamm: *main shopping district in*
Premiere besuche. Jason hat das Seine getan. Er hat einen Menschen, mehr noch, er hat *Berlin*
einen Typ aus mir gemacht. Darstellen muß ich den nun selber. Zwei Stunden lang
60 vergesse ich die Strapaze, einen Typ darzustellen, und schaue den Darstellern auf der
Bühne zu. Immerhin: Die haben ein Drehbuch. Wochenlang geprobt. Und ich muß
improvisieren.

Frischgebügelt präsentiere ich mich zwei Tage später den Kollegen. Unbekümmert,
markig, TDK-mäßig, gut gelaunt. Ich laß mir einen Termin beim Chefredakteur geben.
65 Schließlich hatte Jason von beruflichem Aufstieg erzählt. Schwungvoll stoße ich die
Tür zum Chefzimmer auf. Ich mache mein TDK-Gesicht. Gebe ihm zwei Sekunden, um
mich vom Wildlederslipper bis zur Brikettfrisur zu mustern. „Also", sage ich, „was ist
nun mit meiner Gehaltserhöhung?" „Vergiß es", knurrt der, „komm zur Sache, worum
geht's?"
70 Mein Gott, Jason, was mache ich nur falsch?

Nach dem Lesen

A.   „Wortfarben". The author uses vivid words to relate his experience and to
describe Jason's opinions of "ordinary" styles. These terms clarify the author's
attitude toward the topic and entertain the reader.

Suchen Sie für das kursivgedruckte Wort die richtige Definition aus der rechten Spalte.

1. „Das heißt aber nicht, daß du hinterher besser aussiehst", *dämpft* Jason meine Euphorie.
2. Und dann fragt mich Jason, wie ich wirken möchte. „Interessanter", *stottere* ich.
3. „Das habe ich mir gedacht", nickt Jason *grimmig*.
4. Es handelt sich um eine Anzeige für TDK-Videokassetten, auf der ein kantiger Surfertyp mich *anschmollt*.
5. Ein paar Minuten später *stolpere* ich hinter Jason *her* in Berlins teuerstes Modegeschäft.
6. „Das ist es!" *Triumphierend* hält Jason eine Wildlederjacke ins Scheinwerferlicht.
7. Jason sieht zufrieden aus. Ich *atme auf*.
8. Zwei Stunden lang vergesse ich die *Strapaze*, einen Typ darzustellen.
9. *Frischgebügelt* präsentiere ich mich zwei Tage später den Kollegen.
10. *Schwungvoll* stoße ich die Tür zum Chefzimmer auf.

a. kraftvoll, dynamisch
b. erleichtert[1] sein
c. *eigentlich:* schlecht gelaunt; *hier:* sarkastisch
d. (*Emotionen*) schwächer machen
e. voller Triumph
f. eine bestimmte Art zu sprechen, wenn man sich unsicher fühlt (*Kognat*)
g. *hier:* mit neuem Aussehen und neuer Kleidung
h. *eigentlich:* mit dem Fuß anstoßen und fallen; *hier:* unsicher gehen
i. eine große Anstrengung
j. mit beleidigtem Gesicht ansehen

---

[1] *relieved*

Aktivitäten

A. Interview. Stellen Sie Ihrem Partner / Ihrer Partnerin folgende Fragen.

1. Was sind deine Lieblingsfarben?
2. Trägst du gern Röcke / einen Anzug?
3. Was ziehst du ins Konzert an?
4. Was trägst du zu Hause?
5. Was für Schuhe trägst du gern?
6. Wie gefallen dir Krawatten?
7. Wieviel Geld gibst du im Monat für Kleidung aus?
8. Was hältst du von langen Unterhosen?

B. Umfrage. Finden Sie Leute in der Klasse, die die folgenden Sachen machen, und bitten Sie sie zu unterschreiben. Nur eine Unterschrift pro Person.

UNTERSCHRIFT

1. Schminkst du dich? _____
2. Rasierst du dich täglich? _____
3. Stehst du gern vor dem Spiegel? _____
4. Gefallen dir Männer mit Bart? _____
5. Putzt du dir mehr als zweimal
   pro Tag die Zähne? _____
6. Ziehst du dich gern elegant an? _____
7. Wäschst du dir jeden Morgen
   die Haare? _____
8. Fönst[1] du dir die Haare? _____

[1] *dry with a hair dryer*

SPRECHAKTE

beraten: Gibst du mir einen Rat?

(*Fritz macht sich fein*)

FRITZ: Du, Gisela, was soll ich denn heute abend in die Disko anziehen?

GISELA: Was willst du denn in der Disko? An deiner Stelle würde ich ins Kino gehen. Du kannst doch gar nicht tanzen.

FRITZ: Sei nicht so gemein.[1] Hilf mir doch!

GISELA: Na, gut. Du könntest vielleicht deine gelbe Hose anziehen. Gelb ist „in"!

FRITZ: Und was soll ich dazu tragen?

GISELA: Am besten würde dazu dein Hawaiihemd passen.

FRITZ: Au ja. Du, vielen Dank.

[1] *mean*

(*Das vielseitige Heimtrainingsgerät.*)

VERKÄUFER: Dies ist unser neustes Modell aus den USA. In zwei Wochen können Sie damit Ihre Figur um 100 Prozent verbessern.

KUNDE: Welche Muskeln kann ich denn damit trainieren?

VERKÄUFER: Bauch-, Rücken-, Arm- und Beinmuskeln natürlich.

KUNDE: Haben Sie denn auch eine Gebrauchsanweisung?[1]

VERKÄUFER: Selbstverständlich! Das Video mit Arnold Schwarzenegger liefern wir mit.[2]

[1] *instructions*   [2] *is included*

Variationen

A. Cartoon. Schreiben Sie einen Dialog zu diesem Cartoon.

A: _____ A: _____ A: _____ A: _____ A: _____

B: _____ B: _____ B: _____ B: _____ B: _____

B. Spielen Sie!

1. Der Vater eines Freundes bittet Sie um Rat. Er ist 50 Jahre alt, geschieden und hat einen Bierbauch. Er würde gerne wieder heiraten.
2. Eine Ihrer Freundinnen ist bei den Eltern ihres neuen Freundes zum Abendessen eingeladen und weiß nicht, was sie anziehen soll. Beraten Sie sie.

Und jetzt zu Ihnen!

A: Es ist November. Sie gehen in ein Reisebüro, um einen Flug nach Österreich zu buchen. Sie wollen drei Wochen dort bleiben und Bad Gastein und andere Thermalbäder besuchen. Informieren Sie sich über das Wetter und fragen Sie auch, welche Kleidung man jetzt dort braucht.

B: Es ist November. Sie arbeiten in einem Reisebüro. Zu Ihnen kommt ein Kunde, der unbedingt zu dieser Jahreszeit nach Österreich fliegen will. Sie waren schon einmal im November in Österreich, und es war eine Katastrophe: Nebel, Regen, Kälte, einfach deprimierend. Versuchen Sie, dem Kunden seine Pläne auszureden.

Wie in vielen Ländern gibt es auch in Deutschland und Österreich viele Kurorte. Diese Kurorte besucht man, um dort eine Krankheit auszukurieren oder aber auch nur, um etwas für seine Gesundheit zu tun. Diese Art präventiver Medizin wird von den Krankenkassen bezahlt, und der meist drei- bis vierwöchige Aufenthalt zählt nicht als Urlaub.

WORTSCHATZ

A Note on the Chapter Vocabulary

Assoziationen presents new vocabulary *in context*. Context, the framework that the speaker and the listener share, is basic to comprehension. Associating words and expressions with a context will help you a great deal in assimilating new vocabulary.

For this reason, each **Wortschatz** (*chapter vocabulary*) is divided into *semantic fields*—four or five topics (contexts) that relate to the themes of the chapter's readings and activities. If the **Das wissen Sie schon** sections contain words that you do not recognize, make those your first priority. You can find the English equivalents for these words in the vocabulary section at the end of the book and add them to the chapter list. (You are expected to be able to recall and use all these review words and expressions, to recognize the new vocabulary in context, and to use enough of the new words to communicate effectively about that topic.) The **Wortschatz** also includes up to half a dozen **Sprechakte**—expressions and phrases that will help you work through the activities and exercises in each chapter.

In addition, to help you recognize and recall vocabulary, each semantic group opens with some questions that will reinforce the context.

Information given for verbs varies with the type of verb: for strong and irregular weak verbs you will find the infinitive, the third-person singular present, the simple past, and the past participle. The auxiliary verb will be given only if the verb requires **sein.** Regular weak verbs are listed only with the infinitive and the past participle.

You may find it helpful to mark cognates with a "C" after the English definition; when you are working on recall from English to German, the "C" will remind you that both languages use virtually the same word. Similarly, you may find it advantageous to mark German composites with a "K" in the English column, indicating that the German equivalent is a **Kompositum** (*composite word*).

To help you recall them, try to associate words and phrases with images from your own life. For example, you could associate **Größe** (*size*) with **die Größe seiner Schuhe** and visualize your favorite basketball player wearing size 15 sneakers; **Frisur** could be associated with **Erikas neue Frisur,** visualized as a fellow student's new hairdo. **Doof** will "stick" when you recall **Mein kleiner Bruder ist gar nicht doof,** and you will retain **Gewicht** when you remember your own weight. **Mein Gewicht ist genau ideal für mich.**

You can also create a different kind of context for a new word by thinking of synonyms, antonyms, and simple definitions from words you already know. This is especially effective with adjectives, adverbs, and verbs. For instance, **langsam** is easily associated with **schnell, öffnen** with **aufmachen, abfahren** with **ankommen.**

We encourage you *not* to look up unknown words in the chapter readings the first time you encounter them. You should always try first to ascertain the word's meaning from its context, and you should dare to leave the meaning undetermined for the time being if you cannot guess it easily. If the word is a key word, it will occur again—and possibly in a somewhat different context that will be more accessible to you. If you still cannot determine the word's meaning, look it up in the vocabulary at the end of the book the second or third time you read the passage.

And now **Viel Glück** with the **Wortschätze!**

Aussehen (n.)   *physical appearance*

Welchen Typ finden Sie am interessantesten?

Wie sehen Sie aus?

Das wissen Sie schon:

die Brille, -n	**dunkel**	**hell**	**kurz**
blond	**dünn**	**hübsch**	**lang**
dick	**groß**	**klein**	**schön**

aussehen (sieht . . . aus), (sah . . . aus, ausgesehen)

Das ist neu:

die Dauerwelle, -n permanent wave, perm
die Erscheinung appearance
die Figur, -en figure; character (*novel, film*)
das Gewicht, -e weight
die Größe, -n height; size; greatness
die Kontaktlinse, -n contact lens
die Locke, -n curl

blaß pale
fettiges/trockenes Haar (n.) oily/dry hair
mager thin, skinny; lean

abnehmen (nimmt . . . ab, nahm . . . ab, abgenommen)   to lose weight
wiegen (wog, gewogen)   to weigh
zunehmen (nimmt . . . zu, nahm . . . zu, zugenommen)   to gain weight

Sie haben sich kaum verändert.   You have hardly changed (at all).

Kleidung (f.)   *clothing*

Wie sind Sie oder Ihr Nachbar / Ihre Nachbarin heute angezogen?

Was tragen Sie am liebsten, wenn Sie an die Uni / in ein Baseballspiel mit Ihrem
Freund / Ihrer Freundin in ein teures Restaurant zum Essen gehen? Macht es Ihnen
Spaß, manchmal etwas anderes als Jeans anzuziehen?

Das wissen Sie schon:

der Anzug, ⸚e	**die Hose, -n**	**das Kleid, -er**	**der Rock, ⸚e**
die Bluse, -n	**der Hut, ⸚e**	**der Mantel, ⸚**	**der Schuh, -e**
das Hemd, -en	**die Jacke, -n**	**der Pullover, -**	**die Socke, -n**

anziehen (zieht . . . an, zog . . . an, angezogen)

Das ist neu:

der Ärmel, -   sleeve
der Gürtel, -   belt
der Handschuh, -e   glove
die (Hosen/Jacken)Tasche, -n   (pants/coat) pocket
der Knopf, ⸚e   button
der Kragen, - (*oder südd., österr.* ⸚)   collar
die Mütze, -n   cap
die Reinigung, -en   cleaning; dry cleaning
der Schal, -s (*oder* **-e**)   scarf; shawl

der Streifen, -   stripe
der Strumpf, ⸚e   stocking
die Strumpfhose, -n   panty hose
die Unterwäsche   underwear

barfuß   barefoot
bunt   (multi-)colored, colorful
kariert   checkered, checked
gestreift   striped

anhaben (hat . . . an, hatte . . . an, angehabt)   to wear, have on
anprobieren (anprobiert)   to try on
bügeln (gebügelt)   to iron
reinigen lassen (läßt reinigen, ließ reinigen, reinigen lassen)   to have dry-
    cleaned, take to the (dry) cleaner's
sich umziehen (zieht . . . um, zog . . . um, umgezogen)   to change (clothes), get
    changed

Das ist jetzt Mode (*f.*).   That's the latest fashion. That's "in" right now.
Das paßt dir gut.   That fits you well.
Das steht dir gut.   That suits you well/looks good on you.

Stoffe (m., pl.)   *materials*

Welche Stoffe haben Sie am liebsten, welche tragen Sie nicht gern? Finden Sie einige
davon in dieser Liste?

Gibt es Stoffe, gegen die Sie allergisch sind? Glauben Sie, daß es gesund ist, nur
natürliche — und keine synthetischen — Stoffe zu tragen? Haben Synthetics auch Vorteile?

Das wissen Sie schon:

das Nylon   **die Synthetics** (*pl.*)

Das ist neu:

die Baumwolle cotton	**das Wildleder** suede	**echt** real, genuine
das Leder leather	**die Wolle** wool	**rein** pure; sheer
die Seide silk		

aus reiner Wolle   made from pure wool

Charakter (m.); Charaktereigenschaften (f., pl.)   *character; character traits*

Welche Charaktereigenschaften sollte Ihr idealer Freund / Ihre ideale Freundin oder Partner/Partnerin haben, wie sollte er/sie nicht sein? Wie würden Sie ihn/sie beschreiben?

Nehmen Sie eine bekannte Persönlichkeit, über die Sie viel wissen, und beschreiben Sie seinen/ihren Charakter. Was gefällt Ihnen daran, was würden Sie lieber nicht an ihm/ihr sehen?

Das wissen Sie schon:

dumm	**intelligent**	**nervös**	**ruhig**
frech	**langweilig**	**nett**	**schüchtern**
freundlich	**lustig**		

Das ist neu:

abenteuerlustig adventurous, thirsting for adventure	**gut/schlecht gelaunt** in a good/bad mood
begeistert enthusiastic	**komisch** funny, comical
doof stupid, dumb	**leidenschaftlich** passionate; impassioned
ehrlich honest; sincere	**neugierig** inquisitive, curious; nosy
eifersüchtig jealous	**seltsam** strange; odd, peculiar
eitel vain; conceited	**sensibel** sensitive
empfindlich sensitive; delicate	**sympathisch** pleasant, nice
geduldig patient	**treu** faithful, loyal; devoted
gemein common; mean	**unabhängig** independent

Körperpflege (f.)   *personal hygiene*

Welche Körperpflegeartikel nehmen Sie normalerweise mit, wenn Sie ein Wochenende auf dem Land verbringen?

Das wissen Sie schon:

das Deo(dorant), -s	**sauber**
der Frisör (Friseur), -e / die Frisöse, -n	**schmutzig**
das Handtuch, ¨er	**(sich) baden (gebadet)**
der Kamm, ¨e	**(sich) duschen (geduscht)**
das Make-up, -s	**sich* die Zähne putzen (geputzt)**
die Seife, -n	**sich rasieren (rasiert)**
das Shampoo, -s	**(sich) waschen (wäscht, wusch, gewaschen)**
die Zahnbürste, -n	
die Zahnpasta, -en (*oder* **Zahnpaste, -n**)	

---

* The use of **sich** is mandatory if it does not appear in parentheses.

Das ist neu:

die Bürste, -n brush
das Duschgel, -e shower gel
der Fön, -e hair dryer
das Haargel, -e (hair) styling gel
der Lidschatten, - eye shadow
der Lippenstift, -e lipstick
der Nagellack, -e nail polish

der Rasierapparat, -e razor; (electric) shaver
die Schere, -n (pair of) scissors; shears
der Spiegel, - mirror
die Wimperntusche, -n mascara

dreckig dirty; filthy

sich die Haare fönen (gefönt) to dry one's hair (with a hair dryer)
sich die Haare schneiden lassen to get a haircut
sich schminken (geschminkt) to put on makeup

Sprechakte

Ist Ihnen bei dem Unfall sonst noch etwas aufgefallen? Did you notice anything
   else about the accident?
Kannst du mir einen Rat geben? Can you give me a piece of / some advice?
An deiner Stelle würde ich nie an dieses College gehen. I would never go to this
   college if I were you.
Was kann ich denn zu dieser Hose tragen? What can I wear with these pants?
Mit diesem Lehrbuch kannst du deine Noten deutlich verbessern. You'll be able
   to noticeably improve your grades with this textbook.

STRUKTUREN

1.1 INTERROGATIVA 1: Pronomen und Artikelwort
Asking Questions About People and Things

A. Fragepronomen *(Question Pronouns)*

Use the question pronoun **wer** to ask about a person and **was** to ask about an
animal, a thing, or an abstract notion.

> **Wer** ist das? —Das ist meine Tochter.
> **Was** ist das? —Das ist eine Art Fisch.

The forms of the question pronoun **wer** are similar to the forms of the masculine
definite article. **Wer** is used for all three genders.

Nom.:	**Wer** kommt?	**Der** Mann und die Frau aus Panama.
Akk.:	**Wen** siehst du?	**Den** Mann und die Frau aus Panama.
Dat.:	**Wem** gehört das Auto?	**Dem** Mann und der Frau aus Panama.
Gen.:	**Wessen** Haus ist das?	Das ist das Haus **des** Mannes und der Frau aus Panama.

The question pronoun **was** occurs only in the nominative and accusative cases and does not change form. With prepositions, **wo**-compounds are used (see B, below).

Was ist los?	*What's wrong?*
Was habt ihr euch gestern angesehen?	*What did you see yesterday?*

B. Präposition + Pronomen/Pronominaladverb   (Preposition + Pronoun / wo-Compound)

To ask about people, use the combination *preposition + pronoun*. To ask about things and abstract notions, use a **wo**-*compound*.

Von wem sprichst du eigentlich?	*Who(m) are you talking about?*
Wovon sprichst du eigentlich?	*What are you talking about?*

Wo-compounds have two forms: (1) if **wo** precedes a consonant, the two words are simply combined; (2) if **wo** precedes a vowel, an -**r**- is inserted between the two words.

wo + mit = womit	*with what*	
wo + an = woran	*on what*	

Here is a list of prepositions that can be combined with **wo(r)-**. (Note that not all prepositions can be combined.)

Akk.:	wodurch, wofür, wogegen, worum
Dat.:	woraus, wobei, womit, wonach, wovon, wozu
Akk/Dat.:	woran, worauf, worin, worüber, wovor*

Womit hast du dir die Zähne geputzt?	*With what did you brush your teeth?*
Worum geht's?	*What's it about?*

C. welcher / was für ein   (Which / What Kind of)

Use a form of **welcher** to ask about a *specific* person or thing; use a form of **was für ein** to ask about *a class of* people or things.

> **Welche** Frisur hätten Sie denn gern? —Die Dauerwelle auf diesem Foto hier.
> **Was für eine** Frisur hätten Sie denn gern? —Eine moderne.

Here are the forms of **welcher** (a **der**-word).

	SPIEGEL (*m.*)	DUSCHGEL (*n.*)	SCHERE (*f.*)	BÜRSTEN (*pl.*)
Nom.:	welch**er**	welch**es**	welch**e**	welch**e**
Akk.:	welch**en**	welch**es**	welch**e**	welch**e**
Dat.:	welch**em**	welch**em**	welch**er**	welch**en**

---

* selten (*rarely used*): wohinter, woneben, worunter, wozwischen

Welcher Rasierapparat gehört dir? Dieser hier oder der andere?
Welche Bürste soll ich dir bringen? Die Haarbürste oder die Kleiderbürste?

The phrase **was für** does not affect the case of what follows; rather the forms of
ein, eine, and **ein** change according to their function in the sentence. The plural
of **was für ein** is always **was für.**

Was für eine Wohnung habt ihr?
Was für Probleme habt ihr?

1.2 PERSONALPRONOMEN

Avoiding Repetition

Personal pronouns allow us to speak about people and things without constantly
repeating their names.

PERSON	FORMS	USE
first	ich/wir	to talk about oneself, ourselves
second	du/ihr/Sie	to address others
third	er/es/sie/sie (*pl.*)	to refer to people, things, and abstract notions that have already been named

Ich trage gern lange Kleider.
Wo ist der Lippenstift! —Ich weiß nicht, wo **er** ist.

A. Erste und zweite Person (*First and Second Person*)

Like English, German distinguishes between *subject* and *object pronouns:* for example, *I/me:* **ich/mich, mir.***

Ich habe nichts gekauft.
Du hast aber viel gekauft. }(*subject pronoun*)

Red' **mich** nicht an!
Was hast du **mir** gesagt? }(*object pronoun*)

However, German also distinguishes between *accusative* and *dative object pronouns:*
mich/mir; dich/dir; Sie/Ihnen.

Hast du **mich** gesehen? (*accusative object pronoun*)
Wie gefällt **dir** der Mantel? (*dative object pronoun*)
Ich habe **Sie** doch eingeladen. (*accusative object pronoun*)

---

* Note that German does not use object pronouns in subject positions the way it's done in informal English:
Wer ist das? —Das bin doch ich! (*Who's that? —Well, that's me!*)

In addition, German has three forms of address (second person): the informal **du** (singular) and **ihr** (plural), and the formal **Sie** (singular and plural).

Here are the forms of the first and second person pronouns.

| | **1. PERSON** | | **2. PERSON** | | |
| | | | *informal* | | *formal* |
	sing.	*pl.*	*sing.*	*pl.*	*sing. + pl.*
Nom.:	ich	wir	du	ihr	Sie
Akk.:	mich	uns	dich	euch	Sie
Dat.:	mir	uns	dir	euch	Ihnen

B. Dritte Person   (*Third Person*)

The third person pronouns also occur in the nominative, accusative, and dative cases; and they also distinguish between gender and number.

> Wo sind meine Schuhe? —**Sie** sind unter dem Bett. (*nom. pl.*)
> Geben Sie mir den Hut. Ich möchte **ihn** anprobieren. (*acc. m. sing.*)
> Petra hat einen neuen Mantel gekauft. Er steht **ihr** gut. (*dat. f. sing.*)

	KNOPF (*m.*)	**KLEID** (*n.*)	**BLUSE** (*f.*)	**SCHUHE** (*pl.*)
Nom.:	er	es	sie	sie
Akk.:	ihn	es	sie	sie
Dat.:	ihm	ihm	ihr	ihnen

1.3 ADJEKTIVE 1
Describing How, What, and What Kind

In German, adjectives can be used adverbially (that is, following a verb), as predicates (after **sein, werden,** and some other intransitive verbs), and attributively (usually before the noun). When used adverbially, the adjective describes how something is done. When used as a predicate, it describes what something is like. And when used attributively, the adjective further specifies the kind of person, thing, or abstract notion.

> *adverbial:* Sie sah mich **neugierig** an. (*how* she looked at me)
> *prädikativ:* Mein Freund ist sehr **neugierig!** (*what* my friend is like)
> *attributiv:* Ich mag **neugierige** Menschen. (*what kind* of people I like)

Only attributive adjectives are inflected—meaning that they add endings to signal the case, the number, and the gender of the noun they describe.

A. Markierte (starke) Endungen (Marked [Strong] Endings)

1. Unpreceded Adjectives

When an attributive adjective is *not* preceded by any determiner (a **der-** or an **ein-**word), it has *marked endings* (also called *strong endings*); that is, its endings are identical to those of a **der-**word.

der Stoff   das Leder

feiner Stoff   feines Leder

> Momos äußere Erscheinung war seltsam und wirkte auf Menschen, die großen Wert auf Sauberkeit legten, etwas erschreckend. Sie hatte große, wunderschöne Augen.
>
> Bettina hat dunkelbraunes Haar und blaue Augen.

Compare the **der-**word and the adjective endings in the following chart.*

	STOFF (*m.*)	LEDER (*n.*)	WOLLE (*f.*)	STOFFE (*pl.*)
Nom.:	dieser feiner	dieses feines	diese feine	diese feine
Akk.:	diesen feinen	dieses feines	diese feine	diese feine
Dat.:	diesem feinem	diesem feinem	dieser feiner	diesen feinen

2. Preceded Adjectives

When an attributive adjective is preceded by an **ein-**word *without* an ending, it also has marked endings.†

dieser Rock   dieses Hemd   Stefan ist **ein** sympathisch**er** Mensch.

ein schön**er** Rock   **ein** schön**es** Hemd   Iris fährt **ein** schnell**es** Auto.

	ROCK (*m.*)	HEMD (*n.*)
Nom.:	ein dies**er** ein neu**er**	ein dies**es** ein neu**es**
Akk.:		ein dies**es** ein neu**es**

---

* Unpreceded adjectives occur mostly in the nominative, accusative, and dative cases.

† This occurs only in masculine and neuter nominative, and in neuter accusative.

B. Unmarkierte (schwache) Endungen   (*Unmarked* [*Weak*] *Endings*)

An attributive adjective that *is* preceded by a **der**-word or an **ein**-word with ending ends in -e or -en.*

> Regina hat mir eine komische Geschichte erzählt.
> Andrea lebte am südlichen Rand einer großen Stadt.

	MANTEL (*m.*)	HEMD (*n.*)	BLUSE (*f.*)	KLEIDER (*pl.*)
Nom.:	der schöne	das schöne	die schöne	die schönen
			meine schöne	meine schönen
Akk.:	den schönen	das schöne	die schöne	die schönen
	meinen schönen		meine schöne	meine schönen
Dat.:	dem schönen	dem schönen	der schönen	den schönen
	meinem schönen	meinem schönen	meiner schönen	meinen schönen
Gen.:	des schönen	des schönen	der schönen	der schönen
	meines schönen	meines schönen	meiner schönen	meiner schönen

1.4 WORTSTELLUNG 1: Objektsequenzen
Word Order for Talking About Someone or Something

In German, the positioning of verbs and parts of verbs in a sentence is quite different from English. Verb positions affect the positioning of object nouns and pronouns. In independent clauses the verbal elements—in first or second position and in last position—form a frame **(Satzklammer)** around the sentence (see **Strukturen E.1** in the **Einführungskapitel**).

> Nach dem Waschen habe ich mir die Haare gefönt.

In dependent clauses, this frame is formed by the subordinating conjunction **(Subjunktor)** in first position and by the conjugated verb in last position.

> Bevor ich dir den Knopf annähe, mußt du mir erst einen Kuß geben.

Within the frame, the usual order of subject and objects is: subject, dative object, accusative object.

> SUBJ DAT   AKK
> Heute hat **Anja ihrem Bruder eine lustige Geschichte** erzählt.

Pronouns normally *precede* nouns, irrespective of case.

---

* Note the pattern: **-e** in all three genders of the nominative singular and in the neuter and feminine accusative singular; in all other instances, they end in **-en.**

DAT   SUBJ   DAT AKK

Hat **Ihnen die Tasche gefallen?**   Er hat **mir einen teuren Ring** gekauft.

                                      AKK DAT

Wo ist dein neues Buch? —Ich habe **es**   **meiner Schwester** geliehen.

When there are two object pronouns, the accusative pronoun comes first and the dative pronoun second.

                                                 AKK DAT

    Schenk doch dieses Bild deiner Tante. —Gut, ich schenke **es**   **ihr.**

1.5 REFLEXIVPRONOMEN 1

Describing What One Does for Oneself

Reflexive pronouns are generally used to express the fact that someone is doing something to or for himself or herself.

    Hast du **dich** schon geduscht?
    Ich habe **mir** ein neues Auto gekauft.

Often, reflexive pronouns are required by the verb for no apparent reason.

    Habt ihr **euch** denn gar nicht **beeilt?** (**sich beeilen** *to hurry*)
    Claudia **freut sich** schon auf die Ferien. (**sich freuen auf** *to look forward to*)

Reflexive pronouns can be in either the accusative or the dative case* The **ich/du/ihr** reflexive pronouns are the same as the personal object pronouns. In the **er/es/sie/Sie** forms, **sich** is used for all genders and for the plural.

		SING.	PL.
1. *Nom.*		ich	wir
Akk.	}*reflex.*	mich	uns
Dat.		mir	uns
2. *Nom.*		du	ihr
Akk.	}*reflex.*	dich	euch
Dat.		dir	euch
3. *Nom.*		Sie	Sie
Akk.	}*reflex.*	sich	sich
Dat.		sich	sich
Nom.		er/es/sie	sie
Akk.	}*reflex.*	sich	sich
Dat.		sich	sich

---

* When the reflexive pronoun is the only object in the sentence, it normally is in the accusative case. When the sentence already has an object, then the reflexive pronoun is in the dative case: **Zieh** *dich* **an.** (*Get dressed.*)   **Zieh** *dir* **feste Schuhe an.** (*Put on sturdy shoes.*)

2 *Schau mir in die Augen*

Texte

„Wie stellst du dir den idealen Partner vor?" aus *Bravo*
Aus *Der geteilte Himmel* Christa Wolf
„So oder so" Karin Kiwus

Sprechakte

sich vorstellen; Interesse wecken	Introducing oneself
einladen/sich verabreden	Invitations; making appointments

Wortschatz

Temperament	Temperament
Orte und Plätze	Places and locations
Interessen und Hobbys	Interests and hobbies
Berufe	Occupations; professions
Biographisches	Biographical vocabulary

Strukturen

Modalverben 1: Formen	Forms of modal verbs
Modalverben 2: Objektive Bedeutung	Expressing obligation, permission, intent, requests, and preferences
wissen/kennen/können	Expressing to know, to be acquainted, to know how to
Präsens	Expressing present time, timeless truths, continuing actions, and future time
Abtönungspartikel 1: *denn*	Expressing politeness, doubt, impatience

Gruppenarbeit. Bilden Sie Kleingruppen und diskutieren Sie die folgenden Themen.

1. Welche Eigenschaften sollte Ihr Partner / Ihre Partnerin haben? Ordnen Sie die Adjektive jeder Spalte nach ihrer Wichtigkeit (1 = am wichtigsten; 6 = am unwichtigsten).

anständig	fleißig
gebildet	geduldig
höflich	lebhaft
lustig	natürlich
praktisch	ruhig
stark	treu
ernst	freundlich
gerecht	herzlich
klug	lieb
mutig	neugierig
pünktlich	sanft
stolz	zufrieden

2. Möchten Sie heiraten oder mit einem festen Partner / einer festen Partnerin zusammenleben? Warum / Warum nicht?

3. Welche Vorteile und Nachteile sehen Sie in einer festen Beziehung oder Ehe? (Sie finden Hilfe im Wortschatz auf Seite 66 – 68.)

MORDILLO

Sommertagtraum

LESETEXT: Der Typ, der mir gefällt

Der folgende Text kommt aus *Bravo,* einer Zeitschrift für junge Leute. Sie berichtet über Popmusik, neue Trends und Stars der Jugendszene. *Bravo* ist eine der meistgekauften deutschen Jugendzeitschriften.

Vor dem Lesen

Vorhersagen. When you read a magazine article, look first at the title and the introduction in order to get a preliminary grasp of the topic. Photos, captions, and other elements of the layout also help to establish the context and anticipate the tone of the article. How would you classify the following text? What influenced your decision?

Ist der folgende Text ein Leserbrief,[1] eine Reportage,[2] eine wissenschaftliche Studie, ein Interview / eine Umfrage,[3] eine Satire? Warum? Was ist das Thema?

---

[1] *letter to the editor* [2] *exposé* [3] *interview/poll*

„Wie stellst du dir den idealen Partner vor?"

In der Liebe ist es oft wie in vielen anderen Dingen des Lebens: Die Geschmäcker sind verschieden. Deshalb wollten wir mal von jungen Leuten wissen, welche Wünsche und Erwartungen sie an einen Freund bzw. eine Freundin haben. Eins steht fest: Aussehen und andere Äußerlichkeiten zählen weniger als gedacht - Charakter und Ehrlichkeit sind immer wichtiger . . .

Steffi (17):

Nur kein Schlaffi . . .

„Ich brauche Action. Da muß also schon einer kommen, der richtig mithalten kann. Um Gottes willen kein Schlaffi, der immer nur zu Hause rumhocken will. Nee, der muß mich richtig mitreißen. Außerdem muß er Geld haben, das gehört zu einem gescheiten Leben einfach dazu.

Und er muß außerdem noch treu sein – und mir meine Freiheiten lassen. Ich bin schrecklich eifersüchtig, das muß er von Anfang an wissen. Klar, daß er gut aussehen und angezogen sein sollte. Bei meinen Ansprüchen bin ich – kein Wunder – noch solo, obwohl ich hier und da mal einen Freund habe. Ich seh' das eher locker. Der Richtige wird schon noch kommen . . ."

Gabi (18):

Er darf kein Klammer-Typ sein

„Der Typ, der mir gefällt, muß mich erst mal durch sein Auftreten überzeugen. Damit meine ich erst in zweiter Linie sein Aussehen. Nein, er muß selbstsicher sein, einen guten Job haben – was wiederum nicht unbedingt viel Geld heißt – und auch ‚Manieren' zeigen. Wenn mir einer ständig die Tür vor der Nase zuschlägt, have ich schnell die Nase von ihm voll.

Außerdem darf er mich nicht an die Kette legen, also so ein Klammer-Typ sein. Dafür erwarte ich, daß er ‚treu wie Gold' ist. Bin ich ja schließlich auch, selbst wenn ich mal allein weggehen will. Ich würde doch höchstens mal ein bißchen flirten.

Also, große Ansprüche stelle ich nicht, nur so richtig lieb muß er halt sein . . ."

Armin (17):

Sie sollte immer passend angezogen sein

„Meine Freundin muß ‚Stil' haben, das heißt sie sollte sich bewegen und benehmen können. Vor allem sollte sie immer passend angezogen sein, also nicht, wenn ich sie mal größer zum Essen einlade, mit 'ner Jeans ankommen. Treu muß sie sein. 100% ist das sicher keiner, und ein kleiner Flirt ist schon drin, aber mehr auf keinen Fall. Ansonsten erwarte ich, daß sie zuhören kann, intelligent ist und ich mit ihr über alles reden kann . . ."

Nach dem Lesen

A. Wie man Szene-Sprache verstehen kann. Interviews use spoken language, which is often characterized by a high degree of redundancy. Frequently an expression will be immediately clarified or explained, often following expressions such as **„das heißt,"** **„damit meine ich,"** or **„also."** Such paraphrasing is particularly important here because the interviewees often use language and concepts that need to be clarified for people of another age group or social background.

Suchen Sie im Text zuerst nur die Erklärungen der Sprecher für die folgenden kursivgedruckten Ausdrücke.

GABI:

1. Er muß mich erstmal durch sein *Auftreten* überzeugen.[1] Damit meine ich
   _____.

2. Er muß einen *guten Job* haben — was nicht _____ heißt.

3. _____,[2] also so ein *Klammer-Typ* sein.

ARMIN:

4. Meine Freundin muß „*Stil*" *haben,* das heißt _____.

5. Sie sollte immer *passend* angezogen sein, also nicht
   _____.

STEFFI:

6. Um Gottes willen kein *Schlaffi,* der _____.

---

[1] *convince*   [2] *to chain up*

B. Was haben Sie verstanden? Die drei Jugendlichen haben folgende Erwartungen an einen Freund / eine Freundin (malen Sie einen Kreis um das richtige Wort).

GABI:

Der Typ, der mir gefällt, muß _____ (1) sein, das heißt, er darf nicht unsicher oder schüchtern wirken. Er darf mich nicht in Besitz nehmen, also meine Freiheit einschränken. Aber er muß _____ (2) sein.

1. a. reich   b. selbstsicher   c. schön
2. a. ruhig   b. anständig   c. treu

ARMIN:

Meine Freundin sollte immer _____ (3) angezogen sein. Ich erwarte, daß sie _____ (4) ist und daß sie _____ (5) kann.

3. a. langweilig   b. passend   c. modern
4. a. intelligent   b. lustig   c. sportlich
5. a. tanzen   b. kochen   c. zuhören

STEFFI:

Ich brauche einen Freund, der nicht immer nur _____ (6) sitzen will. Außerdem muß er _____ (7) haben und treu sein. Aber mir darf er meine _____ (8) nicht nehmen. Und natürlich muß er _____ (9).

6. a. in der Schule b. in der Disko   c. zu Hause
7. a. Geld   b. Geschmack   c. Mut
8. a. Freunde   b. Freiheiten   c. Träume
9. a. intelligent sein b. geduldig sein   c. gut aussehen

C. Was meinen Sie? Diskutieren Sie in kleinen Gruppen über die Erwartungen von Gabi, Armin und Steffi. Welche Eigenschaften wünschen sie sich bei ihren Partnern/Partnerinnen? Wie finden Sie diese Eigenschaften? Haben sie wichtige Eigenschaften nicht genannt?

NÜTZLICHES VOKABULAR

ich finde, . . .
ich finde das (gut / nicht gut)
ich finde es (gut / nicht gut), daß/wenn . . .

ich meine, . . .
ich bin der Meinung/Ansicht, . . .
meiner Meinung/Ansicht nach . . .

ich glaube, . . .   ich denke, . . .   ich würde sagen, . . .

ich sehe das so: . . .   ich habe den Eindruck/das Gefühl . . .

ich stehe auf dem Standpunkt, . . .   mir scheint . . .

Aktivitäten

A. Wo findet man am besten einen Ehepartner / eine Ehepartnerin?

1	2	3	4	5
am besten	gut	möglich	unwahrscheinlich	unmöglich

a. im Büro   _____
b. auf dem Tennisplatz   _____

c. im Flugzeug   _____
d. im Studentenheim   _____
e. in einer Bar   _____
f. in der Kirche   _____
g. im Sprachlabor   _____
h. im Kino   _____
i. im Park   _____
j. beim Frisör   _____

k. beim Einkaufen   _____
l. auf dem Parkplatz   _____
m. an der Uni   _____

n. im Konzert   _____
o. im Lebensmittelge- schäft   _____
p. in der Bibliothek   _____
q. auf der Polizei   _____
r. im Tiergarten   _____
s. im Deutschkurs   _____
t. beim Fußballspiel   _____
u. in der Buchhandlung   _____
v. bei einem Autounfall   _____
w. beim Klavierunter- richt   _____
x. im Fundbüro   _____
y. beim Fotografen   _____
z. ?   _____

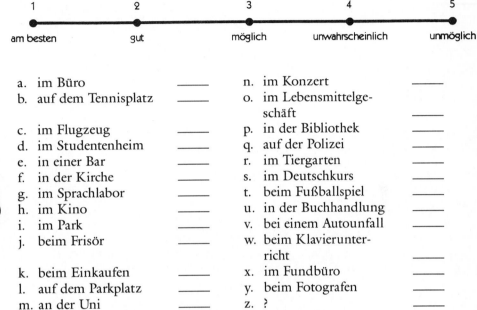

B. Wie sucht man am besten einen Partner / eine Partnerin?

Kreuzen Sie an, ob die folgenden Möglichkeiten „gut" oder „nicht so gut" sind, einen Partner / eine Partnerin zu finden!

GUT	NICHT SO GUT	
_____	_____	a. man liest Heiratsanzeigen[1]
_____	_____	b. man wartet einfach auf „den Richtigen / die Richtige"
_____	_____	c. man bittet seine Eltern um Hilfe
_____	_____	d. man bittet seine Freunde, daß sie einem ihre Bekannten vorstellen
_____	_____	e. man liest Todesanzeigen[2]
_____	_____	f. man spielt das „Dating Game" im Fernsehen
_____	_____	g. man schreibt viele Briefe an Schauspieler/Schauspielerinnen
_____	_____	h. man läßt sich den idealen Partner / die ideale Partnerin vom Computer suchen

---

[1] *marriage ads* [2] *obituaries*

C. Wie sieht Ihr idealer Partner / Ihre ideale Partnerin aus? Beschreiben Sie ihn/sie. Was ist er/sie von Beruf? Wieviel Geld verdient er/sie? Welche Interessen/Hobbies/Fähigkeiten sollte (nicht)/muß (darf nicht) er/sie haben?

BEISPIELE: Ich möchte einen Arzt kennenlernen.
             Sie muß politisch interessiert sein.
             Er darf kein Fußballfanatiker sein.
             Sie sollte nicht weniger als $40,000 pro Jahr verdienen.

SPRECHAKTE

sich vorstellen; Interesse wecken: Hallo! Mein Name ist . . .

HEIRATSANZEIGEN

Ruhrpott: OStR., 1,73, 39, mag Kinder, Reisen, Berge, Skifahren und hat das Einsiedlerleben satt. Sucht nettes Pendant um die 30 (auch mit Kind). Nur Bildzuschriften an ZM 7220 DIE ZEIT, Postfach 10 68 20, 2000 Hamburg 1

Bin einsam + leider nicht emanzipiert. Suche einen weltgewandten Mann zwischen 40 und 55, 1,80 +, auch mit überflüssigen Pfunden, zum Anlehnen. Er sollte Tiere, Natur und Menschen liebhaben. ZA 7125 DIE ZEIT, Postfach 10 68 20, 2000 Hamburg 1

Für liebevolle, harmonische Ehe
mit gemeinsamen Aktivitäten, Zärtlichkeit, sucht 44jährige, studierte Frau, 1,70 m, fröhlich, besinnlich, sportlich, passenden Partner in Berlin oder anderswo.
ZS 7204 DIE ZEIT, Postfach 10 68 20, 2000 Hamburg 1

Optimist (35/1,85), gutaussehend, schlank, sportl.-jugendl. Typ, nikotinfrei, mit v. Int., selbstbew., finanz. unabhängig, in d. Versicherungsbranche tätig, möchte sich in attraktive sinnl. Partnerin mit Gefühl und Verstand verlieben. Bildzuschr. (zur.) aus dem Raum K–D–DO an ZD 7170 DIE ZEIT, Postfach 10 68 20, 2000 Hamburg 1

Menschlicher Mann (37, 1,80) mit Sinn für Ambiente u. Anspruch, sportl.-schlank, attraktiv, möchte wieder Wärme fühlen, kreative Ruhe u. geistig-sinnl.-humorv. Lebensfreude finden in einer lebendigen, schützenden Liebesbindung mit Perspektive.
Bitte Bildzuschr. aus R. 4/5 u. anderswo.
ZH 7216 DIE ZEIT, Postfach 10 68 20, 2000 Hamburg 1

Variationen

A. Was meinen Sie? Lesen Sie die Heiratsanzeigen. Wen möchten Sie kennenlernen? Wen nicht? Warum?

B. Spielen Sie! Wählen Sie einen Studenten / eine Studentin aus und schreiben Sie eine Heiratsanzeige für ihn/sie. Überlegen Sie, wie Sie die Anzeige attraktiv machen können. Sie soll auffallen[1]! Welche Eigenschaften, Hobbies, Vorteile seines/ihres Charakters oder Äußeren wollen Sie betonen?

---

[1] *catch one's attention*

LESETEXT: Die Annäherung[1]

The following excerpt is from Christa Wolf's novel *Der geteilte[2] Himmel,* which appeared in the GDR in 1963. The theme of the novel, which is developed through a love story, is the mass exodus from East Germany to the West since World War II, before the Berlin wall was built in 1961.

Christa Wolf was born in 1929 in Landsberg/Warthe — today called Gorzow Wielpolski. She studied German literature in Leipzig and Jena, worked for a while in the publishing industry, and today lives in (East) Berlin and works as a writer. She has received several European literary prizes for her novels and novellas and is probably the most renowned East German literary figure of today. All her works have been published in the Federal Republic of Germany as well.

---

[1] *coming closer*   [2] *divided*

Christa Wolf:
Der geteilte Himmel
Erzählung

dtv

Vor dem Lesen

Stimmungen. Christa Wolf uses a large vocabulary to describe how Manfred and Rita meet and fall in love. You may not recognize many of these words; however, ignore the unfamiliar vocabulary and try to follow the general flow of the narrative. Read the first sentence of each paragraph, and jot down a note about who is mentioned, what happens, and what the tone or mood is —neutral, happy, unhappy, serious, shy? Then read the entire text, check your preliminary notes about characters, events, and changes in mood or focus, and continue with **Nach dem Lesen: Textsalat.**

Aus Der geteilte Himmel

Christa Wolf

Als er damals vor zwei Jahren in unser Dorf kam, fiel er mir sofort auf. Manfred Herrfurth. Er wohnte bei einer Verwandten, die vor niemandem Geheimnisse hatte. Da wußte ich bald so gut wie jeder andere, daß der junge Mann ein studierter Chemiker war und daß er sich im Dorf erholen wollte. Von seiner Doktorarbeit, unter der dann
5 stand: „Mit Auszeichnung". Ich hab's selbst gesehen. Aber das kommt später.

Wenn Rita, die mit Mutter und Tante in einem winzigen Häuschen am Waldrand lebte, früh ihr Rad bergauf bis zur Chaussee schob, stand der Chemiker halbnackt bei der Pumpe hinter dem Haus seiner Kusine und ließ sich das kalte Wasser über Brust und Rücken laufen. Rita sah prüfend zu dem blauen Himmel hoch, in das klare Morgenlicht,
10 ob es angetan war, einem überarbeiteten Kopf Entspannung zu geben.

Sie war zufrieden in ihrem Dorf: Rotdachige Häuser in kleinen Gruppen, dazu Wald und Wiese und Feld und Himmel in dem richtigen Gleichgewicht, wie man sich's kaum ausdenken könnte. Abends führte aus dem dunklen Kreisstadtbüro eine schnurgerade Straße mitten in den untergehenden Sonnenball, und rechts und links von dieser Straße
15 lagen die Ortschaften. Wo der Pfad in ihr eigenes Dorf abzweigte, stand dieser Chemiker an der einzigen windzerrupften Weide weit und breit und hielt seine kurzen Haarstoppeln in den lauen Abendwind. Die gleiche Sehnsucht trieb sie in ihr Dorf und ihn an diese Chaussee, die zur Autobahn und, wenn man will, zu allen Straßen der Welt führte.
20 Wenn er sie kommen sah, nahm er seine Brille ab und begann sie sorgfältig mit einem Zipfel seines Hemdes zu putzen. Später sah sie ihn langsam auf den blauschimmernden Wald zugehen, eine große, etwas dürre Gestalt mit zu langen Armen und

einem schmalen, harten Jungenskopf. Dem möchte man mal seinen Hochmut austreiben. Den möchte man mal sehen, wie er wirklich ist. Das prickelte sie. Gern, sehr gern, zu gerne möchte man das.

Aber Sonntag abends im Gasthaussaal fand sie, daß er älter und härter aussah, als sie gedacht hatte, und ihr sank wieder der Mut. Den ganzen Abend sah er zu, wie die Jungen aus dem Dorf sie herumschwenkten. Der allerletzte Tanz begann, man öffnete schon die Fenster, und frische Luftschleusen zerteilten den Rauchvorhang über den Köpfen der Nüchternen und Betrunkenen. Jetzt endlich trat er zu ihr und führte sie in die Mitte. Er tanzte gut, aber unbeteiligt, er sah sich nach anderen Mädchen um und machte Bemerkungen über sie.

Sie wußte, am nächsten Tag fuhr er in aller Frühe zurück in die Stadt. Sie wußte, er kriegt es fertig, nichts zu sagen, nichts zu tun, er ist so. Ihr Herz zog sich zusammen vor Zorn und Angst. Plötzlich sagte sie in seine spöttischen und gelangweilten Augen hinein: „Ist das schwer, so zu werden, wie Sie sind?"

Er kniff bloß die Augen zusammen.

Wortlos ergriff er ihren Arm und führte sie hinaus. Schweigend gingen sie die Dorfstraße hinunter. Rita brach eine Dalienblüte ab, die über einen Zaun hing. Eine Sternschnuppe fiel, aber sie wünschte sich nichts. Wie wird er es anstellen, dachte sie.

Da standen sie schon an der Gartenpforte, langsam ging sie die wenigen Schritte bis zu ihrer Haustür — ach, wie stieg ihre Angst bei jedem Schritt! — schon legte sie die Hand auf die Klinke (die war eiskalt und fühllos wie ein ganzes einsames Leben), da sagte er in ihrem Rücken, gelangweilt und spöttisch: „Könnten Sie sich in einen wie mich verlieben?"

„Ja", erwiderte Rita.

Sie hatte keine Angst mehr, nicht die mindeste. Sie sah sein Gesicht als helleren Fleck in der Dunkelheit, und genauso mußte er das ihre sehen. Die Klinke wurde warm von ihrer Hand, die eine Minute, die sie noch so dastanden. Dann räusperte er sich leise und ging. Rita blieb ganz ruhig an der Türe stehen, bis sein Schritt nicht mehr zu hören war.

Nachts lag sie ohne Schlaf, und am Morgen begann sie auf seinen Brief zu warten, staunend über diese Wendung der Dinge, aber nicht im Ungewissen über ihren Ausgang. Der Brief kam eine Woche nach jenem Dorftanz. Der erste Brief ihres ganzen Lebens, nach all den Aktenbriefen im Büro, die sie überhaupt nichts angingen.

„Mein braunes Fräulein", nannte Manfred sie. Er beschrieb ihr ausführlich und voller Selbstironie, was alles an ihr braun war, auf wieviel verschiedene Weise, daß es ihn, den doch seit langem nichts mehr an einem Mädchen überraschte, von Anfang an verwundert hatte.

Rita, neunzehn Jahre alt und oft genug mit sich uneinig, weil sie sich nicht verlieben konnte wie andere Mädchen, mußte nicht erst lernen, einen solchen Brief zu lesen. Auf einmal zeigte sich: Die ganzen neunzehn Jahre, Wünsche, Taten, Gedanken, Träume, waren zu nichts anderem dagewesen, als sie gerade für diesen Augenblick, gerade auf diesen Brief vorzubereiten. Plötzlich war da eine Menge von Erfahrung, die sie gar nicht selbst gesammelt hatte. Wie jedes Mädchen war sie sicher, daß vor ihr keine und keine nach ihr gefühlt hatte und fühlen konnte, was sie jetzt empfand.

Sie trat vor den Spiegel. Sie war rot bis an die braunen Haarwurzeln, gleichzeitig lächelte sie, auf neue Weise bescheiden, auf neue Weise überlegen.

Sie wußte, es war genug an ihr, was ihm gefiel und immer gefallen würde.

Nach dem Lesen

A.   Textsalat. Die folgende Sätze sind leider durcheinander geraten. Bringen Sie sie in die richtige Reihenfolge, dann haben Sie eine Zusammenfassung des Textes.

_____   Am Sonntag im Gasthaus tanzt Rita den ganzen Abend mit anderen jungen Männern aus dem Dorf. Manfred fordert sie erst beim letzten Tanz auf.

_____   Der Chemiker wohnt bei seiner Kusine. Rita wohnt mit ihrer Mutter und ihrer Tante in einem kleinen Haus am Waldrand.

_____   Rita ist glücklich über den Brief, denn sie weiß jetzt, daß sie Manfred gefällt.

_____   Manfred Herrfurth hat Chemie studiert und ist in Ritas Heimatdorf, um sich von seiner Doktorarbeit zu erholen.[1]

_____   Manfred tanzt gut, aber er tut so, als ob Rita ihn nicht interessieren würde. Das ärgert Rita sehr.

_____   Eine Woche später schreibt Manfred Rita einen Brief, in dem er sie „mein braunes Fräulein" nennt, weil an ihr so vieles braun ist.

_____   Rita fühlt sich in ihrem Dorf wohl. Aber Manfred hat Sehnsucht nach[2] einem anderen Ort.

_____   Manfred, der am nächsten Tag wieder in die Stadt zurückfährt, bringt Rita nach Hause. Vor der Haustür fragt er sie, ob sie sich in ihn verlieben[3] könnte.

_____   Rita findet Manfred arrogant. Trotzdem möchte sie ihn gerne näher kennenlernen und sehen, wie er wirklich ist.

---

[1] _recover_   [2] hat . . .   _longs for_   [3] _fall in love_

B.   Komposita. In diesem Text gibt es viele Komposita. In Kapitel 1 haben Sie gelernt, wie man deren Bedeutung erschließen kann, zum Beispiel: _Wald-rand, Dorf-straße, Sonnen-ball._* Lesen Sie den Text noch einmal und unterstreichen Sie alle Komposita.

C.   Was trifft wohl zu? Lesen Sie bitte zuerst die Definitionen in der linken Spalte. Suchen Sie dann für die kursivgedruckten Wörter (rechte Spalte) die richtige Definition†

---

* In contrast to **Dorfstraße, Sonnenball** has a figurative meaning rather than a literal one. The sun is described as a huge ball here. If a concrete, literal meaning of a word doesn't fit in the context, try to think of a figurative one.

† Note that a noun will most likely be defined by another noun or a noun phrase, an adjective by an adjective or an adjectival phrase.

a. mit sich selbst oder anderen nicht einig, nicht zufrieden
b. ohne ein Wort; schweigend
c. Griff zum Öffnen und Schließen der Tür
d. die Augen bis auf einen kleinen Spalt[1] schließen
e. einfach; sich nicht in den Vordergrund stellend
f. jemanden beim Tanzen hin und her bewegen
g. Arroganz
h. nicht mit dem Herzen bei der Sache
i. ironisch; jemand, der andere gern verspottet[2]
j. Landstraße, an der auf beiden Seiten Bäume stehen

1. Wenn Rita ihr Rad früh bis zur *Chaussee* schob, stand der Chemiker halbnackt bei der Pumpe hinter dem Haus seiner Kusine und wusch sich.
2. (Rita dachte): Dem möchte man mal seinen *Hochmut* austreiben.[3] Den möchte man mal sehen, wie er wirklich ist.
3. Den ganzen Abend sah Manfred zu, wie die Jungen aus dem Dorf Rita *herumschwenkten.* Der letzte Tanz begann. Jetzt endlich trat er zu ihr.
4. Er tanzte gut, aber *unbeteiligt,* er sah sich nach anderen Mädchen um und sprach über sie.
5. Plötzlich sagte sie in seine *spöttischen* und gelangweilten Augen hinein: „Ist das schwer, so zu werden, wie Sie sind?"
6. Er *kniff* bloß die Augen *zusammen.*
7. *Wortlos* ergriff er ihren Arm und führte sie hinaus.
8. Langsam ging sie bis zu ihrer Haustür, schon legte sie die Hand auf die *Klinke.*
9. Rita war oft genug mit sich *uneinig,* weil sie sich nicht verlieben konnte wie andere Mädchen.
10. Rita lächelte auf neue Weise *bescheiden,* auf neue Weise überlegen.[4]

---

[1] *opening* [2] *to mock* [3] *to cure, drive out* [4] *superior*

D. Beschreibender Erzählstil. Christa Wolf baut eine stimmungsvolle Atmosphäre in diesem Textausschnitt auf.

1. Sammeln Sie Adjektiv-Nomen-Verbindungen, die die sommerliche Stimmung beschreiben (Landschaft, Dorf, Wetter).
2. Wie wird Manfred Herrfurth beschrieben? Sammeln Sie die Ausdrücke, die sein Aussehen und seinen Charakter beschreiben. Welcher Gesamteindruck entsteht durch diese Beschreibung?

LESETEXT: Lyrik

Some traditional themes of lyric poetry are love and friendship, life and death, and loneliness and separation. Lyric poetry is characterized by a personal viewpoint, intensity of feeling, originality and linguistic complexity, which means that each word is carefully chosen by the poet; nothing is redundant.

Vor dem Lesen

Vorlesen. Poets use sound as a means of rendering the mood to be conveyed. First read the following poem to obtain a basic understanding of it. Then read it aloud a couple of times, listening for how rhythm and sounds help create images.

„So oder so"
Karin Kiwus

Schön
geduldig
miteinander
langsam alt
5 und verrückt werden

andrerseits

allein
geht es natürlich
viel schneller

Nach dem Lesen

Gruppenarbeit. Bearbeiten Sie die folgenden Fragen in Kleingruppen.

1. Welche Themen finden Sie in dem Gedicht? Versuchen Sie ein Thema mit einem einzigen Wort zu beschreiben.
2. Manchmal stehen auf einer Zeile[1] nur ein oder zwei Wörter. Welche Wirkung hat das auf den Leser?
3. Waren Sie beim Lesen des Gedichts an irgendeiner Stelle überrascht? Wo gibt es eine überraschende Wendung (Pointe)?
4. Warum heißt das Gedicht „So oder so"? Welcher Gegensatz[2] steckt hinter diesem Titel? Wie wird dieser Gegensatz optisch und akustisch deutlich?

---

[1] *line* [2] *contrast*

Bildung ist nach wie vor eines der wichtigsten Kriterien, die zum Ansehen von Berufen in Deutschland beitragen. Deshalb genießen zum Beispiel Lehrer und Lehrerinnen ein hohes Prestige bei der Bevölkerung. Selbst ihr Einkommen ist wesentlich höher als zum Beispiel in den USA.

Für die meisten Berufe gibt es eine genau vorgeschriebene, mehrjährige Ausbildung mit Abschlußprüfung. Auch Automechaniker, Bauarbeiter und Sprechstundenhilfen machen also eine Lehre, um für ihren Beruf qualifiziert zu sein.

Aktivitäten

A. Was meinen Sie? Für viele Menschen ist der Beruf des zukünftigen Ehepartners sehr wichtig. Welche Berufe haben das meiste Prestige für Sie?

1. Wählen Sie aus der folgenden Liste die fünf Berufe, die Ihrer Meinung nach das meiste Prestige haben.

_____	Professor/in	_____	Arzt/Ärztin
_____	Mechaniker/in	_____	Politiker/in
_____	Hausmann/frau	_____	Physiker/in
_____	Ingenieur/in	_____	Pastor/in
_____	Bauarbeiter/in	_____	Krankenpfleger/in
_____	Diplomat/in	_____	Fabrikarbeiter/in
_____	Lehrer/in	_____	Rechtsanwalt/wältin
_____	Büroarbeiter/in	_____	Sekretär/in
_____	Soldat/in	_____	Zahnarzt/ärztin
_____	Bibliothekar/in	_____	Apotheker/in
_____	Schauspieler/in	_____	Fernsehregisseur/in
_____	Frisör/in	_____	Musiker/in
_____	Pilot/in	_____	Busfahrer/in

2. Vergleichen Sie Ihre Auswahl mit einem Partner / einer Partnerin. Welche Kriterien sind für ihn/sie in der Arbeit am wichtigsten (Geld, Wissen, Talent, Flexibilität, Studiendauer, Einfluß, Zufriedenheit)?
3. Besprechen Sie Ihre Auswahl in der Klasse. Welche Berufe haben (fast) alle Studenten angekreuzt? Welche Berufe wurden nur einmal gewählt?

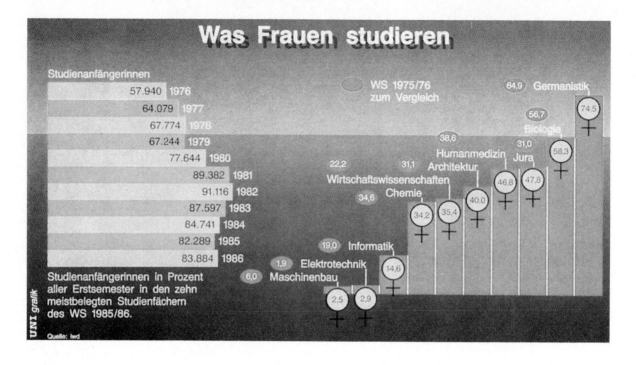

B. Was ist Ihnen wichtig? Andere Menschen halten andere Faktoren bei der Partnersuche für wichtig. Welche von den folgenden Faktoren sind Ihnen „sehr wichtig", „wichtig" oder „nicht wichtig"?

SEHR WICHTIG	WICHTIG	NICHT WICHTIG	
——	——	——	die politische Einstellung
——	——	——	die Konfession
——	——	——	die Rasse
——	——	——	das Alter
——	——	——	der Beruf
——	——	——	das Einkommen
——	——	——	der Familienstand
——	——	——	die Bildung
——	——	——	die Intelligenz

C. Interaktion. Suchen Sie nun jemanden im Kurs, der in mindestens fünf Kategorien mit Ihnen übereinstimmt.

BEISPIEL: S1:   Hältst du die Religion deines Partners für wichtig?

S2:   Die finde ich sogar sehr wichtig.
oder
Nein, die finde ich nicht wichtig.

SPRECHAKTE

einladen / sich verabreden: Kommst du mit ins Kino?

(Hast du schon was vor?)

HANNI: Du, Werner, hast du diesen Sonntag schon was vor?
WERNER: Nö, warum?
HANNI: Rainer und ich wollen zur Burg Plesse. Hättest du nicht Lust mitzukommen?
WERNER: Zur Plesse? Da gibt's doch einen tollen Biergarten.
HANNI: Ja, genau. Kommst du mit?
WERNER: Ja, gern. Wann wollt ihr denn los?
HANNI: So morgens um neun. Paßt dir das?
WERNER: Soll ich dann zu Euch kommen?
HANNI: Ja. Das ist wohl das beste.

Burg Plesse

Variationen

Spielen Sie!

1. Laden Sie einen Freund / eine Freundin ins Kino / ins Theater / ins Konzert ein.
2. Sie wollen sich mit einem Studenten aus dem Deutschkurs treffen, um sich gemeinsam auf eine Prüfung vorzubereiten. Machen Sie Ort und Zeit aus.

Und jetzt zu Ihnen!

A: Sie sind Student und wollen Ihr Auto verkaufen. Sie wohnen eine gute halbe Stunde außerhalb der Stadt. Sie sind morgen den ganzen Tag zu Hause, damit sich die Leute das Auto ansehen können. Zwischen drei und vier müssen Sie allerdings Ihre Mutter zum Bahnhof bringen.

B: Sie wollen ein Auto kaufen und rufen auf eine Anzeige hin an. Das Angebot in der Anzeige klingt sehr gut. Sie brauchen das Auto so schnell wie möglich. Heute haben Sie den ganzen Tag Zeit, sich das Auto anzusehen. Morgen haben Sie nur zwischen drei und fünf Zeit. Versuchen Sie, einen Termin auszumachen.

WORTSCHATZ

das Temperament   *temperament*

Wie ist Ihr bester Freund / Ihre beste Freundin? Wie würden Sie ihn/sie beschreiben?

Kennen Sie jemanden, auf den einige der hier aufgeführten Eigenschaften* passen?

Stellen Sie sich eine Situation vor, auf die eine der folgenden Eigenschaften paßt.

Das wissen Sie schon:

arrogant	**höflich**	**praktisch**
ernst	**ironisch**	**pünktlich**
fleißig	**lieb**	**stark**
glücklich	**natürlich**	

Das ist neu:

anständig decent
bescheiden modest
eifersüchtig jealous
gebildet educated
gerecht just
herzlich cordial
klug bright, intelligent, clever
lebhaft lively, active, animated

mutig courageous, bold, brave
sanft gentle, soft; mild; sweet
selbstsicher self-reliant, sure of oneself
sensibel sensitive; touchy
spöttisch mocking; satirical, ironic
stolz proud
zärtlich tender, soft
zufrieden content(ed), satisfied

Orte (m., pl.) und Plätze (m., pl.)   *places and locations*

Denken Sie an etwas, was Sie an einem der folgenden Orte oder Plätze brauchen können. Was würden Sie dort zu jemandem sagen?

Wen kann man an einem der folgenden Orte treffen oder kennenlernen?

Das wissen Sie schon:

die Apotheke, -n
der Bahnhof, ¨e
der Flughafen, ¨
das Geschäft, -e
das Gymnasium, Gymnasien

das Kaufhaus, ¨er
die Kirche, -n
die Polizei
das Studentenheim, -e
der Tennisplatz, ¨e

Das ist neu:

die Buchhandlung, -en bookstore
das Bürogebäude, - office building
das Fitneß-Studio, -s fitness studio
das Gasthaus, ¨er inn, guest house; restaurant
der Kiosk, -e kiosk; newsstand
die Kneipe, -n pub; (student) restaurant; "watering hole"

das Krankenhaus, ¨er hospital
das Lokal, -e restaurant, "eatery"; inn
das Rathaus, ¨er city hall
das Schwimmbad, ¨er (swimming) pool
die Sporthalle, -n (indoor) sports arena
der Tiergarten, ¨ zoological garden, zoo

---

* *qualities, characteristics*

Interessen (n., pl.) und Hobbys/Hobbies (n., pl.)   *interests and hobbies*

Wo würden Sie hingehen, wenn Sie diesen Interessen oder Hobbys nachgehen* wollen?

Warum gefällt Ihnen eines der folgenden Hobbies besonders? Welche Interessen haben Sie überhaupt nicht, und warum?

Das wissen Sie schon:

die Freizeit
der Klub, -s

ausgehen (geht . . . aus, ging . . . aus, ist ausgegangen)   **reisen (ist gereist)**
fernsehen (sieht . . . fern, sah . . . fern, ferngesehen)   **reiten (reitet, ritt, ist geritten)**
fotografieren (fotografiert)   **schwimmen (schwimmt, schwomm, ist geschwommen)**
sich interessieren für (interessiert)   **segeln (gesegelt)**
radfahren (fährt . . . Rad, fuhr . . . Rad, ist radgefahren)   **tanzen (getanzt)**
       wandern (gewandert)

Das ist neu:

der Abfahrtslauf   downhill skiing; race (skiing)   **der Langlauf**   crosscountry skiing
die Briefmarke, -n   (postage) stamp   **die Münze, -n**   coin
das Krafttraining   body building   **der Verein, -e**   organization; club; society

basteln (gebastelt)   to make things with one's hands; to craft by hand
bergsteigen gehen (geht bergsteigen, ging bergsteigen, ist bergsteigen
     gegangen)   to go mountain climbing
malen (gemalt)   to paint
sammeln (gesammelt)   to collect, gather
Schlitten fahren (fährt Schlitten, fuhr Schlitten, ist Schlitten gefahren)   to go
     tobogganing, bobsledding
stricken (gestrickt)   to knit
zeichnen (gezeichnet)   to draw
zelten (gezeltet)   to camp, go camping

Berufe (m., pl.)   *occupations; professions*

Was ist Ihr Traumberuf? Finden Sie ihn hier aufgeführt?

Welche(n) der folgenden Berufe könnten Sie nie ausüben?† Warum nicht?

Das wissen Sie schon:

der Architekt, -en / die Architektin, -nen   **der Kellner, - / die Kellnerin, -nen**
der Beamte, -n / die Beamtin, -nen   **der Künstler, - / die Künstlerin, -nen**
die Firma, Firmen   **der Soldat, -en / die Soldatin, -nen**
der Frisör, -e / die Frisörin, -nen   **der Verkäufer, - / die Verkäuferin, -nen**
der Ingenieur, -e / die Ingenieurin, -nen   **der Zahnarzt, ⸚e / die Zahnärztin, -nen**
der Job, -s

---

* *pursue*
† *practice*

Das ist neu:

der / die Angestellte, -n employee; white-collar worker
der Börsenmakler, - / die Börsenmaklerin, -nen stockbroker
der Chef, -s / die Chefin, -nen boss; leader; chief
die Fabrik, -en factory, plant
der Geschäftsmann, Geschäftsleute / die Geschäftsfrau, -en businessman / businesswoman
der Handwerker, - / die Handwerkerin, -nen craftsworker; artisan
der Krankenpfleger, - / die Krankenschwester, -n male nurse / female nurse
der Erzieher, - / die Erzieherin, -nen child-care worker
der Landwirt, -e / die Landwirtin, -nen farmer
der Programmierer, - / die Programmiererin, -nen (computer) programmer
der Rechtsanwalt, ¨e / die Rechtsanwältin, -nen lawyer
der Regisseur, -e / die Regisseurin, -nen director; (theater, radio, TV) producer
das Reisebüro, -s travel agency
der Schauspieler, - / die Schauspielerin, -nen actor/actress
der Schriftsteller, - / die Schriftstellerin, -nen author, writer
der Sozialhelfer, - / die Sozialhelferin, -nen social worker
die Sprechstundenhilfe, -n (doctor's) receptionist
der Wissenschaftler, - / die Wissenschaftlerin, -nen scientist

arbeitslos unemployed
selbständig self-employed; independent

Sind Sie berufstätig? Are you working? (Do you work?)

Biographisches (n.)   *biographical vocabulary*

Wie würden Sie Ihren Vater / Ihre Mutter beschreiben? Welche Wörter und Ausdrücke würden Sie benutzen?

Wie würden Sie sich selbst beschreiben?

Das wissen Sie schon:

das Alter
katholisch   **protestantisch/evangelisch**
männlich   **weiblich**

Das ist neu:

die Bildung education   **die Staatsangehörigkeit, -en** nationality
der Familienstand marital status   **der Wohnsitz, -e** place of residence
der Geburtsname, -n family name, last name
der Geburtsort, -e place of birth   **geschieden** divorced
das Geschlecht, -er gender, sex   **jüdisch** Jewish
das Einkommen, - income   **ledig** single; unmarried
die Konfession, -en (religious) denomination   **mohammedanisch** Mohammedan, Muslim
der Lebenslauf, ¨e résumé, *curriculum vitae*   **verheiratet** married
die Rasse, -n race   **verwitwet** widowed

Sprechakte

Hast du heute abend etwas vor?   **Hättest du Lust mitzukommen?**   **Ich heiße . . . / Mein Name ist . . .**
  Do you have plans for tonight?   Would you like to come along?   My name is . . .

STRUKTUREN

2.1 MODALVERBEN 1: Formen
Forms of Modal Verbs

Modal verbs (such as **können, müssen,** and so on) express a speaker's attitude in reference to a particular action. In independent clauses, the modal verb is conjugated and is in first or second position. The verb expressing the action is in infinitive form at the end of the sentence.

> **Mußt** du schon nach Hause **gehen?**   *Do you have to go home already?*

In dependent clauses, the conjugated modal verb is at the end of the clause with the action verb in infinitive form directly before it.

> Ja, weil ich morgen sehr früh   *Yes, because I have to get up very*
> **aufstehen muß.**   *early tomorrow.*

A. Präsens (*Present Tense*)

Most modal verbs have two stem vowels in the present tense—one for the singular forms (for example, **kann**) and another for the plural forms (for instance, **können**). Note that no endings are added to the **ich** and **er, sie, es** forms.

	KÖNNEN *to be able to*	**DÜRFEN** *to be allowed to*	**MÜSSEN** *to have to*	**WOLLEN** *to want to*	**SOLLEN** *ought to*	**MÖGEN** *to like to*
ich	kann	darf	muß	will	soll	mag
du	kannst	darfst	mußt	willst	sollst	magst
er/sie/es	kann	darf	muß	will	soll	mag
wir	können	dürfen	müssen	wollen	sollen	mögen
ihr	könnt	dürft	müßt	wollt	sollt	mögt
sie/Sie	können	dürfen	müssen	wollen	sollen	mögen

B. Präteritum (*Simple Past Tense*)

The modal verbs are weak (regular) verbs, so they take **-te** in the simple past tense (reviewed in **Strukturen 4.1**). Note that the stem of **mögen** is irregular (**möcht-**) and that the simple past forms drop the umlaut.

	KÖNNEN *to be able to*	**DÜRFEN** *to be allowed to*	**MÜSSEN** *to have to*	**WOLLEN** *to want to*	**SOLLEN** *ought to*	**MÖGEN** *to like to*
ich	konnte	durfte	mußte	wollte	sollte	mochte
du	konntest	durftest	mußtest	wolltest	solltest	mochtest
er/sie/es	konnte	durfte	mußte	wollte	sollte	mochte
wir	konnten	durften	mußten	wollten	sollten	mochten
ihr	konntet	durftet	mußtet	wolltet	solltet	mochtet
sie/Sie	konnten	durften	mußten	wollten	sollten	mochten

C. Konjunktiv II   (*Subjunctive II*)

The subjunctive II forms of modal verbs are almost identical to the simple past forms; the difference is that modals with an umlaut retain it in all subjunctive II forms.

	KÖNNEN *to be able to*	**DÜRFEN** *to be allowed to*	**MÜSSEN** *to have to*	**WOLLEN** *to want to*	**SOLLEN** *ought to*	**MÖGEN** *to like to*
ich	könnte	dürfte	müßte	wollte	sollte	möchte
du	könntest	dürftest	müßtest	wolltest	solltest	möchtest
er/sie/es	könnte	dürfte	müßte	wollte	sollte	möchte
wir	könnten	dürften	müßten	wollten	sollten	möchten
ihr	könntet	dürftet	müßtet	wolltet	solltet	möchtet
sie/Sie	könnten	dürften	müßten	wollten	sollten	möchten

2.2 MODALVERBEN 2: Objektive Bedeutung
Expressing Obligation, Permission, Intent, Requests, and Preferences

Many modal verbs have two different sets of meanings: First, a modal verb can refer to the subject of the sentence — whether he or she, for example, can, may, or must do something. This is the so-called *objective use* of modal verbs ("objective" in the sense that the person who utters the sentence does not question the truth value of the statement). Second, many modal verbs may be used *subjectively* — that is, with the speaker letting us know what he or she thinks about the validity of a statement.

Peter hat dich wirklich gern. Er will dein Freund sein.

Peter likes you a lot. He wants to be your friend. (Objective use of **wollen:** This is how it is.)

Peter hat dich verraten. Und der will dein Freund sein!

Peter betrayed you. And he claims to be your friend! (Subjective use of **wollen:** He says so, but I don't believe it!)

This chapter deals with the objective use of the modal verbs. Their subjective use is treated in **Strukturen 9.3.**

A. Ausdruck der Disposition des Subjekts: *können, wollen, mögen* (*Expressing a Disposition of the Subject:* **können, wollen, mögen**)

The modal verbs **können, wollen,** and **mögen** convey information about someone's abilities or attitudes. **Können** signals ability (**Fähigkeit**); **wollen** signals intent (**Absicht**); and **mögen** signals preference (**Neigung**).

FÄHIGKEIT

Melanie kann gut Gitarre spielen.   *Melanie knows how to play the guitar well.*

Ich bin krank. Ich kann* heute nicht zur Uni gehen.   *I am ill. I can't go to school today.*

ABSICHT

Wolltest du nicht gestern kommen?   *Didn't you want to come yesterday?*
Dieses Jahr wollen* wir in die Schweiz fahren.   *This year we want to go to Switzerland.*

NEIGUNG

Möchtest du mit uns essen?   *Would you like to eat with us?*
Nein, danke, ich mag kein Fleisch.   *No, thank you, I don't like meat.*

B. Ausdruck einer Einwirkung auf das Subjekts (*Expressing Influence on the Subject*)

Some modal verbs express a desire to exert influence on someone or something. **Müssen** signals that an action is necessary or required (**Notwendigkeit**); **sollen** signals a request or a suggestion (**Ratschlag**); and **dürfen** and **können** signal whether an action is or isn't allowed or permitted (**Erlaubnis**).

1. müssen

The verb **müssen** signals some kind of force or pressure that makes the subject do something. The pressure may come from outside or may be the result of an inward conviction.

Wir alle müssen Steuern zahlen.   *Everybody has to pay taxes.*
Hier mußt du rechts abbiegen.   *You have to take a right here.*

---

* In a sentence with an adverbial expression answering the question *Where to?*, the infinitive may be dropped and the modal verb may stand alone: **Ich kann heute nicht zur Uni. Dieses Jahr wollen wir in die Schweiz.**

To signal that there is no such force or pressure on the subject to do or feel something, use the expression **nicht brauchen zu.**

Es ist noch früh. Ihr braucht noch nicht zu gehen.

It's still early. You don't have to leave yet. (There is no need for you to leave yet.)

Der Hund ist harmlos. Du brauchst dich nicht zu fürchten.

The dog won't harm you. You don't need to be afraid.

2. sollen

The verb **sollen** signals that an action is requested or suggested. In direct speech, the present tense conveys a request **(Aufforderung)**; the subjunctive is used to signal a suggestion **(Rat)**.

AUFFORDERUNG

Ihr sollt jetzt endlich still sein! (*you've got to*)

RATSCHLAG

Dein Haar ist schon wieder ziemlich lang! Du solltest mal wieder zum Frisör gehen. (*you should*)

In indirect speech—when somebody else's request or suggestion is reported—the present tense is used with both meanings.

AUFFORDERUNG

Mein Vater hat gesagt, daß ich schon gestern und vorgestern mit dir beim Tanzen war und daß ich heute abend zu Hause bleiben soll. (*I've got to*)

RATSCHLAG

Meine Mutter meint, ich soll mich bewerben. (*I should*)

3. dürfen/können

The verb **können** signals possibility, and **dürfen** signals permission. Giving permission to do something implies making it possible. Therefore, both **können** and **dürfen** are commonly used interchangeably to ask for or to grant permission.

Kann/darf ich mal telefonieren?
Heute abend könnt/dürft ihr ins Kino gehen.

May I make a phone call?
Tonight you may go see a movie.

2.3 *WISSEN/KENNEN/KÖNNEN* *(to know / to be acquainted with / to know how to)*

The verb **wissen** refers to knowing factual information; **kennen** refers to being acquainted with someone or something; and the modal verb **können** refers to skill or know-how.

Wußtest du, daß Salzburg in Öster- reich liegt?	*Did you know that Salzburg is in Austria?*
Hier kenne ich keinen Menschen.	*I don't know anybody here.*
Als ich sechs Jahre alt war, konnte ich schon lesen.	*When I was six I already knew how to (was able to) read.*

The forms of **wissen** follow the same patterns as the modal verbs.

	PRÄSENS	PRÄTERITUM	KONJUNKTIV II
ich	weiß	wußte	wüßte
du	weißt	wußtest	wüßtest
er/es/sie	weiß	wußte	wüßte
wir	wissen	wußten	wüßten
ihr	wißt	wußtet	wüßtet
sie/Sie	wissen	wußten	wüßten

> Weißt du, wie alt ich bin?
> Ich wußte gar nicht, daß Sie Amerikanerin sind.
> Wenn ich das nur wüßte!

2.4 PRÄSENS
Expressing Present Time, Timeless Truths, Continuing Actions, and Future Time

A. Verwendung *(Usage)*

The present tense is used to talk about:

1. present time

    Was machst du gerade? —Ich lese gerade ein Buch.

2. timeless truths

    Wo liegt Köln? —Köln liegt am Rhein.

3. actions and states begun in the past and continuing into the present

> Wie lange wohnen Sie schon in der Schweiz? —Ich wohne seit zwei Jahren hier.

4. future time

> Nächstes Jahr fahren wir im Urlaub in die Türkei.

B. Formen   (*Formation*)

1. Starke und schwache Verben (*Strong and Weak Verbs*)

Following are the five major patterns of present tense formation. The first three groups are strong and weak verbs. Groups four and five are strong verbs; groups four and five change only their stem vowel in the second and the third person singular. (See **Strukturen 4.1** for a review of weak and strong verbs.) Group 1 represents the regular pattern. In the other four groups, those forms that differ from this regular pattern are highlighted.

	SCHWACHE VERBEN UND STARKE VERBEN			STARKE VERBEN	
	1	*2*	*3*	*4*	*5*
	holen	reiten	tanzen	helfen	fangen
ich	hole	reite	tanze	helfe	fange
du	hol**st**	**reitest**	**tanzt**	**hilfst**	**fängst**
er/sie/es	hol**t**	**reitet**	tanzt	**hilft**	**fängt**
wir	hol**en**	reiten	tanzen	helfen	fangen
ihr	hol**t**	**reitet**	tanzt	helft	fangt
sie/Sie	hol**en**	reiten	tanzen	helfen	fangen

Group 2 includes verbs whose stems end in **-d** or **-t** (such as **landen** and **arbeiten**) and verbs like **atmen, öffnen,** and **regnen.*** For pronunciation purposes, these verbs take an **-e** between the final consonant of the verb stem and the consonant endings **-st** and **-t.**

> Das Flugzeug land**e**t in zwei Stunden.
>
> *The plane is going to land in two hours.*
>
> Arbeit**e**t ihr morgen?
>
> *Are you working tomorrow?*
>
> Du atm**e**st ja kaum!
>
> *But you are barely breathing!*

---

* The stem of these verbs ends in a consonant other than **-rl, -h + -n,** or **-m.** Other examples are **ordnen, trocknen, zeichnen,** but not verbs like **lernen, filmen,** and **wohnen.**

Group 3 verbs have stems ending in **-s, -ss (-ß),** or **-z** (such as **lösen, küssen, schließen,** and **tanzen**). In the **du**-form, these verbs add only **-t**.

> Wie lös**t** du das Problem?
> Warum küß**t** du mich nie?*
> Warum schließ**t** du deine Wohnung nie ab?
> Tanz**t** du gern?

Group 4 consists of strong verbs whose stem vowel is **-e-** (such as **sprechen** and **sehen**). They change the stem vowel to **-i-** or **-ie-** in the **du-** and the **er/sie/es**-forms: **sprichst, spricht; siehst, sieht.**

> Meine Freundin spr**i**cht nicht mehr mit mir.
> S**ie**hst du das große Gebäude da vorne?

Note, however, that the strong verbs **gehen** and **stehen** do *not* follow this pattern.

> Wohin g**e**hst du?

Here are the most frequently-used verbs that change from **-e-** to **-i-** or **-ie-**.

E → I	E → IE
brechen (*to break*) → bricht	befehlen (*to command*) → befiehlt
essen (*to eat*) → ißt	empfehlen (*to recommend*) → empfiehlt
geben (*to give*) → gibt	lesen (*to read*) → liest
helfen (*to help*) → hilft	sehen (*to see*) → sieht
nehmen (*to take*) → nimmt	stehlen (*to steal*) → stiehlt
sprechen (*to speak*) → spricht	
stechen (*to prick*) → sticht	
sterben (*to die*) → stirbt	
treffen (*to meet*) → trifft	
vergessen (*to forget*) → vergißt	
vertreten (*to represent*) → vertritt	
werfen (*to throw*) → wirft	

Group 5 consists of strong verbs whose stem vowel is **-a-** (such as **fangen** and **fahren**). The stem vowel changes to **-ä-** in the **du-** and the **er/sie/es-** forms: **fängst, fängt; fährst, fährt.**

> Mit Speck fängt man Mäuse.   (Proverb) *Mice are caught with bacon.*
> Wie schnell fährt denn dein neues Auto?

---

* Verbs with **-ss-** in the infinitive (like **küssen** and **essen**) are spelled with **-ß** when there is no following vowel: **ich küsse / du küßt / küß mich!** The **-ss-** spelling appears only between vowels and only when the first vowel is short. Compare: **beißen, gebissen.**

Here are the most commonly used verbs that change from **-a-** to **-ä-**.

anfangen (*to begin*) → fängt an

braten (*to roast*) → brät*

empfangen (*to receive*) →
   empfängt

fallen (*to fall*) → fällt

graben (*to dig*) → gräbt

lassen (*to let*) → läßt

raten (*to advise*) → rät*

schlagen (*to strike*) → schlägt

wachsen (*to grow*) → wächst

backen (*to bake*) → bäckt

einladen (*to invite*) → lädt ein*

fahren (*to go; to drive*) → fährt

fangen (*to catch*) → fängt

halten (*to hold; to stop*) → hält*

laufen (*to run*) → läuft

schlafen (*to sleep*) → schläft

tragen (*to wear*) → trägt

waschen (*to wash*) → wäscht

2. Hilfsverben (*Auxiliary Verbs*)

Haben, sein, and **werden**—the verbs used as auxiliaries in the compound tenses
and in the passive voice—are irregular in the present tense.

	HABEN	**SEIN**	**WERDEN**
ich	habe	bin	werde
du	hast	bist	wirst
er/sie/es	hat	ist	wird
wir	haben	sind	werden
ihr	habt	seid	werdet
sie/Sie	haben	sind	werden

Meine Schwester **hat** mich letzte Woche besucht.

Seid ihr zu Fuß gegangen oder gefahren?

Nächstes Jahr **wirst** du wohl in Österreich sein.

2.5 ABTÖNUNGSPARTIKEL 1: *denn*

Expressing Politeness, Doubt, Impatience

Flavoring particles (like **denn, doch,** and **ja**) are common in spoken German.
Speakers use them—along with tone of voice, context, and facial expressions—to
convey certain attitudes, such as surprise, doubt, and impatience; to express
expectations; and to emphasize or make a point. Flavoring particles normally follow
the finite verb and pronouns. Note that the meaning of these particles can vary,
depending on context.

---

* Strong verbs whose stem ends in **-d** or **-t** have no **-e-** inserted between stem and ending in the
singular forms (**du brätst / er brät**), only in the plural (**ihr bratet**).

Was willst du denn hier?	*What do you want here?* (surprise; annoyance)
Kommt ihr denn mit?	*Are you guys coming along?* (surprise; disbelief)
Ruf mich doch einfach an!	*Why don't you simply give me a call?* (polite request)
Paul kommt doch heute abend?	*Paul is coming tonight, isn't he?* (expectation)

Flavoring particles are never stressed or accented for emphasis. Other words are stressed according to the speaker's meaning.

Was willst **du** denn hier? (surprise that it is *you*)
Was willst du denn **hier?** (surprise that you are in *this* place)

The flavoring particle **denn** is used only in questions. It can make a question more polite, signal doubt or uncertainty, or even imply impatience or criticism. When you read the following sentences remember that no stress is placed on the flavoring particle. The stressed word is set in boldface.

1. höfliche Frage (*polite question*):

ARZT: Na, wie **geht's** denn heute?	PHYSICIAN: *So, how are you doing today?*

2. Zweifel (*doubt*):

Stimmt das denn?	*Is that really true?*

3. Kritik, Ungeduld, Vorwurf (*criticism, impatience, reproach*):

Kannst du dich denn nicht **beeilen?**	*Can't you just hurry up?!*
Wie siehst **du** denn wieder aus?	*Just look at you!*

Rollenspiele

Texte
„Worte der Woche"   aus *Stern*
Aus *Rolleneinübung*   Wolfgang Körner
„Mädchen, pfeif auf den Prinzen"   Josef Reding

Sprechakte
Identität und Entsprechung   Identity and
                                correspondence
Vergleich und Kontrast   Comparison and contrast

Wortschatz
Lebensverhältnisse   Living conditions
Persönliche Beziehungen   Personal relationships and
   und Kontakte   contacts
Manuelle Tätigkeiten   Manual activities
Zur Diskussion   For the purpose of
                 discussion

Strukturen
Komparation 1: Positiv   Expressing relative value:
   und Komparativ   As good as, better than
Interrogativa 2: Adverbien   Asking when, how, why,
                             where

Präterium 1   Writing about the past
Wortbildung 1:   Understanding compound
   Komposita 1   nouns

A. Was meinen Sie? Die Texte in diesem Kapitel problematisieren die gesellschaftlichen Rollen von Männern und Frauen. Was war traditionell typisch männlich oder typisch weiblich? Ordnen Sie den folgenden Adjektiven — ohne lange zu überlegen, rein „nach dem Gefühl"— die Bezeichnung (eher) „männlich" (m) oder (eher) „weiblich" (w) zu:

geschmackvoll	entschieden	naturwissenschaftlich	aggressiv
mitfühlend	phantasievoll	bescheiden	schüchtern
mutig	präzise	geduldig	planend
unabhängig	risikofreudig	vorsichtig	aufopfernd
erfolgreich	fleißig	zärtlich	organisiert
ordentlich	rücksichtsvoll	ehrgeizig	empfindlich

B. Gruppenarbeit. Bilden Sie Gruppen und besprechen Sie die vorhergehenden Adjektive. Welche Adjektive beschreiben ein stereotypes Bild eines Mannes bzw. einer Frau? Welche Adjektive beschreiben ein lustiges oder sarkastisches Bild eines Mannes bzw. einer Frau? Berichten Sie der Klasse von Ihren Ansichten.

LESETEXT: Adam und Eva

Im folgenden Text aus der Zeitschrift *Stern* kommen zehn Prominente zum Thema „Mann und Frau" zu Wort. Oft findet man am Anfang oder Ende von solchen Interviews auch Informationen über das Alter, den Beruf oder die gesellschaftliche Stellung[1] der interviewten Personen. Das kann Ihnen helfen, Vorhersagen[2] über die Ansichten dieser Personen zu machen. Aber Vorsicht, manchmal haben Leute, die man für traditionell oder progressiv hält, ganz unkonventionelle Ansichten.

---

[1] *position*   [2] *predictions*

Vor dem Lesen

Emanzipiert oder traditionell?

1. Informieren Sie sich über Alter und Beruf der Prominenten.
2. Glauben Sie, daß sie eher traditionelle oder emanzipierte Meinungen zum Thema „Mann und Frau" haben?

„Worte der Woche"

»Der liebe Gott hat Adam und Eva geschaffen. Daraus ergeben sich im Leben Probleme.«

Harry Tisch, 60, Vorsitzender des FDGB, des DDR-Gewerkschaftsbundes

»Stete Nähe reizt zum Mord.«

Sybil Gräfin Schönfeldt, 60, Schriftstellerin

»Man kann einen Mann haben seit 20 Jahren, wie ich, und fünf Kinder – und trotzdem emanzipiert sein.«

Marjan Berk, 53, Schriftstellerin

»Früher dachte ich, eine Frau verliere ihre Glaubwürdigkeit durch die Ehe. Aber meine Heirat hat nichts an meinen feministischen Grundsätzen geändert.«

Cyndi Lauper, 33, Sängerin

»Die Beschäftigung mit fünf Enkelkindern ist interessanter als die Beschäftigung mit acht Ministern.«

Holger Börner, 57, ehemaliger hessischer Ministerpräsident

»Man muß den Mann be- wundern. Es ist die Aufgabe einer Frau, ihm zu gefallen und ihm zuzuhören.«

Baronin Nadine de Rothschild, 55, Ehefrau

»Ich stehe nach wie vor auf dem Standpunkt, daß der Mann liebes- fähiger ist als die Frau.«

Götz George, 48, Schauspieler

»Im wirklichen Leben sind die meisten Männer Jam- merlappen.«

Frieda Parmeggiani, 37, Kostümbildnerin

»Im Moment lebe ich lieber alleine, als mich von einem Mann wie von Salzsäure zerfressen zu lassen.«

Peggy Parnass, Schriftstellerin

»Ich liebe Männer mit einem unge- wöhnlichen Äußeren. Große Nasen sind ziemlich sexy.«

Mandy Smith, 16, Sängerin

Nach dem Lesen

A. Wer sagt was?

1. Harry Tisch (60), früherer Vorsitzender des Gewerkschafts- bundes[1] der DDR
2. Gräfin[2] Schönfeldt (60), Schrift- stellerin
3. Marjan Berk (53), Schriftstellerin
4. Cyndi Lauper (33), Sängerin
5. Holger Börner (57), früherer Ministerpräsident[3]
6. Baronin de Rothschild (55), Ehefrau
7. Götz George (48), Schauspieler
8. Frieda Parmeggiani (37), Ko- stümbildnerin[4]
9. Peggy Parnass, Schriftstellerin
10. Mandy Smith (16), Sängerin

a. Mein Leben als Ministerpräsident war langweilig im Vergleich zu meinem Leben als Großvater.
b. Ich mag Männer, die interessant aussehen. Große Nasen finde ich sexy.
c. Man muß den Männern immer wieder sagen, wie großartig man sie doch findet.
d. Enges Zusammenleben in einer Partnerschaft oder Ehe führt oft zu Schwierigkeiten.
e. Mann und Frau sind sehr ver- schieden. Das führt zu Krisen.
f. Es ist ein Klischee, daß Männer stärker und mutiger sind als Frauen.
g. Ich lebe lieber allein, da ich mich mit einem Mann zusammen nicht frei entwickeln könnte.
h. Auch als Ehefrau und Mutter kann man emanzipiert sein.
i. Ein Mann ist zu mehr Liebe fähig als eine Frau.
j. Ich dachte früher, daß eine Heirat nicht zu meinen feministischen Grundsätzen[5] paßt, aber jetzt weiß ich, daß das nicht stimmt.

[1] *association of unions* [2] *countess* [3] *chief minister of a German state* [4] *costume designer* [5] *principles*

B.   Talk-Show. Wählen Sie drei bis fünf Prominente, die Sie kennen (Politiker, Schauspieler, Rockstars oder Sportler). Schreiben Sie auf, was sie zu dem Thema Männer und Frauen sagen würden.

LESETEXT: Rollenspiele

The following text is an excerpt from a radio play by Wolfgang Körner, a contemporary author. He has published short stories, novels, and radio plays, as well as screenplays for several TV shows.

A radio play, just like one written for the theater, has stage directions — in German, **Regieanweisungen.** However, in radio all elements of the play — such as setting, background noises, and atmosphere — must be communicated acoustically. The author must depend on the spoken word (dialog), as well as background music and sound effects, for his or her means of expression.

Vor dem Lesen

Teile benennen und Sprecher identifizieren. Auch dieser Text beschäftigt sich[1] mit männlichen und weiblichen Rollen. Er ist ziemlich lang. Arbeiten Sie daher zuerst nur mit einem Teil (einer Szene) in Gruppenarbeit. Tragen Sie den anderen Gruppen Ihre Ergebnisse vor. Lesen Sie dann den ganzen Text.

1.   Beschreiben Sie die Szene. Wo ist das? Wer spricht hier? Worüber wird gesprochen?
2.   Suchen Sie einen Titel für die Szene.
3.   Beschreiben Sie die Personen, die sprechen (Geschlecht, Alter, Aussehen, Beruf).

---

[1] beschäftigt . . . *deals with*

Aus Rolleneinübung

Wolfgang Körner

Stammtischatmo° / Gelächter männl. Stimmen / Musikbox / Gläserklingen

Stammtisch: *table reserved for the regulars in a bar;* **Atmo:** *Atmosphäre*

Dialogisch:
—Was ist denn mit euch los?
—Ja, weißt du denn nicht, Karl ist heute Vater geworden!
5   —Was du nicht sagst! Ein Junge?
—Nein! Ein Mädchen!
—Ein Mädchen? Na denn, Karl, trotzdem unseren herzlichen Glückwunsch!

- Atmowechsel

- Auf einem Orff'schen° Schlaginstrument spielt ein Kind unsicher ein Kinderlied.   *refers to the composer Carl Orff*

10   MÄDCHENSTIMME: Hört mal alle zu, ich kann ein Lied spielen!
   JUNGENSTIMME: Du vertust dich° ja dauernd, laß mich mal!   *vertust. . . mess up*
- MÄDCHENSTIMME: Nein!
   JUNGENSTIMME: Ich sag dir doch, ich kann's besser! Gib mal her!

- Das Lied ist erneut zu hören, genauso unsicher.

15   JUNGENSTIMME: Ich sag dir doch, ich kann's besser! Gib mal her!
- MÄDCHENSTIMME: Ich kann's doch besser.
   JUNGENSTIMME: Ach, das ist langweilig! Kommt, wir spielen Fußball! Du kannst ja so
      lange mit deiner Puppe spielen!
- MÄDCHENSTIMME: Ich will auch Fußball spielen!
20   JUNGENSTIMME: Bei dir piept's wohl,° was?   *Bei. . . Are you off your head*

- Geräusch einer Kindertrompete

- Dialogisch:
- —Wenn ich mal groß bin, werd' ich Lokomotivführer!
- —Ich werd' Astronaut!
25   —Aber wenn man Lokomotivführer ist, kann man vorn auf der Lok stehen und die
- Haare im Wind fliegen lassen!
- —Und ich kann auf den Mond fliegen!
- —Wenn ich mal groß bin, werd' ich Lokomotivführerin!

- Gelächter kindlicher Stimmen

30   —Habt ihr so was schon mal gehört? Lokomotivführerin?
- —Die spinnt° ja!   *is crazy*
- —So was gibt's ja gar nicht!
- —Ich will aber!
- —Hör doch auf! Bei so was müssen eben wir ran. Da braucht man ganze Kerle°!   *ganze. . . tough guys*

35   Geräusch einer Kindertrompete

- Frauenstimmen / gefächert° / teilweise überlappend   *fanned out*

- —Ich weiß nicht, was ich machen soll. Dauernd will meine Jüngste mit den Sachen
- vom Großen spielen.
- —Ich hab' meiner einen Puppenwagen gekauft, aber meinen Sie, die rührt den auch   *rührt. . . an touches*
40   nur an°?
- —Also ich würd' ihr das verbieten.
- —Was soll denn später mal aus dem Kind werden?
- —Die hat doch überall Schwierigkeiten!
- —Das fängt doch schon im Kindergarten an!
45   —Und später mal auf der Schule!
- —Ach was, nicht nur auf der Schule, im Leben überhaupt!
- —Ich mach' mir die größten Sorgen, ich bin völlig ratlos!
- —Ich würd' mal zur psychologischen Beratungsstelle° gehen. Da sitzen Fachleute!   *psychologischen. . . counseling*

—Oder einen Arzt! Ich würd' einen Arzt fragen!
50 —Wenn man da nichts unternimmt, das wächst sich doch später mal aus°!

das. . . it becomes worse

Ein Mädchen pfeift° auf zwei Fingern

whistles

Frauenstimmen:
—Du sollst nicht pfeifen, wie ein Junge pfeift!
—Renn' doch nicht so schnell, du bist doch kein Junge!
55 —Ich versteh' das wirklich nicht! Gestern hast du ein frisches Kleid angezogen und heute ist es schmutzig und ein Träger ist abgerissen! Man könnte ja fast glauben, du seist ein Junge!

Ein Mädchen pfeift auf zwei Fingern

Sprecher:
60 Mädchen, die pfeifen
und Hennen, die krähn°

crow

den' sollt' man beizeiten
den Hals umdrehn

Pausenklingel in einem Schulgebäude
65 Kinder rennen durch einen Schulkorridor
—Drängel° doch nicht so!

push

—Stell dich nicht so an°!

Stell. . . Don't make such a fuss!

Plötzlich Ruhe

—Guten Morgen, Herr Lehrer! **(chorisch)**
70 —Setzt euch! Die Lesebücher! Wo waren wir das letzte Mal stehengeblieben?

—Dieter?

—Bei groß und klein!

—Gut, lesen wir weiter!

—Die Mädchen spielen mit den Puppen

75 Sie waschen die Wäsche und hängen sie auf

sie sitzen im Garten und singen.

—Die Jungen lassen Drachen steigen.

Einen gelben und einen roten Drachen

Klaus und Peter machen Augen in die Masken

80 Sie gehen auf die Straße

Die Mädchen fangen an zu weinen.

—Die Mädchen singen und springen auf der Straße.

Sie werfen und fangen den gelben Ball.

Auf einmal hängt der Ball hoch im Baum.

85 Ursula springt am Baum hoch.

Aber sie bekommt den Ball nicht wieder.

Da bringt Dieter einen Stock und schlägt nach dem Ball.

Der Ball fällt herunter. Nun spielen die Mädchen mit dem Ball weiter.

Sprecher:

90 —Eine Hauptschullehrerin berichtet, daß Mädchen bereits im ersten Schuljahr ihre

Schuhe nach dem Turnen allein anziehen konnten, während die Jungen verschämt° in   *embarrassed*

langer Reihe anstanden und darauf warteten, daß ihnen die Lehrerin beim Schließen

der Schuhbänder half.

Weibl. Stimme:

95 —Ja, das ist richtig, ich habe den Kollegen im Lehrerzimmer davon erzählt.

Männer / lachend

Männerstimme:

—Ausgezeichnet beobachtet von unserer jungen Kollegin! Aber warten Sie mal ab,

wie es schon zwei Jahre später aussieht°!   *ist*

100 Pausenklingel

Männerstimme:

—Und so ziehen sich quer durch die Geschichte die Namen berühmter Männer, die in

Politik und Wissenschaft die Geschicke der Völker lenkten und durch bedeutende

Leistungen zu Wohlstand, Wohlergehen und Fortschritt beitrugen. Namen, die auf den

105 Ruhmesblättern der Nationen aufgezeichnet sind und die für immer ihren Platz in der

Geschichte haben werden!

„Freude schöner Götterfunken"° anspielen, stark zurücknehmen   *Schlußchor aus Beethovens „9. Symphonie"*

Männerstimmen / chorisch

—Hektor / Achill / Menelaus / Odysseus / Alexander / Darius

110 Weibl. Stimme: —Und die schöne Helena!

Männerstimmen / chorisch

—Paracelsus / Torricelli / Bayle / Gay-Lussac / Gauß / Hahn / Einstein / Edison

Weibl. Stimme: —Und Madame Curie?

Männl. Stimme:
115   Ich verweise auf Florence Nightingale.
Meine Herren, was wissen wir von ihr?

Männl. Stimmen / chorisch
—Sie förderte / die Krankenpflege / Und die Ausbildung / der Krankenschwestern /
Sie wirkte / vor allem / im Krimkrieg / Wir nennen sie deshalb auch / Engel der
120   Gefangenen.

Männliche Stimme: —Davon abgesehen,° sie war eine Nymphomanin!   Davon. . . *Besides*

„Freude schöner Götterfunken" kurz anspielen / ausblenden

Nach dem Lesen

A.   Suchen Sie! Welche der folgenden Stereotype können Sie im Text finden (+),
welche nicht (—)?

1. Frauen werden öfter krank als Männer.
2. Väter freuen sich mehr über die Geburt eines Sohnes.
3. Mädchen können nicht Fußball[1] spielen.
4. Männer haben weniger Geduld als Frauen.
5. Lokomotivführer ist kein Frauenberuf.
6. Mädchen spielen mit Puppen und weinen schnell.
7. Jungen lassen gern Drachen steigen.[2]
8. Mädchen sind sauberer und ordentlicher als Jungen.
9. Jungen sind selbständiger als Mädchen.
10. Wissenschaft, Politik und Fortschritt sind Männersache.

---

[1] In Deutschland ist Fußball ein Männersport.   [2]lassen . . . *fly kites*

B.   Schreiben Sie! Die Regieanweisungen für den akustischen Hintergrund
gestalten die Atmosphäre im Hörspiel. Lesen Sie die Regieanweisungen noch
einmal genau, stellen Sie sich die verschiedenen Szenen vor und beschreiben Sie
sie der Reihe nach mit ein oder zwei Sätzen.

BEISPIEL: 1. Männer sitzen in einer Kneipe und trinken.

C.   Ratschläge. Ein Sprichwort ist ein kurzer, prägnanter[1] Satz, der einen
Ratschlag fürs Leben enthält. Sprichwörter sind von Kultur zu Kultur verschieden. Das Sprichwort (links) aus dem Text gibt es aber auch im Englischen:

1. Was bedeutet dieses Sprichwort? Wie finden Sie es?
2. Worauf bezieht es sich im Hörspiel?
3. Wie wird die entsprechende[4] Szene im Hörspiel akustisch gestaltet?

Mädchen, die pfeifen
und Hennen, die krähn
den' sollt' man beizeiten[2]
den Hals umdrehn[3]

---

[1] *full of wisdom and meaning*   [2] früh   [3] den . . . *kill*   [4] *corresponding*

D. Interaktion. Spielen Sie die Szenen des Hörspiels mit verteilten Rollen, und nehmen Sie sie auf Tonband auf.

Aktivitäten

A. Was ist Ihre Meinung?

Obwohl sich die Situation langsam ändert, gibt es immer noch viele Klischees im Hinblick auf[1] das Verhältnis[2] zwischen Mann und Frau. Hier äußert sich Christian Marwitz, ein junger Deutscher, zu dieser Frage. Kreuzen Sie die Aussagen an, mit denen Sie übereinstimmen; ändern Sie die übrigen Sätze so, daß sie Ihrer Meinung entsprechen!

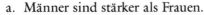

_____	a. Männer sind stärker als Frauen.
_____	b. Männer sind besser im Sport als Frauen.
_____	c. Männer sind aggressiver als Frauen.
_____	d. Männer fahren besser Auto als Frauen.
_____	e. Männer sind genauso treu wie Frauen.
_____	f. Männer haben genauso viel Geduld wie Frauen.
_____	g. Männer sind intelligenter als Frauen.
_____	h. Männer gehen wissenschaftlicher vor als Frauen.
_____	i. Männer sind pünktlicher als Frauen.
_____	j. Männer sind genauso leidenschaftlich wie Frauen.
_____	k. Männer sind genauso sensibel wie Frauen.
_____	l. Männer sind nicht so zimperlich[3] wie Frauen.

[1] im . . . *with respect to*   [2] *relationship*   [3] *touchy*

B. Was meinen Sie?

Männer und Frauen sind jetzt vor dem Gesetz[1] gleichberechtigt, das heißt, sie haben die gleichen Rechte. Glauben Sie, daß Männer und Frauen in den USA und in der Bundesrepublik wirklich gleichberechtigt sind? Arbeiten Sie in Kleingruppen.

1. Stellen Sie eine Liste von Berufen auf, in denen Ihrer Meinung nach Männer und Frauen noch nicht gleichberechtigt sind.
2. Schreiben Sie eine zweite Liste mit Situationen, in denen Männer und Frauen noch nicht gleichberechtigt sind.
3. Vergleichen Sie Ihre Listen mit denen anderer Gruppen in der Klasse. Stimmen alle Studenten und Studentinnen in Ihrer Klasse in ihren Antworten überein? Wo gibt es Meinungsunterschiede? Machen Sie sich Notizen und tragen Sie Ihre Ergebnisse vor.[2]

[1] vor . . . *legally*   [2] tragen . . . *present your results*

SPRECHAKTE

Identität und Entsprechung: Dasselbe oder etwas anderes?

(*Studenten am Telefon*)

DIETER: Gehst du heute abend ins Kino?

SUSAN: Mit dir bestimmt nicht. Du willst immer
wieder denselben Film sehen. Du hast
„Casablanca" schon siebenmal gesehen.

(*Mann und Frau vor dem neuen Haus*)

FRAU: Dieser Schlüssel paßt nicht. Gib mir
mal den anderen Schlüssel.

MANN: Welchen Schlüssel meinst du? Ich habe
noch fünf Schlüssel in meiner Hand.

FRAU: Ich meine den anderen Sicherheits-
schlüssel.

(*Kunde im Reisebüro*)

KUNDE: Ich möchte nach Spanien, nach Malaga,
und zwar im Mai. Haben Sie vielleicht
eine Tour dahin?

REISEBERATER: Nein, leider nicht. Im Mai haben wir leider
nur eine Tour nach Mallorca, was allerdings im Mai
besonders hübsch sein soll. Hätten Sie vielleicht daran
Interesse?

Variationen

Spielen Sie!

1. Ihr Freund / Ihre Freundin möchte mit Ihnen ins Kino gehen. Sie würden
gern mitkommen, aber Sie haben diesen Film schon gesehen.
2. Ein Bekannter / eine Bekannte hat Ihre Lieblings-CD von Sinead O'Connor
ausgeliehen und verloren; er/sie hat Ihnen dafür eine Michael-Jackson-CD
gekauft. Sie sind allerdings damit nicht einverstanden und möchten die
gleiche CD wieder haben.
3. Sie möchten über die Weihnachtsferien nach Bermuda fliegen. Leider ist
schon alles ausgebucht. Nur auf den Bahamas sind einige Plätze frei.

LESETEXT: Dornröschen — Ein modernes Märchen

Josef Reding, geboren 1929, ist ein Dichter und Schriftsteller, der häufig die Erfahrungen und Probleme von benachteiligten[1] Leuten, Randgruppen und Außenseitern beschreibt.

_____

[1] *disadvantaged*

Es war einmal...

Ach so!

Schönen Tag, meine Dame, ich bin ein Prinz und suche eine Frau.

Vor dem Lesen

Erzählen Sie! Das folgende Gedicht „Mädchen, pfeif auf den Prinzen" bezieht sich auf ein Märchen. Welche Märchen kennen Sie? In welchen spielen Mädchen die Hauptrolle? In welchem Märchen schläft ein Mädchen hundert Jahre in einem Schloß und wird von einem Prinzen wachgeküßt?

Die folgenden Sätze erzählen das Märchen, aber sie sind in der falschen Reihenfolge. Numerieren Sie die Sätze, um das Märchen richtig erzählen zu können.

_____ Der Prinz fand die schlafende Prinzessin und küßte sie.

_____ Die Fee,[1] die nicht eingeladen war, verfluchte[2] die Prinzessin.

_____ Um das Schloß wuchs eine Dornenhecke.[3]

_____ Der König veranstaltete ein großes Fest und lud zwölf Feen ein.

_____ Als sich der Prinz der Dornenhecke näherte, verwandelte sich[4] die Hecke in Blumen, und er ging hindurch.

_____ Die Prinzessin wachte auf.

_____ Die Königin bekam eine wunderschöne Tochter.

_____ Als die Prinzessin das Spinnrad[5] berührte, fielen sie und alle anderen Menschen im ganzen Land in einen tiefen Schlaf.

_____ Der Prinz und die Prinzessin heirateten.

_____ Eines Tages kam ein Prinz zu dem Schloß.

_____ Die zwölfte Fee änderte den Fluch. Dornröschen mußte nicht mehr sterben, sondern „nur" hundert Jahre schlafen.

_____

[1] *fairy*   [2] *cursed*   [3] *thorn hedge*   [4] verwandelte . . . *turned itself into*   [5] *spinning wheel*

„*Mädchen, pfeif auf den Prinzen*"

Josef Reding

Es kommt kein Prinz, der dich erlöst,°
wenn du die Jahre blöd° verdöst,°
wenn du den Verstand nicht übst,
das Denken stets auf morgen schiebst.

5   Es kommt kein Prinz, der dich umfängt,
von nun an deine Schritte lenkt.
Befrei dich selbst vom Dauerschlaf,
sonst bleibst du nur ein armes Schaf.

Es kommt kein Prinz mit einem Kuß,
10   macht nicht mit deinen Sorgen Schluß;
es bringt dich auch kein Königssohn
vom Kochtopf auf den Herrscherthron.

Du kannst dir selbst dein Leben bauen,
mußt allen deinen Kräften trauen.
15   Mach noch heute den Versuch
und pfeif auf den Prinzen im Märchenbuch!

rescues

*stupidly/
sleep away*

Nach dem Lesen

A.   Fragen zum Gedicht. Beantworten Sie die folgenden Fragen.

1. Welche Rolle spielen Prinzen oft im Märchen?
2. Was soll das Mädchen in dem Gedicht tun und was nicht?
3. Für welche Gruppen von Menschen stehen Mädchen und Prinz in dem Gedicht?
4. Josef Reding spricht vom *Mädchen,* statt von der schlafenden Königstochter aus dem Märchen, aber vom *Prinzen* und nicht von einem Jungen oder Mann? Warum, glauben Sie, verwendet er diesen Kontrast?

B.   Interaktion. Erzählen Sie das Märchen von Dornröschen einem Partner / einer Partnerin. Fügen Sie andere Einzelheiten[1] hinzu,[2] an die Sie sich erinnern.

---

[1] *details*   [2] hinzufügen *to add*

C. Schreiben Sie ein Märchen! Benutzen Sie typische Märchenzüge: ein Prinz, eine Prinzessin, ein Drache, eine Fee, ein Frosch usw.

der Prinz   die Prinzessin   der Drache

die Fee   der Frosch

der Zauberer

die Hexe

die Hütte   das Schloβ

der Ritter

Ein altes Gasthaus, wie man es in Österreich, der Schweiz und im Süden Deutschlands häufig sieht.

Sprechakte

Vergleich und Kontrast: Was ist besser?

(Roland und seine Frau Ilse planen ihre Ferien.)

ILSE: Das Hotel „Zum Anker" in der Stadt finde ich sehr gut. Die Zimmer sind groß und hell und sehr geschmackvoll eingerichtet. Außerdem steht in jedem Zimmer ein Fernseher.

ROLAND: Mir gefällt das Gasthaus „Karl" am besten. Dort ist es viel ruhiger, und die Zimmer sind auch viel billiger. Außerdem sind Herr und Frau Karl sehr freundlich und sehr hilfsbereit.

ILSE: Ich bin trotzdem mehr für das Hotel. Es ist zwar etwas teuer, aber dafür haben alle Zimmer eine eigene Dusche und ein eigenes WC.

ROLAND: Das ist im Gasthaus „Karl" genauso. Vielleicht sollten wir doch nur ein Zimmer nehmen. Das wäre am billigsten.

Variationen

A.   Wohnmöglichkeiten. Lesen Sie die Zeitungsannoncen und ergänzen Sie den Dialog.

(Zwei Studentinnen besprechen Wohnmöglichkeiten für das kommende Semester.)

KÄTHE: Die Zweizimmerwohnung mit der Einbauküche finde ich . . . Sie ist . . .

CHRISTINA: Da hast du recht. Aber die Wohnung in Berlin 44 finde ich besser. Sie ist . . .

KÄTHE: Ich möchte lieber . . .

CHRISTINA: Die andere gefällt mir aber besser. Ich finde . . .

KÄTHE: Sie ist genauso . . .

CHRISTINA: Wie du willst. Nehmen wir die.

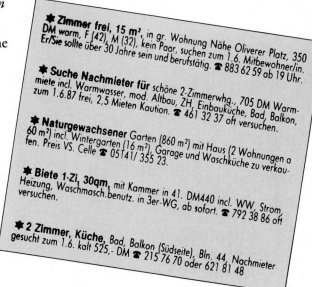

✿ **Zimmer frei, 15 m²**, in gr. Wohnung Nähe Oliverer Platz, 350 DM warm, F (42), M (32), kein Paar, suchen zum 1.6. Mitbewohner/in. Er/Sie sollte über 30 Jahre sein und berufstätig. ☎ 883 62 59 ab 19 Uhr.

✿ **Suche Nachmieter für** schöne 2-Zimmerwhg., 705 DM Warmmiete incl. Warmwasser, mod. Altbau, ZH, Einbauküche, Bad, Balkon, zum 1.6.87 frei, 2,5 Mieten Kaution. ☎ 461 32 37 oft versuchen.

✿ **Naturgewachsener** Garten (860 m²) mit Haus (2 Wohnungen a 60 m²) incl. Wintergarten (16 m²), Garage und Waschküche zu verkaufen. Preis VS. Celle ☎ 05141/ 355 23.

✿ **Biete 1-Zi,** 30qm, mit Kammer in 41. DM440 incl. WW, Strom, Heizung, Waschmasch.benutz. in 3er-WG, ab sofort. ☎ 792 38 86 oft versuchen.

✿ **2 Zimmer, Küche,** Bad, Balkon (Südseite), Bln. 44, Nachmieter gesucht zum 1.6. kalt 525,- DM ☎ 215 76 70 oder 621 81 48

B.   Spielen Sie!

1. Sprechen Sie mit einem Partner / einer Partnerin über die Fähigkeiten von Mann und Frau. Widersprechen Sie einander[1] in jedem einzelnen Punkt.

    BEISPIEL: A: Ich finde, daß Männer einen besseren Orientierungssinn haben.
    B: Da bin ich ganz anderer Meinung. Ich finde, daß Männer keinen besseren Orientierungssinn haben. Sie verfahren sich viel öfter als Frauen.

2. Sie planen eine Reise mit Ihrem Freund / Ihrer Freundin in den Sommerferien. Sprechen Sie mit ihm / ihr über zwei Möglichkeiten und vergleichen Sie die Vorteile und Nachteile.

---

[1] Widersprechen . . . *Contradict each other*

Und jetzt zu Ihnen!

1

A: Sie suchen ein Zimmer in einem Hotel für zwei Personen, für zwei Nächte, mit Dusche, mit Frühstück. Sie wollen nicht mehr als DM 50,— pro Nacht bezahlen. Fragen Sie auch, wann das Frühstück serviert wird.

B: Sie arbeiten in einem Hotel. Sie haben heute die folgenden Zimmer:

1 Doppelzimmer	mit Bad	DM 90,—	Frühstück
1 Doppelzimmer	mit Dusche	DM 65,—	Frühstück
1 Doppelzimmer	ohne Dusche	DM 48,—	Frühstück
1 Einzelzimmer	mit Dusche	DM 50,—	Frühstück

Sie servieren das Frühstück täglich von 7–9 Uhr.

Hotel · Pension
KRONE
Berchtesgaden
Am Rad 5 1/3

Café geöffnet ab 14.30 Uhr
Hausgebackene Kuchen

Von der Aussichtsterrasse genießen Sie den Blick auf die herrliche Bergwelt.

2

A: Sie sind in einem Restaurant und wollen essen. Sie möchten etwas Italienisches essen, dazu einen Salat und etwas zu trinken. Wenn der Kellner / die Kellnerin Ihnen das Essen bringt, bezahlen Sie gleich.

B: Sie sind Kellner / Kellnerin in einem griechischen Restaurant. Ihre Spezialität ist griechische Pizza (DM 8,—). Sie haben natürlich auch Gyros (DM 9,50), Souvlaki (DM 10,90) und griechischen Salat (DM 4,50). Sie haben Wein (DM 2,— das Glas) und Limonade, Cola, Mineralwasser, usw. (DM 1,80), aber kein Bier. Und natürlich haben Sie auch kein Leitungswasser.

WORTSCHATZ

Lebensverhältnisse (n., pl.)   *living conditions*

Versuchen Sie, einige der folgenden Wörter auf deutsch zu definieren (z.B. „In der Ehe leben Mann und Frau offiziell zusammen").

Welche der folgenden Lebensverhältnisse finden Sie ideal, welche problematisch? Was könnte das Resultat dieser Lebensverhältnisse sein?

Das wissen Sie schon:

der/die Erwachsene, -n   **heiraten (geheiratet)**
die Familie, -n
der Haushalt, -e

Das ist neu:

die Ehe, -n marriage   **die Partnerschaft, -en** partnership
der Ehebruch, ̈e adultery; infidelity   **die Stiefmutter, ̈** stepmother
die Gleichberechtigung equal rights, equality   **der Stiefvater, ̈** stepfather
die Großfamilie, -n extended family   **das Verhältnis, -se** relationship; affair

das Verhütungsmittel, -   contraceptive, birth control
die Wohngemeinschaft, -en („die WG")   the people sharing an apartment or house;
    the sharing of an apartment or house

emanzipiert   emancipated
getrennt   separated
schwanger   pregnant

adoptieren (adoptiert)   to adopt
betreuen (betreut)   to look after; to be in charge of
sich scheiden lassen (scheiden lassen)   to (get a) divorce
für jemanden (*Akk.*) sorgen   to take care of, look after someone
sich verloben (verlobt)   to get engaged

Persönliche Beziehungen (*f., pl.*) und Kontakte (*m., pl.*)   *personal relationships and contacts*

Was wäre eine gute Beziehung zwischen zwei jungen Menschen? Wann können
persönliche Beziehungen problematisch werden?

Das wissen Sie schon:

der/die Bekannte, -n
der Freund, -e / die Freundin, -nen
der Gast, ⸚e

der Kollege, -n
der Kuß, ⸚sse
der Nachbar, -n / die Nachbarin, -nen

aggressiv

besuchen (besucht)
einladen (lädt . . . ein, lud . . . ein, eingeladen)
gern haben (gern gehabt)
kennenlernen (lernte . . . kennen, kennengelernt)

küssen (geküßt)
lieben (geliebt)
schenken (geschenkt)
sich treffen (trifft, traf, getroffen)

Das ist neu:

das Gespräch, -e   conversation, talk, discussion
der Streit, Streitfälle   argument, quarrel, fight

aufopfernd   devoted; self-sacrificing
mitfühlend   sympathetic, compassionate
rücksichtsvoll   considerate, thoughtful
selbständig   independent

mit jemandem (*Dat.*) gehen (geht, ging, ist gegangen)   to go (out), go steady with
    someone
siezen (gesiezt)   to use the formal term of address **(Sie)**
streiten (streitet, stritt, gestritten)   to have an argument; quarrel; to get into a fight
sich mit jemandem (*Dat.*) unterhalten (unterhält, unterhielt, unterhalten)   to talk,
    carry on a conversation with someone
sich mit jemandem (*Dat.*) verabreden (verabredet)   to make a date, an appointment
    with someone
sich in jemanden (*Akk.*) verlieben (verliebt)   to fall in love with someone

Manuelle Tätigkeiten (*f., pl.*)   *manual activities*

Was tun Sie in Ihrer Freizeit am liebsten?

Was kann man alles machen? Konzentrieren Sie sich dabei auf die aufgeführten Verben
mit *machen* als Stammverb auf der folgenden Seite.

Das wissen Sie schon:

anmachen (angemacht)	**öffnen (geöffnet)**
aufmachen (aufgemacht)	**schließen (schließt, schloß, geschlossen)**
ausmachen (ausgemacht)	**schneiden (schneidet, schnitt, geschnitten)**
binden (bindet, band, gebunden)	**tragen (trägt, trug, getragen)**
drücken (gedrückt)	**tun (tut, tat, getan)**
geben (gibt, gab, gegeben)	**werfen (wirft, warf, geworfen)**
halten (hält, hielt, gehalten)	**ziehen (zieht, zog, gezogen)**
machen (gemacht)	**zumachen (zugemacht)**
nehmen (nimmt, nahm, genommen)	

Das ist neu:

abschließen (schließt . . . ab, schloß . . . ab, abgeschlossen)   to lock (up)
abschneiden (schneidet . . . ab, schnitt . . . ab, abgeschnitten)   to cut off
aufheben (hebt . . . auf, hob . . . auf, aufgehoben)   to pick up
drehen (gedreht)   to turn; to shift
einschalten (eingeschaltet)   to switch on, turn on
einschenken (eingeschenkt)   to pour
einwerfen (wirft . . . ein, warf . . . ein, eingeworfen)   to break, smash
festhalten (hält . . . fest, hielt . . . fest, festgehalten)   to hold on to
gießen (gießt, goß, gegossen)   to pour; to spill
loslassen (läßt . . . los, ließ . . . los, losgelassen)   to let go, let loose
schieben (schiebt, schob, geschoben)   to push
schütteln (geschüttelt)   to shake
wegwerfen (wirft . . . weg, warf . . . weg, weggeworfen)   to throw away

machen **als Stammverb:**	*machen* as verb stem:
abmachen (abgemacht)	to take off; to agree on doing
durchmachen (durchgemacht)	to go through; to undergo
einmachen (eingemacht)	to preserve, can; to wrap up
festmachen (festgemacht)	to fasten; to arrange
leermachen (leergemacht)	to empty (out)
mitmachen (mitgemacht)	to join; to go along with
nachmachen (nachgemacht)	to imitate
vollmachen (vollgemacht)	to fill up; to complete
vormachen (vorgemacht)	to demonstrate; to pretend
wegmachen (weggemacht)	to get rid of
weichmachen (weichgemacht)	to soften up

Zur Diskussion   *for the purpose of discussion*

Wann wird ein aktuelles Thema kontrovers? Wie kommt ein Thema in die Zeitung? Was ergibt* einen „guten Artikel" in der Zeitung?

Klischees enthalten ein Körnchen Wahrheit. Warum gibt es stereotype Menschenbilder?

Das wissen Sie schon:

die Frage, -n	**die Meinung, -en**	**der Unterschied, -e**	**der Vorteil, -e**
das Klischee, -s	**das Stereotyp, -e**	**der Nachteil, -e**	

---

* *makes*

kontrovers
objektiv
charakterisieren
erklären (erklärt)
finden (findet, fand, gefunden)

glauben (geglaubt)
eine Rolle spielen (gespielt)

Das ist neu:

die Ansicht, -en   opinion, view
die Einzelheit, -en   detail, particular

das Ergebnis, -se   result, outcome
der Grundsatz, ̈e   principle

der Standpunkt, -e   point of view
die Tatsache, -n   fact

engagiert   committed

Notizen machen   to take notes
tendieren (tendiert)   to tend to, lean toward
übereinstimmen (übereingestimmt)   to agree
vergleichen (vergleicht, verglich, verglichen)   to compare
vertreten (vertritt, vertrat, vertreten)   to represent; to stand in for, replace
widersprechen (widerspricht, widersprach, widersprochen)   to contradict
in Bezug auf   in/with reference to, regard to

Sprechakte

Wir schlafen im gleichen Zimmer.   We sleep in the same room.
Spielen Sie immer noch dasselbe Stück?   Are you still playing the same piece?
Wo ist das andere Buch?   Where is the other book?
Leider wohnen wir in verschiedenen Städten.   Unfortunately we live in different towns.

STRUKTUREN

3.1 KOMPARATION 1: Positiv und Komparativ*
Expressing Relative Value: As Good as, Better Than

A. Positiv   (*Positive Forms*)

Use the positive or base form (that is, without adjective endings) of an adjective to indicate that two persons, things, or activities are (or are not) equal in some respect. The particles used for comparison are **so . . . wie** (*as . . . as*) and **genauso . . . wie** (*just as . . . as*).

Frauen sind **genauso** ehrgeizig **wie** Männer.

Aber vielleicht sind sie nicht ganz **so** aggressiv **wie** Männer.

Women are just as ambitious as men.

But maybe they are not quite as aggressive as men.

---

* The superlative is treated in **Strukturen 11.5.**

B. Komparativ *(Comparative Forms)*

1. Verwendung *(Usage)*

Use the comparative form of an adjective to indicate that one of two persons, things, or activities has more of a certain quality than the other. The particle used here is **als** *(than)*.

Mein Freund meint, daß er zärtlicher **als** viele andere Männer ist.	*My friend thinks he is gentler than many other men are.*
Es ist ein Klischee, daß Männer stärker und mutiger **als** Frauen sind.	*It's a cliché that men are stronger and more courageous than women.*

Indicate varying degrees of comparison by adding adverbs like **viel** *(much)*, **etwas** *(a little)*, **kaum** *(hardly)*, and **noch** *(even)*.

Ich kann **viel** besser Fußball spielen **als** du.	*I play soccer much better than you do.*
Aber mein Bruder spielt **noch** besser **als** du.	*But my brother plays even better than you do.*

2. Form *(Formation)*

	A	B	C	D
Positiv	elegant	groß	dunkel	teuer
Komparativ	elegant**er**	größ**er**	dunkl**er**	teur**er**

a. To form the comparative, add **-er** to the adjective base.

Frau Zirngiebel ist kompetent**er** als Herr Kreuzer, verdient aber trotzdem wenig**er** Geld als er.	*Mrs. Zirngiebel is more competent than Mr. Kreuzer but still earns less money than he does.*

Note that in English, *more* is used to compare adjectives of two syllables or more, but not in German.

	POSITIV	**KOMPARATIV**
English	*intelligent*	*more intelligent*
Deutsch	intelligent	intelligenter

b. Some one-syllable adjectives with stem vowels **a, o,** or **u** have an umlaut in the comparative.*

a → ä				o → ö	u → ü	
alt	→ älter	nah	→ näher	groß → größer	dumm	→ dümmer
arm	→ ärmer	scharf	→ schärfer	hoch → höher	jung	→ jünger
hart	→ härter	schwach	→ schwächer		klug	→ klüger
kalt	→ kälter	stark	→ stärker		kurz	→ kürzer
krank	→ kränker	warm	→ wärmer			
lang	→ länger					

c. Adjectives that end in **-el** drop the **e** of the second syllable: **dunkel → dunkler; edel → edler.**

> Natürlich ist eine mondlose Nacht dunkler als eine, in der der Mond scheint.

> *A moonless night is, of course, darker than one in which the moon is shining.*

d. Adjectives that end in **-er** following a diphthong also drop the **e**: **teuer → teurer; sauer → saurer.**

> Meiner Meinung nach sind Limonen viel saurer als Zitronen.

> *In my opinion, limes are much more sour than lemons.*

C. Attributive Formen   (*Attributive Forms*)

When comparative forms appear before a noun, they take attributive adjective endings: **ein schnelleres Auto** (*a faster car*).

> Ein älter**er** Mann hat weniger Geduld als ein jünger**er** Mann.
> Und dann hat er sich doch den teurer**en** Wagen gekauft.

> *An older man has less patience than a younger man.*
> *And then he did buy the more expensive car after all.*

Note that double occurrences of the **-er** ending may result.

$$\downarrow \text{| KOMPARATIVENDUNG}$$

ein noch ärm-er-er Mann

$$\uparrow \text{| ADJEKTIVENDUNG}$$

---

* These adjectives retain the umlaut in the superlative: **alt / älter / am ältesten.** One two-syllable adjective also has an umlaut: **gesund / gesünder / am gesündesten.**

3.2 INTERROGATIVA 2: ADVERBIEN*
Asking When, How, Why, Where

A. Temporale Fragewörter (*Interrogative Adverbs of Time*)

With interrogative adverbs of time, one can ask when? how long? how often?

wann?	*when?*
seit wann?†	*how long (have you been . . . ing)?*
wie lange?	*how long?*
wie oft?	*how often?*
Wann hast du Geburtstag?	*When is your birthday?*
Seit wann wohnst du in Berlin?	*How long have you been living in Berlin?*
Wie lange bleibst du noch bei uns?	*How long are you going to stay with us?*
Wie oft fährst du denn nach Hause?	*How often do you go home?*

B. Modale Fragewörter (*Interrogative Adverbs of Manner*)

Use interrogative adverbs of manner to ask how to do something or to ask how big, how long, and so forth something is.

wie?	*how? (how do I . . . ?)*
wie groß?	*how big / how tall?*
wie hoch, wie breit?	*how high, how wide?*
wie weit	*how far?*
usw.	
Wie komme ich zum Bahnhof?	*How do I get to the train station?*
Wie hoch ist der Eiffelturm?	*How tall is the Eiffel Tower?*

C. Kausale Fragewörter (*Interrogative Adverbs of Cause*)

Use interrogative adverbs of cause to ask why something has happened or has been done.

warum?	*why?*
wieso?	*why, how come?*

---

* Interrogative adverbs can also be used as conjunctions: **Ich fragte ihn, *wann* er denn nun kommen wolle?** (*I asked him when he wanted to come.*)

† German uses the present tense in sentences with **seit wann,** whereas English uses the progressive form of the perfect tense with *how long:* **Seit wann *wohnen* Sie schon in der Schweiz?** (*How long have you been living* in Switzerland?)

Warum liebst du mich eigentlich nicht mehr?	*Why don't you love me anymore, anyhow?*
Wieso kann ich denn heute nicht ausgehen?	*Why can't I (How come I can't) go out today?*

D. Lokale Fragewörter *(Interrogative Adverbs of Place)*

Use interrogative adverbs of place to ask where something comes from, where it is located, or where it is moving to.

woher?	*where . . . from?*
wo?	*where . . . (at)?*
wohin?	*where . . . (to)?*

Woher kommst du, Tanja? —Aus Leningrad.	*Where do you come from, Tanja? —From Leningrad.*
Und **wo** wohnst du jetzt? —In München.	*And where do you live now? —In Munich.*
Wohin gehst du, wenn du mit dem Studium fertig bist? —Wahrscheinlich zurück nach Leningrad.	*Where are you going when you're done with your studies? —Probably back to Leningrad.*

3.3 Präteritum 1
Writing About the Past

A. Verwendung

The simple past tense (**Präteritum**) is used to describe past actions, events, and states of being, primarily in writing.

> Momo **lebte** in einer alten Theaterruine.
> Sie **war** klein und ziemlich mager.
> Sie **lief** fast immer barfuß.
> Nur im Winter **trug** sie manchmal Schuhe.

In spoken conversation, the simple past tense is frequently used in sentences with **damals** and **immer** and in dependent clauses introduced by **als.**

> **Damals wohnten** wir noch auf dem Land.
> Wir **liefen immer** barfuß herum.
> **Als** wir in die Stadt **zogen, waren** wir zuerst sehr unglücklich.

Some verbs when they are used in the simple past tense have a particular meaning:

angehen	Das ging Sie gar nichts an!
(to be one's business)	*That was none of your business!*

fallen auf *(to fall on)*	Letztes Jahr fiel Weihnachten auf einen Montag. *Last year, Christmas fell on a Monday.*
fortfahren *(to continue)*	Sie fuhr in ihrer Erzählung fort. *She continued her story.*
führen *(to go; to run)*	Die Brücke führte über einen kleinen Fluß. *The bridge went over a small river.*
gehen *(to go, lead into)*	Die Tür ging hinaus ins Freie. *The door lead into the open.*
heißen *(to mean)*	Das hieß, daß wir zu spät kommen würden. *That meant that we would be late.*
pflegen *(to be used to; accustomed to)*	Er pflegte mittags kurz zu schlafen. *At noon, he was used to having a little nap.*
scheinen *(to seem, appear)*	Sie schien uns nicht zu kennen. *She seemed not to know us.*

B. Form

Three patterns exist for forming the simple past tense: (1) the weak pattern, (2) the strong pattern, and (3) the mixed pattern.

1. Schwache Verben

The weak pattern is by far the most common. It is formed with the infinitive stem of the verb, the past-tense marker **-te-** or **-ete-**,* and the past-tense endings. These endings are almost identical to the present-tense endings of the modal verbs.

	PRÄTERITUM		PRÄSENS
	wohn-		soll-
ich	wohn**te**	ich	soll
du	wohn**test**	du	sollst
er/sie/es	wohn**te**	er/sie/es	soll
wir	wohn**ten**	wir	sollen
ihr	wohn**tet**	ihr	sollt
sie/Sie	wohn**ten**	sie/Sie	sollen

Note the absence of an ending in the **ich**-form and in the **er/sie/es**-form.

---

* As in the present tense, **-ete-** is used with stems ending in **-d** or **-t** and for verbs like **regnen** and **öffnen**. See also **Strukturen 2.4.**

2. Starke Verben

There are about 170 strong verbs in German (listed in the appendix). In the simple past tense, they have the same endings as weak verbs. However, in place of the **-(e)te-** past-tense marker, strong verbs show a change in the stem vowel and sometimes in some consonants as well.

INFINITIV		PRÄTERITUM
fahren	ich	fuhr
laufen	du	liefst
gehen	es	ging
verlieren	wir	verloren
gewinnen	ihr	gewannt
stehen	sie	standen

Although the patterns of strong verbs differ, some regularities exist that can make learning them a little easier. The following patterns account for 88 percent of the strong verbs.

STEM VOWEL		
INFINITIV	PRÄTERITUM	BEISPIELE
-ei- → -i-/-ie-		beißen → biß
		bleiben → blieb*
-i- → -a-		singen → sang
		sitzen → saß†
-ie- → -o-		fliegen → flog
		biegen → bog‡
-e- → -a-/-o-		geben → gab
		heben → hob§
-a- → -u-/-ie-		fahren → fuhr
		fallen → fiel**

---

* All but one of these verbs have the same stem vowel in the past tense and in the past participle **(reiten/ritt/geritten, bleiben/blieb/geblieben)**. The exception is **heißen/hieß/geheißen**.

† In the past participle, the majority of these verbs has **-u-** **(binden/band/gebunden)**, a few have **-o-** **(beginnen/begann/begonnen)**, and two common verbs have **-e-** **(sitzen/saß/gesessen, bitten/bat/gebeten)**.

‡ All verbs that follow this pattern have the same vowel in the past tense and in the past participle **(fliegen/flog/geflogen, frieren/fror/gefroren)**. There is one exception: **liegen/lag/gelegen**.

§ Most of these verbs, particularly the more common ones, show the **e → a** pattern; some show the **e → o** pattern. In the past participle, the **e → o** verbs and the majority of the **e → a** verbs have **-o-** **(heben/hob/gehoben, nehmen/nahm/genommen)**. The remaining verbs have **-e-** in the past participle **(geben/gab/gegeben)**.

** **Some verbs show the a → u pattern**, with the past participle using **-a-** **(fahren/fuhr/gefahren)**; some verbs show the **a → ie** pattern with the past participle using **-a-** **(fallen/fiel/gefallen)**. **Fangen/fing/gefangen** is an exception, with a single **-i-** in the simple past.

3. Gemischte Verben

These verbs have a stem change *and* the past-tense marker **-te-**.

INFINITIV	PRÄTERITUM
wissen	ich **wußte**
können	du **konntest**
denken	sie **dachte**
müssen	wir **mußten**
kennen	ihr **kanntet**

They keep the same stem in the simple past tense and in the past participle.

dürfen/durfte/gedurft   können/konnte/gekonnt
mögen/mochte/gemocht   müssen/mußte/gemußt

denken/dachte/gedacht   bringen/brachte/gebracht
wissen/wußte/gewußt

kennen/kannte/gekannt   brennen/brannte/gebrannt
nennen/nannte/genannt   rennen/rannte/gerannt
senden/sandte/gesandt   wenden/wandte/gewandt

Ich **dachte** schon, du würdest gar nicht mehr kommen.
Sie war zehn Jahre im Ausland. Als sie zurückkam, **kannte** sie niemand mehr.

3.4 WORTBILDUNG 1: KOMPOSITA 1
Understanding Compound Nouns

One of the most distinguishing features of the German language is its richness in compound nouns. Most compound nouns are composed of two or more nouns, or an adjective or a verb plus a noun.

das Haus + die Tür   die Haustür
die Gewerkschaft + der Bund   der Gewerkschaftsbund
spielen + das Zeug   das Spielzeug

A. Bedeutung (*Meaning*)

Compound nouns usually consist of a modifier (**Bestimmungswort**) before a base noun (**Grundwort**). The **Bestimmungswort** carries the spoken stress, and the **Grundwort** determines the gender of the compound.

die **Um**welt + **der** Minister   **der Um**weltminister
das **Haus** + **der** Mann   **der Haus**mann

The **Bestimmungswort** modifies and further qualifies the meaning of the **Grundwort**.

die Ofentür   *the door of a stove*

die Sommerschuhe   *shoes worn in summer*

Most compound nouns fall into one of these five categories:

1. Something is part of something: **Manteltasche, Tischbein, Hausdach**
2. Something is made of something: **Lederjacke, Goldring, Nylonstrümpfe**
3. Something has the form of something: **Zwiebelturm, Eierkopf, Nierentisch**
4. Something is located near or at something: **Dachfenster, Fensterplatz, Ofenbank**
5. Something is used to contain or to carry something: **Weinflasche, Bücherschrank, Fernsehtischchen**

B. Form

Approximately two thirds of compound nouns are formed by putting the elements together without changing anything. Many noun compounds, however, are formed with a linking element **(Fugenelement)** between the modifier and the base noun. (These linking elements are often like plural forms or genitive forms of the modifier.) Here are the various compound forms.

0	das Benzin + der Preis	der Benzinpreis
-e̸-	die Schul**e** + das Jahr	das Schuljahr
(e)s-*	der Tag + die Zeit	die Tag**es**zeit
	das Gespräch + der Partner	der Gespräch**s**partner
-e̸- → -s-	die Geschicht**e** + der Lehrer	der Geschicht**s**lehrer
-er-	das Buch + das Regal	das Büch**er**regal
-e-	das Pferd + der Wagen	der Pferd**e**wagen
-(e)n-	das Ohr + die Schmerzen	die Ohr**en**schmerzen
	der Bauer + das Haus	das Bauer**n**haus
-(e)ns	das Herz + die Angelegenheit	die Herz**ens**angelegenheit
	der Name + das Schild	das Nam**ens**schild

---

* Note that the **-s-** may appear as a linking element even when the first noun is a feminine noun—for example, **die Liebe + der Brief = der Liebesbrief.**

Jahreszeiten

Thema II wirft einen Blick auf die Beziehungen zwischen verschiedenen Generationen. Kapitel 4 beschäftigt sich mit diesen Beziehungen aus der Sicht der Kinder und ihrer Eltern und Kapitel 5 aus der Sicht der Großeltern. Kapitel 6 schließlich befaßt sich mit jungen Erwachsenen und ihren Problemen.

KAPITEL 4: *Familienglück*

KAPITEL 5: *Generationen*

KAPITEL 6: *Reifeprüfung*

Familienglück

Ein etwas ungewöhnliches Transportmittel. Aber die Kinder finden es sicher toll.

Texte

„Die Flaumfeder"   Reiner Kunze
„Die Pille"   Margarete Jehn
  aus *Papa, Charly hat gesagt*

Sprechakte

begrüßen / sich verabschieden   Greetings/farewells
sich / jemanden vorstellen   Introductions

Wortschatz

Unterrichtswesen   Educational system
Im Haushalt   At home
Verwandtschaft   Relatives, relations
Gruß und Abschied   Greeting and farewell

Strukturen

Perfekt   Talking about the past
Abtönungspartikel 2: *ja,*   Adding emphasis;
  doch   expressing astonishment,
  reproach

Relativsätze 1: Mit   Giving fuller descriptions
  Relativpronomen *der,*
  das, die
Satzkonnektoren 1:   Combining ideas
  Konjunktoren und
  Subjunktoren
Wortbildung 2:   Understanding compound
  Komposita 2   nouns

EINSTIMMUNG: Das Familienleben

In diesem Kapitel geht es um die Beziehungen zwischen Eltern und Kindern. Reiner Kunze behandelt in seinem Text „Die Flaumfeder" auf sehr humorvolle Weise das schwere Leben von Vätern mit Töchtern. Im zweiten Text, „Die Pille" aus der Radioserie *Papa, Charly hat gesagt . . .* , wird in heiteren[1] Dialogen zwischen Vater und Sohn ein kontroverses Thema diskutiert.

---

[1] humorvoll

Erinnern Sie sich noch? Wie war es, als Sie 15 waren?

Wo haben Sie gewohnt?
In welche Klasse sind Sie gegangen?
Was war Ihr Lieblingsfach?
Wer war Ihr bester Freund / Ihre beste Freundin?
Was haben Sie gern gemacht?
Was war das Schönste, was Sie mit 15 gemacht haben?
Erzählen Sie kurz, was das Dümmste war, was Sie mit 15 gemacht haben.

Eine Klasse wie diese ist in Deutschland eine Seltenheit. Aber seit in jedem Jahr Tausende von Asylsuchenden aus aller Welt nach Deutschland kommen, wird sich das in der Zukunft vielleicht ändern.

LESETEXT: Väter und Töchter

Reiner Kunze, der Autor des folgenden Textes, wurde 1933 im Erzgebirge geboren und studierte Philosophie und Journalistik in Leipzig, um eine Universitätslaufbahn[1] einzuschlagen. 1959 wurde er aus politischen Gründen entlassen[2], war dann Hilfsarbeiter[3] und lebte von 1962 bis 1977 als freier Schriftsteller in Thüringen. Als der Prosaband „Die wunderbaren Jahre" 1976 in der Bundesrepublik erschien, wurde Kunze wegen des kritischen Inhalts aus dem Schriftstellerverband der DDR ausgeschlossen.[4] Kurze Zeit später übersiedelte er von der DDR in die Bundesrepublik.

---

[1] . . . laufbahn *career*   [2] *dismissed*   [3] *unskilled worker*   [4] aus . . . *expelled from the official writers' association*

Vor dem Lesen

A.   Wie man visuelle Informationen benutzt.
Zeichnungen, Fotos und andere visuelle Informationen helfen Ihnen, das Thema und den Inhalt von Texten zu antizipieren. Sehen Sie sich die folgende Zeichnung an.

> Was sehen Sie auf der Zeichnung?
> Was macht das Mädchen?
> Was machen die Gänse?
> Was, glauben Sie, passiert mit den Gänsen?

B.   Vorhersagen machen. Learning to anticipate what is to come is an important skill in understanding narrative texts. You have already made a few predictions about the theme of the text. Use your common sense and your imagination to guess the answers to the following questions. Then read the first part of the text to check your guesses. The remaining text is interrupted in several places, and more questions are asked to help guide you.

> Wo ist der Vater an einem normalen Arbeitstag?
> Woher könnte die Tochter kommen?
> Wohin soll der Vater wohl[1] kommen?
> Wann soll er wohl dahin kommen?
> Weswegen soll er eigentlich kommen?
> Was könnten die Mädchen gemacht haben?

---

[1] *probably*

„Die Flaumfeder"°

down feather

Reiner Kunze

Wir führten das Gespräch zweier Väter, die das Schicksal gleichermaßen fest in den Griff genommen hat: beide sind wir Väter von Töchtern. Da schwebte in den Schein der Küchenlampe eine Flaumfeder, und ich blickte Honza verwundert an. „Gott gibt ein Stichwort", sagte er und begann zu erzählen:

5   „Eines Tages kommt die Tochter mitten aus dem Unterricht in die Bibliothek gelaufen und sagt: Du sollst bitte zum Direktor kommen, aber gleich.

    Ich sage: Zum Direktor?

    Es ist nicht wegen der Schule, sagt sie.

    Weswegen dann?

10   Wegen der Gänse.

    Wegen welcher Gänse?

    Wegen der Gänse vom Hausmeister."

    Honza hob die Feder auf, die neben seinem Fuß niedergesunken war. „Du kennst diese gesprächige Art", sagte er. „Für jedes Wort ein Bittgesuch." Seine Augenbrauen,

15 die wie Krähenflügel abstehen, begannen sich einzuschwingen, und er fuhr fort:

    „Was ist mit den Gänsen? frage ich also.

    Wir haben sie gefüttert, sagt sie.

Was sieht aus wie Körner[1]?
Wer könnte blöd sein?
Womit könnten die Mädchen die Gänse gefüttert haben?

---

[1] *seeds*

Und weiter?

    Ich wollte eben mal wissen, ob die das fressen . . . Weil das doch auch aussieht

20 wie Körner. . . . Kann ich doch nichts dafür, wenn die so blöd sind. . . .

    Ich sage: Würdest du vielleicht die Güte haben, noch zu erwähnen, womit du sie gefüttert hast?

    Na — mit Reißzwecken."

    Honza bemerkte die Schluckbewegung, die ich unwillkürlich machte, und sagte:

25 „Auch ich habe mich damals den Gänsen näher gefühlt. . . . "

Wie selten[1] sind wohl Hausmeister?
Wie wichtig sind Hausmeister eigentlich für eine Schule?
Wie lange könnte die Schule schon einmal ohne Hausmeister gewesen sein?

---

[1] *rare*

Wie war das wohl?
Mit welchem Gedanken könnte sich der Hausmeister tragen²?
Was passiert wahrscheinlich mit den Gänsen?
Was für Gänse könnten es sein?

---

² sich mit dem Gedanken tragen *to have something in mind*

För den Direktor aber zählte mein Verwandtschaftsgrad zur Tochter. Wissen Sie, wie
selten Hausmeister sind? fragt er mich, als hätte sie nicht die Gänse, sondern den
Hausmeister mit Reißzwecken gefüttert. Und wissen Sie, was der Hausmeister für eine
Schule bedeutet? fragt er weiter. Ich will es Ihnen erklären, sagt er. Ein Hausmeister ist
30   so selten, daß diese Schule schon einmal ein Vierteljahr lang ohne Hausmeister gewesen ist, und er bedeutet für einen reibungslosen Schulbetrieb so viel, daß ich ein
zweites Vierteljahr ohne Hausmeister nicht überleben werde. —Was sollte ich erwidern? Damit Sie die Tragweite der Tat Ihrer Tochter voll ermessen können, sagt er
schließlich, der Hausmeister trägt sich mit dem Gedanken zu kündigen.
35   Ich frage: Sind die Gänse denn gestorben?
Die eine hat heute morgen ununterbrochen den Kopf verdreht und mußte abgestochen werden, sagt der Direktor. Die restlichen vier werden im Laufe des Tages abgestochen werden müssen. Polnische Zuchtgänse. Import.
Ich sage: Sehen Sie denn eine Möglichkeit. . . .

Was soll der Vater wohl tun?
In welche Klasse ging die Tochter wohl, als sie die Gänse gefüttert hat?
In welche Klasse könnte sie jetzt gehen?
Wovon könnte die Tochter damals besessen¹ gewesen sein?

---

¹ *obsessed*

Das mindeste ist, daß Sie die fünf Gänse kaufen, sagt er." Honza drehte die Feder
40   zwischen Daumen und Zeigefinger. „Aber das sind längst vergangene Zeiten, das war
in der achten Klasse. Jetzt geht sie in die neunte." Und in den Flaum blasend, fügte er
hinzu: „Nur segelt manchmal so eine Feder vom Gardinenbrett und erinnert an die
hoffnungsvollen Tage, da die Tochter noch von Wißbegier besessen war."

Nach dem Lesen

A.   Ironischer Stil. With an ironic style the author pretends to be serious,
but the reader realizes that the author is making fun of someone or something.
Irony is used to express criticism — of oneself, of other people, or of social or

political circumstances—with a certain degree of humor. The stylistic techniques of irony can include exaggeration or understatement and saying the opposite of what is intended—for example, when a crooked politician is called an "honorable" man. The author employs a light tone or sarcasm, depending on the degree of irony intended.

Diskutieren Sie in kleinen Gruppen die folgenden Fragen zum ironischen Stil des Textes.

1. Schon im ersten Satz des Textes wird der ironische Stil deutlich. Welche Charakterisierung ist eine ironische Übertreibung[1]?
2. Warum ist die Aussage „diese gesprächige[2] Art" (Zeile 14) ironisch?
3. Die Redewendung „Würdest du die Güte haben, noch zu erwähnen[3] . . . " (Zeile 21) läßt sich einfach durch „bitte sag" ersetzen. Woher kommt hier die ironische Wirkung[4]?
4. Worin liegt die Ironie in „das sind längst vergangene Zeiten,[5] das war in der achten Klasse. Jetzt geht sie in die neunte." (Zeile 41–42)?
5. Welche Funktion hat die Flaumfeder? Warum heißt die Geschichte nicht „Die Gänse und die Reißzwecken"?

---

[1] *exaggeration* [2] *talkative* [3] Würdest . . . *Would you kindly mention* [4] *effect* [5] längst . . . *a long time ago*

B. Schreiben Sie eine Zusammenfassung. One way to summarize a text is to make a list of key words or expressions paragraph by paragraph, then to combine them in simple sentences to outline the plot.

BEISPIEL: Schlüsselwörter aus dem ersten Teil: Gespräch, zwei Väter von Töchtern, Stichwort: Flaumfeder
Vater zum Direktor kommen, wegen Gänsen vom Hausmeister, gefüttert
Zusammenfassung: Zwei Väter sprechen über ihre Töchter. Sie sehen eine Flaumfeder, die zum Stichwort für eine Geschichte wird: Eines Tages kommt eine der Töchter aus der Schule und sagt zu ihrem Vater, er soll zum Direktor kommen, weil sie die Gänse des Hausmeisters gefüttert hat.

Sammeln Sie nun die Schlüsselwörter für den Rest der Geschichte und schreiben Sie die Zusammenfassung zu Ende.

Aktivitäten

A. Zeichnungen. Machen Sie eine Zeichnung, in der Sie zeigen, wie Sie sich heute fühlen, wo oder mit wem Sie gern zusammen waren, oder was Sie gern tun würden. Schreiben Sie unter die Zeichnung drei Wörter oder Ausdrücke, die diese Zeichnung erklären. Gehen Sie dann durch die Klasse und sehen Sie sich alle Zeichnungen an, ohne dazu etwas zu sagen, und beantworten Sie danach die folgenden Fragen:

1. Welche Zeichnung ist der Ihren am ähnlichsten?
2. Welche Zeichnung finden Sie am interessantesten?
3. Welche Zeichnung finden Sie sehr merkwürdig?
4. Mit wem möchten Sie über seine/ihre Zeichnung sprechen?

Vergleichen Sie jetzt in Vierergruppen die Zeichnungen und sprechen Sie darüber. Stellen Sie Fragen. Lassen Sie sich die Zeichnungen erklären.

B.   Pro und Contra: Sollte man Kinder haben? Bilden Sie zwei Gruppen—eine Gruppe sammelt Gründe dafür, die zweite Gruppe sammelt Gründe dagegen. So können Sie anfangen.

PRO	CONTRA
Die Menschheit stirbt sonst aus.	Kinder kosten zuviel.
. . .	. . .

Vergleichen Sie dann die beiden Listen in einer kleinen Debatte.

C.   Interaktion. Diskutieren Sie mit einem Partner / einer Partnerin über ein Problem, das Sie als Schüler/Schülerin in der Schule hatten. Wie haben Ihre Eltern damals reagiert? Wie würden Sie selbst heute reagieren?

SPRECHAKTE

begrüßen / sich verabschieden: Guten Tag!

(*Am Telefon*)

STUDENTIN: Schönen guten Tag, mein Name ist Wegner, könnte ich bitte Frau Krummacher sprechen?

SEKRETÄRIN: Frau Dr. Krummacher hat heute keine Sprechstunde. Rufen Sie doch morgen noch mal an.

STUDENTIN: Ist gut. Danke schön. Auf Wiederhören.

Telefongespräche. Wenn Sie zum Beispiel in Deutschland oder Österreich jemanden anrufen, meldet er/sie sich meist mit seinem Nachnamen —zum Beispiel, „Benedikt hier". Erst dann begrüßen Sie ihn/sie und sagen Ihren eigenen Namen. Am Ende eines Telefongesprächs verabschiedet man sich mit „auf Wiederhören", oder wenn Sie per du sind, mit „tschüß", „servus" oder ähnlichem.

(Auf dem Weg zur Uni)

ULRICH: Tag, Bärbel, wohin denn so eilig?
BÄRBEL: Du, ich bin schon zu spät dran. Wir sehen uns ja vielleicht später.
ULRICH: Ja, gehst du heute mittag in die Mensa?
BÄRBEL: Na klar. Also tschüß.
ULRICH: Ja, bis dann also.

Variationen

Spielen Sie!

1. Sie treffen einen Bekannten / eine Bekannte Ihrer Mutter auf der Straße. Grüßen Sie ihn/sie, wechseln Sie ein paar Worte und verabschieden Sie sich.
2. Sie rufen einen Freund / eine Freundin an. Fragen Sie, ob er/sie Lust hat, ins Kino (ins Theater / ins Konzert) zu gehen. Klären Sie Zeit und Ort und verabschieden Sie sich.
3. Sie rufen beim Arzt an und bitten die Sprechstundenhilfe um einen Termin.

LESETEXT: Papa, Charly hat gesagt . . . .

Der folgende Text stammt aus der beliebten Radioserie „Papa, Charly hat
gesagt . . . " des Norddeutschen Rundfunks. In heiteren Dialogen zwischen
Vater und Sohn wird ein kontroverses Thema diskutiert, wobei die kindliche
Fragerei des Sohnes den Vater meist in die Defensive drängt[1] oder seine Vorurteile[2] vorführt.[3] Charly ist ein Freund des Sohnes, und die Dialoge beginnen
immer mit einer Äußerung von Charly oder einem Mitglied seiner Familie;
daher der Titel der Serie.

---

[1] *pushes* [2] *prejudices* [3] *presents*

Vor dem Lesen

Vorbereitung auf den Text. Der kleine Charly hat eine
15-jährige Schwester. Sie heißt Jutta. Sagen Sie Ihre Meinung
zu den folgenden Fragen.

1. Darf Jutta in den Ferien ohne ihre Eltern wegfahren? Wenn
   ja, wohin oder mit wem?
2. Angenommen,[1] Jutta hat einen Freund, darf sie dann allein
   mit ihm wegfahren?
3. Angenommen, sie möchte allein mit ihrem Freund in einem
   Zelt[2] schlafen, darf sie das? Wenn ja, warum? Wenn nein,
   warum nicht?
4. Was, glauben Eltern, passiert, wenn ein Junge und ein
   Mädchen allein in einem Zelt schlafen?

---

[1] *Let's assume* [2] *tent*

„Die Pille"
Margarete Jehn

SOHN: Papa, Charly hat gesagt . . . Warum guckst du denn so?
VATER: Wie guck ich denn?
SOHN: Na ja, so komisch.
VATER: Quatsch. Also—was hat Charly gesagt? Aber beeil dich, gleich fängt die
5   Sportschau an.

SOHN: Charly hat gesagt, seine Schwester darf in den Ferien ganz allein mit ihrem Freund wegfahren. . . .

VATER: So, wie alt ist Charlys Schwester denn?

SOHN: Fünfzehn, glaub ich.

10 VATER: Kann ich mir nicht vorstellen, daß Charlys Vater so was erlaubt.

SOHN: Was erlaubt? Du, Papa, was so was?

VATER: Herrgott, frag doch nicht so dämlich! Daß der seine fünfzehnjährige Tochter allein mit ihrem Freund wegfahren läßt, das kann ich mir nicht denken.

SOHN: Wieso, wenn die mit ihrem Freund wegfährt, ist das doch viel besser. Ich hätte

15 auch Angst, allein im Zelt zu schlafen. Na ja, aber wenn's zwei sind!

VATER: So, Charlys Schwester wird mit ihrem Freund im Zelt schlafen.

SOHN: Nicht bloß schlafen.

VATER: (murmelt vor sich hin) Anzeigen müßte man das.

SOHN: Meinst du, man sollte das der Polizei erzählen? Warum soll denn die Polizei das

20 wissen, daß Charlys Schwester mit ihrem Freund in einem Zelt wohnt?

VATER: Warum? Weil so was verboten ist.

SOHN: Wieso gibt es dann ein Zweimannzelt, wenn man nicht mal mit zwei Mann drin wohnen darf?

VATER: Wer sagt denn das! Natürlich darf man mit zwei Mann in einem Zweimannzelt

25 schlafen, äh wohnen. Nur müssen es zwei Jungen sein oder zwei Mädchen oder ein Ehepaar, oder zwei Verlobte, wenn's hochkommt.

SOHN: Wenn was hochkommt?

VATER: Herrgott! Das sagt man so—wenn's hochkommt. Das ist 'ne Redensart.

SOHN: Warum dürfen denn nicht ein Junge und ein Mädchen im Zelt wohnen?

30 VATER: Komm, frag nicht soviel!

SOHN: Sag doch mal!

VATER: Es hat doch gar keinen Sinn, wenn ich dir das erkläre. Das verstehst du einfach noch nicht. Das hat was mit Verantwortung zu tun.

SOHN: Ach so. Du, Papa.

35 VATER: Hm.

SOHN: Was is'n das Verantwortung?

VATER: Ich trage zum Beispiel die Verantwortung für die ganze Familie; das heißt, wenn ihr Blödsinn macht, muß ich dafür geradestehen.

SOHN: Machst du denn keinen Blödsinn, ich meine hast du bloß die Verantwortung für

40 uns und für dich überhaupt keine?

VATER: Für sich selbst trägt man die Verantwortung sowieso.

SOHN: Charlys Schwester und ihr Freund—was tun die denn im Zelt? Können die nicht selber die Verantwortung für sich tragen?

VATER: Dazu sind sie noch zu jung.

45 SOHN: Der Freund von Charlys Schwester ist gar nicht mehr jung. Der ist schon acht-zehn.

VATER: Aha!

SOHN: Was—aha!

VATER: Aha! Weiter nichts.

50 SOHN: Wer übernimmt denn jetzt die Verantwortung für die beiden, wenn die das nicht selber können?

VATER: Im allgemeinen die Eltern.

SOHN: Und wenn die gar nichts wissen?

VATER: Charlys Eltern wissen also gar nichts von diesem Zelturlaub. Na ja, überraschen
tut's mich nicht. Man muß sich eben auch mit seinen Kindern beschäftigen,
wenn man über sie Bescheid wissen will.

SOHN: Das meiste wissen sie ja. Charlys Schwester hat bloß gesagt, sie fährt mit 'ner
Freundin weg.

VATER: So.

SOHN: Was können die denn schon Schlimmes machen in ihrem Zelt? Meinst du, die
machen was kaputt? Papa?

VATER: Quatsch!

SOHN: Oder meinst du, die machen vielleicht Feuer?

VATER: Unsinn! (*Er wird nun sehr ernst.*) Also hör mal zu. Du, hör mal zu, hab ich gesagt.

SOHN: Ich?

VATER: Ja, du. Jetzt sitz mal bitte'n Augenblick still. Also: Du weißt, Kinder fallen nicht
vom Himmel.

SOHN: Weiß ich. Haben wir schon im zweiten Schuljahr gehabt. Was hat das denn mit
dem Zelt zu tun?

VATER: Na, wenn ihr das alles schon gehabt habt, dann kannst du dir doch denken, was
es damit zu tun hat.

SOHN: Nö.

VATER: Also — wenn ein Junge und ein Mädchen bei Tag und Nacht in einem Zelt
zusammen sind — dann kann es schon mal passieren, daß . . . äh, daß . . .

SOHN: Daß die'n Kind machen?

VATER: Daß du mir diesen Ausdruck nicht noch mal in den Mund nimmst!

SOHN: Ich weiß aber nicht, was man sonst dafür sagen kann.

VATER: Du hast überhaupt noch nicht über so was zu reden, verstanden!

SOHN: Aber wenn wir es doch in der Schule lernen?

VATER: Ist mir egal, ob ihr das in der Schule lernt oder nicht. Also — wenn ein Junge und
ein Mädchen in einem Zelt zusammenleben, dann passiert es mit Sicherheit . . .

SOHN: Charlys Schwester nimmt doch die Pille.

VATER: Was weißt du denn schon von der Pille!

SOHN: Wenn ein Mädchen die Pille nimmt, dann kriegt es kein Kind.

VATER: Habt ihr das denn auch schon im zweiten
Schuljahr gehabt?

SOHN: Nö, das hat Charly gesagt. Die Pille
schmeckt nach nichts.

VATER: So — hat Charlys Schwester dir das erzählt?

SOHN: Nö, wir haben schon mal eine probiert,
Charly und ich.

VATER: Sag mal, ihr seid wohl wahnsinnig! Weiß
Mama das?

SOHN: Nö, warum denn.

VATER: Die Ärzte, die einem fünfzehnjährigen
Mädchen schon die Pille verschreiben — eingesperrt
gehören die.

SOHN: Warum denn? Soll das Mädchen lieber ein Kind kriegen?

100 VATER: Quatsch. Es soll eben nicht allein mit einem Jungen in die Ferien fahren.

SOHN: Warum denn nicht?

VATER: Warum nicht! Sag mal, hörst du eigentlich zu? Weil solche Gören° einfach noch   *brats*
zu jung sind und zu dumm für . . .

SOHN: Für was?

105 VATER: Na — eben für die Liebe.

SOHN: Wann ist man denn alt genug für die Liebe?

VATER: Wenn man bereit ist, Verantwortung für sich und das Mädchen zu tragen, dann
ist man alt genug. Auf jeden Fall muß man als Mann schon einen richtigen Beruf
haben, wenn man sich mit einem Mädchen einläßt.

110 SOHN: Warum das denn?

VATER: Damit man das Mädchen dann auch heiraten kann, wenn was passiert.

SOHN: Wenn was passiert?

VATER: Na, wenn das Mädchen zum Beispiel ein Kind kriegt.

SOHN: Aber es kann doch die Pille . . .

150 VATER: Also, jetzt hältst du den Mund! Ich will von der Pille nichts mehr hören, verstehst du, kein Wort mehr! Es gehört eben mehr dazu als die Pille. Man braucht
eine Wohnung und ein festes Einkommen, wenn man heiraten will.

SOHN: Man muß ja nicht gleich heiraten.

VATER: So — man soll also ein Mädchen . . . Ach, was reg ich mich auf! Du weißt es

120 eben noch nicht besser.

SOHN: Dann sag mir's doch.

VATER: Im Augenblick sage ich nichts mehr. Gar nichts. Nicht jetzt. Jetzt will ich mir
nämlich die Sportschau ansehen. (*schaltet den Apparat ein*).

SOHN: Ist ja noch gar nicht soweit. Du, wie du Mama kennengelernt hast, hattest du da

125 schon eine Wohnung?

VATER: Als ich deine Mutter kennenlernte, habe ich noch studiert. Da hatte ich nur ein
Zimmer. Und deine Mutter durfte mich nicht mal besuchen. Das erlaubte nämlich meine Zimmerwirtin nicht. Wir konnten uns nur auf der Straße treffen, oder
höchstens mal zusammen in eine Gastwirtschaft oder in ein Kino gehn. So —

130 jetzt fängt's an. Jetzt mach aber, daß du rauskommst. Ich will nicht mehr gestört
werden. Na, wird's bald!

SOHN: Ich wollte aber noch was fragen.

VATER: Was denn nun noch . . .

SOHN: Wo habt ihr denn euer erstes Kind gemacht, Mama und du. Im Kino?

135 VATER: Das ist doch . . . (*die Ohrfeige sitzt.*) Fragt man so etwas seine Eltern?

SOHN: Wieso — man kann doch wohl mal fragen! Meinst du, ich weiß nicht, daß meine
Schwester ein Viermonatskind ist!

VATER: Rrraus!

(*Sohn verschwindet und brüllt durch die geschlossene Tür:*) Wir haben das

140 genau nachgerechnet, Charly und ich!!

„Toor!" tönt es aus dem Fernsehgerät.

Nach dem Lesen

A. Bedeutung aus dem Kontext erraten. Das Vokabular des Textes ist mit Rücksicht auf den einen Gesprächspartner, den Jungen, einfach. Der Vater versucht so zu sprechen, daß es ein zehn- oder zwölfjähriges Kind verstehen kann. Manchmal erklärt er auch, was der Junge nicht versteht. Diese Erklärungen helfen natürlich auch Ihnen.

Kreuzen Sie die richtige Aussage an.

1. VATER: *Anzeigen* müßte man das.
   SOHN: Meinst du, man sollte das der Polizei erzählen? Warum soll denn die Polizei wissen, daß Charlys Schwester mit ihrem Freund in einem Zelt wohnt?
   VATER: Warum? Weil so was verboten ist.
   a. der Polizei melden
   b. in die Zeitung setzen
   c. fotografieren

2. VATER: Das hat was mit *Verantwortung* zu tun. (. . .)
   SOHN: Was ist *Verantwortung*?
   VATER: Ich trage zum Beispiel die *Verantwortung* für die ganze Familie; das heißt, wenn ihr Blödsinn macht, muß ich dafür geradestehen.[1]
   a. Ich darf nicht krumm[2] stehen.
   b. Ich bin bereit, die Folgen für meine Handlungen[3] auf mich zu nehmen.
   c. Ich muß ganz bestimmt ins Gefängnis, wenn ihr Blödsinn macht.

3. VATER: Charlys Eltern wissen also gar nichts von diesem Zelturlaub. Na ja, überraschen tut's mich nicht. Man muß sich eben mit seinen Kindern beschäftigen, wenn man *über sie Bescheid wissen* will.
   SOHN: Das meiste wissen sie ja.
   a. über sie informiert sein
   b. sie überraschen
   c. über ihre Handlungen urteilen[4]

4. VATER: Es gehört eben mehr dazu als die Pille. Man braucht eine Wohnung und *ein festes Einkommen,* wenn man heiraten will.
   a. man muß regelmäßig Geld verdienen
   b. man muß ein Sparbuch auf der Bank haben
   c. man muß sich lieben

5. VATER: So jetzt fängt die Sportschau an. Jetzt *mach aber, daß du rauskommst.* Ich will nicht mehr gestört werden.
   a. geh raus
   b. hör endlich zu
   c. schalt den Fernsehapparat ein

6. Sohn verschwindet und *brüllt* durch die geschlossene Tür: Wir haben das genau nachgerechnet, Charly und ich!!
   a. schreit sehr laut
   b. wirft
   c. sagt leise

---

[1] muß . . . *I have to be responsible for it*   [2] *crooked*   [3] *actions*   [4] *judge*

B. **Was steht im Text?** Beantworten Sie die folgenden Fragen.

1. Was darf Charlys Schwester in den Ferien tun?
2. Was sollte man nach Meinung des Vaters anzeigen?
3. Wer darf nach Meinung des Vaters nur in einem Zweimannzelt schlafen?
4. Wie alt sind Charlys Schwester und ihr Freund?
5. Mit wem fährt nach Meinung von Charlys Eltern ihre Tochter weg?
6. Was kann nach Meinung des Vaters passieren, wenn ein Junge und ein Mädchen zusammen im Zelt schlafen?
7. Warum nimmt Charlys Schwester die Pille?
8. Woher wissen die beiden Jungen, daß die Pille nach nichts schmeckt?
9. Was sollte man nach Meinung des Vaters mit Ärzten machen, die einem Mädchen, das erst fünfzehn ist, die Pille geben?
10. Was muß ein Mann nach Meinung des Vaters haben, damit er ein Mädchen heiraten kann?
11. Wo konnten sich die Eltern nur treffen, als sie sich kennenlernten?
12. Was haben die beiden Jungen genau nachgerechnet?

C. **Textanalyse.** Diskutieren Sie in Kleingruppen einen der fünf folgenden Themenkomplexe; verwenden Sie die Argumente aus dem Text und begründen Sie Ihre Meinung. Berichten Sie dann im Plenum[1] über Ihre Ergebnisse.

IT IS STRICTLY FORBIDDEN ON OUR BLACK FOREST CAMPING SITE THAT PEOPLE OF DIFFERENT SEX, FOR INSTANCE, MEN AND WOMEN, LIVE TOGETHER IN ONE TENT UNLESS THEY ARE MARRIED WITH EACH OTHER FOR THAT PURPOSE.

Auf einem Campingplatz im Schwarzwald.

1. Warum ist der Vater dagegen, daß fünfzehnjährige Mädchen allein mit ihrem Freund zum Zelten fahren? Wann ist man nach Meinung des Vaters alt genug, Verantwortung zu tragen, und reif genug für die Liebe? Was sagt sein Sohn dazu? Wie finden Sie den Standpunkt des Vaters?
2. Der Vater meint, wenn ein Paar in einem Zimmer oder einem Zelt schläft, muß der Mann mindestens eine Wohnung und ein festes Einkommen haben. Wie finden Sie diese Einstellung[2]? Hat sich der Vater selbst daran gehalten? Wie wird der Vater „entlarvt"[3]?
3. In der Bundesrepublik ist man mit achtzehn „volljährig" oder „mündig". Welche Konsequenzen hat die Volljährigkeit für Jugendliche? Als der Vater hört, daß der Freund von Charlys Schwester schon achtzehn ist, sagt er „Aha!". Diese Gesprächspartikel bedeutet, daß man etwas verstanden hat, hier etwa „Ach so ist das!". Woran denkt der Vater dabei?
4. Welche Einstellung hat der Vater zur Pille? Wie interpretieren Sie seine Meinung, daß man Ärzte, die einem fünfzehnjährigen Mädchen ein Rezept für die Pille geben, anzeigen und mit Gefängnis bestrafen sollte? Was meint der Sohn?
5. Wie fühlt sich der Vater bei diesem Gespräch? In der „Sportschau" wird jeden Samstagabend im Fernsehen über die Fußballbundesliga berichtet, ein wichtiges Ereignis für sportbegeisterte Bundesbürger. Wie interpretieren Sie die Regieanweisung am Schluß? Welche Bedeutung kann der Ausruf „Tor"[4] hier noch haben? Wer gewinnt das „Spiel" zwischen Vater und Sohn?

---

[1] in der ganzen Klasse   [2] *attitude*   [3] *found out*   [4] (im Text: **Toor** = *goal*)

Was, glauben Sie, sind diese beiden Leute aus Köln von Beruf? Oder studieren sie? Sind sie verheiratet? Haben sie Kinder?

Aktivitäten

A. Was meinen Sie? Heutzutage leben viele junge Männer und Frauen zusammen, ohne zu heiraten. Kreuzen Sie die Aussagen an, mit denen Sie übereinstimmen; ändern Sie die anderen Sätze, so daß sie Ihrer Meinung entsprechen.

Sollte man zusammenleben, ohne zu heiraten? Warum oder warum nicht?

_____ a. Ja, weil es Spaß macht.
_____ b. Nein, es ist unmoralisch.
_____ c. Nein, denn die meisten Eltern sind dagegen.
_____ d. Ja, so lernt man den Partner / die Partnerin besser kennen.
_____ e. Ja, man sollte nur zusammenleben, aber nie heiraten.
_____ f. Nein, außerhalb der Ehe ist man selbstsüchtig und egoistisch.
_____ g. Ja, so bleibt man länger zusammen.
_____ h. Nein, man könnte Kinder kriegen.
_____ i. Ja, dann braucht man sich später nicht scheiden zu lassen.
_____ j. _____

B. Beschreiben Sie jemanden! Bringen Sie Fotos von Freunden und Verwandten mit. Beschreiben Sie sie der Klasse: Wo wohnen sie? Wo arbeiten/studieren sie? Was sind sie von Beruf? Woher kommen sie? Warum mögen Sie diese Person (nicht)? Was ist an dieser Person interessant?

C. Gruppenarbeit. Arbeiten Sie in Gruppen zu dritt oder viert. Jede Gruppe ist eine „Familie"—manche Familien haben vielleicht nur einen Vater oder eine Mutter—und diskutiert darüber, wie die Hausarbeit verteilt werden soll. Wer macht was und wann? Beide Eltern arbeiten, und die Kinder sind in der Schule. Ergänzen Sie das Schema. Auf Seite 126–128 finden Sie Wortschatzhilfe.

	VATER	MUTTER	SOHN	TOCHTER	USW.
Abwaschen	Di/Do				
Bettenmachen					
Tischdecken					

D.   Interaktion. Schreiben Sie mit drei anderen Studenten Dialog (1) oder (2).

1. Benutzen Sie möglichst viele der folgenden Wörter aus „Die Pille": Ferien, Kino, Nacht, Unsinn, Wohnung, erlauben, geschlossen, stören, kennenlernen. Verteilen Sie die Rollen und spielen Sie Ihren Dialog der Klasse vor.
2. Versuchen Sie eins der folgenden Sprichwörter zu veranschaulichen[1]: „Der Apfel fällt nicht weit vom Stamm" oder „Wie die Mutter, so die Tochter". Spielen Sie Ihren Dialog der Klasse vor.

---

[1] *illustrate*

E.   Schreiben Sie! In der Zeitung finden Sie einen Leserbrief von einem jungen Paar. Die beiden beschweren sich darüber, in Ihrer Stadt keine Wohnung gefunden zu haben, nur weil sie nicht verheiratet sind. Schreiben Sie als Antwort darauf ebenfalls einen Leserbrief.

BRIEFE

Kalte Wut

(Nr. 47/1989, Rumänien: Der Terror des letzten Stalinisten)

Besser hätte dieses Bildnis eines schändlichen Regimes nicht veröffentlicht werden können. Überall öffnen sich die Türen für eine Demokratisierung des Ostens, nur ein kommunistisches Machtbündel, das den Namen „personifizierte Oldgarchie" verdient hätte, saugt auch noch d… Rest Lebenskraft a…

als gebeutelten Volk. Diese … chung sollte meiner … nach auch in den Regierungsetagen … serer westlichen Volksvertreter gelesen und verstanden werden, damit man einem Mann wie …sescu beim Händeschütteln glei… …llen anlegt und sich nic… maßlos und bis a… miert.

Buch…

…ch zuzustimmen, wenn e… dieser „Euro-Wirtschaftsmacht" … Chauvinismus noch „kriegerische" … …berungstendenzen innewohnen. Abe… …ch keine „friedlichen"? Allein scho… …danken eines Imp… „Euro-Wirtschaftsmach… einem wel… …ismus…

…sind die Empfin… …en man hin- und …ten Reiches je wieder …ler Demokratien gegen …heit und Genozid geben …s gegen diese wahnwitzigen Zu…stände.

Danke Iwan, danke Ami!

(Nr. 47/1989; Nr. 48/1989, Kommentare von Rudolf Augstein)

Vorsicht ist die Mutter der Porzellankiste, Herr Augstein! Die Wiedervereinigung kommt für meine Enkelkinder …ch früh genug!

GREGOR

Selten habe ich den SPIEGEL mit mehr innerer Zustimmung gelesen als in diesen bewegenden Wochen seit dem 9. November 1989. Rudolf Augstein hat … recht: Die normative Kraft des Fakti… …schen und das bisher verdrängte Zusammengehörigkeitsgefühl der Deuts… in Ost und West… …erfällig. …ölkes Wil… …stru…Winkelzügen

Die Gleichberec… Volkes ist hüben … Die Politiker sollten … len und nicht in taktis… üben!

Oberrot (Bad.-Württ.)

…entlich hat Herr Gorbatschow Ih… …Kommentar nicht gelesen oder über… …sen Sie in Zukunft Herrn Schönhuber …die Kommentar-Kolumne; da weiß man wenigstens, woran man ist.

Berlin

SPRECHAKTE

sich / jemanden vorstellen: Das ist mein Freund Andreas.

(*Besuch bei den Eltern*)

UWE: Tag, Mama. Das ist Andreas. Ich hab dir doch erzählt, daß ich ihn heute abend mitbringe. Wir kennen uns vom Studium her.

MAMA: Ja, schönen guten Abend. Kommen Sie doch mit in die Küche. Sie haben doch sicher Hunger.

ANDREAS: Ja, natürlich.

(*Auf Wohnungssuche*)

RITA: Guten Tag. Mein Name ist Krebs. Ich komme auf Ihre Annonce in der Zeitung. Sie haben doch ein Zimmer frei.

VERMIETER: Ja, das Zimmer ist noch nicht vermietet. Wollen Sie sich's ansehen?

RITA: Ja, gern.

Westdeutsche konkurrieren mit Aussiedlern aus Osteuropa, Asylsuchenden aus aller Herren Ländern und Übersiedlern aus der ehemaligen DDR, die noch vor der Vereinigung in den Westen gegangen sind, um die wenigen verfügbaren Wohnungen.

Variationen

Spielen Sie!

1. Sie bringen Freunde mit nach Hause, um sie Ihren Eltern vorzustellen. Erzählen Sie den Eltern etwas über Ihre Freunde.
2. Sie fliegen nach Frankfurt. Herr Kirchleitner vom Deutschen Akademischen Austauschdienst[1] will Sie am Flughafen abholen. Rufen Sie ihn an. Stellen Sie sich vor und beschreiben Sie ihm kurz, woran er Sie erkennen kann. Danken Sie ihm im voraus für seine Hilfe.
3. Sie wohnen im Studentenheim. Im Zimmer nebenan ist ein neuer Student / eine neue Studentin eingezogen. Gehen Sie hinüber und machen Sie sich bekannt.

---

[1] *exchange service*

Und jetzt zu Ihnen!

1

A: Sie sind 18 Jahre alt und sprechen mit Ihrem Vater / Ihrer Mutter darüber, daß Sie mit Ihrem Freund / Ihrer Freundin zusammenziehen möchten. Sie wissen genau, daß Ihr Vater / Ihre Mutter Sie noch für zu jung hält, wollen es aber trotzdem tun. Sie brauchen natürlich Geld, und die Wäsche würden Sie sich auch gern weiterhin von Ihren Eltern waschen lassen.

B: Sie sind 52 Jahre alt und sprechen mit Ihrem Sohn / Ihrer Tochter darüber, daß er/sie mit seiner Freundin / ihrem Freund zusammenziehen möchte. Sie finden, daß sie noch zu jung sind, wollen aber nicht konservativ erscheinen und suchen nach anderen Gründen.

2

A: Sie sind Student/Studentin an der Uni in Heidelberg. Sie gehen in die Cafeteria und setzen sich zu jemandem an den Tisch. Unterhalten Sie sich. Fragen Sie, woher die andere Person kommt, was sie studiert, was sie gern macht und ob sie sich mit Ihnen mal treffen würde.

B: Sie sind Student/Studentin an der Uni in Heidelberg und sitzen in der Cafeteria. Jemand setzt sich zu Ihnen an den Tisch. Stellen Sie Fragen, z.B. wie lange er/sie schon studiert, was er/sie gern in den Ferien macht usw.

WORTSCHATZ

Unterrichtswesen (n.)   *educational system*

Wie war die (tägliche) Schulroutine an der Schule, die Sie vor dem College oder der Universität besucht haben?

Wie hat Ihr heutiger/gestriger Tag am College oder an der Uni ausgesehen?

Das wissen Sie schon:

das Abitur
die Bibliothek, -en
der Direktor, -en / die Direktorin, -nen
das Fach, ¨er
die Ferien (*Pl.*)
die Fremdsprache, -n
das Gymnasium, Gymnasien

der Lehrer, - / die Lehrerin, -nen
die Prüfung, -en
der Schüler, - / die Schülerin, -nen
die Stunde, -n

auf das Gymnasium gehen
in die Schule gehen (geht, ging, ist gegangen)
sich auf ein Examen vorbereiten (vorbereitet)

Das ist neu:

die Geisteswissenschaft, -en   humanities (course)
die Grundschule, -n   elementary school, grade school
die Hauptschule, -n   junior high school;
    nine-year elementary school
der Hausmeister, -   janitor, caretaker
die Naturwissenschaft, -en   natural science(s)
die Note, -n   grade, mark

der Schein, -e   (course, seminar) certificate (at university)
der Schulbetrieb, -e   school operation, routine
die Sekundarschule, -n   secondary school
der Unterricht   (course of) instruction; classes; lessons
die Volkshochschule, -n   adult education center
die Vorlesung, -en   lecture
das Zeugnis, -se   report (card)

sich (für einen Kurs, ein Seminar) anmelden (angemeldet)   to enroll, register (in a
    course, a seminar)
eine Vorlesung belegen (belegt)   to take a course (of lectures)
eine Prüfung bestehen (besteht, bestand, bestanden)   to pass an examination
sich an der Uni(versität) einschreiben (schreibt . . . ein, schrieb . . . ein,
    eingeschrieben)   to register at the university; to enroll as a university student
rechnen (gerechnet)   to calculate, work out

Im Haushalt (m.)   *at home*

Welche Arbeiten im Haushalt gibt es, die Sie überhaupt nicht* mögen?

Soll Hausarbeit Ihrer Meinung nach in einer Ehe nur von der Frau gemacht werden?
Können Sie sich einen Kompromiß vorstellen?

Das wissen Sie schon:

das Fenster, -	**das Holz**	**der Löffel, -**	**die Tasse, -n**
die Gabel, -n	**der Kühlschrank, ¨e**	**das Messer, -**	**der Teller, -**
das Geschirr	**die Lampe, -n**	**der Mixer, -**	**die Vase, -n**
die Hausarbeit, -en	**das Licht, -er**	**der Ofen, ¨**	**die Waschmaschine, -n**

---

* überhaupt . . . *not at all*

sauber
schmutzig

abtrocknen (abgetrocknet)
abwaschen (wäscht . . . ab, wusch . . . ab, abgewaschen)
aufräumen (aufgeräumt)
saubermachen (saubergemacht)

Das ist neu:

der Abfall, ¨e waste; garbage	**der Schalter, -** switch
das Besteck, -e knives and forks; silverware	**der Staubsauger, -** vacuum cleaner
die Birne, -n pear; light bulb	**die Steckdose, -n** (electrical) outlet
die Geschirrspülmaschine, -n (automatic) dishwasher	**das Waschbecken, -** sink; washbasin

auf den Knopf drücken (gedrückt) to push, press a button

Verwandtschaft (f.)   *relatives, relations*

Was halten Sie von der Großfamilie im alten Stil? Was sind einige Vor- und Nachteile
dieser Lebensform?

Das wissen Sie schon:

der Bruder, ¨	**der Großvater, ¨**	**der Sohn, ¨e**
die Eltern (*Pl.*)**; der Elternteil** (*Sg.*)	**das Mädchen, -**	**die Tante, -n**
die Geschwister (*Pl.*)	**der Onkel, -**	**die Tochter, ¨**
die Großmutter, ¨	**die Schwester, -n**	**der Vorname, -n**

Das ist neu:

der Angehörige, -n member (of a family); relative	**der Papa, -s** Dad(dy)
der Ehemann, ¨er husband	**der Schwager, ¨** brother-in-law
die Ehefrau, -en wife	**die Schwägerin, -nen** sister-in-law
der Enkel, - grandson; grandchild	**die Schwiegereltern** (*Pl.*) parents-in-law, in-laws
die Enkelin, -nen granddaughter	**die Schwiegermutter, ¨** mother-in-law
die Heirat, -en marriage	**der Schwiegervater, ¨** father-in-law
die Hochzeit, -en wedding	**der / die Verlobte, -n** fiancé; fiancée
die Mutti, -s Mom(my)	**der / die Verwandte, -n** relative, relation
der Neffe, -n nephew	**der Vorfahr, -en / die Vorfahrin, -nen** ancestor
die Nichte, -n niece	

Gruß (m.) und Abschied (m.)   *greeting and farewell*

Wie würden Sie Ihren Collegeprofessor / Ihre Collegeprofessorin auf der Straße
begrüßen? Ihre deutsche Studienkollegin? Ihre alte Tante in Mannheim? Suchen Sie
passende Ausdrücke aus der folgenden Liste aus.

Wie würden Sie Ihren Zimmerkollegen / Ihre Zimmerkollegin begrüßen, wenn er/sie
mittags in Ihr Zimmer kommt? nach dem Abendessen? wenn er/sie am Morgen in die
Uni geht?

Das wissen Sie schon:

Platz (*m.*) **nehmen (nimmt . . . Platz, nahm . . . Platz, Platz genommen)**
sich setzen (gesetzt)

Auf Wiedersehen!	**Gute Nacht!**
Grüß dich!	**Guten Tag!**
Guten Abend!	

Kommen Sie doch herein!
Viele Grüße!
Wie geht es dir?

Das ist neu:

der Abschied   farewell, parting; leave-taking
die Begrüßung, -en   greeting; welcoming, welcome

(sehr) angenehm   (very) pleased, delighted (to meet you)

jemanden (*Akk.*) **begrüßen (begrüßt)**   to greet, say
   hello to someone
jemanden (*Akk.*) **[mit jemandem** (*Dat.*)**] bekannt
   machen (gemacht)**   to introduce someone
   (to somebody)
sich verabschieden (verabschiedet)   to say goodbye;
   to take one's leave

jemanden (*Akk.*) **[jemandem** (*Dat.*)**] vorstellen (vorgestellt)**
   to introduce someone (to somebody)
sich vorstellen (vorgestellt)   to introduce oneself
bis bald! bis dann!   see you then! see you later!
es freut mich, . . .   I am pleased . . .
Grüß Gott! (*südd., österr.*)   hello! hi!; how are you!

Sprechakte

Ich möchte Ihnen meinen Bruder vorstellen.
   I would like to introduce my brother to you.
Darf ich vorstellen: Herr Brandweiser.
   May I present Mr. Brandweiser.

**Darf ich bekanntmachen: Herr Engelhardt, das ist Frau
   Wolff.**
   May I introduce you: Mr. Engelhardt, this is Mrs. Wolff.

STRUKTUREN

4.1 PERFEKT
Talking About the Past

A. Verwendung

German uses two tenses to describe the past: the perfect tense (**Perfekt**) and the
simple past (**Präteritum**).

> Wie viele Kurse **hast** du dieses Semester **belegt?** (Perfekt)
> In jenem Sommer **belegte** Sabine nur einen Kurs. (Präteritum)

The simple past is used primarily in writing (see **Strukturen 3.3**). In conversation,
to describe the past a speaker uses the perfect tense of most verbs and the simple
past tense of **sein, haben, wissen,** and the modal verbs.

> —Gestern **waren** wir zuerst im Kino und **haben** uns einen lustigen
>   Film **angesehen.** Anschließend **sind** wir noch in eine Kneipe **gegangen**
>   und **haben** etwas **gegessen** und **getrunken.**
> —**Wußte** deine Mutter denn das nicht?
> —Sie **konnte** es nicht wissen. Ich **wollte** sie zwar anrufen, **habe** es dann
>   aber doch **vergessen.**

B. Formen

The perfect tense is formed with the auxiliary **haben** or **sein** and the past participle of the verb.

In independent clauses, the auxiliary and the past participle form the sentence frame **(Satzklammer),** with the auxiliary in first or second position and the past participle in last position.

Haben Sie gestern abend die Zeitung gelesen?

Nein, ich habe zuerst ein bißchen ferngesehen und bin dann ins Bett gegangen.

In dependent clauses, the auxiliary falls at the end of the clause with the past participle directly in front of the auxiliary.

Allerdings weiß ich nicht mehr genau, wann ich ins Bett gegangen bin.

1. *haben* oder *sein*

The vast majority of verbs, transitive and intransitive alike, take **haben** as the auxiliary.

> Dieses Semester **habe** ich Deutsch und Französisch **belegt.** (*transitive*)
> Gestern **hat** es soviel **geregnet,** daß die ganze Straße überschwemmt war. (*intransitive*)

However, some intransitive verbs (verbs with no accusative object) take **sein** as the auxiliary:

1. the verbs **sein** (*to be*), **bleiben** (*to remain*), **passieren** (*to happen*), **geschehen** (*to happen*), and **begegnen** (*to meet*)

2. verbs that denote a change of place or position **(Ortsveränderung)** — for example, **gehen** (*to walk*), **fliegen** (*to fly*), **aufstehen** (*to get up*)

3. verbs that denote a change of condition **(Zustandsveränderung)** — for instance, **werden** (*to become*), **sterben** (*to die*), **einschlafen** (*to fall asleep*)

Wo **seid** ihr denn so lange **geblieben?**	*What's been keeping you? (Where did you stay so long?)*
Uns **ist** nichts **geschehen.**	*Nothing happened to us.*
Ich **bin** heute erst um zehn Uhr **aufgestanden.**	*Today I didn't get up until ten.*
Brecht **ist** 1956 im Alter von 58 Jahren **gestorben.**	*Brecht died in 1956 at the age of 58.*

2. Starke und schwache Verben

In German, regular verbs have traditionally been called "weak" verbs **(schwache Verben),** and irregular verbs have been called "strong" verbs **(starke Verben).**

	INFINITIVE	PAST PARTICIPLE
schwache (regelmäßige) Verben	suchen	gesuch**t**
starke (unregelmäßige) Verben	trinken	getrunk**en**

Like English, German uses two major patterns to form the past participle:

regular **-t**	**suchen/gesucht** (English: *seek/has sought*)
irregular **-en** (often including a stem change)	**sinken/gesunken** (English: *sink/has sunk*).

The quickest way to form the past participle of a weak verb is to take the present tense **er/sie/es-** form and add **ge-** :

tanzt/getanzt	**regnet/geregnet**	**landet/gelandet**
(*danced*)	(*rained*)	(*landed*)

   Because there are many patterns of strong verb tense formation, it's best to learn the individual forms for each verb. Patterns that are close to English are easy to remember: **trinken/getrunken** (*drink/has drunk*); **kommen/gekommen** (*come/has come*). For a complete list of strong verbs, see the appendix; see also **Strukturen 3.3.**

3. Gemischte Verben

A third group of verbs, often called "mixed" verbs **(gemischte Verben),** shows elements of both the weak and the strong patterns. As with weak verbs, the participles end in **-t**; however, as with strong verbs, they exhibit a stem change. This group includes the following verbs (see also **Strukturen 2.1** and **3.3**).

dürfen/gedurft (*to be allowed to*)	können/gekonnt (*to be able*)
mögen/gemocht (*to like*)	müssen/gemußt (*to have to*)
denken/gedacht (*to think*)	bringen/gebracht (*to bring*)
wissen/gewußt (*to know*)	
kennen/gekannt (*to know*)	brennen/gebrannt (*to burn*)
nennen/genannt (*to name*)	rennen/gerannt (*to run*)

4. Partizipien mit und ohne *ge-*

Past participles are usually formed with the prefix **ge-.** Separable verbs **(trennbare Verben)*** place **ge-** between the two parts of the verb.

INFINITIV	PARTIZIP PERFEKT
anfangen	an**ge**fangen
aufhören	auf**ge**hört

---

* For more information on separable and inseparable verbs, see **Strukturen 9.4.**

Inseparable verbs **(untrennbare Verben)** do not add **ge-;** neither do verbs that end in **-ieren.**

INFINITIV	PARTIZIP PERFEKT
bekommen	bekommen
verlangen	verlangt
studieren	studiert

The reason for adding or not adding **ge-** has to do with pronunciation, particularly stress. Verbs that have the stress on the first syllable add **ge-.**

weglaufen	**weg** + ge + laufen
ankommen	**an** + ge + kommen
springen	ge + **sprung**en

Verbs with unstressed prefixes **(bekommen, verstehen)** do not add **ge-;** neither do verbs with the stress on the next to last syllable **(studieren, revoltieren).**

be**en**den	be + **en**det
ver**teil**en	ver + **teilt**
stu**dier**en	stu**diert**

4.2 ABTÖNUNGSPARTIKEL 2: *ja, doch*

Adding Emphasis; Expressing Astonishment, Reproach

Flavoring particles play an important role in German. Without them, sentences may sound noncommital or lacking in conviction or interest on the part of the speaker.

A. *ja*

The main function of the flavoring particle **ja** is to emphasize what is being said. **Ja** intensifies a statement to an exclamation, or it may imply surprise or amazement. It may also be used to imply that something is obvious beyond any doubt.

In commands, **ja** may convey warning or even threat. Usually flavoring particles are not stressed, but when used to express warning, **ja** is stressed. In the following examples, the word that carries the main stress is in boldface.

- Verstärkung einer Aussage (*strong opinion*):

Aber die Jugend weiß ja immer alles **besser.**	*Young people always know better, don't they?*
Man kann ja nicht immer zu allem „**ja**" sagen.	*You can't really say "yes" to everything.*

- Staunen (*amazement*):

Das ist ja wirklich eine **Überraschung!**	*That's a real surprise!*
Du hast ja alles **aufgegessen!**	*You did eat it all! (But you've eaten everything up!)*

- Offensichtlichkeit (*obviousness*):

Sie **wissen** ja, daß man heutzutage etwas vorsichtiger sein muß.	*Well, you know that one has to be a bit more careful these days.*
Das konnte ich ja gar nicht **wissen.**	*Well, I couldn't have really known that, could I?*

- Drohung (*warning*):

Komm **ja** nicht wieder zurück!	*Don't you come back!*
Tu das **ja** nicht!	*Don't you do that!*

B.   *doch*

The flavoring particle **doch** is used to express a strong wish, to make a polite request, and to imply reproach or blame. Like the flavoring particle **ja,** it may also emphasize the validity of an opinion. **Doch** can also indicate that the speaker presupposes that the listener is in agreement with what is said.

- starker Wunsch oder freundliche Aufforderung (*strong wish or polite request*):

Bleiben Sie doch noch ein paar Minuten!	*Do stay for a few more minutes!*
Setzen Sie sich doch!	*Do sit down!*

- Vorwurf (*reproach*):

Ihr könnt mich doch nicht einfach **zurücklassen!**	*You can't simply leave me behind!*
Das hättest du doch **wissen** müssen!	*You really should have known that!*

- Verstärkung einer Erklärung (*emphasizing an opinion*):

Warum willst du Lehrer werden? Da **verdient** man doch nichts.	*Why do you want to be a teacher? You don't really earn anything as a teacher.*
Was willst du denn in Dänemark? Du **kannst** doch kein Dänisch!	*Why do you want to go to Denmark? You don't speak Danish.*

- Voraussetzung von Übereinstimmung (*presupposing agreement*):

Ihr bleibt doch heute abend zu **Hause.**	*You'll stay home tonight, won't you?*
Sie verstehen doch **Spanisch.** Können Sie das mal übersetzen?	*You know Spanish, don't you? Could you please translate that?*

Doch is also used to contradict a negative supposition. In this use, **doch** is usually the first word, and it is stressed.

Du kannst aber nicht tanzen! — **Doch,** natürlich kann ich tanzen.	*But you can't dance! — Of course I can.*

Kommt ihr denn nicht mit?   *Aren't you guys coming along? —Yes,*
—**Doch,** wir sind gleich fertig.   *we'll be ready in a moment.*

4.3 RELATIVSÄTZE 1: Mit Relativpronomen *der, das, die*
Giving Fuller Descriptions

Relative clauses make it possible for a speaker to give a fuller description of something or someone. The relative clause is dependent. It usually follows the noun it describes and is separated from the main clause by commas. The relative pronoun (in first position) and the conjugated verb (in last position) form the sentence frame **(Satzklammer).**

Die Kommentare sind der Zeitschrift *Stern* entnommen,
die einmal die Woche erscheint.

The comments are taken from the magazine Stern, *which is published once a week.*

A. Das Relativpronomen im Nominativ, Akkusativ und Dativ
Giving Fuller Descriptions

Here are the forms of the relative pronoun in the nominative, accusative and dative cases. The relative pronoun forms are the same as for the definite article, except for the dative plural **denen** (instead of **den**).

	M	N	F	PL
Nom.	der	das	die	die
Akk.	den	das	die	die
Dat.	dem	dem	der	**denen**

The relative pronoun has the same gender and number as the noun it refers to. The case of the pronoun is determined by its function in the relative clause—whether it is the subject of the clause, the accusative object, the dative object, or the object of a preposition.

Ich mag **Männer, die** interessant aussehen. (**die** is the subject)

I like men who look interesting.

Ein **Text, den** man gerne liest, sollte möglichst interessant sein. (**den** is the accusative object)

A text that you'd like to read should be as interesting as possible.

Ein U-Boot ist ein **Boot,** mit **dem** man unter Wasser fahren kann. (**dem** is the object of the preposition **mit**)

A submarine is a boat with which you can travel under water.

Although relative pronouns may sometimes be omitted in English, they cannot be omitted from German sentences.

Ein Freund ist jemand, mit **dem** man Pferde stehlen kann.

A friend is someone (whom) you can steal horses with. (. . . someone with whom . . .)

Note also that whereas a pronoun may be separated from the preposition in English, the preposition and the pronoun stay together as a unit in German.

Ein Porsche ist kein Auto, **mit dem** man durch den Dschungel fahren kann.

A Porsche is not the kind of car (that) you can drive through the jungle with.

B. Das Relativpronomen im Genitiv
Showing Possession

Relative pronouns in the genitive case show possession or a similar relationship, as do possessive adjectives such as **sein** and **ihr.** The noun "possessed" directly follows the relative pronoun.

Das ist Josef. **Sein** Vater ist Pianist. Josef geht gern ins Konzert.

Josef, **dessen** Vater Pianist ist, geht gern ins Konzert.
Josef , whose father is a piano player, likes to go to concerts.

Note that the genitive forms of the relative pronoun are similar to the forms of the definite article.

	M	**N**	**F**	**PL**
Gen.	dessen	dessen	deren	deren

Katja, **deren** Eltern aus Polen kamen, würde gern mal durch Polen reisen.

Katja, whose parents came from Poland, would like to travel through Poland sometime.

4.4 SATZKONNEKTOREN 1: Konjunktoren und Subjunktoren
Combining Ideas

Conjunctions are used to combine words, phrases, and sentences. The type of conjunction affects the word order in a German sentence. Coordinating conjunctions **(Konjunktoren)** combine words, phrases, or two main clauses; they are not considered to be part of either clause and do not influence word order.

Hast du eigentlich noch Geschwister **oder** bist du ein Einzelkind?

Subordinating conjunctions (**Subjunktoren**) combine a dependent clause with a main clause. In the dependent clause, the conjugated verb is at the end.

> Der Vater soll zum Direktor kommen, **weil** seine Tochter die Gänse des Hausmeisters gefüttert **hat.**

A. Konjunktoren
Coordinating Conjunctions

1. Combination of Main Clauses

These six coordinating conjunctions (**Konjunktoren**) are commonly used to combine main clauses:

und	*and*	oder	*or*
aber	*but (in addition)*	entweder . . . oder	*either . . . or*
sondern	*but (on the contrary)*	denn	*because*

> **Entweder** wir gehen jetzt gleich, **oder** ich bestelle mir noch ein Bier.
> Irgendjemand mußte angerufen haben, **denn** der Direktor wartete schon auf mich.

2. Combination of Words and Phrases

The preceding conjunctions (with the exception of **denn**) are also used to combine words and phrases.

> Wissen Sie, wie selten Hausmeister sind? fragte er mich, als hätte sie nicht die Gänse, **sondern** den Hausmeister mit Reißzwecken gefüttert.
> Der Hausmeister wollte **entweder** fünf neue Gänse **oder** 300,– DM.

In addition, the following conjunctions are used to combine words and phrases:

nicht nur . . . sondern auch	*not only . . . but also*
sowohl . . . als auch	*as well as*
weder . . . noch	*neither . . . nor*

> Es war **weder** Regen **noch** Schnee, sondern eine eigenartige Mischung von beiden.
> Sie fuhren **nicht nur** allein in die Ferien, **sondern** schliefen **auch** im selben Zelt.

3. *aber* und *sondern*

The conjunction **sondern** expresses a contradiction. It is used only when there is a negative element such as **nicht** or **kein** in the preceding clause.

> Er blieb **nicht** stehen, **sondern** rannte weiter, so schnell er konnte.
>
> *He didn't stop but (on the contrary) continued to run as quickly as he could.*

> Sie wollte die Hose kaufen, **aber** sie hatte kein Geld mehr.
>
> *She wanted to buy the pants, but she didn't have any more money.*

B. Subjunktoren
Subordinating Conjunctions

Various types of subordinating conjunctions **(Subjunktoren),** which introduce
dependent word order, are discussed in detail in subsequent chapters.* Following
are the most common subordinating conjunctions:

als	*when*		obwohl	*although*
damit	*so that*		sobald	*as soon as*
daß	*that*		während	*while*
nachdem	*after*		weil	*because*
ob	*whether, if*		wenn	*if, when*

Nach Meinung des Vaters braucht ein Mann einen Beruf, **damit** er ein Mädchen heiraten kann, **wenn** etwas passiert.	*According to the father, a man needs a job so that he can marry the girl if something happens.*

There are three additional sentence elements that may introduce dependent word
order.

1. Relative pronouns **der, das,** and **die**

Gehen wir doch ins Gloria. Da läuft ein Film, **den** ich noch nicht kenne.	*Let's go to the Gloria theater. They're showing a film (that) I haven't seen yet.*

2. Infinitive conjunctions such as **anstatt . . . zu** (*instead of*), **ohne . . . zu**
   (*without*), and **um . . . zu** (*in order to*)

Ich brauche diesen Schein, **um** die Prüfung machen **zu** können.	*I need this certificate to be able to take the exam.*

3. Interrogative pronouns introducing indirect questions

Ich würde gern wissen, **wann** du mir die 20 Mark zurückgeben willst.	*I'd like to know when you're going to give me back the 20 marks (you borrowed).*

4.5 WORTBILDUNG 2: KOMPOSITA 2
Understanding Compound Nouns

Compound nouns consist of a base word **(Grundwort)** preceded by a modifier
(Bestimmungswort). The **Grundwort** is always a noun, and the **Bestimmungswort** may be a noun, an adjective, a verb, an adverb, or a preposition. (See **Strukturen 3.4** for a discussion of two-noun compounds.)

---

* Refer to the index to find the discussion of a specific subordinating conjunction.

A. Adjektiv + Nomen

As a **Bestimmungswort,** the adjective is uninflected (without an ending); the positive and superlative forms may also be used.

das **Hoch**haus	*skyscraper*
die **Fern**straße	*interstate highway (long-distance road)*
die **Kurz**arbeit	*reduced working hours ("short work")*
die **Privat**adresse	*home address*
die **Halb**insel	*peninsula*
die **Höchst**geschwindigkeit	*maximum speed*
die **Tiefst**temperatur	*minimum temperature*

B. Verb + Nomen

The verb stem is normally used as the **Bestimmungswort: braten** (*to fry*) **+ die Wurst → die Bratwurst** (*sausage for frying*).

das **Park**haus	*parking garage*
der **Fernseh**apparat	*television set*
der **Steh**platz	*standing room*

When the verb stem ends in **-d** or **-g,** the linking element **-e- (Fugenelement)** may be present.

das Bad**e**wasser	*bath water*
der Lieg**e**stuhl	*deck chair*

Note that verbs ending in **-nen** drop **-n** from the stem.

rech**nen**	die Rech**en**maschine	*calculator*
zeich**nen**	die Zeich**en**stunde	*art (drawing) lesson*

C. Adverb + Nomen

Compound nouns may be formed with an adverb as the **Bestimmungswort.**

die **Außen**politik	*foreign affairs*
die **Innen**tasche	*inside pocket*
der **Rückwärts**gang	*reverse gear*

D. Präposition + Nomen

Compound nouns may be formed with a preposition as the **Bestimmungswort.**

der **Gegen**wind	*headwind*
die **Neben**straße	*side road*
der **Vor**garten	*front garden*

5 *Generationen*

Man ist so jung, wie man sich fühlt.

Was haben diese älteren Frauen wohl vor?

A. Was sehen Sie auf diesem Foto? Schreiben Sie die Situationen auf, in denen man hauptsächlich alte Menschen findet. Besprechen Sie die Gründe dafür.

B. Was assoziieren Sie mit alten Menschen? Kreuzen Sie Begriffe an und schreiben Sie neue Begriffe dazu.

Einsamkeit   spazierengehen   Altersheim

Märchen erzählen   stricken   Weisheit

Geduld   viel Zeit

Großmutter   Tod

Schaukelstuhl   krank   Enkelkinder

LESETEXT: Ein Morgen in der Stadt

Susanne Kilian, die Autorin des kurzen Textes, wurde 1940 in Berlin geboren und lebt jetzt in Wiesbaden. Sie hat Kinderbücher, Kindergedichte und Erzählungen veröffentlicht. „Die hat's gut" wurde zusammen mit anderen Erzählungen, die Zusammenleben und Einsamkeit[1] in der Stadt beschreiben, in dem Sammelband „Die Stadt ist groß" veröffentlicht.

---

[1] *loneliness*

Der erste Schultag. Die Schultüte, gefüllt mit Süßigkeiten und kleinen Geschenken, gehört dazu.

Vor dem Lesen

Vorhersagen machen. Der Titel dieser Erzählung ist „Die hat's gut". Welche Vorteile könnten eine junge Frau im Alter und eine alte Frau in der Jugend sehen? Schreiben Sie Ihre Ideen in Stichworten auf.

DIE JUNGE FRAU DENKT:

Die alte Frau hat's gut.
Sie kann . . .
Sie muß nicht . . .
Sie . . .

DIE ALTE FRAU DENKT:

Die junge Frau hat's gut.
Sie kann . . .
Sie muß nicht . . .
Sie . . .

Lesen Sie den Text und überprüfen Sie Ihre Vorhersagen. Welche Vorteile von Jugend und Alter werden auch im Text erwähnt?

„Die hat's gut"

Susanne Kilian

D ie junge Frau ist auf dem Weg zum Kindergarten. Sie zerrt ein kleines, widerspenstiges Mädchen neben sich her. Das stolpert und fällt hin, genau vor der alten Frau, die auf einer Bank an der Bushaltestelle sitzt. „Entschuldigung", murmelt die junge Frau. „Mir ist nichts geschehn. Hat das Kleine sich weh getan?" sagt die alte Frau.

5   Dabei sehen sie sich an, einen Augenblick lang . . .

Und

Die junge Frau denkt: Die hat's gut! Sitzt auf der Bank da, hat Zeit in Hülle und Fülle. Genau das, was mir fehlt. Hat auch keine widerspenstige Tochter in den Kindergarten zu zerren. Dabei hab ich's so eilig. Was ich heute noch alles machen muß! Wenn ich einmal so viel Zeit hätte wie die! Und heute abend kommt Besuch, da muß ich etwas kochen. Hätte ich beinahe vergessen. Das wird dann sicher wieder spät. Dabei bin ich jetzt schon müde. Die alte Frau kann so früh schlafen gehen, wie sie will. Und ausschlafen kann sie auch. Ist ungerecht verteilt manchmal, wirklich.

Die alte Frau denkt: Die hat's gut! Hat wenigstens etwas zu tun den lieben langen Tag. Ich vertreibe mir ja bloß noch die Zeit. Wenn ich noch einmal so jung wäre . . . Wie flink die laufen kann! Und das süße kleine Mädchen. Mit der jungen Frau würde ich gerne tauschen. Sie sicher nicht mit mir, kann ich verstehen. Ich hätte gern wieder einmal einen Tag vor mir, randvoll mit Sachen, die zu erledigen sind. Betrieb, Geschäftigkeit, Leben! Mittendrin möchte ich nochmal sein. Nicht so an den Rand geschoben, auf der Bank hier, immer bloß zusehn.

Nach dem Lesen

A. Haben Sie das Wichtigste verstanden? Füllen Sie den folgenden Lücken-text aus. Benutzen Sie dazu den Wortschatz aus dem Text, ohne noch einmal nachzulesen. Wenn Sie sich nicht mehr erinnern können, benutzen Sie andere Wörter.

Eines Morgens auf dem Weg zum _____ sieht eine _____ Frau mit einem kleinen _____ eine _____ Frau, die auf einer _____ an der Bushaltestelle _____. Die junge Frau hat _____ Zeit. Sie muß ihre _____ in den Kindergarten bringen. Weil abends _____ kommt, muß sie etwas _____ und kann auch nicht früh _____ gehen, obwohl sie jetzt schon so _____ ist. Die junge Frau möchte so _____ Zeit haben wie die alte Frau.

Die alte Frau möchte noch einmal _____ sein, denn die junge Frau hat etwas zu _____. Die alte Frau möchte nicht immer nur an den _____ geschoben sein und nur zusehen. Sie denkt, daß die junge Frau sicher nicht mit ihr _____ würde.

Vergleichen Sie jetzt das, was Sie geschrieben haben, mit dem Text. Welche Wörter konnten Sie sich gut merken, welche nicht?

B. Wörter aus dem Kontext erraten. Was bedeuten die Wörter und Aus-drücke aus dem Text? Der Kontext der Erzählung hilft Ihnen.

1. Die hat's gut! Sitzt da auf der Bank und hat *Zeit in Hülle und Fülle.*
   a. nie genug Zeit
   b. keine Zeit
   c. sehr viel Zeit

2. Die junge Frau *zerrt* ein kleines widerspenstiges[1] Mädchen neben sich her.
   a. heftig[2] ziehen
   b. einfach tragen
   c. an der Hand halten

3. Die alte Frau denkt, *ich vertreibe mir ja bloß noch die Zeit.*
   a. Ich würde gern bald mal wieder verreisen.
   b. Ich sollte heute auf jeden Fall noch einkaufen gehen.
   c. Ich habe eigentlich nichts Wichtiges mehr zu tun.

4. Die alte Frau möchte noch einmal jung sein, sie würde gern *mit der jungen Frau tauschen.*
   a. an ihrer Stelle sein
   b. etwas Außergewöhnliches[3] schenken
   c. die junge Frau ansprechen

5. Die alte Frau möchte *nicht so an den Rand geschoben sein,* nicht immer bloß zusehn.
   a. nicht ausgeschlossen[4] sein
   b. nicht bei allem mitmachen
   c. nicht morgens so früh aufstehen

---

[1] *stubborn*   [2] *forcefully*   [3] etwas Besonderes   [4] *excluded*

C. Denken Sie über den Text nach. Beantworten Sie die folgenden Fragen.

1. Welche Nachteile vergißt die junge Frau im Leben der alten Frau?
2. Welche Nachteile vergißt die alte Frau im Leben der jungen Frau?
3. Wie wirken die drei Personen in der Erzählung auf Sie? Tut Ihnen irgendjemand leid? Warum / Warum nicht?
4. Stellen Sie sich vor, wie die Personen aussehen und wie sie sind. Beschreiben Sie sie.
5. Welche Möglichkeiten gibt es, damit es der jungen und der alten Frau besser geht?

LESETEXT: Alt werden

Der folgende kurze Text ist ein Leserbrief,[1] den ein 11-jähriges Mädchen zum Thema „alt werden" geschrieben hat.

[1] *letter to the editor*

Vor dem Lesen

Assoziogramm. Was möchten Sie machen und wie möchten Sie leben, wenn Sie alt sind? Schreiben Sie auf, was Sie persönlich mit dem Stichwort „alt werden" verbinden.

Leserbrief

Bettina G., 11 Jahre

Ich könnte mir gut vorstellen, wie ich in 60 Jahren leben werde. Wenn ich noch auf den Beinen wäre, würde ich Reisen ausführen. Zum Beispiel nach Italien oder Spanien usw.

Ich würde von meiner Rente immer ein wenig Geld weglegen. Wenn ich dann
5 genug zusammen hätte, würde ich Partys veranstalten. Ich würde mit meinen Kindern und Enkelkindern sonntags essen- und spazierengehen. Und ich würde sie in der Woche immer einmal besuchen. Ich würde mir einfach für den Rest meines Lebens schöne Jahre machen.

Nach dem Lesen

A. Globalverständnis. Kreuzen Sie an, welche der drei Aussagen Bettinas Vorstellung[1] vom Alter am besten trifft.

_____ Bettina möchte nicht gern alt werden. Sie findet das Leben im Alter langweilig und einsam.

_____ Bettina hat noch nicht viel darüber nachgedacht, wie es sein wird, wenn sie alt ist. Aber wahrscheinlich wird sie nicht mehr sehr aktiv sein.

_____ Bettina möchte sich im Alter ein schönes Leben machen, viel reisen und regelmäßig mit Freunden und Verwandten zusammen sein.

_____

[1] *idea*

B. Erinnern Sie sich? Fragen zum Text.

1. Wie nennt man das Geld, das alte Leute vom Staat bekommen?
2. Welche Urlaubsländer nennt Bettina?
3. Was möchte Bettina alles tun, wenn sie alt ist?
4. Warum, glauben Sie, lebt die alte Frau in „Die hat's gut" nicht so, wie Bettina es sich vorstellt? Ist das nur ihre Schuld, oder müßte auch die Gesellschaft[1] etwas für die alte Frau tun? Was zum Beispiel?

_____

[1] *society*

Aktivitäten

A. Wer, was, wann, wo und warum? Schauen Sie sich mit einem Partner / mit einer Partnerin die folgenden Bilder an und ergänzen Sie die Sätze.

BILD 1

Er heißt _____.
Er ist _____ Jahre alt.
Er sitzt _____, denn _____.
Er füttert[1] _____.
In der Tüte[2] hat er _____.
Er wartet auf _____.

_____

[1] *feeds* [2] *bag*

BILD 2

Er heißt _____.
Er ist _____ Jahre alt.
Er ist in _____.
Er spielt mit _____.
Er wartet auf _____.
Seine Mutter _____.

BILD **3**

Sie heißt ＿＿.
Sie ist ＿＿ Jahre alt.
Sie ist in ＿＿, denn ＿＿.
In der Kiste ＿＿.
Sie hat einen Stock, um ＿＿.

BILD **4**

Sie heißt ＿＿.
Sie ist ＿＿ Jahre alt.
Sie trägt einen Korb ＿＿.
Im Korb ist ＿＿.
Sie geht ＿＿, denn ＿＿.

B. Gruppenarbeit. Arbeiten Sie in Gruppen zu viert, zwei von Ihnen stellen alte Menschen dar und zwei junge Menschen. Die Jungen interviewen die Alten. Hier sind mögliche Fragen:

—Guten Tag. Wie alt sind Sie?
—Was sind / waren Sie von Beruf?
—Wo haben Sie überall gewohnt?
—Sind Sie viel herumgereist?
—Was machen Sie jetzt in Ihrer Freizeit?
—Haben Sie Enkelkinder? Erzählen Sie!
—Macht es Spaß, alt zu sein? Ist es manchmal schwer? Warum / Warum nicht?
—Wenn Sie den jungen Leuten von heute einen Rat geben könnten, was würden Sie ihnen dann sagen?

Jetzt erzählen Sie der Klasse von den alten Menschen, die Sie interviewt haben.

C. Interaktion. Arbeiten Sie mit einem Partner / einer Partnerin, und stellen Sie ihm/ihr die folgenden Fragen.

—Wie, glaubst du, wird dein Leben sein, wenn du einmal alt bist?
—Wo wirst du wohnen? Mit wem?
—Woher kriegst du Geld?
—Wie wirst du deine Zeit verbringen[1]?
—Was wirst du nicht mehr tun wollen?
—Was würdest du noch gerne tun?
—Hättest du Lust, wieder jung zu sein?

---

[1] *spend*

D. Schreiben Sie! Beantworten Sie die folgenden Fragen.

—Mögen Sie Kinder? Warum / Warum nicht?
—Welche Eigenschaften eines Kindes mögen Sie am liebsten?
—Welche Eigenschaften eines Kindes mögen Sie nicht?
—Ist es besser, wenn eine Mutter / ein Vater arbeitet oder wenn sie/er zu Hause bleibt und die Kinder betreut?
—Sollte man Jungen und Mädchen anders behandeln? Wie?

Besprechen Sie Ihre Antworten mit einem Partner / einer Partnerin.

SPRECHAKTE

Mitgefühl ausdrücken / sich entschuldigen: Das tut mir leid!

Du Ärmste(r)!
Das tut mir leid!
Das gibt's doch nicht!
Schade! Ich kann dich/es verstehen!
Mensch, das ist (aber) scheußlich/
   schrecklich/schlimm!
Na, sowas!
Wie schrecklich!
So ein Pech!

In welchen Situationen sagt man das? Erfinden Sie in Kleingruppen drei verschiedene Situationen.

Variationen

Spielen Sie!

1. Sie haben sich mit jemandem gestritten und waren ziemlich böse. Jetzt tut es Ihnen aber leid, und Sie wollen sich entschuldigen.
2. Sie vergessen ständig, in Ihrem Deutschkurs Ihre Hausaufgaben zu machen. Gehen Sie zu Ihrem Professor / Ihrer Professorin und entschuldigen Sie sich dafür. Vergessen Sie auch nicht, „Guten Tag" zu sagen und sich zu verabschieden.
3. Ihr Freund / Ihre Freundin ist eigentlich nicht besonders gut in Deutsch. Bei der letzten Prüfung hat er/sie allerdings ein A geschrieben, das einzige A. Gratulieren Sie ihm/ihr und sagen Sie ihm/ihr, wie toll Sie das finden.
4. Der Großvater Ihres Freundes / Ihrer Freundin ist an Krebs gestorben. Drücken Sie Ihr Beileid[1] aus.

---

[1] *sympathy*

Wir erfüllen hiermit die traurige Pflicht, Nachricht zu geben, daß meine liebe Schwester, Schwägerin, unsere gute Tante und Cousine, Frau

Thea Breuer

am Dienstag, dem 7. Juli 1987, völlig unerwartet im 59. Lebensjahr von uns gegangen ist.

Wir geleiten unsere liebe Verstorbene am Dienstag, dem 14. Juli 1987, um 10.00 Uhr auf dem Kommunalfriedhof in Salzburg zur letzten Ruhe.

5020 Salzburg, am 7. Juli 1987
Kendlerstraße 128

Egon und Edith Wieser, Bruder mit Gattin
Michael, Jeffrey und Linda, Neffen und Nichte
im Namen aller Verwandten

Meine über alles geliebte Frau, unsere treusorgende Mutti, Oma, Schwester und Tante

Mathilde Röck

geb. Herr

wurde am vergangenen Samstag, 21. 2. 1981, heimgerufen. Sie war der Mittelpunkt unserer Familie.

Beerdigung am Mittwoch, dem 25. Februar 1981 um 13.00 Uhr auf dem Friedhof in Enzberg.

In Liebe und Dankbarkeit:
Helmut Röck
Adelgunde Röck
Rosemarie und Hans Brucklacher
Mechthild und Klaus Brucklacher
Martin, Jörg, Birgit, Friederike, Andreas
und alle Anverwandten

LESETEXT: „Es ist schon eine Last[1] mit alten Leuten . . . .“

The following article, which was taken from *Frankfurter Rundschau,* a widely read daily newspaper, is a satire. Satire exaggerates human failings and thus accentuates the negative aspects. At the same time satire has a comic effect and in some ways resembles ironic styles. However, satire is in principle more biting and more aggressive than irony. By exposing human stupidity, satire seeks to better a situation and calls the reader to make a judgment.

---

[1] *burden*

Vor dem Lesen

Vorbereitung auf den Text. Beantworten Sie die folgenden Fragen.

1. Der Titel dieses Abschnitts, „Es ist schon eine Last mit alten Leuten . . . “ ist ein Zitat aus dem satirischen Zeitungsartikel. Was glauben Sie, sind die alten Leute oder die jüngeren Leute, die mit ihnen zu tun haben, hier der Gegenstand[1] der Kritik?
2. Denken Sie an Situationen, in denen es zu Konflikten zwischen den Generationen kommt. Was stört junge an alten und alte an jungen Menschen? Geben Sie Beispiele.
3. Wann können alte Menschen für ihre Umgebung eine „Last“ werden? Gab es früher andere Probleme als heute? Warum / Warum nicht?

Lesen Sie den Text jetzt einmal, ohne Wörter nachzuschlagen. Testen Sie mit der Aufgabe „Steht das im Text?“, wieviel Sie beim ersten Mal verstanden haben. Lesen Sie dann noch einmal und schlagen Sie die Wörter nach, die Sie brauchen, um den Rest der Aufgabe zu bearbeiten.

---

[1] *object*

„Opa happy machen“
Bernd Katsch

Offen gesagt: Wir hatten Opa vollkommen vergessen. Das letztemal hatten wir ihn bei seinem 85. Geburtstag gesehen. Das war vor drei Jahren. Da war er aus dem Hinterzimmer, in dem er mit seinen Kaninchen lebt, herausgekommen, um sich feiern zu lassen.

5 Aber nicht genug damit: Nach dem Essen mußten wir mit ihm Schafskopf° spielen. Als er dann—von einem Gläschen Kräuterlikör angeschickert—Geschichten aus seiner Jugend erzählte, sagte meine Frau leise zu mir: „Es ist schon eine Last mit alten Leuten.“

ein Kartenspiel

Opa, ansonsten taub auf beiden Ohren, zog sich beleidigt in sein Zimmer zurück
10 und schloß sich dort ein. Das hatten wir nun von unserer Freundlichkeit. „Soll er
schmollen, bis er hundert wird", meinte meine Frau. Opa schwand aus unserem Bewußtsein.

Neulich sahen wir dann die Fernsehsendung über „Die Rolle des alten Menschen in
unserer Gesellschaft". Alte Leute wurden gezeigt und interviewt. Sie warteten — von
15 allen gemieden, ohne Beschäftigung — nur noch auf den Tod. Meine Frau konnte die
Pralinen nur noch unter Schluchzen in den Mund schieben. Ich murmelte: „Ja, soll das
denn wahr sein? Gibt's so was denn überhaupt?" Fast hatten wir uns schon wieder
beruhigt, da kam uns Opa in den Sinn. „Himmel", rief meine Frau, „ob er wohl noch
lebt?" Wir faßten uns ein Herz und öffneten die Tür zu Opas Zimmer. Ei, da saß er
20 ja — aufrecht im Sessel, einen Kohlstrunk° in den Händen.   *cabbage stalk*

„Opa", riefen wir, „sei fröhlich. Wir sehen dich jetzt mit ganz anderen Augen. Du
darfst jetzt wieder mit uns am Tisch essen und im Wohnzimmer Pfeifchen rauchen."
Opa antwortete nicht. Er redete nur noch mit seinen Kaninchen. Wir waren ziemlich
ratlos.

25 Dann aber erinnerten wir uns an die Stelle der Fernsehsendung, in der ein Professor
gesagt hatte: „Ein wichtiger Faktor für die Rückgliederung alter Menschen in die Gesellschaft ist eine sinnvolle Beschäftigung." Wir drückten Opa den Staubsauger in die
Hand und stellten einen Dienstplan auf: Montags bringt Opa Flaschen weg. Dienstags:
Gartenarbeit. Mittwochs darf er unseren Wagen waschen. Donnerstags: Teppich klop-
30 fen, Wäsche aufhängen. Freitags: Fenster putzen, Treppenhaus reinigen. An Wochenenden kann er gammeln, bis er vor Langeweile von sich aus Staub wischt und die Schuhe
putzt. Wenn Opa nun nicht happy ist, können wir ihm auch nicht helfen. Dann liegt es
eben an seinem Charakter.

Nach dem Lesen

A.   Steht das im Text? Was ist richtig?

—Der Opa wohnt mit im Haus, aber meistens ist er allein mit seinen
  Kaninchen.
—Die Frau freut sich, wenn Opa Geschichten aus seiner Jugend erzählt.
—Der Opa wird von den Verwandten in ein Heim für alte Leute gebracht.
—Die Verwandten sehen eine Fernsehsendung und wollen sich daraufhin
  mehr um den Opa kümmern.
—Der Opa sieht eine Fernsehsendung über alte Menschen und beschließt,
  sein Leben zu ändern.
—Als im Fernsehen gezeigt wird, wie einsame, alte Menschen auf den Tod
  warten, fängt die Frau an zu schluchzen.[1]
—Die Verwandten suchen für den Opa eine sinnvolle Beschäftigung.[2]
—Opa muß jeden Tag eine andere Arbeit erledigen. Damit er nichts vergißt,
  hat er einen Dienstplan.[3]

---

[1] *sob*   [2] sinnvolle . . . *meaningful occupation*   [3] *work schedule*

B. Neue Wörter im Kontext. Erschließen Sie die Bedeutung der folgenden Wörter und Ausdrücke aus dem Kontext. Lesen Sie den Text dann noch einmal, um den satirischen Humor besser zu verstehen.

1. *Von einem Gläschen Kräuterlikör angeschickert,* erzählte Opa Geschichten aus seiner Jugend.
   a. als er leicht betrunken war
   b. nachdem er Kaffee getrunken hatte
   c. nachdem er seine Kaninchen[1] gefüttert hatte

2. *Opa,* ansonsten taub[2] auf beiden Ohren, *zog sich beleidigt in sein Zimmer zurück* und schloß sich ein. Das hatten wir von unserer Freundlichkeit.[3]
   a. Opa ging in sein Zimmer, weil er müde war.
   b. Opa zog die Vorhänge[4] zu.
   c. Opa ging verletzt[5] in sein Zimmer.

Im Asbach Uralt ist der Geist des Weines!

John Boyd Dunlop 1840–1921

Wenn einem Gutes widerfährt …

Angenehm weich …

Selbst konnte der schottische Tierarzt John Boyd Dunlop noch nicht radfahren, als er seinem Sohne Johnnie zuliebe mit viel Mühe und Erfindungsgabe die ersten luftgefüllten Gummireifen bastelte, um dem Kleinen das Herumradeln auf den harten Holzfelgen angenehmer zu gestalten. Das war im Februar 1888. Später, im Dezember des gleichen Jahres, erhielt Dunlop das Patent auf seine großartige Idee; die industrielle Fertigung von Gummireifen begann, und – mit wallend-weißem Barte fuhr dann auch John Boyd Dunlop auf einem angenehm weich bereiften Fahrrad!

Etwa zur gleichen Zeit schuf Hugo Asbach in Rüdesheim am Rhein den Asbach Uralt mit der vollen Blume, der sanften Glut und dem wunderbar weinigen Geschmack, der längst die Kenner in aller Welt erfreut. Aber, bei dieser Gelegenheit sei allen Freunden eines guten Tropfens ein großer Wunsch ans Herz gelegt: Führen Sie bitte – wenn Sie »einiges« genossen haben – überhaupt kein Fahrzeug: ob luftbereift, schienengebunden, zu Wasser oder in der Luft! So werden Sie – auch den anderen Menschen gegenüber – ein gutes Gewissen behalten!

3. *Opa schwand aus unserem Bewußtsein.*
   a. Wir dachten jeden Tag an Opa.
   b. Wir dachten nicht mehr an Opa.
   c. Opa zog aus.

4. *Wir faßten uns ein Herz* und öffneten die Tür zu Opas Zimmer.
   a. Wir nahmen etwas Schönes zu essen mit.
   b. Wir faßten an unsere Herzen.
   c. Wir nahmen unseren ganzen Mut zusammen.

5. Opa redete nur noch mit seinen Kaninchen. *Wir waren ziemlich ratlos.*
   a. Wir wußten nicht, was wir tun sollten.
   b. Wir fanden Opa unhöflich.
   c. Wir fragten Opa, was wir machen sollten.

6. An Wochenenden kann er *gammeln,* bis er vor Langeweile von sich aus Staub wischt.
   a. im Park spazierengehen
   b. essen und trinken
   c. faul sein und nichts tun

---

[1] *rabbits* [2] *deaf* [3] Das . . . *That's what we got for* [4] *drapes* [5] *hurt, insulted*

C. Was meinen Sie?

1. Welche Eigenschaften passen zu dem Ehepaar? Welche zum Opa? Warum? Suchen Sie Gründe für Ihre Entscheidungen im Text. Gibt es noch weitere Eigenschaften?

   BEISPIEL: Die Frau ist sentimental, weil sie bei der Fernsehsendung weint.

   DER ERZÄHLER / SEINE FRAU / DER OPA

einsam
sentimental
tierlieb
verrückt
traurig
kaltherzig
dumm
böse
freundlich
fleißig

2. Werten Sie die Tabelle (1.) aus[1]. Wie werden der Erzähler, seine Frau und der Opa charakterisiert?
3. Welche soziale Situation will der Autor mit dieser Satire deutlich machen?
4. Wie entsteht die komische Wirkung der Geschichte? Sammeln Sie Beispiele zur Erklärung.

---

[1] Werten . . . aus *Interpret*

Aktivitäten

A. Überlegungen. Wie behandeln Sie alte Leute? Wie behandelt Ihre Familie alte Leute? Machen Sie eine Liste. Was tun Sie? Was tun Sie nicht? Was soll man tun / nicht tun? Nachdem Sie mit Ihrer Liste fertig sind, sprechen Sie mit jemandem in der Klasse und vergleichen Sie Ihre Listen.

B. Wortassoziationen. Ihr Lehrer / Ihre Lehrerin liest Ihnen eine Liste von Wörtern vor. Hören Sie gut zu und schreiben Sie zu jedem Wort ein weiteres Wort, das Ihnen dazu einfällt. Vergleichen Sie Ihre Assoziationen mit denen anderer Studenten.

C. Was würden Sie sagen? Viele alte Leute mögen keine persönlichen Fragen. Was für eine Antwort könnte eine alte Frau / ein alter Mann auf folgende persönliche Fragen geben, um zu zeigen, daß sie/er solche Fragen eigentlich nicht mag?

—Wie alt sind Sie eigentlich?
—Ist Ihr Haar eigentlich gefärbt?
—Haben Sie eigentlich ein Gebiß[1]?
—Müssen Sie eigentlich immer mit einem Stock gehen?
—Können Sie eigentlich noch gut sehen/hören?
—Warum tragen Sie eigentlich so viel Schminke?

---

[1] *false teeth*

D. Gruppenarbeit. Diskutieren Sie in Kleingruppen über folgende Fragen. Sammeln Sie Argumente dafür und dagegen.

1. Haben Großeltern einen negativen oder eher einen positiven Effekt auf ihre Enkelkinder?
2. Wenn Ihre Eltern alt sind, würden Sie sie bei sich zu Hause wohnen lassen, oder würden Sie sie ins Altersheim schicken?

SPRECHAKTE

Mißverständnisse klären: Wie, bitte?

ERIK: *(6 Jahre alt)*: Oma, kannst du mir was vorlesen?
OMA: Wie bitte, was ist mit dem Besen[1]?
ERIK: Nein, nicht *Besen*! Kannst du mir *vorlesen*?
OMA: Was? Ich verstehe dich nicht! Was ist gewesen?
ERIK: Ach, Oma. Ist schon gut. Danke.

---

[1] *broom*

SUSANNE: (*am Telefon*) Hier ist die Susanne. Kann ich bitte mit Robert sprechen?

STIMME: (*mit starkem Akzent*) Da Robert is ned do.

SUSANNE: Wie bitte? Können Sie deutlicher sprechen? Ist Robert dort—Robert Hochheimer?

STIMME: Da Robert is ned do, howe ksagt.

SUSANNE: (*zu sich*) Ich muß falsch gewählt haben! (*am Telefon*) Entschuldigen Sie bitte. Auf Wiederhören!

Variationen

A.   Wie reagiert man in folgenden Situationen? Was sagen Sie, wenn man . . .

1. zu schnell spricht.
2. zu leise spricht.
3. eine Sprache spricht, die Sie nicht verstehen.
4. am Tisch mit vollem Mund spricht.
5. am Telefon nichts versteht.

B.   Spielen Sie!

1. Sie sprechen mit einem Kind, das Sie nicht verstehen können. Sagen Sie ihm, daß sie es nicht verstehen können und bitten Sie es, langsamer und deutlicher zu sprechen.
2. Sie sprechen mit einem Deutschen, der Dialekt spricht und den Sie nur schwer verstehen können. Versuchen Sie, ihn dazu zu bringen, langsamer und deutlicher zu sprechen.

Und jetzt zu Ihnen!

1

A: Sie sind Student(in) und suchen ein schönes, großes Zimmer. Das Zimmer muß hell und ruhig sein. Sie haben nicht viel Geld und können nur bis zu DM 300,- Miete zahlen, inklusive Nebenkosten. Sie rauchen nicht und hören keine laute Musik. Fragen Sie den Vermieter / die Vermieterin, wie groß das Zimmer ist, was das Zimmer kostet, ob das Zimmer im Winter warm ist, ob Sie kochen dürfen, ob Ihre Freunde Sie besuchen dürfen. Sagen Sie am Ende, ob Sie das Zimmer mieten möchten.

B: Sie möchten ein Zimmer in Ihrem Haus vermieten. Das Zimmer ist 25 m² groß und hat Zentralheizung. Es kostet warm DM 310,- im Monat. Es hat große Fenster und ist sehr ruhig. Küchen- und Badbenutzung ist eingeschlossen. Der Mieter / die Mieterin darf Freunde einladen, aber sie dürfen nicht zu lange bleiben, weil Sie kleine Kinder haben, die früh ins Bett müssen. Fragen Sie, was der Student / die Studentin studiert, ob er/sie raucht, ob er/sie oft laute Musik hört, ob er/sie Haustiere hat, ob er/sie Möbel hat, usw.

2

A: Sie haben sich aus Versehen für heute abend mit zwei Frauen / zwei Männern verabredet, zum Essen zu gehen und müssen jetzt einer Person absagen. Rufen Sie sie an, und sagen Sie so nett wie möglich ab.

B: Ihr Traummann / Ihre Traumfrau hat endlich zugesagt, mit Ihnen zum Essen zu gehen. Sie haben sich auch schon ein ganz tolles Restaurant ausgesucht und sind gerade dabei, zu gehen, als das Telefon klingelt.

Wortschatz

Alter (n.); Altwerden (n.)   *old age; aging*

Wie sehen die alten Leute aus, die Sie kennen (Ihre Großeltern, ältere Nachbarn)? Wie und wo wohnen sie, wovon leben sie, was tun sie (noch)?

Wie stellen Sie sich Ihr Leben vor, wenn Sie einmal nicht mehr arbeiten müssen? Was könnten Sie dann tun, wo würden Sie gern leben, mit oder bei wem?

Das wissen Sie schon:

die Brille, -n
das Gefühl, -e
die Jugend
die Pension, -en
der Zahn, ̈e

alt
jung

leid tun (tut leid, tat leid, leid getan)

Das ist neu:

das Altersheim, -e old folks' home, retirement home
die Beschwerden (*Pl.*) old-age disabilities, health problems
die Einsamkeit loneliness; isolation
das Gebiß, -sse (set of) false teeth, dentures
der/die Jugendliche, -n young man/woman, youth
das Mitleid pity, compassion, sympathy
die Oma, -s grandma, granny
der Opa, -s grandpa, grandad
die Rente, -n pension
der Rentner, - / die Rentnerin, -nen pensioner, retired person
der Stock, ̈e (walking) cane
die Weisheit wisdom

beleidigt insulted, offended
einsam lonely; isolated
hilfsbereit helpful, ready to help

resigniert resigned
schwerhörig hard of hearing

traurig sad
verrückt mad, insane, crazy

na, sowas   well, now
Das gibt's doch nicht!   That can't be true! I've never heard of such a thing!
So ein Pech!   Just my (our, etc.) luck!

Krankheit (f.); Versicherung (f.)   *illness; insurance*

Waren Sie schon einmal im Krankenhaus? Wenn ja, wie lange und aus welchem Grund?
Hat Ihre Studenten-Krankenkasse oder die Versicherung Ihrer Eltern den Aufenthalt*
bezahlt?

Was tun Sie bei Erkältungen oder Fieber? Haben Sie ein gutes Mittel dagegen, oder
glauben Sie, daß nichts dagegen hilft?

Das wissen Sie schon:

der Arzt, ̈e	**der Kopfschmerz, -en** (*meistens Pl.*)	**die Tablette, -n**
die Erkältung, -en	**die Operation, -en**	**das Thermometer, -**
das Fieber	**der Patient, -en / die Patientin, -nen**	**der Unfall, ̈e**
die Infektion, -en		

gesund
krank

(gut, schlecht) aussehen (sieht . . . aus, sah . . . aus, ausgesehen)
besuchen (besucht)
ins Krankenhaus gehen (geht, ging, ist gegangen)

es geht mir (nicht) gut
es / meine Hand tut mir weh
ich habe mir das Bein / die Nase gebrochen

Das ist neu:

die Apotheke, -n   pharmacy
der Husten   cough
die Krankenkasse, -n   medical/health insurance (company)
die Medizin   medicine
das Medikament, -e   medicine, medication

das Rezept, -e   prescription; recipe (cooking)
der Tod   death
die Todesanzeige, -n   obituary (notice)
die (Kranken-, Lebens-, Unfall-) Versicherung, -en
    (health, life, accident) insurance

tot   dead

etwas gegen etwas haben (gehabt)   to have something for something (e.g., medicine
    for a fever)
sich (beim Arzt) anmelden (angemeldet)   to make an appointment (at the doctor's)
(sich) schneiden (schneidet, schnitt, geschnitten)   to cut (oneself)
sterben (stirbt, starb, ist gestorben)   to die

Gute Besserung!   (I wish you a) speedy recovery!
Mir ist/wird schlecht.   I am not feeling well; I feel / am getting sick.

sich kümmern um (gekümmert)   to look after
sich langweilen (gelangweilt)   to be, get bored

---

* stay

Wohnen (n.)   *home and homemaking*

Wie wohnen Sie? Wie sieht Ihr Zimmer im Studentenheim, in Ihrer Studentenwohnung oder bei Ihren Eltern aus?

Wie würden Sie eine Zweizimmerwohnung einrichten, wenn Sie bis zu $5000,00 dafür ausgeben könnten? Wofür würden Sie mehr ausgeben, für das Schlafzimmer oder das Wohnzimmer?

Das wissen Sie schon:

das Bad, ¨er; das Badezimmer, -	**der Keller, -**	**der Tisch, -e**
das Bett, -en	**das Kinderzimmer, -**	**die Toilette, -n**
das Bild, -er	**die Küche, -n**	**das Wohnzimmer, -**
die Couch, -es *oder* **-en**	**der Plattenspieler, -**	
das Eßzimmer, -	**das Schlafzimmer, -**	**sich duschen (geduscht)**
der Fernseher, -	**die Stereoanlage, -n**	**liegen (liegt, lag, gelegen)**
der Kassettenrecorder, -	**der Stuhl, ¨e**	**mieten (gemietet)**
		sitzen (sitzt, saß, gesessen)

Das ist neu:

das Arbeitszimmer, - study
die Badewanne, -n bathtub
der Einbauschrank, ¨e built-in closet
die Einrichtung, -en furniture; furnishings
das Gemälde, - painting
der (Haus)Besitzer, - owner (of the house)
das Hinterzimmer, - back room
die Kommode, -n chest of drawers
die Mietwohnung, -en rental apartment
der Mietvertrag, ¨e lease; rental agreement
der Nachttisch, -e nightstand

das Radio, -s; das Radiogerät, -e radio (set)
der Schrank, ¨e closet, wardrobe; cabinet
der Schreibtisch, -e desk
die Stehlampe, -n floor lamp
der Stock; das Stockwerk, -e floor, story (level of a building)
die Treppe, -n (flight of) stairs, staircase; steps
das Treppenhaus, ¨er stairwell
der Vermieter, - landlord
das Waschbecken, - washbasin
die (Zentral)Heizung (central) heating

(ein Bild) aufhängen (aufgehängt) to hang up (a picture)
das Bett beziehen (bezieht, bezog, bezogen) to change the sheets, put clean sheets on
den Tisch decken (gedeckt) to set the table
kündigen (gekündigt) to give (someone) notice
(eine Wohnung) möblieren (möbliert) to furnish (an apartment)

Entschuldigungen (f., pl.);   *excuses*
Ausreden (f., pl.)

Was sagen Sie, wenn Sie jemandem zum Geburtstag, zum Abitur oder zu einem anderen Ereignis gratulieren wollen? Wenn Sie jemanden nicht verstanden haben? Wenn jemand eine schlechte Note bekommen hat?

Was sagen Sie, wenn jemand krank ist? Wenn die Mutter Ihrer Studienkollegin gestorben ist? Die passenden Ausdrücke finden Sie aufgelistet.

Das wissen Sie schon:

bitten (bittet, bat, gebeten)	**danke sehr / danke schön**	**viel Glück!**
danken (gedankt)	**das freut mich**	**schade**
Spaß haben an etwas		

Das ist neu:

die Verzeihung   pardon; forgiveness

sich freuen auf (gefreut)   to anticipate (with pleasure)
sich freuen über (gefreut)   to be pleased
jemandem (*Dat.*) **zu etwas gratulieren (gratuliert)**   to congratulate someone for
     something

Alles Gute! (zu)   All the best!, Good luck! (on the occasion of)
Bitte schön!   please!
Das ist aber schade!   What a pity!
Das macht nichts!   Never mind! It doesn't matter!
Entschuldigen Sie (bitte)!   Excuse me / Pardon me (please)!
Gern geschehen!   You are welcome! My pleasure!
Guten Appetit (*m.*)**!**   Bon appetit! Enjoy your meal!
Herzlichen Glückwunsch (*m.*)**! (zu)**   congratulations! (on the occasion of)
(mein) (herzliches) Beileid (*n.*) **(zu)**   (my) (sincerest) sympathy, condolence(s) (on)
Nichts zu danken!   Don't mention it! Not at all!
Was heißt das?   What does that mean?
Wie meinen Sie das?   What do you mean (by that)?

Sprechakte

Was sind Sie von Beruf?   What is your profession?
Es tut mir (furchtbar) leid, daß . . .   I am (terribly) sorry that . . .
Ich habe leider schon wieder vergessen zu . . .   I am sorry I have again forgotten to . . .
Das geht Sie (aber wirklich) nichts an!   That's (really) none of your business!
Bitte, sprechen Sie ein bißchen langsamer/lauter. Die Verbindung ist so
     schlecht.   Please, speak a bit more slowly/louder. We've got a very bad connection.
Verzeihung. Ich glaube, ich habe falsch gewählt / die falsche Nummer.   I am
     sorry. I think I've got the wrong number.

STRUKTUREN

5.1 KONJUNKTIV II, 1

Expressing What Might or Might Not Be

A. Verwendung

The subjunctive II* (**Konjunktiv II**) is used to express:

1. wishes

> Mit der jungen Frau würde ich   *I would love to trade places with this*
> gerne tauschen.   *young woman.*

---

* Verbs in German are described as having three **Stammformen** (*principal parts*): infinitive stem, simple past stem, and past participle stem. For example: **laufen** (I), **lief** (II), **gelaufen** (III). Thus, the subjunctive that is derived from **Stammform II** is called *subjunctive II*.

2. unrealizable wishes

> Wenn ich noch einmal so jung
> wäre!

> *If I only could be that young again!*

3. hypothetical situations, contrary-to-fact conditions

> Wenn ich noch auf den Beinen
> wäre, würde ich Reisen unter-
> nehmen.

> *If I still were in shape for it, I would
> take trips.*

4. contrary-to-fact comparisons

> Mein Freund weiß nicht viel, aber
> er tut immer so, als ob er alles
> wüßte.

> *My friend doesn't know much, but he
> always acts as if he knew everything.*

The subjunctive II is also used:

1. to make polite requests

> Ich hätte gern ein Stück Butter,
> bitte.

> *I'd like to have some butter, please.*

2. to state opinions politely

> Ich würde sagen, wir sollten uns
> das noch einmal überlegen.

> *I'd say we should think about it once
> more.*

3. to give advice politely

> An deiner Stelle würde ich mit
> ihm sprechen.

> *I'd talk with him if I were you.*

Most subjunctive II forms are now used only rarely in contemporary German speech and writing. Instead, the **würde** + *infinitive* construction is used.

> Sonntags **würde** ich mit meinen
> Enkelkindern spazierengehen.
> *instead of*
> Sonntags **ginge** ich mit meinen
> Enkelkindern spazieren.

> *Sundays I would go for a walk with
> my grandchildren.*

The **würde** + *infinitive* construction can be used with all verbs. However, with a few strong verbs and with **haben, sein, werden,** the modal verbs, and **wissen** the simple forms are used.

> Ich würde dir ja 50 Mark leihen,
> wenn ich genau **wüßte,** daß du
> sie mir zurückgeben würdest.

> *I would lend you 50 marks if I knew
> for sure that you would give them
> back to me.*

In expressing unrealizable wishes and hypothetical or contrary-to-fact situations, speakers commonly use the simple subjunctive II forms of the auxiliaries (**haben** and **sein**) + *past participle*.

Wenn ich genug Geld gespart **hätte,** würde ich Partys veranstalten.	*If I had saved enough money, I would give parties.*

Note that the **würde** + *infinitive* construction cannot be used to refer to habitual actions in the past. Instead, the simple past tense (**Präteritum**) is used in German.

Als ich 16 war, **fuhr** ich jeden Tag mit dem Fahrrad zur Schule.	*When I was 16, I would ride (I used to ride) my bike to school every day.*

For further uses of the subjunctive II, see **Strukturen 11.3.**

B. Form

The subjunctive II is formed from the simple past stem of the verb and the subjunctive endings. Here are the major patterns.

SCHWACHE VERBEN

ich	kaufte	wir	kauften
du	kauftest	ihr	kauftet
er/sie/es	kaufte	sie/Sie	kauften

The subjunctive II forms of weak verbs are identical to the simple past tense forms. Therefore, the **würde** + *infinitive* construction is commonly used in place of subjunctive II: **ich würde kaufen** instead of **ich kaufte.**

Most strong verbs also use the **würde** + *infinitive* construction. However, the following strong verbs commonly use the simple form of subjunctive II. Note that strong verbs with the simple past stem vowels **a, o,** or **u** have an umlaut in the subjunctive II stem.

bekommen (bek**ä**me)	finden (f**ä**nde)	kommen (k**ä**me)
bleiben (bliebe)	gehen (ginge)	laufen (liefe)
lassen (ließe)	stehen (st**ü**nde/ st**ä**nde)	

STARKE VERBEN

ich	käme	wir	kämen
du	kämst	ihr	kämt
er/sie/es	käme	sie/Sie	kämen

Wenn er früher käme, könnte er länger bleiben.	*If he came earlier, he could stay longer.*

The simple subjunctive II forms of modal verbs are used quite frequently. They have an umlaut in subjunctive II if there is one in the infinitive: **könnte, dürfte, müßte, möchte** but **sollte, wollte.**

MODALVERBEN

ich	könnte	wir	könnten
du	könntest	ihr	könntet
er/sie/es	könnte	sie/Sie	könnten

Könnte ich Sie mal etwas fragen?   *Could I ask you something?*

The simple subjunctive II forms of **haben, sein, werden,** and **wissen** are also used frequently. They all show an umlaut.

	haben	*sein*	*werden*	*wissen*
ich	hätte	wäre	würde	wüßte
du	hättest	wärst	würdest	wüßtest
er/sie/es	hätte	wäre	würde	wüßte
wir	hätten	wären	würden	wüßten
ihr	hättet	wärt	würdet	wüßtet
sie/Sie	hätten	wären	würden	wüßten

Wenn sie Millionärin wäre, hätte   *If she were a millionaire, she would*
sie viel Geld.   *have a lot of money.*

5.2 FUTUR
Expressing What Will Be

A. Verwendung

The future tense **(Futur)** is used to make statements about future events and to express assumptions and wishes.

Bald werden wir wieder in   *Soon we will be back in Austria.*
  Österreich sein.

Heute wird es noch ein Gewitter *I am sure there will be a thunder-*
  geben.   *storm today.*

1. Wichtige Ankündigungen (Important Announcements)

The future tense is often used by a speaker to intensify a statement about the future.

Diesen Tag werde ich nie verges-   *I'll never forget that day.*
  sen. *instead of*
Diesen Tag vergesse ich nie.

When used in the **ich-** or the **wir-**form, the future can have the connotation of making a promise or of declaring intent.

Wir werden niemals auseinander-   *We'll never part.*
gehen.

When used in the **du-,** the **Sie-,** or the **ihr-**form, the future tense often has the connotation of an emphatic request or a demand.

Heute abend werdet ihr zu Hause   *Tonight you will stay at home!*
bleiben.
In Zukunft werden Sie meinen   *In the future you will follow my*
Anweisungen genaue Folge lei-   *instructions exactly!*
sten.

When used in the **er-,** the **sie-,** the **es-,** or the **sie** (*pl.*)-form, the future tense often carries the connotation of a public announcement or a scientific prediction.

Die Maschine nach Helsinki wird   *The plane to Helsinki will take off in*
in wenigen Minuten starten.   *a few minutes.*
Im Jahre 2025 wird die Weltbevöl-   *In 2025 the world population will be*
kerung über 8 Milliarden   *over 8 billion people.*
Menschen betragen.

2. Vermutungen und Wünsche (*Assumptions and Wishes*)

The future tense is also often used to express assumptions and wishes. Particles such as **wohl** (*probably*), **sicher** (*surely*), and **hoffentlich** (*hopefully*) may be present as well.

Jochen **wird wohl** jetzt zu Hause **sein.**   } *Jochen is*
Das nächste Spiel **werden** wir **wohl** wieder **verlieren.**   } *probably*
Ich hoffe, Sie **werden** mit mir zufrieden **sein.**   } *home now.*

Note: When speakers do not want to make an announcement and do not want to imply that they are merely assuming something, they commonly use the present tense to refer to future events, particularly when the time reference is clear from the context.

Heute abend gehen wir ins Theater. (tonight we'll go)
Nächstes Jahr fahren wir nach Berlin in Urlaub. (next year we'll go)

B. Form

The future tense is formed with the present tense of **werden** and the infinitive of the verb in question.

ich	werde		wir	werden	
du	wirst	+ *infinitive*	ihr	werdet	+ *infinitive*
er/sie/es	wird		sie/Sie	werden	

Der Zug aus Linz **wird** mit 15
Minuten Verspätung **eintreffen.**

Wann **wirst** du mir endlich
glauben?

*The train from Linz will arrive 15
minutes late.*

When will you finally believe me?

5.3 PLUSQUAMPERFEKT
Expressing What Had Happened Before

A. Verwendung

The past perfect tense **(Plusquamperfekt)** is used to describe past actions and
events that have been completed before other past actions and events.

Es **hatte** die ganze Nacht **geregnet,** und am nächsten Morgen
stand das Wasser überall in
Pfützen herum.

*It had rained all night, and the next
morning there were puddles of
water everywhere.*

Letztes Jahr fuhr ich zum ersten
Mal mit dem Schiff nach
Europa. Zuvor **war** ich immer
nur **geflogen.**

*Last year I went to Europe by boat for
the first time. Before that I had
always taken the plane.*

In both English and German, the past perfect tense makes it possible to describe the
sequence of occurrence of two past events (one happened before the other).

Als ihre Freundin anrief, **hatte** sie
das Haus bereits **verlassen.**

*When her friend called, she had
already left the house.*

Als wir am Bahnhof ankamen,
war der Zug schon **abgefahren.**

*When we arrived at the station, the
train had already left.*

The past perfect tense occurs particularly frequently after the conjunction **nachdem**
(*after*), when the verb of the main clause is in the simple past or the present perfect
tense.

Nachdem der Regen **aufgehört
hatte,** schien wieder die Sonne.

*After the rain had stopped, the sun
was shining again.*

B. Form

The past perfect tense of a verb consists of the simple past tense of the auxiliary
(**haben** or **sein**) and the past participle of the verb.

Ich **hatte** schon **bezahlt,** also
konnten wir gehen.

I had already paid, so we could go.

Ich **war** schon **aufgestanden,**
bevor er etwas sagen konnte.

*I had already gotten up before he
could say anything.*

See **Strukturen 4.1** for information on which verbs take **haben** and which take **sein**
in perfect tenses.

5.4 ALS/WENN/WANN
When / Whenever / At What Time

als	when; at the time that
wenn	when; whenever, each time that; if
wann	when?; at what time?

A. als (When)

Als (*when; at the time that*) refers to a single event or circumstance in the past. An **als**-clause establishes a point of reference in the past for a past action or event in the main clause; usually the events in both clauses have taken place at the same time. The verb in the **als**-clause is normally in the simple past tense.

Als ich sechs oder sieben Jahre alt **war,** mußte ich immer um 7 Uhr ins Bett.	**When** *I was six or seven years old, I always had to go to bed at seven.*
Als Markus uns **besuchte,** wohnten wir noch in der alten Wohnung.	**When** *Markus visited us, we were still living in the old apartment.*

B. wenn (When, Whenever, If)

Wenn has two different meanings: (1) a temporal meaning (*when; whenever, each time that*), (2) and a conditional meaning (*if*).

Ich mag es nicht, **wenn** du zu anderen Leuten so unhöflich bist.	*I don't like it,* **when** *you are so rude to other people.*
Wenn ihr nicht bald kommt, gehen wir ohne euch.	**If** *you don't come soon, we'll leave without you.*

Wenn is used with any tense or mood. **Als** is used only in the simple past (or past perfect) tense. In the simple past, **wenn** refers to a custom or a habit, to an action or event that happened repeatedly or customarily; **als** refers to a specific action or event that happened once, at a particular point in time.

Zu der Zeit war Herr Thelen unser Nachbar. **Wenn** er mich sah, grüßte er mich immer sofort.	*At that time Mr. Thelen was our neighbor.* **Whenever** *he saw me, he greeted me at once.*
Herr Thelen kam ins Zimmer. **Als** er mich sah, grüßte er mich sofort.	*Mr. Thelen came into the room.* **When** *he saw me, he greeted me at once.*

C. *wann* (When, at What Time)

Wann is an adverb of time meaning *at what time* or *at what point in time*. It may be used in direct questions or in indirect questions*

Wann warst du eigentlich das letzte Mal beim Arzt? —Das muß lange her sein. Ich weiß gar nicht mehr, **wann** das war.	*When was the last time you went to a doctor, anyway? —That must have been a long time ago. I don't even remember when that was.*

Note that indirect questions are dependent clauses and require dependent clause word order.

Wissen Sie noch, wann Sie ihn das letzte Mal gesehen haben?	*Do you remember when you last saw him?*

5.5 Negation
How to Say "No"

A. Negationselemente (Negative Words)

The following words may be used to express negation:

kein, keine	*not any*	nie(mals)	*never*
nein	*no*	niemand	*nobody*
nicht	*not*	nirgends	*nowhere*
nichts	*nothing*	weder . . . noch	*neither . . . nor*

Nein, das habe ich **nicht** gesagt.
Er mag **weder** Mandarinen **noch** Orangen.
Sie kümmerte sich um **nichts** und **niemand.**†
Ich werde dich **nie** verlassen!
So etwas gibt es doch **nirgends!**

Note the German equivalents of the English patterns *not . . . any, not . . . anything, anyone, anywhere.*

He doesn't have any shoes.	Er hat **keine** Schuhe.
He hasn't eaten anything.	Er hat **nichts** gegessen.

---

* When question words such as **wer, wann,** and **wie** are used in indirect (reported) questions, they function as subordinating conjunctions: Wie heißt du? —Was hast du gesagt? —Ich habe dich gefragt, **wie** du heißt.
† In written texts you may also find the inflected forms **niemanden** and **niemandem.**

B. *nicht* oder *kein*   (Not, Not Any)

1. Use **nicht** when you want to negate an action or an event (expressed by a verb) or a known person, thing, or abstract notion (expressed by a noun preceded by a definite article or other kind of determiner except **ein**).

    > Rauchen Sie? —Nein, ich rauche **nicht.**
    > Fährst du mit dem Zug? —Nein, ich fahre **nicht** mit dem Zug.
    > Kaufst du mir diese Kette? —Nein, diese Kette kaufe ich dir **nicht.**

2. Use the negative article **kein/keine** when you want to negate a person, a thing, or an abstract notion that is unknown or general (unknown or general entities are commonly expressed by nouns preceded by the indefinite article **ein** or no article at all).

    > Hast du ein Auto? —Nein, ich habe **kein** Auto.
    > Haben Sie Kinder? —Nein, ich habe **keine** Kinder.
    > Habt ihr Hunger? —Nein, wir haben **keinen** Hunger.

The negative article **kein** carries the same endings as the indefinite article **ein** (see **Strukturen E.1**).

3. Certain types of phrases are negated with **nicht,** even though there is no article with the noun.

    -   Noun-verb combinations such as **Auto fahren, Fußball spielen, Ski laufen**
    -   Geographic names
    -   Job titles in constructions with **als**

    > Spielen Sie Fußball? —Nein, ich spiele **nicht** Fußball.
    > Kennen Sie Korea? —Nein, ich kenne Korea **nicht.**
    > Arbeiten Sie als Taxifahrer? —Nein, ich arbeite **nicht** als Taxifahrer.

4. Either **nicht** or **kein** may be used in sentences with **sein** or **werden** followed by a noun (predicate nominative).

    > **Sind** Sie Amerikanerin? —Nein, ich **bin nicht** Amerikanerin.
    >   —Nein, ich **bin keine** Amerikanerin.
    > Willst du Astronaut **werden?** —Nein, ich will **nicht** Astronaut **werden.**
    >   —Nein, ich will **kein** Astronaut **werden.**

5. **Kein** may also be used as a negative pronoun. As a pronoun, it takes the same endings as **der**-words (see **Strukturen E.1**).

    > Haben Sie noch ein Bier? —Nein, ich habe leider **keines** mehr.
    > Steht da nicht ein Schirm? —Nein, hier steht **keiner.**

C. Die Stellung von *nicht* (*Word Order of* **nicht**)

1. When **nicht** negates an element other than the conjugated verb, it is placed in front of that element.

Ich will **nicht diese Zeitschrift,** sondern diese da.	*I don't want this newspaper, but that one.*
Sie fährt **nicht oft** in die Stadt.	*She doesn't go to town often.*

2. When **nicht** negates the verb of a sentence, it occurs toward the end of the sentence.

Leider werde ich meine Hausaufgaben heute **nicht** machen können.	*Unfortunately, I won't be able to do my homework today.*

The following sentence elements, however, occur after **nicht.**

1. The second part of the verb phrase, such as an infinitive, a past participle, or a separable prefix

   Kannst du denn **nicht** schwimmen?
   Ich habe ihn **nicht** gesehen.
   Wir laden dich **nicht** ein.

2. A predicate adjective or a predicate nominative

   Dieser Hund ist **nicht** schön.

3. A prepositional phrase required by verbs such as **wohnen in** and **denken an**

   Sie wohnt **nicht** in Frankfurt.

4. The noun of a noun-verb combination, such as **Klavier spielen** and **Auto fahren**

   Ich spiele **nicht** Klavier.

6 *Reifeprüfung*

Sylvesterfeier am Branden-
burger Tor in Berlin. Zum
ersten Mal feiern junge Leute
aus Ost und West zusammen.
Aber was wird die Zukunft
bringen?

Texte
„Jugend ohne Zukunft?" aus *Die Zeit*
„Til an Steffen" aus *Zeitlupe*
„Reifezeugnis" Reinhardt Jung

Sprechakte
zustimmen/widersprechen   Agreeing/contradicting
reklamieren   Protesting

Wortschatz
Beruf; Berufsausbildung   Occupation, profession;
                              professional training
Aktuelles Geschehen   Current events, happenings
Lebensverhältnisse;   Living conditions
  Lebensbedingungen
Politik   Politics

Strukturen
Satzkonnektoren 2:   Describing cause-and-effect
  Kausale Konjunktoren   relationships
  und Subjunktoren,
  Präpositionen, Adverbien
Schwache Maskulina   Masculine nouns with the
                                  ending -(e)n
Indirekte Rede 1:   Expressing indirectly what
  Konjunktiv I   someone says
Präposition + Pronomen/   Referring back to someone
  Pronominaladverb   or something known,
                                  after a preposition
Relativsätze 2: Relative   Describing concepts,
  Frageelemente *was, wo,*   places, and people with
  wer   more detail
Genus   Anticipating the gender of
                                  nouns

Interaktion. Überlegen Sie zuerst zusammen mit einem Partner / einer Partnerin, welche speziellen Probleme es für Jugendliche in den USA gibt. Stellen Sie eine Liste zusammen.

Was wissen Sie über die Probleme deutschsprachiger Jugendlicher? Worüber machen sich viele junge Leute in Mitteleuropa Sorgen?

Zum Berufswechsel bereit

Von je 100 jungen Fachkräften sind grundsätzlich zur Ausübung eines anderen Berufs bereit:

Einzelhandelskaufleute	73
Anwaltsgehilfen	72
Verkäufer(innen)	70
Bankkaufleute	67
Verwaltungsangestellte	63
Bürogehilfinnen	61
Schlosser	61
Bäcker	57
Kfz-Mechaniker	57
Heizungsbauer	56
Arzthelferinnen	53
Zimmerer	52
Friseurinnen	50
Maurer	50
Postbedienstete	44
Tischler	44
Köche	43

Quelle: IAB

WALDSTERBEN, WIESO? IST DOCH ALLES GRÜN.

Irrtum. Denn der Wald ist über 50 Prozent geschädigt.

Auf den ersten Blick sehen unsere Wälder gesund aus. Aber jeder zweite Baum ist krank. Dies konnte auch die bisherige Umweltpolitik nicht verhindern.

Wenn Sie wissen wollen, was zur Rettung unserer letzten Waldgebiete getan werden muß, dann füllen Sie den Coupon aus. Wir beantworten Ihre Frage, sagen Ihnen, wo wir uns noch engagieren, warum Sie uns dabei helfen können.

Ja, ich will von ROBIN WOOD wissen, was zur Rettung unserer letzten Waldgebiete getan werden muß.

Name, Vorname

Straße

Wohnort

Weil ich helfen will, lege ich 3 Mark in Briefmarken bei. Coupon einsenden an ROBIN WOOD, Postfach 10 21 22 2800 Bremen 1

ROBIN WOOD
Gewaltfreie Aktionsgemeinschaft für Natur und Umwelt e.V.

"Erst wenn der letzte Baum gerodet der letzte Fluss vergiftet der letzte Fisch gefangen werdet Ihr feststellen daß man Geld nicht essen kann!"

Weissagung der Cree

LESETEXT: Sackgasse für die Jugend?

Der folgende Text enthält Auszüge einer insgesamt achtstündigen Fernsehdiskussion des Südwestfunks Baden-Baden. In diesem Teil der Sendung sprechen Jugendliche mit einem Psychiater, einem Journalisten und einem Politiker.

Vor dem Lesen

A. Fremdwörter. In diesem Gespräch geht es um soziologisch, psychologisch und politisch orientierte Themen. Viele Wörter in diesem Bereich sind lateinische und griechische Fremdwörter und im Englischen gleich oder sehr ähnlich (Kognate). Was bedeuten diese Wörter?

die Frustration	frustrieren	
der Experte / die Expertin		
die Diskussion	diskutieren	
das Engagement	engagieren	engagiert
		ideal
die Illusion		
der Journalist / die Journalistin		
der Konflikt		objektiv
der Psychiater / die Psychiaterin		
	rebellieren	
	revoltieren	
	resignieren	resigniert
	riskieren	
die Repression		repressiv
die Konsequenz		
das Studio		
die Technologie		technologisch
das Symptom		symptomatisch

Atomwaffenfreie Zone
Göttingen
Herstellung, Lagerung und Verwendung von Atomwaffen ist in diesem Gebiet verboten!

B. Paraphrasieren. Lesen Sie den Titel des Textes. Warum ist er als Frage formuliert? Paraphrasieren Sie den Titel: „In dieser Fernsehdiskussion geht es um die Frage, ob . . . ." Jetzt lesen Sie den Text extensiv. Denken Sie daran, daß Sie nur die Hauptgedanken zu erfassen brauchen. Details sind nicht wichtig. Lassen Sie Wörter und Ausdrücke, die Sie nicht verstehen, einfach aus.

„*Jugend ohne Zukunft?*"

Im Studio 1 des Südwestfunks Baden-Baden diskutierten Jugendliche, Vertreter von Jugendorganisationen und Experten aus allen politischen Richtungen, aus Wissenschaft und Verbänden über Situation und Bewußtseinslage der heute 15- bis 25jährigen in der Bundesrepublik.

5 BOTTLINGER (MODERATOR): Viele Jugendliche stehen der Gesellschaft der Erwachsenen mit Distanz gegenüber, fühlen sich unverstanden, teilweise sogar betrogen. Sie haben wenig Erwartungen und Hoffnungen für die Zukunft. Manchmal scheint es fast so, als seien sie Fremde in unserer Gesellschaft.

SCHÜLER: Die konkreten Lebensbedingungen sind dermaßen repressiv, daß den mei-
10 sten Jugendlichen gar kein Vorwurf zu machen ist, daß sie sich nicht engagieren. Wenn mir heute in der Klasse gesagt wird: „Gehen Sie doch auf den Bau!"*, dann kann man als Jugendlicher doch keine ideelle Befriedigung finden, sondern fühlt sich eigentlich nur unterdrückt.

STIERLIN (PSYCHIATER): Diese Frustration, Ohnmacht, Resignation, dieses apolitische Ver-
15 halten, diese Wut auch, sind mir sehr vertraut bei vielen Studenten, aber auch von Berufsschülern und Abiturienten, mit denen ich zu tun habe. Was einen als Psychiater natürlich besonders interessiert, ist die Frage nach der Angst, die ja hier aufgeworfen wurde. Es gibt viele objektive Erscheinungen, die uns angst machen können, wenn wir in die Zukunft blicken: die Technologie, die Ansammlung von atomaren Vernichtungs-
20 waffen, die Zerstörung einer Umwelt, in der die jungen Leute später leben müssen, nicht wir Alten. Auch die Arbeitsplatzsituation macht den Jungen mehr angst als uns Alten, weil sie ja die Welt betrifft, in der sie leben werden, nicht wir. Aber daneben spielt natürlich auch eine irrationale Angst mit, die tiefer geht.

GYMNASIAST°: Ich muß sagen, daß ich die Zukunft unserer Gesellschaft und unserer
25 Welt ziemlich schwarz sehe. Ich sehe vor allem folgende Probleme: Einmal die wahn-
sinnige Umweltzerstörung. Wenn man sich überlegt, wieviel Land einfach überbaut wird, da schnürt sich mir richtig der Hals zu. Dann die lebensfeindliche Einstellung dieser Wachstumsgesellschaft. Das ist ein großes Problem, das mir außerordentlich angst macht. Dann das Wettrüsten. Es gibt so viel Waffen, daß die Erde x-mal zerstört
30 werden kann. Und schließlich der Unterschied zwischen den Industrienationen und der dritten Welt. Auch da sehe ich ganz, ganz große Probleme—nicht nur das Elend der Leute, die dort leben, sondern auch die Konflikte, die sich daraus ergeben. Ich meine, daß wir Jugendlichen uns dieser Probleme viel stärker annehmen müssen. Deshalb finde ich es sehr wichtig, daß man sich in Bürgerinitiativen zusammenschließt
35 und etwa gegen die Umweltzerstörung angeht.

MATTHIESEN (Journalist und Pädagoge): Wir haben eine sehr schwierige Frage von Herrn Bottlinger gestellt bekommen: Gibt es ein gemeinsames Bewußtsein von 18

° Schüler eines Gymnasiums

---

* „Wenn Sie nicht lernen wollen, gehen Sie doch als Hilfsarbeiter auf den Bau (*construction work*)."— eine sehr negative Bemerkung.

40

45

Millionen Jugendlichen? Und es scheint fast so, als ob man sagen könnte, dieses gemeinsame Bewußtsein heißt Resignation, Lähmung, Angepaßtheit. Einen ähnlichen Stempel hat auch die Generation der fünfziger und sechziger Jahre getragen. Die skeptische Generation der fünfziger Jahre und die rebellierende, die aufmüpfige,° die *rebellious* revoltierende Generation der sechziger Jahre. Vielleicht ist das symptomatisch, daß unsere Jugend heute trotz aller Differenzierung dazu neigt, den Rücken zu beugen, keinen Widerspruch zu riskieren, aus Angst gelähmt ist und in Gefahr ist, in eine große Distanz zum Staat zu geraten.

50

ZANDER (FAMILIENMINISTERIUM): Ich fand das sehr eindrucksvoll, was hier vor allem die Jugendlichen selbst gesagt haben über ihre Bewußtseinslage. Die Gründe dafür, aus denen heraus sie das sagen, machen mir angst: Sie haben von der dritten Welt, von der Rüstung gesprochen, von der Umwelt und vom Rohstoffmangel. Aber die Frage ist doch, was wir Erwachsenen tun, um mit den Problemen in der Welt fertig zu werden. Meine Antwort wäre: politisches Engagement für Entspannung und Abrüstung. Resignation ist die falsche Konsequenz.

55

60

SCHÜLERIN: Am Anfang der Diskussion ist von vielen gesagt worden, es sei doch alles unheimlich beschissen und man könne doch überhaupt nichts ändern. Ich glaube, das ist nicht richtig. Allein, daß wir hier sitzen und über Lösungsmöglichkeiten diskutieren, zeigt doch, daß wir etwas ändern können und daß wir versuchen müssen, etwas zu verändern. Und dann noch ein Punkt: Jugend ohne Träume, ohne Ideale und ohne Hoffnungen. Ich glaube, das ist ein falsches Bild von der heutigen Jugend, wenn man sagt, die heutige Jugend hat keine Hoffnungen, hat keine Wünsche und hat keine Träume. Denn die Jugend von heute hat genauso, glaub' ich, wie die Jugend vergangener Jahre Hoffnungen und Illusionen. Sie sind da. Und sie mal zu wecken, das ist auch eine Aufgabe.

Nach dem Lesen

A. Hauptgedanken der Diskussion. In einer Diskussion versuchen alle Teilnehmer, ihre Thesen überzeugend[1] darzustellen. Dabei werden entweder neue Argumente angeführt oder einfach Thesen mit anderen Worten oder in anderem Kontext wiederholt. Mündliche[2] Diskussionen sind meist sehr redundant, und die Hauptgedanken lassen sich in wenigen Sätzen zusammenfassen. Was ist die einleitende[3] These dieses Diskussionsabschnitts? Kreuzen Sie an.

_____ Viele Jugendliche stehen der Gesellschaft der Erwachsenen fremd gegenüber und haben keine Hoffnungen für die Zukunft.

_____ Die Jugend der fünfziger Jahre nannte man die skeptische und die der sechziger Jahre die rebellierende Generation.

_____ Bürgerinitiativen[4] tun viel für den Umweltschutz.[5]

Wer formuliert diese These zuerst?

_____

[1] *convincingly* [2] *oral* [3] *introductory* [4] *citizens' initiative* [5] *environmental conservation, protection*

B.   Wer sagt was? Kombinieren Sie die folgende Aussagen mit den Namen der Diskussionsteilnehmer.

1. eine Schülerin
2. der Psychiater Stierlin
3. ein Gymnasiast
4. der Journalist Matthiesen
5. ein Schüler
6. Zander aus dem Familienministerium

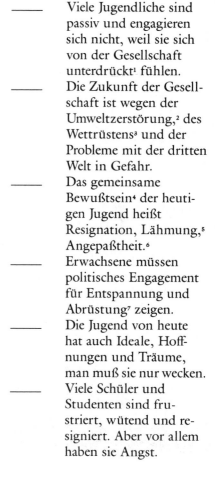

_____   Viele Jugendliche sind passiv und engagieren sich nicht, weil sie sich von der Gesellschaft unterdrückt[1] fühlen.

_____   Die Zukunft der Gesellschaft ist wegen der Umweltzerstörung,[2] des Wettrüstens[3] und der Probleme mit der dritten Welt in Gefahr.

_____   Das gemeinsame Bewußtsein[4] der heutigen Jugend heißt Resignation, Lähmung,[5] Angepaßtheit.[6]

_____   Erwachsene müssen politisches Engagement für Entspannung und Abrüstung[7] zeigen.

_____   Die Jugend von heute hat auch Ideale, Hoffnungen und Träume, man muß sie nur wecken.

_____   Viele Schüler und Studenten sind frustriert, wütend und resigniert. Aber vor allem haben sie Angst.

---

[1] *suppressed, oppressed*   [2] *pollution, destruction of the environment*   [3] *arms race*   [4] *consciousness*   [5] *paralysis*   [6] *conformity*   [7] Entspannung . . . *policy of détente and disarmament*

Schüler und Schülerinnen eines Gymnasiums bei einer Unterrichtsstunde im Freien.

C.   Thesen und Argumente. Es ist wichtig, den Standpunkt einer Person von den Argumenten zu unterscheiden, die ihre These unterstützen.[1] In der Diskussion werden zwei Standpunkte genannt.

DER EINE IST:

_____ Die Jugend rebelliert und revoltiert.

_____ Die Jugend ist resigniert, frustriert und ohne Hoffnung.

_____ Jugendliche haben Probleme mit der Abrüstung.

DER ANDERE IST:

_____ Auch die heutige Jugend hat Träume, Hoffnungen und Ideale.

_____ Man kann doch nichts ändern.

_____ Die jungen Leute sind Individualisten. Es gibt kein gemeinsames Bewußtsein der Jugend.

1. Der Psychiater Stierlin hält Angst für ein großes Problem. Welche Beispiele nennt er als Argumente für seine These? (Mehr als eins ist richtig.)

WAS ANGST MACHT IST/SIND . . .

_____ Aggression unter den Jugendlichen
_____ moderne Technologie
_____ atomare Waffen
_____ Umweltzerstörung
_____ die Arbeitsplatzsituation[2]
_____ Atomkraftwerke[3]
_____ große Städte
_____ Terror der Polizei

2. Wie reagiert der Gymnasiast auf die These Stierlins?

_____ Er sagt, daß der Psychiater keine Ahnung hat.[4]
_____ Er sagt, daß Jugendliche erst einmal auf den Bau gehen sollen.
_____ Er stimmt zu, denn es gibt viel, das ihm angst macht.

3. Wie begründet der Gymnasiast seine Aussage?

ER HAT ANGST WEGEN . . .

_____ der Umweltzerstörung, des Wettrüstens und der Konflikte zwischen Industrienationen und Dritter Welt.
_____ der Resignation der Jugend, die sich für nichts mehr interessiert als Videos, Computer und schicke Kleidung.
_____ der vielen Ausländer in der Bundesrepublik.

4. Was sagt die Schülerin?

_____ Die heutige Jugend hat Träume und Hoffnungen, die nur geweckt werden müssen.
_____ Alles ist so schlimm, weil man nichts ändern kann.
_____ Diese Diskussion ist nicht nötig, weil die Jugend nicht resigniert und passiv ist.

---

[1] _support_   [2] _job situation_   [3] _nuclear power plants_   [4] _keine . . . has no idea_

D. Diskutieren Sie mit! Sie sind ein Teilnehmer dieser Diskussion. Was würden Sie sagen? Schreiben Sie Ihren Beitrag[1] auf und geben Sie auch die Stelle an, wo er in dieser Diskussion stehen soll. Redemittel, die Ihnen dabei helfen können, finden Sie auf Seite 54, 96 und 97.

---

[1] *contribution*

Aktivitäten

A. Interaktion. Jeder gerät mal in eine peinliche Situation. Was sollte man in einer solchen Situation machen? Erklären Sie Ihrem Partner / Ihrer Partnerin, was Sie in den folgenden peinlichen Situationen gemacht hätten, wie Sie reagiert hätten. (Tip: ich wäre . . . , ich hätte . . .)

B.   Was meinen Sie? Viele Leute in den USA und in der Bundesrepublik sind gegen Atomkraftwerke. Sind Sie auch dagegen? Kreuzen Sie an, wogegen Sie sind.

ICH BIN GEGEN . . .

_____   Atomkraftwerke

_____   Atomwaffen

_____   Englisch als „offizielle" Sprache der USA

_____   hohe Steuern

_____   Konservierungsmittel in Lebensmitteln

_____   den Import von Erdöl

_____   Computer in Schulen

_____   Ausländer

_____   21 als das Mindestalter, um Alkohol trinken zu dürfen

_____   den Militärdienst

_____   ein Rauchverbot in öffentlichen Gebäuden

_____   einen Schuldenerlaß für Länder der dritten Welt

_____   eine Einmischung in das Privatleben von Politikern

C.   Umfrage. Nehmen Sie ein Thema aus B und machen Sie in Ihrer Klasse eine Umfrage. Wie viele sind dagegen? Wie viele sind nicht dagegen? Wie viele haben keine Meinung? Schreiben Sie die Ergebnisse Ihrer Umfrage an die Tafel. (Tip: Bist du für oder gegen x? Was meinst du?)

D.   Fernsehinterview. Arbeiten Sie in Gruppen von drei oder vier Studenten: ein Student ist Politiker/Politikerin oder Filmstar, die anderen Studenten in der Gruppe sind Fernsehjournalisten, die Fragen stellen. Mögliche Fragen:
Wie heißen Sie?   Woher kommen Sie?   Wie lange sind Sie schon _____?

[an den Politiker / die Politikerin]
Was halten Sie von der wirtschaftlichen Situation in den USA?
Was halten Sie von Atomwaffen?
Was halten Sie von der geplanten Steuererhöhung?
Was halten Sie von den heutigen Studenten?
Warum sind Sie Politiker/Politikerin?
Werden Sie noch einmal kandidieren[1]?
Andere Themen: Börse, Inflation, Minderheiten, Obdachlose.[2]

[an den Filmstar]
Welche Rollen haben Sie gespielt?
Welche Rollen würden Sie gern spielen?
Spielen Sie lieber in Liebes- oder Kriminalgeschichten?
Spielen Sie lieber in ernsten oder in lustigen Filmen?
Sind Sie nervös, wenn Sie gefilmt werden?
Warum sind Sie eigentlich Filmstar geworden?
Wann machen Sie Ihren nächsten Film?
Andere Themen: Ehe, Medien, Regisseure, Kritiker.

---

[1] sich zur Wahl stellen   [2] _homeless people_

SPRECHAKTE

zustimmen/widersprechen: Das finde ich auch!

ROLF: Also, ich finde, wenn wir schon eine Bundeswehr haben, dann sollten da auch Frauen eingezogen[1] werden.

MANFRED: Das finde ich auch. Ich verstehe eigentlich auch nicht, warum wir Männer 12 Monate unseres Lebens opfern[2] sollen, und die Frauen brauchen überhaupt nichts zu tun.

RENATE: Ihr habt zwar recht, aber ich muß sagen, mir ist das ganz recht, daß ich nicht eingezogen werde.

JASMIN: Nö, da bin ich ganz anderer Meinung. Ich finde, daß wir, so lange nur Männer zur Bundeswehr müssen, nicht völlig gleichberechtigt sind.

MARTHA: Also, ich finde das witzig, daß sich heutzutage auch Männer schminken.

INGE: Stimmt! Und sie gehen auch zum Frisör und lassen sich Dauerwellen machen.

MARTHA: Damit sie schönes lockiges Haar haben.

SVEN: Ihr seid doch nur eifersüchtig, weil wir euch jetzt den Beinamen „das schöne Geschlecht" abspenstig machen.

INGE: Wenn du dich da nur nicht täuschst! Zur Schönheit gehört nämlich mehr als Schminke und falsche Locken.

[1] *drafted* [2] *sacrifice*

Variationen

A. Interaktion. Arbeiten Sie mit einem Partner / einer Partnerin und ergänzen Sie zusammen diesen Dialog.

PHILIP: Ich finde, . . .

KARL: Das finde ich zwar auch, aber . . .

KIRSTEN: Das stimmt nicht. Es ist nämlich so, daß . . .

KARL: Bleiben wir beim Thema: Ich finde, daß . . .

PHILIP: Das finde ich auch, und außerdem . . .

KIRSTEN: Nö, das ist nicht wahr. Meiner Meinung nach . . .

B. Spielen Sie! Stimmen Sie zu oder widersprechen Sie.

1. Sie unterhalten sich über Atomwaffen. Ihr Partner / Ihre Partnerin meint, ein Land wie die USA brauche Atomwaffen, um sich vor seinen Feinden schützen zu können.
2. Ihr Vater meint, solange man noch studiert, sollte man sich nicht mit Politik befassen.
3. In Ihrer Stadt ist das Problem der Obdachlosen—besonders im Winter— ziemlich groß geworden. Ihr Freund / Ihre Freundin meint, diese Leute seien nur arbeitsscheues Gesindel,[1] an die man kein Geld verschwenden sollte. Sie sind anderer Meinung.

---

[1] *riff-raff*

LESETEXT: Jugend in der DDR

Der folgende Text gibt Einblicke in die politischen und gesellschaftlichen Hintergründe, die die Menschen in Ostdeutschland, in der früheren DDR, von Kindheit und Jugend an geprägt hatten.

Die DDR trat am 3. Oktober 1990 der Bundesrepublik Deutschland bei, nachdem eine gewaltlose Revolution zur Öffnung der Grenzen im November 1989 und zum Beginn von radikalen Demokratisierungsprozessen im politischen System geführt hatte.

Die Teilung Deutschlands ist damit zu Ende, aber der Abbau von Vorurteilen und Mißverständnissen im Miteinander von West- und Ostdeutschen ist weiterhin eine wichtige Aufgabe, damit auch die „innere Teilung" Deutschlands überwunden werden kann.

Vor dem Lesen

A. Kognate. Erschließen Sie die Bedeutung dieser Kognate: *interpretieren, akzeptieren, illegal, der Kanal, das Prinzip, die Skepsis/skeptisch, die Konsequenz, die Droge, quasi.*

B. Komposita. Welche beiden Nomen stecken in: *das Jugendgefängnis, der Antwortbrief, das Feindbild, die Gesellschaftsordnung?*

C. Was möchten Sie wissen? Der Textausschnitt „Til an Steffen" ist Teil eines fiktiven Briefwechsels zwischen jungen Menschen in der DDR und der Bundesrepublik. Fiktiv deshalb, weil ein so offener Meinungsaustausch zwischen Gruppen aus den beiden deutschen Staaten nur selten zustande kam. Eine kurze Beschreibung der Personen hilft Ihnen, sich im Text zurechtzufinden.

Tilmann Anders, 18, Oberschüler. Er und seine Freunde berichten in Briefen über das Leben junger Menschen in der DDR. Er will Germanistik studieren, schreibt Gedichte, sympathisiert mit der Friedensbewegung[1] und kommt dadurch in Konflikte.

Dr. Anders, Tils Vater, Oberarzt einer Klinik, hat viele Privilegien wie eigenes Haus, Wochenendhaus (Datscha), ist Mitglied der Sozialistischen Einheitspartei Deutschlands (SED).

Steffen Baier, wird 18, Gymnasiast aus Fulda, hat mit einer kirchlichen Jugendgruppe die DDR besucht. Er und einige andere Mitglieder der Gruppe schreiben jetzt an Til und seine Freunde.

Astrid Leisenring, wird 18, ehemalige Mitschülerin und jetzt Freundin von Til; ihre Eltern möchten die DDR verlassen.

Thomas Weiden, 18, Mitglied der FDJ (Freie Deutsche Jugend), Tils bester Freund und Klassenkamerad. Seine Mutter ist ein besonders aktives und erfolgreiches Mitglied der SED.

Sie haben die Beschreibung der Personen gelesen und wissen etwas über die Probleme junger Westdeutscher. Welche Fragen könnten Jugendliche aus der Bundesrepublik ihren Briefpartnern in der DDR stellen? Welche Fragen würden Sie ihnen stellen?

---

[1] *peace movement*

„Til an Steffen"

. . . **E**ure Skepsis gegen unseren „Sozialismus", wie Ihr es in Eurem Antwortbrief nennt, kann ich verstehen. Das zeigt mir, wie schwer es ist, jemandem von unserem Leben zu erzählen, der in einer ganz anderen Gesellschaftsordnung aufgewachsen ist. Klar, Ihr habt auch eine ganze Menge Vorurteile, und wir empfinden es auch nicht als
5 positiv, wenn wir von allem, was nicht sozialistisch ist, ein Feindbild vorgesetzt bekommen. Aber damit müssen wir leben.

    Hier gibt es auch Leute, die nicht mit allem einverstanden sind. Manche meckern°   *gripe, complain*
nur, andere ziehen die Konsequenzen. Astrid und ihre Familie, das ist so ein Fall. Ausreiseanträge zu stellen, das erfordert schon eine Menge Mut. Andere wieder ver-
10 suchen, illegal wegzugehen. Republikflucht heißt das, und es ist strafbar. Aber von

denen will ich Euch gar nicht so viel erzählen, denn das hört Ihr bei Euch im Rundfunk, lest es in den Zeitungen und seht es im Fernsehen.

Es gibt bei uns auch Leute, die ganz offen sagen: „Ich hab' den Kanal voll!"°   ich. . . ich hab genug
Meistens sind sie noch jung, wollen was verändern, verweigern sich, werden aufmüp-
15 fig, landen dann in Jugendwerkhöfen (einer Art Erziehungsheim) oder im Jugendgefängnis. Aber die meisten Fälle kommen gar nicht vor Gericht, sondern es wird mit
solchen Jugendfreunden (Bezeichnung für Jugendliche in der FDJ) diskutiert, in der
FDJ-Gruppe oder in der Brigade. Wenn die nichts erreichen, dann wird was „von
staatswegen"° unternommen. Das heißt eben Jugendwerkhof oder Jugendgefängnis.   von. . . vom Staat aus
20 Dabei spielen solche Probleme wie Arbeitslosigkeit oder Drogen kaum eine Rolle. Gibt
es quasi nicht.

Was es aber in letzter Zeit viel öfters gibt, und das macht „denen da oben" viel zu
schaffen, sind junge Leute, die alles in Frage stellen, die wirklich versuchen, etwas zu
verändern. Ich möchte es auch, doch mein Vater pfeift mich immer wieder zurück.
25 „Wenn du dein Abitur hast, mach was du willst. Vorher keine Mätzchen!°" Hat ja im   dumme Sachen
Prinzip recht, mein Vater. Aber es ist eben nicht so ganz ehrlich. Thomas interpretiert
das so: „Du guckst zuviel in den falschen Kanal!"° Als ob das nicht alle tun! Davon denkt   In den westichen Teilen der DDR konnte
man noch lange nicht anders als vorher. Aber ich kann einfach nicht mehr alles akzep-   man Westfernsehen empfangen.
tieren und überall Ja sagen, nur weil ich keine Probleme gebrauchen kann vor dem
30 Abitur und während des Studiums . . .

Nach dem Lesen

A.   Was steht im Text? Was wissen Sie noch? Wenn Sie sich nicht sicher sind, lesen Sie noch einmal im Text nach. Sind die folgenden Aussagen richtig (R) oder falsch (F)?

_____   Es ist schwer für Til, den Jugendlichen aus der Bundesrepublik von seinem Leben zu erzählen.

_____   Die jungen Leute aus der Bundesrepublik haben keine Vorurteile.[1]

_____   Nur in der Bundesrepublik gibt es Leute, die mit dem politischen System nicht zufrieden sind.

_____   Man braucht Mut, um Ausreiseanträge[2] zu stellen.

_____   Wenn man die DDR illegal verläßt, macht man sich strafbar.[3]

_____   Junge Leute, die aufmüpfig sind oder das politische System verändern wollen, kommen ins Gefängnis oder ins Erziehungsheim.

_____   Es gibt quasi keine Arbeitslosigkeit[4] und kein Drogenproblem in der DDR.

_____   Til möchte auch etwas verändern, aber sein Vater rät ihm, erst sein Abitur zu machen.

_____   Til findet es gut, immer Ja zu sagen, nur um keine Probleme vor dem Abitur und im Studium zu bekommen.

---

[1] _prejudices_   [2] _official request for permission to leave the country_   [3] _punishable by law_   [4] _unemployment_

Die Freie Deutsche Jugend war die Jugendorganisation in der DDR. Inzwischen gibt es sie nicht mehr.

B. Sprache und Politik. Die politische und gesellschaftliche Situation beeinflußt[1] die Sprache eines Landes. Vierzig Jahre Sozialismus hatten in der DDR eine Sprache entstehen lassen, die sich vor allem in politischen und gesellschaftlichen Begriffen von der Westdeutschlands unterschied. Das wird in Zeitdokumenten wie diesem Brief sehr deutlich. Kombinieren Sie Begriffe und Definitionen. Wenn Sie sich nicht sicher sind, lesen Sie im Text noch einmal nach.

1. der Ausreiseantrag
2. die Republikflucht
3. der Jugendfreund
4. der Jugendwerkhof
5. die Brigade
6. die F(reie) D(eutsche) J(ugend)

a. eigentlich kein Freund, sondern ein Mitglied der FDJ
b. Erziehungsheim, das heißt ein Heim für Jugendliche, die Probleme haben und um die man sich besonders kümmern muß
c. Formulare, die man ausfüllen muß, um aus der DDR auszureisen
d. die staatliche Jugendorganisation der DDR
e. die Flucht aus der Deutschen Demokratischen Republik
f. kleinste Arbeitsgruppe in einem Betrieb, der dem Staat gehört

---

[1] *influences*

C.   Vergleichen Sie! Welche Probleme hatten Jugendliche in der DDR gegenüber Jugendlichen in der Bundesrepublik? Schreiben Sie die folgenden Stichworte in zwei Listen und schreiben Sie noch mehr dazu.

keine Arbeit	zu viel Technologie
nehmen Drogen	Angst vor der Umweltzerstörung
können nicht aufmüpfig sein	können nicht reisen, wohin sie
Angst vor Krieg	wollen
	können nicht frei ihre Meinung
	sagen

PROBLEME IN DER BRD   PROBLEME IN DER DDR

_____   _____

_____   _____

_____   _____

_____   _____

_____   _____

_____   _____

Aktivitäten

A.   Was ist passiert? Erzählen Sie diese Geschichte. Beschreiben Sie die
Situation (wo, wer, was, wann?), und erzählen Sie von den Personen (Charakter,
Aussehen). Was, glauben Sie, könnte später passieren?

B.   Vorurteile. Wo wird mehr Kaffee getrunken: in den USA oder in der
Bundesrepublik? Oft haben wir Vorurteile über Sitten in verschiedenen Län-
dern. Sind das alles Vorurteile oder nur vorgefaßte Meinungen, die auf (Fehl-)
Informationen beruhen? Schreiben Sie entweder USA oder BRD neben jeden Satz.

_____   Wo wird mehr Kaffee getrunken?
_____   Wo gibt man sich öfter die Hand?

_____ Wo kaut man mehr Kaugummi?
_____ Wo wird mehr zu Fuß gegangen?
_____ Wo werden öfter Blumen geschenkt?
_____ Wo wird mehr gewandert?
_____ Wo ißt man mehr Kuchen?
_____ Wo fährt man mehr Rad?
_____ Wo wird mehr Bier getrunken?
_____ Wo wird die Gabel links und das Messer rechts gehalten?
_____ Wo fährt man öfter mit dem Bus?
_____ Wo steht man öfter Schlange?
_____ Wo wird mehr Wasser getrunken?
_____ Wo wird mehr Mineralwasser getrunken?
_____ Wo wird mehr mit Computern gearbeitet?
_____ Wo wird mehr frisches Obst gegessen?
_____ Wo sieht man mehr geschlossene Zimmertüren?
_____ Wo wird mehr Golf gespielt?
_____ Wo wird mehr geraucht (Zigaretten)?
_____ Wo ißt man mehr Fisch?

C. Stereotype. Wie sehen Deutsche, Ihrer Meinung nach, Amerikaner? Wie sehen Amerikaner Deutsche? Vervollständigen Sie die folgenden Sätze.

1. Deutsche finden Studenten in Amerika _____.
   Amerikaner finden Studenten in Deutschland _____.
2. Deutsche finden den Verkehr in Amerika _____.
   Amerikaner finden den Verkehr in Deutschland _____.
3. Für Deutsche sind amerikanische Frauen _____.
   Für Amerikaner sind deutsche Frauen _____.
4. Deutsche finden amerikanische Autos _____.
   Amerikaner finden deutsche Autos _____.
5. Deutsche meinen, amerikanische Politiker seien _____.
   Amerikaner meinen, deutsche Politiker seien _____.
6. Deutsche glauben, das Familienleben in Amerika sei _____.
   Amerikaner glauben, das Familienleben in Deutschland sei _____.

D. Wo möchten Sie hin? Welches Land wäre für Sie das Ideal? Wählen Sie ein Land: USA, Deutschland, Österreich, die Schweiz. Welche Vorteile und Nachteile könnte es geben, wenn Sie in diesem Land wohnten? Dann entscheiden Sie, ob Sie wirklich in dem Land wohnen wollen. Vergleichen Sie Ihre Meinung mit der anderer Studenten in der Klasse.

E. Gruppenarbeit. Diskutieren Sie in einer Gruppe von vier bis fünf Studenten über die Klischees und Vorurteile, die man in den USA über Bürger aus Deutschland hat. Warum hat man solche Vorurteile? Wie kann man am besten solche Vorurteile beseitigen?

F. Antwortbrief. Schreiben Sie einen Brief an Bekannte in der Schweiz. Versuchen Sie, einige Klischees oder Mißverständnisse über Amerika zu klären.

LESETEXT: Lyrik

Das folgende Gedicht „Reifezeugnis" ist von Reinhardt Jung. Wenn Schüler in Deutschland die Abschlußprüfung am Gymnasium bestehen, bekommen sie ein Abiturzeugnis. Ein altmodischer Ausdruck für Abitur ist „Reifeprüfung". Man ist nach dieser Prüfung „reif" für die Universität. In Österreich wird das Wort „die Matura" (lateinisch „die Reife," in der Schweiz „die Maturität") für das Abitur benutzt.

„Reifezeugnis"

Ich wollte	Ich wollte	Ich wollte	Ich wollte
Nähe	lernen	einen Beruf	Hoffnung
und bekam	und bekam	und bekam	und bekam
die Flasche	Zeugnisse	einen Job	Angst
Ich wollte	Ich wollte	Ich wollte	Ich wollte
Eltern	denken	Glück	ändern
und bekam	und bekam	und bekam	und erhielt
Spielzeug	Wissen	Geld	Mitleid
Ich wollte	Ich wollte	Ich wollte	Ich wollte
reden	einen Überblick	Freiheit	leben . . .
und bekam	und bekam	und bekam	
ein Buch	einen Einblick	ein Auto	
	Ich wollte	Ich wollte	
	frei sein	einen Sinn	
	und bekam	und bekam	
	Disziplin	eine Karriere	
	Ich wollte		
	Liebe		
	und bekam		
	Moral		

(Zeilennummern: 5, 10, 15, 20)

Nach dem Lesen

A.   Gegensätze. Die Struktur des Gedichts ist sehr einfach. Schreiben Sie die Begriffe, die der Dichter immer wieder im selben Satz gegenüberstellt, in zwei Spalten zusammen.

BEGRIFF	GEGENBEGRIFF
Nähe	Flasche
Eltern	Spielzeug
. . .	

B. Fragen zum Gedicht.

1. Wie finden Sie die Gegensatzpaare? Würden Sie selbst etwas anderes wählen? Was an welcher Stelle?
2. Welcher Konflikt kommt in diesen Begriffen und Gegenbegriffen zum Ausdruck?
3. Für den Begriff am Schluß fehlt der Gegenbegriff. Was würden Sie hier ergänzen?
4. Warum schreibt der Autor „Reifezeugnis" statt „Abiturzeugnis"? Tip: Im *Duden-Bedeutungswörterbuch* finden Sie für das Adjektiv „reif" folgende Bedeutungen:
   a. im Wachstum voll entwickelt und für die Ernte geeignet: reifes Obst, Getreide.
   b. (1) durch Lebenserfahrung geprägt, innerlich gefestigt: ein reifer Mann. (2) durchdacht, hohen Ansprüchen genügend: eine reife Arbeit, reife Leistungen, reife Gedanken.

Interpretieren Sie den Titel des Gedichts.

SPRECHAKTE

reklamieren: Das stimmt aber nicht!

VERKÄUFER: Gut, das macht dann DM 4,70.

KUNDIN: (*bezahlt*) Bitte sehr.

VERKÄUFER: Und DM 15,30 zurück.

KUNDIN: Moment! Ich hab' Ihnen doch 50 Mark gegeben!

VERKÄUFER: 50 Mark! Nein, das kann nicht sein. Das waren doch nur 20 Mark.

KUNDIN: Nein, es waren 50 Mark, ich weiß es genau. Schauen Sie doch mal nach!

VERKÄUFER: (*schaut in die Kasse*) Also, ich bin mir jetzt selbst nicht mehr sicher. Aber wenn Sie's sagen, dann wird es schon stimmen. Hier sind noch 30 Mark. Entschuldigen Sie vielmals.

KUNDIN: Bitte! Auf Wiedersehn!

Variationen

Spielen Sie!

1. Sie sind im Restaurant und bezahlen Ihr Essen. Es kostet 22,60 DM. Sie geben dem Kellner einen 50-Mark-Schein und sagen 23 Mark. Der Kellner gibt Ihnen 26 DM zurück.
2. Sie haben sich in einem Kaufhaus eine Hose gekauft und wollen sie bezahlen. Die Hose kostet 42,50. Sie geben dem Verkäufer / der Verkäuferin einen 100-Mark-Schein und bekommen 48,50 zurück.

Und jetzt zu Ihnen!

1

A: Sie haben sich für DM 80,- ein neues Paar Schuhe gekauft. Als Sie zu Hause ankommen, merken Sie, daß die Schuhe ganz schrecklich drücken. Außerdem gefallen sie Ihnen nicht mehr. Bringen Sie die Schuhe zurück und verlangen Sie Ihr Geld zurück.

B: Sie arbeiten in einem schicken italienischen Schuhgeschäft. Was verkauft wurde, wird bei Ihnen prinzipiell nicht zurückgenommen. Es sei dem, die Schuhe weisen Mängel auf. Dann tauschen Sie sie natürlich um, geben aber auch hier keinesfalls das Geld zurück. Verkauft ist verkauft.

2

A: Sie haben gerade im Lebensmittelgeschäft einen Liter Milch gekauft. Als Sie nach Hause kommen und die Milch öffnen, müssen Sie feststellen, daß die Milch sauer schmeckt. Bringen Sie die Milch zurück und verlangen Sie Ihr Geld zurück.

B: Sie sind Verkäufer/Verkäuferin in einem Lebensmittelgeschäft. Jemand möchte die Buttermilch, die er/sie gerade gekauft hat, zurückgeben, weil sie sauer ist. Buttermilch ist immer sauer! Sie sehen nicht ein, warum Sie die Milch zurücknehmen sollen.

WORTSCHATZ

Beruf (m.); Berufsausbildung (f.)   *occupation, profession; (professional) training*

Welchen Beruf möchten Sie einmal ausüben? Werden Sie selbständig sein oder für jemanden arbeiten?

Wählen Sie einen Beruf wegen der Freizeit oder des Urlaubs, die bzw. den Sie dabei haben? Wegen der Länge der Berufsausbildung? Wegen der Höhe des Gehalts?

Das wissen Sie schon:

der Arbeitsplatz, ¨e   das Gehalt, ¨er
die Berufsschule, -n   der Lohn, ¨e
die Freizeit   der Streik, -s
der Gastarbeiter, - / die Gastarbeiterin, -nen

gefährlich

Das ist neu:

das Arbeitsamt, ¨er   employment office   die Kündigung, -en   notice; termination
das Arbeitsverhältnis, -se   employment   die Lehre, -n   apprenticeship
die Ausbildung, -en   training   der Lehrling, -e   apprentice
die Fortbildung, -en   continuing/further education   der Meister, -   master (craftsworker); foreman, supervisor
die Gewerkschaft, -en   (labor, trade) union   die Umschulung, -en   retraining; re-education

anstrengend   strenuous; demanding; taxing

jemanden (*Akk.*) **anstellen (angestellt)**   to employ someone
einen Beruf ausüben (ausgeübt)   to have an occupation, follow a profession
sich bewerben um (bewirbt, bewarb, beworben)   to apply for (a job or a position)
jemanden (*Akk.*) **entlassen (entlassen)**   to dismiss, discharge someone

Aktuelles Geschehen (n.)   *current events, happenings*

Kennen Sie das Neueste des Tages? Gibt es unter all den Neuigkeiten auch etwas Gutes zu berichten, oder gibt es nur schlechte Nachrichten?

Aus welchen Quellen* sind Sie normalerweise über das aktuelle Geschehen informiert? Ziehen Sie Zeitungen oder das Fernsehen vor, und warum? Genügt Ihnen die Studentenzeitung, oder wollen Sie besser informiert sein?

Das wissen Sie schon:

die Bombe, -n   der Konflikt, -e   die Lösung, -en   der Protest, -e
die Demonstration, -en   der Kompromiß, -sse   das Problem, -e   der Terrorist, -en
die Konferenz, -en   der Krieg, -e

ernst

etwas **(ver)ändern [(ver)ändert]**   **kämpfen für/gegen (gekämpft)**   **kritisieren (kritisiert)**

---

* *sources*

Das ist neu:

das Attentat, -e assassination
der Ausreiseantrag, ¨e exit application/request
der Aussiedler, - resettler; emigrant
die Bürgerinitiative, -n citizens' initiative, grassroots movement
das Drogenproblem, -e drug problem
die Entführung, -en abduction, kidnapping; hijacking
der Frieden peace
die Friedensbewegung, -en peace movement

die Gefahr, -en danger
die Geisel, -n hostage
die Geiselnahme, -n hostage taking
der Krebs cancer
die Krise, -n crisis
die Lage, -n situation
die Neuigkeit, -en (piece of) news
das Rauchverbot, -e smoking ban

mit jemandem (*Dat.*) verhandeln (verhandelt) to negotiate with someone
Verhandlungen (*f., pl.*) abbrechen (bricht . . . ab, brach . . . ab, abgebrochen) to break off negotiations
mit jemandem (*Dat.*) Verhandlungen (*f., pl.*) führen (geführt) to carry on negotiations with someone

Was gibt's Neues? What's new?

Lebensverhältnisse (n., pl.); Lebensbedingungen (f., pl.) *living conditions*

Was halten Sie vom Verhältnis von arm und reich in den USA und in der Bundesrepublik? Wo gibt es Ihrer Meinung nach größere Kontraste?

Glauben Sie, daß es die Pflicht* des Staates ist, sich um die sozial Schwachen zu kümmern, oder sehen Sie darin eine Pflicht jedes einzelnen? Wie können Studenten dabei helfen?

Das wissen Sie schon:

die Existenz, -en
die Industrie, -n

die soziale Sicherheit
die Steuer, -n

arm
kapitalistisch
reich

sozialistisch
kaufen (gekauft)
verkaufen (verkauft)

Das ist neu:

die Arbeitslosenunterstützung, -en unemployment compensation
die Arbeitslosigkeit unemployment
die Armut poverty
das Einkommen, - income
die Gerechtigkeit justice
die Gesellschaftsordnung, -en social order

die Gleichberechtigung, -en equal rights, equality
der Lebensstandard, -s standard of living
der/die Obdachlose, -n homeless person
die Verhältnisse (*Pl.*) conditions
die Wirtschaft, -sformen economy; industry and commerce
der Wohlstand affluence, prosperity
gerecht just

Politik (f.) *politics*

Was halten Sie von der Vereinigung der beiden deutschen Staaten? Was sind Ihrer Meinung nach die Vorteile, was die Nachteile eines vereinigten Deutschlands?

Was sind Ihrer Meinung nach die größten Gefahren der 90er Jahre?

---

* *duty*

Das wissen Sie schon:

die Bundesrepublik Deutschland
die Deutsche Demokratische
    Republik
die Freiheit
das Kabinett, -e
die Koalition, -en

Liechtenstein
Luxemburg
der Minister, - /
    die Ministerin, -nen
die Opposition, -en
Österreich

die Partei, -en
das Referendum, Referenden *oder*
    Referenda
die Richtung, -en
die Schweiz
der Staat, -en

konservativ   liberal   links   rechts

gewinnen (gewinnt, gewann, gewonnen)   verlieren (verliert, verlor, verloren)

Das ist neu:

das Abkommen, -   agreement
die Abrüstung   disarmament
die Abstimmung, -en   vote; ballot; voting
die Atomwaffen (*Pl.*)   atomic weapons
der Bereich, -e   area; sphere; field; sector
der Bundeskanzler, -   (Federal) Chancellor
die Christlich-Demokratische Union (CDU)   Christian Democratic Union
    (*conservative political party: Germany*)
die Christlich-Soziale Union (CSU)   Christian Socialist Union (*Bavarian wing of CDU*)
die Demokratie, -n   democracy
die Diktatur, -en   dictatorship
die Entwicklung, -en   development
die Freie Demokratische Partei (FDP)   Free Democratic Party (*liberal political party: Germany*)
das Gesetz, -e   law; bill; act
der Gesetzgeber, -   legislature, legislative body
die Grünen (*Pl.*)   the Greens (*environmentalist political party*)
der Kanton, -e   canton (Switzerland)
das Mißverständnis, -se   misunderstanding
die Österreichische Volkspartei (ÖVP)   Austrian People's Party (*conservative*)
der Politiker, - / die Politikerin, -nen   politician
die Republikaner (*Pl.*)   Republicans (*ultra right political party: Germany*)
Sozialdemokratische Partei Deutschlands (SPD)   Social Democratic Party
die Sozialistische Einheitspartei Deutschlands (SED)   Party of Socialist Unity
    (*former GDR; renamed PDS in 1990*)
die Sozialistische Partei Österreichs   Austrian Socialist Party
der Staatsbürger, - / die Staatsbürgerin, -nen   citizen
der Verband, -̈e   association
die Verfassung, -en   constitution
der Vertreter, - / die Vertreterin, -nen   representative; advocate
das Vorurteil, -e   prejudice
die Wahl, -en   election; choice
die (Wieder)Vereinigung   (re)unification

Sprechakte

Was halten Sie von der Gleichberechtigung der Frau?   What do you think of equal
    rights for women?
Bleiben wir beim Thema!   Let's stick to / not change the subject!
Jetzt bin ich mir selbst nicht mehr sicher.   I'm no longer sure myself.
Das kann ich einfach nicht zurücknehmen/umtauschen.   I simply can't take that
    back / exchange it.
Sie haben mir zehn Mark zu wenig zurückgegeben.   You've shorted me ten marks!

STRUKTUREN

6.1 SATZKONNEKTOREN 2: Kausale Konjunktoren und Subjunktoren, Präpositionen und Adverbien
Describing Cause-and-Effect Relationships

The connections between sentences and clauses may be of various kinds: some establish temporal relationships, others refer to causal relationships, and so on. Such relationships between sentences or clauses are usually expressed by conjunctions, prepositions, and adverbs. Compare the following sentences, all of which express essentially the same cause-effect relationship.

Konjunktion	**Weil** es kalt ist, fahre ich mit dem Auto.
	Because it's cold, I'll take the car.
Präposition	**Wegen** der Kälte fahre ich mit dem Auto.
	Because of the cold weather I'll take the car.
Adverb	Es ist kalt; **deshalb** fahre ich mit dem Auto.
	It is cold; therefore I'll take the car.

A. Konjunktoren und Subjunktoren   *(Coordinating and Subordinating Conjunctions)*

Denn is the only coordinating conjunction **(Konjunktor)** that expresses cause. As a coordinating conjunction, **denn** combines two main clauses and does not influence the word order of either clause. Note that in the cause-effect relationship, the **denn-**clause (which expresses the cause) follows the clause that expresses the effect.

Das ist ein falsches Bild von der heutigen Jugend, **denn** sie hat Hoffnungen und Illusionen.	*This is a false picture of today's youth, because (since) they have hopes and illusions.*

The two most important subordinating conjunctions **(Subjunktoren)** that express cause-effect relationships are **weil** and **da. Weil** is most often used in spoken conversation, and **da** is more often used in writing. It happens that **weil-**clauses often follow main clauses, whereas **da-**clauses more often precede them.

Viele Jugendliche sind passiv und engagieren sich nicht, **weil** sie sich von der Gesellschaft unterdrückt fühlen.	*Many young people are passive and don't commit themselves, because they feel suppressed by society.*
Da man sowieso nichts ändern kann, hält man lieber den Mund.	*Since people can't change anything anyway they prefer to keep their mouths shut.*

Weil-clauses may stand alone in direct response to *why*-questions (primarily in spoken conversation). Neither **denn** nor **da** can be used in such a way.

Warum hast du den Mantel nicht gekauft?   —**Weil** er mir zu teuer war.

B. Präpositionen

The most common preposition used to express causal relationships is **wegen** (*because of*). **Wegen** usually occurs with the genitive case*

Die Zukunft der Welt ist **wegen der Umweltzerstörung und des Wettrüstens** in Gefahr.	*The future of the earth is in danger because of the destruction of the environment and because of the arms race.*

Pronouns with **wegen** occur either in the dative case or when the construction *possessive pronoun* + **-etwegen** is used: **meinetwegen, ihretwegen,** and so on.

Ich hoffe, du hast das nicht wegen **mir (meinetwegen)** gemacht.	*I hope you didn't do this because of me.*
Meinetwegen (Wegen mir) kann die ganze Welt vor die Hunde gehen.	*As far as I'm concerned the whole world can go to the dogs.*

Note that when the reason for something is psychological, the preposition **aus** + *dative* is often used to express cause.

Warum hat er das nur getan? —Wahrscheinlich **aus lauter Langweile.**	*Why did he do that? —Probably out of (because of) utter boredom.*

C. Adverbien

A number of adverbs introduce the effect in a cause-effect relationship. The most common adverbs of effect are the following:

also	*thus, so, accordingly*
daher	*therefore, for that reason*
darum	*therefore, for that reason*
deshalb	*therefore, for that reason*
deswegen	*therefore, for that reason*
folglich	*consequently, therefore*

---

* In spoken conversation, **wegen** is used more and more with the dative case, particularly in Southern Germany, Austria, and Switzerland.

Ein Mensch allein kann kaum etwas ändern. **Deshalb** finde ich es wichtig, daß man sich in Bürgerinitiativen zusammenschließt.	*One person alone can hardly make a change. Therefore (for that reason) I find it important that people get together in grassroots movements.*
Er war sehr spät aufgewacht. **Also** trank er nur schnell eine Tasse Kaffee und verließ sofort das Haus.	*He had woken up very late. So (therefore) he just quickly drank a cup of coffee and left the house at once.*

These adverbs may begin sentences, in first position, with the conjugated verb second. Or they may occur in the middle field. Then they follow subject and object pronouns and precede almost everything else.

Das Radio, das er sich gekauft hatte, funktionierte schon nach 2 Stunden nicht mehr. **Deswegen** brachte er es am nächsten Tag zum Umtausch zurück. (*oder*) Am nächsten Tag brachte er es **deswegen** zum Umtausch zurück.	*The radio he had bought broke down after only two hours. Therefore he returned it the next day and got a new one.*

6.2 SCHWACHE MASKULINA
Masculine Nouns with the Ending -(e)n

One group of masculine nouns has **-(e)n** in all cases except the nominative singular.

	SINGULAR	PLURAL
Nom.	der Mensch	die Menschen
Akk.	den Menschen	die Menschen
Dat.	dem Menschen	den Menschen
Gen.	des Menschen	der Menschen

These nouns are often called *weak masculine nouns,* and they can be divided into the following groups:

1. *Masculine nouns of foreign origin ending in **-t, -urg,** and so on.* Almost all these nouns denote male professionals: **der Chirurg** (*surgeon*), **Journalist, Patient, Polizist, Praktikant** (*lab assistant*), **Präsident, Soldat, Student, Tourist, Automat** (*machine*).
2. *Masculine nouns of nationality ending in **-e:** **der Franzose, Grieche, Ire, Pole.**
3. *Masculine nouns ending in **-e:*** **der Kollege, Kunde** (*customer*), **Zeuge** (*witness*), **Junge, Neffe, Gedanke** (*thought*), **Name.**

---

* Adjectives used as masculine nouns, such as **der Alte, der Angestellte,** and so on do not belong in this group. For further information see **Strukturen 7.4.**

4. *The four masculine nouns and the one neuter noun:* **der Bauer, Herr, Mensch, Nachbar; das Herz.**

The nouns **der Gedanke, der Name, das Herz** take **-ens** in the genitive: **des Gedankens.**

6.3 INDIREKTE REDE 1: Konjunktiv I
Expressing Indirectly What Someone Says

A. Verwendung

In direct speech, a speaker reports what another person has said by quoting the other person's exact words. In indirect or reported speech, a speaker repeats what someone has said in an indirect way, by changing, for example, the **ich-**form to a third person form. In indirect speech, there are no quotation marks.

> *Direkt:*   Monika sagt: „Ich habe davon nichts gewußt."
> *Indirekt:*   Monika sagt, **sie** habe davon nichts gewußt.

Indirect-speech clauses may also be introduced by **daß** (conjunction); the conjugated verb goes at the end of the clause.

> Er versicherte mir, **daß** er den   *He assured me that he had already*
>   Brief schon abgeschickt **habe.**   *mailed the letter.*

When a question is reported, **ob** (conjunction) is used for sentence questions (yes/no-questions), and a question word is used for word questions.

> Sie fragte mich, **ob** ich ihr das   *She asked me if I could give her the*
>   Buch geben könne.   *book.*
> Als Thomas fragte, **wo** sie wohne,   *When Thomas asked where she lived*
>   antwortete sie, nirgendwo.   *she said nowhere.*

Note that in indirect speech Subjunctive I (**Konjunktiv I**) is used.*

B. Form

Subjunctive I (**Konjunktiv I**) verb forms do not exist for every pronoun/person. However, the third person singular forms that are used most often in reported speech are available for all verbs. The subjunctive I verb forms are derived from the infinitive stem.

---

* In casual conversations, however, the subjunctive is used less and less frequently and is being replaced by the indicative, the regular form.

	helfen	*müssen*	*sein*	*haben*
ich	—	müsse	sei	—
du	(helfest)*	(müssest)	seist	(habest)
er/sie/es	helfe	müsse	sei	habe
wir	—	—	seien	—
ihr	—	—	(seiet)	—
sie/Sie	—	—	seien	—

1. The **er/sie/es**-form is available for all verbs. To form it, use the infinitive stem and add **-e.**
2. The modal verbs and **wissen** also have the **ich**-form, which is identical to the **er/sie/es**-form.
3. Only the verb **sein** has all forms.

Subjunctive II forms are used when no subjunctive I form is available.

Er sagte, ich **müsse (I)** mich beeilen. Er **helfe (I)** mir gern, aber er **habe (I)** nicht viel Zeit. Ich sagte, auch ich **hätte (II)** wenig Zeit, und wir **sollten (II)** doch gleich anfangen.	*He said I had to hurry up. He would like to help me, but he didn't have much time. I said, I also did not have much time, and we should start right away.*

6.4 PRÄPOSITION + PRONOMEN/PRONOMINALADVERB
Referring Back to Someone or Something Known, After a Preposition

A. Verwendung

German has several ways to refer to known people, objects, or notions in a prepositional phrase.

Wo ist Heike? —Weiß ich nicht, ich warte hier schon 15 Minuten **auf sie.**
Kommt sie denn bald? —Keine Ahnung, **auf die** kann man sich einfach nicht verlassen.
Vielleicht ist sie ja krank? —Wie kommst du denn **darauf?**

1. When the reference is to an animate being (human or animal), a personal pronoun is used.

Kennst du Frau Kraus? —Nein, aber ich habe **von ihr** gehört.

---

* The forms given in parentheses are extremely rare.

In casual speech or to emphasize the pronoun, the definite article (used as a demonstrative pronoun) is often used.

> **Also, ich würde Dieter ja nicht trauen. Von dem kann man nichts Gutes erwarten.**

2. When the reference is to an inanimate object, a **da**-compound is always acceptable. In addition, the following general rules apply:

- When the preposition **mit** describes a tool used to accomplish something, use either the definite article or a **da**-compound.

  > **Gib mir mal den Hammer. Vielleicht geht es mit dem besser.**
  > **Fährst du oft mit dem Fahrrad? —Nein, ich fahre sehr selten damit.**

- To refer to a masculine or a feminine noun, the definite article is often used in speech. In formal written style, however, a **da**-compound is preferred.

  > **Siehst du die Brücke da? Über die (Darüber) müssen wir gehen. Und dann kommt ein kleiner Wald. Durch den (Dadurch) müssen wir auch noch.**

- To refer to a neuter noun, always use a **da**-compound.

  > **Dann endlich kommen wir zu einem kleinen Haus. Und dahinter liegt der Schatz.**

3. To refer to an abstract notion or to a clause, always use a **da**-compound.

Ich sehe das Elend der Leute und die Konflikte, die sich daraus ergeben.	*I see the misery of the people and the conflicts that are a result of it.*
Manchmal scheint es fast so, als seien sie Fremde in unserer Gesellschaft. Ausbildungs- und Berufsnot mögen dabei eine große Rolle spielen, aber ich meine, es muß auch noch andere Gründe dafür geben.	*Sometimes it almost seems as if they were strangers in our society. Educational need and need of jobs may play a big role in that, but I believe there must be other reasons for it as well.*

B. Form des Pronominaladverbs (*da*-Kompositums) *(Adverbial Use of da-Compounds)*

Da-compounds consist of **da-** or **dar-** before a preposition; **da-** in front of prepositions that start with a consonant and **dar-** in front of prepositions that start with a vowel.

> da + mit → **da**mit   *with that*
> *da + an* → **dar**an   *on that*

Not all prepositions can be combined with **da(r)-.** Here is a list of those that can be combined, according to case.

Akk.	dadurch, dafür, dagegen, darum
Dat.	daraus, dabei, damit, danach, davon, dazu
Akk./Dat.	daran, darauf, dahinter, darin, daneben, darüber, darunter, davor, dazwischen

Aber **daneben** spielt natürlich auch eine irrationale Angst mit, die tiefer geht.	*But in addition an irrational fear that goes deeper plays a part.*

6.5 RELATIVSÄTZE 2: Relative Frageelemente *was, wo, wer*
Describing Concepts, Places, and People with More Detail

Relative clauses add detail or further specify a being, a thing, or a concept. They normally follow the noun or the pronoun they refer to and are introduced by a relative pronoun. In a relative clause, the conjugated verb falls at the end of the clause.

Es gibt viele objektive **Erscheinungen, die** uns angst machen **können,** wenn wir in die Zukunft blicken.	*There are many objective phenomena that can frighten us when we look into the future.*

The relative pronoun **was** or a **wo**-compound is used under the following circumstances:

1. To refer to indefinite pronouns—**nichts, weniges, etwas, einiges, vieles, alles**—and the demonstrative pronoun **das**

Ich fand **das** sehr eindrucksvoll, **was** die Jugendlichen hier gesagt haben.	*I found what the young people said very impressive.*
Es gibt **vieles, wovon** ich keine Ahnung habe.	*There are many things I don't know anything about.*

2. To refer to an adjective in its positive or superlative form used as a noun.

Das war **das Schlimmste, was** mir je passiert ist.	*That was the worst thing that ever happened to me.*

3. To refer to a whole clause (rather than a single word phrase)

Er wollte dann gar nicht mehr zurück nach Spanien, **was** man ja auch verstehen kann.	*Then he didn't want to go back to Spain, which is understandable enough.*

The relative pronoun **wo** is used when the relative clause adds information about a place.

> Endlich erreichten sie **die Stelle,** **wo** er den Tiger gesehen hatte.
>
> *They finally reached the place where he had seen the tiger.*

The relative pronouns **wer, wen, wem,** and **was** are used to refer *forward* to a person, a thing, or a concept, with **der, den, dem,** or **das** introducing the main clause.

> **Wer** einmal lügt, **dem** glaubt man nicht, und wenn er auch die Wahrheit spricht. (Sprichwort)
>
> *Don't cry wolf! Whoever (someone who) lies once is not believed even when he/she speaks the truth. (proverb)*

Such constructions are common in proverbs, sayings, and in statements of generalizations (*whoever, whatever*). Note that the main clause, introduced by a demonstrative pronoun and followed by the conjugated verb, follows the relative clause.

> RELATIVE CLAUSE   MAIN CLAUSE
>
> Was man nicht hat, das kann man auch nicht ausgeben.
> *What you don't have, you can't spend.*

6.6 GENUS

Anticipating the Gender of Nouns

The gender of nouns in German is not quite as arbitrary as it sometimes seems. Although there are few hard and fast rules, the gender of many nouns that belong to a particular semantic group or that share a particular suffix or ending can be predicted.

A. Menschen (*Human Beings*)

The gender of nouns that denote human beings almost always coincides with the natural gender.

> der Mann, Sohn, Bruder, Neffe, Lehrer, Student usw.
> die Frau, Tochter, Schwester, Nichte, Lehrerin, Studentin usw.

B. Tiere (*Animals*)

The gender of animals that are important to human beings for food or work often coincides with their natural gender.

> der Stier (*bull*), Hahn (*rooster*), Eber (*boar*), Hengst (*stallion*)
> die Kuh (*cow*), Henne (*hen*), Sau (*sow*), Stute (*mare*)

Baby animals are often neuter.

> das Fohlen (*colt*), Kalb (*calf*), Lamm (*lamb*), Küken (*chick*)

C. Konkrete Sachen und abstrakte Ideen   (*Concrete Things and Abstract Notions*)

1. Masculine are:

   - seasons, months, days, and parts of the day

     der Frühling, Monat, Januar, Tag, Montag, Morgen usw.

   - points of the compass, winds, and weather

     der Norden, Taifun, Sturm, Hagel, Regen, Schnee, Nebel usw.

   - earth and stone

     der Stein, Fels, Granit, Basalt, Sand, Humus usw.

2. Feminine are:

   - trees and flowers

     die Eiche, Fichte, Palme, Blume, Rose, Narzisse, Tulpe usw.

3. Neuter are:

   - metals, chemical elements, and medicine

     das Gold, Silber, Eisen, Uran, Helium, Aspirin, Chinin usw.

   - collective nouns with the prefix **Ge-**

     das Gebirge, Gebäude, Gewässer, Gewitter, Gewürz usw.

D. Endungen und Nachsilben   (*Endings and Suffixes*)

1. Masculine are nouns ending in **-ich** [**Teppich** (*carpet*), **Rettich** (*radish*)], **-ig** (**Honig, Pfennig**), **-ling** [**Schmetterling** (*butterfly*), **Zwilling** (*twin*)], **-s** [**Schwips** (*inebriation*), **Schnaps**], **-ismus** (**Idealismus, Kommunismus**), and **-or** (**Motor, Katalysator**).
2. Feminine are nouns ending in **-ei** (**Bücherei, Metzgerei**), **-in*** (**Löwin, Freundin**), **-heit** (**Kindheit, Krankheit**), **-keit** (**Höflichkeit, Flüssigkeit**), **-schaft** [**Freundschaft, Eigenschaft** (*characteristic*)], **-ung** [**Nahrung** (*food*), **Achtung** (*attention*)], **-anz** (**Distanz, Eleganz**), **-enz** (**Tendenz, Frequenz**), **-ik** (**Musik, Politik**), **-ion** (**Nation, Explosion**), **-tät** (**Qualität, Universität**), and **-ur** (**Natur, Temperatur**).
3. Neuter are nouns ending in **-chen** (**Mädchen, Wäldchen**), **-lein** (**Büchlein, Glöcklein**), **-(t)el** [**Rätsel** (*puzzle*), **Viertel** (*quarter*)], **-in** (**Benzin, Nikotin**), **-(i)um** (**Aquarium, Datum**), **-ma** (**Thema, Klima**), and **-ment** (**Instrument, Experiment**).

---

* When **-in** refers to female beings (human or animal).

Zwischen zwei Welten

Thema III befaßt sich mit Menschen, die in oder zwischen zwei Welten leben. Kapitel 7 beschäftigt sich mit Einwanderern aus ärmeren Ländern und ihren Problemen. Kapitel 8 beleuchtet das besondere Verhältnis der deutschsprachigen Welt zu den USA. Kapitel 9 schließlich wirft einen amüsierten Blick darauf, wie die Deutschen von anderen Völkern gesehen werden.

7

Heimat in der Fremde

Türkische Mütter mit ihren Kindern auf einem Spielplatz in Basel. In der Schweiz gibt es wie auch in Deutschland viele ausländische Arbeitnehmer.

Texte

„Deutsche Kastanien"   Yüksel Pazarkaya

„Immer in Abstimmung"   aus *Geo Spezial*, „Schweiz"

Sprechakte

um Erlaubnis bitten / erlauben / Erlaubnis verweigern	Asking for, giving, and denying permission
um Rat bitten / raten / Ratlosigkeit ausdrücken	Asking for, giving, and declining advice; Expressing helplessness

Wortschatz

Reisen und Urlaub	Travel and vacation
Topographie; Landschaft	Topography; landscape/ scenery
Im Ausland leben	Living abroad
Zur Interpretation	Interpreting texts

Strukturen

Satzkonnektoren 3: Temporale Subjunktoren, Präpositionen, Adverbien	Telling what happened when
Possessive Adjektive und Pronomen	Whose is it? Yours or mine?
Numerus	Anticipating the forms of plural nouns
Adjektive 2: Substantivierte Adjektive	Adjectives used as nouns: The good, the bad, the ugly
Abtönungspartikel 3: *halt/eben*	Expressing emphasis, explanation, impatience

Euro-Portrait: Norbert El

EG magazin

POLITIK
WIRTSCHAFT
KULTUR

Heft Nr. 10 Oktober 1987

Preis DM 5,–

Vorreiter – EG-USA: Prote
tionismus in Reinkultur?

AUSLÄNDER RAUS ?

Ausländer raus?
keine spaghetti carbonara
kein entrecôte filet.
keine paella mallorca.
kein guo-lao-jö.
keine souvlakia.
kein döner kebab.
keine pljeskavica djuvec.
kein nasi goreng. SCHADE
keine doppel-whopper.
keine ss20. BRAVO!

Ausländer raus?
kein amaretto.
kein cote du rhône.
keine sangria.
kein sake.
kein griechischer wein.
kein türkischer mokka.
kein es kelap.
kein slivowitz. SCHADE
kein cola-coca.
keine cruise missiles.

Ausländer raus?
keine italienerinnen.
keine franzosen.
keine schwedinnen.
keine brasilianer.
kaine eskimos.
keine jamaicaner.
keine chinesinnen.
keine indonesier.
keine margaret thatchers.
keine ronald reaguns

Ausländer raus?
kein italienisches Lokal.
kein französches Lokal.
kein spanisches Lokal.
kein griechisches Lokal.
kein chinesisches Lokal.
kein jugoslawisches Lokal.
kein türkisches Lokal.
kein negerlokal.
keine mc wimpys.
kein CIA. HASN GLÜCK!

Ausländer raus?
kein gelber togo.
kein blauer marokko.
kein roter libanese.
kein grüner türke.
kein schwarzer afghan.
keine thai-sticks.
kein mulumbimby madness.
keinkersia-gras. SCHADE!
kein amerikanisches h.
keine bombe. NA ENDLICH!

Heinz-Oskar Vetter im Gespräch:

DER FREMDE IST EIN BRUDER

Dänemark:

* Belgien
rei-Klassen-Gesellschaft

Die USA sind eines der traditionellen Einwanderer-länder der Welt. Welche Gründe haben Menschen, ihr Heimatland zu verlassen, und welche Probleme erwarten sie im fremden Land? Stellen Sie zwei Listen zusammen.

GRÜNDE

_____

_____

_____

_____

PROBLEME

_____

_____

_____

_____

LESETEXT: Du bist kein Deutscher . . . . .

Die folgende Kurzgeschichte ist von Yüksel Pazarkaya, einem türkischen Schriftsteller, der in der Bundesrepublik lebt. Die Geschichte ist in „Heimat in der Fremde", einem zweisprachigen Sammelband,[1] auf Deutsch und auf Türkisch abgedruckt.

---

[1] *collection*

> »Das Land, das die Fremden nicht beschützt, geht bald unter.«
>
> **Goethe**

Ausländer sind Mitbürger

Arbeiterwohlfahrt
Deutscher Caritasverband
Deutscher Gewerkschaftsbund
Diakonisches Werk

DGB

Vor dem Lesen

A.   Was meinen Sie? Fragen zum Thema.

1.   Warum ist das Buch „Heimat in der Fremde" in zwei Sprachen geschrieben?
2.   Was für Probleme haben Fremdarbeiter in den USA? Was wissen Sie über ausländische Arbeitnehmer oder „Gastarbeiter" in der Bundesrepublik? Welche Probleme könnten sie haben?

B.   Notizen zur Handlung.[1] Der Text ist zwar lang, aber das Vokabular einfach, denn es wird aus der Perspektive eines Kindes erzählt. Viele Kognate und Komposita können Sie erraten oder erschließen. Lesen Sie den Text zweimal ganz durch und machen Sie sich Notizen zur Handlung der Kurzgeschichte.

---

[1] *plot*

Deutsche Kastanien°

Yüksel Pazarkaya

chestnuts

"**D**u bist kein Deutscher!" sagte Stefan zu Ender in der Pause auf dem Schulhof. Weshalb nur wollte er heute mit Ender nicht Fangen spielen? Um eben einen Grund dafür zu nennen, sagte er einfach: „Du bist doch kein Deutscher." Ender war verdutzt und betroffen. Stefan war sein liebster Klassenkamerad, sein bester Spielfreund.

5 „Wieso?" konnte er nur fragen.

Stefan verstand ihn nicht. Was heißt da „wieso"? Oder hält sich Ender wohl für einen Deutschen? „Du bist eben kein Deutscher", sagte er. „Du bist kein Deutscher wie ich."

Enders schöne dunkle Augen wurden traurig. Sein Inneres sträubte sich, als hätte er
10 sich etwas zuschulden kommen lassen. In seinem Herzen zerbrach etwas. Er schwieg. Er ließ den Kopf hängen. Er ging weg. An diesem Tag sprach er mit Stefan kein Wort mehr. Dem Unterricht konnte er nicht folgen. Dem Lehrer konnte er nicht zuhören. Sein Kopf wurde immer schwerer.

Auch im letzten Herbst war es ihm einmal so ergangen. In dem Wohnviertel gibt es
15 einen hübschen kleinen Park, voll Blumen und Bäume. Im Herbst ist er am schönsten. Dann ziehen die Kastanien alle Kinder in der Umgebung an. Die Kinder werfen die Kastanien mit Steinen herunter. Wer viel sammelt, verkauft sie an den Zoo als Futter für die Elefanten und Kamele. Andere bringen sie in die Schule mit. Man kann sie nämlich im Mathematikunterricht brauchen. Und die kleinen, die noch nicht zur Schule gehen,
20 spielen mit den Kastanien wie mit Murmeln.

Der Lehrer sagte: „Jedes Kind bringt zehn Stück mit." Sie sind 34 Kinder in der Klasse. Wenn jedes Kind zehn Kastanien mitbringt, macht es genau 340 Stück. Und damit lassen sich ganz gut Mengenlehre° und die vier Rechenarten üben.

set theory

Am Nachmittag ging Ender in den Park. Zwei Kinder warfen mit Steinen nach den
25 Kastanien. Sie waren zwar keine Freunde von ihm, aber er kannte sie. Er sah sie öfters in diesem Wohnviertel.

Ender näherte sich ihnen. Er bückte sich nach einer Kastanie, die auf dem Boden lag. Eines von den beiden Kindern sagte zu ihm: „Finger weg!" —„Ich will auch Kastanien sammeln", sagte Ender. Das zweite Kind rief: „Du darfst sie nicht sammeln,
30 das sind deutsche Kastanien." Ender verstand nichts. Das erste Kind fügte hinzu: „Du bist kein Deutscher." Dann sagte das andere: „Du bist Ausländer." Sie stellten sich herausfordernd vor Ender hin. Er verharrte gebückt und mit ausgestreckter Hand. Wenn er sich noch ein bißchen bückte, könnte er die Kastanie fassen. Doch er konnte sie nicht erreichen. Den Kopf nach oben, den Kindern zugewandt, erstarrte er eine Weile in
35 gebückter Haltung. Dann richtete er sich auf. Natürlich ohne Kastanie. Verstummt. Er wollte zwar sagen: „Der Park gehört allen, jeder kann Kastanien sammeln", doch er brachte kein Wort heraus. Dafür waren die anderen um so lauter: „Du bist Ausländer. Das sind deutsche Kastanien. Wenn du sie anfaßt, kannst du was erleben", wollten sie ihm Angst einjagen.

40 Ender war völlig durcheinander. „Soll ich mit denen kämpfen?" schoß es ihm durch den Kopf. Dann sah er mal den einen, mal den anderen an. „Gegen zwei zu kämpfen ist

unklug", dachte er. Er rannte fort, ohne die beiden noch einmal anzusehen.

Als er an jenem Tag nach Hause kam, stellte Ender seiner Mutter einige Fragen. Aber seine Mutter ging nicht darauf ein. Sie lenkte ab.

45 Nun war Ender entschlossen, nach dem, was heute zwischen Stefan und ihm passiert war, die Frage endlich zu lösen, die den ganzen Tag wieder in seinem Kopf herumschwirrte. Sobald er den Fuß über die Türschwelle setzte, schleuderte er der Mutter seine Frage ins Gesicht: „Mutti, was bin ich?" Das war eine unerwartete Frage für seine Mutter. Ebenso unerwartet war ihre Antwort: „Du bist Ender."

50 „Ich weiß, ich heiße Ender. Das habe ich nicht gefragt. Aber was bin ich?" blieb Ender hartnäckig.

„Komm erstmal herein. Nimm deinen Ranzen ab, zieh die Schuhe aus", sagte seine Mutter.

„Gut", sagte Ender. „Aber sag du mir auch, was ich bin."

55 Daraufhin dachte Enders Mutter, daß er mit ihr einen Jux° machte oder ihr vielleicht ein Rätsel aufgab. „Du bist ein Schüler", sagte sie.   *joke*

Ender ärgerte sich. „Du nimmst mich auf den Arm", sagte er. „Ich frage dich, was ich bin. Bin ich nun Deutscher oder Türke, was bin ich?"

Hoppla! Solche Fragen gefielen Enders Mutter gar nicht. Denn die Antwort darauf
60 fiel ihr schwer. Was sollte sie da sagen? Im Grunde war das keine schwere Frage. Sie kannte auch die genaue Antwort auf diese Frage. Aber würde Ender sie auch verstehen können? Würde er sie akzeptieren, akzeptieren können? Wenn er sie auch annahm, würde ihm das überhaupt nützen?

Seine Mutter und sein Vater sind Türken. In der Türkei sind sie geboren, aufgewach-
65 sen und in die Schule gegangen. Nach Deutschland sind sie nur gekommen, um zu arbeiten und Geld verdienen zu können. Sie können auch gar nicht gut Deutsch. Wenn sie Deutsch sprechen, muß Ender lachen. Denn sie sprechen oft falsch. Sie können nicht alles richtig sagen.

Bei Ender ist es aber ganz anders. Er ist in Deutschland geboren. Hier ist er in den
70 Kindergarten gegangen. Jetzt geht er in die erste Klasse, in eine deutsche Schule. Deutsche Kinder sind seine Freunde. In seiner Klasse sind auch einige ausländische Kinder. Ender macht aber zwischen ihnen keinen Unterschied, er kann keinen machen, dieser Deutsche, dieser nicht oder so, denn außer einem sprechen sie alle sehr gut Deutsch. Da gibt es nur einen, Alfonso. Alfonso tut Ender etwas leid. Alfonso kann nicht
75 so gut Deutsch sprechen wie die anderen Kinder. Ender denkt, daß Alfonso noch gar nicht sprechen gelernt hat. Die kleinen Kinder können doch auch nicht sprechen: so wie ein großes Baby kommt ihm Alfonso vor.

Ender spricht auch Türkisch, aber nicht so gut wie Deutsch. Wenn er Türkisch spricht, mischt er oft deutsche Wörter hinein. Wie eine Muttersprache hat er Deutsch
80 gelernt. Nicht anders als die deutschen Kinder. Manchmal hat er das Gefühl, daß zwischen ihnen doch ein Unterschied ist, weil deutsche Kinder nicht Türkisch können. Doch wenn in der Klasse der Unterricht oder auf dem Schulhof das Spielen beginnt, vergeht dieses Gefühl wieder ganz schnell. Gerade wenn er mit Stefan spielt, ist es unmöglich, daß ihm ein solches Gefühl kommt.

85 Deshalb war sein Staunen so groß über die Worte Stefans. Und wenn Stefan nie wieder mit ihm spielte? Dann wird er sehr allein sein. Er wird sich langweilen.

Am Abend kam Enders Vater von der Arbeit nach Hause. Noch bevor die Tür sich
90 richtig öffnete, fragte Ender: „Vati, bin ich Türke oder Deutscher?"

Sein Vater war sprachlos.

„Warum fragst du?" sagte er nach kurzem Überlegen.

„Ich möchte es wissen", sagte Ender entschlossen.

„Was würdest du lieber sein, ein Türke oder ein Deutscher?" fragte sein Vater.

95 „Was ist besser?" gab Ender die Frage wieder zurück.

„Beides ist gut, mein Sohn", sagte sein Vater.

„Warum hat dann Stefan heute nicht mit mir gespielt?" So kam Ender mit seinem
Kummer heraus, der ihn den ganzen Tag gequält hatte.

„Warum hat er nicht mit dir gespielt?" fragte sein Vater.

100 „,Du bist kein Deutscher!' hat er gesagt. Was bin ich, Vati?"

„Du bist Türke, mein Sohn, aber du bist in Deutschland geboren", sagte darauf sein
Vater hilflos.

„Aber die Namen der deutschen Kinder sind anders als mein Name."

Sein Vater begann zu stottern. „Dein Name ist ein türkischer Name", sagte er. „Ist
105 Ender kein schöner Name?"

Ender mochte seinen Namen. „Doch! Aber er ist nicht so wie die Namen anderer
Kinder", sagte er.

„Macht nichts, Hauptsache, es ist ein schöner Name!" sagte sein Vater.

„Aber Stefan spielt nicht mehr mit mir."

110 Enders Vater schnürte es den Hals zu. Ihm war, als ob er ersticken müßte. „Sei nicht
traurig", sagte er nach längerem Schweigen zu Ender. „Ich werde morgen mit Stefan
sprechen. Er wird wieder mit dir spielen. Er hat sicher Spaß gemacht."

Ender schwieg.

Nach dem Lesen

A. Wörter im Kontext. Erschließen Sie die Bedeutung dieser Wörter aus
dem Kontext.

1. Ender *bückte* sich nach einer Kastanie, die auf dem Boden lag.
   a. Er wollte die anderen Kinder ärgern.
   b. Er wollte weglaufen.
   c. Er wollte die Kastanie vom Boden aufheben.

2. Die Kinder stellten sich *herausfordernd* vor Ender hin.
   a. Ihre Haltung drückte Freundlichkeit aus.
   b. Sie wollten mit Ender spielen.
   c. Ihre Haltung drückte Provokation aus.

3. Ender wollte zwar sagen: „Der Park gehört allen", aber er *brachte kein Wort heraus.*
   a. Er schrie sehr laut.
   b. Er weinte.
   c. Er konnte kein Wort sagen.

4. „Du bist ein Schüler", sagte Enders Mutter. Ender ärgerte sich. „Du *nimmst mich auf den Arm*", sagte er.
   a. Du machst dir einen Spaß mit mir.
   b. Du bist böse auf mich.
   c. Du hebst mich hoch wie ein Kind.

5. So kam Ender mit seinem *Kummer* heraus, der ihn den ganzen Tag gequält hatte.
   a. das, was er nicht gewöhnt war
   b. das, was ihn unglücklich machte
   c. das, was er tun wollte

B.   Merkmale der Kurzgeschichte. Lesen Sie die folgenden Merkmale der Kurzgeschichte ganz durch und beantworten Sie dann die Fragen.

—Konzentration auf entscheidende[1] Momente oder Phasen im Leben des/der Protagonisten. Oft ändert sich seine/ihre Beziehung[2] zur Umwelt.[3]
—Einzelne Gegenstände,[4] Worte oder Gesten spielen eine wichtige Rolle.
—In scheinbar[5] unwichtigen Situationen entstehen die entscheidenden Konflikte.
—Die Geschichte besteht oft aus einzelnen, scheinbar nicht miteinander verbundenen[6] Teilen.
—Gegenstände werden zu Symbolen.
—Der Anfang ist oft abrupt, der Schluß meist offen.

1. Welche Episoden werden in der Kurzgeschichte dargestellt?
2. Wie sind diese Episoden verbunden?
3. Was ist der „Konflikt" in dieser Kurzgeschichte?
4. Durch welches Ereignis / welche Ereignisse entsteht der Konflikt?
5. Warum ist die Episode auf dem Schulhof ein entscheidender Moment in Enders Leben?
6. Wie verändert sich nach der Episode auf dem Schulhof Enders Leben?
7. Welche Rolle spielen die Kastanien? Warum heißt die Geschichte „Deutsche Kastanien"?
8. Wie finden Sie Ender? Was halten Sie von den deutschen Kindern? Was wäre anders, wenn die deutschen Kinder Türkisch könnten?

---

[1] *crucial*   [2] *relationship*   [3] *surroundings, environment*   [4] *objects*   [5] *seemingly*   [6] *connected*

C.   Schreiben Sie! Inwiefern[1] ist der Anfang der Geschichte abrupt? Schreiben Sie einen weniger abrupten Anfang. Warum läßt der Autor den Schluß offen? Schreiben Sie Möglichkeiten auf, wie es weitergehen könnte.

---

[1] *to what extent*

Aktivitäten

A.   Was würden Sie tun? Stellen Sie sich vor, Sie hätten eine Traumreise für zwei Personen im Lotto gewonnen. Beantworten Sie zuerst die folgenden Fragen. Vergleichen Sie dann Ihre Antworten mit denen eines anderen Studenten / einer anderen Studentin.

1.   Wohin würden Sie reisen? Warum?
2.   Wen würden Sie mitnehmen? Warum?
3.   Was würden Sie als Gepäck mitnehmen?
4.   Wie würden Sie dahin fahren wollen?
5.   Wie lange würden Sie bleiben wollen?
6.   Was würden Sie dort machen?

B.   Interaktion. Beschreiben Sie einem Partner / einer Partnerin diese Landschaft aus einer Reisebroschüre.

C.   Erzählen Sie! Wie war Ihre Traumreise? Beschreiben Sie den Ort. Was haben Sie alles gemacht? Welche Sehenswürdigkeiten haben Sie fotografiert? Was haben Sie alles gekauft? Was war am teuersten? Wen haben Sie kennengelernt? Was haben Sie am meisten vermißt?

SPRECHAKTE

um Erlaubnis bitten / erlauben / Erlaubnis verweigern:
Darf ich, bitte . . . ?

ELISABETH: Mutti, darf ich mit Ernst-Georg am Samstag nach Goslar fahren? Er fährt auch sehr vorsichtig. Darf ich?

MUTTER: Mit Ernst-Georg nach Goslar? Das kommt überhaupt nicht in Frage! Goslar ist viel zu weit weg. Außerdem bist du noch viel zu jung, allein schon so weite Strecken zu fahren.

ELISABETH: Ach, bitte, bitte, bitte. Ich bin doch schon 14. Nie darf ich was. Bitte!

MUTTER: Nein habe ich gesagt. Jetzt hör auf damit.

Variationen

A. Interaktion. Arbeiten Sie mit einem Partner / einer Partnerin und ergänzen Sie zusammen diesen Dialog.

PROFESSOR ROTH: Der Aufsatz zum Thema „Das Amerikabild Deutschlands" ist heute fällig. Bitte, legen Sie Ihre Aufsätze auf meinen Schreibtisch, wenn Sie das Zimmer verlassen.

KLAUS BECKER: Herr Roth! Es tut mir furchtbar leid, aber mein Aufsatz ist noch nicht fertig.

PROFESSOR ROTH: Warum denn nicht?

KLAUS BECKER: _____

PROFESSOR ROTH: Und was wollen Sie jetzt machen?

KLAUS BECKER: _____

PROFESSOR ROTH: Das geht aber nicht. Wie haben Sie sich das denn vorgestellt?

KLAUS BECKER: _____

PROFESSOR ROTH: _____

KLAUS BECKER: _____

B. Spielen Sie!

1. Sie möchten mit Ihrem Freund / Ihrer Freundin übers Wochenende aufs Land fahren. Sie haben aber keinen Wagen. Fragen Sie Ihren Zimmerkollegen / Ihre Zimmerkollegin, ob Sie seinen/ihren Wagen benutzen können. Sagen Sie, wie wichtig es für Sie ist, und was Sie dafür tun würden.
2. Jemand ist gerade dabei, vor Ihrer Garageneinfahrt zu parken. Sagen Sie dieser Person, ob Ihnen das recht ist, und wenn nicht, geben Sie dafür Gründe an.
3. Ihr Teenager will mit seiner Freundin / ihrem Freund zelten gehen. Erlauben Sie ihm/ihr das nicht und erklären Sie ihm/ihr warum.

LESETEXT: Musterdemokratie Schweiz

Der folgende kurze Text enthält Informationen zur Situation von Fremdarbeitern in der Schweiz. Er ist aus der Sonderausgabe „Schweiz" des Reportagemagazins *Geo*.

Vor dem Lesen

A. Komposita. Welche Nomen stecken in den folgenden Komposita? Wenn Ihnen die Bedeutung dieser Komposita nicht klar ist, schauen Sie im Wörterbuch nach.

die Arbeitskräfte (*Pl.*)	der Gesetzgeber
das Bundesgesetz	die Musterdemokratie
der Bundespräsident	die Volksinitiative

B. **Kognate.** Welche Bedeutung haben diese Kognate?

die Branche   die Initiative
garantieren   das Referendum
der Initiator   reformieren

C. **Vorbereitung.** Wie einen Lexikoneintrag[1] liest man diese Art Text nur,
um sich zu informieren, also extensiv. Wichtig sind Zahlen, Daten und Fakten.
Lesen Sie erst die „Fragen zum Text" (S. 208). Die Fragen sollen Ihnen helfen,
sich auf die wichtige Information zu konzentrieren. Lesen Sie dann den Text.

---

[1] *encyclopedia entry*

„Immer in Abstimmung"°

ballot

Daß in der Schweiz alle Macht vom Volke ausgeht, ist zwar leicht übertrieben—
aber wahr ist immerhin, daß in keiner anderen Demokratie die Bürger so unmittelbar bei
der Gesetzgebung mitmischen können wie eben in der Schweiz. Der Schlüssel zur
Musterdemokratie liegt in dem seit 1848 garantierten und inzwischen mehrfach refor-
5 mierten Recht zur Volksabstimmung. Drei- bis viermal im Jahr werden die Eidgenossen
an die Urnen gerufen,° und damit nicht über jede Marotte abgestimmt werden muß,   *werden. . . an die Urnen gerufen called*
hat der Gesetzgeber Hürden eingebaut: Beim fakultativen Referendum ist jedes Bun-   *on to vote/whim*
desgesetz der Abstimmung vorzulegen, wenn 50 000 Schweizer oder acht Kantone es
wollen; bei der Volksinitiative können die Bürger selbst Gesetze auf den Weg geben,
10 wenn 100 000 Unterschriften für das Ansinnen° gesammelt wurden. Dennoch gab es   *demand*
genügend brisante Wahlgänge.

20. Oktober 1974, ÜBERFREMDUNGSINITIATIVE: Zum drittenmal in sieben Jahren wollte
eine rechtslastige Gruppe, die Nationale Aktion (NA), die vermeintliche Überfremdung
der Schweiz anpacken. Ihre Methode: Von den 1,06 Millionen Ausländern sollten nach
15 drei Jahren 500 000 das Land verlassen haben. Als die Wirtschaft vorrechnete, daß
dann über 350 000 Arbeitskräfte fehlen würden und sich der Bundespräsident gegen
die Initiative stark machte, war die NA gescheitert. Das Ergebnis: 878 891 Ja, 1 691 632
Nein.

5. April 1981, MITENAND-INITIATIVE: Aus kirchlichen Kreisen kam die Initiative, daß
20 Schweizer und Ausländer ja auch „mitenand", miteinander, leben könnten. Vor allem
lagen den Initiatoren die „Saisonniers" am Herzen—Saisonarbeiter, die längstens neun
Monate sich in der Schweiz aufhalten durften und ihre Familien zu Hause lassen
mußten. Daß sie mehr Rechte bekommen sollten, schmeckte freilich den Hoteliers
nicht, die fürchteten, ihre „Saisonniers" würden dann in besser bezahlte Branchen
25 abwandern. Die Initiative wurde abgeschmettert. Das Ergebnis: 252 531 Ja. 1 304 153
Nein.

Öise Vatter im Himel
Hilff, das me zu diim Name Soorg hebt.
Mach, das diis Riich chunt.
Soorg defüür, das diin Wile sich duresetzt,
wien im Himel, soo au uf Eerde.
Gib öis hütt öises Broot, wo mer für
moorn brueched.
Und vergib öis ales, wo mer schuldig sind,
esoo wien au miir dene vergee händ,
won öis öppis schuldig sind.
Und las öis nöd in e Fale graate,
näi, bhüet is vor em Böse.
(Ales, wo grooss und wo starch und wo
herrlich isch, chunt ja vo diir, immer
und eebig! Amen.)
(Züritüütsch)

Nach dem Lesen

A.   Fragen zum Text. Suchen Sie die Information im Text.

1. Wie können die Eidgenossen[1] unmittelbar[2] bei der Gesetzgebung mitmischen[3]?
2. Wie viele Unterschriften sind für eine Volksinitiative notwendig?
3. Welche politische Gruppe wollte das Gesetz gegen Überfremdung?[4]
4. Wann hätten 500 000 von den 1,06 Millionen Ausländern die Schweiz verlassen sollen?
5. Was war das Ergebnis der Abstimmung bei der Überfremdungsinitiative?
6. „Mitenand" ist Schweizerdeutsch. Wie heißt es auf Hochdeutsch?
7. Wie lange dürfen Saisonarbeiter in der Schweiz bleiben?
8. Wer sollte durch die Mitenand-Initiative mehr Rechte bekommen?
9. In welchen Betrieben arbeiten die Saisonarbeiter in der Schweiz hauptsächlich?
10. Die Mitenand-Initiative wurde abgeschmettert.[5] Wie war das Ergebnis?

---

[1] Schweizer   [2] direkt   [3] *participate in*   [4] *foreign preponderance*   [5] *thrown out*

B.   Interpretation von Fakten und Informationen. Ziehen Sie Schlüsse aus den Informationen und Fakten des Textes.

1. Die Schweiz hat 6,4 Millionen Einwohner. Fast 900 000 waren für die Überfremdungsinitiative, ungefähr 1,7 Millionen dagegen. Was sagen diese Zahlen über die Haltung der Schweizer gegenüber Ausländern aus?
2. Was sagt das Ergebnis der Mitenand-Initiative über die Haltung der Schweizer gegenüber ausländischen Arbeitern aus? Interpretieren Sie das Abstimmungsergebnis.
3. Was sagen die Fakten und Informationen über die allgemeine Situation der Fremdarbeiter in der Schweiz aus?

C.   Diskussion. Wie in der Bundesrepublik gibt es auch in der Schweiz verschiedene Meinungen zum Ausländerproblem.

> BEISPIELE: 1. Man muß Ausländer integrieren, „mitenand" leben.
>   2. Die Ausländer sollen in ihre Heimatländer zurückkehren.

Bilden Sie zwei Gruppen und sammeln Sie jeweils Argumente für und gegen die beiden Positionen.

Üse Vatter im Himel!
Mach, dass dy Name heilig ghalte wird.
Mach, dass dys Rych zuen is chunt.
La hie uf Arde dy Wille gscheh, win er im
Himel gscheht.
Gib is hütt üses Brot für morn.
Und erlan is üsi Schuld; mir wei sen o üsne
Schuldner erla.
Stell is nid uf d Prob; aber bhüet is vor em Böse.
We dihr nämlech de Mönsche vergät, was si
a öich gfählt hei,
vergit nech öie Vatter im Himel.
We dihr aber nid vergät,
vergit nech öie Vatter im Himel o nid, was
dihr falsch gmacht heit. *(Bärndütsch)*

Aktivitäten

A. Wo möchten Sie hin? Nennen Sie fünf europäische Länder, die Sie gerne besuchen würden. Warum haben Sie diese Länder gewählt? Geben Sie für jedes Land zwei Gründe. Welche Sprache(n) spricht man in diesen Ländern? Vergleichen Sie Ihre Liste mit der Liste anderer Studenten. Welches Land ist am populärsten?

B. Interaktion. Was wissen Sie alles über Ihre Heimat? Arbeiten Sie mit einem Partner / einer Partnerin und fragen Sie, wo er/sie herkommt. Versuchen Sie, so viel wie möglich über die Heimatstadt Ihres Partners / Ihrer Partnerin zu erfahren. Wenn Sie fertig sind, beschreiben Sie sie der ganzen Klasse.

C. Gruppenarbeit. Arbeiten Sie in Gruppen von vier oder fünf Studenten. Lesen Sie die folgende Liste. Raten Sie, was jedes Wort bedeutet. Ist das Wort ein Verb? Ein Adjektiv? Ein Nomen? Dann schreiben Sie eine Definition und einen Beispielsatz für das Wort. Benutzen Sie kein Wörterbuch!

1. hochkommen
2. Göre
3. brüllen
4. flink
5. auflehnen
6. Hängematte

D. Geben Sie gute Ratschläge! Lesen Sie die folgenden Probleme und suchen Sie eine Lösung. (Diese Lösung darf ruhig auch etwas ungewöhnlich sein.)

BEISPIELE: Wenn Sie sich erkältet haben, müssen Sie sofort ins Bett. Sie müssen viel Eiswasser trinken und möglichst viel Knoblauch[1] essen.
Wenn Sie einen Schluckauf[2] haben, müssen Sie zwanzigmal auf einem Bein über ein Hindernis hüpfen.

1. Wenn Ihnen das Haar ausfällt, müssen Sie . . .
2. Wenn Sie das Rauchen aufgeben wollen, müssen Sie . . .
3. Wenn Sie noch etwas wachsen wollen, müssen Sie . . .
4. Wenn Sie abnehmen wollen, müssen Sie . . .
5. Wenn Sie einen Ehepartner finden wollen, müssen Sie . . .
6. Wenn Sie sich an wichtige Daten erinnern wollen, wie zum Beispiel den Geburtstag eines Freundes / einer Freundin, dann müssen Sie . . .

---

[1] *garlic*   [2] *hiccups*

SPRECHAKTE

um Rat bitten / raten / Ratlosigkeit ausdrücken: Du könntest vielleicht . . .

STEFAN: Ich weiß nicht, warum ich immer erschöpft bin. Ich habe einfach keine Energie mehr.
STEFANIE: Der Arzt hat gesagt, du mußt unbedingt ein bißchen Sport treiben.
STEFAN: Ich habe mit Jogging angefangen, aber das finde ich so furchtbar langweilig.
STEFANIE: Du könntest vielleicht wieder Tennis spielen. Du mußt auf jeden Fall mal wieder etwas für deine Kondition tun. Wie wäre es denn mit Jazzgymnastik?
STEFAN: Jazzgymnastik? Das ist nichts für mich. Das ist nur was für Frauen.
STEFANIE: So ein Quatsch! Das macht jetzt jeder, das ist total „in"! An deiner Stelle würde ich es zumindest mal versuchen.

LUISE (*am Telefon*): Ist Doktor Bender da? . . . Ja, gut . . . Guten Tag, Herr Doktor . . . Ja, ja, mir geht's gut. . . . Ich rufe eigentlich nicht wegen mir an, sondern wegen meiner Zimmerkollegin, Marie. Sie hat heute morgen ihre Stimme verloren und kann jetzt nur noch flüstern. Was kann man da tun? . . . Nein, der Hals tut ihr nicht weh. . . . Nö, rauchen tut sie auch nicht. . . . Das ist nicht so schlimm? . . . Klar, das machen wir. Vielen Dank auch. Wiederhören.

Variationen

Spielen Sie!

1. Sie wollen nach Europa reisen, haben aber kein Geld. Bitten Sie einen Freund oder eine Freundin um Rat.
2. Ihr Freund hat morgen ein Jobinterview und bittet Sie um Rat.
3. Ihre Freundin aus Österreich hat Probleme, Leute kennenzulernen und Freundschaften zu schließen. Sie bittet Sie um Rat. Was kann sie tun?

Und jetzt zu Ihnen!

1

A: Sie gehen in ein Reisebüro, wissen aber nicht genau, wo Sie diesmal Urlaub machen wollen und wollen sich beraten lassen. Sie wissen nur, daß Sie nicht mehr als drei Wochen Zeit haben, daß Sie lange Flugreisen nicht mögen, und daß Sie gern ein bißchen von allem hätten, ein bißchen Sport, ein bißchen Faulenzen und ein bißchen Kultur.

B: Sie arbeiten in einem Reisebüro und beraten einen Kunden. Um einen Kunden gut beraten zu können, sollten Sie wissen, welche Art Urlaub dem Kunden am besten gefällt (Urlaub auf einer Insel, in der Wüste, im Gebirge, in einer Großstadt usw.), was er oder sie gern macht, wieviel Zeit er oder sie hat, und was es kosten darf.

2

A: Ihr Sohn / Ihre Tochter möchte heute abend Ihr Auto haben. Vor zwei Wochen hat er/sie bei der Heimfahrt ein parkendes Auto angefahren. Das hat Sie 400,– Mark gekostet, und Sie haben sich geschworen, Ihr Auto nicht mehr herzugeben.

B: Sie gehen zu Ihrem Vater oder Ihrer Mutter und bitten darum, heute abend ausnahmsweise das Auto benutzen zu können. Sie müssen das Auto unbedingt haben!

WORTSCHATZ

Reisen (n.) und Urlaub (m.) · *travel and vacation*

Wohin wollten Sie in Ihrem nächsten Urlaub / Ihren nächsten Ferien reisen? Wie kommen Sie dorthin? Was müssen Sie unbedingt* mitnehmen?

Sind Sie in den USA schon einmal mit dem Zug gefahren; wenn ja, wohin? Warum ist es in Deutschland, Österreich oder der Schweiz oft besser, mit dem Zug zu fahren?

Das wissen Sie schon:

die Abfahrt	**die Grenze, -n**	**das Schiff, -e**
die Ankunft	**der Inter-City (-Zug)**	**der Schnellzug, ¨e**
der Bahnhof, ¨e	**der Koffer, -**	**der Stadtplan, ¨e**
der Eilzug, ¨e	**die Kurve, -n**	**die Straßenbahn, -en**
die Fahrkarte, -n	**die (Land)Karte, -n**	**die U(ntergrund)-Bahn, -en**
das Gepäck, Gepäckstücke	**der (Reise)Paß, Pässe**	

Ferien (*Pl.*) **haben (gehabt)**
eine Reise machen (gemacht)
mitnehmen (nimmt . . . mit, nahm . . . mit, mitgenommen)

Das ist neu:

die Auskunft, ¨e   information
der Badeanzug, ¨e   bathing suit
der Bahnsteig, -e   platform; gate
der Fahrplan, ¨e   (railroad, bus) schedule
das Gleis, -e   line, track; platform
der Fotoapparat, -e   camera
das (Fremden)Verkehrsamt, ¨er   tourist office
der Nahverkehrszug, ¨e   local/commuter train
das Reisebüro, -s   travel agency

der Reiseführer, -   guidebook; tour guide (person)
der Rucksack, ¨e   rucksack, backpack
der Schaffner, - / die Schaffnerin, -nen   conductor
die Sehenswürdigkeit, -en   (tourist) sight, attraction
die Sonnenbrille, -n   sunglasses, shades
die Taucherbrille, -n   (diving) goggles
das Visum, Visa *oder* **Visen**   visa
der Zoll, ¨e   customs, duty; toll
der Zuschlag, ¨e   supplement; extra charge, surcharge

sich beeilen (beeilt)   to hurry (up), get a move on
besichtigen (besichtigt)   to visit, have a look at
per Anhalter (*m.*) **fahren (fährt, fuhr, ist gefahren)**   to hitchhike
in Urlaub gehen (geht, ging, ist gegangen)   to go on vacation

einen Ausflug machen (gemacht)   to go on / take a trip
ein Auto mieten (gemietet)   to rent a car
verreisen (ist verreist)   to go away (on a trip)

Topografie (f.); Landschaft (f.)   *topography; landscape/scenery*

Woher kommen Sie? Wie ist die Landschaft, wie sind die Städte und Dörfer? Kann man da gut Urlaub oder Ferien machen?

Was machen Sie im Frühjahr oder Herbst am liebsten, wenn Sie auf dem Land sind? Mit wem gehen Sie gern aufs Land? Können Sie von Ihrem Universitätsort aus aufs Land fahren?

---

* *certainly, surely, for sure*

Das wissen Sie schon:

der Berg, -e	die Küste, -n	der Platz, ⸚e	der Strand, ⸚e
der Fluß, Flüsse	das Land, ⸚er	der See, -n	der Wald, ⸚er
das Gebirge, -	das Meer, -e	die Stadt, ⸚e	das Zentrum, Zeutren
die Insel, -n	der Park, -s		

spazierengehen (geht . . . spazieren, ging . . . spazieren, ist spazierengegangen)
wandern (ist gewandert)

Das ist neu:

der Bach, ⸚e brook, (small) stream
die Brücke, -n bridge
das Dorf, ⸚er village
das Feld, -er field
die Gegend, -en region; neighborhood
der Hügel, - hill
das Industriegebiet, -e industrial area

der Rasen lawn, grass
das Stadtviertel, - part of town, district
das Tal, ⸚er valley
das Ufer, - bank; shore, shoreline
der Vorort, -e suburb
die Wiese, -n meadow; grass, lawn

auf das Land (*n.*) (in)to the country

auf dem Land (*n.*) in the country

Im Ausland (n.) leben   *living abroad*

Haben Sie schon einmal im Ausland gelebt? Wenn ja, wo waren Sie? Hatten Sie anfangs Heimweh? Schöne Erlebnisse? Schwierigkeiten?

Gibt es in den USA auch „Gastarbeiter"? Woher kommen sie hauptsächlich, wo und wann arbeiten sie meistens in den USA? Gibt es an Ihrem Heimatort solche Gast- oder Saisonarbeiter?

Das wissen Sie schon:

der Ausländer, - / die Ausländerin, -nen
die Emigration, -en

das Gastland, ⸚er
die Heimat

fremd   **mündlich**   **schriftlich**

Das ist neu:

der Antrag, ⸚e application; request
die Arbeitserlaubnis permission to work;
    work permit
die Aufenthaltsgenehmigung, -en residence permit
die Ausländerfeindlichkeit hostility to(ward)
    foreigners
der (Personal)Ausweis, -e identity card, ID card
die Frist, -en period; period of notice
die Gemeinde, -n community; municipality

der Grieche, -n / die Griechin, -nen Greek (person)
das Heimweh homesickness
der Italiener, - / die Italienerin, -nen Italian (person)
die Maßnahme, -n measure
der Stempel, - (rubber) stamp; postmark
der Türke, -n / die Türkin, -nen Turk
die Überfremdung foreign preponderance
die Verwaltung, -en administration
die Vorschrift, -en regulation, rule; instruction

heimatlos homeless (without a homeland)

ablehnen (abgelehnt) to decline, refuse, turn down, reject
sich abmelden (abgemeldet) to cancel one's registration
sich anmelden (angemeldet) to register
jemanden (*Akk.*) aufnehmen (nimmt . . . auf, nahm . . . auf, aufgenommen) to
    take in, absorb, incorporate, accept someone
ein Formular ausfüllen (ausgefüllt) to fill out, complete a form
auswandern (ist ausgewandert) to emigrate

- **jemanden (*Akk.*) ausweisen (weist . . . aus, wies . . . aus, ausgewiesen)** to expel, deport someone
- **beantragen (beantragt)** to apply for; to propose
- **sich beschweren (beschwert)** to complain, file a complaint
- **einwandern (ist eingewandert)** to immigrate
- **genehmigen (genehmigt)** to authorize; to approve
- **integrieren (integriert)** to integrate
- **verweigern (verweigert)** to refuse

Zur Interpretation (f.)   *interpreting texts*

Welche Art von Literatur lesen Sie am liebsten? Lesen Sie lieber Gedichte oder Romane, oder lesen Sie meistens Kurzgeschichten?

Kennen Sie moderne deutsche oder amerikanische Literatur? Welche Autoren mögen Sie gern, welche lesen Sie gar nicht? Glauben Sie, daß die moderne Literatur sehr unter der Konkurrenz* mit dem Fernsehen leidet?

Das wissen Sie schon:

der Anfang, ¨e	**die Kurzgeschichte, -n**	**das Schauspiel, -e**	**der Teil, -e**
die Episode, -n	**die Mitte**	**das Stück, -e**	**der Text, -e**
die Fußnote, -n	**der Protagonist, -en**	**das Symbol, e**	**die Übersetzung, -en**
die Geschichte, -n	**die Rolle, -n**	**die Szene, -n**	**das Werk, -e**

offen

beschreiben (beschreibt, beschrieb, beschrieben)
erzählen (erzählt)

Das ist neu:

der Abschnitt, -e section
die Anmerkung, -en (foot)note; comment, remark
die Ausgabe, -n edition
die Einleitung, -en introduction
das Ereignis, -se event, occurrence
die Erzählung, -en story, tale; narration; account
das Gedicht, -e poem

der Inhalt, -e content(s); meaning
das Kapitel, - chapter
der Roman, -e novel
der Schluß, Schlüsse end(ing), conclusion
das Thema, Themen theme, topic, subject
der Verfasser, - author; writer

entscheidend decisive; crucial

erläutern (erläutert) to explain, comment on
wiedergeben (gibt . . . wieder, gab . . . wieder, wiedergegeben) to give an account of, describe; to reproduce
zusammenfassen (zusammengefaßt) to summarize

Sprechakte

Es kommt überhaupt nicht in Frage, daß du allein nach Paris fährst. It is totally out of the question for you to travel to Paris alone.
Ihr Buch war gestern schon fällig. Your book was already due yesterday.
Ich komme eigentlich nicht wegen einer Aufenthaltsgenehmigung, sondern wegen einer Arbeitserlaubnis. I am not really coming for a residence permit but for a work permit.
Wissen Sie, was man gegen Schluckauf (*m.*) tun kann? Do you know what one can do for hiccups?

---

* *competition*

STRUKTUREN

7.1 SATZKONNEKTOREN 3: Temporale Subjunktoren, Präpositionen, Adverbien

Telling What Happened When

Two or more events may happen at the same time or one after the other. Temporal relationships such as these may be expressed by conjunctions, prepositions, or adverbs, as shown in the following sentences.

Konjunktion	***Bevor** er kommt*, können wir nicht anfangen.
Präposition	***Vor** seiner Ankunft* können wir nicht anfangen.
Adverb	Wir müssen warten, bis er kommt. ***Vorher*** können wir nicht anfangen.

A. Subjunktoren und Präpositionen (*Subordinating Conjunctions and Prepositions*)

Following are the prepositions and subordinating conjunctions **(Subjunktoren)** that are common in expressing temporal relationships.

1. Gleichzeitigkeit (*Simultaneous Occurrences*)

To express that two events are happening at the same time, use the conjunctions **wenn/als** or the preposition **bei** plus the dative case. To describe a single past event, use **als**. For repeated past events and for events in the present or future (single or repeated) use **wenn.**

> **Als** sie ankamen, war er schon weg.
> **Bei** ih**rer** Ankunft war er schon weg.

> **Wenn** sie versuchen, Deutsch zu sprechen, muß Ender lachen.
> **Bei** ih**ren** Versuch**en**, Deutsch zu sprechen, muß Ender lachen.

To refer to an interval of time (a length of time or a period of time) rather than to a point in time, use **während** (*while; during*) as a conjunction or as a preposition followed by the genitive case.

> **Während** sie die Zeitung las, schrieb er einen Brief an seine Eltern.
> **Während des** Konzert**s** schlief er ein.

2. Vorzeitigkeit (*Looking Back*)

In English, the word *after* clarifies the order in which two events happened—which occurred earlier, which later. In German, this relationship is expressed with **nachdem** (conjunction) or **nach** (preposition plus dative case).

> „Warum fragst du?" sagte er, **nachdem** er kurz überlegt hatte.
> „Warum fragst du?" sagte er **nach** kurz**em** Überlegen.

To express an event or a condition that began earlier and still continues, use **seitdem** (conjunction) or **seit** (preposition plus dative case).

Seitdem sie das letzte Mal in Malaga war, hatte sie keinen so guten Rotwein mehr getrunken.	*Ever since the last time she was in Malaga she had not tasted such a good red wine.*
Seit ihr**em** letzt**en** Urlaub in Malaga hatte sie keinen so guten Rotwein mehr getrunken.	*Ever since her last vacation in Malaga she had not tasted such a good red wine.*

3. Nachzeitigkeit (*Looking Forward*)

In English, the word *before* expresses that one event preceded (or is likely to precede) another. Often the "before statement" establishes some kind of condition or requirement related to another statement. In German, the conjunctions **bevor/ehe** and the preposition **vor** plus dative case express this relationship.

Bevor (Ehe) du nicht kommst, gehe ich keinen Schritt aus dem Haus.	*Before (Unless) you come I won't leave the house.*
Vor dein**er** Ankunft gehe ich keinen Schritt aus dem Haus.	*Before your arrival I won't leave the house.*
Bevor das erste Buch nicht geschrieben war, konnten sie mit dem anderen Buch nicht beginnen.	*Before the first book had been completed, they could not begin work on the other one.*

To express the equivalent of *until*, German uses the conjunction **bis** or the preposition **bis zu** plus the dative case. This indicates that one event or condition continues until the second one takes place.

Ich bleibe hier, **bis** deine Eltern zurückkommen.	*I'll stay here until your parents come back.*
Ich bleibe hier **bis zur** Rückkehr deiner Eltern.	*I'll stay here until your parents' return.*
Er wartete und wartete, **bis** er so viel Hunger bekam, daß er nicht mehr länger warten konnte.	*He waited and waited until he got so hungry that he could't wait any longer.*

B. Adverbien und Adverbialphrasen (*Adverbs and Adverbial Phrases*)

Depending on whether the speaker's point of reference is "here and now" or a distant point in time ("then"), the adverbs or adverbial phrases used to express *a time before* "here and now" or "then" and *a time after* "here or now" or "then" will vary. Thoughts expressed from the point of reference of "here and now" use the present perfect, the present, and the future. Thoughts expressing "then" use the simple past and the past perfect.

Vor fünf Tagen sind wir angekommen. **Gestern** haben wir
uns den Dom angesehen, und
morgen müssen wir wieder
weiterfahren.

*We arrived five days ago. Yesterday we
went to see the cathedral, and
tomorrow we have to move on.*

Fünf Tage vorher waren wir
angekommen. **Am Tag zuvor**
hatten wir uns den Dom
angesehen, und **am Tag darauf**
mußten wir wieder weiterfahren.

*We had arrived five days earlier. The
day before we had gone to see the
cathedral, and the day after we had
to move on.*

1. Rückschauend

Here are the common adverbs and adverbial phrases expressing a time *before* "here
and now" and a time *before* "then."

BEFORE NOW	BEFORE THEN
gestern	einen Tag vorher/zuvor/früher
	am Tag vorher/zuvor
vorgestern	zwei Tage vorher/zuvor/früher
letzte Woche	eine Woche vorher/zuvor/früher
vor einer Stunde	eine Stunde vorher/zuvor/früher
vor fünf Tagen	fünf Tage vorher/zuvor/früher

2. Vorausschauend

Here are the common adverbs and adverbial phrases expressing a time *after* the
"here and now" and a time *after* a "then."

AFTER NOW	AFTER THEN
morgen	einen Tag nachher/danach/später
	am Tag danach
übermorgen	zwei Tage nachher/danach/später
nächste Woche	eine Woche nachher/danach/später
in einer Stunde	eine Stunde nachher/danach/später
in fünf Tagen	fünf Tage nachher/danach/später

C. um/an/in
Specific Points in Time

The prepositions **um, an,** and **in** refer to *specific* points in time:

um acht Uhr   *at eight o'clock*   am Samstag   *on Saturday*   im Juli   *in July*

1. Use **um** to refer to clock time,* and **um . . . herum** to refer to approximate points of time. (**Um** is followed by the accusative case.)

um halb zwölf	*at half past eleven*	um den 1. Juli herum	*around (about) the first of July*
um Mitternacht	*at midnight*	um Ostern herum	*around (about) Easter*

2. Use **am** (the contracted form of **an** plus the dative article) to refer to times of day of masculine gender, days of the week, dates; and with **Anfang** and **Ende** and their compounds. Use **an** without the article to refer to specific holidays.

am Morgen	*in the morning*	am Anfang	*in (at) the beginning*
am Mittag	*at noon*	am Ende	*in the end*
am Abend	*in the evening*	am Wochenende	*over the weekend*
am Sonntag	*on Sunday*	an Weihnachten	*at Christmas*
am 12. April	*on April twelfth*	an Pfingsten	*at Pentecost*

3. Use **in** to refer to times of day of feminine gender, to intervals of time, and to months and seasons. When **in** refers to time, it is followed by the dative case; with the names of the months, the contracted form **im** is used.

in der Frühe	*in the morning*	im nächsten Monat	*next month*
in der Nacht	*at night*	im nächsten Jahr	*next year*
in der Pause	*during break*	im August	*in August*
in der nächsten Woche	*next week*	im Herbst	*in the fall*

4. No preposition is used to refer to the year unless the year is preceded by **im Jahre.**

1969	*in 1969*	im Jahre 2000	*in the year 2000*

D. *für/vor/seit*
Additional Expressions of Time

The prepositions **für** (*for; during*), **vor** (*ago*), and **seit** (*ever since*) may also be used with expressions of time. **Für** is followed by the accusative case; both **vor** and **seit** are followed by the dative case.

für eine Stunde	*for one hour*
vor einem Jahr	*a year ago*
seit letzter Woche	*since last week*

1. Use **für** to refer to appointments and to previously agreed-on points and periods in time.

Wir hatten uns für fünf Uhr verabredet.	*We had made a date for five o'clock.*

---

* Also use **um** in the phrase **um Mitternacht** (*at midnight*).

Ihre Anstellung als Hauskomponist ist für drei Jahre.	*Your appointment as house composer is for three years.*
Sie ging für ein Jahr nach Kenia.	*She went to Kenya to stay for a year.*

Für is used with fixed periods of time, previously agreed to. To refer to periods of time in general, use the construction *accusative of time* + **lang.**

Sie studierte *ein Jahr* **lang** an der Universität Wien.	
Sie blieben *einen Monat* **lang** bei uns.	

2. To express the English construction *a* (*period of time*) *ago,* use **vor** + *period of time.* To express *before* (in clock time and in a sequence of events), also use **vor** + *time phrase.* In expressions of time, **vor** occurs only with the dative case.

Vor *einem Jahr* hatte er angefangen zu studieren.	*A year ago he had begun his studies.*
Sie hatte ihn zuletzt **vor** *einer Woche* gesehen.	*The last time she had seen him was a week ago.*
Es ist *fünf Minuten* **vor** *neun.*	*It is five minutes before nine.*
Wollen wir **vor** *dem Konzert* essen gehen?	*Do we want to go to a restaurant before the concert?*

3. Use **seit** to refer to something begun in the past and still continuing in the present, including both points in time (*since*) and periods of time (*for*).

Ich habe **seit** gestern mittag nichts mehr gegessen.	*I haven't eaten **since** yesterday noon.*
Seit vier Jahren wohne ich nun schon in Frankreich.	*I've lived in France **for** (a period of) four years now.*

Note that German uses the present tense when the action or event still goes on, even though it started in the past.

Seit einem Jahr **rauche** ich nicht mehr.	*I haven't smoked for a year.*

7.2 POSSESSIVE ADJEKTIVE UND PRONOMEN
Whose Is It? Yours or Mine?

A. Possessive Adjektive

The possessive adjectives **mein** (*my*), **dein** (*your*), and so forth take the same endings as the indefinite article.

Er gab mir **einen** Apfel. / Er gab mir **seinen** Apfel.	*He gave me an apple. / He gave me his apple.*
Schenkt es doch **einem** Kind. / Schenkt es doch **eurem** Kind.	*Give it to a child! / Give it to your child!*

Here are the personal pronouns followed by their respective possessive adjective.

	SINGULAR OWNER	PLURAL OWNER
First person	ich/mein	wir/unser
Second person	du/dein	ihr/euer
	Sie/Ihr	Sie/Ihr
Third person	er/sein	
	sie/ihr	sie/ihr
	es/sein	

Note that you have to distinguish between the equivalents of *your* : **dein, euer,** and **Ihr.**

The following forms of **mein** provide an example of the forms of the possessive adjectives.

	DER ROCK	DAS HEMD	DIE BLUSE	DIE SCHUHE
Nom.	mein	mein	meine	meine
Akk.	meinen	mein	meine	meine
Dat.	meinem	meinem	meiner	meinen
Gen.	meines	meines	meiner	meiner

The forms of **euer** are slightly different, because the stem **eur-** is used before **-e.**

	DER RASEN	DAS DORF	DIE WIESE	DIE FELDER
Nom.	euer	euer	eure	eure
Akk.	euren	euer	eure	eure
Dat.	eurem	eurem	eurer	euren
Gen.	eures	eures	eurer	eurer

B. Possessive Pronomen

Possessives may be used as pronouns as well, standing alone with no noun to follow them.

> Wem gehört der Wagen da? Ist das **deiner,** Ute?   —Nein, **meiner** steht zu Hause in der Garage.

As pronouns, the possessives take **der-**endings instead of **ein-**endings. These endings differ from one another in three instances: masculine nominative singular, neuter nominative singular, and accusative singular. The following forms of **deiner** provide an example of the forms of the possessives used as pronouns.

	DER WAGEN	DAS RAD	DIE KUTSCHE	DIE ROLLSCHUHE
Nom.	deiner	deins*	deine	deine
Akk.	deinen	deins	deine	deine
Dat.	deinem	deinem	deiner	deinen
Gen.	deines	deines	deiner	deiner

7.3 NUMERUS

Anticipating the Forms of Plural Nouns

The plural formation of nouns is even less arbitrary than gender assignment. The plural of the majority of nouns can be predicted by gender and final letter(s). The two most general patterns are:

1. Masculine and neuter nouns add **-e.**
2. Masculine nouns ending in **-e** and feminine nouns add **-n** or **-en.**

A. Nomen mit Vokalauslaut   (*Nouns Ending in Vowels*)

1. Nouns that end in unstressed **-e**† add an **-n** in the plural, no umlaut: **der Neffe / die Neffen; die Frage / die Fragen; das Auge / die Augen.**
2. Nouns that end in a vowel other than unstressed **-e** add **-s,** no umlaut:§ **der Gummi / die Gummis; der Tee / die Tees; die Kamera / die Kameras; das Auto / die Autos.**

B. Feminina   (*Feminine Nouns*)

1. Feminine nouns ending in **-e, -el,** or **-er** add **-n: die Taube / die Tauben; die Tafel / die Tafeln; die Mauer / die Mauern.** Nouns ending in **-in** add **-nen: die Freundin / die Freundinnen.** In most other cases, they add **-en: die Frau / die Frauen; die Antwort / die Antworten; die Schlacht / die Schlachten.** In all of these cases, never add an umlaut.
2. A few one-syllable nouns with a vowel that can be umlauted (**a, o, u,** or **au**) add **-e** in the plural, always with umlaut:** **die Stadt / die Städte; die Kunst / die Künste; die Sau / die Säue.**

C. Maskulina   (*Masculine Nouns*)

1. The majority of masculine nouns add **-e** (about half with and half without umlaut): **der Tag / die Tage; der Hund / die Hunde; der Gast / die Gäste;**

---

* The **-es** of the neuter is commonly reduced to **-s**—thus **deins** instead of **deines.**
† Sometimes called *schwa* as in the English word b*e*gin.
§ As do most nouns of English or French origin: **der Streik / die Streiks; der Test / die Tests; das Hotel / die Hotels.**
** Two nouns in this group have two syllables: **die Mutter / die Mütter** and **die Tochter / die Töchter.**

der Fuß / die Füße. Nouns ending in **-el, -en,** or **-er** do not add anything (except sometimes an umlaut: **der Vogel / die Vögel; der Boden / die Böden; der Bruder / die Brüder).**

2. Weak masculine nouns* add **-en,** no umlaut: **der Graf / die Grafen; der Mensch / die Menschen; der Student / die Studenten; der Kandidat / die Kandidaten; der Chirurg / die Chirurgen.**

3. A few masculine nouns add **-er** in the plural and an umlaut when possible: **der Mann / die Männer; der Wald / die Wälder; der Gott / die Götter.**

D. Neutra   (Neuter Nouns)

1. The majority of neuter nouns add **-e** in the plural (no umlaut): **das Jahr / die Jahre; das Haar / die Haare; das Heft / die Hefte.** Nouns ending in **-el, -en,** or **-er** do not add anything (no umlaut): **das Segel / die Segel; das Fenster / die Fenster.**

2. Some neuter nouns add **-er** and an umlaut wherever possible: **das Glas / die Gläser; das Buch / die Bücher; das Haus / die Häuser.**

3. A few neuter nouns add **-en,** no umlaut: **das Bett / die Betten; das Ohr / die Ohren.**

7.4 ADJEKTIVE 2: Substantivierte Adjektive
Adjectives Used as Nouns: The Good, the Bad, the Ugly

When adjectives are used as nouns, the masculine forms refer to males, the feminine forms to females, and the plural forms to people in general; the neuter forms refer to abstract notions.

Kennst du **die Schöne** da?	*Do you know that pretty woman there?*
Wer ist **der Schöne** da?	*Who is that handsome man over there?*
Das Schöne an dir ist, daß du alles weißt.	*The nice thing about you is that you know everything.*

Here are the forms of **der/die Deutsche** referring to a male, a female, and people in general.

	MASKULIN	FEMININ	PLURAL
Nom.	der Deutsche	die Deutsche	die Deutschen
	ein Deutscher	eine Deutsche	Deutsche
Akk.	den Deutschen	die Deutsche	die Deutschen
	einen Deutschen	eine Deutsche	Deutsche
Dat.	dem Deutschen	der Deutschen	den Deutschen
	einem Deutschen	einer Deutschen	Deutschen
Gen.	des Deutschen	der Deutschen	der Deutschen
	eines Deutschen	einer Deutschen	Deutscher

* See **Strukturen 6.2**.

Note that the masculine nominative singular ends in **-er** after **ein-**words and that the nominative plural and the accusative plural end in **-e** when the noun is not preceded by an article or a similar word.

Here are some commonly used nouns that follow this pattern.

der/die Angestellte	*employee*	der/die Erwachsene	*grown-up*
der/die Beamte	*public employee*	der/die Jugendliche	*youth*
der/die Bekannte	*acquaintance*	der/die Verwandte	*relative*

When the neuter form of an adjective is used as a noun, it commonly refers to an abstract notion. These nouns can be used only in the singular. Here are the forms of **das Gute** (*the good*).

Nom.	das Gute	ein Gutes
Akk.	das Gute	ein Gutes
Dat.	dem Guten	einem Guten
Gen.	des Guten	eines Guten

Man kann auch **des Guten** zuviel tun.	*You can also do too much of a good thing.*
Man darf nicht immer nur **das Schlechte** im Menschen sehen.	*One mustn't always see only the bad in people.*

7.5 ABTÖNUNGSPARTIKEL 3: *halt/eben*
Expressing Emphasis, Explanation, Impatience

halt/eben: 1. Aussagesatz → Erklärung, Alternative
2. Aufforderung → Ungeduld

The flavoring particles **halt** and **eben** may be used in (1) statements and in (2) requests. **Halt** is more prevalent in Southern Germany, Austria, and Switzerland, whereas **eben** is used in Northern Germany.

Du hast **eben** Glück gehabt.	*Well, you were just lucky.*
Gib mir **halt** die Schallplatte.	*Come on, (just) give me the record.*

When used in statements, **halt/eben** conveys a sense of explanation or the possibility of an alternative.

Du bist **eben** kein Deutscher, sagte er.	*You're just not a German, he said.*
Das ist **halt** so.	*That's (just) the way it is.*

In a request, **halt/eben** may convey slight irritation and impatience.

Mach **eben** das Fenster zu.	*Will you just close the window!*
Geht **halt** ein bißchen schneller.	*Come on, walk a little faster!*

Auf der Suche nach Amerika

Einer der berühmtesten
Amerikaner.

Welches Verhältnis haben die Menschen in Deutschland zu den USA? Die Texte im folgenden Kapitel machen Sie mit verschiedenen Aspekten dieses Themas bekannt.

Welche amerikanischen Produkte sind in der ganzen Welt bekannt? Was assoziieren Menschen anderer Nationalität mit Amerika? Welche Vorurteile gibt es gegenüber Amerika und seinen Staatsbürgern?

German immigration by decade:
Deutsche Einwanderung nach Jahrzehnten:

Decade Jahrzehnt	Total Immigration	German Immigration	German as Percentage of Total Immigration
1820–29	128,502	5,753	4.5
1830–39	538,381	124,726	23.2
1840–49	1,427,337	385,434	27.0
1850–59	2,814,554	976,072	34.7
1860–69	2,081,261	723,734	34.8
1870–79	2,742,137	751,769	27.4
1880–89	5,248,568	1,445,181	27.5
1890–99	3,694,294	579,072	15.7
1900–09	8,202,388	328,722	4.0
1910–19	6,347,380	174,227	2.7
1920–29	4,295,510	386,634	9.0
1930–39	699,375	119,107	17.0
1940–49	856,608	117,506	14.0
1950–59	2,499,268	576,905	23.1
1960–69	3,213,749	209,616	6.5
1970	373,326	10,632	2.8
Total/Summe	45,162,638	6,917,090	15.3
	Gesamt- einwanderung	deutsche Einwanderung	Prozentanteil der Deutschen an der Gesamteinwanderung

U.S. Bureau of the Census

LESETEXT: Eine Umfrage in der Bundesrepublik

Die Illustrierte *Stern* und die Friedrich-Ebert-Stiftung[1] ließen in einer großen Untersuchung ermitteln,[2] was Deutsche von Amerikanern, von amerikanischen Produkten und—zum Kontrast—von vergleichbaren deutschen Produkten halten. Im folgenden werden Ergebnisse dieser Umfrage in Form von Tabellen wiedergegeben.

[1] *foundation*　[2] *investigate*

Vor dem Lesen: 1. Teil

Vorhersagen machen. Wie beurteilen[1] Deutsche die folgenden „Importe" aus den USA, positiv oder negativ? Stimmen Sie ab.

Hollywood-Filme
US-Soldaten in der
　Bundesrepublik
Jogging
Walt Disney und Mickymaus
John F. Kennedy

McDonald's
Jeans
Reader's Digest
Coca-Cola
Jazz

„Dallas" und die Ewings
Amerikanische Kultur
New York
Bodybuilding
Amerikanische Popmusik

Jetzt lesen Sie den ersten Teil und überprüfen Sie, ob Ihre Vorhersagen stimmen.

[1] *evaluate*

„Von Mickymaus bis Goethe . . . " (1. Teil)

Von Mickymaus bis Goethe . . . »Verbinden Sie eher positive oder neutrale Empfindungen mit folgenden Begriffen?«			
Europäische Kultur	positiv	negativ	neutral
Deutsche Filme	70	10	20
Jeans	64	10	26
Walt Disney	63	17	20
John F. Kennedy	63	14	23
Deutsche Operetten	62	11	27
Jogging	56	24	20
Deutsche Schlager	54	19	27
Mickymaus	52	24	24
Hollywood-Filme	52	19	29
New York	49	19	32
Amerikanische Musicals	49	16	35
Westernfilme	47	21	32
Readers' Digest	45	29	26
US-Soldaten in der Bundesrepublik	44	15	41
Coca-Cola	44	23	33
Frank Sinatra	42	31	27
Jazz	38	24	38
Elvis Presley	37	33	30
»Dallas«	34	33	33
»Denver-Clan«	32	45	23
Amerikanische Popmusik	31	47	22
McDonald's	31	37	32
Amerikanische Kultur	26	51	23
Bodybuilding	24	24	52
Superman	23	44	33
	15	54	31

Alle Angaben in Prozent

Nach dem Lesen

Interpretation der Tabelle. Beantworten Sie die folgenden Fragen.

1. Was lehnen Deutsche nach der Statistik am deutlichsten[1] ab[2]?
   a.
   b.
   c.
   d.

2. Was finden die Deutschen nach der Statistik am positivsten?
   a.
   b.
   c.
   d.

3. Wie schneidet[3] die amerikanische Kultur allgemein gegenüber der europäischen oder der deutschen ab?

4. Was verrät[4] Ihnen die Tabelle über die generelle Einstellung der Deutschen zur amerikanischen Kultur?

---

[1] am . . . *most clearly*   [2] lehnen . . . ab *disapprove of*   [3] *come off*   [4] *tell*

Vor dem Lesen: 2. Teil

Vorhersagen machen. Im zweiten Teil der Umfrage sollten die Bundes-deutschen sagen, wer in den folgenden Bereichen überlegen[1] ist, Deutsche oder Amerikaner? Was würden Sie sagen?

Soziale Sicherheit der Bürger	Wohnkultur[2]	Computertechnik
Sport/Leichtathletik	Eßkultur[3]	Umweltschutz
Patriotismus	Volksmusik	Literatur/Dichtung
Schutz vor Kriminalität	Weltraumforschung[4]	Klassische Musik

[1] *superior*   [2] *taste in home decor*   [3] *gastronomic culture*   [4] *space research*

Lesen Sie jetzt den zweiten Teil und überprüfen Sie Ihre Vorhersagen.

„Von Mickymaus bis Goethe . . . " (2. Teil)

Von High-Tech bis zum Umweltschutz . . . »In welchen Bereichen sehen Sie eine amerikanische oder deutsche Überlegenheit?«

	USA überlegen	ausge-glichen	Deutsche überlegen
Weltraumforschung	83	8	4
Luftfahrttechnik	71	15	8
Computertechnik	67	17	9
Landwirtschaft	35	27	29
Umweltschutz	9	22	54
Kündigungsschutz	2	7	75
Arbeitslosenversicherung	3	6	80
Soziale Krankenversicherung	2	6	80
Rentenversicherung	2	6	83
Popmusik	75	12	6
Sport/Leichtathletik	74	12	7
Patriotismus	53	26	14
Terrorbekämpfung	16	35	29
Sicherung demokratischer Rechte	13	53	24
Schutz der Bevölkerung vor Kriminalität	8	31	46
Kultur	6	23	63
Dichtung/Literatur	6	25	59
Wohnkultur	7	23	60
Eßkultur	5	24	62
Volksmusik	8	27	57
Ernste Musik	4	14	72

Alle Angaben in Prozent

Nach dem Lesen

A. Informationen aus der Tabelle. Nennen Sie mindestens sechs Bereiche,[1] in denen die Deutschen die Amerikaner für überlegen halten. In welchen Bereichen halten die Deutschen sich selbst für überlegen?

[1] *fields*

B.   Aus Daten Schlüsse ziehen.[1] Beantworten Sie die folgenden Fragen.

1.   Was halten Deutsche allgemein von amerikanischer und deutscher Kultur? Haben sie Vorurteile oder eine realistische Einstellung?
2.   Finden sich typische Klischees in diesen Tabellen? Welche?
3.   Falls die eine oder andere Nation in einem Bereich wirklich überlegen ist, welche Gründe gibt es dafür? Geben Sie ein paar Beispiele.
4.   Was halten Sie von solchen Umfragen? Kann man von ihnen ein differenziertes Meinungsbild erwarten, oder fordern sie zur Reproduktion von Klischees heraus?

---

[1] Schlüsse . . .   *draw conclusions*

Aktivitäten

A.   Wer ist das? Suchen Sie Studenten, auf die die folgenden Beschreibungen zutreffen. Stellen Sie Fragen.

WER . . . ?

1.   hat braunes Haar
2.   mag Schokolade sehr gern
3.   ist verheiratet
4.   trägt Kontaktlinsen
5.   hat im selben Monat Geburtstag wie Sie
6.   hat einen Schnurrbart
7.   trägt weiße Socken
8.   hat mehr als vier Geschwister
9.   hat im Ausland gewohnt
10.   trinkt gern Apfelsaft

B.   Welche Fragen gefallen mir? Suchen Sie sich zehn Fragen aus und beantworten Sie sie. Stellen Sie sich dann in Kleingruppen die Fragen, die Sie am interessantesten finden. Stellen Sie auch Ihrem Dozenten / Ihrer Dozentin Fragen.

1.   Was möchtest du lernen, bevor du stirbst?
2.   Wo, glaubst du, wirst du in fünf Jahren wohnen?
3.   Wer ist in deiner Familie der/die interessanteste? Warum?
4.   Willst du eines Tages heiraten? Warum / Warum nicht?
5.   Mit wem triffst du dich am liebsten? Warum?
6.   Was würdest du tun, wenn du auf der Straße DM 100,– finden würdest?
7.   Was machst du meistens am Wochenende?
8.   Wohin gehst du, wenn du allein sein willst?
9.   Welche Sportarten treibst du am liebsten? Warum?
10.   Was ist die schlimmste Arbeit, die du je für Geld gemacht hast?
11.   Würdest du jemanden heiraten, der einer anderen Rasse angehört? Warum / Warum nicht?
12.   Was findest du besonders schlimm? Warum?
13.   Was ist dein Lieblingsessen? Warum?
14.   Welche Ratschläge haben dir deine Eltern gegeben, als du angefangen hast zu studieren?
15.   Ist Religion für dich wichtig? Warum / Warum nicht?
16.   Könntest du einen anderen Menschen töten?

C. Wie mache ich das? Schauen Sie sich die Bilder an und wählen Sie eins, das die anderen Studenten Ihrer Gruppe zeichnen sollen. Erklären Sie genau, was sie zeichnen sollen.

D. Eine gute Ausrede. Beschreiben Sie die Situationen auf den Bildern.

Wie spät ist es?
Woher, glauben Sie, kommt die Person?
Was hat er/sie dort gemacht?
Glauben Sie, daß jemand auf ihn/sie böse sein wird? Wer? Warum?
Was denkt er/sie?
Was könnte seine/ihre Ausrede sein?
Wird man ihm/ihr glauben?

SPRECHAKTE

die Absicht haben: Ich habe vor, . . .

(*Nach dem Abitur*)

HERR FRÖSCHL: So, meine Damen und Herren, wie geht es nun weiter?

CARL-HEINZ: Ich habe vor zu studieren, entweder Mathe oder Physik. Das weiß ich noch nicht so genau.

OTTO: Also bei mir kommt ja jetzt erst einmal der Bund,[1] und dann werde ich wahrscheinlich eine Lehre machen, vielleicht als Bürokaufmann. Zum Studieren habe ich keine Lust.

ERNST: Ich habe eigentlich schon die Absicht zu studieren. Aber ich muß ja auch erst mal zum Militär. Ich habe mich entschlossen, mich auf vier Jahre zu verpflichten. Dann verdiene ich wenigstens auch was.

GABRIELE: Ich mach' jetzt erstmal ein Jahr Ferien, ich geh' nach Südamerika und schau, was da so los ist, und wenn es mir gefällt, dann bleib' ich da.

---

[1] Bundeswehr

Variationen

A. Interaktion. Erklären Sie einem Partner / einer Partnerin, was für Pläne Sie haben, wenn Sie mit Ihrem Studium fertig sind.

Ich habe die Absicht, . . .
Ich will unbedingt . . .
Ich habe vor, . . .
Ich habe mich entschlossen, . . .
Ich habe mich entschieden, . . .

B. Spielen Sie!

1. Sie wollen nächstes Jahr nach Europa fahren, Ihre Eltern sind aber dagegen. Erklären Sie ihnen, was Sie vorhaben und wie Sie die geplante Reise bezahlen werden.
2. Sie wollen ein neues Auto kaufen: einen kleinen Sportwagen oder einen Minibus. Erklären Sie Ihrem Partner / Ihrer Partnerin, für welchen Sie sich entschieden haben.

LESETEXT: Ein Deutscher in den USA

Peter Schneider, 1940 geboren, schreibt Romane und Kurzgeschichten. Von 1985 bis 1986 war er ein halbes Jahr Gastprofessor für deutsche Literatur an der Stanford Universität in Kalifornien. Der folgende Auszug aus Peter Schneiders „Amerikanischer Biographie" informiert Sie über seine Erfahrungen in „Amerika".

Vor dem Lesen

A. Aktivieren Sie Ihr Hintergrundwissen. Ihr eigenes Wissen über einen Sachverhalt[1] hilft Ihnen, einen Text leichter und schneller zu verstehen.

Peter Schneider macht in Amerika den Führerschein, ein Erlebnis, das Sie selbst wohl auch gehabt haben.

1. Beschreiben Sie genau, was man in Amerika machen muß, um den Führerschein zu bekommen.
2. Welche Schwierigkeiten könnte ein Deutscher (oder ein anderer Ausländer), der erst kurze Zeit in den USA ist, dabei haben?

Peter Schneider verbringt eine Nacht im Gefängnis,[2] weil er unter Alkoholeinfluß Auto gefahren ist.

1. Beschreiben Sie, was passiert, wenn die Polizei jemanden anhält, der offensichtlich unter Alkoholeinfluß Auto gefahren ist.
2. Stellen Sie sich die folgende Situation vor: Es ist Wochenende in einer Gegend wie San Francisko. Was für Leute trifft Peter Schneider im Gefängnis?

---

[1] *subject matter* [2] *jail*

B. Richtig oder falsch? Lesen Sie extensiv. Der Text ist in drei Abschnitte aufgeteilt. Lesen Sie bitte jeweils zuerst die Aussagen zu dem betreffenden Abschnitt und überprüfen Sie dann am Text, ob die Aussagen richtig oder falsch sind.

1. Teil. Die folgenden Aussagen beziehen sich auf den 1. Teil.

1. Peter Schneider kauft sich ein Auto, das die Amerikaner selbst nicht mehr mögen.
2. Beim theoretischen Test für den Führerschein versteht Schneider alles.
3. Der Mann, der Peter Schneider das Auto verkaufen will, soll ihm bei den Fragen helfen.
4. Die Prüfung ist in einem großen Raum, und niemand paßt auf.

5. Andere Leute in dem Raum, Schwarze und Mexikaner, Alte und Junge, helfen ihm nicht.

6. „Cheating", auf Deutsch „Schummeln" oder „Abschreiben", ist etwas, was man in Amerika nicht tut. Peter Schneider ist nicht überrascht.

7. In Deutschland ist Schummeln oder Spicken[1] in der Schule ein beliebter Sport.

8. Präsident Nixon wurde nicht wegen Watergate gestürzt,[2] sondern weil er auch gegen Kambodscha Krieg führte.

9. Ronald Reagan hat auch „geschummelt", und das ärgerte die Amerikaner mehr als alles andere an diesem Präsidenten.

Lesen Sie jetzt „Amerikanische Biographie" (1. Teil). Korrigieren Sie falsche Aussagen. Wenn Sie Schwierigkeiten haben, lesen Sie den Text noch einmal und nehmen Sie den Kontext zuhilfe. Viele Wörter und Ausdrücke können Sie erschließen.[3]

---

[1] *copying from someone else's paper*   [2] *brought down*   [3] *infer the meaning of*

Aus „Amerikanische Biographie" (1. Teil)

Peter Schneider

Gleich als ich in San Francisco ankam, habe ich mir ein amerikanisches Auto gekauft, und zwar, wie sich das für einen Europäer gehört, ein riesiges amerikanisches Auto, einen alten Oldsmobile 98. Ein Auto also, das die Amerikaner selbst gar nicht mehr mögen. Amerikanische Freunde, die mich mit diesem Auto sahen, spotteten:
5 „Eure Nachbarn denken bestimmt, Ihr habt die Großeltern zu Besuch."

Da ich ein halbes Jahr in den USA bleiben wollte—als Stanford Professor für deutsche Literatur—mußte ich den kalifornischen Führerschein machen. Um diesen Führerschein zu kriegen, muß man für die theoretische Prüfung auf Fragebögen die richtigen Antworten ankreuzen. Diese Fragen sind ziemlich knifflig;° da ich mein Lexikon   *schwer*
10 nicht dabei hatte, habe ich viele Fachausdrücke nicht verstanden. Zum Glück war der Autoverkäufer mitgekommen. Da er aus Steuergründen den Wagen noch Ende 85— ich kam nämlich im Dezember 85 an—verkaufen wollte, war er genau wie ich daran interessiert, daß ich den Test auf Anhieb bestehe. Also fragte ich ihn, ob er mir dieses oder jenes Wort erklären, bzw. die richtige Antwort ankreuzen könne. Dabei machte
15 ich eine überraschende Erfahrung.

Die Prüfung findet in einem riesigen Saal statt, ganz ohne Aufsicht.° Du kriegst die   *supervision*
Fragebögen, gehst damit zu einem Tresen und füllst aus. Niemand schaut, ob du irgendwelche Hilfsmittel verwendest. Als ich mich mit meiner Bitte an meinen Autoverkäufer wandte, sah der mich entsetzt an. „Sorry", sagte er nur, „das mußt du allein
20 schaffen!" Ich dachte, der spinnt und fragte andere, die dort in der Schlange standen, Schwarze, Mexikaner, Junge, Alte: immer dieselbe Reaktion: „Do it yourself!"

Später habe ich von anderen Amerikanern erfahren, daß es in den USA eine Grundregel gibt, die jedes Kind schon mit dem ABC erlernt: Auf keinen Fall schummeln!

„Cheating" ist dort eine Art Sittlichkeitsverbrechen.° Die Deutschen stehen bekanntlich *here: social faux pas*

25 in dem Ruf, ganz besonders korrekt, ordentlich und ehrlich zu sein, auch im aller-
schlimmsten Sinn. Aber bei uns auf der Schule war Spicken und Abschreiben ein
Massensport. Daß dieses harmlose Vergnügen in Amerika selbst unter Erwachsenen
verpönt° ist, daß das „nicht schummeln!" so tief drinsitzt, hat mich erstaunt: Eine *taboo*
fantastische Dressurleistung, die ich so aus Europa nicht kenne.

30 Das Erlebnis mit dem Führerschein widersprach meinem Bild von Amerika ziemlich.
Denn das Bild, das wir von Amerika hatten und haben, ist doch, daß dieses Land die
Zentrale des Hochkapitalismus ist. Nach unserer Vorstellung wird die amerikanische,
mehr als die europäische Gesellschaft, vom Geld und folglich auch vom Beschiß
regiert. Was übrigens gar kein so falsches Bild ist! Aber das bis ins Innerste funktionie-
35 rende und allumfassende „cheating"-Verbot ist ebenso mächtig. Ein spannender und
nicht leicht zu verstehender Widerspruch, der übrigens auch ein bißchen erklärt,
warum amerikanische Präsidenten aus Gründen, die für einen Europäer kaum verständlich sind, gestürzt werden. Mir zum Beispiel hätte es eingeleuchtet, wenn man einen
Präsidenten Nixon wegen der Ausweitung des Vietnam-Krieges auf Kambodscha ge-
40 stürzt hätte. Aber das war für die Amerikaner kein Grund. Der Grund für Nixons Fall
war, daß man ihn beim Cheaten erwischt hatte: der Fall hieß dann Watergate. Der
Parallelfall heute ist Ronald Reagan. Die meisten Amerikaner haben alles mitgemacht,
was Reagan ihnen und anderen Völkern zugemutet hat. Was die amerikanische Öffentlichkeit jetzt wirklich gegen ihn aufbringt, ist die Tatsache, daß er geschummelt hat. Das
45 ist etwas in der amerikanischen Kultur, was wir Europäer von Amerika nicht wissen und
auch nicht richtig einschätzen können.

2. Teil. Die folgenden Aussagen beziehen sich auf den 2. Teil. Lesen Sie auch diese Aussagen zuerst durch. Sind sie richtig oder falsch?

1. „Drunk-driving" wird in Deutschland härter bestraft[1] als in Amerika.
2. Im Gefängnis ist Schneider mit 14 anderen Betrunkenen in einem Raum.
3. Alle sind, statt bei Grün oder Gelb, bei Rot über eine Ampel gefahren.[2]
4. Die 14 Leute in der Zelle sprechen miteinander, obwohl sie aus sehr verschiedenen Teilen der Gesellschaft kommen.
5. Sie kommunizieren, weil Menschen im Knast[3] Solidarität empfinden.
6. Schneider findet es richtig, daß die Polizei ihn wie einen Verbrecher behandelt.
7. Polizisten müssen sich schützen, denn sie leben nun mal gefährlich.
8. In Deutschland würden manche Leute sagen, daß Amerikaner sich von der Polizei zu viel gefallen lassen.
9. In Amerika kann man zwischen einem Bürger und seinem Job unterscheiden.

Lesen Sie jetzt den zweiten Teil des Textes. Korrigieren Sie die falsche Aussagen.

---

[1] *punished*   [2] sind bei . . . *jumped the red lights*   [3] *jail*

„Amerikanische Biographie" (2. Teil)

Das halbe Jahr in Kalifornien hat mein Bild von Amerika verändert. Erstmals habe ich eine Nacht in einem kalifornischen Gefängnis verbracht. Wegen „drunk-driving", ein Delikt, das neuerdings in den USA härter als bei uns bestraft wird. In dieser Nacht in Redwood City war ich mit 14 Leuten in einer Zelle. Da waren betrunkene Bums, die
5 keine Schuhe an den Füßen hatten. Ein Country-Club-Besitzer war bei Rot über die Ampel gefahren. Ein elegant gekleideter Schwarzer hatte sich ein ähnliches Malheur° *misfortune* zuschulden kommen lassen. Alle waren betrunken und mußten acht Stunden oder auch mehrere Tage in dieser Zelle bleiben. Der einzige Komfort bestand in einer schmalen Sitzbank, in der Stevie Wonder-Musik, die durch die Gitterstäbe drang.
10 Zu meiner Überraschung kommunizierten all diese Alkoholsünder, die aus den unterschiedlichsten sozialen Schichten stammten, vollkommen unkompliziert miteinander. Keine Spur von Klassen-Gehabe. Man kann das natürlich mit der berühmten Knast-Solidarität erklären. Ich hatte jedoch einen anderen Eindruck: Es herrschte ein ganz natürliches Gefühl, daß wir einfach alle Bürger waren.
15 Ich protestierte sofort dagegen, daß mir, anders als in Deutschland bei solch einem Delikt, Handschellen angelegt und Fingerabdrücke abgenommen wurden, kurz, daß wir wie Schwerverbrecher behandelt wurden. Aber alle anderen haben mir widersprochen, hatten eine Erklärung parat. Das müßte so sein: Die armen Polizisten, die allein Streife fahren,° seien ständig gefährdet und müßten sich auf diese Weise schüt- *Streife. . . patrol*
20 zen. Alle schienen mit der Unbill,° die ihnen widerfuhr, einverstanden. Jeder Linke in *injustice* Deutschland würde sagen, das sind doch alles Untertanen,° denen hat man das Gehirn *subjects, subordinates* gewaschen.
In Wirklichkeit glaube ich, daß sie den Polizisten, dessen Opfer sie im Augenblick waren, eben genau wie den Bum als einen Mitbürger begriffen. Sie konnten sich in
25 dessen Lage versetzen, zwischen dem Bürger und seinem Job unterscheiden. Der Polizist gehört eben in Amerika nicht zum Staat, er ist Teil der Gesellschaft.

3. Teil. Im letzten Abschnitt reflektiert Peter Schneider noch andere Erfahrungen, die er in den USA gemacht hat. Lesen Sie zuerst wieder die Aussagen zum Text.

1. Es geht Schneider auf die Nerven,[1] daß bei jedem Baseball- oder Footballspiel die amerikanische Flagge gehißt[2] wird.
2. Peter Schneider versteht den Patriotismus der Amerikaner sehr gut.
3. In Deutschland sind die Leute extrem kritisch. Schneider fragt sich, ob diese Haltung eine lebbare Alternative zum Patriotismus ist.
4. In Amerika braucht man nicht viele Dokumente zu lesen und Formulare zu unterschreiben.
5. Es gibt in Amerika mehr Bürokratie als Bundesdeutsche glauben.
6. Die Amerikaner sind stolz auf ihre Bürokratie.

---

[1] Es geht . . . auf die Nerven *it gets on one's nerves* [2] *hoisted*

„Amerikanische Biographie" (3. Teil)

D as sind Erfahrungen, die mich verwirrten und mir teilweise auf die Nerven gingen. Selbst das ständige Hissen der amerikanischen Flagge, wenn in Stanford ein Baseball- oder Football-Trainingsspiel stattfand. Dieser Hurra-Patriotismus wird mir immer fremd bleiben. Aber es hat mich nicht nur geärgert, sondern auch provoziert: Diese in

5 Deutschland übliche totale Infrage-Stellung, diese ständige Bereitschaft, allem einen Arschtritt zu geben — ist das eigentlich lebbar? Ist das eine Alternative?

Ich habe nie in meinem Leben so viele Formulare ausgefüllt wie in diesem halben Jahr, sei es, daß ich einen Führerschein beantragt, ein Bankkonto eröffnet oder eine Autoversicherung abgeschlossen habe. Das einfache Vorhaben, meine Tochter in

10 einem Kinderladen oder bei einem Babysitter abzugeben, bedeutete, seitenlange Dokumente zu lesen und zu unterzeichnen. Auf diese Erfahrung war ich vielleicht am wenigsten vorbereitet und ich denke immer noch darüber nach, was sie bedeutet. Ich vermute, daß dieses Übermaß an Bürokratie nicht immer existiert hat; daß derzeit etwas in Amerika passiert, das in der Tat nicht nur meinem Bild von Amerika, sondern

15 auch dem Selbstbild der Amerikaner zuwider läuft.

Nach dem Lesen

A. Kognate und „falsche Freunde". In diesem Text gibt es viele Verbformen auf **-ieren.** Viele von ihnen sind Kognate und leicht zu verstehen, wie **studieren** oder **existieren.** Eine zweite Gruppe hat aber im Deutschen eine andere Bedeutung als im Englischen, wie **resignieren** (*to give in, up*) und **dressieren** (*to train*). Wörter dieser Art werden auch „falsche Freunde" genannt. Stellen Sie mit Hilfe der folgenden Sätze fest, in welche Gruppe das **-ieren** Verb paßt. Schreiben Sie die Verben in die zwei Spalten unten.

1. Als Peter Schneider den Führerschein machen wollte, hat er sich fürchterlich blamiert.[1]
2. Kann man Menschen wie Hunde dressieren?
3. Viele Deutsche interessieren sich nicht für Amerika.
4. Früher wurden viele Staaten von Königen regiert.[2]
5. Das Radio funktioniert leider nicht mehr.
6. Im Dunkeln kann man sich schlecht orientieren.
7. Was passiert Peter Schneider im Knast?
8. Der Chef muß noch schnell eine Rechnung quittieren.[3]
9. Dieses Theaterstück sollte das Publikum provozieren.
10. Man muß sorgfältig zwischen Ursache und Wirkung differenzieren.
11. Der Fahrer des Autos konnte nicht mehr reagieren und fuhr gegen einen Baum.
12. Korrigier mich bitte, wenn ich mich irre.
13. Alle Leute im Gefängnis kommunizieren miteinander.

14. Gegen diese Behandlung möchte ich protestieren.
15. Kannst du deine Kritik nicht besser artikulieren?
16. Musizieren ist ein schönes Hobby.
17. Der Verbrecher konnte von der Polizei identifiziert werden.
18. Wenn du die Aufgabe nicht gleich verstehst, darfst du nicht resignieren.

---

[1] *made a fool of himself*   [2] *ruled, reigned over*   [3] *give a receipt for*

KOGNATE	„FALSCHE FREUNDE"
_____	_____
_____	_____
_____	_____
_____	_____
_____	_____
_____	_____
_____	_____
_____	_____

B.   Schreiben Sie! Geben Sie den Inhalt des Textes ganz kurz mit eigenen Worten wieder. Benutzen Sie die folgenden Fragen als „roten Faden." [1]

1. Was erlebt Peter Schneider bei der theoretischen Prüfung für den Führerschein?
2. Welcher Unterschied zwischen den USA und der Bundesrepublik wird ihm dabei klar?
3. Warum kommt Peter Schneider ins Gefängnis, und was fällt ihm dort auf?
4. Wie interpretiert er das Verhalten der Leute im Gefängnis?
5. Welche anderen Erfahrungen in Amerika haben ihn verwirrt, gestört oder überrascht?

---

[1] *main points*

C.   Stellungnahme. Was meinen Sie?

1. Wie finden Sie Peter Schneiders Bericht? Erstaunlich, normal, naiv, arrogant, interessant, dumm . . . ? Sagen Sie Ihre Meinung.
2. Welche amerikanischen Klischees kann man in diesem Bericht finden? Kennen Sie noch weitere Klischees? Welche?
3. Sind die kulturellen Unterschiede, die Schneider hervorhebt,[1] neu für Sie? Kennen Sie noch andere, vielleicht wichtigere Unterschiede? Welche?

---

[1] *emphasizes*

Aktivitäten

A.   Wie finden Sie das? Erklären Sie Ihrem Partner, was Sie von den folgenden Dingen oder Sachen halten. Benutzen Sie dabei einige der folgenden Wörter/Ausdrücke.

POSITIV	NEGATIVE
klasse	unmöglich
spitze	blöd
toll	viel zu groß
großartig	kann nichts dazu sagen
gerade richtig	reiner Schrott
schön	ich weiß nicht
gefällt mir	viel zu teuer
ganz gut	
es geht	
wie für mich gemacht	

Damengrößen		Herrenhemden		Herrengrößen		Herrenschuhe	
USA	Europa	USA	Europa	USA	Europa	USA	Europa
8	36	14	36	36	46	7½	39/40
10	38	14½	37	38	48	8½	41
12	40	15	38	40	50	9½	42
14	42	15½	39	42	52	10½	43
16	44	16	41	44	54	11½	44
18	46	16½	42	46	56	12½	45
		17	43	48	58		

B.   Einkaufen macht Spaß! Sie gehen mit Ihrem Freund / Ihrer Freundin einkaufen. Besprechen Sie mit Ihrem Partner / Ihrer Partnerin, was Sie kaufen möchten.

MODELL: Ich möchte _____ (ein Kleid, einen Rock, eine Bluse, eine Hose, einen Anzug, eine Jacke, einen Mantel)
in Größe _____ (34, 36, 38, 40, 42, 44, 46, 48, 50, 52, 54, 56)
und zwar ein/eine/einen _____ (gestreift___, geblümt___, gemust-ert___, kariert___, einfarbig___)
vielleicht in _____ oder in _____ (weiß, blau, grün, gelb, rot, grau, schwarz, beige, rosa)
aus _____ (Wolle, Baumwolle, Seide, Leder, Synthetik).

Wie teuer darf es sein?

BEISPIELE: Darf nicht zu teuer sein.
So mittlere Preislage.
Kann ruhig teuer sein.

C.   Führen Sie ein Gespräch! Ergänzen Sie den Dialog.

VERKÄUFER/IN: Kann ich Ihnen behilflich sein?
KUNDE: Ja, ich suche/möchte _____. (Anzug, Jacke usw.)
v: Wie wäre es damit? Das ist im Moment sehr modern.
k: Kann ich das (ihn, es, sie) mal anprobieren?
v: Das sieht _____ aus! (klasse, gut usw.)
k: Das _____. (sitzt gut, sitzt nicht, steht mir, steht mir nicht, paßt genau, paßt nicht usw.) Es ist _____. (zu lang/kurz, zu eng/unbequem)
Haben Sie noch was anderes da?
v: Ja, wie wäre _____? Das ist auch sehr modisch.
k: Zeigen Sie mir bitte mal _____! Haben Sie das in _____? (grün, blau, schwarz usw.)
v: Ja, aber nur in _____. (Wolle, Synthetik usw.)
Möchten Sie es _____? (einfarbig, gestreift usw.)
k: Nein, _____. (gefällt mir nicht, mag ich nicht so gern, nehme ich nicht, steht mir nicht, paßt nicht zu mir)
Danke. Auf Wiedersehen.
v: Wiedersehen.

239

SPRECHAKTE

Glauben/Zweifel: Das bezweifle ich sehr!

CHRISTOPH: Du, Rainer, bei Jürgen gibt's heute abend ein Fest. Wollen wir nicht hingehen?

RAINER: Nein, lieber nicht. Leider muß ich heute abend arbeiten. Ich bin ziemlich sicher, daß wir morgen in Mathematik eine Arbeit schreiben.

MUTTER: Also, Dieter, hör mal zu. Das Internat wäre für Alfred wirklich das Beste. Unsere Dorfschule ist einfach nicht so gut. Da lernt er doch nichts! Und so teuer ist das Internat auch wieder nicht.

VATER: Das bezweifle ich sehr. Außerdem finde ich unsere Schule ganz gut: die Lehrer sind kompetent und zuverlässig, und sie beschäftigen sich viel mit ihren Schülern. Das kann der Alfie gut vertragen. Ein Genie ist er nämlich nicht.

(Im Geschäft)

SARAH: Mutter, ist dieses Kleid nicht herrlich! Ich bin sicher, daß es auch Rollie gefallen wird.

MUTTER: Sarah, das ist wohl nicht das richtige Kleid für dich, es ist zu kurz und viel zu tief ausgeschnitten.

SARAH: Ach, Mutti, sei doch nicht immer so altmodisch. Alle tragen heutzutage solche Kleider — das ist schick!

MUTTER: Was heißt hier schick? Ich finde, daß ein 13-jähriges Mädchen noch nicht so herumzulaufen braucht. Was sollen denn die Nachbarn denken! Komm jetzt, wir gehen woanders hin.

Variationen

Spielen Sie!

1. Ihr Freund aus Deutschland sieht nicht ein, warum die USA die „Polizei" für die ganze Welt spielen müssen. Erklären Sie ihm, was Sie davon halten und wie Sie das sehen.
2. Sie sind seit einem Jahr mit Ihrem Freund / Ihrer Freundin zusammen und wollen heiraten. Oder doch nicht? Erklären Sie Ihrem Freund / Ihrer Freundin, was im Leben für Sie wichtig ist: Geld, Einfluß und Macht, Liebe, Religion . . .
3. Ihre Elten wollen von Ihnen wissen, ob Sie mit Ihrem Leben zufrieden sind, was Sie vorhaben und was wichtig für Sie ist.

Und jetzt zu Ihnen!

1

A: Sie sind in einer eleganten Boutique und möchten ein Abendkleid / einen Abendanzug für eine große Feier kaufen. Sie beraten sich mit dem Verkäufer / der Verkäuferin in punkto Größe, Farbe und Stoff. Sie möchten natürlich das Kleid / den Anzug auch anprobieren.

B: Sie arbeiten in einer Boutique. Sie haben einen schönen schwarzen Anzug im Sonderangebot für 350,– DM und ein weiß-grün gestreiftes Abendkleid in echt italienischem Stil für 700,– DM. Natürlich haben Sie auch noch viele andere Sachen. Versuchen Sie, dem Kunden / der Kundin Ihre Sonderangebote zu verkaufen.

2

A: Sie wollen einen Freund / eine Freundin auf eine Fete einladen. Rufen Sie an und erklären Sie, wo die Fete stattfindet, wer alles kommt, warum es eine tolle Fete wird, usw. Sie wollen unbedingt, daß Ihr Freund / Ihre Freundin mitkommt.

B: Sie telefonieren mit einem Freund / einer Freundin. Er/sie lädt Sie immer auf langweilige Feten ein, und Sie haben einfach keine Lust mehr mitzugehen. Stellen Sie Fragen zur Fete und versuchen Sie, einen Grund zu finden, um „nein" sagen zu können.

WORTSCHATZ

Gesellschaft (f.) *society*

Welche Gesellschaftsformen kennen Sie? Glauben Sie, daß es in der amerikanischen Gesellschaft zuviel Armut/Reichtum gibt? Was könnte man dagegen tun? Wenn Sie eine ideale Gesellschaft entwickeln könnten, wie würde sie aussehen?

Glauben Sie, daß Konkurrenz der Wirtschaft schadet oder nützlich ist?

Das wissen Sie schon:

die Inflation, -en　　　　　　　　　　**miteinander**
die Wirtschaft　　　　　　　　　　　　**gemeinsam**

helfen (hilft, half, geholfen)　　**kaufen (gekauft)**　　　　　**unterstützen (unterstützt)**

Das ist neu:

die Armut poverty　　　　　　　　　**die Konkurrenz** competition, rivalry
die Entwicklungshilfe foreign aid　　**die Landwirtschaft** agriculture, farming
die Gemeinschaft, -en community　　**der Lebensstandard, -s** standard of living
die Gerechtigkeit justice, fairness　　**der Reichtum, ¨er** wealth, fortune
das Gesellschaftsleben social life　　**soziale Sicherheit** social security

- **gründen (gegründet)** to found, to set up
- **vereinbaren (vereinbart)** to agree on

Werte (m., pl.) und Ideale (n., pl.)   *values and ideals*

Welche persönlichen Werte halten Sie für besonders wichtig? Glauben Sie, in einer Gesellschaft ohne Werte und Ideale zu leben?

Wie, wann und wo lernen Kinder Werte und Ideale?

Was sind Ihre persönlichen Ziele? Reichtum, Glück, Zufriedenheit, Macht?

Das wissen Sie schon:

die Angst, ̈e	**die Freiheit, -en**	**die Kirche, -n**	**der Tod**
die Antwort, -en	**der Glaube**	**die Liebe**	**die Wahrheit, -en**
die Frage, -n	**das Glück**	**der Sinn, -e**	

bestimmt
tatsächlich

sich erinnern an (erinnert)	**leiden (leidet, litt, gelitten)**
erkennen (erkennt, erkannte, erkannt)	**lieben (geliebt)**
glauben (geglaubt)	**vergessen (vergißt, vergaß, vergessen)**
hoffen (gehofft)	

Das ist neu:

das Bewußtsein awareness, consciousness	**das Schicksal, -e** fate, destiny
der Grundsatz, ̈e principle	**die Schönheit, -en** beauty
die Hoffnung, -en hope	**die Schuld** blame, guilt; sin
das ewige Leben eternal life	**das Wesen** nature; essence
das Leiden, - suffering; illness; complaint	**die Wirkung, -en** effect
die Materie, -n subject matter; matter	**der Zweifel, -** doubt

geistig mental; spiritual; intellectual
vermutlich presumably
zweifellos without doubt, undoubtedly

annehmen (nimmt . . . an, nahm . . . an, angenommen) to accept
bezweifeln (bezweifelt) to doubt; to question
vermuten (vermutet) to suspect; to assume
zweifeln (gezweifelt) to doubt

Kognate (n., pl.)   *cognates*

Diskutieren und interpretieren Sie den Begriff Ideal/Moral/Gesellschaft!

Interessieren Sie sich für Philosophie? Haben Sie Ihre eigene Lebensphilosophie?

Das wissen Sie schon:

das Ideal, -e
die Idee, -n
die Kreditkarte, -n
das Problem, -e

die Philosophie, -n
die Religion, -en
der Wille

garantiert

diskutieren (diskutiert)
existieren (existiert)
exportieren (exportiert)
funktionieren (funktioniert)
identifizieren (identifiziert)
importieren (importiert)
interessieren (interessiert)

interpretieren (interpretiert)
kombinieren (kombiniert)
organisieren (organisiert)
protestieren (protestiert)
reagieren (reagiert)
reparieren (repariert)
telefonieren (telefoniert)

Das ist neu:

artikulieren (artikuliert)   to articulate, enunciate
debattieren (debattiert)   to debate
differenzieren (differenziert)   to make distinctions, be discriminating
komplizieren (kompliziert)   to complicate
kommunizieren (kommuniziert)   to communicate
musizieren (musiziert)   to play a musical instrument
orientieren (orientiert)   to orient, orientate
provozieren (provoziert)   to provoke
reflektieren (reflektiert)   to reflect
regieren (regiert)   to reign, rule, govern
revoltieren (revoltiert)   to revolt, rebel
revolutionieren (revolutioniert)   to revolutionize

„*Falsche Freunde*" (*m., pl.*)   *false cognates*

Was halten Sie von der Werbung, die in den USA stets die Sendungen unterbricht?

Sind Sie leicht zu provozieren? Wie reagieren Sie auf Provokation?

Das ist neu:

blamieren (blamiert)   to disgrace
dressieren (dressiert)   to train, condition, discipline
kontrollieren (kontrolliert)   to control (the majority)
passieren (ist passiert)   to happen
(etwas) probieren (probiert)   to try (something); to taste, test (something)
resignieren (resigniert)   to resign, give up
winken (winkt, winkte, gewunken/gewinkt)   to wave

Sprechakte

Ich halte seine Argumentation für provozierend.   I find his arguments provoking.
**Die Unterscheidung zwischen Ursache und Wirkung ist nicht immer ganz
    leicht.**   The differentiation between cause and effect is not always easy (to make).
Er hat die Absicht, nächsten Monat eine Reise zu machen.   He intends to go on a
    trip next month.
Er ist fest entschlossen, im Herbst zum Militär zu gehen.   He is absolutely
    determined to join the army in the fall.
Kann ich Ihnen mit etwas behilflich sein?   May I help you with something?

STRUKTUREN

8.1 Passiv 1: *werden*-Passiv
How Things Are Done

A. Verwendung

The passive voice (***werden*-Passiv**) is used to focus on the action rather than on the person or the thing performing the action.

> *Aktiv* 1. Die Stadt Köln baut eine neue Brücke über den Rhein.
> *Passiv* 2. Eine neue Brücke wird über den Rhein gebaut.

In sentence 1, the doer of the action (who is building the bridge) is the center of attention — namely, the city of Cologne. This is an active sentence. In sentence 2, the action (what is being done) is the focus — namely, the building of the bridge. This is a passive sentence. Note that the object of the action in sentence 1 (**eine neue Brücke**) becomes the subject of sentence 2. The focus shifts away from who is building the bridge to what is happening to the bridge.

   In passive sentences, the doer of the action (the agent) is often unknown or unspecified. In each of the following sentences, the agent is unspecified; there is no mention of who performs each action. Rather the focus is on the act — of informing me and of broadcasting the game.

Ich wurde nicht rechtzeitig informiert.	*I wasn't informed in time.*
Das Fußballspiel wird im 3. Programm übertragen.	*The soccer game is being broadcast on Channel 3.*

An active sentence with the indefinite subject pronoun **man** may often be substituted for a passive sentence. The focus remains on the action. Note that the subject of the passive sentence is the accusative object of the **man**-sentence.

Man hat **mich** nicht rechtzeitig informiert.	*They didn't inform me in time.*
Man überträgt **das Fußballspiel** im 3. Programm.	*They're broadcasting the soccer game on Channel 3.*

B. Formen

The passive voice is formed with the auxiliary **werden** and the past participle of the verb. Just like the active voice, the passive voice occurs in every tense and the subjunctive.

werden + *past participle*

Präsens:	Die Brücke **wird gebaut.**	*The bridge is being built.*
Präteritum:	Die Brücke **wurde gebaut.**	*The bridge was built.*
Perfekt:	Die Brücke **ist gebaut worden.**	*The bridge has been built.*
Plusquamperfekt:	Die Brücke **war gebaut worden.**	*The bridge had been built.*
Futur:	Die Brücke **wird gebaut werden.**	*The bridge will be built.*
Konjunktiv I:	Sie sagte, die Brücke **werde gerade gebaut.**	*She said, the bridge was being built.*
	Er sagte, die Brücke **sei** schon **gebaut worden.**	*He said, the bridge had already been built.*
Konjunktiv II:	Die Brücke **würde gebaut,** wenn Geld da wäre.	*The bridge would be built, if there were money.*
	Die Brücke **wäre gebaut worden,** wenn Geld dagewesen wäre.	*The bridge would have been built, if there had been any money.*

Look at the perfect, past perfect, and past subjunctive examples. The pattern is:

auxiliary **sein** + *past participle* + *past participle*
of action verb *of* **werden**

This is the equivalent of the English structure *to have been.*

Ich **bin** gefangen **worden.**　　　*I have been caught.*

Note that in the passive voice, the past participle of **werden** is **worden.***

Die Brücke ist in Köln gebaut worden.

C. Passiv intransitiver Verben　(*Passive Voice of Intransitive Verbs*)

Passive sentences focus on the action rather than on the agent. The verb, therefore, must be dynamic [an action verb such as **kaufen** (*to buy*)] rather than static [a verb that describes a state rather than an action, such as **gehören** (*to belong to*)]. For most verbs used in the passive voice, the action is directed to an object (the accusative object of the active sentence, the subject of the passive sentence). Verbs like these are called *transitive verbs* (from Latin *transire*, "to go over"); the action is thought of as being "transmitted" to the object, as taking effect on the object. *Intransitive verbs,* then, are verbs that do not directly affect an object, that do not

---

* When **werden** is not used as an auxiliary but as an independent verb (*to become*), the past participle is **geworden: Diese Brücke ist sehr berühmt geworden.**

have an accusative object in the active voice, such as **helfen** and **tanzen.** However, as long as intransitive verbs denote an action initiated by a human being, they may still be put in the passive voice in German.

Note that passive sentences with intransitive verbs do not contain a "real" subject, since there is no person or thing that is being affected. The indefinite subject **es** is used, or even no grammatical subject at all.* (When there is no exact English equivalent to the German construction, use a different construction to express the same thought in English.)

Es wurde ausführlich über den Unfall berichtet.	*The accident was extensively reported on.*
Den Armeniern (*Dativ!*) wurde von allen geholfen.	*The Armenians were being helped by everybody.*
Heute wird nicht getanzt!	*There is no dancing today.*

D. Das Passiv der Modalverben   (*Passive Voice of Modal Verbs*)

In passive constructions with modal verbs, the present tense, the simple past tense, and subjunctives I and II are commonly used.

Das Auto soll heute noch repariert werden. (present)	*The car is supposed to be repaired today.*
Der Rasen sollte gestern gemäht werden. (simple past)	*The lawn was supposed to be cut yesterday.*
Seine Mutter sagte, daß die Garage auch mal saubergemacht werden müsse. (subjunctive I)	*His mother said that the garage would have to be cleaned up some time as well.*

Modal verbs follow the pattern of the future passive: in independent clauses, *modal + past participle* followed by **werden** at the end (see chart on p. 245); in dependent clauses, *past participle + **werden*** with the conjugated form of the modal at the end.

FUTUR

Die Brücke wird gebaut werden.	*The bridge will be built.*
Die Brücke muß gebaut werden.	*The bridge must be built.*
Es ist sonnenklar, daß eine Brücke gebaut werden muß.	*It is obvious that a bridge must be built.*

---

* The indefinite subject **es** is used only when it starts the sentence. When another element is in first position, **es** is dropped: **Es wurde darüber nicht gesprochen. / Darüber wurde nicht gesprochen.**

Compound subjunctive forms with modals in the passive voice may seem formidable at first, but with practice listening to and reading German you will be able to understand and form them with ease. Keep the past participle and **werden** together, followed by the modal infinitive (this is a double infinitive construction), and put a form of **hätte** in the position of the conjugated verb.

> Die Brücke **hätte** schon vor zwei Jahren **gebaut werden sollen.**
>
> *The bridge should have been built (was supposed to have been built) two years ago.*

In dependent clauses, **hätte** moves to the beginning of the verb phrase at the end of the clause.

> Er sagte, daß die Brücke schon vor zwei Jahren **hätte gebaut werden sollen.**
>
> *He said that the bridge should have been built two years ago.*

E. Die Agensnennung im Passiv *(Naming the Agent in the Passive Voice)*

In about 90 percent of passive sentences in German, the agent (the person or thing performing the action in the active sentence) is not mentioned. If, however, the agent is mentioned, the construction **von** + *dative* is used.

SUBJEKT

Aktiv: **Mein Freund** hat mir viele schöne Sachen geschenkt.

von + *Dativ*

Passiv: Viele schöne Sachen sind mir **von** *meinem Freund* geschenkt worden.

When the agent does not really perform the action but is the instrument or the medium through which the action is performed, or when the agent is acting at the request of somebody else, then the construction **durch** + *accusative* is used.

> San Francisco wurde 1906 **durch ein Erdbeben** zerstört.
>
> *San Francisco was destroyed by earthquake in 1906.*
>
> Der Stadtteil wurde **durch Polizisten** abgesichert.
>
> *The neighborhood was secured by police.*

Compare these sentences.

> Sie wurde **durch ihre Mutter** aufgehalten. (She was involved in doing something with her mother, which resulted in her being late.)
>
> Sie wurde **von ihrer Mutter** aufgehalten. (Her mother caused her to be late.)

8.2 AUFFORDERUNG (Imperativ und andere Formen)
Making Requests

Requests are expressed in a variety of ways. The most common one is the command form **(Imperativ)** of the verb. Other forms—the use of **werden,** a modal verb in the subjunctive, or the passive voice—may be used to vary the intensity of a request.

Geben Sie mir bitte den Stift.	*Give me the pencil, please.*
Würden Sie mir bitte den Stift geben?	*Would you please give me the pencil?*
Heute wird nicht mehr ferngesehen.	*No more TV today!*

A. Imperativ   *(Imperative/Command Form)*

The imperative has four forms: **du, ihr,** the polite **Sie,** and **wir.** The present tense is the base for forming the imperative. The **du**-imperative is the present tense form without the pronoun and the **st**-ending; the **ihr**-imperative is the present tense form without the pronoun. The **Sie-** and the **wir**-imperative are the present tense forms with reversed word order.

	PRÄSENS	IMPERATIV	PRÄSENS	IMPERATIV
du	d̶u̶ gehs̶t̶	Geh!	d̶u̶ hilfs̶t̶ ihm	Hilf ihm!
ihr	i̶h̶r̶ geht	Geht!	i̶h̶r̶ helft ihm	Helft ihm!
Sie	Sie gehen	Gehen Sie!	Sie helfen ihm	Helfen Sie ihm!
wir	wir gehen	Gehen wir!	wir helfen ihm	Helfen wir ihm!

Verbs that end in **-est** in the **du**-form end in **-e** in the **du**-imperative.

Arbeit**e** ein bißchen schneller!	*Work a little faster!*
Atm**e** tief durch!	*Take a deep breath!*

Strong verbs whose stem vowels change from **i**/**ie** in the present tense **(geben: du gibst; sehen: du siehst)** retain the vowel(s) of the **du**-form in the **du**-imperative: **Gib! Sieh!** Strong verbs whose stem vowel changes from **a** to **ä** (fahren: du fährst; laufen: du läufst) use the vowel of the infinitive in the **du**-imperative: **Fahr! Lauf!**

Gib mir mal die Butter, bitte!	*Please pass me the butter!*
Nimm mich mit!	*Take me along!*
Fahr doch nicht so schnell!	*Don't drive so fast!*
Halt mal hier an!	*Stop here!*

The imperative forms of **sein** are irregular.

du	Sei!	*Sie*	Seien Sie!
ihr	Seid!	*wir*	Seien wir!

Sei nicht so frech!	*Don't be so fresh!*
Seid bitte ein bißchen leiser!	*Please be a little more quiet!*
Seien Sie doch nicht so empfind-lich!	*Don't be so sensitive!*

B. Intensität   (*Intensity*)

Depending on context, intonation, and choice of words, the imperative may express a less intense request or a more intense one.

FREUNDLICH

Treten Sie doch ein!	*Do come in!*
Sei doch nicht so traurig!	*Don't be so sad!*

NEUTRAL

Öffnen Sie bitte das Fenster!	*Please open the window!*
Ruf mich heute abend an!	*Call me tonight!*

ÄRGERLICH

Lassen Sie mich in Ruhe!	*Leave me alone!*
Hör jetzt endlich auf!	*Just stop it, will you!*

In addition to the imperative form there are a number of other forms available to express varying degrees of intensity when making a request.

1. Geringe Intensität

Low-intensity requests are often expressed as questions or as statements of fact. Whether the request will be honored is completely up to the person addressed.

Hast du Lust, mit ins Kino zu gehen?	*Do you want to go see a movie with us?*
Du bist herzlich eingeladen.	*You are cordially invited.*
Die Konferenzteilnehmer versammeln sich bitte um 9 Uhr in Raum 8.	*The conference participants are requested to meet at 9 in room 8.*

2. Mittlere Intensität

The person addressed still has the choice of whether to honor requests of medium intensity, although it is generally expected that such requests will be honored. These requests are often expressed as questions using a subjunctive II form of **werden** or **können.**

Würden Sie mir mal einen Gefallen tun?	*Would you do me a favor?*
Könntest du mir mal bitte helfen?	*Could you help me for a moment, please?*

3. Hohe Intensität

Requests of high intensity are intended to be followed; no choice is offered or implied. Such commands are often expressed as statements of fact in the present tense, the future tense, and the passive voice.

PRÄSENS

Sie gehen jetzt sofort nach Hause!	*You are to go home immediately!*

FUTUR

Du wirst mich jetzt in Ruhe lassen, hörst du?	*Leave me alone now, do you hear?*

PASSIV

Hier wird nicht getanzt!	*There's no dancing here! (No dancing allowed!)*

Shortened sentences without a conjugated verb are also often used to make requests.

INFINITIV

Nicht aus dem Fenster lehnen!	*Don't lean out of the window.*

PARTIZIP PERFEKT

Alles aufgestanden!	*Everybody get (stand) up!*

8.3 ABTÖNUNGSPARTIKEL 4: IMPERATIVSÄTZE
Softening Commands and Intensifying Requests

A number of flavoring particles are commonly used in imperative sentences to make requests more polite, to make them stronger or to show impatience, or even to turn a request into a warning.

HÖFLICHKEIT	UNGEDULD	WARNUNG
doch	doch	bloß
einfach	(doch) mal	ja
nur	schon	
ruhig		

A. Höfliche oder freundliche Aufforderung (*Polite or Friendly Request*)

The following particles are often used to make requests more polite or to give them a friendly note: **doch, einfach, nur, ruhig.**

In this context, these flavoring particles are not stressed in speech; they follow the conjugated verb and subject or object pronouns but precede almost everything else. (The syllable that carries the sentence stress is boldfaced in the following sentences.)

Setzen Sie sich *doch!*	*Do sit down!*
Nehmen Sie die Zeitung *ruhig* **mit.**	*Do take the paper along!*
Geh einfach *nach* **Hau**se!	*Why don't you simply go home!*
Kommen Sie *nur* her**ein!**	*Do come in!*

B. Starke Aufforderung oder Ungeduld (*Strong Request or Impatience*)

The following particles are often used to make requests stronger or to signal impatience: **doch, (doch) mal, schon.**

Geh *doch* **weg!**	*Get out of here!*
Komm *schon!*	*Come on, now!*
Hilf mir *mal* mit dem **So**fa!	*Come and help me with the sofa!*
Schreibt mir *doch mal* wieder einen **Brief!**	*Write me another letter, will you!*

C. Warnung oder Drohung (*Warning or Threat*)

The flavoring particles **bloß** and **ja** imply warning or threat when used in imperative sentences. They are always stressed.

Komm mir **bloß** nicht zu nahe!	*Don't you come near me!*
Laßt mich **ja** nicht allein!	*Don't you leave me alone!*

8.4 WORTBILDUNG 3: ABLEITUNG 1: Adjektive
Making Adjectives

A. Präfixe

There are a number of prefixes that can be put in front of adjectives to create new adjectives. Here are some of the most important ones.

aller-	*(the best) of all*	allerbeste
halb-	*half*	halbvoll
teil-	*partially*	teilmöbliert
über-	*over*	überängstlich
un-	*not*	unfreundlich
voll-	*fully*	vollautomatisch

Although English uses similar prefixes to denote similar qualities, many German adjectives often have no exact, one-word English equivalents.

das allerbeste	*the best of all*
das allergrößte	*the biggest of all*
halbfett	*medium-fat*
halbjährlich	*semi-annually*
teilmöbliert	*partially furnished*
überdeutlich	*overly clear*
übervorsichtig	*overly cautious*
unmodern	*old-fashioned*
unrasiert	*unshaven*
vollbeschäftigt	*employed full-time*
volljährig	*of age*

B. Suffixe

There are also a number of suffixes that can be used to create new adjectives or other kinds of words. Here are some of the more important ones and their English equivalents.

-arm	*low in*	alkoholarm
-bar	*-able*	annehmbar
-los	*-less; without*	fehlerlos
-reich	*rich in*	fischreich
-voll	*-full*	angstvoll
-wert	*worthwhile, worth doing*	sehenswert

The suffixes **-arm, -reich, -voll** and **-los** may be attached to the ends of nouns to denote that something is low in, rich in, full of, or without the meaning of the noun they are attached to*

fettarm	*low in fat*
gefühlsarm†	*unemotional*
hoffnungsvoll/sorgenvoll	*full of hope/sorrow*
ideenreich	*full of ideas, imaginative*
kinderreich	*with many children*
pausenlos	*without a break*
problemlos	*without a problem*

The suffix **-bar** can be added to a verb stem to express that something can be done. The English equivalents are often the suffixes *-able* and *-ible*. The prefix **un-** + *verb stem* + **-bar** expresses that it cannot be done.

annehmbar	*acceptable*	man kann es annehmen
machbar	*"doable"*	man kann es machen
unbezahlbar	*priceless*	man kann es nicht bezahlen
unhörbar	*inaudible*	man kann es nicht hören

The suffix **-wert** + *linking element* **-s-** can be added to an infinitive to express that something is worthwhile, worth doing.

beachtenswert	*worth noticing*
liebenswert	*charming (worth being liked)*
sehenswert	*worth seeing*

---

* Note that some adjectives convey more figurative, less literal meanings than others do.
† Note the linking element **(Fugenelement)** in **gefühlsarm.** (Refer to **Strukturen 3.4** for further information on linking elements.)

Blick auf Deutschland

Historische Stadtmauer in
Rothenburg ob der Tauber.

Texte

„Worte der Woche"   aus *Stern*
„Warum nicht Deutsch?"   aus *Die Zeit*
„Die Deutschen"   Mustapha el Hajaj

Sprechakte

Partei ergreifen   Taking sides
loben/billigen   Praising; expressing
                                approval

Wortschatz

Einreiseformalitäten   Entry (border) formalities
Fremdsprachen   Foreign languages
Nahrungsmittel   Food
Restaurant; Café   Restaurant; cafe

Strukturen

Verbvalenz 1: Überblick   Valence: How many
                               complements can a verb
                               take?

Wortstellung 2: Mittelfeld   Middle field: Which detail
                               goes first?

Modalverben 3: Subjektive   Modals: True or not?
  Bedeutung   Here's what *I* think!
Trennbare und   Separable verbs and
  untrennbare Verben   inseparable verbs: How
                                 to identify which kind
Genitiv   Expressing relationships
                               and possession

Trachten aus Schwangau in Oberbayern.

Der erste Tag der Weinlese in der Schweiz.

Brautschmuck aus dem Schwarzwald.

Was denken Menschen anderer Nationalität über Deutschland und seine Bürger? Gibt es etwas typisch Deutsches, oder sind das alles nur Klischees? Was fällt Ihnen zuerst ein, wenn Sie an Deutschland denken? Wo wohnen die meisten Deutschen? auf dem Land, in Vororten, in der Stadt? Was sind die Hauptindustrien? Wie werden Deutsche ausgebildet? Was sind aktuelle gesellschaftliche Probleme?

LESETEXT: Typisch deutsch?

Im folgenden kurzen Text aus der Rubrik „Worte der Woche" der Illustrierten
Stern finden Sie Kommentare von Prominenten zum Thema „Bundesrepublik
heute".

Vor dem Lesen

Kognate. Welche berühmte oder bekannte Person hat (oder hatte) welchen
Beruf? Kombinieren Sie Namen und Berufe. (Alle Berufsbezeichnungen sind
Kognate.)

a. ein Komponist	1. Jeanne Kirkpatrick
b. ein Kardinal	2. Wolfgang Amadeus Mozart
c. ein Poet (oder Dichter)	3. Mark Twain
d. ein Satiriker	4. Margaret Thatcher
e. eine Diplomatin (oder Botschaf-terin)	5. Richelieu
f. eine Politikerin	6. Heinrich Heine
g. ein Psychoanalytiker	7. Friedrich Nietzsche
h. ein Philosoph	8. Sigmund Freud

Lesen Sie jetzt den Text und machen Sie dann die Aufgabe „Wer hat das gesagt"?

„Worte der Woche"

»Ich bin ein typischer Deutscher, sehr ver-grübelt und introvertiert.«
Hans Zender, 50, Dirigent und Komponist

»Die Gesell-schaft der Bundesrepublik droht im Sog der Diesseitig-keit zu ertrinken.«
Friedrich Wetter, 59, Münchner Erzbischof und Kardinal

»Ich staune über das Ver-mögen des deutschen Volkes, sich Reden anzuhören.«
Richard Burt, 40, US-Botschafter in Bonn

»Was wir als Bayern eigent-lich immer bekämpfen müßten, aber es nicht kon-sequent tun: diese land-läufige Mei-nung, ein Bayer ist gleich ein Depperl.«
Gustl Bayrhammer, 65, Volksschauspieler

»Als Gast-arbeiter in Deutschland brauchst du kein Talent, um Satiriker zu werden. Die Deutschen liefern uns genug Material.«
Sinasi Dikmen, 40, türkischer Satiriker

Nach dem Lesen

A. **Wer hat das gesagt?** Die folgenden Aussagen paraphrasieren, was die Personen im Text „Worte der Woche" sagen. Kombinieren Sie Paraphrasen und Personen.

1. Wir müssen dagegen kämpfen, daß alle Leute, die nicht aus Bayern sind, denken, Bayern sind Deppen.[1]
2. Es überrascht mich, wie geduldig die Deutschen anderen beim Reden zuhören.
3. Ich besitze die typisch deutsche Eigenschaft, sehr introvertiert und vergrübelt[2] zu sein.
4. Die Deutschen behandeln ihre ausländischen Arbeitnehmer nicht besonders gut.
5. Die Deutschen sind viel zu diesseitig[3] und materialistisch. Das Leben nach dem Tod interessiert sie nicht.

a. der frühere amerikanische Botschafter in Bonn
b. die Person, die Musik komponiert und ein Orchester leitet
c. der Kardinal und Erzbischof aus München
d. der türkische Satiriker
e. der bayrische Schauspieler

---

[1] Dummköpfe, Depperl   [2] *brooding*   [3] *earthly, wordly*

B. **Fakten oder Klischees?** Vergleichen Sie Ihre Assoziationen zu Deutschland mit den Kommentaren dieser Leute. Gibt es Unterschiede? Was sind Ihrer Meinung nach Fakten über Deutsche, was sind Klischees? Was war Ihnen völlig neu? Schreiben Sie Ihre Ergebnisse in ein Raster.

FAKTEN	KLISCHEES	NEU

Suchen Sie für Fakten und Klischees Beispiele bzw. Gegenbeispiele, um Ihre Entscheidung zu begründen.

Aktivitäten

A. **Wie reagieren Sie?** Was würden Sie in folgenden Situationen hören und sagen? Schreiben Sie Ihre Antworten auf.

1. Sie verstehen nicht genau, was der Lehrer sagen will. Was sagen Sie?
2. Sie sind in einem Reisebüro in Deutschland. Was würden Sie vielleicht hören? Was würden Sie sagen?

3. Sie sind Tourist in München. Was würden Sie vielleicht fragen?
4. Sie sind in der Bäckerei in Landshut. Was würden Sie sagen, wenn man sagt: „Was darf's sein?"
5. Ihr Freund stellt Ihnen eine Bekannte vor, Sie verstehen aber den Namen nicht. Was sagen Sie?
6. Ein neuer Bekannter fragt Sie, wo Sie herkommen. Was sagen Sie?

B.   Wen kennen Sie? Wählen Sie zwei Personen oder Figuren und erklären Sie Ihrem Partner / Ihrer Partnerin, wofür diese Person oder Figur berühmt ist. Benutzen Sie Adjektive wie attraktiv, nett, interessant, verrückt, blöd usw.

BEISPIEL: Ich finde sie/ihn . . .

Ich glaube, er/sie ist . . .

Mir scheint, er/sie . . .

C.   Interaktion. Denken Sie an Ihre Kindheit, als Sie 10 oder 11 waren! Wie war es damals? Erzählen Sie Ihrem Partner davon!

1. Wie hieß Ihr bester Freund / Ihre beste Freundin? Beschreiben Sie ihn/sie.
2. Welche Spiele haben Sie am liebsten gespielt?
3. Sind Sie mit Geschwistern aufgewachsen? Was haben Sie mit ihnen gemacht?
4. Haben Sie oft Ihre Großeltern oder andere Verwandte besucht? Was haben Sie dort gemacht?
5. Haben Sie Taschengeld bekommen? Wieviel?
6. Haben Sie gearbeitet, um Ihr Taschengeld aufzubessern? Wo? Als was?
7. Durften Sie Ihr Geld allein ausgeben?
8. Wie haben Sie Ihren Geburtstag gefeiert?
9. Wohin sind Sie in den Ferien gefahren?
10. Waren Ihre Lehrer sehr streng?

SPRECHAKTE

Partei ergreifen: Ich bin dafür! / Ich bin dagegen!

Notizen für eine Debatte

DEBATTIERTHEMA:	Englisch als Nationalsprache der USA
STANDPUNKT:	Ich bin dafür/dagegen.
ARGUMENTE:	Meiner Meinung nach . . .
	Ich halte es für wichtig, daß . . .
	Ich finde/glaube/denke, daß . . .
SCHLUSSFOLGERUNG:	Englisch sollte / sollte nicht die offizielle Nationalsprache der USA sein.

Variationen

A. Schreiben Sie! Wählen Sie aus der folgenden Liste ein für Sie interessantes Debattierthema und machen Sie sich Notizen: Standpunkt, Argumente, Schlußfolgerung.

Todesstrafe für Mord in der Drogenwelt
Rauchverbot in allen Flugzeugen
Recht auf Waffenbesitz
Schwangerschaftsurlaub für Mutter und Vater
Militärdienst für alle
Direkte Wahl des amerikanischen Präsidenten

B. Spielen Sie! Arbeiten Sie in Gruppen zu dritt.

1. Ihre Eltern streiten darüber, wohin Sie alle in Urlaub fahren. Ihr Vater möchte nach Mexiko oder Hawaii und am Strand liegen; Ihre Mutter will nach London oder Rom fahren, um in guten Restaurants zu essen und die Sehenswürdigkeiten zu besichtigen. Sie werden um Ihre Meinung gebeten.
2. Der Präsident hat Truppen nach Südamerika geschickt, um den Frieden zu sichern. Sie und Ihre Freunde diskutieren darüber. Ergreifen Sie Partei.
3. Man will in Ihrer Stadt die Steuern erhöhen, um einen neuen Park und einen neuen Kinderspielplatz zu finanzieren. Ergreifen Sie Partei.

LESETEXT: Zu Gast in der Bundesrepublik

Der folgende Text aus der Wochenzeitung *Die Zeit* berichtet anhand von drei Beispielen von Problemen, die ausländische Studenten und Wissenschaftler in der Bundesrepublik haben.

Vor dem Lesen

A. Was trifft wohl zu? Bei journalistischen Texten steht die wichtige Information oder das Thema des Artikels meistens schon im ersten Absatz.[1] Man kann so schnell feststellen, worum es geht und entscheiden, ob man den Rest des Artikels auch noch lesen möchte. Überfliegen[2] Sie den ersten Absatz (Zeile 1 bis 9) des folgenden Artikels und entscheiden Sie, welche der folgenden Aussagen den Inhalt korrekt wiedergibt.

1. Der Autor des Artikels hat oft Schwierigkeiten mit Ausländern.
2. Das größte Problem für Ausländer in der Bundesrepublik sind Wohnung, Geld und Visum.
3. Die deutsche Sprache kann man im Ausland lernen, aber nicht in Deutschland oder der Schweiz.

Lesen Sie jetzt den folgenden Teil extensiv, und machen Sie dann die Aufgabe „Was steht im Text"?

---

[1] *paragraph*   [2] *glance through*

„Warum nicht deutsch?"

Ich habe viel mit Ausländern zu tun—mit denen, die in politischen Rechenschaftsberichten° unter dem Stichwort „Interna-   *reports*
tionale Beziehungen" zu finden sind. Diese Leute haben
Probleme. Sie brauchen zum Beispiel ein Visum, eine
5   Wohnung, Geld. Sie alle wollen die deutsche Sprache
erlernen oder ihre Sprachkenntnisse verbessern. Letz-
teres ist leider unmöglich. Deutsch kann man hier nicht
lernen. Vielleicht in Peking, New York oder Istanbul,
aber nicht hier.

10   Erstes Beispiel: Ich gehe mit einem chinesischen Hoch-
schullehrer zum Ausländeramt der Stadt. Der Professor braucht eine Visumsverlängerung, sonst kann er
seine Untersuchungen zu Goethe nicht abschlie-
ßen. Der für Asiaten zuständige° Beamte—er   *verantwortliche*
15   ignoriert den Gelehrten,° spricht meistens mit   *Wissenschaftler*
mir. In einem Anfall von Wachsamkeit und Pflicht-
eifer wendet er sich schließlich doch an jenen und
fragt: „Du wollen hier arbeiten, du wollen immer
hier bleiben?" Der Sprache Goethes mächtig,
20   meinen westfälischen Einschlägen° gewachsen,   *westfälischen. . . Westfalian accent*
ist der Angesprochene nun überfordert.° Der Beamte   *overtaxed*

grinst ihn an, also lächelt er zurück. „Du wollen hier bleiben?" hakt der pflichtbewußte
Preuße nach. Ein „Ja" ist allemal höflicher als ein „Nein", denkt sich der Chinese, der mit
den Feinheiten der Beamtensyntax nicht vertraut ist, und antwortet entsprechend. „Das
ich mir gedacht, das nicht gehen", dem Vertreter des Staates ist entgangen,° daß er   dem. . . ist entgangen *the. . . missed*
schon wieder mit mir spricht. Zehn Minuten benötige ich, um das Mißverständnis
aufzuklären.

     Um den Mann aus dem Reich der Mitte abzulenken, unternehme ich mit ihm einen
Stadtbummel. Vor einem besonders schönen Fachwerkhaus bleibt er stehen und begehrt mehr über das Gebäude zu erfahren. Da in diesem Hause noch kein Dichter oder
Komponist das Licht der Welt erblickte,° dort weilte oder wirkte oder wenigstens dort   der. . . geboren wurde
starb, findet sich auch keine erklärende Tafel neben dem Eingang. So muß ich einen aus
dem Hause tretenden Bürger nach Einzelheiten befragen. Er ist zunächst auskunftsun-
willig,° sieht aber dann meinen asiatisch wirkenden Partner und legt los: „This building   will nichts sagen
was built in sixteeneighthundert and was not destroyed in the World War II. It
was . . . "

     Mein Gast ist klein und dünn, ich kann ihn schnell davonziehen.

Nach dem Lesen: 1. Teil

Was steht im Text?

1. Der chinesische Professor arbeitet im Moment
   a. an der Universität.
   b. bei der Stadtverwaltung.[1]
   c. in der Hauptstadt der Bundesrepublik.

2. Der Professor muß zum Amt für Ausländer, damit
   a. er seine Familie besuchen kann.
   b. seine Familie ihn besuchen kann.
   c. sein Visum verlängert[2] wird.

3. Der Beamte spricht erst nur mit dem deutschen Begleiter[3] und
   a. behandelt ihn wie einen Ausländer.
   b. geht weg und ist wachsam.[4]
   c. ignoriert den chinesischen Professor.

4. Der Beamte spricht mit dem chinesischen Professor
   a. normales Deutsch, aber viel zu schnell.
   b. wie mit jemandem, der kein Deutsch kann.
   c. gar nicht.

5. Damit der Professor das Erlebnis auf dem Ausländeramt vergißt, geht sein
   deutscher Begleiter mit ihm
   a. zu einer Dichterlesung.
   b. in ein Fachwerkhaus.[5]
   c. durch die Stadt.

6. Der Chinese möchte mehr über ein schönes Fachwerkhaus wissen, deshalb
   a. fragt sein Begleiter einen Bürger der Stadt.
   b. liest er, was auf einer Tafel⁶ steht.
   c. kauft er ein Buch über die Geschichte der Stadt.

7. Der Bürger, der gerade aus dem Haus kommt,
   a. antwortet den beiden nicht.
   b. spricht nur Englisch mit ihnen.
   c. geht schnell weiter.

---

¹ *town administration*   ² *extended*   ³ *escort*   ⁴ *attentive*   ⁵ *half-timbered house*   ⁶ *plaque*

Lesen Sie jetzt den nächsten Teil extensiv, und machen Sie die dann folgende Aufgabe.

Beispiel zwei: Ein Amerikaner hat lange gebüffelt,° bis er die Sprache mit den vielen Fällen einigermaßen beherrschte, nun will er in Deutschland die Probe aufs Exempel machen. Er äußert auch den Wunsch, gelegentlich Tennis zu spielen.   *gelernt*

Wir fahren zu einem Verein, ich ermittle den Vorsitzenden inmitten einer Runde
5 Biertrinkender und erläutere ihm die Absicht des jungen Mannes aus Kalifornien. Die Herren und Damen sind begeistert. Ein richtiger Amerikaner! Bei uns! Sie stürzen auf ihn zu.

„Nice to see you. Of course, you can play tennis here on our place. My name is soundso, what is your name, where do you come from?"
10 „Ich komme aus Kalifornien und heiße David soundso, ich bin hier, um meine Deutschkenntnisse zu verbessern, aber ich würde auch gern ein wenig Tennis spielen."

„Oh, you are comming° from California, it's great. I know this beautiful country from   [*as spelled in the original article*] my last holidays. From which city are you comming from?"

„Aus Long Beach in Südkalifornien, es ist immer sehr warm dort, aber Deutschland
15 gefällt mir auch sehr gut, ich bin sehr glücklich hier."

„Yes, yes, I know, I understand!"

Ich versuche den Vereinsvorsitzenden darauf aufmerksam zu machen, daß sein Verständnis möglicherweise damit zusammenhängen könnte, daß unser Gast recht passabel Deutsch spricht. Vielleicht könnte er ja auch Deutsch sprechen, nur so, weil
20 der David ja noch lernen wolle.

„He speaks German?" Der Mann blickt mich erstaunt an. „Yes", sage ich.

Nach vielen ähnlichen Ereignissen sind David und ich etwas resigniert. „Was soll ich nur machen, alle bewerfen mich mit ihren englischen Sprachbrocken. Es ist richtig peinlich." „Sprich Englisch", sage ich, „noch besser: Amerikanisch!"
25 Eine Erprobungsmöglichkeit ergibt sich noch am gleichen Abend. Jemand hat einen Vortrag° gehalten, nun wird zu Wein und Knabberzeug geladen. Ein Literaturdo-   *lecture, presentation* zent tritt auf uns zu und — obwohl er bemerkt haben mußte, daß wir beide uns in Deutsch unterhielten — sagt er zu meinem Begleiter: „I've heart that you are comming from California?"
30 „Jetzt", flüstere ich.

Der Angesprochene legt los: „Oh, you . . . " Er läßt sein breitestes Amerikanisch raus. Eigentlich bewegt er nur den Unterkiefer.

Ich kann kaum einzelne Wörter unterscheiden. Der Inhalt der Sätze bleibt mir

35 vollständig verborgen. Der Literat schaut erschrocken aus. Auch er versteht, das ist klar, kein Wort.

„Äh, mein Englisch ist nicht mehr so gut, ich bin lange raus. Vielleicht sollten wir es auf Deutsch versuchen. Sie wollen es ja auch lernen."

Diese Methode klappt immer. Allerdings nur bei Engländern und Amerikanern. Die anderen haben keine Chance.

Nach dem Lesen: 2. Teil

Was steht im Text?

1. Ein Amerikaner, der schon gut Deutsch kann,
   a. besucht an einer deutschen Universität Seminare.
   b. möchte Deutsch sprechen und Tennis spielen.
   c. ist Vorsitzender[1] eines Tennisvereins.

2. Die Damen und Herren im Tennisklub
   a. freuen sich über einen richtigen Amerikaner.
   b. verstehen den Amerikaner nicht so gut.
   c. trinken mit dem Amerikaner Bier.

3. Die Leute im Tennisklub sprechen
   a. leider kein passables[2] Englisch.
   b. viel zu schnell mit David.
   c. kein Deutsch mit David.

4. Weil niemand mit David Deutsch spricht, soll er
   a. seine Deutschkenntnisse verbessern.
   b. Amerikanisch sprechen.
   c. nichts mehr sagen.

5. Als David Amerikanisch spricht,
   a. versteht der Literaturwissenschaftler kein Wort.
   b. ist der Literaturwissenschaftler sehr erstaunt.[3]
   c. hält der Literaturwissenschaftler seinen Vortrag.

6. Der Literaturwissenschaftler
   a. beantwortet dann Fragen zu seinem Vortrag.
   b. spricht dann nicht mehr mit David.
   c. spricht dann lieber Deutsch mit David.

7. Diese Methode klappt[4] immer,
   a. nur nicht bei Chinesen.
   b. aber nur bei Engländern und Amerikanern.
   c. aber nur an bundesdeutschen Universitäten.

Lesen Sie jetzt den letzten Teil extensiv, und machen Sie dann wieder die folgende Aufgabe.

---

[1] Präsident [2] gutes [3] überrascht [4] funktioniert

Beispiel drei: An den Seminarräumen der Uni vorbei strebe ich der Cafeteria zu. Die Tür eines Raumes, in dem gerade ein Hauptseminar zum Thema „Beziehung zwischen Rilke und Gide" stattfindet, öffnet sich, ein junger Inder tritt heraus, lehnt sich an die gegenüberliegende Wand und droht: „Ich bringe sie um! Noch ein Wort und ich bringe
5 sie um!"

Ich kenne den Inder. Er ist der Bewahrer° der reinen deutschen Grammatik, kein   *keeper*
zweiter kennt sich in den kleinen Gemeinheiten der deutschen Syntax aus wie er, er ist der letzte lebende Erdenbürger, der den Konjunktiv beherrscht; sollte jemand den Genitiv retten, dann er.

10 Ich weiß auch, wer ihn gerade zu den drohenden Worten ermunterte. Es ist die das Seminar leitende Professorin. Nachdem ich den Inder darauf aufmerksam gemacht habe, daß das Umbringen von Professorinnen in Deutschland verboten ist, höre ich mir seine Klagen an:

„Sie kennt mich seit Jahren, sie weiß, daß ich nicht die geringsten Sprachprobleme
15 habe. Wenn ich mich zu Wort melde, verwende ich absichtlich ausgefallene und schwierige Konstruktionen, auch auf die Gefahr hin, daß mich die anderen Seminarteilnehmer nicht mehr verstehen. Und trotzdem: Sobald sie sich an mich wendet, gewinnt man den Eindruck, sie spräche mit einem Erstkläßler. Sie meint, Ausländer, besonders Asiaten, könnten per Definition kein richtiges Deutsch. Da sie aber nicht ausländer-
20 feindlich ist, gibt sie sich Mühe mit mir. Sie paßt ihr Niveau meinem vermeintlichen Niveau an. Sie spricht sehr langsam, überbetont deutlich und nur mit den einfachsten Wortbildungen."

„Aber damit will sie dir doch bloß helfen, sie meint es sicher gut."

„Damit beleidigt sie mich, wertet mich ab, ordnet mich der Kategorie ‚Primitive' und
25 ‚Wilde' zu. Sie nimmt mich einfach nicht zur Kenntnis, sie läßt nur ihre Vorstellung von mir gelten."

„Natürlich ist es ein Vorurteil, aber die Deutschen sehen halt, daß die meisten Ausländer die deutsche Sprache nicht so gut beherrschen, daß sie nur ein reduziertes Deutsch verwenden."

30 „Vielleicht gibt es dieses Gastarbeiteridiom nur deshalb, weil alle Deutschen mit ihren Ausländern wie mit Idioten reden. Sie bringen ihnen das Kauderwelsch bei und sagen dann, die Ausländer sprächen nur Kauderwelsch. Sie produzieren ihre Wilden selbst."

Wir holen uns in der Cafeteria einen Kaffee. „Das macht fünfzig Pfennig", sagt die
35 Kassiererin zu mir, „das machen fünfzig Pfennig", sagt sie zu ihm.

Nach dem Lesen: 3. Teil

A. Was steht im Text?

1. Der junge Inder, der sehr gut Deutsch kann,
    a. steht an der Wand im Flur, weil ihm schlecht ist.
    b. nimmt an einem Seminar über Rilke und Gide teil.
    c. langweilt sich im Seminar an der Uni schrecklich.

2. Der Inder kennt die deutsche Grammatik
    a. noch nicht lange.
    b. wie kein anderer.
    c. aber keine Syntax.

3. Der Inder will die Seminarleiterin umbringen,[1] weil sie
    a. im Seminar zu schwierige Texte für Ausländer verwendet.
    b. mit ihm besonders langsam und primitiv spricht.
    c. Ausländer nicht mag und diskriminierend behandelt.

4. Die Professorin ist überzeugt, daß
    a. der Inder dumm, primitiv und ungebildet ist.
    b. ihre Seminarteilnehmer — und vor allem der Inder — sie nicht mögen.
    c. Ausländer und besonders Asiaten kein richtiges Deutsch können.

5. Der Inder ist sehr böse, weil die Professorin
    a. seine Deutschkenntnisse ignoriert.
    b. es nicht gut mit ihm meint.
    c. absichtlich[2] ausländerfeindlich ist.

6. Wenn die Gastarbeiter in der Bundesrepublik nur Kauderwelsch[3] hören, ist es kein Wunder, wenn
    a. sie nur schlecht Deutsch lernen.
    b. sie keine Lust haben zu arbeiten.
    c. sie bald wieder in ihre Heimatländer zurückgehen.

---

[1] ermorden   [2] *intentionally*   [3] *gibberish*

B. Im Kreuzfeuer.[1] Was will der Autor in diesem Artikel deutlich machen? Kreuzen Sie an.

_____ Ausländer werden oft diskriminiert.
_____ Ausländer sind schlecht auf die Bundesrepublik vorbereitet, weil sie kaum Deutsch können.
_____ Wünsche und Bedürfnisse[2] der ausländischen Gäste werden oft nicht bemerkt.
_____ Die meisten Deutschen sind dumm und ungebildet.
_____ Viele Deutsche sind egoistisch und unsensibel.
_____ Manche Leute können sich nicht vorstellen, daß jemand aus einem fernen Land gut Deutsch spricht.
_____ Viele Deutsche trinken zu viel Bier.
_____ Viele Deutsche wollen nur zeigen, wie gut sie selbst eine Fremdsprache sprechen.
_____ Die meisten Deutschen sind viel zu freundlich zu Ausländern.
_____ Deutsche sind im allgemeinen unfreundlich und aggressiv.
_____ Ausländer haben keine Gelegenheit, ihr Deutsch zu verbessern.
_____ Die meisten Deutschen wollen mit Ausländern nichts zu tun haben.

---

[1] *to be under fire*   [2] *needs*

Tschechische Touristen bei
der Einreise nach Österreich.

C. Fragen zum Text

1. Welche Schwierigkeiten haben die Ausländer, von denen hier berichtet wird?
2. Auf wessen Seite steht der Autor, auf der der Ausländer, auf der der Deutschen, oder ist er unparteiisch? Woraus schließen Sie das?
3. Wie finden Sie den Artikel? Begründen Sie Ihre Meinung.
4. Ist Ihnen selbst im Ausland schon einmal etwas Ähnliches passiert? Wie haben Sie reagiert?
5. Wie würden Sie in der Situation der drei Ausländer reagieren?
6. Haben Ausländer in den USA ähnliche Schwierigkeiten? Warum / Warum nicht?
7. Finden Sie das Verhalten der Deutschen in diesem Artikel typisch? Warum / Warum nicht?
8. Was würden Sie in der folgenden Situation machen: Sie möchten unbedingt Deutsch üben und treffen deutschsprechende Leute in den USA?

LESETEXT: Lyrik

Das folgende Gedicht „Die Deutschen" von Mustapha el Hajaj beschreibt, was einem Ausländer an deutschen Menschen auffällt.

Vor dem Lesen

Was fällt Ihnen auf den ersten Blick an dem Gedicht auf? Was schließen Sie daraus? Für welche Gruppen von Leuten ist das Gedicht also bestimmt?

Lesen Sie den Titel und die erste Zeile. Wie würden Sie jetzt weitermachen? Was finden Sie seltsam?

Lesen Sie das Gedicht langsam Zeile für Zeile. Lassen Sie Ihrer Phantasie freien Lauf.

„*Die Deutschen!*"
Mustapha el Hajaj

Almanlar

Şu Almanlar!

Almanya'da insanı en çok şaşırtan şey,
burada çocuk arabalarını erkeklerin itmesi,
radyoların bu kadar ucuz halıların ise pahalı
olması ve kilise çanlarının bütün gün
çalıp durmasi . . .

Almanya'ya ilk geldiğimde, burada
insanlarin çocuk yerine köpek doğurduklarını
sanmıştım.

O kadar bol köpek var . . .
Hepsi kucaklarda geziyor!

Köpekler ve kediler,
Almanya'da krallar gibi yaşıyorlar!

Almanya'da zenginler, paraları bol olduğu halde,
başları eğik dolaşiyorlar.
Böyle kederli olmayı,
parası olmayanlara bıraksalar iyi olur.

Şu Almanlar tren gibi zamanlı insanlar.

Neden derseniz,
sadece bir tek yol biliyorlar da ondan!
Bu tek yoldan hiç şaşm ıyorlar;
yabani otlar ve çiçekler
toplamak istemez mi hiç canları yol kenarlar
ından!

Onlar her zaman dosdoğru gidiyorlar;
bir tren gibi zamanında
ve başka hiç bir şeyin fark ına varmadan . . .

Die Deutschen

Die Deutschen!

Das Seltsamste an Deutschland ist,
daß hier Männer Kinderwagen schieben,
daß Radios so billig und Teppiche so teuer sind
und daß den ganzen Tag Kirchenglocken
                                         bimmeln.

In Deutschland dachte ich zu Anfang, hier
                                         würden
den Leuten Hunde geboren anstatt Kinder.

Denn sie haben viele Hunde
und tragen sie auf dem Arm.

Hunde und Katzen
leben wie Könige in Deutschland.

In Deutschland gibt es Leute, die haben Geld
und sehen trotzdem traurig auf die Erde.
Sollen sie doch den Kummer denen überlassen,
die kein Geld haben.

Die Deutschen sind pünktlich wie die Eisenbahn.

Das kommt daher,
daß sie nur ein Gleis kennen,
nie vom Weg abgehen,
kein Unkraut, keine Blumen
in den Seitenwegen pflücken.

Sie fahren immer geradeaus,
sind pünktlich wie die Eisenbahn
und nehmen nichts wahr.

Nach dem Lesen

A.   Fragen zum Gedicht.

1.   Gefällt Ihnen das Gedicht? Was finden Sie gut, was nicht? Löst es bei Ihnen irgendwelche Gefühle aus[1]? Welche?
2.   Aus welchem Kulturkreis kommt der Dichter? Aus welcher Perspektive schreibt er? Welche Beobachtungen[2] sind dafür typisch?
3.   Welche Einstellung hat der Dichter den Deutschen gegenüber? Mag er sie oder nicht? Woran merkt man das?

---

[1] Löst . . . *trigger*   [2] *observations*

B.   Sichtwechsel.[1] Schreiben Sie ein ähnliches Gedicht z.B. aus der Sicht eines Westeuropäers / einer Westeuropäerin. Was ist seltsam in einem östlichen Land?

BEISPIEL: „Das Seltsamste an . . . ist, daß hier . . . “

---

[1] *change of perspective*

C.   Abschlußgespräch. „Man hat Arbeitskräfte gerufen — Menschen sind gekommen.“ Interpretieren Sie diesen provokativen Satz. Fassen Sie zusammen, was Sie in Kapitel 7 und 9 über Probleme von ausländischen Arbeitnehmern in Deutschland und der Schweiz gelesen haben.

Aktivitäten

A.   Interaktion. Wählen Sie eines der folgenden Bilder. Beschreiben Sie dieses Bild einem Partner / einer Partnerin so, daß er/sie es zeichnen kann, ohne es zu sehen.

B.   Schreiben Sie! Wie finden Sie diese Menschen? Schreiben Sie zuerst auf, wie Sie diese Personen finden. Fragen Sie dann Ihren Partner / Ihre Partnerin, wie er/sie diese Personen gefunden hat, und schreiben Sie das auch auf.

Was hältst du von _____ ?   Ich halte ihn/sie für _____ .
Wie findest du _____ ?   Ich finde ihn/sie _____ .

Frau Martin   Herr Hente   Wolfgang   Ursula

Peter   Brigitte

(sehr) attraktiv	langweilig	sympathisch
blöd	(wirklich) nett	süß
doof	schäbig¹	toll
komisch	schrecklich	verrückt

¹ *shabby*

C.   Pantomimen! Spielen Sie die folgenden Verben vor. Andere Studenten/Studentinnen in der Gruppe raten, um welches Verb es sich handelt.

bezahlen	lachen	schwimmen
denken	lauschen¹	singen
fahren	lesen	suchen
fernsehen	rauchen	tanzen
finden	schlafen	trinken
fliegen	schreiben	weinen
gehen		
hören		

¹ *to eavesdrop*

D. Laden Sie ein! Machen Sie sich einen Stundenplan für die Woche, mit einer Spalte für jeden Tag: Mo, Di, Mi, Do, Fr, Sa, So. Unter drei Abende schreiben Sie drei verschiedene Aktivitäten, vier Abende bleiben frei. Sprechen Sie jetzt mit anderen Studenten. Suchen Sie Leute, die Zeit und Lust haben, bei den drei Aktivitäten mitzumachen. Schreiben Sie die Namen dieser Leute auf. Die freien Abende können Sie dazu verwenden, mit anderen Leuten etwas gemeinsam zu machen. Wenn Sie eine Einladung annehmen, schreiben Sie den Namen der Person und die Aktivität auf.

BEISPIEL: Eine Einladung besteht oft aus vier Teilen:
1. *Erkundigung:* Hast du heute schon was vor? Hast du morgen abend Zeit?
2. *Einladen:* Hast du Lust, ins Kino zu gehen? Wollen wir heute abend tanzen gehen?
3. *Zeit vereinbaren:* Treffen wir uns um acht vorm Kino. Ich komm dann um acht bei dir vorbei. Wann holst du mich ab? Wann sollen wir uns treffen?
4. *Sich verabschieden:* Also dann, bis heute abend. Tschüß.

A: Hast du Montag abend schon was vor?
B: Ja, leider schon. / Nein, noch nicht, warum?
A: Hast du Lust, . . . zu . . .
B: Ja, gern, wann wollen wir uns treffen?
A: Um sieben Uhr bei mir? Ist dir das recht?
B: Ja, gut, also dann bis Montag abend um sieben. Tschüß!
A: Tschüß!

	Mo	**Di**	**Mi**	**Do**	**Fr**	**Sa**	**So**
15 - 18h							
18 - 21h							
22 - 23h							

SPRECHAKTE

loben/billigen: Das ist ja prima!

(*Im Kindergarten*)

LEHRERIN: Willi, dein Bild ist ja wirklich toll. Das hast du ganz ausgezeichnet gemacht. Kannst du mir noch so ein schönes Bild malen?
WILLI: Ja, gern, Frau Schuster.

STEFAN: Frau Schuster, schauen Sie mal her, ich kann meine Schuhe schon ganz allein zubinden!

LEHRERIN: Stefan, das ist ja prima. Wer hat dir das denn beigebracht?

STEFAN: Susi hat es mir gezeigt; sie hat mir gezeigt, wie es geht.

WILLI: Frau Schuster, Frau Schuster, ich kann das aber auch. Ich kann auch schon meine Schuhe selbst zubinden.

LEHRERIN: Ja, Willi, ich weiß. Das ist ganz klasse. Das machst du wunderschön.

Variationen

A. Assoziogramme. Welche Ausdrücke gebraucht man, wenn man jemanden loben möchte oder etwas gut findet? Welche Wörter oder Gedanken assoziieren Sie mit den folgenden Wörtern oder Ausdrücken?

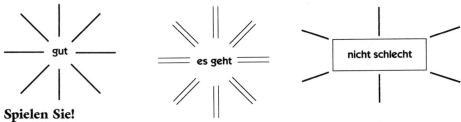

Spielen Sie!

1. Ein Freund / eine Freundin hat sich ein neues Kleidungsstück gekauft, das Ihnen sehr gut gefällt. Was sagen Sie?
2. Ihre Mutter hat nach ihrer Scheidung eine neue Stelle gefunden und bemüht sich nun darum, neue Leute kennenzulernen und neue Bekanntschaften zu schließen. Wie finden Sie das?

Und jetzt zu Ihnen!

1

A: Sie haben großen Hunger und sind im Restaurant „Zum grünen Salat". Am liebsten essen Sie Schnitzel, aber Sie essen auch Rindfleisch oder ein gegrilltes Hähnchen recht gern. Eier und Fisch dagegen essen Sie nie, weil sie Ihnen nicht gut bekommen.

B: Sie sind Kellner/Kellnerin im Restaurant „Zum grünen Salat". Der „Grüne Salat" ist ein Restaurant für Vegetarier. Sie servieren alle Arten von Obst und Gemüse und auch Fisch und Eier. Seit 1970 hat niemand Fleisch bestellt, und Sie haben natürlich auch nie welches serviert.

2

A: Sie haben großen Hunger. Der Kühlschrank ist leer, und Sie haben kein Geld. Sie gehen trotzdem in ein Restaurant und bestellen Eier und Quark. Wie bezahlen Sie das Essen?

B: Sie sind Kellner/Kellnerin in einem Restaurant und verdienen sehr wenig Geld. Wenn ein Kunde / eine Kundin das Essen nicht bezahlt, müssen Sie dafür bezahlen.

WORTSCHATZ

Einreiseformalitäten (f., pl.)   *entry (border) formalities*

Welche Papiere benötigt man, um in die Bundesrepublik/Kanada/Frankreich/die Sowjetunion einzureisen?

Was halten Sie von einem „Europa ohne Grenzen?" Können Sie sich Argumente vorstellen, die gegen eine völlige Öffnung der Grenzen sprechen?

Das wissen Sie schon:

die Kopie, -n	**die Unterschrift, -en**
der Kugelschreiber, -	**der Zollbeamte, -n / die Zollbeamtin, -nen**
das Schreiben, -	

(ein Formular) ausfüllen (ausgefüllt)

Das ist neu:

der (Brief)Umschlag, ⸚e envelope	**der Grenzübergang, ⸚e** border crossing point
die Botschaft, -en embassy; message	**das Konsulat, -e** consulate
die Einreisebestimmung, -en entry regulation	**die (Paß)Kontrolle, -n** passport control
das Einwohner(melde)amt, ⸚er registry office; bureau of vital statistics	**der Personalausweis, -e** identity card
die Fälschung, -en forgery	**das Schriftstück, -e** paper, document

zollfrei   duty free

einen Paß ausstellen (ausgestellt)   to issue a passport
einen Paß verlängern (verlängert)   to renew a passport
etwas zu verzollen haben (verzollt)   to have something to declare

Fremdsprachen (f., pl.)   *foreign languages*

Warum lernen Sie Deutsch? Gibt es andere Fremdsprachen, die Sie lernen möchten?

Glauben Sie, daß ein Übersetzter einen schweren oder einen leichten Beruf hat? Warum / Warum nicht?

Warum ist es nützlich, Griechisch oder Latein zu lernen?

Das wissen Sie schon:

arabisch	**die Muttersprache, -n**
der Dialekt, -e	**der (Neben) Satz, ⸚e**
der Dolmetscher, - / die Dolmetscherin, -nen	**polnisch**
der Fehler, -	**portugiesisch**
französisch	**russisch**
griechisch	**türkisch**
der Hauptsatz, ⸚e	**die Übersetzung, -en**
italienisch	**das Wort, ⸚er**
Latein	

aussprechen (spricht . . . aus, sprach . . .
    aus, ausgesprochen)
buchstabieren (buchstabiert)
sich erinnern (erinnert)
erklären (erklärt)

heißen (heißt, hieß, geheißen)
übersetzen (übersetzt)
vergessen (vergißt, vergaß, vergessen)
verstehen (versteht, verstand, verstanden)
wiederholen (wiederholt)

Was heißt „Hund" auf Englisch?
Er kann Spanisch.
Sprichst du Deutsch?

Das ist neu:

das Gedächtnis memory
tschechisch Czech
ungarisch Hungarian

fließend fluent, fluently
gebrochen broken

beherrschen (beherrscht) to master, control

Nahrungsmittel (n., pl.)   *food*

Viele Menschen sind heute Vegetarier. Welche Lebensmittel stehen auf der Einkaufsliste eines Vegetariers?

Welche Lebensmittel stehen auf Ihrer Einkaufsliste, wenn Sie eine Fete / einen Kindergeburtstag / ein Grillfest veranstalten?

Was sind die Zutaten, die Sie brauchen, um ihr Lieblingsessen zuzubereiten?

Welche Gerichte verbinden Sie mit bestimmten Ländern: Deutschland/Griechenland/China/Italien/USA/Frankreich usw.?

Das wissen Sie schon:

der (Apfel)Saft, ⸚e	der Fisch, -e	der Kuchen, -	das Stück, -e
das Bier, -e	das Fleisch	die Limonade, -n	der Supermarkt, ⸚e
das Brot, -e	das Gemüse, die Gemüse-	die Milch	der Tee, -s
das Brötchen, -	sorten	das (Mineral)Wasser, -	die Torte, -n
die Butter	das Getränk, -e	die Nudel, -n	der Weißwein, -e
die Dose, -n	der Käse, die Käsesorten	das Obst, die Obstsorten	die Wurst, ⸚e
das Ei, -er	der Kaffee, die Kaffee-	der Reis	das Würstchen, -
das (Speise-)Eis	sorten	der Rotwein, -e	der Zucker
der Essig	die Kartoffel, -n	die Soße, -n	

Ich habe Hunger/Durst.

Das ist neu:

der Aufschnitt (assorted) sliced cold cuts
das Bock(bier), -e bock(beer) *(type of strong beer)*
die Metzgerei, -en butcher shop
    (primarily southern German, Austrian)
die Fleischerei, -en butcher shop
    (primarily northern German)
das Geflügel poultry

das Getreide grain, cereal
das Kalbfleisch veal
das Lebensmittelgeschäft, -e grocery store
der Pilz, -e mushroom
das Rindfleisch beef
die Sahne cream

die **Scheibe, -n** slice
das **Schweinefleisch** pork
der **Senf** mustard

organisch organic

ein **helles/dunkles Bier** light/dark beer

die **Verpflegung** food; catering; provisions
die **Vollwertkost** natural food, health food
das **Weizenbier, -e** wheat beer

Restaurant (n.); Café (n.)   *restaurant; café*

Heute müssen Sie einkaufen, denn Ihre Eltern kommen zu Besuch. Sie wollen sie sehr
verwöhnen! Was kaufen Sie ein?

Wo essen Sie am liebsten? Was sind Ihre Lieblingsspeisen? Wo würden Sie essen gehen,
wenn Sie sehr viel Geld hätten? Was würden Sie bestellen?

Das wissen Sie schon:

das **Abendessen, -**	das **Gericht, -e**	das **Salz**
das **Frühstück**	der **Kellner, -** / die **Kellnerin, -nen**	der **Sauerbraten, -**
der **Gast, ˸e**	das **Mittagessen, -**	die **(Speise)Karte, -n**
das **Gasthaus, ˸er**	der **Pfeffer**	das **(Wiener) Schnitzel, -**
der **Gasthof, ˸e**		

**ausgehen (geht . . . aus, ging . . .
    aus, ist ausgegangen)**
bestellen (bestellt)
(im Restaurant) essen (ißt, aß, gegessen)

kochen (gekocht)
reservieren (reserviert)
schmecken (geschmeckt)
trinken (trinkt, trank, getrunken)

besetzt
fett
sauer
süß

Das ist neu:

die **Bedienung** service (*in a restaurant*)
das **Kassler Rippchen, -** lightly cured pork spare ribs
die **Kneipe, -n** bar, neighborhood "watering hole"
die **Mahlzeit, -en** meal
der **Rollbraten** roast

einschließlich inclusive
inbegriffen included
scharf (gewürzt) spicy (hot)
Guten Appetit! Bon appetit!

der **Schinken, -** ham
die **Selbstbedienung** self-service
das **Trinkgeld, -er** tip
die **Wirtschaft, -en** restaurant, eatery

kalte Küche (kitchen serves only) cold dishes
Mahlzeit! enjoy your meal! (*greeting used at mealtime*)
Prost! / Prosit! To your health! Cheers!
Zum Wohl! To your health!

Sprechakte

Ich bin gegen die Geschwindigkeitsbegrenzung auf der Autobahn. I am against
    the speed limit on the freeway.
Ich finde die Geschwindigkeitsbegrenzung sehr wichtig. I think the speed limit
    is very important.
Das hast du ganz ausgezeichnet (toll, klasse) gemacht! You really did a good job
    on that!

STRUKTUREN

9.1 VERBVALENZ 1: Überblick

Valence: How Many Complements Can a Verb Take?

Verbs vary as to how many and what kinds of complements they can take. Some verbs, for example, are used with a subject only **(ich laufe),** whereas others may take one or two objects in addition to the subject **(ich schenke dir ein Buch).** A third group of verbs can be used only with dative objects **(ich helfe dir),** whereas other groups require an accusative object **(ich kenne dich)** or a prepositional object **(ich denke an dich).**

In German, it is useful to think of the verb as being central to the meaning of a sentence, with various kinds of complements (object nouns and pronouns in the dative and the accusative cases) to complete the meaning. This "property" of the verb —to function with a certain number of complements of a certain kind—is sometimes called the *valence* **(Valenz)** of the verb. (The idea of valence comes from chemistry and refers to the capacity of one element to combine and interact with others.) Many verbs, for example, have a valence of one, meaning that they are used with a subject only—that they cannot take any objects. Most verbs have a valence of two; they form sentences with a subject and one object—for example, an accusative object or a prepositional object. Categories of verb valences are described in more detail in **Strukturen 10.2** and **12.4.** A brief overview of verb valences follows.

1. Verben ohne Objekt:

Es regnet.	*It's raining.*
Wir gehen heute nicht aus.	*We're not going out today.*

2. Verben mit einem Akkusativobjekt:

Sie hatte **ihn** vergessen.	*She had forgotten him.*
Er buchstabierte **seinen Namen.**	*He spelled his name.*

3. Verben mit einem Dativobjekt:

Schmeckt **Ihnen** der Kaffee?	*Do you like the coffee?*
Antworten Sie **mir!**	*Answer me!*

4. Verben mit einem Akkusativ- und Dativobjekt:

Sie schenkte **ihm ein Buch.**	*She gave him a book.*
Er erzählte **ihr eine Geschichte.**	*He told her a story.*

5. Verben mit einem Präpositionalobjekt:

Er träumte Tag und Nacht von **ihr.**	*Day and night, he dreamed of her.*
Davon wußte ich nichts.	*I didn't know anything about it.*

9.2 WORTSTELLUNG 2: Mittelfeld
Middle Field: Which Detail Goes First?

In a German sentence with a compound verb form, the sentence can be divided into three parts. Each part is named for its position relative to the verb phrase that forms the sentence frame **(Satzklammer).**

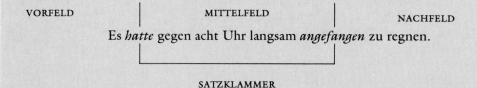

The sentence element that precedes the conjugated verb is in the front field **(Vorfeld).** Sentence elements between the two parts of the verb phrase are in the middle field **(Mittelfeld).** Sometimes for emphasis a sentence element is placed after the second part of the verb phrase; it is then in the back field **(Nachfeld).**

A. Satzgliedfolge im Mittelfeld *(Order of Sentence Elements in the Middle Field)*

The sequence of German sentence elements depends to a large extent on the relative importance of each element. Old or known bits of information tend to occur toward the beginning of the sentence, whereas new bits of information are placed toward the end; that is to say, the *news value* increases as the sentence goes on. For this reason pronouns usually precede nouns—a pronoun is by necessity old information, since it refers back to something already known—and simple adverbs precede adverbial phrases.

Gestern erst hatte **mir Walter** das Buch geliehen.	*Walter had loaned me the book only yesterday.*
Wir waren **dort um 8 Uhr** angekommen.	*We had arrived there at 8 o'clock.*

Note the occurrence of pronouns and nouns in relation to adverbial phrases in the middle field of the following sentences. Pronouns and definite nouns usually occur before adverbial phrases; indefinite nouns and prepositional objects usually follow.

Letzte Woche habe ich meine Tante in der Stadt getroffen.	*Last week I met my aunt in the city.*
Gestern habe ich im Park einen alten Mann gesehen.	*Yesterday I saw an old man in the park.*
Wir haben letzte Woche darüber gesprochen.	*We talked about it last week.*

Definite nouns (preceded by the definite article **der,** a **der-**word, or a possessive adjective) refer to information that has been introduced previously. Indefinite nouns (preceded by the indefinite article **ein,** the negative article **kein,** or no article at all) introduce new information.

	pronoun	definite nouns	adverbial phrases	indefinite nouns, prepositional objects	
			SATZKLAMMER		
habe	ich	meine Tante	in der Stadt		getroffen
habe	ich		im Park	einen alten Mann	gesehen
haben			letzte Woche	darüber	gesprochen

B. Ergänzungen im Mittelfeld (Objects in the Middle Field)

1. In the middle field, pronouns commonly precede nouns independent of case.

Gestern hat **sie mein Bruder** im Park gesehen.	*Yesterday my brother saw her in the park.*
Dieses Jahr verkaufe ich meine Bücher selbst. Letztes Jahr hat **sie mir meine Schwester** verkauft.*	*This year I am selling my books myself. Last year my sister sold them for me.*

2. Pronouns following the verb occur in this sequence: nominative, accusative, dative.

Leider hat **sie es mir** nicht wieder zurückgegeben.	*Unfortunately she didn't return it to me.*

3. A definite accusative object noun precedes a dative object noun; an indefinite accusative object noun follows the dative object noun. In other words, the known object (with the lesser news value) precedes the newly presented object (with the greater news value), independent of case. In the first sentence below, "the dress" is known to the speaker and the listener, whereas the person it should be given to is new information; in the second sentence, the person has been referred to previously, and "the dress" is new information.

Schenk das Kleid doch deiner Tante!	*Why don't you give the dress to your aunt!*
Schenk doch deiner Tante ein Kleid!	*Why don't you give your aunt a dress!*

---

* Note the order of elements: accusative object **(sie),** dative object **(mir),** subject **(meine Schwester).** But it would be equally correct to say: **Letztes Jahr hat meine Schwester sie mir verkauft.**

C. Angaben im Mittelfeld   (*Adverbial Phrases in the Middle Field*)

1. In the middle field, adverbs and adverbial phrases usually appear in this sequence: cause, time, manner, place. Keep in mind, however, that the pattern of old information before new information often supersedes the "normal" sequence.

KAUSAL (*cause*)	TEMPORAL (*time*)	INSTRUMENTAL (*manner*)	LOKAL (*place*)
deshalb	dann	damit	dort
wegen dir	zu dieser Zeit	mit einem Stift	im Bus
trotzdem	später	in Begleitung	hinter dem Haus

Es regnet. Jonas geht deshalb heute nicht im Wald spazieren.	*It's raining. Jonas, therefore, isn't going for a walk in the woods today.*
Wir fuhren mit dem Zug. Robert wollte uns um 8 Uhr mit dem Auto am Bahnhof abholen.	*We took the train. Robert wanted to pick us up with his car at the station at eight.*

2. When two or more adverbs or adverbial phrases of time are in the same sentence, the less specific information occurs first, the more specific information second.

Treffen wir uns doch **heute abend um acht!**	*Why don't we meet tonight at eight?*
Wir fahren **nächstes Jahr** schon **im Juli** in Urlaub.	*Next year we'll already go on vacation in July.*

9.3 MODALVERBEN 3: Subjektive Bedeutung
Modals: True or Not? Here's What I Think!

Many modal verbs have two different sets of meanings. One meaning states whether the subject of a sentence (he or she, for example) can, may, or must do something. This is the so-called objective meaning—the speaker does not express an opinion about the truth of the statement. The objective use is treated in **Strukturen 2.2.**

Most modal verbs may also be used with a subjective meaning in which the speaker lets us know what he or she thinks about the truth of a statement; a speaker may, thus, say: I believe it, I don't believe it, or I don't know whether to believe it or not.

Und der will dein Freund sein!	*And he claims to be your friend!* (He says so, but I don't believe it.)
Der Film soll drei Stunden dauern.	*The film is said to take three hours.* (Sombody told me and I'm repeating it, but I don't know whether it is true or not.)

A. Bericht mit und ohne Stellungnahme (*Reporting with and without Taking a Stand*)

sollen	*is said to be*	keine Stellungnahme
wollen	*claims to be*	Sprecher glaubt es nicht

The modal verbs **sollen** and **wollen** are used to report what other people have said. **Sollen** implies impartiality—the speaker simply repeats what has been said without saying whether he or she believes the statement to be true; **wollen,** however, implies that the speaker does not believe that what the other person has said is true.

Franziska **soll** schon wieder eine Eins geschrieben haben.	*They say that Franziska has gotten yet another A.*
Carla **will** im Examen eine Eins geschrieben haben.	*Carla claims to have gotten an A on her final exams.*

Whereas the first sentence simply recounts what other people have said, the second sentence clearly casts doubt on the truth of Carla's claim.

When used subjectively, **sollen** and **wollen** are generally in the present tense together with the past infinitive of the verb (*past participle* + **haben**). Some verbs that express a state rather than an action or an event may also be used with the regular infinitive. These verbs include the verbs that express possession, value, knowledge, and so forth; the verb **sein;** and the modal verbs.

Peter will Geige spielen können.	*Peter claims to be able to play the violin.*
Robert soll zwei Häuser an der Riviera haben.	*Robert is said to have two houses on the Riviera.*
Dieses Auto soll 100 000 Mark kosten.	*This car is said to cost 100,000 marks.*

B. Sicherheit, Wahrscheinlichkeit oder Möglichkeit (*Certainty, Probability, or Possibility*)

Used with subjective meaning, the modal verbs **müssen, dürfen, können,** and **mögen** express degrees of how certain the speaker is about what he or she says.

müssen/müßte	Sicherheit
dürfte	Wahrscheinlichkeit
können/könnte	Möglichkeit
mögen	Irrelevanz

Es ist 10 Uhr. Otto **muß** schon zu Hause sein.

Otto **dürfte** schon zu Hause sein.

Otto **könnte** schon zu Hause sein.

Otto **mag** schon zu Hause sein. Das heißt aber nicht, daß wir jetzt auch nach Hause gehen müssen.

It's 10 o'clock. I'm certain that Otto is home by now.

Otto's probably home by now.

Otto may be home by now.

Otto may be home by now. But that doesn't mean that we have to go home now, too.

In these contexts, **müssen** and **können** occur either in the present tense or in the subjunctive II mode. Both forms have basically the same meaning; the subjunctive II softens the statement a little.

Note that **dürfen** with the meaning of probability is used only in the subjunctive II mode. **Mögen,** however, is used only in a subjective context and only in the present tense. Its meaning is: It may be true, but it's not relevant to this situation.

9.4 TRENNBARE UND UNTRENNBARE VERBEN
Separable Verbs and Inseparable Verbs: How to Identify Which Kind

There are two types of prefix verbs in German: *separable* (**trennbare Verben**) and *inseparable* (**untrennbare Verben**). These two types of verbs behave differently in the formation of the infinitive and the past participle, and in independent clauses (**Hauptsätze**).

	TRENNBARE VERBEN	UNTRENNBARE VERBEN
Infinitiv:	ankommen	bekommen
Infinitiv mit **zu**:	anzukommen	zu bekommen
Partizip II:	angekommen	bekommen
konjugiertes Verb im Hauptsatz:	sie kommt an	sie bekommt
konjugiertes Verb im Nebensatz:	daß sie ankommt	daß sie bekommt

TRENNBARE VERBEN	UNTRENNBARE VERBEN
Wann wollt ihr ankommen?	Was willst du bekommen?
Ihr braucht nicht durchzuzählen.	Du brauchst mir nichts zu erzählen.
Wir sind stundenlang angestanden.	Haben Sie mich verstanden?
Das Kind fällt hin.	Das Haus zerfällt.
Ich weiß, daß sowas vorkommt.	Ich hoffe, daß er entkommt.

A. Untrennbare Verben

Most of the time, inseparable prefix verbs behave like verbs without prefixes. The only difference is that inseparable prefix verbs do not have **ge-** in the past participle.*
Here are the most frequently occurring inseparable prefixes.†

be-	bedeuten, bekommen, bestellen, besuchen, bezahlen
ent-	enthalten, entlassen, entscheiden, entschuldigen, entstehen
er-	erfahren, erfinden, erhalten, erinnern, erkennen
ge-	gefallen, gehören, gelingen, geschehen, gewinnen
ver-	verändern, verbessern, verbieten, verdienen, vergessen

Haben wir schon bezahlt?	*Have we paid yet?*
Du brauchst dich noch nicht zu entscheiden.	*You don't have to make up your mind yet.*
Erinnern Sie sich daran?	*Do you remember this?*
Ich gewinne immer.	*I always win.*
Sie haben sich aber auch gar nicht verändert!	*Well, you haven't changed at all!*

B. Trennbare Verben

Two features distinguish separable prefixes from inseparable ones — word stress and the meaning of the prefix.

1. *Word stress:* Separable prefixes are stressed in speech, inseparable prefixes are not: for example, **an**kommen vs. be**kom**men.
2. *Meaning of the prefix:* Separable prefixes have a meaning of their own‡ — for example, **an** (*on*), **mit** (*with*), and **auf** (*on top*) — whereas inseparable prefixes do not exist as words by themselves — for example, **be-**, **ge-**, and **ver-.**

Wann sind Sie denn angekommen?	*When did you get here?*
Hören Sie mir doch zu!	*Do listen to me!*

---

* They share this distinction with verbs ending in **-ieren.**
† There are two more inseparable prefixes, **miß-** and **zer-,** that are rarely used. The prefix **miß-** often refers to doing something wrongly or not at all, as in **mißverstehen** (*to misunderstand*) or **mißtrauen** (*to distrust*); **zer-** means to follow something destructive all the way through, as in **zerbrechen** (*to break in two*) or **zerstören** (*to destroy*).
‡ See **Strukturen 10.5** for meanings of other verb prefixes.

In an independent clause, the prefix of a separable verb becomes the second part of the verb phrase in the present and the simple past tense and is placed at the end of the clause. The **ge-** of past participles and the **zu** of infinitives occur between the separable prefix and the stem.

Wann **fährt** der Zug **ab?**	*When will the train leave?*
Wann **kam** er **an?**	*When did it arrive?*
Warum haben Sie nicht **mitge-macht?**	*Why didn't you participate?*
Es ist Zeit **aufzuhören.**	*It's time to stop.*

Note that in dependent clauses, the prefix is in front of the stem; these verbs are written as one word.

Ich wußte nicht, daß du gern **spazierengehst.**	*I didn't know that you liked to go walking.*

9.5 GENITIV
Expressing Relationships and Possession

A. Verwendung

1. Der Genitiv als Attribut

The genitive case is most commonly used in writing, and it is the equivalent of English *of*-phrases and of the English possessive with *'s*.

die Tür des Hauses	*the door of the house*
die Wahl des Präsidenten	*the election of the president*
der Hut meines Bruders	*my brother's hat*
das Haus meiner Eltern	*my parents' home*

Genitive phrases complement and further specify a noun phrase, and they are commonly placed immediately after the noun phrase they describe. German uses this kind of genitive with things and abstract notions as well as with people; English tends to use the possessive form *'s* with people. In German, the use of this form (without the apostrophe) is restricted to names of people and places*

Toms Vater	*Tom's father*
Englands Rettung	*England's salvation*

---

* When the name ends in an **s**-sound (such as **s, z,** or **x**), no **-s** is added; the apostrophe is used instead: **Herrn Schulz' Rasen.** It is more common, however, to use the preposition **von: der Rasen von Herrn Schulz.**

2. Der Genitiv nach Präpositionen

There are a number of prepositions that require the genitive case. Here are the most important ones. (For further details see **Strukturen 15.2.**)

außerhalb	*outside of*
innerhalb	*inside of, within*
(an)statt	*instead of*
trotz	*despite (in spite of)*
während	*during*
wegen	*because of*

außerhalb der Schule	*outside of school*
innerhalb eines Jahres	*within one year*
statt einer guten Note	*instead of a good grade*
trotz des schlechten Wetters	*despite the bad weather*
während des Tages	*during the day*
wegen seiner Krankheit	*because of his illness*

B. Form

1. Nomen

In the genitive singular, masculine and neuter nouns add an **-s** or an **-es;*** feminine nouns and plural nouns don't add anything.

	MASK.	NEUT.	FEM.	PL.
Genitiv:	des Vater**s**	des Kind**es**	der Mutter	der Eltern

Most weak masculine nouns have **-en** in the genitive singular as well as in the accusative and dative singular.†

das Schicksal des Mensch**en**	die Stimme des Nachbar**n**
das Alter des Student**en**	der Name des Chirurg**en**

2. Artikelwörter

In the genitive case, all determiners—**der**-words and **ein**-words—end in **-es** in the masculine and neuter singular and in **-er** in the feminine singular and all plural forms.

---

* Add **-s** to a noun of two or more syllables, **-es** to a noun of one syllable: **die Dicke des Bodens, die Größe des Hauses.**

† A few weak nouns have **-ens** in the genitive singular: for example, **der Gedanke: die Kraft des Gedankens; das Herz: die Stimme des Herzens.**

MASKULIN	NEUTRUM	FEMININ	PLURAL

Genitiv: des Mannes   des Kindes   der Frau   der Eltern
         eines Mannes   eines Kindes   einer Frau   (von Eltern)
         meines Mannes   meines Kindes   meiner Frau   meiner Eltern
         dieses Mannes   dieses Kindes   dieser Frau   dieser Eltern

When there is no article, the preposition **von** + *dative* is used.

die Kinder **von Eltern,** die rauchen   *the children of parents who smoke*

3. Adjektive

In the genitive, adjectives end in **-en** in all masculine and neuter singular forms and in feminine and plural forms preceded by a determiner.*

MASK.	NEUT.	FEM.	PL.
des arm**en**	des arm**en**	der arm**en**	der arm**en**
Mannes	Kindes	Frau	Leute

Das Schicksal dieser arm**en** Leute   *The fate of these poor people is of great*
liegt mir sehr am Herzen.   *concern to me.*
Das ist das Auto meines ältest**en**   *That's my oldest brother's car.*
Bruders.

4. Pronomen

Only the interrogative and the relative pronouns have genitive forms: **wessen** (*whose*); **dessen, deren** (*whose, of which*). Other pronouns occur instead with the preposition **von** + *dative*.

	MASK.	NEUT.	FEM.	PL.
Fragepronomen:	wessen	wessen	wessen	wessen
Relativpronomen:	dessen	dessen	deren	deren

Wessen Pullover ist das?   *Whose sweater is this?*
Das ist Hans, **dessen** Bruder in   *This is Hans, whose brother studies in*
    Polen studiert.   *Poland.*
Das ist das Haus, **dessen** Eigen-   *This is the house the owner of which*
    tümer gerade gestorben ist.   *just died.*
Das ist Frau Keutel, **deren**   *This is Mrs. Keutel, whose daughters*
    Töchter zu dir in die Schule   *go to the same school as you.*
    gehen.
Das sind die Leute, **deren** Auto   *These are the people whose car we*
    wir gekauft haben.   *bought.*

---

* Unpreceded feminine and plural adjectives end in **-er;** however, unpreceded adjectives rarely occur in the genitive.

Macht euch die Erde untertan

Thema IV geht auf das Verhältnis der Menschen zu ihrer Umwelt ein. Kapitel 10 wirft einen kritischen Blick auf den Fetisch vieler Menschen, das Auto. Kapitel 11 beschäftigt sich mit dem Schaden, den Menschen der Natur zufügen können. Kapitel 12 schließlich wirft einen amüsierten Blick auf den Umgang der Menschen mit der Technik am Beispiel Computer.

10

Des Deutschen liebstes Kind

Stau auf der Autobahn
München-Salzburg, einem
sehr stark befahrenen
Autobahnabschnitt.

Texte

„Mordwaffe Auto"   aus *Stern*

„Warum fahren Frauen besser Auto als Männer?"   aus
Brigitte

„Statistik"   Joachim Richert

Sprechakte

*sich beschweren / sich
  entschuldigen*   Complaining/apologizing
verlangen/bitten   Demanding/requesting

Wortschatz

Reisen; Verkehr   Travel; traffic
Polizei; Notfälle   Police; emergencies
Auto; Tankstelle   Car; gas (service) station
Tiere   Animals

Strukturen

Satzkonnektoren 4: Finale   Expressing purpose
  Subjunktoren,
  Präpositionen und
  Adverbien
Verbvalenz 2: Dativ   Verbs taking dative objects
Präpositionen 1: Lage und   Using prepositions to
  Richtung im Raum   express location and
          destination
Verben: Lage und Richtung   Using verbs to express
          location and destination
Wortbildung 4: Ableitung   Making new verbs
  2: Verben

EINSTIMMUNG: Zu viele Autos?

In diesem Kapitel geht es um das Transportmittel Auto und seine Vorteile und Nachteile. Sprechen Sie über folgende Fragen.

1. Welche Transportmittel benutzen Sie normalerweise?
2. Welche öffentlichen oder privaten Verkehrsmittel gibt es noch?
3. Welche Transportmittel gab es vor 100 Jahren?
4. Welche Vorteile/Nachteile hatten frühere Transportmittel?
5. Welche Vorteile/Nachteile haben moderne Transportmittel?
6. Welches Transportmittel benutzen Sie am liebsten, und warum?
7. Haben Sie ein Auto? Wenn ja, dann beschreiben Sie es bitte.

LESETEXT: Chaos auf den Straßen

Der Artikel „Mordwaffe Auto" erschien in der Illustrierten *Stern*, nachdem sich wieder einmal eine Reihe[1] von schweren Unfällen auf deutschen Straßen ereignet hatte. Der folgende Text ist ein Auszug aus diesem Artikel. Es geht um das Verhalten[2] deutscher Autofahrer auf Autobahnen und Landstraßen.

---

[1] *series* [2] *behavior*

Die Unfall-Kurve
Wie während der vergangenen
zehn Jahre die Zahl der Verkehrsunfälle mit Versicherungsschäden
stieg (in Tausendern)

1977 **2080**
1980 **3056**
1982 **3260**
1985 **3001**
1986 **3320**

Vor dem Lesen

A. Wo ist . . . ? Im Text kommen einige Ortsnamen vor. Suchen Sie die folgenden Ortsnamen auf der Landkarte: Köln, Aachen, Koblenz, Nürnberg, München, Eichendorf in Niederbayern.

B. Geschwindigkeit.[1] Wie schnell darf man in den westlichen Bundesländern in der Stadt normalerweise fahren? Wie schnell darf man auf der Autobahn fahren? Rechnen Sie aus, wie viele Stundenkilometer 25, 55 und 65 Meilen sind.

Lesen Sie den Text zweimal schnell durch und machen Sie dann die Aufgabe „Überschriften suchen".

---

[1] *speed*

„Mordwaffe Auto"

Auf ihrem Bett liegt noch ihre große Puppe. Und auf dem Schreibtisch weiße Wolle mit Strickzeug. Ein Pullover, den sie vor kurzem erst begann. Er wird nie fertig werden. „Sonne ist Leben", steht auf einem leuchtenden Poster in ihrem rosa gestrichenen Zimmer. Doch Sandra, nur 15 Jahre alt geworden, ist tot.

5   Es war am 8. Juli, an einem schwülen Nachmittag in Niederbayern: Ralf saß am Steuer des Audi 80, der über die Landstraße nach Markt Eichendorf jagte. Die vier Jugendlichen kamen von einer Spritztour in ihr Heimatdorf zurück. Im Schwimmbad hatte Ralf die anderen eingeladen, um sein neues Auto vorzuführen, das er wenige Tage zuvor gebraucht gekauft hatte. Auch den Führerschein besaß er erst seit 14 Tagen.
10 In einer leichten Linkskurve raste der Audi geradeaus, frontal gegen einen Baum. Sascha und Robert, die hinten saßen, flogen in den Straßengraben. Sandra und Ralf wurden auf den Vordersitzen zerquetscht.

    Noch nie seit 1953, seit der Wiederaufnahme der Unfallstatistik nach dem Krieg, gab es so viele Verkehrsunfälle: Kein Monat ohne Massenkarambolage, kein Wochenende
15 ohne Knäuel von verbogenem und verbeultem Blech. 101 Personenwagen, 38 Lastwagen und ein Bus blieben allein an einem Tag auf der Strecke, als es auf den Autobahnen Köln-Aachen und Koblenz-Venlo zu einem Chaos im Nebel kam. Bei Sichtweiten unter 50 Meter krachten Lastwagen mit fast 90 Stundenkilometer auf stehende Autos. 183 Fahrzeuge knallten im Mai bei Allershausen auf der Autobahn zwischen Nürnberg und

20 München gegeneinander. Teils waren sie mit Tempo 180 über die nasse Fahrbahn
geschossen, mit Vollgas rein in einen Stau. 84 Verletzte und zwei Tote zogen die
Rettungsmannschaften damals aus den Trümmern.

Doch viele Autofahrer läßt das offenbar ebenso gleichgültig wie das Tempolimit
von 100, das dort nur bei Nässe gilt. Innerhalb weniger Stunden maß die Polizei jetzt
25 464 erhebliche Tempoüberschreitungen auf der kritischen Strecke. Ölschock? Längst
vergessen. Waldsterben? Längst verdrängt.° Wer — laut Plakate — „Freiwillig 100" fährt,   *supressed*
„dem Wald zuliebe", gilt vielen bloß noch als Verkehrshindernis. Ein anderer Aufkleber
ist jetzt „in": „Mein Auto fährt auch ohne Wald." Tempo ist angesagt°— der Zeitgeist   *fashionable, "in"*
rast.

30 „Viele Fahrer haben ein ausgesprochen neurotisches Verhältnis zur Geschwindigkeit", findet Richard Spiegel, der Präsident des Verkehrsgerichtstags. Psychologen wissen auch, warum. „Für manche ist die Autobahn das letzte Abenteuer der Menschheit",
sagt der Kölner Verkehrsforscher Edgar Spoerer, da geht es um „Freiheit" in einem
kontrollierten Alltag und um eine Art „Angstlust", wie sie auch Drachenflieger° oder   *hang-gliders*
35 Ski-Rennfahrer spüren, und um chromblitzblanke Macht. „Vorbeiziehen an anderen
macht das Vergnügen aus", schrieb der Psychologe Gerhard Bliersbach schon vor
Jahren, „Überholvorgänge summieren sich zu Erfahrungen eigener Siege."

Die SPD will den „Totschlag auf unseren Straßen" mit einem „vernünftigen Tempolimit" auf allen Autobahnen bekämpfen, nach EG-Vorschlag 120 Stundenkilometer. Die
40 Grünen fordern Tempo 100 auf Autobahnen und Tempo 80 auf Landstraßen — nicht
nur wegen der Bäume. Eine Studie der Bundesanstalt für Straßenwesen in Bergisch-
Gladbach hat ergeben: Während des „Großversuchs" mit dem Tempo 100, das ohnehin
nur halbherzig beachtet wurde, ging die Zahl der Unfälle auf den Untersuchungs-
strecken um 23 Prozent zurück.

45 Doch Bundesverkehrsminister Jürgen Warnke hält die Forderung nach einer gene-
rellen Geschwindigkeitsgrenze für „nicht hilfreich". Geht es nach ihm, bleibt die Bundesrepublik das einzige Land, das sich den Luxus leistet, kein Limit auf Autobahnen zu
haben — und dazu einen der höchsten Alkohol-Grenzwerte der Welt.

Die Deutschen müssen sich wohl mit dem Steuer und mit dem Stimmzettel° ent-   *bei den Wahlen*
50 scheiden. Entweder spielen wir weiter Russisches Roulette und hoffen, daß es uns
nicht trifft, sondern andere — wie die jungen Leute aus Eichendorf. Oder wir entdecken eine neue Lust: den Genuß, langsamer und defensiver und vernünftiger zu
fahren. Leicht ist es nicht. Aber Spaß macht es auch.

Nach dem Lesen

A. Überschriften suchen. Welche der folgenden Überschriften paßt jeweils
am besten? Lesen Sie zuerst die Überschriften und dann noch einmal den
Textabschnitt.

1. Zeile 1 bis 4:
   a. Sandra: „Sonne ist Leben"
   b. Tot mit fünfzehn
   c. Pullover aus weißer Wolle gefunden

2. Zeile 5 bis 12:
   a. Auto rast[1] frontal gegen Baum — vier junge Leute sterben
   b. Der 8. Juli — ein schwüler[2] Sommertag in Niederbayern
   c. Vier Jugendliche zum Baden ins Schwimmbad

3. Zeile 13 bis 22:
   a. 183 Tote bei Verkehrsunfall auf der Autobahn Köln-Aachen
   b. Lastwagen fahren viel zu schnell
   c. Zahl der Verkehrsunfälle seit 1953 ständig gestiegen

4. Zeile 23 bis 29:
   a. Autofahrer rasen — Unfällen und Waldsterben zum Trotz
   b. Tempolimit 100 wird auf allen Straßen eingeführt
   c. Autofahrer leiden unter Ölschock[3]

5. Zeile 30 bis 37:
   a. Autofahrer haben in kontrolliertem Alltag Angst vor Freiheit
   b. Psychologen sind ratlos
   c. Autofahrer haben neurotisches Verhältnis zur Geschwindigkeit

6. Zeile 38 bis 44:
   a. SPD und Grüne fordern wegen Unfällen und Waldsterben Tempolimit
   b. Auch ohne Bäume: Tempo 100 auf Autobahn noch viel zu schnell
   c. Auf unseren Straßen wird gemordet

7. Zeile 45 bis 53:
   a. Deutsche spielen gern Russisches Roulette
   b. Verkehrsminister der Bundesrepublik will kein Tempolimit einführen
   c. Bundesrepublik als einziges Land mit Alkoholverbot beim Autofahren

---

[1] *speeds*   [2] *hot and humid*   [3] *oil crisis*

B.   Neue Wörter im Kontext. Erschließen Sie die Bedeutung der folgenden kursivgedruckten Wörter aus dem Kontext.

1. Im Nebel *bei Sichtweiten unter 50 Meter* krachten Lastwagen mit fast 90 Stundenkilometer auf stehende Autos.
   a. bei guter Sicht in 50 Meter Entfernung
   b. bei Dunkelheit, Regen und Nebel
   c. bei schlechter Sicht — weniger als 50 Meter

2. Teils waren die Autos mit Tempo 180 über die nasse Fahrbahn geschossen, *mit Vollgas* rein in einen Stau.[1]
   a. mit höchster Beschleunigung[2]
   b. mit großer Begeisterung
   c. mit vollem, klarem Bewußtsein

3. Der Psychologe Gerhard Bliersbach schreibt: „*Überholvorgänge* summieren sich zu Erfahrungen eigener Siege."
   a. Unfälle auf der Autobahn
   b. das Überholen[3] von anderen
   c. Fußgänger am Straßenrand

4. Die SPD will den „*Totschlag* auf unseren Straßen" mit einem „vernünftigen Tempolimit" auf allen Autobahnen bekämpfen.
   a. dichter Nebel
   b. täglicher Terror
   c. eine Art Mord

_____

[1] *traffic jam*   [2] *acceleration*   [3] *overtaking*

C.   Was meinen Sie? Lesen Sie die Hauptmerkmale der Reportage und beantworten Sie die Fragen.

—Am Anfang der Reportage soll mit einem Ereignis oder einer Sensation das Interesse des Lesers geweckt werden.
—Zahlen und Fakten aus Studien, Statistiken und Umfragen werden zitiert.
—Die Reportage will den Leser informieren.
—Die Reportage erscheint objektiv, indem sie sich auf Fakten und Zahlen stützt.
—Durch subjektives Auswählen von Fakten und Zahlen kann der Leser beeinflußt werden.

1. Von welchem Ereignis wird am Anfang der Reportage berichtet, um das Interesse der Leser zu wecken?
2. Aus welchem Bereich werden Zahlen, Fakten und Statistiken zitiert?
3. Wie viele Personenwagen, wie viele Lastwagen und wie viele Busse stießen auf den Autobahnen Köln-Aachen und Koblenz-Venlo zusammen?
4. Wie viele Fahrzeuge stießen bei Allershausen auf der Autobahn Nürnberg-München zusammen?
5. Wie schnell waren manche der Fahrzeuge gefahren, und wie viele Tote und Verletzte gab es?
6. Fassen Sie in einem Satz zusammen, worüber die Reportage die Leser informiert.
7. Will diese Reportage nur informieren oder auch beeinflussen? Welche Zahlen und Fakten werden zitiert? Ergibt sich ein positives, negatives oder neutrales Bild von der Situation auf bundesdeutschen Straßen?
8. Was meinen Sie? Ist ein Tempo-Limit richtig oder nicht? Sammeln Sie Gründe dafür und dagegen. Anregungen[1] finden Sie im Text.

PRO	CONTRA
_____	_____
_____	_____

_____

[1] *ideas; points of departure*

Aktivitäten

A.   Interaktion. Diskutieren Sie in Kleingruppen über folgende Fragen. Dann berichten Sie der Klasse über die Ergebnisse Ihrer Diskussion.

1.   Wann machen die meisten Amerikaner den Führerschein? Und die Deutschen?
2.   Wie bereitet man sich in den USA und in der Bundesrepublik darauf vor? Wo lernt man das Autofahren in diesen Ländern?
3.   Was muß man tun, um in Amerika und in Deutschland einen Führerschein zu bekommen?

Geschäftsstelle des Allgemeinen Deutschen Automobilklubs, der größten Autofahrervereinigung Deutschlands.

B.   Setzen Sie Prioritäten. Was würden Sie in den folgenden Situationen tun? Numerieren Sie die Möglichkeiten als Prioritäten, Nummer 1 die höchste.

1.   Wegen eines Krieges im Mittleren Osten gibt es weniger Benzin. Was würden Sie tun?
_____   Ich würde weniger fahren.
_____   Ich würde nur noch mit dem Rad fahren.
_____   Ich würde mir ein Motorrad kaufen.
_____   Ich würde mich genauso verhalten wie vorher.
_____   Ich würde nur noch am Wochenende mit dem Auto fahren.

2.   Sie haben einen Autounfall; niemand ist schwer verletzt. Was würden Sie tun?
_____   Ich würde die Polizei anrufen.
_____   Ich würde mich beim anderen Fahrer beschweren.
_____   Ich würde einfach schimpfen.
_____   Ich würde die Rettungsmannschaft anrufen.
_____   Ich würde laut schreien.

3.   Ihre neue Wohnung ist 10 Kilometer von der Uni entfernt. Was würden Sie tun?
_____   Ich würde mir einen gebrauchten Wagen kaufen.
_____   Ich würde nur mit dem Rad fahren.
_____   Ich würde nur mit dem Bus fahren.
_____   Ich würde einfach zu Fuß gehen.
_____   Ich würde mit meinem Freund / meiner Freundin fahren.

C. Partnerarbeit. Sie wollen einen neuen Wagen kaufen, aber Sie wissen noch nicht, was für einen. Welches Auto paßt am besten zu Ihrer Persönlichkeit? Denken Sie an Fabrikat (Volkswagen, Mercedes, BMW, Fiat, Ford, Toyota usw.), Autotyp (Sportwagen, Cabriolet, Combiwagen, Minibus usw.), Farbe (blau, schwarz, weiß, rot usw.) und andere Eigenschaften (elegant, billig, teuer, modisch, schnell usw.).

> BEISPIEL: Ich kaufe mir _____ , weil ich _____ bin.
> _____ paßt zu mir am besten.
> Ich mag _____ zwar ganz gern, aber _____ gefällt mir besser.
> Ich möchte _____ , weil _____ .

D. Schreiben Sie! Sie brauchen einen Wagen, aber Sie wissen nicht, ob Sie sich ein neues oder ein gebrauchtes Auto kaufen sollen. Machen Sie eine Liste der Vor- und Nachteile eines Neuwagens und eines Gebrauchtwagens.

	VORTEILE	NACHTEILE
Neu:	läuft besser	kostet viel
	. . .	. . .
Gebr.:	kostet weniger	sieht nicht mehr so gut aus
	. . .	. . .

E. Gruppenarbeit. Im Jahre 1946 schrieb der Autor George Orwell seinen Roman *Animal Farm,* in dem Tiere menschliche Rollen hatten. Viele Fabeln haben Tiere, die sprechen und die menschliche Eigenschaften haben. Schreiben Sie in Kleingruppen eine moderne Geschichte oder eine Fabel mit Tieren in den Hauptrollen.

SPRECHAKTE

sich beschweren / sich entschuldigen: Es tut mir wirklich leid!

An
Herrn Dr. Streuvel
Oberbürgermeister der Stadt Stuttgart

Sehr geehrter Herr Dr. Streuvel!

Ich muß mich heute leider mit einer Beschwerde an Sie wenden. Wie Sie vielleicht selbst schon bemerkt haben, wird die Luftverschmutzung in Stuttgart täglich schlimmer. Das kann nicht mehr so weitergehen. Jeden Tag fahre ich von Böblingen, wo ich wohne, in die Stadt hinein. Wenn ich ankomme, kann ich sehr deutlich eine braungelbe Wolke sehen, die über der Stadtmitte schwebt. Ich bin grundsätzlich der Meinung, daß gegen Luftverschmutzung etwas getan werden muß. In Stuttgart ist es mittlerweile aber schon so schlimm, daß es ein Skandal wäre, wenn nicht sofort etwas dagegen unternommen würde! Wer kontrolliert eigentlich die Reinheit der Luft, wenn man hier überhaupt von Reinheit sprechen kann? Wer überprüft die Situation in den Fabriken? Tun Sie etwas, und tun Sie es bald, wenn Sie wollen, daß ich Sie auch bei der nächsten Wahl wieder unterstütze.   Ihr

Martin Kraus

Variationen

A.   Was ärgert Sie? Schreiben Sie einen Beschwerdebrief. Denken Sie sich einen Grund zur Beschwerde aus und einen Adressaten, an den Sie schreiben werden.

VORSCHLÄGE:

an den Präsidenten der Uni wegen hoher Studiengebühren
an den Geschäftsführer der Mensa wegen schlechten Essens
an den Deutschprofessor wegen zu schwerer Prüfungen

UM SICH ZU BESCHWEREN:

ich bin (damit) (gar) nicht zufrieden
es gefällt mir nicht
ich bin enttäuscht
ich finde das nicht gut, daß . . .
ich bedaure
Entschuldigung, aber . . .
es ist nicht meine Schuld

UM SICH ZU ENTSCHULDIGEN:

dafür kann ich leider nichts, weil . . .
es tut mir wahnsinnig/wirklich/furchtbar/schrecklich leid . . .
es soll nie wieder geschehen
das mache ich nie wieder
das mache ich normalerweise nicht
seien Sie mir nicht böse
schon gut
ist nicht so schlimm
dann ist es gut

B.   Spielen Sie!

1. Sie haben von jemandem, den Sie kaum kennen, einen Gebrauchtwagen gekauft. Nach einer Woche bemerken Sie erhebliche Mängel an diesem Auto. Rufen Sie diese Person an und beschweren Sie sich. Sie möchten entweder, daß diese Mängel behoben werden, oder daß Ihnen ein Teil Ihres Geldes zurückgezahlt wird.
2. Im Postamt haben Sie um zehn 60-Pf-Briefmarken gebeten, haben aber die falschen Briefmarken bekommen. Beschweren Sie sich bei dem Beamten. Er entschuldigt sich. Reagieren Sie dann auf seine Entschuldigung.
3. Sie haben gestern Ihren Wagen in der Reparaturwerkstatt reparieren lassen, doch er funktioniert immer noch nicht richtig. Sie ärgern sich furchtbar über die Mechaniker. Rufen Sie an und beschweren Sie sich!
4. Bei einem leichten Autounfall auf der Landstraße ist Ihr nagelneuer Wagen etwas beschädigt worden. Der andere Fahrer hat — so scheint es Ihnen — etwas zuviel getrunken. Sie sind wütend.[1] Beschweren Sie sich!

---

[1] *furious*

LESETEXT: Wer fährt besser?

Die bundesdeutsche Frauenzeitschrift *Brigitte* befragte Leute, die im Beruf mit
Autofahrern zu tun haben, ob Frauen besser Auto fahren als Männer. Lesen
Sie, was eine Fahrlehrerin, ein Psychologe und ein Experte für Verkehrsunfälle
antworteten.

Vor dem Lesen

Was meinen Sie? Wer fährt besser, Frauen oder Männer? Sammeln Sie Argumente für Ihren Standpunkt. Hier sind einige Stichworte. Schreiben Sie mehr
dazu.

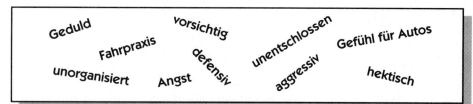

Lesen Sie den Text zweimal und machen Sie dann die Aufgabe „Richtig oder
falsch". Es ist nicht wichtig, daß Sie Details verstehen. Versuchen Sie, die
Hauptargumente zu finden.

„Warum fahren Frauen besser Auto als Männer?"

Petra Kunkel (26), Fahrlehrerin:
„Wenn ein Fahrschüler an einer Kreuzung den Motor abwürgt, ist es meistens ein
Mann, der hinter uns hupt und
flucht. Frauen wissen, daß jeder mal klein angefangen hat.
Als Fahrschüler brauchen sie
weniger Fahrstunden als Männer. Sie sind auch nicht von
vornherein davon überzeugt,
alles zu wissen. Wenn ich einem Mann etwas sage, probiert er erst mal, ob es nicht
auch anders geht."

Leopold Lichtnecker (41), Verkehrspsychologe: „Unter den
Kraftfahrern, denen im letzten
Jahr der Führerschein entzogen wurde, waren weniger als
zehn Prozent Frauen. Sie können auch eher vertragen, überholt zu werden, ohne Rachegelüste zu zeigen. Für viele Männer setzt sich der Konkurrenzkampf auf der Straße fort.
Männer könnten im Straßenverkehr viel von Frauen lernen."

Helmut Wüst (51), Sachverständiger für Kfz-Unfälle: „Autofahren hat etwas mit Charakter zu tun. Frauen sind da verantwortungsbewußter. Die
schweren Unfälle werden
hauptsächlich von Männern
verursacht. Es gibt kaum einen
Mann, der vernünftig fährt."

Nach dem Lesen

A. **Richtig oder falsch?** Welche der Aussagen paßt *nicht* zum Text? Streichen Sie die falsche Antwort.

1. Was sagt die Fahrlehrerin Petra Kunkel?
   a. Frauen wissen immer gleich alles, man braucht ihnen nichts mehr zu sagen.
   b. Frauen wissen, daß jeder mal angefangen hat und haben mehr Geduld.
   c. Männer hören nicht gern auf andere Leute, sie wollen alles selbst herausfinden.

2. Was sagt der Verkehrspsychologe Leopold Lichtnecker?
   a. Frauen wird viel seltener der Führerschein weggenommen als Männern.
   b. Frauen können beim Autofahren viel von Männern lernen.
   c. Frauen stört es nicht so, wenn sie überholt werden.

3. Was sagt Helmut Wüst, der Experte für Verkehrsunfälle?
   a. Frauen haben mehr Gefühl für Verantwortung als Männer.
   b. Frauen fahren kleinere und langsamere Autos.
   c. Männer fahren selten vernünftig Auto.

B. **Vorurteile.** Bearbeiten Sie die folgenden Aufgaben in kleinen Gruppen.

1. Viele Leute glauben, daß Frauen keine guten Autofahrer sind. In der *Brigitte*-Umfrage wird das Gegenteil behauptet. Sammeln Sie Argumente für beide Positionen.
2. Das Vorurteil, daß Frauen schlechtere Autofahrer sind, ist weit verbreitet. Erklären Sie, wie es zu diesem Vorurteil gekommen ist.

Aktivitäten

A. **Regeln.** Es gibt bei einem Autounfall Regeln, denen man folgen muß:

—zur Seite fahren, wenn möglich
—Warndreieck aufstellen
— sich um Verletzte kümmern
—Polizei und Krankenwagen anrufen
—Namen und Adressen von Zeugen aufschreiben
— mit dem Unfallbeteiligten einen Unfallbericht ausfüllen

Diskutieren Sie darüber, warum es diese Regeln gibt. Was könnte passieren, wenn man diese Regeln nicht befolgen würde? Welche Angaben der Unfallbeteiligten sollte man sich notieren? Machen Sie eine Liste.

B. **Gruppenarbeit.** Alle in Ihrer Gruppe waren Zeugen eines Autounfalls. Berichten Sie mündlich darüber.

Datum:	Richtung:	Verletzte:
Uhrzeit:	Unfall:	Polizei:
Ort:	Sachschaden:	Schuld:

C. **Schreiben Sie einen Unfallbericht!** Beachten Sie dabei die gleichen Punkte wie in (B). Machen Sie eine genaue Skizze des Unfallortes.

SPRECHAKTE

verlangen/bitten: Ich hätte gern . . .

VERKÄUFERIN: Guten Morgen.

KUNDE: Guten Morgen. Ich hätte gern *Die Zeit*.

VERKÄUFERIN: Ja, bitte schön. Und sonst noch was?

KUNDE: Nein, das wär schon alles. Danke.

KELLNER: Schönen guten Tag. Was darf ich Ihnen bringen?

1. GAST: Ich hätte gern ein Kännchen Kaffee.

KELLNER: Und Sie auch?

2. GAST: Nein, ich trinke lieber Tee. Mit Milch, bitte.

KELLNER: Bitte schön. Möchten Sie auch Kuchen?

1. GAST: Ja, bringen Sie mir bitte ein Stück Erdbeertorte.

KELLNER: Mit Sahne?

1. GAST: Ja, bitte.

2. GAST: Und ich möchte gern ein Stück Nußtorte.

KELLNER: Bitte sehr.

GAST: Danke.

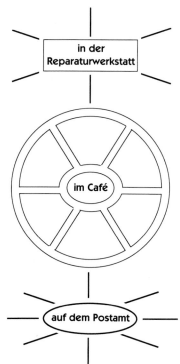

Variationen

A. **Assoziogramme.** Welche Wörter oder Ausdrücke brauchen Sie, wenn Sie über Waren sprechen wollen? Schreiben Sie die Wörter oder Ausdrücke, die Sie mit den Situationen links assoziieren, in die Wortschatzsterne.

B. **Spielen Sie!**

1. Sie sind in einer Bäckerei, um ein Brot und ein paar Brötchen zu kaufen. Sagen Sie, welche Art Brot usw. Sie wollen und fragen Sie, wie frisch die Sachen sind. Sie entdecken auch eine Torte, die sehr lecker aussieht. Fragen Sie, wie sie heißt und was darin ist, und ob Sie ein paar Stücke davon kaufen können.
2. Es ist spät abends. Sie haben plötzlich großen Hunger und gehen in ein Lokal. Sie bestellen ein Weizenbier und eine Käseplatte. Weil es keine Käseplatte gibt, schlägt der Kellner oder die Kellnerin etwas anderes vor.
3. Sie hatten einen Autounfall. Der andere Fahrer liegt schwerverletzt im Auto. Bitten Sie einen Passanten, Polizei und Krankenwagen zu rufen, und einen anderen Passanten, sich mit Ihnen um den Verletzten zu kümmern.
4. Sie sind im Postamt und brauchen Briefmarken, frankierte Umschläge und Aerogramme. Sie möchten auch ein kleines Päckchen nach Ohio schicken.

LESETEXT: Konkrete Poesie

Das Gedicht von Joachim Richert ist ein Beispiel für konkrete Poesie. Der
Dichter vermittelt seine Botschaft mit einfachsten Mitteln, sehr anschaulich[1]
und direkt.

_____

[1] *vividly, concretely*

Lesen Sie das Gedicht langsam Zeile für Zeile. Welche beiden Wörter verändern
nach und nach den Sinn des Gedichts?

„Statistik"

Joachim Richert

```
    auf den autobahnen
    sterben
    nachts
    frösche igel und hasen.

5   nicht nur
    auf den autobahnen
    sterben
    nachts
    frösche igel und hasen.

10  nicht nur
    auf den autobahnen
    sterben
    nicht nur
    nachts
15  frösche igel und hasen.

    nicht nur
    auf den autobahnen
    sterben
    nicht nur
20  nachts
    nicht nur
    frösche igel und hasen.
```

Igel

Frosch

Hase

Nach dem Lesen

Fragen zum Gedicht.

1. Welches Thema hat das
   Gedicht?
2. Dem „nicht nur" folgt
   meistens ein „sondern
   auch". Füllen Sie die
   Lücken, die der Dichter
   gelassen hat: „Nicht nur auf
   den Autobahnen, sondern
   auch . . . "
3. Worauf beruht[1] die Wirkung des Gedichts?

_____

[1] *is based on*

Aktivitäten

A. Schreiben Sie ein Gedicht! Konkrete Poesie findet man in vielen Formen. Hier ist eine mögliche Form:

Ein Mann	(Nomen)
Er ist Autofahrer	(Beschreibung)
Er fährt schnell	(Aktion)
Er trinkt dabei	(2. Aktion)
Kein Mann	(2. Nomen oder Variation)

Schreiben Sie jetzt ein solches Gedicht. Lesen Sie Ihr Gedicht der Klasse vor.

B. Was passiert? Erzählen Sie zu dieser Bilderserie eine Geschichte.

Und jetzt zu Ihnen!

1

A: Vor zwei Tagen haben Sie bei einer Tankstelle einen Ölwechsel machen lassen. Heute bemerken Sie plötzlich, daß die Ölanzeige auf halb steht. Wahrscheinlich hat man nicht genug Öl hineingeschüttet. Sie sind wütend. Das ist schon das 2. Mal, daß Sie bei dieser Tankstelle etwas reklamieren* mußten. Beim letzten Mal hatte man Ihnen kaputte Zündkerzen† eingebaut. Fahren Sie hin, sprechen Sie mit dem Geschäftsführer / der Geschäftsführerin und sagen Sie ihm/ ihr Ihre Meinung.

B: Sie sind Geschäftsführer/Geschäftsführerin einer Tankstelle. Heute erscheint wieder einmal Ihr „Lieblingskunde". Er hat immer etwas auszusetzen. Nie ist etwas beim ersten Mal richtig. Außerdem fährt er ein so altes Auto, daß praktisch immer etwas kaputt ist. Sie wollen zwar keine Kunden verlieren, aber manchmal denken Sie, was zu viel ist, ist zu viel.

* *complain about*
† *sparkplugs*

> **A:** Sie fahren per Anhalter* von Köln nach Stuttgart. Gleich hinter Köln hat Sie jemand mitgenommen, der Sie die ganze Strecke bis nach Stuttgart mitnehmen kann. Sie sind sehr froh darüber, aber eines stört Sie sehr: der Fahrer fährt Ihrer Meinung nach viel zu schnell. Sprechen Sie mit ihm und versuchen Sie zu erreichen, daß er etwas langsamer und vorsichtiger fährt.

> **B:** Sie haben gleich hinter Köln einen Amerikaner / eine Amerikanerin mitgenommen. Diese Person möchte nach Stuttgart, und Sie haben ihr angeboten, sie bis Stuttgart mitzunehmen. Sie müssen dann weiter nach Basel fahren. Es ist schon etwas spät, und Sie müssen relativ schnell fahren, damit Sie noch rechtzeitig nach Basel kommen. Sie sind aber ein guter Fahrer (Sie hatten noch nie einen Unfall) und haben ein sehr gutes Auto, das locker seine 230 Stundenkilometer fährt. Sie fahren jetzt aber nur 180, weil Sie sich mit Ihrem Fahrgast ein wenig unterhalten wollen.

2

* per Anhalter fahren   *to hitchhike*

WORTSCHATZ

Reisen (n.); Verkehr (m.)   *travel; traffic*

Wohin würden Sie gern reisen, wenn Sie viel Geld hätten?

Reisen Sie lieber mit dem Auto, dem Flugzeug, der Bahn oder einem Mietwagen?

Machen Sie Ihre Reisepläne allein, oder lassen Sie sich von einem Reisebüro helfen?

Das wissen Sie schon:

der Aufenthalt, -e	das Doppelzimmer, -	das Moped, -s	das Reisebüro, -s
der Ausflug, ¨e	das Einzelzimmer, -	das Motorrad, ¨er	die Rückkehr
die Autobahn, -en	das Fahrzeug, -e	die Nebenstraße, -n	die Strecke, -n
die Bremse, -n	die Hauptstraße, -n	der Parkplatz, ¨e	die Unterkunft, ¨e
die Brücke, -n	der Lastwagen, -	der Personenwagen, -	

bremsen (gebremst)
(zu Fuß) gehen (geht, ging, ist gegangen)
halten (hält, hielt, gehalten)
packen (gepackt)

parken (geparkt)
überholen (überholt)
überqueren (überquert)
verreisen (ist verreist)

Das ist neu:

die (Verkehrs-)Ampel, -n   traffic light
die Besichtigung, -en   sight-seeing tour
die Führung, -en   guided tour
das Gasthaus, ¨er   guest house
die Geschwindigkeitsbegrenzung, -en   speed limit
die Kurve, -n   curve

der Mietwagen, -   rental car
das Parkverbot, -e   parking ban; "no parking"
die Pension, -en   guest-house, pension
die (Autobahn-)Raststätte, -n   highway service area
das (Verkehrs-)Schild, -er   traffic sign
das Transportmittel, -   means of transportation

abbiegen (biegt . . . ab, bog . . . ab, ist abgebogen)   to turn off (a street)
per Anhalter fahren (fährt, fuhr, ist gefahren)   to hitchhike
trampen (ist getrampt)   to hitchhike
sich verfahren (verfährt, verfuhr, verfahren)   to lose one's way
sich verirren (verirrt)   to get lost

Zimmer mit fließendem Wasser / mit fließend kaltem und warmem
   Wasser   room with running water / with running cold and warm water

Polizei (f.); Notfälle (m., pl.)   *police; emergencies*

Haben Sie mal einen Unfall beobachtet? Wie haben Sie ihn für die Polizei beschrieben?
Was geschah, als Hilfe kam?

Was würden Sie tun, wenn Sie eine Reifenpanne hätten?

Das wissen Sie schon:

der Krankenwagen, -   **der Unfall, ⸚e**

gefährlich   **schnell**
langsam   **(un)vorsichtig**

gegen einen Baum fahren (fährt, fuhr, ist gefahren)   **schieben (schiebt, schob, geschoben)**
Hilfe holen (geholt)   **ein Rad wechseln (gewechselt)**
reißen (reißt, riß, ist gerissen)

Das ist neu:

der Bereitschaftsdienst, -e   emergency service   **die Reifenpanne, -n**   flat tire
die Fahrbahn, -en   lane   **der Rettungswagen, -**   ambulance
die Feuerwehr, -en   fire brigade   **der Stau, -s**   traffic jam
das Glatteis   ice   **die Strafe, -n**   punishment, penalty
der Nebel   fog   **der Straßengraben, ⸚**   ditch
die Panne, -n   breakdown   **das Tempo, -s**   speed
das Polizeirevier, -e   police station   **die Umleitung, -en**   detour

betrunken   drunk   **gesperrt**   blocked   **naß**   wet
eisig   icy   **glatt**   slippery

die Vorfahrt (nicht) beachten (beachtet)   (not) to observe the right of way
den Führerschein entziehen (entzieht, entzog, entzogen)   to have one's driver's
   license revoked
rasen (ist gerast)   to race
unter Alkoholeinfluß stehen (steht, stand, gestanden)   to be under the influence
   of alcohol
zusammenstoßen (stößt . . . zusammen, stieß . . . zusammen, ist
   zusammengestoßen)   to collide

Auto (n.); Tankstelle (f.)   *car; gas (service) station*

Ihr Auto ist kaputt. Was könnte alles los sein?

Welche Kosten und Nebenkosten gibt es, wenn man am Flughafen ein Auto mietet?

Worauf muß man achten, wenn man sich ein neues Auto kauft?

Das wissen Sie schon:

die Batterie, -n
das Benzin

das Dieselöl
der Motor, -en

kaputt   **rückwärts**   **vorwärts**

bremsen (gebremst)
Gas geben (gegeben)
lenken (gelenkt)

Öl nachschauen (nachgeschaut) / kontrollieren
(kontrolliert)
reparieren (repariert)
volltanken (vollgetankt)

die Bremse geht nicht mehr (geht, ging, ist gegangen) / funktioniert nicht mehr
(funktioniert)

Das ist neu:

der Beifahrer, - / die Beifahrerin, -nen   passenger
die Einspritzpumpe, -n   fuel-injection pump
der Fahrer, - / die Fahrerin, -nen   driver
der Keilriemen, -   fan belt
die Klimaanlage, -n   air conditioning unit
der Kühler, -   radiator
das Kühlwasser   radiator fluid
die Kupplung, -en   clutch

die (Servo-)Lenkung, -en   (power) steering
der Ölwechsel, -   oil change
der (Gürtel-)Reifen, -   (radial) tire
das Reserverad, ¨er   spare tire
das Rücklicht, -er   taillight
der Scheinwerfer, -   headlight
der Verteiler, -   distributor
die Werkstatt, ¨en   garage
die Zündkerze, -n   spark plug

bleifrei   unleaded, leadfree
verbleit   leaded

abblenden (abgeblendet)   to dim (headlights)
abschleppen (abgeschleppt)   to tow, haul off
aufblenden (aufgeblendet)   to turn the headlights
   on full beam

blinken (geblinkt)   to use the turn signal; to signal
nachfüllen (nachgefüllt)   to refill, top off

Tiere (n., pl.)   *animals*

Haben Sie ein Haustier? Hätten Sie gern eins? Was für eins? Warum?

Gehen Sie gern in den Zoo? Welche Tiere mögen Sie am liebsten?

Warum fürchten sich so viele Menschen vor Mäusen/Schlangen?

Welche Eigenschaften hat ein Hund / eine Katze / eine Schlange / ein Elephant / ein
Fisch / ein Adler / eine Kuh?

Das wissen Sie schon:

der Fisch, -e	**das Insekt, -en**	**die Maus, ¨e**	**das Pferd, -e**
das Haustier, -e	**die Katze, -n**	**das Nest, -er**	**das Schwein, -e**
das Huhn, ¨er	**die Kuh, ¨e**	**der Ochse, -n**	**der Vogel, ¨**
der Hund, -e			

wild

bellen (gebellt)
fressen (frißt, fraß, gefressen)
krähen (gekräht)
miauen (miaut)

springen (springt, sprang, ist gesprungen)
summen (gesummt)
wiehern (gewiehert)

Das ist neu:

die Art, -en   species
die Ente, -n   duck
der Frosch, ̈e   frog
der Hase, -n   hare, rabbit

der Igel, -   hedgehog
das Männchen, -   male (*animal*)
die Rasse, -n   breed
das Reh, -e   deer

das Schaf, -e   sheep
die Schlange, -n   snake
die Schwalbe, -n   swallow
das Weibchen, -   female (*animal*)

brüllen (gebrüllt)   to roar
galoppieren (ist galoppiert)   to gallop
heulen (geheult)   to howl

saufen (säuft, soff, gesoffen)   to drink (*said of animals*)
watscheln (ist gewatschelt)   to waddle
zwitschern (gezwitschert)   to twitter, chirp

Sprechakte

Dafür kann ich leider nichts.   I'm sorry, but that is not my fault.
Das tut mir wirklich sehr leid.   I'm really very sorry.
Es ist nicht unsere Schuld.   That is not our fault.
Ich hätte/möchte gern ein Stück Kuchen.   I would like a piece of cake.

STRUKTUREN

10.1 SATZKONNEKTOREN 4: Finale Subjunktoren, Präpositionen und Adverbien

Expressing Purpose

There are a number of ways to express the purpose of an action, the end to which something is being done. Compare the following sentences:

Ich lerne Deutsch, **damit** mich die Deutschen verstehen können.
I'm studying German so that the Germans can understand me.

Ich lerne Deutsch, **um** mich mit Deutschen unterhalten **zu** können.
I'm studying German so that I can speak with Germans.

Ich möchte mich mit Deutschen unterhalten. **Darum** lerne ich Deutsch.
I want to talk with Germans. That's why I'm studying German.

A. Subjunktoren

The conjunctions **damit** and **um . . . zu** both introduce statements of purpose—the reason why something is done. The conjunction **damit** introduces a dependent clause.

Der Vater will mit Stefan sprechen, **damit** er wieder mit Ender spielt.
The father wants to talk to Stefan so that he'll play with Ender again.

When the main clause and the dependent clause share one subject, an infinitive construction with **um . . . zu** is used to express purpose; the infinitive clause is set off by a comma. **Um** introduces the clause and **zu** is right in front of the infinitive at the end of the clause.

<table>
<tr><td>Vier Jugendliche fuhren ins Schwimmbad, **um zu** baden.</td><td>*Four young people drove to the swimming pool to go (in order to go) swimming.*</td></tr>
<tr><td>Was muß man tun, **um** in Deutschland einen Führerschein **zu** bekommen?</td><td>*What do you have to do to get (in order to get) a driver's license in Germany?*</td></tr>
</table>

B. Präpositionen

The preposition **zu** + *dative* may be used to denote the purpose of an action. This type of prepositional phrase is often a replacement for an **um . . . zu** verb phrase, in which the noun in the prepositional phrase is a variation of the verb in the verb phrase. Compare the following sentences with **erholen** and **Erholung, einkaufen** and **Einkaufen.**

<table>
<tr><td>Wir fuhren **zur** *Erholung* in die Berge.</td><td>*We went to the mountains to get some rest.*</td></tr>
<tr><td>Wir fuhren in die Berge, um uns zu erholen.</td><td></td></tr>
<tr><td>Sie fuhren **zum** *Einkaufen* in die Stadt.</td><td>*They went to the city to go shopping.*</td></tr>
<tr><td>Sie fuhren in die Stadt, um einzukaufen.</td><td></td></tr>
</table>

In English, the infinitive construction is more common than the prepositional phrase; in German both constructions are equally frequent.

C. Adverbien

The question words **warum?** and **wozu?** are used to ask about the purpose of a specific action.

<table>
<tr><td>**Warum** habt ihr das gemacht?</td><td>*What did you do that for?*</td></tr>
<tr><td>**Wozu** machst du dich heute so fein?</td><td>*Why are you getting all dressed up today?*</td></tr>
</table>

To refer back to a stated purpose, the adverbs **dazu** and **darum** are used.

<table>
<tr><td>Ich bin krank. **Darum** kann ich leider nicht kommen.</td><td>*I'm sick. That's why I unfortunately can't come.*</td></tr>
<tr><td>Wir wollen uns erholen. **Dazu** fahren wir an die See.</td><td>*We want to relax. That's why (for that purpose) we are going to the sea.*</td></tr>
</table>

10.2 VERBVALENZ 2: Dativ
Verbs Taking Dative Objects

The dative object often expresses the person to whom or for whom something is done. Sentences with dative objects usually comprise a subject, a thing as an accusative object, and a person as the dative object.

Ich schenke **dir** ein Buch.	*I'll give you a book. (I'll give a book to you.)*
Ich kaufe **dir** ein Buch.	*I'll buy you a book. (I'll buy a book for you.)*

The verbs used in the examples have a valence of three (subject, accusative object, and dative object). Most verbs that have a valence of two require a subject and an accusative object (***ich* sehe *dich, ich* kenne *dich***). However, a number of verbs with a valence of two require a subject and a dative object (***ich* helfe *dir, es* gehört *mir***). Here are the most common dative verbs:

antworten	*to answer*	So antworte **mir** doch!
begegnen	*to meet*	Wir begegneten **einem alten Mann.**
danken	*to thank*	Ich danke **Ihnen** recht herzlich.
fehlen	*to be missing*	**Mir** fehlt ein Buch.
folgen	*to follow*	Folgen Sie **mir** bitte.
gefallen	*to be to one's liking; to please*	Gefällt **Ihnen** dieses Bild?
gehören	*to belong to*	Diese Schallplatten gehören **mir.**
gelingen	*to succeed*	Es gelang **ihm** nicht, aufzustehen.
glauben	*to believe*	Glauben Sie **mir** doch!
gratulieren	*to congratulate*	Ich gratuliere **dir** zum Geburtstag.
helfen	*to help*	Soll ich **dir** helfen?
nützen	*to be useful*	Das nützt **mir** nicht viel.
raten	*to advise*	Was raten Sie **mir** denn?
schaden	*to be harmful*	Rauchen schadet **der Gesundheit.**
schmecken	*to be to one's liking; to taste good*	Schmeckt **Ihnen** der Fisch?
vertrauen	*to trust*	Du kannst **mir** vertrauen.
widersprechen	*to contradict*	Widersprich **mir** nicht!
zuhören	*to listen to*	Ich höre **dir** genau zu.

10.3 PRÄPOSITIONEN 1: Lage und Richtung im Raum
Using Prepositions to Express Location and Destination

A number of prepositions require either the dative case or the accusative case
depending on whether the place named is the *location* (**die Lage**) in which the action
or the event takes place (*dative*) or is the *destination* (**die Richtung**) of an action.

Lage:	Wir wohnen in der Stadt.	**Wo?**	*Where? (Where at?)*
Richtung:	Wir fahren in die Stadt.	**Wohin?**	*Where to?*

A. Dativ

The accusative-dative prepositions are sometimes called "two-way" or "either-or"
prepositions **(Wechselpräpositionen).** With the dative case they describe how
people and things are located or positioned in space.

An der Wand hängt ein Bild.

Auf dem Schrank steht eine Blumenvase.

Im Schrank stehen Bücher.

Zwischen dem Schrank und **der Tür** steht
ein Sessel.

Neben dem Schrank steht ein Tisch.

Vor dem Tisch steht ein Stuhl.

Hinter dem Sessel liegt eine Puppe auf dem
Boden.

Unter dem Tisch liegt ein Teddybär.

Über dem Tisch hängt eine Lampe.

B. Akkusativ

When these prepositions describe the destination of an action, the accusative case is used. Movement alone does not suffice; it has to be a movement *toward a destination*.

ZIEL: AKKUSATIV

Wir fahren auf **die** Autobahn.   *We're driving to the interstate highway.*

ORT: DATIV

Wir fahren auf **der** Autobahn.   *We're driving on the interstate highway.*

In German, the distinction between destination and location is always expressed by case. In English, two different prepositions are sometimes used.

Gehen wir in den Park? (*Ziel*)   *to the park*
Gehen wir im Park spazieren? (*Ort*)   *in the park*

Most of the time, however, it is clear only from context whether the English preposition refers to a destination or a location.

Häng das Bild **an** die Wand!   *on* (destination)
Das Bild hängt **an** der Wand.   *on* (location)

Stell die Vase **auf** den Tisch!   *on* (destination)
Die Vase steht **auf** dem Tisch.   *on* (location)

Stell den Stuhl **hinter** den Tisch!   *behind* (destination)
Der Stuhl steht **hinter** dem Tisch.   *behind* (location)

Leg die Zeitung **neben** das Buch!   *next to* (destination)
Die Zeitung liegt **neben** dem Buch.   *next to* (location)

C. in/an/auf
More on Location and Destination

1. Places

The preposition **in** implies that a location or a destination is surrounded or enclosed by something. **An** often denotes a location or a destination that, viewed from the side, is a vertical surface or a horizontal border line. **Auf** refers to a location or a destination viewed from above as a horizontal surface. The preposition **auf** is also used when the location or the destination is a public building such as a bank, a post office, or a police station.

in   von etwas umgeben
an   vertikal; Grenze
auf   horizontal; öffentliches Gebäude

Wir sind **im** Wald.	*We're in the forest.*
Gehen wir **ins** Wohnzimmer.	*Let's go to (into) the living room.*
Sie saß **am** See.	*She sat by the lake.*
Er ging **an die** Tür.	*He went to the door.*
Ich traf sie **auf dem** Postamt.	*I met her at the post office.*
Setz dich nicht **auf den** Tisch!	*Don't sit on the table!*

Here are some instances of the use of **an** with border lines:

am Ufer	*on the shore**
am Strand	*on the beach*
an der Grenze	*at the border*
an der Straße	*on the street*

Here are some examples of the use of **auf** with public buildings:†

auf der Bank	*at the bank*
auf der Post	*at the post office*
auf der Polizei	*at the police station*
auf der Schule	*at school*
auf dem Reisebüro	*at the travel agency*
auf der Party	
auf einem Fest }	*at a party*
auf einer Fete	

The following expressions do not follow the preceding rules:

am Boden	*on the floor*
auf dem Land	*in the country*
auf dem Markt	*in the marketplace*

2. Names of Streets and Places

The preposition **in** is used with street names that end in **-straße, -gasse,** or **-allee.**
The preposition **an** is used with street names ending in **-markt** and **-platz.**

Wo wohnen Sie?   In der Gesandtengasse. / In der Römerstraße. / In der
                 Parkallee.
                 Am Krauterermarkt. / Am Arnulfsplatz.

---

* When the focus is more on the view from above, **auf** may be used also: **Wir saßen am Ufer.** (*We sat on the shore.*) / **Auf dem Ufer wuchsen Palmen.** (*On the shore, there were palm trees.*)
† When the focus is more on the fact of being inside or moving inside a building, the preposition **in** may sometimes be used: **in der Schule, im Reisebüro.**

10.4 VERBEN: Lage und Richtung
Using Verbs to Express Location and Destination

A. Akkusativ und Dativ

A few verbs also distinguish between movement toward a destination and being at a location. The first group (**stellen, legen, setzen, hängen, stecken**) expresses movement toward a destination—someone moves something to a particular place. These verbs use the accusative with the prepositions discussed in the previous section. The second group (**stehen, liegen, sitzen, hängen, stecken**) expresses location—something is at a particular place. These verbs use the dative case with the prepositions just discussed.

AKK.	DAT.
Peter **stellt** die Schuhe **in den Schrank.**	Die Schuhe **stehen im Schrank.**
Stefanie **legt** das Buch **auf den Tisch.**	Das Buch **liegt auf dem Tisch.**
Sven **setzt** sich **in den Sessel.**	Sven **sitzt im Sessel.**
Uschi **hängt** das Bild **an die Wand.**	Das Bild **hängt an der Wand.**
Patricia **steckt** den Schlüssel **ins Schloß.**	Der Schlüssel **steckt im Schloß.**

1. Verbs of Direction

In the case of **stellen, legen, setzen, hängen,** and **stecken,** the subject is usually a human being that moves the accusative object (either a thing or a reflexive pronoun) to a particular place. These verbs follow the weak conjugation.

> Peter hat die Schuhe in den Schrank gestellt.
> Stefanie hat das Buch auf den Tisch gelegt.
> Sven hat sich in den Sessel gesetzt.
> Uschi hat das Bild an die Wand gehängt.
> Patricia hat den Schlüssel ins Schloß gesteckt.

2. Verbs of Location

With **stehen, liegen, sitzen, hängen,** and **stecken,** the subject may be either a human being or a thing. Sentences of this type do not contain an accusative object. These verbs, with the exception of **stecken,** follow the strong conjugation.

> Die Schuhe haben im Schrank gestanden.
> Das Buch hat auf dem Tisch gelegen.
> Sven hat im Sessel gesessen.
> Das Bild hat an der Wand gehangen.
> Der Schlüssel hat im Schloß gesteckt.

	VERBS OF DIRECTION		VERBS OF LOCATION
schwach:	stellen, stellte, gestellt	*stark:**	stehen, stand, gestanden
	legen, legte, gelegt		liegen, lag, gelegen
	setzen, setzte, gesetzt		sitzen, saß, gesessen
	hängen, hängte, gehängt		hängen, hing, gehangen
	stecken, steckte, gesteckt	*schwach:*	stecken, steckte, gesteckt

B. *stellen/stehen, legen/liegen, setzen/sitzen*

These three pairs of verbs are used in more specific contexts than their English equivalents. **Sich setzen** and **sitzen** are used only with humans and animals who have a "behind" to sit on; it is not used with objects. **Stellen** and **stehen** are used with objects that have some sort of a base and that are capable of "standing" without falling over.

sich setzen / sitzen

stellen / stehen

---

* These strong verbs are used with the auxiliary **sein** in the southern parts of Germany, in Austria, and in Switzerland. There you will hear sentences such as **Ich bin an der Ecke gestanden** and **Er ist lange im Bett gelegen.**

legen / liegen

Legen and **liegen** are used for objects that do not have a base. In addition, **stellen** and **stehen** are used when objects or people are in an upright position and **legen** and **liegen** when objects or people are in a horizontal position.

Remember that **stehen, liegen,** and **sitzen** are intransitive; they are used without an accusative object.

Wo **steht** dein Auto?	*Where is your car?*
Wo **liegen** die Hefte?	*Where are the notebooks?*
Die Teller **stehen** auf dem Tisch.	*The plates are on the table.*
Hans **sitzt** auf dem Sofa.	*Hans is sitting on the sofa.*

The verbs **stellen, legen,** and **sich setzen** are transitive; they are accompanied by an accusative object.

Wohin hast du **dein Auto gestellt?**	*Where did you put your car?*
Wohin hast du **die Hefte gelegt?**	*Where did you put the notebooks?*
Er **stellte die Teller** auf den Tisch.	*He put the plates on the table.*

Note that **sich setzen** is used mostly reflexively.

Setzen Sie sich doch!	*Do sit down!*
Sie setzte sich aufs Sofa.	*She sat down on the couch.*

10.5 WORTBILDUNG 4: ABLEITUNG 2: Verben
Making New Verbs

A number of prefixes can be put in front of verbs to generate new verbs. Not all these prefixes have consistent meaning, but some of the more common ones do. Note that these are *separable* prefixes.

fort-	sich fortentwickeln	*to continue to grow (develop)*
mit-	mitgehen	*to come along*
weg-	wegnehmen	*to take away*
weiter-	weitergeben	*to pass on*
wieder-	wiedersehen	*to see again*
zurück-	zurückbringen	*to bring back*

Kommen Sie doch mit!	*Do come along!*
Wann sind sie denn wiedergekommen?	*When did they come back?*
Es ist schon viel zu dunkel. Es hat keinen Sinn mehr, weiterzulesen.	*It is much too dark. There is no sense in reading on.*

1. **mit-:** The prefix **mit-** adds the meaning *accompanying* or *contributing* to that of the verb. Sometimes it is equivalent to English *with* or *along*.

mitarbeiten	*to collaborate*
mitbestimmen	*to have a say in; to participate*
mitdenken	*to follow someone's thought*
mitfahren	*to drive along (with)*
mithören	*to overhear*
mitreden	*to join in (a conversation)*

2. **wieder-:** The prefix **wieder-** adds the meaning *again* or *re-* to that of the verb.

wiederaufbauen	*to rebuild*
wiederkommen	*to come again*
wiedertreffen	*to meet again*

3. **weiter-:** The prefix **weiter-** has two meanings: *to continue to do something* or *to pass something on.*

weiterarbeiten	*to continue to work (to keep working)*
weiterlesen	*to continue to read*
weiterschlafen	*to continue to sleep*
weitersprechen	*to continue to speak*
weitergeben	*to pass on (by handing over)*
weitersagen	*to pass on (by telling)*
weitersenden	*to send on*

At times the precise meaning will be clear only from context. Compare these two sentences.

WEITERERZÄHLEN

Erzählt es niemandem weiter!	*Don't tell (pass it on to) anybody!*
Dann erzählte er weiter.	*Then he continued his story.*

4. **fort-:** The prefix **fort-** also has two meanings. Like **weiter-** it may mean *to continue*, but more often it adds the meaning *away*.

fortbestehen	*to continue (being), keep being*
sich fortentwickeln	*to continue in one's development*
fortbringen	*to take away*
fortgeben	*to give away*
fortlaufen	*to run away*
fortwerfen	*to throw away*

Sometimes both meanings may be possible.

Er fuhr fort.	*He continued his story.*
	He drove away.

5. **weg-:** The prefix **weg-** adds the notion *away* to the meaning of a verb. It may be used interchangeably with **fort-.**

wegbringen	*to take away*
weggeben	*to give away*
weglaufen	*to run away*

6. **zurück-:** The prefix **zurück-** adds the meaning *to give back, to take back,* or *to go back.*

zurückbringen	*to bring back*
zurückfahren	*to drive back*
zurückfliegen	*to fly back*
zurückfordern	*to demand (that something be returned)*
zurücknehmen	*to take back*
zurückzahlen	*to pay back*

11

Umwelt — na und?

Das offizielle Plakat vom 225. Geburtstag Goethes. Die Montage eines Gemäldes von Tischbein (*Goethe in der Campagne*) zeigt den Dichter vor der Silhouette von Frankfurt.

99 *Wir fressen die Erde kahl, machen ihre Oberfläche zur Sau* **66**

99 *Der Papst wird einsehen müssen, daß das geheiligte Gesetz der ungehemmten Fortpflanzung unhaltbar ist* **66**

99 *Eines Tages werden wir mit Gasmasken herumlaufen* **66**

99 *Der Störenfried Mensch wird auf der Erde irgendwann fehlen* **66**

99 *Es geht nicht mehr um Schmetterlinge, Biber oder Schwarzstörche* **66**

Das Thema dieses Kapitels sind aktuelle[1] Probleme. Welche Probleme hat die moderne Industriegesellschaft? Welche aktuellen Probleme gibt es noch auf der Welt? Woran denken Sie zuerst?

---

[1] *current*

LESETEXT: Verkehrte Welt

Der folgende Text ist ein Brief, den eine deutsche Mutter nach dem Unglück im sowjetischen Atomkraftwerk bei Tschernobyl im April 1986 schrieb. Er wurde in einer ökologischen Zeitschrift veröffentlicht.[1] Radioaktivität war mit dem Wind bis in die Bundesrepublik getragen worden. Informationen und Ratschläge, die die Bundesbürger über die Medien erhielten, waren verwirrend,[2] und viele Eltern hatten Angst um ihre Kinder.

---

[1] *published*   [2] *confusing*

Anti-Atom Demonstration in Brokdorf bei Hamburg, wo ein umstrittenes Atomkraftwerk steht.

Vor dem Lesen

A.   Was wissen Sie über Radioaktivität?

1.   Was sollte man beachten, wenn ungewöhnlich viel Radioaktivität in der Luft oder der Umgebung vorhanden[1] ist?
2.   Für welche Gruppen von Menschen ist radioaktiver Niederschlag[2] besonders gefährlich? Warum?

---

[1] *present*   [2] *fallout*

B.   Fragen zum Text.   Lesen Sie den Text extensiv. Suchen Sie zuerst nur Antworten auf die folgenden Fragen. Dann lesen Sie den Text noch einmal.

1.   Welche neuen „Rituale" machen Mutter und Tochter mit?
2.   Wie weit ist Tschernobyl entfernt?
3.   Was machen Mutter und Tochter demnächst[1] nicht, auch wenn die Sonne scheint?
4.   Was können sie vielleicht im kommenden Sommer nicht essen?

---

[1] *soon*

„Brief an meine zweijährige Tochter"

Du kannst jetzt schon „radioaktiv" sagen, aber für Dich* gibt es keinen Zusammenhang zwischen diesem Wort und der unfaßbaren Tatsache, daß Du nicht hinaus in den
Frühling darfst, um im Sand zu buddeln oder auf einer Wiese zu toben und Blumen zu
pflücken. Fassungslos bist Du, daß ich Dich jeden Abend unter die Dusche zerre und Dir
5   die Haare wasche und dabei keinerlei Rücksicht auf Deinen wütenden und handgreif-
lichen Protest nehmen kann. Besorgt und unsicher, ob es uns etwas nutzt, machen wir
all die neuen Rituale mit: Das Abstreifen der Schuhe vor der Wohnungstür, das tägliche
Wechseln der Kleidung, keinen Kakao zum Frühstück und keine Quarkspeisen° zum   Milchprodukt
Abendbrot. Jeder kehrt vor seiner eigenen Haustür, ganz für sich allein. Die Satiriker im
10 Radio hauen uns die Meßeinheiten° um die Ohren und geben uns widersprüchliche   units of measure
Anweisungen, und es wird immer klarer, daß es an der geschehenen Katastrophe
keinen Weg vorbei gibt. Auch wenn wir hier 2000 km von Tschernobyl entfernt sind
(außerdem: „the Russians love their children too!"). Verkehrte Welt: es lebt derzeit
gesund, wer in seinem Zimmer hocken bleibt und sich aus den Dosen ernährt. Was
15 gestern noch frisch und gesund und voller Vitamine war, ist heute strahlend und voller
Jod und Strontium. Das mühsam angeeignete Wissen um die gesunde und vollwertige
Nahrung können wir vorerst getrost in den Wind schreiben. Da hat uns die technolo-
gische Entwicklung längst kalt überholt. Es ist wie bei den Teufelchen aus der Dose,°   Teufelchen. . . Jack-in-the-box
nur daß der Sprungfedermechanismus bei dieser Apparatur um 10 Jahre verzögert
20 funktioniert. Ich denke an die nächsten Tage, in denen die Sonne scheinen wird, und
wir werden nicht an die See fahren, und Du wirst keinen Löwenzahn° zerpflücken und   dandelion
deswegen schrecklich wütend auf mich sein. Ich weiß jetzt noch nicht, ob wir in
diesem Sommer Kirschen und Erdbeeren und Rhabarber werden essen können und
was ich Dir überhaupt noch guten Gewissens geben kann. Vielleicht ist es in zwei
25 Monaten nicht mehr ungefährlicher, Dich in der Badewanne schwimmen zu lassen als
im Meer.
     Ich schau Dich an. Ich hab Dich lieb. Im Moment mag ich nicht daran denken, was
mit uns in 20 Jahren sein wird. Ich bin dann 50, aber Du erst 22. Wo bleibt dann,
verdammt noch mal, unser Stück vom Glück?

Nach dem Lesen

A.   Was steht im Text? Sind die folgenden Aussagen richtig oder falsch?
Erklären Sie, woher Sie das wissen. Korrigieren Sie falsche Aussagen.

1.   Die Tochter versteht, warum sie nicht draußen spielen darf.
2.   Die Tochter mag es nicht, wenn die Mutter sie jeden Tag duscht und ihr die
     Haare wäscht.

---

* It's a German convention to capitalize **Du/Dich** and so on in letters.

3. Die Menschen in der Bundesrepublik wissen nicht, ob ihre Versuche, sich gegen die Radioaktivität zu schützen, etwas helfen.
4. Die Informationen und Ratschläge, die die Menschen aus dem Radio bekommen, sind klar und deutlich.
5. Es wird langsam klar, daß in Tschernobyl eine Katastrophe geschehen ist.
6. Die Folgen des Unglücks treffen nicht nur die Russen.
7. Frische Luft, frisches Obst und Gemüse sind trotz der Radioaktivität gesund.
8. Die Mutter fährt mit der Tochter ans Meer.
9. Mutter und Tochter wollen in diesem Sommer kein frisches Obst essen.
10. Die Mutter hat Angst vor der Zukunft, weil sie nicht weiß, ob die Radioaktivität ihnen geschadet hat.

B.   Was meinen Sie? Reagieren Sie auf den Text.

1. Wie finden Sie diesen Brief? Ist die Mutter zu ängstlich, oder hat sie mit Recht Angst?
2. Warum nennt die Mutter die Sprecher im Radio „Satiriker"?
3. Spielt es eine Rolle, daß die Informationen im Radio widersprüchlich sind? Warum / Warum nicht?
4. Warum schreibt die Frau an ihre zweijährige Tochter, obwohl die noch gar nicht lesen kann?

C.   Diskussion. Arbeiten Sie in Kleingruppen.

1. Gibt oder gab es in den USA schon einmal Proteste gegen Atomenergie? Wenn ja, wann und wo, und was haben sie bewirkt?
2. Erinnern Sie sich an einen „Störfall" in einem US-amerikanischen Atomkraftwerk, der bekannt wurde? Wenn ja, erzählen Sie, was Sie darüber wissen.
3. Gibt es Unterschiede zwischen den USA und der Bundesrepublik, was die Gefahren der Atomenergie betrifft? Wenn ja, welche?
4. Würde es Sie stören, wenn Sie oder Ihre Familie in der Nähe eines Atomkraftwerkes wohnen müßten? Begründen Sie Ihre Aussage.
5. Seit dem Unglück in Tschernobyl sind viele Leute dafür, alle Atomkraftwerke zu schließen. Ist das zu realisieren? Warum / Warum nicht?
6. Was spricht für, was gegen die friedliche Nutzung der Atomenergie? Fassen Sie die Argumente zusammen.

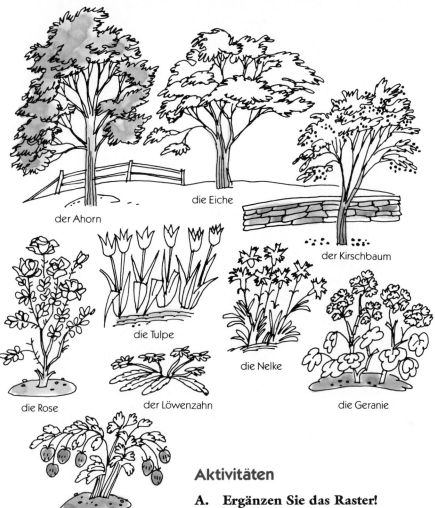

der Ahorn

die Eiche

der Kirschbaum

die Rose

die Tulpe

der Löwenzahn

die Nelke

die Geranie

die Erdbeere

Aktivitäten

A. Ergänzen Sie das Raster!

PFLANZE	BAUM	BLUME	OBST
der Ahorn	X		
die Tulpe		X	
die Erdbeere			X
die Rose			
die Brombeere			
die Buche			
die Nelke			
die Eiche			
der Kirschbaum			
die Geranie			
der Pflaumenbaum			
der Löwenzahn			
die Himbeere			

B.   Kombinieren Sie!

1. das Laub	a. symbolisiert die Stärke
2. die Tulpe	b. produziert neue Pflanzen
3. der Ahorn	c. funktioniert als Zaun
4. die Erdbeere	d. so heißen die Blätter eines Baums
5. die Hecke	e. kommt aus Holland
6. die Rose	f. wächst wild auf dem Rasen
7. die Eiche	g. tut einem weh
8. der Samen	h. hat eine grau-weiße Rinde[1]
9. der Löwenzahn	i. symbolisiert die Liebe
10. die Birke	j. schmeckt gut auf Eis
11. der Dorn	k. hat im Herbst rote Blätter

---

[1] *bark*

C.   Gefühle. Machen Sie eine Liste von Wörtern, die Gefühle ausdrücken. Teilen Sie die Wörter in die folgenden Kategorien ein: Mitleid, Ärger, Enttäuschung, Mißfallen, Freude, Trauer, Überraschung.

glücklich
traurig
nervös
usw.

D.   Schreiben Sie! Ergänzen Sie die folgenden Sätze. Schreiben Sie Ihre persönlichen Gefühle auf. Benutzen Sie dabei die Wörter, die Sie in Aktivität B aufgeschrieben haben.

Wenn ich morgens aufstehe, fühle ich mich . . .
Wenn ich etwas verliere, . . .
Wenn ich zum Zahnarzt gehe, . . .
Wenn ich Deutsch spreche und man mich
   versteht, . . .
Wenn ich nicht ausgeschlafen habe, . . .
Wenn ich mit meinem Freund / meiner
   Freundin Krach habe, . . .
Wenn ich klassische Musik höre, . . .
Wenn ich kein Geld habe, . . .
Wenn ich eine gute Note bekomme, . . .

E. Und was möchten Sie, bitte? Führen Sie kleine Gespräche mit Hilfe der folgenden Bilder.

BEISPIEL: —Guten Tag. Ja bitte? Was darf's sein?
—Ich möchte . . .
—Sofort

—Die Rechnung, bitte. Was macht das?
—Das macht . . .
—Danke. Auf Wiedersehen.
—Wiedersehen.

F. Erzählen Sie! Sprechen Sie über etwas, was für Sie wichtig ist, etwas, was Sie ungern verlieren würden. Wählen Sie eines der folgenden Themen.

Etwas, was ich immer bei mir habe, ist . . .
Etwas, was für mich sehr wichtig ist, ist . . .
Etwas, was mir meine Mutter gegeben hat, ist . . .
Etwas, was ich vor kurzem gekauft habe, ist . . .
Etwas, was ich immer wieder benutze, ist . . .
Etwas, was mich an meine Kindheit erinnert, ist . . .
Etwas, was . . .

SPRECHAKTE

warnen/drohen: Vorsicht! Paß auf!

Warnzeichen

Variationen

A.   Kombinieren Sie! Was sagen Sie in den folgenden Situationen?

1. Ihr Freund geht unter einer
   Leiter[1] hindurch.
2. Es brennt in Ihrem Gebäude.
3. Der Taxifahrer fährt an Ihrem
   Haus vorbei.
4. Ihr Taxifahrer will bei Rot über
   die Ampel fahren.
5. Die Kinder in Ihrer Gruppe
   sprechen alle gleichzeitig.

    a. Vorsicht! Paß auf!
    b. Halt!
    c. Moment mal!
    d. Achtung!
    e. Feuer!

---

[1] *ladder*

B.   Spielen Sie!

1. Sie gehen mit einem Freund / einer Freundin in die Stadt. Er/Sie will
   gerade die Straße betreten, als plötzlich ein Lastwagen auf die Kreuzung
   fährt. Sie halten ihn/sie im letzten Augenblick zurück. Erklären Sie ihm/ihr
   warum.
2. Sie passen auf ein zweijähriges Kind auf, und Sie sehen, daß das Kind an
   der Steckdose[1] spielt. Sagen Sie ihm, daß es das nicht darf, und erklären Sie
   ihm warum.
3. Sie sind bei einem zehnjährigen Jungen Babysitter. Er will nicht ins Bett
   und spielt einfach weiter. Erklären Sie ihm, was das für Folgen haben wird.
4. Sie geben einem Studenten / einer Studentin Nachhilfestunden. Er/Sie ist
   immer zu faul, den Wortschatz und die grammatischen Regeln zu lernen.
   Erklären Sie ihm/ihr, was das für Folgen haben könnte oder wird.

---

[1] *electrical outlet, socket*

LESETEXT: Umweltprobleme

Der zeitgenössische[1] Schweizer Kabarettist, Kritiker, Kurzgeschichtenschreiber
und Musiker Franz Hohler hat die wirkliche Ursache[2] des Waldsterbens entdeckt:
Bei den Herren Eidenbenz, Käser, Stöckli, Thommen, Arpagaus und Weber,
Schweizer Bürgern, die sich beim Bier über den „wahren Grund" des Waldsterbens unterhalten.

---

[1] *contemporary*   [2] *cause*

Vor dem Lesen

A.   Warum sterben die Bäume? Welche Ursachen für das Waldsterben
kennen Sie? Kreuzen Sie in der folgenden Liste an, was Ursachen für das Waldsterben sein können.

_____ Fahrräder	_____ Autoabgase[3]	_____ Insekten und Schädlinge[5]
_____ Tiere, die im Wald leben	_____ Industrieabgase	_____ Elektrofahrzeuge
_____ saurer[1] Regen	_____ Schwefel[4] und Blei	_____ Eisenbahnen
_____ Atomkraftwerke	_____ Autos und Motorräder	_____ giftige Chemikalien in den Flüssen
_____ Quecksilber[2] und Cadmium		

---

[1] *acid*   [2] *mercury*   [3] *auto exhaust fumes*   [4] *sulphur*   [5] *pests*

B.   Erschließen Sie den Text. Der Text ist ein Dialog, allerdings fehlen die
Anführungszeichen,[1] die normalerweise kennzeichnen,[2] wann die Sprecher
wechseln. Überfliegen Sie den Text und unterstreichen Sie die Namen der sechs
Sprecher.

Stellen Sie dann fest, welche Verben und Ausdrücke aus der folgenden Liste
Franz Hohler verwendet, um Mimik, Gestik und Redeweise der sechs Männer
zu beschreiben. Unterstreichen Sie die Wörter und Ausdrücke im Text. (Tip:
Orientieren Sie sich an den Namen.) Kennzeichnen Sie auch, wo ein Satz oder
Gedanke zu Ende ist und ein neuer beginnt.

wischen[3]	ausrufen	singen	mit der Faust auf den Tisch hauen[10]
lachen	die Augen schließen	sagen	die Stirn runzeln[11]
hüsteln[4]	einwerfen[5]	murmeln[7]	die Hand heben
rufen	unterbrechen	fortfahren[8]	das Glas heben
antworten	flüstern[6]	beifügen[9]	die Köpfe drehen
meinen			

Noch ein Tip: Stellen Sie sich beim Lesen die einzelnen Sprecher vor, wo sie
Pausen machen, wo sie Atem holen oder die Stimme heben oder senken.

---

[1] *quotation marks*   [2] *mark*   [3] *to wipe*   [4] *to cough slightly*   [5] *to throw in, interject*   [6] *to whisper*   [7] *to murmur*   [8] *to continue*   [9] *to add*
[10] *auf . . . to thump on the table*   [11] *die . . . to frown*

„Der wahre Grund"

Franz Hohler

Kranke Bäume
sagt Herr Weber
hat es schon immer gegeben
das kommt eben phasenweise
und geht auch vorbei
und der Wald
fügt Herr Eidenbenz bei
der Wald
wird seit jeher ungenügend gepflegt
in den Bergen
das rächt sich jetzt
und die Trockenheit
meint Herr Käser
und runzelt die Stirne
tut dann das Ihre
und lockt den Borkenkäfer
lockt ihn ja richtig
ich kenne
hüstelt Herr Stöckli und hebt seine Hand
den wahren Grund
aber jedenfalls
ruft Herr Thommen
daß jeder zweite bei uns ein Auto hat
daran liegt es nicht
denn wenn man von Schäden sprechen will
dann ist dieser Schaden
importiert aus dem Ausland
ja
wirft Herr Arpagaus ein
von Kanada her über Schweden
treibt es den sauren Regen
bei Bise* zu uns
und unterwegs
kommt der ganze Schwefel vom Ruhrgebiet mit
und dann bläst es das Zeug zum Schwarzwald
und dann auf den Jura
und dann auf die Berge

ich kenne
hüstelt Herr Stöckli und hebt seine Hand
den wahren Grund
habt ihr
sagt Herr Thommen und wischt sich das Bier vom Schnauz
die Bilder gesehen aus der Tschechei
da stehen ja Bäume
sag ich euch
Bäume
wie abgefressene Kleiderbürsten
die lassen doch einfach
den ganzen Dreck in die Luft dort drüben
kranke Bäume
sagt Herr Weber
hat es schon immer gegeben
schuld sind nur die Beamten
an dieser Panik
ja
sagt Herr Eidenbenz
ja
die Beamten
ich kenne
hüstelt Herr Stöckli und hebt seine Hand
den wahren Grund
denn
sagt Herr Weber
die sitzen doch dort in Bern
und haben nichts andres zu tun
als Bleistifte spitzen und Daumen drehen
und wenn ihnen gar nichts mehr in den Sinn kommt
stellen sie halt einen Grenzwert auf
und sagen
er sei überschritten

* frischer Nordostwind

Herr Käser haut mit der Faust auf den Tisch
das wird alles hochgespielt von der Presse
und
wirft Herr Arpagaus ein
vom Fernsehen
mit seiner ganzen Miesmacherei
hört einmal
fragt da Herr Thommen
habt ihr die Sendung gesehen von Bristen
das sah aber übel aus
ich kenne
hüstelt Herr Stöckli und hebt seine Hand
den wahren Grund
ach was
ruft Herr Eidenbenz aus
die Bergler übertreiben doch immer
die wollen vor allem Geld vom Bund
wofür, ist egal
während unsereins krüppelt und krampft
haben die ein paar Schafe und Ziegen
und jodeln sich einen ab
mit unseren Steuern
die sind nur zu faul
um Ordnung zu halten im Wald
jawohl
sagt Herr Weber
kranke Bäume hat es schon immer gegeben
ich kenne
hüstelt Herr Stöckli erneut und hebt seine Hand
den wahren Grund
und Herr Eidenbenz, Arpagaus, Weber und Käser und Thommen
drehen nun endlich die Köpfe zu ihm

den wahren Grund
fährt Herr Stöckli fort
hat mir einer gesagt
den ich kenne
aber vertraulich
denn wenn das bekannt wird
geht einigen Leuten die Luft aus
also der Hauptgrund sei
hat er mir gesagt
und er kennt einen Meteorologen
und der hat's gewußt
der Hauptgrund sei
die Explosion des Vulkans in Amerika
vor ein paar Jahren
Mount Saint Helens
und der Staub und die Asche
wirbeln noch heute
rund um die ganze Welt
und wo sie sich niederlassen
fallen den Tannen die Nadeln aus
und die Rinden lösen sich von den Bäumen
und wir haben einfach das Pech
daß der Alpenkamm wie ein Messer
immer wieder die Wolken aufschlitzt
und drum sind wir dran
wie die letzten Tage von Pompeji
behaltet's für euch
aber denkt daran
wenn sie wieder da sind
und sagen
das Waldsterben
käme von niemand anderem
als von uns selbst.

Ach ja
sagt Herr Weber
während die Runde schweigend das Glas hebt
kranke Bäume
hat es schon immer gegeben.

Nach dem Lesen

A. Wer sagt was? Eine Aussage ist jeweils falsch. Kreuzen Sie an, was nicht stimmt.

1. Herr Weber sagt:
    _____ Kranke Bäume hat es schon immer gegeben.
    _____ Das Wetter in der Schweiz hat sich geändert.
    _____ Das Waldsterben kommt in Phasen und geht vorbei.
    _____ Die Beamten sind schuld an der Panik.
2. Herr Eidenbenz sagt:
    _____ Der Wald in den Bergen ist schlecht gepflegt worden.
    _____ Die Leute in den Bergen wollen nur Geld, wofür ist egal.
    _____ Die Schweizer erziehen ihre Kinder falsch.
3. Herr Käser sagt:
    _____ Es ist zu trocken, und Insekten zerstören die Bäume.
    _____ Man sollte den Touristen das Skifahren verbieten.
    _____ Die Presse übertreibt den Schaden in ihren Berichten.
4. Herr Stöckli sagt:
    _____ Die Meteorologen kennen den Grund für das Waldsterben auch nicht.
    _____ Die Explosion des Vulkans Mount St. Helens in Amerika ist schuld.
    _____ Asche und Staub vom Vulkanausbruch fallen auf die Bäume.
    _____ Nicht die Schweizer sind schuld, sondern die anderen.
5. Herr Thommen sagt:
    _____ Das Waldsterben hat nichts damit zu tun, daß jeder zweite Schweizer ein Auto hat.
    _____ Der Schaden wird durch das Ausland verursacht.
    _____ Die DDR gießt schon seit Jahren Gift in die Flüsse.
6. Herr Arpagaus sagt:
    _____ Andere Länder verschmutzen unser Land.
    _____ Das Fernsehen übertreibt das Waldsterben.
    _____ Atomenergie ist viel sauberer und billiger.

B. Diskussion. Franz Hohler, der Autor dieses Textes, ist Kabarettist. Das Kabarett ist ein Mittel, sich öffentlich über die Gesellschaft und ihre prominenten Vertreter in witziger oder satirischer Form lustig zu machen. Das Kabarett ist dem politischen System gegenüber kritisch und will dem Publikum zeigen, welche Schwächen es gibt.

1. Wie finden Sie den Text? Was finden Sie lustig, schwierig, interessant, unverständlich oder übertrieben[1]? Warum?
2. Warum heißt der Text „Der wahre Grund"?
3. Was ist nach Meinung der sechs Schweizer nicht wahr?
4. Was versucht Franz Hohler in diesem Text zu zeigen?
5. Beschreiben Sie die Haltung[2] dieser Männer.
6. Ist die Haltung, die Hohler hier vorführt, typisch? Warum / Warum nicht?
7. Wozu führt eine solche Haltung?

8. Nennen Sie andere allgemeine oder gesellschaftliche Probleme, bei denen von manchen Leuten ähnlich argumentiert wird. Geben Sie Beispiele.

9. Welche Unterschiede im Ton gibt es zwischen „Du kannst schon radioaktiv sagen" und diesem Text?

10. Welche Passagen oder Gedanken in den beiden Texten motivieren die Leser, sich persönlich oder politisch zu engagieren?

---

[1] *exaggerated*   [2] *attitude*

SPRECHAKTE

auffordern / sich weigern: Auf keinen Fall!

(In der Mensa)

WALTER: Du Max, könnte ich morgen abend dein Auto haben? Ich möchte aufs Land zu Julia, ich habe sie seit zwei Wochen nicht gesehen.

MAX: Lieber Walter, es tut mir leid, aber ich muß „nein" sagen. Das letzte Mal hattest du—wie du sicher noch weißt—einen Unfall . . . mit meinem Wagen! Nein, das kommt gar nicht in Frage!

(Vor der Telefonzelle)

INGRID: Hermann, hast du Kleingeld? Ich möchte eben mal schnell meine Mutter anrufen und hab' leider kein Geld bei mir.

HERMANN: Tut mir furchtbar leid, aber ich hab' auch kein Geld dabei.

(Im Hörsaal)

EMMY: Du, Barbara, könntest du mir einen kleinen Gefallen tun? Ich hatte gestern keine Zeit, meine Hausaufgaben zu machen, und wollte dich fragen, ob ich sie nicht vielleicht von dir haben könnte. Ich würde sie dann schnell abschreiben. Nur dieses eine Mal.

BARBARA: Auf keinen Fall. Das kommt nicht in Frage. Ich habe fast vier Stunden in diese Hausaufgabe reingesteckt, und du willst sie einfach nur abschreiben! Nein, tut mir leid.

Variationen

A. Spielen Sie!

1. Ihr Freund / Ihre Freundin will für seine/ihre Fete Ihre neue Stereoanlage borgen. Sie wollen sie ihm nicht geben.

2. Auf dem Weg zur Uni sehen Sie einen Autounfall. Ihr Freund / Ihre Freundin will, daß Sie die Polizei anrufen und beschreiben, was Sie gesehen haben. Sie haben keine Zeit.

3. Sie fahren mit einem Freund / einer Freundin aufs Land und wollen, daß er/sie den Sicherheitsgurt anlegt. Er/Sie will nicht.

B. Cartoon.

Darf ich das Telefon benutzen?

Und jetzt zu Ihnen!

1

A: Sie sprechen mit Ihrem Partner / Ihrer Partnerin über Ihren nächsten Urlaub. Sie würden gern nach Tokio fliegen, um in den öffentlichen Bädern, in den ausgezeichneten Restaurants und in den berühmten Tempeln die japanische Kultur näher kennenzulernen.

B: Sie sprechen mit Ihrem Partner / Ihrer Partnerin über Ihren nächsten Urlaub. Sie möchten aufs Land, um dort in aller Ruhe Bücher zu lesen, Briefe zu schreiben und in den Bergen zu wandern.

2

A: Sie sitzen im Flugzeug und beginnen mit einem/einer Mitreisenden ein Gespräch. Stellen Sie Fragen und antworten Sie auf die Fragen Ihres/Ihrer Mitreisenden. Sie kommen aus Amerika. Sie sprechen gut Deutsch und sind auf einer Geschäftsreise nach Österreich.

B: Sie sitzen im Flugzeug und beginnen mit einem Mitreisenden ein Gespräch. Stellen Sie Fragen und antworten Sie auf die Fragen Ihres Mitreisenden. Sie kommen aus der Schweiz, interessieren sich für Weltprobleme und -politik und kommen gerade aus dem Urlaub nach Hause zurück.

WORTSCHATZ

Umwelt (f.)   *environment*

Was machen Sie, um die Umwelt zu schützen? Was kann man tun, um Gewässerverschmutzung und Luftverschmutzung zu vermeiden?

Glauben Sie, daß die Bauern Düngemittel* verwenden sollten?

Was ist Ihrer Meinung nach die Ursache des Waldsterbens?

---

* *fertilizers*

Das wissen Sie schon:

die Fabrik, -en	**der Schatten, -**	**das Wetter**	**das Verbot, -e**

feucht   **trocken**

Das ist neu:

die Abgase (*pl.*) exhaust pollution
die Dürre drought
die Feuchtigkeit humidity; wetness
die Flutkatastrophe, -n flood disaster
die Gewässerverschmutzung, -en water pollution
das Hoch, -s high pressure (*weather*)
das Klima, -s climate
die Luftverschmutzung, -en air pollution
das Ozonloch, ¨er hole in the ozone layer
der saure Regen acid rain
der Schadstoff, -e harmful substance
die Schadstoffbelastung, -en strain caused by
   harmful substance

der Störfall, ¨e disruptive accident
das Tief, -s low pressure (*weather*)
der Treibhauseffekt, -e greenhouse effect
die Trockenheit, -en dryness; drought
die Überschwemmung, -en flood
der Umweltschutz environmental protection
das Unwetter, - storm, bad weather
die radioaktive Verseuchung, -en radioactive pollution
die Vorschrift, -en regulation, rule, order
das Waldsterben dying of the forests
der Wetterbericht, -e weather report
der Wirbelsturm, ¨e hurricane

bekämpfen (bekämpft) to fight
fallen (das Barometer) (fällt, fiel, ist gefallen) to fall (barometer)
steigen (das Barometer) (steigt, stieg, ist gestiegen) to rise (barometer)
einen Grenzwert überschreiten (überschreitet, überschritt, überschritten) to
   exceed a limit
überwachen (überwacht) to supervise, observe, watch

Energiequellen (f., pl.)   *energy sources*

Welche Energiequellen bevorzugen Sie?

Welche Energiequellen halten Sie für die Energie der Zukunft? Was sind einige Vor- und
Nachteile der verschiedenen Energiequellen?

Das wissen Sie schon:

die Energie, -n
das Erdgas
die Heizung, -en
das Öl

alternativ	**sauber**
billig	**teuer**
(un)gefährlich	**umweltfreundlich**

heizen (geheizt)

Das ist neu:

der Atomreaktor, -en nuclear reactor
die Braunkohle soft coal
die Ebbe low tide
die Elektrizität electricity
das Fernheizwerk, -e central heating plant
die Flut high tide
das Gezeitenkraftwerk, -e tidal power plant

der **Rohstoff, -e**   natural resource
die **Sonnenenergie**   solar energy
der **Strom**   current
die **Wasserkraft, ⁝e**   water power
das **Windkraftwerk**   wind power plant
die **Windmühle, -n**   wind mill

verbrauchen (verbraucht)   to use; to consume; to exhaust, use up
verbrennen (verbrannt)   to burn

Gefühlsausdruck (m.)   *expression of emotion*

Worüber ärgern oder freuen Sie sich besonders?

Wie drücken Sie Dankbarkeit/Enttäuschung/Mitleid/Zufriedenheit aus?

Das wissen Sie schon:

Das ist ärgerlich/blöd/furchtbar/schade/schrecklich/langweilig.
Das ist mir egal/gleich.
Ich bin (sehr) froh, daß . . .
Ich fühle mich (hier) (sehr/nicht) wohl.
Sie/Er ist (wirklich) nett.

Das ist neu:

die **Begeisterung**   enthusiasm
die **Bestürzung**   consternation
die **Enttäuschung**   disappointment
die **Erleichterung**   relief, alleviation
der **Kummer**   grief, sorrow
die **Langeweile**   boredom
das **Mitleid**   pity, compassion
die **Zufriedenheit**   contentedness, satisfaction

sich aufregen (aufgeregt)   to get excited
Mitgefühl (*n.*) **ausdrücken (drückt . . . aus, drückte . . . aus, ausgedrückt)**   to
   express sympathy
jemanden (*Akk.*) **bedauern (bedauert)**   to feel sorry for somebody
jemanden (*Akk.*) **beruhigen (beruhigt)**   to calm someone down
sich beruhigen (beruhigt)   to calm down
loben (gelobt)   to praise

So was Dummes!   How silly! How stupid!
Zum Glück!   Luckily!
Gott sei Dank!   Thank God!
Um Gottes/Himmels Willen!   For God's/Heaven's sake!
Ich kann ihn gut/nicht leiden.   I like him / don't like him.
Ich mache mir Sorgen (, weil . . .)   I'm concerned (because)
Das macht (doch) gar nichts!   That is quite alright! It doesn't matter!
Lassen Sie mich in Ruhe!   Leave me alone!
Das ist (doch) nicht (so) schlimm.   That's not so bad.
Das tut weh!   That hurts!
Das ist (aber) eine Überraschung!   What a surprise!
(Das ist ja) Unglaublich!   (That's) Incredible!

Pflanzen (f., pl.)   *plants*

Haben Sie Pflanzen in Ihrem Zimmer / Ihrer Wohnung? Haben Sie einen Garten? Was wächst da?

Haben Sie eine Lieblingsblume? Wissen Sie, was es bedeutet, wenn man Rosen schenkt?

Das wissen Sie schon:

der Apfelbaum, ¨e
der Birnbaum, ¨e
die Blume, -n
das Gras, ¨er

frisch

wachsen (wächst, wuchs, ist gewachsen)

Das ist neu:

der Ahorn, -s *oder* **-** maple
der Aprikosenbaum, ¨e apricot tree
die Brombeere, -n blackberry
die Buche, -n beech tree
der Busch, ¨e bush
die Chrysantheme, -n chrysanthemum
der Dorn, -en thorn
die Eiche, -n oak
die Erdbeere, -n strawberry
die Geranie, -n geranium
der Haselnußstrauch, ¨er hazelnut bush
die Hecke, -n hedge
die Heidelbeere, -n blueberry
die Johannisbeere, -n (black/red) currant
der Kirschbaum, ¨e cherry tree
das Laub leaves
der Löwenzahn, ¨e dandelion
die Nelke, -n carnation
der Pflaumenbaum, ¨e plum tree
die Rose, -n rose
der Samen, - seed
die Tulpe, -n tulip

verdörrt withered
verwelkt wilted

Sprechakte

Laß das. Das ist gefährlich!   Leave that alone. It's dangerous!
Halt. Paß auf!   Stop. (Be) Careful!
Das kommt überhaupt nicht in Frage.   That is out of the question.
Das ist leider unmöglich.   Unfortunately that's impossible.
Das kann ich auf gar keinen Fall zulassen!   Under no circumstances can I allow that!

STRUKTUREN

11.1 *LASSEN / SICH LASSEN*
Having Something Done

The meaning of the verb **lassen** depends on the form and the context: *to leave, to let,* or *to have something done.*

Sie hat die Schlüssel zu Hause gelassen.	*She left the keys at home.*
Er wollte mich nicht hereinlassen.	*He didn't want to let me in.*
Wir haben uns die Zimmer neu streichen lassen.	*We had the rooms repainted.*

A. *lassen*

Lassen commonly means either *to leave* or *to let.*

Er läßt mich nicht allein.	*He won't leave me alone.*
Laß es bleiben!	*Let it be.*

The past participle **gelassen** is used only when there is no other infinitive. When another infinitive is present, **lassen** is used instead. (This is an example of a double infinitive construction.)

Wir haben das Auto zu Hause gelassen.	*We left the car at home.*
Ich habe die Teller fallen lassen.	*I dropped the plates.*

B. *sich lassen*

The reflexive form **sich lassen** expresses the act of permitting or causing something to be done.

Präsens:	ich	lasse	mich/mir
	du	läßt	dich/dir
	er/sie/es	läßt	sich
	wir	lassen	uns
	ihr	laßt	euch
	sie/Sie	lassen	sich

Präteritum:	ich ließ mich, du ließest dich, . . . usw.
Perfekt:	ich habe mich . . . lassen
Plusquamperfekt:	ich hatte mich . . . lassen
Futur:	ich werde mich . . . lassen
Konjunktiv II:	ich hätte mich . . . lassen

1. Mit persönlichem Subjekt

When the subject of **sich lassen** is a person, it may mean either that the subject is permitting **(zulassen)** or causing **(veranlassen)** something to be done. Often only the context makes it clear.

Ich lasse zu, daß ich operiert werde.

Ich lasse mich operieren.

Ich veranlasse, daß ich operiert werde.

English often uses the construction *have/get + noun : I'm having an operation / I'm getting my tonsils out next week.* Similarly:

Ich habe mir gestern die Haare schneiden lassen.	*Yesterday I had (I got) a haircut.*
Wann hast du dich scheiden lassen?	*When did you get your divorce?*

Sich lassen functions a little like an auxiliary with the second verb (the infinitive) telling what the action is. The case of the reflexive pronoun **(mich/mir, dich/dir)** is determined by the second verb.

Ich lasse mir helfen. (Jemand hilft mir.)	*I'm getting help.*
Ich lasse mich abholen. (Jemand holt mich ab.)	*I'm being picked up.*
Ich lasse gern auf mich warten. (Jemand wartet auf mich.)	*I like to have people wait for me.*

2. Mit unpersönlichem Subjekt

When the subject of **sich lassen** is impersonal, it has a passive connotation.

Das läßt sich machen.	=	Das kann gemacht werden.

Deine komischen Theorien werden sich wohl nie beweisen lassen.	*Your funny theories won't probably ever be proved.*
Der Unfall ließ sich leider nicht mehr verhindern.	*Unfortunately, the accident could not be prevented.*

11.2 SATZKONNEKTOREN 5: Konzessive Subjunktoren, Präpositionen, Adverbien

Expressing Concession

There are a variety of ways to express that although a particular point may have some validity it will not change the decision stated in the main clause. Compare the following sentences.

Obwohl er sehr gut bezahlt wird, wird er sich wahrscheinlich eine neue Stelle suchen.	*Although he's being paid very well, he'll still probably look for another job.*
Trotz der guten Bezahlung wird er sich wohl eine neue Stelle suchen.	*Despite the good pay, he'll probably look for another job.*
Er wird sehr gut bezahlt. **Trotzdem** wird er sich wohl eine neue Stelle suchen.	*He's being paid very well. Despite that, he'll probably look for another job.*
Er wird **zwar** sehr gut bezahlt, wird sich **aber** wohl **doch** eine neue Stelle suchen.	*He's indeed being paid very well, but he'll probably look for another job nonetheless.*

A. Subjunktoren

The conjunctions **obwohl** (*although*) and **auch wenn** (*even though*) are commonly used to introduce dependent clauses.

Warum schreibt die Frau an ihre zweijährige Tochter, **obwohl** die noch gar nicht lesen kann?	*Why does the woman write to her two-year-old daughter, although she can't read yet?*
Auch wenn ich etwas taub bin, brauchst du nicht so zu schreien.	*Even though I may be a little deaf you don't have to shout so loud.*

B. Präpositionen

The preposition **trotz** (*despite, in spite of*) is followed by nouns in the genitive case.

Trotz des Regens gingen wir spazieren.	*Despite the rain we went for a walk.*
Trotz meiner Warnung fuhren sie weiter.	*In spite of my warning they drove on.*

C. Adverbien

The adverbs **trotzdem** and **dennoch** (*despite that, in spite of that; still*) refer to a preceding thought. When they introduce the sentence the conjugated verb comes next—in second position—followed by the subject.

Es regnete. **Trotzdem** blieben wir nicht zu Hause.	*It was raining. Despite that we didn't stay home.*
Der Sturm legte sich. Wir fanden **dennoch** die ganze Nacht keine Ruhe.	*The storm subsided. We still didn't have any rest all night long.*

The adverb **zwar** is sometimes used in the first clause to reinforce the connection between the two clauses; the second clause usually begins with **aber** followed by **dennoch** or **trotzdem.**

Ich kenne sie **zwar** kaum, **aber trotzdem** vertraue ich ihr.	*I don't really know her, but I still trust her.*

11.3 KONJUNKTIV II 2

Expressing Unreal Situations, Conditions, and Comparisons

The subjunctive II **(Konjunktiv II)** is commonly used to state that something is or was a possibility (*potentially* real) but did not happen or has not yet happened.

Wenn sie käme, könnten wir gehen.	*If she came we could go.*
Wenn sie gekommen wäre, hätten wir gehen können.	*If she had come we could have gone.*

The subjunctive II has a simple form (derived from the past tense form of the verb)* that refers to the present or the future and a compound form (a form of **hätte** or **wäre** + *past participle*) that refers to the past.

FORM	ZEITBEZUG	BEDEUTUNG
käme würde kommen†	Gegenwart/Zukunft	Potentialität
wäre gekommen	Vergangenheit	Irrealität

---

* See **Strukturen 5.1** for the forms of the subjunctive II.
† The **würde** + *infinitive* construction is often used instead of the simple form to refer to the present or the future.

A. Konjunktiv II der Gegenwart

1. Bedingung

The simple form (or the construction **würde** + *infinitive*) expresses conditions that are potentially true, in contrast to the indicative, which states that the condition will come true.

KONJUNKTIV

Wenn du das Buch kaufen würdest, würde ich dir das Poster umsonst geben.	*If you bought the book I would give you the poster for free.*

INDIKATIV

Wenn du das Buch kaufst, gebe ich dir das Poster umsonst.	*If you buy the book I'll give you the poster for free.*

Note: In a **Konjunktiv II** sentence both clauses may contain a **würde**-construction. In German, the type of verb, not the type of clause, determines when the simple form or a **würde**-construction is used. The **würde**-construction is used with most verbs. The following verbs, however, usually appear in the simple form.

bekäme	dürfte	wüßte
bliebe	könnte	
fände	möchte	
ginge	müßte	
käme	sollte	
liefe	wollte	
ließe		
stünde		

Wenn es nach ihr ginge, stünde das Haus den ganzen Sommer über leer.	*If it were up to her, the house would be empty all summer long.*

2. Vergleich

The subjunctive II, used in comparisons introduced by **als ob** or **wie wenn** (*as if*), expresses a hypothetical comparison, not a true one.

Er sprach, als ob er mein Vater wäre.*	*He spoke as if he were my father.*
Sie tat so, wie wenn sie mich kennen würde.	*She acted as if she knew me.*

---

* In formal writing, the dependent clause may begin with **als,** followed by the subjunctive II form of the verb: **Er sprach, als wäre er mein Vater.**

3. Höfliche Aussage oder Bitte

The simple form of the subjunctive II is also used to make polite requests, to state opinions politely, or to give advice.

Dürfte ich Sie mal was fragen?	*Could I ask you a question?*
Ich würde lieber ins Kino gehen.	*I would prefer to go to the movies.*
An deiner Stelle würde ich mir das nochmal überlegen.	*If I were you I would think about it again.*

B. Konjunktiv II der Vergangenheit

The compound form of the subjunctive II expresses a situation that might have taken place but that now cannot happen because a condition that would have been necessary for it to happen was not fulfilled.

Wenn wir nicht spazierengegangen wären, hätten wir deinen Anruf bekommen.	*We would have received your call if we had not gone for a walk.*
Wenn es nicht geregnet hätte, wären wir spazierengegangen.	*If it hadn't rained we would have gone for a walk.*

Note that German uses a form of **hätte** or **wäre** + *past participle* in both clauses, whereas English uses the auxiliary *had* in the if-clause and *would have* for the hypothetical result.

11.4 MODALVERBEN 4: Konjunktiv II der Vergangenheit
Expressing What Should Have or Could Have Been Done

Modal verbs are used in compound subjunctive II forms to express that something could have been done, should have been done, and so forth.

Das hättest du aber auch wissen können.	*You really could have known this.*
Dein Vater hätte das nicht sagen sollen.	*Your father shouldn't have said that.*

Note that a form of **hätte** is in the position of the conjugated verb and that the modal verb is in its infinitive form (double infinitive construction) at the end of the clause.

Du hättest nicht kommen sollen.	*You should not have come.*

11.5 STEIGERUNG 2: Superlativ
Differentiating One Person or Thing Above All Others

A. Verwendung

The superlative form of adjectives or adverbs is used to single out one person, thing, or event as superior to all others. It may be used attributively, predicatively, and adverbially.

ATTRIBUTIV

Das ist **das teuerste Buch** der Welt.	*This is the most expensive book in the world.*

PRÄDIKATIV

Unsere letzte Reise nach Italien war **die schönste / am schönsten.**	*Our last trip to Italy was the most beautiful.*

ADVERBIAL

Liesel fährt **am schnellsten.**	*Liesel drives the fastest.*

1. Attributiv

When the superlative form of the adjective is used attributively (to characterize a noun), it is preceded by the definite article and is declined like an adjective.*

Björn ist der Mann **mit den blondesten Haaren** der Welt.	*Björn is the man with the blondest hair in the world.*

2. Prädikativ

When the superlative form is used predicatively (following a verb such as **sein** or **bleiben**), it may appear in one of two forms:

1. *definite article (nominative case)* + *superlative adjective* ending in **-e** (singular) or in **-en** (plural)

Das ist meine Schwester Silvia. Sie ist **die älteste.**	*This is my sister Silvia. She is the oldest.*
Nehmen Sie doch die roten Rosen! Das sind **die schönsten.**	*Why don't you take the red roses? They are the most beautiful.*

---

* For the forms of adjectives, see **Strukturen 1.3.**

2. **am** + *superlative adjective* ending in **-en**

Meine Schwester Silvia ist **am ältesten.**	*My sister Silvia is the oldest.*
Die roten Rosen sind **am schönsten.**	*The red roses are the most beautiful.*

3. Adverbial

When the superlative form is used adverbially (to characterize the action of the verb), it is used with **am** and ends in **-en.**

Mit der Bahn reisen Sie **am sichersten.**	*The safest way to travel is by train. (By train you travel the most safely).*
Gerrit schreit **am lautesten.**	*Gerrit cries the loudest.*

B. Form

POSITIV	KOMPARATIV	SUPERLATIV
1. klein	kleiner	am klein**sten**
2. nett	netter	am nett**esten**
3. heiß	heißer	am heiß**esten**
4. dunkel	dunkler	am dunkel**sten**
5. jung	jünger	am jüng**sten**
6. gern	lieber	am **liebsten**

1. The superlative is formed by adding **-sten** to the base form of the adjective.*

radikal	am radikalsten
konservativ	am konservativsten

2. When the adjective ends in **-d** or **-t, -esten** is added.†

kalt	am kältesten
elegant	am elegantesten

3. When the adjective ends in **-s, -ß, -z,** or **-sch,** it also adds **-esten.**†

heiß	am heißesten
kurz	am kürzesten
hübsch	am hübschesten

---

* In English, the choice between adding -*est* or using *most* depends on the number of syllables in the adjective: one-syllable and most two-syllable adjectives add -*est* (*pretty / the prettiest*); adjectives with three or more syllables use *most* (*elegant / the most elegant*). German, however, has only one form, with **-sten.**
† There are some exceptions to this pattern, most notably the adjective **groß (größer / am größten);** also adjectives that end in **-isch (neidisch / am neidischsten);** adjectives derived from a present participle **(bedeutend / am bedeutendsten);** and adjectives derived from past participles ending in **-ert, -elt,** or **-tet (begeistert / am begeistertsten).**

4. Adjectives that end in **-el** or **-er** drop the **-e-** in the comparative form only and retain it in the superlative.

teuer	teurer	am teuersten
dunkel	dunkler	am dunkelsten

5. Most one-syllable adjectives with the stem vowels **a**, **o**, and **u** have an umlaut in the comparative and the superlative forms. For a complete list see **Strukturen 3.1.**

schwach	schwächer	am schwächsten
dumm	dümmer	am dümmsten

6. As in English, some adjectives have irregular comparative and superlative forms.

gut	besser	am besten
viel	mehr	am meisten
gern	lieber	am liebsten
hoch	höher	am höchsten
nah	näher	am nächsten

11.6 WORTBILDUNG 5: DERIVATION 3: Richtungsadverbien mit *hin* und *her* + *Verben*

Indicating Direction with **hin** and **her** + *Verbs*

A. *hin* und *her*

The adverbs **hin** and **her** express direction and refer to movement away from or toward a place the speaker is focusing on. **Hin** expresses movement away from the speaker (or the place the speaker is focusing on), and **her** expresses movement toward the speaker.

nach Osten **hin**	*toward the east*	(away from the speaker)
vom Westen **her**	*from the west*	(toward the speaker)

B. *Adverbien* + *hin* und *her*

The adverbs of place **hier** (*here*), **da, dort** (*there*), and **überall** (*everywhere*) add the suffixes **-hin** and **-her** to reinforce whether the movement leads *to* a place (**-hin**) or originates *from* a place (**-her**).

hierhin	(*go*) *there*	hierher	(*come*) *here*
dahin	(*go*) *there*	von daher	*from there*
dorthin	(*go*) *there*	von dorther	*from there*
überallhin	(*go*) *everywhere*	von überallher	*from everywhere*

German speakers usually specify the direction of the movement (from here to go there or from there to come here), whereas English speakers generally specify only the place itself.

Sie kamen von überallher.	*They came from everywhere.*
Sie gingen überallhin.	*They went everywhere.*

C. *hin-* und *her-* + *Präpositionen*

Hin- and **her-** may also be used as prefixes with prepositions to further specify direction. Here are the most common combinations.

hinein	*(go) in*	herein	*(come) in*
hinaus	*(go) out*	heraus	*(come) out*
hinauf	*(go) up*	herauf	*(come) up*
hinunter	*(go) down*	herunter	*(come) down*
hinüber	*(go) over*	herüber	*(come) over*

Because they already express direction, these adverbs are understood even without a verb.

Herein!	*Come in!*
Hinaus!	*Get out!*

Note that when prepositions are used as adverbs of place, German speakers generally specify the direction of a movement*

Wir stiegen den Berg hinauf.	*We were climbing up the mountain (toward the summit).*
Sie kamen den Berg herauf.	*They were coming up the mountain (from below).*
Sollen wir zu Euch hinüber kommen? —Ja, kommt doch herüber.	*Should we come over? —Sure, why don't you come over?*

D. *hin-* und *her-* + *Verben*

The adverbs **hin-** and **her-** (alone or with prepositions) also occur as separable prefixes with verbs of movement.

Wann seid ihr eigentlich heruntergekommen?	*When did you come down, anyway?*
Er fiel hin.	*He fell down.*
Stell dich gerade hin!	*Stand up (straight)!*
Wie lange habt ihr gebraucht, um herüberzukommen?	*How long did it take you to come over?*

---

* Not all German speakers, however, continue to make this distinction. Particularly speakers from the Northern parts of Germany and from big cities tend to use **her-** indiscriminately and reduce it to **r-** before vowels. Thus: **rein, raus, rauf, runter,** and **rüber.**

12

Gestern war heute

Was sagen Sie zu diesen
Computern? Und den Preisen?

Machen Sie eine Umfrage in der Klasse.

1. Besitzt du einen Computer? Wenn ja, welches Modell?
2. Arbeitest du an der Universität oder woanders mit Computern? Mit welchem Modell?
3. Wozu benutzt du den Computer zu Hause oder bei der Arbeit? Statistiken, Rechnungen, Kalkulationen, Textverarbeitung, Spielen?
4. Hast du schon einmal Computerspiele gespielt? Welche?
5. Kannst du programmieren? In welcher Computersprache?
6. Wenn du dir einen Computer wünschen dürftest, welchen würdest du nehmen? Warum? Was sollte er können? Was sollte er haben?

LESETEXT: Computerwerbung

Der folgende Text ist eine Werbeanzeige[1] für Computer aus einer bekannten deutschen Zeitschrift, dem *Spiegel*. Sicher haben Sie schon am Bild und am Firmenzeichen erkannt, um welche Computerfirma es sich hier handelt.

---

[1] *ad*

Vor dem Lesen

A. Merkmale[1] von Werbetexten. Überall in der Welt haben Werbetexte den Zweck, Leute dazu zu bringen, ein Produkt zu kaufen. Einen Unterschied gibt es allerdings zwischen der Bundesrepublik und den USA, den die meisten Deutschen schnell bemerken. Welches der folgenden Merkmale trifft auf deutsche Werbung *nicht* zu?

PRODUKTWERBUNG

— betont, was ein Produkt neu, anders oder besonders nützlich macht
— betont die seit langem bewährte und unveränderte Qualität eines Produktes
— spricht nicht über Schwächen oder Fehler des eigenen Produktes
— lobt die Güte des eigenen Produktes, indem sie Fehler oder Mängel anderer Marken explizit nennt
— versucht verschiedene Konsumentengruppen anzusprechen, indem sie z.B. betont, daß das Produkt besonders billig, besonders exklusiv oder „sein Geld wert" ist
— betont andere Vorteile wie Garantie, Kundendienst, Rabatt, Umtausch und Rückerstattung des Kaufpreises
— versucht die Aufmerksamkeit der Kunden durch Originalität in der optischen und akustischen Gestaltung der Anzeige zu gewinnen.

Betrachten Sie zuerst die Grafik. Was ist das Besondere am Macintosh IIfx?

---

[1] *characteristics*

B. Fachsprache der Computerwelt. In der Computerwelt hat sich eine eigene Fachsprache entwickelt, die sehr viele Ausdrücke einfach aus dem Amerikanischen übernommen hat. Zum Beispiel: *die Software, die Hardware, der Computer, der Monitor, die Diskette.* Außerdem gibt es viele Kognate, wie *das System, der Mikroprozessor, autorisiert, die Architektur, die Maus, das Netzwerk, die Station.* Lesen Sie den Text durch und unterstreichen Sie alles Englische in der Anzeige.

„Der Macintosh IIfx"

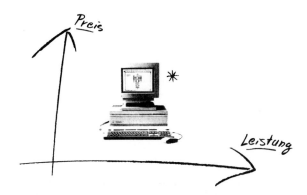

Nach dem Lesen

A. Richtig oder falsch?

_____ Der neue Apple Computer leistet mehr als andere Personal Computer.

_____ Der Apple bietet genau so viel wie Workstations, ist aber billiger.

_____ Leute, die darüber entscheiden, welche PCs gekauft werden sollen, können sich freuen.

_____ Den Apple Macintosh IIfx gibt es bisher nur mit Schwarz-Weiß-Monitor.

_____ Wie jeder Macintosh ist auch der neue Apple sehr einfach zu bedienen.

B.   Merkmale dieser Anzeige. Beantworten Sie die folgenden Fragen.

1. Was ist neu am Macintosh IIfx?
2. Was ist das Bewährte und Unveränderte an diesem Computer?
3. Was hat er vergleichbaren Produkten voraus?
4. Welche Mängel haben andere Computer?
5. Was wollen die Konsumenten, an die sich diese Anzeige richtet?
6. Was ist das optisch Originelle an dieser Anzeige?

C.   Ihrer Meinung nach . . .

1. Spricht dieser Werbetext Sie an? Warum / Warum nicht?
2. Warum würden Sie diesen Computer (nicht) kaufen?

Aktivitäten

A.   Interaktion. Geben Sie Ihrem Partner / Ihrer Partnerin eine Definition von jedem Beruf.

BEISPIEL: Ein Busfahrer ist ein Mann, der einen Bus fährt.

1. ein Pilot	8. eine Professorin	15. eine Sekretärin
2. eine Lehrerin	9. ein Seemann	16. eine Schauspielerin
3. eine Journalistin	10. ein Zollbeamter	17. ein Regisseur
4. eine Mechanikerin	11. ein Frisör	18. eine Rennfahrerin
5. eine Psychologin	12. eine Politikerin	19. ein Pastor
6. eine Bankangestellte	13. eine Reiseführerin	20. eine Krankenschwester
7. ein Musiker	14. ein Koch	

B.   Kombinieren Sie! Welche Verben in der linken Spalte passen zu den Dingen oder Geräten in der rechten Spalte?

1. drücken	a. die Schuhe
2. werfen	b. das Salz
3. einwerfen	c. der Kopf
4. anmachen	d. der Knopf
5. abstellen	e. der Müll (*garbage*)
6. füllen	f. die Tür
7. leeren	g. der Ball
8. gießen	h. das Radio
9. reichen	i. der Stoff
10. schneiden	j. das Glas
11. ziehen	k. das Geld
12. drehen	l. der Motor
13. wegwerfen	m. die Dose
14. anstellen	n. das Wasser
15. binden	o. die Flasche
16. öffnen	p. das Licht

C. Wer tut was? Stellen Sie Ihrem Partner / Ihrer Partnerin Fragen über die Berufe in (A).

> BEISPIEL: *Frage:* Wer fährt ein großes Fahrzeug für 40 Personen?
> *Antwort:* ein Busfahrer

D. Assoziogramm. Schreiben Sie Assoziogramme für folgende Wörter: Was kann man alles damit machen?

> BEISPIEL: *Tür:* Man kann eine Tür öffnen, schließen, aufmachen, zumachen, drücken, ziehen, zuschließen, aufschließen usw.

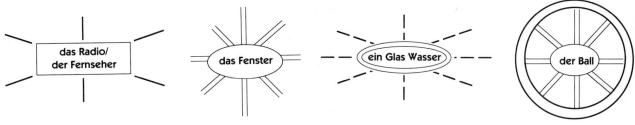

SPRECHAKTE

ums Wort bitten / aufzählen: Moment mal!

THEODOR: Ich glaube, der Präsident hat in diesem Falle unrecht.
GUIDO: Ja, weißt du . . .

WOLFGANG: Ich finde diese Landkarte scheußlich.
BARBARA: Also, Moment mal . . .

INGEBORG: Ich bin davon überzeugt, daß wir nichts Besseres finden werden.
ELISABETH: Also, da möchte ich doch auch was dazu sagen . . .

MARTHA: Das stimmt aber nicht!
MATTHIAS: Genau. Und dazu kommt, daß . . .

FRIEDRICH: Ich weiß nicht genau, was ich für ein Aufsatzthema wählen soll.
LEHRERIN: Also, das ist eigentlich gar nicht so schwer. Zuerst mußt du herausfinden, was dich interessiert. Dann überlegst du dir am besten zwei oder drei Themen, die zu diesem größeren Bereich gehören. Anschließend solltest du zu jedem dieser Themen ein bißchen was lesen. Schließlich wählst du aus den drei Themen eins aus, das dich am meisten interessiert, und darüber schreibst du dann deinen Aufsatz.
FRIEDRICH: Ja, also, das ist mir schon klar. Aber wie mache ich das?
LEHRERIN: Du kannst dir erstens in der Bibliothek Bücher zusammensuchen; dann kannst du zweitens mit deinen Freunden über mögliche Themen sprechen; und drittens ist es durchaus möglich, daß wir hier in der Klasse solche Themen besprechen.
FRIEDRICH: Gut. Vielen Dank.

Variationen

Spielen Sie!

1. Sie sprechen mit anderen Studenten über Computer. Sie verstehen nicht immer alles und unterbrechen, um Fragen zu stellen und um Ihre Meinung zu äußern.

   ich möchte etwas fragen/sagen
   kann/darf ich etwas fragen/sagen
   ich habe eine Frage

2. Jemand erzählt, was er/sie am Wochenende gemacht hat. Sie unterbrechen ihn/sie nach jedem Satz und stellen eine Frage zu dem, was diese Person gesagt hat.

3. Sie gehen zur Zimmervermittlung Ihrer Universität, weil Sie eine Wohnung für das kommende Semester brauchen. Listen Sie so genau wie möglich alles auf, was Sie wollen — Größe, Preis, möbliert/unmöbliert usw.

   erstens . . . zweitens . . .
   nicht nur . . . sondern auch . . .
   sowohl . . . als auch . . .
   und noch/auch/dann . . .

Wohnungssuche in Berlin.

4. Sie sprechen mit Ihrem Partner / Ihrer Partnerin über Berufsmöglichkeiten. Unterbrechen Sie ihn/sie und stellen Sie Fragen; führen Sie das Gespräch weiter und zählen Sie Ihre Berufswünsche auf.

LESETEXT: Programmierer gesucht . . .

EULENSPIEGEL
WOCHENZEITUNG FÜR SATIRE UND HUMOR • BERLIN • 34 (42) JAHRGANG • NR. 27/87 • 40 PF • DDR · ISSN 0423-5975

Der folgende Text stammt aus dem *Eulenspiegel,* einer Zeitschrift für Satire und
Humor. Eulenspiegel ist eigentlich eine Figur aus einem niederdeutschen
Volksbuch des 15. Jahrhunderts. Eulenspiegel ist ein Narr,[1] der dumme Streiche[2]
spielt und andere Leute an der Nase herumführt.

---

[1] *jester, fool*   [2] *tricks*

Zum Berufswechsel bereit

Von je 100 jungen Fachkräften sind grundsätzlich zur Ausübung eines anderen Berufs bereit:

Einzelhandelskaufleute	73
Anwaltsgehilfen	72
Verkäufer(innen)	70
Bankkaufleute	67
Verwaltungsangestellte	63
Bürogehilfinnen	61
Schlosser	61
Bäcker	57
Kfz-Mechaniker	57
Heizungsbauer	56
Arzthelferinnen	53
Zimmerer	52
Friseurinnen	50
Maurer	50
Postbedienstete	44
Tischler	44
Köche	43

Quelle: IAB

Vor dem Lesen

A.   Vorhersagen machen. Lesen Sie den Titel des Textes, schauen Sie die
Zeichnungen an, und machen Sie Vorhersagen über den Inhalt. Die folgenden
Fragen helfen Ihnen dabei.

1. Was sagen Ihnen der Titel und die erste Zeichnung? Worum geht es wohl in
   dem Text?
2. Was steht auf dem Schild, das der kleine Roboter um den Hals hat? Was
   schließen Sie aus dem Text?
3. Was stellen Sie sich unter einem „Luxusartikel" vor? Was wissen Sie über
   die Versorgung[1] mit Luxusartikeln in Ländern wie der früheren DDR?
4. Was wissen Sie über die Versorgung mit „technischen Neuheiten" in
   Ländern des ehemaligen Ostblocks?
5. Sehen Sie die zweite Zeichnung an. Was bedeutet der Hinweis „Kundendienst"?
6. Worauf bezieht sich das „Nein" auf dem Bildschirm des Computers? Lesen
   Sie den Text, der zu dem Bild gehört.
7. Der Text ist aus einer satirischen Zeitschrift. Wie wird das Thema wohl
   behandelt?

Lesen Sie zuerst die folgende Einführung in den Text. Lesen Sie danach den
Text einmal ganz durch. Lesen Sie dann die Sätze auf Seite 352, die den Inhalt
der Geschichte in vereinfachter[2] Form aber falscher Reihenfolge wiedergeben.
Sie helfen Ihnen, sich auf die Hauptgedanken zu konzentrieren. Lesen Sie den
Text dann ein zweites Mal.

---

[1] *supply*   [2] *simplified*

Der Erzähler der Geschichte, der die Leser persönlich mit „Sie" anspricht,
arbeitet für eine Firma, die einen Computer bekommt. Das ist in der damals
technisch schlecht entwickelten DDR etwas Neues und Ungewöhnliches. Der
Erzähler hat die Aufgabe, den Computer in der Firma wirkungsvoll zum
Einsatz[1] zu bringen. Leider weiß er aber nicht, wie der Computer überhaupt
funktioniert oder wofür man ihn sinnvoll benutzen kann. Das weiß eigentlich
niemand in der Firma so genau.

---

[1] *use*

„Das Ding im Hof"

An einem Montag wurde uns der CGM 19 geliefert. Sie brauchen nicht so zu tun,° *pretend*
als wüßten Sie, worum es geht. Ich will aber zum CGM 19 keine näheren Erläuterungen
abgeben. Zumindest nicht vor der nächsten Messe.° Unser Direktor, er ist technischen *fair, exhibition*
Neuerungen zugetan und besitzt sogar eine Karte für den Geldautomaten, hatte ir-
5 gendwann von der Sache gehört und Mittel losgeeist.° Wie Sie verstehen werden, *Mittel. . . got funds*
möchte ich mich auch dazu nicht weiter äußern.° *explain*

Man hatte mich rufen lassen. Der Chef stand am Fenster seines Zimmers und winkte
mich an seine Seite. Wir schauten in den Hof, wo der CGM stand, ein Würfel° von zwei *cube*
Meter Höhe. Ein einheimisches Erzeugnis.° Mir fiel gleich die Verpackung ins Auge. *einheimisches. . . in der DDR hergestellt*
10 Schöne Bretter dachte ich, sicherst du dir die Bretter.

„Da ist er also", sagte der Chef nicht ohne innere Bewegtheit und lud mich zum
Sitzen ein.

„Du wirst mir, sagen wir bis Donnerstag, eine Einsatzkonzeption° vorlegen. Wenn *concept of how to use the computer*
sich herumspricht, daß wir *ihn* haben, werden wir uns vor Aufträgen nicht retten
15 können. In zwei Jahren ist das Gerät amortisiert. In drei Jahren steht das Zweitgerät!"

Ich hatte den CGM vor längerer Zeit auf einem Foto in der bulgarischen Fachpresse
gesehen und ahnte natürlich nicht im entferntesten, wozu in aller Welt dieses Ding
eigentlich zu verwenden war. Natürlich wäre es unklug gewesen, meinem Chef diese
Inkompetenz einzugestehen. Deshalb nahm ich die Brille ab, machte ein wichtiges
20 Gesicht und sagte: „Zu Entscheidungen dieser Größenordnung sollte vielleicht der
Fachbeirat° einberufen werden. . . . " Die Bretter hätte ich mir auch in diesem Falle *advisory council*
noch sichern können. „Der Fachbeirat ist mit dieser Entscheidung überfordert!" ent-
schied der Chef. „Es bleibt bei Donnerstag."

Da es inzwischen Mittag war, hatte sich das Eintreffen des CGM 19 schon herum-
25 gesprochen. Wir sind ja nur sechzig Kollegen. Auch war meine Audienz beim Direktor
schon Kantinengespräch. Die Chefsekretärin, die nicht über die Maßen arbeitsam war,
sich aber zu den gewöhnlich gut informierten Kreisen zählte, hatte dafür gesorgt.

Ich muß gestehen, daß diese Publizität meine Lage nicht gerade erleichterte. Der
Hersteller hatte natürlich keinen Prospekt mitgeschickt, und vom Lieferschein wußte
30 ich, daß CGM eigentlich Computergesteuerter Multiaktivator hieß, was mich aber
keinen Schritt weiterbrachte.

Gerade überlegte ich, daß man das Werk anrufen und geschickt einige Details
erfragen könnte. Da der CGM aber schon bezahlt war, hätte das lächerlich und provin-
ziell gewirkt. Da rief mich der Kaderleiter an. „Da dieser — ähem — Personalcomputer
35 nun endlich da ist, sollten wir mit der Aufstellung beginnen. Wir als Kaderabteilung sind
ja mit Personalfragen befaßt, was läge also näher . . . " Ich verwies darauf, daß
Personalcomputer nicht auf Personalprobleme beschränkt° seien. Der Kaderleiter *limited*
hängte ein.

Zwei Tage darauf war es der Leiter für Absatz, der Herrschaft über das Ding im Hof
40 begehrte: „Wir füttern alle Besteller, alle Bestellungen, und mit einem Knopfdruck ist
dann alles abrufbereit." Meinte er. Ich hingegen meinte, daß er die für seine Arbeit
nötigen Angaben weiterhin in seiner A4-Kladde° speichern konnte. Dieser Überblick *Heft*
erforderte keine Hochtechnologie.

45 Obwohl ich bei meinen Antworten immer sicherer auftrat, hielt sich der tiefere Verwendungszweck des CGM nach wie vor im dunkeln.

Das Ding im Hof regte mittlerweile kaum noch jemanden auf.° Besorgt mußte ich registrieren, daß inzwischen heftige Niederschläge° das Kistenholz hatten quellen lassen. Das Hochbett rückte wieder in gewisse Entfernung. Solche kleinlichen Privatin-
50 teressen aber mußten schweigen, gerade jetzt, wo die Planungsabteilung versuchte, das Gerät für sich zu okkupieren.

„Da du bisher keinem Einsatzvorschlag zugestimmt hast, bin ich auf deinen Vor-schlag gespannt." Der Chef lächelte.

Ich bat um noch eine Woche. Diese Zeit brauchte ich, bis unser Nachbar mit seiner Familie aus dem Urlaub zurückkehrte. Sein Großer, er wird diesen Sommer dreizehn,
55 arbeitet nämlich in einem Computerzirkel.

Seit gestern nun ist der CGM 19 voll im Einsatz. In unserer Kantine, wo zunehmend Wahlessen dargeboten werden, können die Kollegen am Tage vorher ihre Entschei-dungen eintasten° und einen Beleg entnehmen. Die Küche kann so entschieden flexibler disponieren.
60 Heute mittag, die Wünsche Kapernklops und Pichelsteiner Gemüseeintopf° stan-den gerade 39:14, traf ich den Direktor. Anerkennend schlug er mir auf die Schulter: „Im Produktions- oder Verwaltungsbereich° wäre der Kasten glatt verballert° gewesen, aber für die Arbeits- und Lebensbedingungen ist uns das Teuerste gerade gut genug."

regte. . . auf hier: interessierte
Regen oder Schnee

type in

Kapernklops. . . *meatballs and stew*

administration/wasted

„Der Computer erspart mir viel Rennerei zum Lager. Fragen Sie öfter mal nach, ob Ihr gewünschtes Möbelstück eingetroffen ist."

Nach dem Lesen

A.   Globalverständnis. In einem oder zwei Sätzen: Was passiert in der Geschichte?

B.   Was ist passiert, und wann? Die folgenden Sätze geben den Inhalt der Geschichte in vereinfachter Form wieder. Bringen Sie sie in die richtige Reihenfolge. Zwei Sätze stimmen mit der Geschichte nicht überein und müssen übrigbleiben.

_____   Eine Firma bekommt ihren ersten Computer.
_____   Der Chef will den Computer effektiv einsetzen.
_____   Ein Angestellter[1] muß zum Chef kommen.
_____   Ein Teil der Leute wird entlassen, weil der Computer da ist.
_____   Der Angestellte weiß nichts von Computern.
_____   Der Angestellte interessiert sich für die Bretter.[2]
_____   Der Kaderleiter[3] möchte den Computer für Personalfragen benutzen.
_____   Der Leiter für Absatz[4] und die Planungsabteilung wollen den Computer.
_____   Der Angestellte braucht noch eine Woche Zeit.
_____   Der Computer wird in der Kantine[5] eingesetzt.
_____   Die Arbeiter und Angestellten benutzen den Computer, um das Essen zu bestellen.
_____   Der Computer wird ans Werk zurückgeschickt.

---

[1] _employee_   [2] _boards_   [3] _personnel manager_ (Socialist East Germany)   [4] _sale_   [5] _cafeteria_

C.   Hauptgedanke oder Detail? Lesen Sie den Text noch einmal Absatz für Absatz, und kreuzen Sie die Sätze an, die _wichtige_ Informationen des Absatzes enthalten, entweder 1 oder 2.

ZEILE 1 BIS 6

1. Die Firma hat ein neues technisches Gerät bekommen. Es steht im Hof.
2. Der Direktor ist technisch interessiert. Er hat sogar eine Karte für den Geldautomaten.

ZEILE 7 BIS 15

1. Die Firma bekommt viele Aufträge und Bestellungen und kann in drei Jahren einen zweiten Computer kaufen.
2. Der Direktor will drei Tage später wissen, wozu das Gerät verwendet werden soll. Sein Angestellter ist völlig hilflos.

ZEILE 16 BIS 31

1. Der Angestellte findet die Sekretärin des Chefs faul. Auf dem Lieferschein steht, daß CGM „Computergesteuerter Multiaktivator" heißt.
2. Es stört den Angestellten, daß alle Kollegen über ihn und den Computer sprechen, weil er immer noch keine Ahnung hat, was er damit tun soll.

ZEILE 32 BIS 52

1. Verschiedene Abteilungen in der Firma möchten den Computer für sich haben. Sie bekommen ihn aber nicht.
2. Die Kaderleitung beschäftigt sich mit Personalfragen, und der Kaderleiter hängt das Telefon ein.

ZEILE 53 BIS 64

1. Der Angestellte bittet um eine Woche Zeit.
2. Der Computer wird in der Kantine benutzt.

D. Aufgaben zum Text.

1. Was erfährt[1] man über den Angestellten, der erzählt? Was versteht er von Computern? Wie benimmt er sich? Was würden Sie an seiner Stelle machen?
2. Was interessiert den Angestellten an der neuen Anschaffung[2] am meisten? Warum?
3. Wie entscheidet der Angestellte schließlich, wofür der Computer verwendet werden soll? Wer hat ihm geholfen?
4. Der Direktor hat eine Karte für den Geldautomaten. Was wird über den technischen Stand der ehemaligen DDR impliziert, wenn das ein Zeichen für Fortschritt ist?
5. Was ist die Pointe des Textes? Finden Sie sie komisch? Warum / Warum nicht?
6. In jedem satirischen oder humoristischen Text steckt zumindest ein bißchen Wahrheit. Welche „Schwächen des Systems" wurden hier aufgedeckt? Worüber macht der Verfasser sich lustig?

---

[1] *learn*   [2] *acquisition*

Aktivitäten

A. Pläne machen. Besprechen Sie mit einem Partner / einer Partnerin Ihre Pläne für das Wochenende. Fragen Sie:

. . . ob er/sie was vorhat
. . . ob er/sie ins Kino möchte
. . . ob er/sie Geld braucht
. . . ob er/sie einen Lieblingsfilm hat
. . . ob er/sie Ihren Lieblingsfilm schon gesehen hat

B.   Telefongespräch. Diana spricht am Telefon. Erzählen Sie Ihrem Partner / Ihrer Partnerin von dem Gespräch in der indirekten Rede.

Hier bei Koch! . . . Wer ist da? . . . Ach, guten Tag, Reggie. . . . Was ich heute abend vorhabe? . . . Mit dir ins Kino? Leider kann ich nicht. Ich muß heute abend in der Bibliothek arbeiten. . . . Nein, verschieben kann ich das nicht. Die Aufgabe ist Freitag fällig.[1] . . . Am Wochenende? An den See? . . . Reggie, du, das ist sehr nett, aber . . . Wer? Dein amerikanischer Vetter wird auch dabei sein? . . . Ja, Moment mal . . . vielleicht könnte ich doch mit an den See fahren. Ich müßte eventuell Sonntagabend zurück. . . . Ja, weißt du, ich singe Montag in einem Konzert. . . . Ja, gut. Dann sehen wir uns am späten Freitagnachmittag. . . . Schön . . . Wiederhören.

---

[1] *due*

C.   Diskussionsthema. Besprechen Sie in Kleingruppen den Einfluß von Heimcomputern auf unser Leben. Haben Sie persönlich so einen Computer? Wie viele Studenten in der Klasse haben einen Computer? Was ist negativ und was ist positiv dabei? Wie viele Stunden pro Woche sitzt man vor dem Computer?

D.   Fragen Sie Ihren Partner / Ihre Partnerin . . .

. . . ob er/sie einen Farbfernseher hat
. . . ob er/sie zu Hause Kabelfernsehen hat
. . . wie viele Sender es in der Nähe gibt
. . . wer sein/ihr Lieblingsansager/Lieblingsansagerin ist
. . . ob er/sie lieber die Tagesschau oder die Wettervorhersage anschaut
. . . ob er/sie eine Videokamera oder einen Videorekorder hat
. . . um wieviel Uhr er/sie die Nachrichten anschaut
. . . welche Talk-Show er/sie gerne oder regelmäßig sieht
. . . ob der Empfang[1] bei ihm/ihr gut ist
. . . ob er/sie gerne in der Fernsehindustrie arbeiten würde

---

[1] *reception*

SPRECHAKTE

Thema wechseln / zusammenfassen: Übrigens . . .

Folgende Wörter und Ausdrücke helfen beim Themenwechsel und beim Zusammenfassen.

übrigens . . .   also . . .
nebenbei . . .   kurz gesagt . . .
da fällt mir (gerade) ein . . .   kurz und gut . . .
was anderes . . .

ÜBRIGENS, HAST DU HEUTE NACHMITTAG WAS VOR?

Variationen

A. Cartoon. Arbeiten Sie mit dem Cartoon links.

B. Spielen Sie!

1. Sie sprechen über einen Film, den jemand neulich gesehen hat. Plötzlich fällt Ihnen etwas anderes ein. Unterbrechen Sie den Sprecher / die Sprecherin, um die anderen ins Konzert, ins Kino oder in eine Ausstellung einzuladen.
2. Sie sprechen mit anderen Studenten über Computer, und Sie finden dieses Thema fürchterlich langweilig. Versuchen Sie, das Gespräch auf ein anderes Thema zu lenken.
3. Besprechen Sie Ihre Reisepläne für die Semesterferien. Denken Sie dabei an Sehenswürdigkeiten, Transport und Hotelmöglichkeiten. Fassen Sie nach ein paar Minuten zusammen, was alles besprochen wurde.
4. Für Deutsche sind Information und Unterhaltung die wichtigen Funktionen des Fernsehens. Was sind die wichtigsten Funktionen des Fernsehens für Amerikaner? Welche Programme unterstützen diese Funktionen? Was sind die Ziele des Fernsehens? Was hat das Alter des Zuschauers damit zu tun? Sein Geschlecht? Seine Bildung? In diesem Gespräch sollte jeder versuchen, ums Wort zu bitten, das Thema zu wechseln und zusammenzufassen.

Und jetzt zu Ihnen!

1

Sie besprechen die Rolle des Computers in der Arbeitswelt.

A: Erzählen Sie kurz ein Erlebnis, das mit der Arbeit und mit Computern zu tun hat. Wenn Ihr Partner / Ihre Partnerin spricht, unterbrechen Sie ihn/sie, um selbst weiter zu erzählen, diesmal von Problemen mit Computern.

B: Wenn sich die Gelegenheit bietet, bitten Sie ums Wort, um von einer anderen Arbeitssituation zu sprechen, die mit Computern zu tun hat. Fassen Sie zusammen, was gesagt worden ist.

2

Sie besprechen die Rolle der Werbung im Fernsehen.

A: Sie meinen, Werbespots im amerikanischen Fernsehen seien sehr gut für die allgemeine ökonomische Lage im Lande. Was hergestellt wird, wird dadurch besser verkauft.

B: Sie unterbrechen, denn Sie sind anderer Meinung: Werbespots belasten den Zuschauer, der sowieso deswegen nichts kauft — er geht in die Küche oder aufs Klo, wenn es Reklame gibt.

WORTSCHATZ

Kauf (m.) / Verkauf (m.); Werbung (f.)   *buying/selling; advertising*

Was gehört zu erfolgreicher Werbung? Glauben Sie, daß Werbung hilft, Produkte zu verkaufen? Ist Zeitungswerbung besser als Fernsehwerbung?

Das wissen Sie schon:

die Anzeige, -n	**günstig**
der Werbespot, -s	**umsonst**
bestellen (bestellt)	**liefern (geliefert)**
drucken (gedruckt)	**schicken (geschickt)**
kaufen (gekauft)	**verkaufen (verkauft)**

Das ist neu:

die Abteilung, -en department
die Auswahl choice
der Einsatz use
der Fortschritt, -e progress, advance
der Käufer, - / die Käuferin, -nen buyer
der Kaufmann / die Kauffrau; die Kaufleute
    salesman/saleswoman
der Lieferschein, -e delivery note
das Muster, - model

die Quittung, -en receipt

die Reklame commercial, advertisement
das Schaufenster, - display window
der Umsatz, ¨e turnover
der Verbraucher, - / die Verbraucherin, -nen consumer
der Vertrag, ¨e contract
die Verwaltung, -en management, administration
die Werbung advertising

sich amortisieren (amortisiert) to pay for itself (*investment, equipment*)

eine Anzeige aufgeben (gibt . . . auf, gab . . . auf, aufgegeben) to advertise,
    put in an advertisement
inserieren (inseriert) to advertise
umtauschen (umgetauscht) to exchange
veröffentlichen (veröffentlicht) to publish
etwas zurückgehen lassen (läßt, ließ, lassen) to send back, return

Körperstellung (f.); Bewegung (f.)   *body position; movement*

Wie spielt man einen Ball beim Tennis oder Badminton ab? Was sind die Bewegungen und Übungen, die man während einer Aerobikstunde macht? Glauben Sie, Sport ist gesund? Was für Gegenargumente können Sie dazu vorbringen?

Das wissen Sie schon:

die Gymnastik

gespannt	**hoch**	**locker**

(sich) bewegen (bewegt)
(sich) drehen (gedreht)
halten (hält, hielt, gehalten)
(sich) hinlegen (hingelegt)

sich legen (gelegt)
liegen (liegt, lag, gelegen)
Platz nehmen (nimmt . . . Platz, nahm . . . Platz, Platz . . . genommen)
(sich) setzen (sitzt, setzte, gesetzt)
sitzen (sitzt, saß, gesessen)
stehen (steht, stand, gestanden)
zurückfallen (fällt . . . zurück, fiel . . . zurück, ist zurückgefallen)

Das ist neu:

die Fußspitze, -n (tip)toes
der Oberkörper, - upper body
der Rücken, - back
die Schulter, -n shoulder

aufrecht upright
seitwärts sideways
senkrecht vertical
sportbegeistert enthusiastic about sports

aufheben (hebt . . . auf, hob . . . auf, aufgehoben) to pick up
die Arme ausstrecken (streckt . . . aus, streckte . . . aus, ausgestreckt) to
extend one's arms
beugen (gebeugt) to bend
auf dem Bauch liegen (liegt, lag, gelegen) to lie on one's stomach
eine Pause machen (gemacht) to take a break
die Hände nach vorn strecken (gestreckt) to put out/extend one's hands forward

Dauerlauf jogging

Computer (m., pl.)   *computers*

Was sind die einzelnen Teile, die zu einem Computer gehören?

Haben Sie einen Computer? Welche Computer halten Sie für besonders gut? Glauben
Sie, daß Computer auch negative Seiten haben?

Das wissen Sie schon:

der Computer, -
die Diskette, -n
das Handbuch, ¨er

die Hardware
der Mikroprozessor, -en
der Monitor, -e

die Software
die Statistik, -en
das System, -e

kopieren (kopiert)
programmieren (programmiert)

Das ist neu:

die Anfälligkeit, -en proneness
die Besonderheit, -en unusual, special feature
das Betriebssystem, -e operating system
der Bildschirm, -e screen
die Einheit, -en unit
die Einsteckkarte, -n (expansion) card
die Festplatte, -n hard disk
das Gerät, -e unit
der Kundendienst, -e customer service

das Laufwerk, -e (disk) drive
die Leistung, -en performance, achievement
der Prospekt, -e brochure
die Schnittstelle, -n interface
die Tastatur, -en / das Keyboard keyboard
der Tastendruck pressing of a key
die Verpackung, -en packaging
der Zugriff, -e access
die Zugriffgeschwindigkeit, -en access time

arithmetisch arithmetic
computergesteuert computer controlled
richtungsweisend trendsetting

- **eingeben (gibt . . . ein, gab . . . ein, eingegeben)**   to feed into the computer
- **einspeisen (eingespeist)**   to feed into the computer
- **Bescheid wissen (weiß, wußte, gewußt)**   to know; to understand

Fernsehen (n.)   *television*

Ein Mensch, der im Jahre 1890 verstorben ist, kehrt 1990 wieder zurück. Sie müssen ihm jetzt erklären, was Fernsehen ist, wozu es Reklame gibt, was Computer sind und wie sie funktionieren, was Radio ist und was man damit empfangen kann. Was würden Sie sagen?

Das wissen Sie schon:

die Antenne, -n	**der Satellit, -en**
das Bild, -er	**die Talk-Show, -s**
der Bericht, -e	**die Videokassette, -n**
die Kamera, -s	**der Videorecorder, -**
die Nachricht, -en	**der Zuschauer, -**
das Programm, -e	

deutlich

empfangen (empfängt, empfing, empfangen)

Das ist neu:

der Ansager, - / die Ansagerin, -nen announcer	**der Kanal, ⸚e** channel
die Aufnahmetaste, -n recording button	**der Sender, -** transmitter
die (Bild)Röhre, -n (cathode ray) tube, picture tube	**der Stereoton** stereo sound
der Bildschirm, -e screen	**die Störung, -en** interference, disturbance
der Empfänger, - receiver; recipient	**die Tagesschau** the evening news
der Farbfernseher, - color TV	**die Übertragung, -en** broadcast, transmission
der Fernsehapparat, -e TV set	**die Videokamera, -s** video camera
das Kabelfernsehen cable TV	**die Wettervorhersage, -n** weather forecast

- **abstellen (abgestellt)**   to turn off
- **anstellen (angestellt)**   to turn on
- **aufnehmen (nimmt . . . auf, nahm . . . auf, aufgenommen)**   to tape, record
- **einstellen (eingestellt)**   to adjust; to tune (in)
- **fernsehen (sieht . . . fern, sah . . . fern, ferngesehen)**   to watch TV
- **löschen (gelöscht)**   to erase
- **senden (sendet, sendete, gesendet)**   to send, broadcast; to telecast
- **übertragen (überträgt, übertrug, übertragen)**   to transmit

Der Empfang ist (nicht) gut.   The reception is (not) good.
Bitte, stellen Sie Ihren Apparat auf Zimmerlautstärke!   Please, turn your receiver down!

Sprechakte

Ja, Moment mal, das stimmt aber so nicht!   Just a moment, that is not quite right!
Dazu möchte ich auch etwas sagen.   I would like to say something about that, too.
Kurz gesagt, mir ist das deutsche Fernsehen lieber.   In short, I prefer German TV.
Können wir nicht über etwas anderes reden?   Can't we talk about something else?

STRUKTUREN

12.1 UNBESTIMMTES PRONOMEN *ES*

Referring to an Idea in General

The pronoun **es** fulfills a number of functions: it refers back to neuter nouns; it may refer to an idea mentioned earlier **(Rückwärtsverweis)**; it may announce an idea to come **(Vorwärtsverweis)**; it may provide a grammatical subject for a sentence having no real subject **(Platzhalter).**

RÜCKWÄRTSVERWEIS

Er lernt so viel er kann, aber leider ist **es** manchmal nicht genug.

VORWÄRTSVERWEIS

Das ist **es,** was wir unter „The power to be your best" verstehen.

PLATZHALTER

Es kommen jedes Jahr mehr Besucher zu unserer Ausstellung.	*Every year more visitors come to the exhibition.*

A. Rückwärtsverweis

The pronoun **es** may refer not only to a neuter noun (sentence 1), but also to a predicate nominative of any gender and number (2), to a predicate adjective (3), or to a whole clause (4).

1. Wo ist **das Gerät?** Ich sehe **es** nicht.
   Where is the machine? I don't see it.
2. Wer sind **diese Leute? —Es** sind meine Eltern.
   Who are these people? —They are my parents.
3. Manche Leute sind immer **freundlich,** andere aber sind **es** nie.
   Some people are always friendly but others never are (like this).
4. **Sie arbeiteten Tag und Nacht,** aber niemand bemerkte **es.**
   They worked day and night, but nobody noticed (it).

When **es** refers to a plural noun, it is followed by a plural verb (**Es sind . . .**). Note how the English constructions in (2) and (3) above differ from the German; note also that in sentence (4) the pronoun **es** is optional in English but not in German.

B. Vorwärtsverweis

The pronoun **es** can refer forward to a dependent clause introduced by **daß, ob,** or a question word (**wie, warum,** and sometimes **wenn**). It may also refer forward to a dependent infinitive clause.

Es ist nicht leicht, jeden Tag um fünf Uhr morgens aufzustehen.	*It isn't easy to get up at five every morning.*
Es war allen klar, daß Fortschritte gemacht werden mußten.	*It was clear to everybody that progress had to be made.*
Sie nahm es auf sich, ihn persönlich zu benachrichtigen.	*She took it upon herself to notify him in person.*

1. *es* im Nominativ

As subject of the main clause, **es** occurs primarily with **sein** or impersonal verbs such as **es gefällt mir** and **es freut mich.**

Es wäre eine Schande, wenn man dir diese Stelle kündigen würde.	*It would be a shame if they took this job away from you.*
Es ist nicht sehr intelligent, nachts allein im Park spazierenzugehen.	*It is not very intelligent to go for a walk in the park alone at night.*
Es freut mich, daß du es dir noch anders überlegt hast.	*I'm glad that you changed your mind.*

2. *es* im Akkusativ

When referring forward, **es** may also occur as the accusative object of the main clause, but only when the subject is a human being.

Toni haßt es, so ausgefragt zu werden.	*Toni hates (it) being questioned like this.*
Ich würde es bedauern, wenn du diesen Preis nicht gewinnen solltest.	*I would be very sorry (about it) if you didn't win this prize.*

Again, the pronoun is often optional in English but required in German.

C. Platzhalter

The pronoun **es** often serves as the grammatical subject of a clause that does not have a real subject (person, thing, or abstract notion) indicated. Here are the most common kinds of sentences that require an impersonal, gender-neutral subject **(Platzhalter).**

1. Wetterverben und Adjektive mit Bezug zur Natur (*verbs that express weather conditions and adjectives referring to weather conditions*)

  Es blitzt und donnert.   *It's thundering and lightening.*
  Es ist warm (heiß, kühl, frisch,   *It is warm (hot, cool, nippy, wet, foggy.)**
   naß, neblig).

2. Ausdrücke des körperlichen Befindens (*expressions of how people feel*)

  Es geht mir gut (schlecht).   *I am fine (not fine).*
  Es ist mir kalt (heiß, langweilig).   *I am cold (hot, bored).*†

3. allgemeine Zeitangaben (*general expressions of time*)

  Es ist Ostern.   *It's Easter time.*
  Es ist früh (spät, zu spät).   *It is early (late, too late).*

4. Vorgangsverben mit unbelebtem Subjekt (*verbs that describe occurrences and that have an inanimate subject*)

  Es blutet (brennt, funktioniert,   *It's bleeding (burning, functioning,
   klingelt, riecht, schmeckt).   ringing; it smells, tastes good).*

5. andere unpersönliche Verben (*other impersonal verbs*)

  Es fehlt an Geld.   *There's not enough money.*
  Es gefällt mir gut.   *I like it fine.*
  Es gibt kein Bier auf Hawaii.   *There's no beer in Hawaii.*
  Es handelt sich um dich.   *It has to do with you.*
  Es kommt auf euch an.   *It depends on you.*‡

12.2 PARTIZIP PRÄSENS UND PARTIZIP PERFEKT

Describing People, Things, and Ideas with Actions

A verb becomes descriptive when the present participle **(Partizip Präsens)** or the past participle **(Partizip Perfekt)** is used as an adjective.

  die **arbeitende** Bevölkerung   *the working population*
  sein **gebrochenes** Bein   *his broken leg*

---

* The **es** is obligatory in German, whereas in English it may be dropped: **Heute ist es kalt.** (*Today is cold.*)
† The **es** is dropped when the dative object is in first position: **Mir ist kalt (heiß, langweilig).** However, it is not dropped in **Mir geht's gut** and **Mich friert's.**
‡ When the pronoun **es** in expressions such as **es handelt sich um** and **es kommt auf etwas an** refers forward to a clause introduced with **daß, ob,** and so on, then an additional **da-**compound is needed in the main clause: **Es handelt sich darum, daß . . . ; Es kommt darauf an, ob. . . .** For more information see **Kapitel 14.**

A. Form

The present participle is formed with the infinitive of the verb plus the suffix **-d.**
Its English equivalents are the verb forms with **-ing.**

INFINITIV	PARTIZIP PRÄSENS	ENGLISH
fahren	fahrend	*traveling*
dauern	dauernd	*enduring*
überzeugen	überzeugend	*convincing*

The following table summarizes the formation of the past participle. (See **Strukturen 4.1** for more details.)

PARTIZIP PERFEKT	INFINITIV	
getanzt	tanzen	weak verbs
gedacht	denken	irregular weak verbs
aufgehört	aufhören	separable weak verbs
erzählt	erzählen	inseparable weak verbs
informiert	informieren	weak verbs in -ieren
gesessen	sitzen	strong verbs
angefangen	anfangen	separable strong verbs
bekommen	bekommen	inseparable strong verbs
gewesen	sein	
geworden	werden	

B. Bedeutung

The present participle describes an ongoing action, event, or state. The present
participle is in the active voice; the noun described is the subject of the action or
the state.

PRÄSENS AKTIV

ein überzeugendes Argument   ein Argument, das überzeugt
a convincing argument   *an argument that convinces*

The past participle, however, expresses an action in the passive voice; the noun
described is the object of the action.

PRÄTERITUM PASSIV

ein überzeugter Gegner   ein Gegner, der überzeugt wurde
a convinced opponent   *an opponent that was convinced*

C. Verwendung

Each participle may be used as follows:

1. as an attributive adjective

   Lesen Sie die **folgenden** Seiten.   *Read the following pages.*
   Der **gesuchte** Wagen wurde im   *The missing car was found in the forest.*
   Wald gefunden.

2. as a predicate adjective

   Sein Vortrag war nicht sehr   *His lecture was not very convincing.*
   überzeugend.
   Ich halte den Fall für **erledigt.**   *I consider the case closed.*

3. as a noun

   Die **Reisenden** hatten die Oase   *The travelers had almost reached the*
   schon fast erreicht.   *oasis.*
   Heben Sie den **Verletzten**   *Lift the injured person carefully.*
   vorsichtig hoch.

12.3 REFLEXIVA 2: Wiederholung
Verbs That Are Always Reflexive

In reflexive sentences the subject and the reflexive pronoun object refer to the
same person.

Geh nicht ohne Mütze hinaus,   *Don't go outside without a hat or else*
    sonst erkältest **du dich.**   *you will catch a cold.*
Ich habe **mich** leider etwas   *I'm unfortunately a little late.*
    verspätet.

Here are the forms of the reflexive pronoun.

	AKKUSATIV	DATIV
ich	mich	mir
du	dich	dir
er/sie/es	sich	sich
wir	uns	uns
ihr	euch	euch
sie/Sie	sich	sich

Verbs with reflexive pronouns use the auxiliary **haben** in the perfect and past perfect.

Ich habe mich verirrt.   *I got lost.*

Many verbs can be used with an accusative or a dative object or with a reflexive pronoun.

Sie zog **ihre Tochter** aus.   *She undressed her daughter.*
Ich ziehe **mich** aus.   *I'm getting undressed.*

A number of verbs, however, can be used only reflexively (usually in the accusative case). Here are the most common verbs.

sich ausruhen	*to rest*
sich bedanken (für)	*to thank (for)*
sich beeilen	*to hurry*
sich beziehen (auf)	*to refer (to)*
sich entschließen (zu)	*to decide (to)*
sich erkälten	*to catch a cold*
sich fragen (ob)	*to wonder (if)*
sich irren	*to err, be mistaken*
sich kümmern (um)	*to take care (of)*
sich setzen	*to sit down*
sich verabreden	*to set a date (for a rendezvous)*
sich verspäten	*to be late*

Beeil dich ein bißchen!   *Hurry up a little!*
Setz dich!   *Sit down.*
Ich habe mich geirrt.   *I was mistaken.*
Du hast dich verspätet.   *You are late.*

12.4 VALENZ 3: Präpositionen
Prepositional Phrases to Add Detail and Meaning

Some verbs are routinely accompanied by a particular preposition with an object.

Ich möchte mich **um** ein Stipen-   *I'd like to apply for a scholarship.*
   dium **bewerben.**
Ich **träume** gerade **von** Hawaii.   *I'm dreaming of Hawaii.*

The choice of preposition is often rather arbitrary. Here are some of the most common verbs with prepositional objects listed by prepositions.

AN

Erinnerst du dich noch **an** mich?   *Do you still remember me?*
Ihr werdet euch **an** mich **gewöh-**   *You'll get used to me.*
   nen.

denken an	to think about, of
sich erinnern an	to remember
erkennen an	to recognize by
sich gewöhnen an	to get used to
glauben an	to believe in
leiden an	to suffer from

AUF

Ich freue mich auf die Ferien. *I'm looking forward to vacation.*
Ich verzichte auf dein Geld. *I'll do without your money.*

ankommen auf	to depend on
sich freuen auf	to look forward to
sich verlassen auf	to rely on
verzichten auf	to renounce, do without
warten auf	to wait for

FÜR/IN/NACH/ÜBER

Und wer sorgt für die Kinder? *And who's taking care of the kids?*
Sie verliebte sich in einen *She fell in love with a Casanova.*
Casanova.

sich interessieren für	to be interested in
sorgen für	to take care of
in Wut geraten	to get angry
sich im Datum irren	to get the date wrong
sich verlieben in	to fall in love with
fragen nach	to ask for (question)
sich ärgern über	to get angry about
nachdenken über	to think about, ponder

UM/VON/VOR

Es handelt sich nicht um dich. *It has nothing to do with you.*
Sie hielt nicht viel von ihm. *She didn't think much of him.*

sich bewerben um	to apply for
bitten um	to ask for; to plead
sich handeln um	to have to do with
abhängen von	to depend on
halten von	to think of; to value
sich fürchten vor	to be afraid of
warnen vor	to warn of

When the object of the preposition is a clause instead of a noun phrase, a **da**-compound is used in the main clause. (For more detail, see **Strukturen 14.2.**)

<table>
<tr><td>Das hängt davon ab, wieviel Geld er zahlt.</td><td>That depends on how much money he'll pay.</td></tr>
<tr><td>Ich ärgere mich darüber, daß ich so viel vergessen habe.</td><td>I'm angry that I've forgotten so much.</td></tr>
<tr><td>Sie dachte darüber nach, wie sie am leichtesten entfliehen könnte.</td><td>She thought about how she could escape most easily.</td></tr>
</table>

12.5 INDIREKTE REDE 2: Frage und Befehl
Reporting Questions and Commands

When you want to report what someone else has said, you do not normally quote that person's words directly. Rather than "George said: I won't come," you would say "George said that he wouldn't come." German speakers do the same. In addition—particularly in newspaper articles and other kinds of formal writing—German speakers use the subjunctive I **(Konjunktiv I)** verb form to mark an utterance even more clearly as reported speech, something said by somebody else and not necessarily representing one's own opinions. This verb form is derived from stem I, the infinitive. (See **Strukturen 6.3** for the formation of the subjunctive I.)

<table>
<tr><td>Andrea sagte: „Ich komme um halb acht."</td><td>direkte Rede</td></tr>
<tr><td>Andrea sagte, daß sie um halb acht komme.</td><td>indirekte Rede</td></tr>
</table>

One normally uses **daß** (*that*) to introduce a statement being reported. To report a word question, use the question word to introduce the clause, with the conjugated verb at the end.

<table>
<tr><td>Heidi fragte: „Wann fährt Melanie nach Prag?"</td><td>direkte Rede</td></tr>
<tr><td>Heidi fragte, wann Melanie nach Prag fahre.</td><td>indirekte Rede</td></tr>
</table>

Sentence questions (yes/no questions) are reported with the conjunction **ob.**

<table>
<tr><td>Christine fragte: „Fährt Bruno auch mit?"</td><td>direkte Rede</td></tr>
<tr><td>Christine fragte, ob Bruno auch mitfahre.</td><td>indirekte Rede</td></tr>
</table>

To report commands (imperative sentences), use the modal verb **sollen.**

<table>
<tr><td>Tanja sagte zu Lisa: „Komm doch mit!"</td><td>direkte Rede</td></tr>
<tr><td>Tanja sagte zu Lisa, sie solle doch mitkommen.</td><td>indirekte Rede</td></tr>
</table>

12.6 WORTBILDUNG 6: DERIVATION 4: *da-, wo-, -einander, irgend-*
Telling Where and What For; Expressing *each other* and *some-, any-*

A. Präpositionaladverbien aus *da(r)* + *Präposition*

When referring to elements already mentioned, nouns are usually replaced with pronouns—for example, **die Frau / sie** (*the woman / she*). Prepositional phrases are replaced with adverbs—for instance, **im Haus / darin** (*in the house / inside*). In German, such adverbs are formed with **da-** + *preposition* (**dar-** before a vowel).

Am Fenster steht ein Schreibtisch, **davor** ein Stuhl.	*By the window there is a desk with a chair in front of it.*
Davon habe ich nichts gewußt.	*I didn't know anything about it.*

These adverbs fall into three groups:

1. adverbs replacing phrases of place or direction

Am Waldrand steht ein Haus. **Darin** wohnt eine alte Frau.	*There is a house on the edge of the forest. In it there lives an old woman.*
Siehst du den Tisch? Stell den Stuhl bitte **daneben.**	*Do you see the table? Put the chair next to it, please.*

2. adverbs replacing phrases of time

Heute abend gehen wir ins Kino. **Danach** gehen wir in eine Kneipe.	*Tonight we'll go to the movies. Afterwards we'll go to a bar.*
Mit 15 fuhr ich nach England. **Davor** war ich noch nie im Ausland.	*At the age of 15 I went to England. Before that I had never been abroad.*

3. adverbs replacing prepositional phrases required by the verb

Nächste Woche habe ich Geburtstag. Ich hoffe, meine Freunde denken **daran.**	*Next week is my birthday. I hope my friends won't forget (will think of it).*
Du bist verheiratet? **Davon** hast du mir gar nichts erzählt.	*You're married? You didn't tell me anything about it.*

B. Frageadverbien aus *wo(r)* + *Präposition*

To ask a question with a prepositional adverb, use a **wo-**compound. These adverbs are formed by **wo-** + *preposition* required by the verb (**wor-** before a vowel).

Woran denkst du?	*What are you thinking of?*
Wovon sprichst du?	*What are you talking about?*

C. Reziprokpronomen aus *Präposition* + *einander*

A *preposition* + **einander** expresses the meaning of "each other" / "one another"—for example, **füreinander** (*for each other / one another*), **gegeneinander** (*against each other / one another*), and **miteinander** (*with each other / one another*).

Ihr sollt doch nicht **miteinander** streiten!	*You shouldn't fight with each other!*
Seid lieber nett **zueinander!**	*Why don't you be nice to each other!*

D. Indefinitpronomen und Adverbien mit *irgend*

The prefix **irgend-** (*some-, any-*) in front of pronouns and adverbs expresses the meaning of "something/anything" or "somewhere/anywhere," and so on. Here are the most common compounds with **irgend-**.

irgendein-	*any . . . , some . . .*
irgendetwas	*anything, something*
irgendjemand	*anybody, somebody*
irgendwann	*sometime, anytime*
irgendwie	*somehow, anyhow*
irgendwo	*somewhere, anywhere*

Du wolltest doch noch **irgendetwas** sagen.	*Didn't you want to say something?*
Was möchtest du zum Geburtstag? —Ach, **irgendetwas.**	*What would you like for your birthday? —Oh, anything.*
Irgendwann sehen wir uns sicher wieder.	*I'm sure we'll see each other again sometime.*
Haben Sie **irgendeine** Beatles-Schallplatte?	*Do you have a Beatles' record? (any of the Beatles' records?)*

Kennzeichen D

Thema V befaßt sich mit Deutschland, dem größten deutschsprachigen Land, und seiner Geschichte. Kapitel 13 wirft einen Blick auf Berlin, das fast 30 Jahre lang geteilt war, und darauf, wie die Menschen dort mit der Berliner Mauer lebten. Kapitel 14 beschäftigt sich mit dem Menschen, der das dunkelste Kapitel der deutschen Geschichte repräsentiert, Adolf Hitler. Kapitel 15 schließlich beleuchtet das Verhältnis der Deutschen aus Ost und West, die so lange getrennte Wege gingen.

369

13

Berlin im geteilten Deutschland

Blick auf das Niemandsland und einen Wachturm in Ost-Berlin. Davor die Mauer, die bis zum 9. November 1989 Ost- und West-Berlin voneinander trennte.

Politik

Die Geburtstagstorte   Zeichnung: Walter Hanel

Was assoziieren Sie mit Berlin? Sammeln Sie, was Sie schon wissen.

1. Waren Sie schon einmal in Berlin? Vor oder nach dem 9. November 1989? In beiden Teilen der Stadt oder nur in einem? Was haben Sie gemacht, was haben Sie besichtigt?
2. Was wissen Sie über die geographische Lage Berlins und die damit verbundenen Probleme?
3. Wie alt ist Berlin ungefähr? Was wissen Sie über die Geschichte Berlins? Über die Situation nach 1989? Schlagen Sie im Lexikon nach.
4. Warum konnte man Berlin „Stadt zwischen den Welten" nennen? Trifft das heute noch zu? Erklären Sie bitte.

Was wissen Sie über die ehemalige DDR?

1. Seit wann durften DDR-Bürger reisen, wohin sie wollten?
2. Was wissen Sie über die DDR als Staat? Kennen Sie parteipolitische Institutionen? Welche?
3. Wie war der Lebensstandard in Ostblockländern wie der DDR? Hat sich diese Situation geändert?
4. Welche Produkte waren teuer, welche billig in einem osteuropäischen Land?
5. Welche Produkte waren wohl Mangelware? Brot, Fleisch, Autos, Fernseher?

LESETEXT: Ein Spaziergang in Ost-Berlin

Nach Ende des Zweiten Weltkrieges wurde Berlin, das bis dahin Reichshauptstadt gewesen war, von den Alliierten in vier Sektoren aufgeteilt. Jede Siegermacht übernahm die Verwaltung ihres Sektors. Doch der immer ernster werdende Ost-West-Konflikt wirkte sich auch auf die Situation Berlins aus. Da jedes Jahr Hundertausende von DDR-Bewohnern über die offene Sektorengrenze in Berlin von Ost nach West flüchteten,[1] baute die DDR-Regierung 1961 die Mauer, um den Flüchtlingsstrom[2] zu stoppen.

Die Berliner Mauer trennte de facto und symbolisch bis zum November 1989 die beiden Teile Berlins, das in West und Ost geteilte Deutschland und nicht zuletzt die kapitalistische westliche Welt vom kommunistischen Ostblock. Die Öffnung der Berliner Mauer nach fast 30 Jahren war somit ein historischer Augenblick.

Der folgende Text gibt Ihnen einen Einblick[3] in das Leben von jungen DDR-Bürgern vor den Ereignissen von 1989. Junge West-Berliner sind zu Besuch bei Freunden in Ost-Berlin, der damaligen Hauptstadt der DDR. Begleiten Sie sie bei einem Spaziergang durch die Stadt.

---

[1] *escaped*   [2] *flow of fugitives, refugees*   [3] *insight*

Vor dem Lesen

Vorhersagen machen. Der Text „Treffpunkt Weltzeituhr" ist aus der Sicht von West-Berlinern geschrieben. Welche der folgenden Aussagen (in Stichworten) über Ost-Berlin und die DDR erwarten Sie im Text? Welche nicht? Ordnen Sie die Stichworte ein.

JA	NEIN	VIELLEICHT
_____	_____	_____
_____	_____	_____
_____	_____	_____
_____	_____	_____
_____	_____	_____

Punks oder Hippies
Trampen oder Auto-Stop
Schallplatten von Madonna oder Genesis
unfreundliche Soldaten
Jugend hört westliche Popmusik
Adidas-Schuhe und keine Parkas
U-Bahn, Bahn und Bus billig

Autos aus kapitalistischen Ländern
billige Wohnungen
jeder kann studieren
unverheiratete Paare wohnen zusammen
billige Fernseher und Stereoanlagen
viele Bürger fliehen
Telefon in jeder Wohnung
alle DDR-Bürger sind Kommunisten
viele Bars und Cafés

Lesen Sie den Text extensiv. Lassen Sie unbekannte Wörter aus. Nehmen Sie die Aufgabe „Nach dem Lesen: Was steht im Text?" zur Hilfe.

„Treffpunkt Weltzeituhr"

„Die Pässe bitte!" Grenzübergang Friedrichstraße in Ost-Berlin. Es ist kurz nach Mitternacht. Ein Blick noch zurück zu den Freunden, dann schließt sich die Tür hinter uns — Paßkontrolle. Ein Soldat schaut jeden von uns lange und genau an und vergleicht das Gesicht mit dem Paßbild. Es dauert eine kleine Ewigkeit. Wenigstens müssen wir
5 diesmal nicht unsere Taschen ausleeren. „Danke schön", sagt der Soldat dann freundlich. Wir können gehen. Zurück in den Westen.

Am Bahnhof Friedrichstraße unter Ost-Berliner Gebiet steigen wir in die U-Bahn. Der Zug fährt durch drei schwach beleuchtete Geisterbahnhöfe, ohne zu halten — immer noch unter Ost-Berlin hindurch. Er hält erst im Bahnhof Kochstraße in West-Berlin.
10 Die Werbeplakate und Zeitungskioske begrüßen uns hier in einer anderen — unserer eigenen — Welt.

Komisch, vor einer Stunde haben wir noch in einer Ost-Berliner Kneipe gesessen und mit unseren Freunden geredet. Um zehn Uhr morgens waren wir mit Yvonne und Christoph verabredet. Treffpunkt: Alexanderplatz, an der Weltzeituhr. Hier kann man
15 sehen, wie spät es zur selben Zeit in Lima oder Singapur ist. „Nur leider kommen wir da nie hin", sagt Christoph. In diesem Sommer ist er mit zwei Freunden per Auto-Stop nach Ungarn gefahren.

Yvonne und Christoph sind 20 Jahre alt. Sie hat gerade ihre Ausbildung als „Apothekenfacharbeiterin" abgeschlossen, er seinen 15monatigen Armeedienst in der Na-
20 tionalen Volksarmee.° Christoph möchte Musik studieren. Wenn das nicht geht, will er   Militär in der DDR
Instrumentenbauer werden. Mit Freunden hat er eine Band gegründet. Sie spielen auf Dachböden oder auf Hinterhof-Festen.

Wir gehen ins Kaufhaus „Centrum". Am Grenzübergang mußten wir 25 DM in „Mark der DDR" umtauschen. Mal sehen, was wir hier dafür kaufen können. Zum Beispiel in
25 der Plattenabteilung. Platten von den DDR-Gruppen KARAT und PUHDYS, von ungarischen oder tschechischen Bands kosten 12 bis 16 Mark. „Madonna, Depeche Mode oder Genesis kriegst du hier nicht", meint Yvonne. „Die mußt du dir von der Oma aus dem Westen mitbringen lassen." Oder man kauft sie auf dem Schwarzmarkt — und zahlt oft zehnmal so viel. „Wir nehmen viel aus dem Radio auf — Ost- und West-Radio.
30 Nur, daß die bei euch immer soviel dazwischenquatschen.° Man weiß nie, wann man   quatschen = sprechen
die Aufnahmetaste drücken soll."

Berlin Alexanderplatz und die
Weltzeituhr.

Rund um den „Alex" sind viele Cafés und Milchbars. Wir trinken einen „Kaffee komplett"—mit Milch und Zucker—in der „espresso-bar" im Palast der Republik. An den anderen Tischen sitzen viele Jugendliche. Sie unterscheiden sich kaum von ihren
35 Altersgenossen im Westen: gestylte Frisuren, Jeans, Turnschuhe. Christoph: „Ganz scharf sind wir hier auf „Adidas"-Schuhe. Die gibt's nämlich nur ganz selten zu kaufen. Aber wenn du einen Draht nach dem Westen hast, kannst du viel machen . . . " Wir rauchen die letzte „KARO"-Zigarette und zahlen die 83 Aluminium-DDR-Pfennige pro Kaffee.
40 Vom Alexanderplatz aus fahren wir mit der S-Bahn° ins Grüne. Für 20 Pfennig kann man in Ost-Berlin überall herumfahren: in der S-Bahn, in der U-Bahn, mit dem Bus. Das ist wirklich billig!

       °Stadtbahn

In Treptow, etwas südlich vom Stadtzentrum, steigen wir aus und gehen zum „Prater": ein großer Rummelplatz,° der das ganze Jahr über bleibt. Da stehen ein
45 Riesenrad,° Achterbahnen,° Karussells, Schießbuden,° und in manchen Ecken duftet es nach gebrannten Mandeln oder frisch gebackenen Waffeln. Sowjetische oder DDR-Soldaten sitzen auf der Terrasse eines Bierlokals, daneben stehen Familien mit ihren Kindern in einer Schlange vor dem Karussell und warten. An der Schießbude vergnügen sich gerade ein paar Punks. —Punks in der DDR? „Na klar!" meint Christoph. „Die
50 Sex-Pistols kannst du auch hier im Radio hören. Und natürlich zeigen auch hier Leute mit ihren Klamotten° und Frisuren ihre Wut gegen die Gesellschaft." Punkies haben aber oft Ärger mit der Polizei, die solche „schrägen Vögel" besonders gut im Auge behält. Doch man läßt sie in Ruhe. Christoph kennt keinen, der seinen Irokesenschnitt nicht behalten durfte: „Denen kann hier keiner was!"
55 Im Sommer, bei Open-Air-Konzerten, trifft sich hier die Ost-Berliner Jugend: Punks, die „Normalen", die Gestylten, langhaarige Hardrock-Fans und Hippie-Typen, die Blau-

      °*fairground*
      °*ferriswheel*/*roller coasters*/*shooting galleries*

      °Kleidung

hemden von der FDJ (Freie Deutsche Jugend), aber auch die Soldaten. Heute ist leider nichts los. Wir fahren zurück in die Stadt. Yvonne und Christoph wohnen zusammen in einer kleinen 1-Zimmer-Wohnung am Prenzlauer Berg. In diesem alten Arbeiterviertel

60 leben heute vor allem junge Leute. Yvonne und Christoph sind nicht verheiratet. Deshalb bekommen sie vom Staat keine größere Wohnung. Von 700 Mark im Monat müssen beide leben. Aber für die Wohnung bezahlen sie nur 20 Mark Miete im Monat, und auch die übrigen Kosten sind gering.

„Teuer sind vor allem Luxus-Sachen, Platten, oder 'ne Stereoanlage oder Spargel° *asparagus*

65 aus der Dose", sagt Christoph. In seinem Zimmer fehlen daher auch der „HiFi-Turm" und der Fernseher. Während in der Küche auf dem Gasherd unser Teewasser kocht, gehen meine Blicke neugierig durch den Raum. In einer Ecke steht ein hübscher alter Kachelofen. Neben dem Matratzenlager und den „antiken" Möbeln hängt viel persönlicher Kleinkram an den Wänden: Fotos und Zeichnungen von Freunden, getrocknete Blumen-

70 sträuße und ein Plakat. Es zeigt Jesus, wie er ein Gewehr über seinem Knie zerbricht. Daneben Christophs Gitarre. Auf einem Regal, neben vielen interessanten Büchern, liegen Muscheln und Steine—Erinnerungsstücke von Reisen zwischen Ostsee und Erzgebirge.° Ein Telefon gibt es bei Christoph und Yvonne auch nicht. „Da kannst du *mountain range in Saxony* Jahre drauf warten. Wenn du dich mit jemandem verabreden willst, mußt du halt bei

75 ihm vorbeigehen." Darum haben die beiden sehr oft Besuch von Freunden. Wenn niemand zu Hause ist, schreiben sie eine Nachricht: Die Wohnungstür ist vollgekritzelt mit Namen und witzigen Sprüchen.

Rechtzeitig zum Tee kommt Olli. Er wohnt zwei Straßen weiter in einer Hinterhauswohnung mit Toilette im Treppenhaus. Zur Zeit arbeitet er als Friedhofsgärtner bei der

80 Kirche. Olli ist „Police"-Fan, wie man an seinem ausgewaschenen T-Shirt sieht. Er hat einen kleinen Ring im rechten Ohr und trägt natürlich Turnschuhe.

Olli setzt sich zu uns auf die Matratze und fängt sofort an zu erzählen. „Stellt euch vor, ich habe die Ausreise! Nächste Woche bin ich in West-Berlin!" Betretenes Schweigen bei den anderen. Olli, der in Christophs Band als Drummer spielt, hat einen Antrag

85 auf Ausreise in den Westen gestellt. Seine Mutter lebt in West-Berlin. Einfach so dorthin fahren, oder wie seine Mutter mal kurz nach Frankreich oder Italien reisen—das ist für DDR-Bürger wie Olli unmöglich. Und dann gibt es da noch ein Problem: Olli bekommt keinen Studienplatz, weil er sich nicht genug „gesellschaftspolitisch" engagiert hat. Denn mit der FDJ, der Jugendorganisation der Sozialistischen Einheitspartei (SED), hat

90 er nicht viel im Sinn. Aber immer nur Gräber pflegen auf dem Friedhof—das will er auch nicht.

Im Westen will Olli ganz neu anfangen. Vielleicht ein Studium—aber auf jeden Fall viele Reisen ins Ausland! Zurück in die DDR kann er dann vorerst nicht mehr. Seine Freunde muß er in der Tschechoslowakei treffen, weil er nur noch dort einreisen darf.

95 Yvonne ist nachdenklich und traurig: „Seit zwei Jahren gehen immer wieder Freunde von uns weg—für immer in den Westen. Es ist, als würde es sie nicht mehr geben. Telefonieren können wir nur selten miteinander. Und schreiben ist doof, weil man Angst hat, daß der Stasi (Staatssicherheitsdienst der DDR) die Briefe mitliest."

Die „Szene vom Prenzlauer Berg" ist kleiner geworden. Der Staat hat einige „Stören-

100 friede" ° „vor die Tür gesetzt"—das heißt: aus dem Land gejagt. „Vor ein paar Jahren *troublemakers* war das hier noch anders", meint Olli. „Wir hatten tolle Feten auf Dachböden und in Hinterhöfen. Wir haben Musik gemacht und Theater gespielt, Lesungen und Ausstellungen organisiert oder in der Kirche Diskussionen über Frieden und Umweltprobleme veranstaltet. Jetzt ist da ein wenig der Dampf raus."

105 An diesem schönen Spätsommerabend treten wir aus dem Hauseingang auf die
Dimitroffstraße. Die klapprige° Straßenbahn rattert vorbei. Über die Schönhauser Allee
rauscht der Feierabendverkehr: „Wartburg"-Autos° und knatternde Zweitakter-Tra-
bants.°

Vor einer Kneipe stehen zwei, drei Tische auf der Straße. Wir bestellen uns ein Bier.
110 1,24 Mark für einen halben Liter im Kristallkrug. Auf den Bierdeckeln steht „VEB Geträn-
kekombinat Berlin". Am Tresen trinken ein paar Arbeiter ihren Feierabend-Schluck. In
der Ecke sitzt eine Gruppe Heavy-Metal-Fans. Man erkennt sie an ihren bunt bemalten
Jacken und den Metallnieten an den Jeans. Diese wilde Prenzlauer Mischung ist typisch
für Ost-Berlin: Der Brigadeführer im Großkombinat für Glühlampen steht neben einem
115 Punk und einem Hippie und trinkt sein Bier.

„Szenenkneipen wie in West-Berlin gibt es bei uns nicht", bedauert Yvonne. Ein
Treffpunkt für die Szene vom Prenzlauer Berg war bis vor kurzem das „Wiener Café" in
der Schönhauser Allee. Dort trafen sich vor allem junge Leute: Musiker, Literaten, Punks
und Langhaarige aus der Parka-Szene. Viele von ihnen sind im Lauf der Zeit nach
120 drüben — in den Westen — gegangen.

Ohne auf die Uhr zu gucken, haben wir uns in einer Kneipe an der Spree festgeredet. Es gibt nur wenige Lokale, die noch so lange geöffnet haben. Gerade unterhalten
wir uns hitzig über einen Woody-Allen-Film, den wir alle im Fernsehen gesehen
haben . . . . „Mensch, es ist fünf vor zwölf!! Ihr müßt zurück zur Grenze, sonst gibt's
125 Ärger, wenn ihr zu spät kommt."

Die Flasche „Stierblut" — ungarischer Rotwein — wird bezahlt. Vom Rest des Tages-
umtauschs fahren wir mit dem Taxi zur Grenze. Alle fünf quetschen wir uns in den
großen sowjetischen Wolga. Die Zeit drängt. Um zehn nach zwölf sind wir die letzten
am Grenzübergang. „Bis nächste Woche!", ruft uns Olli augenzwinkernd nach.
130 „Die Pässe bitte!"

clattering

„Wartburg"-Autos, Trabants: Automarke der DDR

Nach dem Lesen

A. Was steht im Text? Sind die folgenden Aussagen richtig oder falsch?

_____ Auch in der DDR gibt es freundliche Soldaten.

_____ Wenn Bundesbürger in die DDR fahren, müssen sie D-Mark in „Mark der DDR" umtauschen.

_____ Man kann in der DDR keine Platten von westlichen Popstars oder -gruppen kaufen.

_____ Punks und Hippies sieht man nur in West-Berlin.

_____ Auf ein Telefon muß man in der DDR Jahre warten.

_____ Ollie kann in die DDR zurückfahren, um seine Freunde zu besuchen.

_____ In der Kneipe, in der Yvonne und Christoph mit ihren Freunden ein Bier trinken, sind nicht nur Punks.

_____ Um Mitternacht müssen die Besucher aus dem Westen wieder an der Grenze sein.

B. Stadtrundfahrt. Schreiben Sie die Namen der Straßen und Plätze in Berlin, die im Text vorkommen, heraus. Folgen Sie dann Christoph, Yvonne und den anderen mit Hilfe des Stadtplans durch Berlin. Achtung: Treptow und Prenzlauer Berg sind Stadtteile, keine Straßen; suchen Sie dafür die Prenzlauer Allee und den Trept(ower) Park.

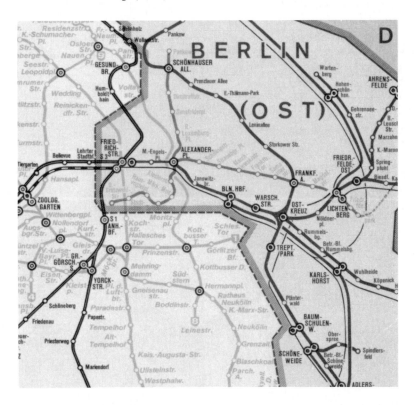

C. Denken Sie weiter. Lesen Sie die relevanten Textstellen noch einmal, wenn Sie an den folgenden Fragen arbeiten.

1. Was ist das Besondere an der Weltzeituhr?
2. Statt „Tagesumtausch" kann man auch „Zwangsumtausch" sagen. Was bedeutet das?
3. Was ist ein „Schwarzmarkt"? Wann und wo gibt es meistens Schwarzmärkte?
4. Warum bekamen verheiratete Paare in der DDR wohl eine größere Wohnung als unverheiratete?
5. Warum gab es „Luxusartikel" in der DDR nur selten und dann zu hohen Preisen?
6. Warum sind Yvonne und Christoph nicht begeistert, daß Olli ausreisen darf?
7. Wie hat sich Yvonnes und Christophs Leben nach der Öffnung der Mauer wohl geändert?
8. Was hat Sie beim Lesen des Textes überrascht? Was haben Sie nicht erwartet? Warum / Warum nicht?

Aktivitäten

A. Erzählen Sie! Was hat Ernst in den Ferien gemacht? Erzählen Sie diese Geschichte.

B. Erzählen Sie weiter! Jetzt erzählen Sie von Ihren zukünftigen Ferien. Wohin und wie wollen Sie reisen, wenn Sie das Geld haben? Was wollen Sie sehen, wenn Sie eine Tour machen? Was wollen Sie machen, wenn Sie die Zeit haben? Wie lange wollen Sie bleiben, wenn Sie nicht zu arbeiten brauchen? Wen könnten Sie vielleicht treffen oder kennenlernen, wenn Sie allein reisen? Welche Probleme könnten Sie haben, wenn Sie kein Auto haben?

C. Was meinen Sie? Was passiert hier? Beschreiben Sie die Szenen in diesen Cartoons. Jeder Cartoon beschreibt den Anfang einer Geschichte. Erzählen Sie die Geschichte weiter.

D. Sprichwörter. Erzählen Sie eine kurze Geschichte oder Anekdote, um folgende Sprichwörter zu veranschaulichen.

„Der Apfel fällt nicht weit vom Stamm."
„Was Hänschen nicht lernt, lernt Hans nimmermehr."
„Vater werden ist nicht schwer, Vater sein dagegen sehr."
„Irren ist menschlich."
„Übung macht den Meister."

E. Was ist das? Ergänzen Sie das Raster.

	KUNSTWERK	KUNSTSTIL	MATERIAL DES KÜNSTLERS
die Gotik	✗		
der Pinsel			
die Zeichnung			
die Klassik			
die Skizze			
das Gemälde			
die Romantik			
die Farbe			
die Skulptur			
die Moderne			

SPRECHAKTE

erzählen/berichten: Reportage

Die „Grün-Weißen" aus Bremen holten 1965 zum ersten Mal die Meisterschale, die „Salatschüssel". Danach sah es für die Werderaner nicht immer rosig aus. In der Saison 1979/80 mußten sie die Bundesliga verlassen, konnten aber 1981 gleich wieder aufsteigen. Otto Rehhagel übernahm das Training der Hanseaten. Von da an ging's bergauf. . . . (aus *Jugendscala*)

. . . Die Bremer arbeiteten hart. Und effektiv! Ein Beispiel: Die Bremer Abwehr kassierte in 31 Spielen nur 15 Gegentore! Das gab es noch nie in 25 Jahren Fußball-Bundesliga.

Variationen

Spielen Sie!

1. Erzählen Sie das Tollste, was Sie je erlebt haben.
2. Erzählen Sie eine Sportanekdote aus Ihrer Jugend. Wer gewann das Spiel und wie?
3. Erzählen Sie eine lustige Geschichte aus Ihrem Familienleben.
4. Erzählen Sie einen Witz.

LESETEXT: Über die Mauer

Der folgende Text ist ein Auszug aus Peter Schneiders Erzählung „Der Mauerspringer" (1984). Peter Schneider lebt seit 1961 im Westen von Berlin. Diese Erzählung „Der Mauerspringer" beschäftigt sich mit der Berliner Mauer und dem Problem der politischen Teilung, die durch die Mauer symbolisiert wurde.

Peter Schneider
Der Mauerspringer

Erzählung

Vor dem Lesen

A. Grenzen. Was bedeuten die folgenden Nomen, Komposita und Ausdrücke, die alle mit dem Nomen *die Grenze*[1] zu tun haben?

der Grenzer (der Grenzposten)
der Grenzprovokateur[2]
der Grenzgänger
der Grenzstreifen[3]
der Grenzübergang
der Grenzverletzer[4]
die Grenze überwinden[5] (überschreiten[6])
der Sperrbrecher[7]
die Staatsgrenze

---

[1] *border* [2] *troublemaker* [3] *zone, strip* [4] *violator* [5] *overcome* [6] *cross* [7] jemand, der eine Blockierung überschreitet

Die Mauer hatte bis Mitte 1990 nur wenige „Lücken", wie den Grenzübergang Heinrich-Heine-Straße auf diesem Photo.

B. Ableitungen. Alle folgenden Wörter sind vom Verb *springen* abgeleitet. Was bedeuten sie?

der Sprung   die Sprungrichtung   der Mauerspringer
das Sprungbrett[1]   der Springer

---

[1] *springboard*

C. Vorhersagen. Lesen Sie den Titel des Textes, und formulieren Sie Ihre Erwartungen in einem Satz. Von wem ist in dieser Erzählung die Rede?

Ein literarischer Text ist oft sprachlich komplex. Achten Sie zunächst nur auf den „roten Faden". Lesen Sie den Text dazu einmal ganz durch.

Aus „Der Mauerspringer"

Peter Schneider

jumps

Herr Kabe, Mitte vierzig, arbeitslos, Sozialhilfeempfänger, fiel zum ersten Mal
polizeilich auf, als er, von Westen Anlauf nehmend, die Mauer mitten in Berlin in
östlicher Richtung übersprang. Dicht an der Mauer hatte er ein Gelände° entdeckt, auf   *area, place*
dem Trümmerreste° eine natürliche Treppe bildeten, die er soweit hinansteigen konnte,   Teile zerstörter Gebäude
5 daß er sich nur noch mit den Armen hochzustemmen brauchte, um sich auf die Mauer
zu schwingen. Andere Berichte wissen von einem VW-Transporter, dessen Dach Kabe
als Sprungbrett benutzt haben soll. Wahrscheinlicher ist, daß er auf diesen Einfall° erst   *Idee*
später kam, als die Behörden seinetwegen Aufräumungsarbeiten veranlaßten.

Oben stand Kabe eine Weile im Scheinwerferlicht der herbeigeeilten Weststreife,°   *Polizisten*
10 ignorierte die Zurufe der Beamten, die ihm in letzter Minute klar zu machen versuchten,
wo Osten und Westen sei, und sprang dann in östlicher Richtung ab. Die Grenzer des
anderen deutschen Staates nahmen Kabe als Grenzverletzer fest. Aber auch in stun-
denlangen Verhören ließ Kabe weder politische Absichten noch einen ernsthaften
Willen zum Dableiben erkennen. Gefragt, wer ihn geschickt habe, antwortete Kabe, er
15 komme im eigenen Auftrag und habe nur auf die andere Seite gewollt. Im übrigen
ermüdete er seine Vernehmer, die von ihm wissen wollten, warum er nicht einen
Grenzübergang benutzt habe, mit der wiederholten Erklärung, er wohne genau gegenüber, und der Weg über die Mauer sei der einzig gerade.

Seine Vernehmer wußten keine bessere Erklärung für diese merkwürdige Ver-
20 kehrung° der Sprungrichtung, als daß bei Kabe mehrere Schrauben locker säßen.° Sie   *reversal*/als. . .als daß Kabe verrückt sei.
brachten ihn in die psychiatrische Klinik Buch. Aber auch dort konnten die Ärzte an
Kabe nichts außer einem krankhaften Bedürfnis zur Überwindung der Mauer entdecken. In der Klinik genoß Kabe die Sonderstellung eines Sperrbrechers, der mit
seinem Sprung die Himmelsrichtungen° neu benannt hatte.   Osten, Westen, Norden, Süden
25 Nach drei Monaten wurde Kabe wohl genährt der Ständigen Vertretung° der   Konsulat
Bundesrepublik Deutschland übergeben. Sie brachte ihn im Dienstmercedes nach
Westberlin zurück. Dort las er, ohne eine Gemütsbewegung zu zeigen, die Zeitungsartikel, die ein Nachbar gesammelt hatte, und schloß sich in seiner Kreuzberger Wohnung
ein.

30 Die Einschätzung in den östlichen Blättern° schwankte zwischen „Grenzprovoka-   Zeitungen
teur" und „verzweifelter Arbeitsloser"; ein westliches Bildblatt spekulierte, daß Kabe
von östlichen Geheimdiensten für seinen Sprung bezahlt worden sei, um endlich
einmal im Osten einen Flüchtling° vorweisen zu können, den man nicht nur von hinten   *fugitive*
sehe. Diese Vermutung erhielt neue Nahrung durch den Bericht eines Journalisten, der
35 den in Kreuzberg unerreichbaren Kabe in Paris ausfindig gemacht haben wollte. Unmittelbar nach seiner Rückkehr habe sich Kabe in die französische Metropole abgesetzt
und in einem einschlägigen Stadtviertel Rechnungen quittiert, die mit einer Sozialrente
kaum zu bestreiten seien.

Wahr an dieser Geschichte war soviel, daß Kabe, nachdem er drei Monate in der
40 psychiatrischen Klinik im Osten umsonst verpflegt worden war, auf seinem Konto in
Westberlin drei Monatszahlungen seiner Sozialrente vorfand. Diesen Betrag hob er ab,
um sich einen alten Wunsch zu erfüllen, und löste eine Schlafwagenkarte nach Paris.

Sicher ist auch, daß Kabe, nachdem er sich auf Kosten beider deutscher Staaten in Paris erholt hatte, nach Westberlin zurückkehrte und sofort wieder sprang.

45   Nach wiederum drei Monaten zurückgebracht, erwies sich Kabe als Rückfalltäter.° *recidivist* Die Versuche westberliner Behörden, Kabe juristisch beizukommen, schlugen fehl. Denn Kabe hatte ja eine Staatsgrenze illegal überwunden, die nach der Auffassung° *Meinung* der westdeutschen Regierung gar nicht existiert. Folgte man dem Sprachgebrauch der Verfassungsrechtler, so hatte Kabe lediglich von seinem Recht auf Freizügigkeit Ge-

50   brauch gemacht. Mit dieser Auskunft mochten sich die westberliner Behörden nicht mehr begnügen, als die ostberliner Klinik Rechnungen über Kabes Aufenthalte vorlegte. Die Westberliner verfielen auf den Ausweg Kabe wegen Selbstgefährdung in das Krankenhaus Havelhöhe zwangseinzuweisen. Aber auch dieser Einfall hielt näherer Betrachtung nicht stand. Denn Kabe hatte durch seine Sprünge hinlänglich bewiesen,

55   daß ein Überqueren der Mauer in östlicher Richtung möglich war, ohne Schaden an Leib° und Leben zu nehmen; nebenbei drang durch seine Sprünge ins Bewußtsein, daß *Körper* der Grenzstreifen hinter der Mauer im Stadtgebiet nicht vermint° war. Der zuständige *ohne Minen* Arzt fand an Kabe nichts weiter auszusetzen als den zügellosen Trieb,° die Mauer zu *zügellosen. . . unrestrained urge* überwinden. Statt der Zwangsjacke empfahl er, die Mauer als Grenze kenntlich zu

60   machen. Der Einwand, die Bundesrepublik Deutschland könne nicht einem Kabe zuliebe die Schandmauer als Staatsgrenze anerkennen, hielt den Arzt nicht davon ab, Kabe für zurechnungsfähig° zu erklären. *geistig normal*

Kabe wurde aus der Klinik entlassen und nahm den geraden Weg. Insgesamt sprang er fünfzehnmal. Er wurde zu einer ernsten Belastung° für die deutsch- *burden*

65   deutschen Beziehungen. Nach einem seiner letzten Sprünge kamen die Behörden darauf, Kabe fortzubringen, möglichst weit weg von Berlin in stillere Gegenden, wo er seine Sprünge an alten Burgmauern fortsetzen mochte. Im Dienstmercedes wurde er zu Verwandten nach Süddeutschland gebracht, benahm sich dort zwei Tage lang ganz vernünftig, löste am dritten Tag eine Fahrkarte nach Berlin und sprang.

70   Über die Motive seiner Sprünge befragt, war aus Kabe nichts weiter herauszubekommen als dies: „Wenn es so still in der Wohnung ist und draußen so grau und neblig und gar nichts los ist, da denke ich: Ach springste wieder mal über die Mauer."

Nach dem Lesen

A.   Überschriften formulieren. Lesen Sie den Text jetzt Absatz für Absatz und formulieren Sie eine Überschrift[1] für jeden Absatz.

B.   Fragen zum Text. Lesen Sie den Text noch einmal und beantworten Sie die Fragen.

1.   In welcher Richtung[2] überquert Kabe die Mauer?
2.   Warum hat Kabe keinen Grenzübergang benutzt?
3.   Wohin bringen ihn seine Vernehmer[3]?
4.   Was schreiben die Zeitungen über Kabe?

---

[1] *title*   [2] *direction*   [3] *interrogators*

5. Wo fährt Kabe hin? Woher hat er das Geld dafür?
6. Welche Auffassung[1] hat die westdeutsche Regierung von der Staatsgrenze zur DDR?
7. Warum bleibt Kabe nicht wegen „Selbstgefährdung" in einer psychiatrischen Klinik?
8. Was machen die Beamten nach einem seiner letzten Sprünge?

---

[1] *opinion*

C.   Diskussion.

1. Was glauben Sie, ist Herr Kabe verrückt oder nicht?
2. Warum ist Kabe über die Mauer gesprungen? Haben Sie dafür eine Erklärung? Welche?
3. In welcher Richtung sind Menschen normalerweise über die Grenze zwischen Ost- und Westdeutschland geflüchtet? Warum?
4. Wieso hat Kabe „mit seinem Sprung die Himmelsrichtungen neu benannt"? (vgl. Zeile 24)
5. Die Zeitungen in der DDR bezeichneten Kabe entweder als „Grenzprovokateur" oder als „verzweifelten Arbeitslosen". Welche Motive hat ein Grenzprovokateur im Gegensatz zu einem verzweifelten Arbeitslosen für eine „Flucht" von West nach Ost?
6. Im Grundgesetz, der Verfassung der Bundesrepublik, gibt es das Grundrecht auf „Freizügigkeit", das heißt, man darf innerhalb des deutschen Staates wohnen, wo man will. Was bedeutet das im „Fall Kabe"?
7. Ist der „Mauerspringer" Kabe ein Symbol für die Situation in Deutschland vor November 1989? Was bringt er mit seinem „zügellosen Trieb", die Mauer zu überwinden, zum Ausdruck?
8. Peter Schneider spricht an anderer Stelle im „Mauerspringer" von „nationaler Schizophrenie". Was ist Schizophrenie, und was hat das mit der politischen Teilung Deutschlands zu tun?

Aktivitäten

A.   Was passiert? Erzählen Sie diese Bildergeschichte.

B.   Märchen. Die meisten deutschen Märchen beginnen mit „Es war ein-mal . . . ". Erzählen Sie Ihrem Partner / Ihrer Partnerin ein Märchen, das Sie kennen, vielleicht „Dornröschen" oder „Hänsel und Gretel".

C.   Gruppenarbeit. Schreiben Sie mit drei anderen Studenten ein neues, modernes Märchen, das sich in der Welt der Computer, der Weltraumfahrt und der Kernenergie abspielt.

D.   Identifizieren Sie.

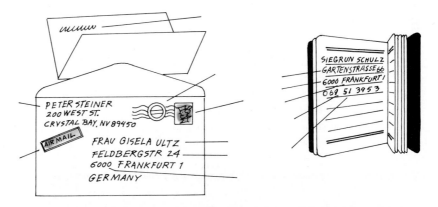

SPRECHAKTE

erzählen/berichten: Erzähl doch mal . . .

Ich glaube nicht an Gespenster.[1] Du sicherlich auch nicht. Aber
im letzten Sommer ist mir etwas sehr Seltsames passiert . . .

Wir sitzen, mein Freund Robert und ich, in der alten Schäferhütte am Fuß
des Steinberges. Das Feuer im Kamin schützt uns gegen die nächtliche
Kälte dort oben. Plötzlich hören wir Stimmen, zuerst leise, dann
immer lauter und lauter. Wir verstehen kaum ein Wort und sehen auch
nichts, doch es ist uns klar, daß wir nicht mehr allein sind . . .

Noch ein Märchen:

» *Die Prinzessin in der Erbsensuppe* «
- *Tragisch, gell?*

---

[1] *ghosts*

Variationen

Spielen Sie!

1. Erzählen Sie eine Geister- oder Gespenstergeschichte.
2. Erzählen Sie von einem Unfall, den Sie neulich gesehen oder erlebt haben.
3. Erzählen Sie von einem Gewitter, in dem Sie sich verlaufen haben.
4. Erzählen Sie von einem historischen Ereignis, das einen großen Eindruck
   auf Sie gemacht hat.

Und jetzt zu Ihnen!

1

A: Sie sind auf einer Party und wollen Ihrem
Gesprächspartner imponieren.* Erzählen Sie
ihm/ihr etwas Interessantes, was Ihnen
neulich passiert ist.

B: Sie sind auf einer Party, haben aber keine
Lust, sich Geschichten erzählen zu lassen.
Ihr Gesprächspartner erzählt trotzdem
immer weiter. Versuchen Sie ihn/sie auf ein
anderes Thema zu bringen.

---

* *impress*

2

A: Sie kommen erst um vier Uhr morgens nach
Hause. Ihre Eltern sind noch auf, weil sie
sich um Sie große Sorgen gemacht haben.
Erklären Sie ihnen, was Ihnen passiert ist
und warum Sie so spät nach Hause gekommen sind.

B: Ihr Sohn / Ihre Tochter kommt erst um vier
Uhr morgens nach Hause. Sie haben sich
große Sorgen gemacht, und Sie sind bis jetzt
aufgeblieben und haben gewartet. Stellen
Sie Ihren Sohn / Ihre Tochter zur Rede.
Glauben Sie nicht alles gleich.

WORTSCHATZ

Bildende Kunst (f.)   *fine arts*

Interessieren Sie sich für Kunst? Welche Künstler kennen Sie? Beschreiben Sie einige ihrer Kunstwerke!

Gehen Sie oft ins Museum? Welche Kunstrichtung gefällt Ihnen am besten?

Das wissen Sie schon:

die Ausstellung, -en	der Künstler, - / die Künstlerin,	der Realismus
das Barock *oder* der Barock	-nen	die Renaissance, -n
die Burg, -en	der Meister, - / die Meisterin, -nen	das Schloß, Schlösser
das Gebäude, -	das Museum, Museen	die Skulptur, -en
die Kirche, -n	das Rathaus, ¨er	

ins Museum gehen
malen (gemalt)

Das ist neu:

das Aquarell, -e *oder* **-s**   watercolor
das Denkmal, ¨er   monument, memorial
der Entwurf, ¨e   outline, sketch
die (Gemälde-)Galerie, -n   (art) gallery
das Gemälde, -   painting
die Gestalt, -en   form, shape, figure
die Gotik   Gothic (*style*)
die Klassik   classical period
das Kunstwerk, -e   piece of art
der Maler, - / die Malerin, -nen   painter

die (Post-)Moderne   (post-) modern period
der Pinsel, -   paint brush
der Rahmen, -   frame
die Romantik   romantic period
die Sammlung, -en   collection
der Turm, ¨e   tower
die Zeichnung, -en   drawing

künstlerisch artistic   **malerisch** picturesque   **zeichnerisch** graphic(al)

gestalten (gestaltet) to shape, form
zum Thema haben   to have the topic, theme of

bildende Kunst the fine arts   **in Öl malen** to paint in oil   **nach Art von** in the style of

Bankwesen (n.)   *banking*

Besitzen Sie eine Kreditkarte? Benutzen Sie sie oft? Wozu? Finden Sie bargeldlosen Zahlungsverkehr gut, oder ziehen Sie es vor, bar zu zahlen?

Kennen Sie den heutigen Tageskurs der DM, des Dollars, des Yens? Kennen Sie günstige Kapitalanlagen?

Das wissen Sie schon:

die Banknote, -n	der Kredit, -e	der Rappen, -	die Summe, -n
der Franken, -	die Mark	der (Euro-)Scheck, -s	die Währung, -en
der Groschen, -	der Pfennig, -e	der Schilling, -e	die Zahlung, -en
das Kapital			

(sich) ausrechnen (ausgerechnet)

leihen (leiht, lieh, geliehen)

kosten (gekostet)

umtauschen (umgetauscht)

Geld wechseln (gewechselt)

Das ist neu:

der Bankräuber, - / Bankräuberin, -nen bank robber	die Münze, -n coin
der Banküberfall, ̈e bank robbery	die Quittung, -en receipt
das Bargeld cash	die Scheckkarte, -n check card
die Börse, -n stock market, stock exchange	der Schwarzmarkt, ̈e black market
der Geldverkehr money transactions	die Sparkasse, -n savings bank
der Gewinn, -e profit, gain	die Überweisung, -en (credit) transfer
das Konto, Konten account	der Verlust, -e loss
der (Wechsel-)Kurs, -e exchange rate	

fällig due

von einem Konto abheben (hebt . . . ab, hob . . . ab, abgehoben) to withdraw from an account

einen Scheck ausstellen (stellt . . . aus, stellte . . . aus, ausgestellt) to write a check

Zinsen berechnen (berechnet) to calculate interest

borgen (geborgt) to borrow

einen Scheck einlösen (eingelöst) to cash a check

auf ein Konto einzahlen (eingezahlt) to deposit into an account

gelten (gilt, galt, gegolten) to be valid

schätzen (geschätzt) to estimate

bar zahlen (gezahlt) to pay cash

bargeldloser Zahlungsverkehr payment by money transfer from account to account, credit card, or check.

Wie steht der Dollar heute? What is today's exchange rate for the dollar?

Der Kurs steigt (stieg, ist gestiegen) / fällt (fiel, ist gefallen). The exchange rate is rising/falling.

Post (f.); Telefon (n.)   *postal service; telephone*

Benutzen Sie Ihr Telefon oft? Telefonieren Sie gern?

Wann hat die Post am meisten zu tun? Beschreiben Sie, wie man ein Paket gut packt!

Das wissen Sie schon:

der (Telefon)Apparat, -e	der Briefkasten, ̈	das Postamt, ̈er	der Schalter, -
der Brief, -e	das Paket, -e	die Postkarte, -n	das Telefonbuch, ̈er

besetzt

frei

ein Telegramm aufgeben (gibt . . . auf, gab . . . auf, aufgegeben)

erhalten (erhält, erhielt, erhalten)

läuten (geläutet)

ein Telegramm schicken (geschickt)

telefonieren (telefoniert)

wählen (gewählt)

Ist die Post schon da?

Ich rufe dich morgen an.

Das ist neu:

der Absender, - / die Absenderin, -nen sender
die (Fernsprech-)Auskunft, ⸚e telephone information
die Briefmarke, -n stamp
das Fernmeldeamt, ⸚er central telephone exchange
das Ferngespräch, -e long-distance call
der Hörer, - (phone) receiver
die Leitung, -en cable, line
die Vorwahl, Vorwahlnummer, -n area code
das Ortsgespräch, -e local call
das Päckchen, - small parcel

das Porto, -s postage
die Postanweisung, -en money order
die Postleitzahl, -en ZIP code
das Postscheckkonto, -s postal account
die Postsparkasse, -n postal savings bank
die Rufnummer, -n / Telefonnummer, -n phone number
die Sondermarke, -n special stamp
der Stempel, - cancellation stamp; postmark
die Telefonzelle, -n phone booth
der Teilnehmer, - / die Teilnehmerin, -nen participant

(Telefonhörer) abnehmen (nimmt . . . ab, nahm . . . ab, abgenommen) to pick up (the receiver)
absenden (sendet . . . ab, sandte . . . ab, abgesandt) to send
(Hörer) auflegen (aufgelegt) to put down (the receiver)
einwerfen (wirft . . . ein, warf . . . ein, eingeworfen) to mail; to drop in a mailbox
freimachen (freigemacht) / frankieren (frankiert) to affix postage
(zu)kleben [(zu)geklebt] to glue (shut)
telegrafieren (telegrafiert) to send a telegram

Wann ist die nächste Leerung? When is the next collection?
mit Luftpost by air mail
öffentlicher Fernsprecher public telephone
eine schlechte Verbindung haben to have a bad connection

Deutsche Zeitgeschichte   *contemporary German history*

Was wissen Sie über die Veränderungen, die sich seit dem 10. November 1989 zugetragen haben? Was halten Sie von der Vereinigung der beiden deutschen Staaten?

Warum, glauben Sie, haben so viele Menschen ihre Heimat in der DDR und in Osteuropa verlassen?

Das wissen Sie schon:

der Bürger, - / die Bürgerin, -nen
die Grenze, -n
der Grenzposten, -

die Mauer, -n
das Niemandsland

das Paßbild, -er
die Paßkontrolle, -n

der Soldat, -en
der Teil, -e

Das ist neu:

die Ausreisegenehmigung, -en exit permit
der Bundesbürger, - / die Bundesbürgerin, -nen citizen of Germany
der Bundesnachrichtendienst Federal Intelligence Service (*FRG*)
die Bundeswehr armed forces (of Germany)
die Erklärung, -en explanation, declaration
der Grenzgänger, - person who illegally crosses a border
der Grenzstreifen, - area along a border
der Grenzübergang, ⸚e border crossing (point)
der Luxusartikel, - luxury item
die Polizeistreife, -n police patrol
der Schießbefehl, -e order to open fire

- **der Staatssicherheitsdienst, -e** former State Security Service (Secret Police) of the GDR
- **der Tagesumtausch** required daily exchange (*of money*)
- **das Tagesvisum/Tagesvisa** visa for one day
- **die Teilung, -en** division
- **das Transitvisum/Transitvisa** transit visa
- **die (Wieder-)Vereinigung, -en** (re)unification
- **der Verwandtenbesuch, -e** visit of relatives
- **der Volkspolizist, -en** former member of the People's Police of the GDR

- **die Ausreise verweigern** to deny permission to exit
- **die Grenze öffnen** to open the border
- **die Grenze überschreiten** to cross the border
- **die Grenze verletzen** to violate the border

- **kleiner Grenzverkehr** border traffic in a limited area on both sides of the former inner German border
- **die Nationale Volksarmee** National People's Army of the GDR until 1990
- **die Staatsgrenze, -n** state border
- **ständige Vertretung der Bundesrepublik Deutschland** West German consulate in the former GDR

STRUKTUREN

13.1 PASSIV 2: Passiversatz
Alternative Forms; Emphasizing the Action

A. *man*

The passive voice is used to focus on the action itself rather than on the person or the thing performing the action. Similarly, sentences with the indefinite pronoun **man** emphasize the action and deemphasize the subject.

Der neue Flughafen wird bei Erding gebaut.	*The new airport is being built near Erding.*
Man baut den neuen Flughafen bei Erding.	*They're building the new airport near Erding.*

Passive constructions in the perfect and the past perfect tenses may be a little long; often sentences with **man** are substituted. Compare the following sentences.

Die Restaurierung des Doms **war** bereits letzte Woche **abgeschlossen worden.**	*The restoration of the cathedral had already been completed last week.*
Die Restaurierung des Doms **hatte man** bereits letzte Woche **abgeschlossen.**	*They had already completed the restoration of the cathedral last week.*

B. Reflexive Konstruktionen

With an inanimate subject, reflexive constructions are often used as substitutes for passive constructions.

Die Tür öffnet sich.	*The door is opening.*
Die Tür wird geöffnet.	*The door is being opened.*

This construction is used primarily when the agent (the person performing the action) is unknown or uncertain; in the example above, it is unclear whether the door is opened by somebody or by something.∗ A qualifying adverb or adverbial phrase, such as **gut** (*well*) or **mit Erfolg** (*successfully*), often occurs in conjunction with a reflexive construction.

Die Äpfel **verkaufen sich gut.**	*The apples sell well.*
Das Buch **verkauft sich mit Erfolg.**	*The book is selling successfully.*

C. *sich lassen*

Sich lassen is often used instead of a passive construction with **können.**

Nicht alle Wünsche **lassen sich erfüllen.**
Nicht alle Wünsche **können erfüllt werden.**
} *Not all wishes can be fulfilled.*

Die Tür **ließ sich** nicht **öffnen.**
Die Tür **konnte** nicht **geöffnet werden.**
} *The door couldn't be opened.*

The construction **sich lassen** + *infinitive* is used primarily when the object itself (rather than the person performing the action) determines whether something can be done or not.

D. *sein zu*

The construction **sein zu** + *infinitive* is often used instead of the modal verbs **können, müssen,** or **sollen** with the passive voice.

Dieses Problem **ist** zuerst **zu lösen.**
Dieses Problem **muß** zuerst **gelöst werden.**
} *This problem has to be solved first.*

Der Schmerz **war** kaum **zu ertragen.**
Der Schmerz **konnte** kaum **ertragen werden.**
} *The pain was hard to bear. (The pain could hardly be borne.)*

∗ Note that the passive sentence clearly suggests a human subject, whereas the reflexive sentence leaves open the question of whether the agent is a human subject or something else, such as the wind.

13.2 PRÄPOSITIONEN 2: Akkusativ

Movement of Various Kinds; Length of Time; Approximation

The following prepositions take the accusative case: **bis** (*until, by*), **durch** (*through*), **entlang** (*along*), **für** (*for*), **gegen** (*against, into*), **ohne** (*without*), and **um** (*around*).

Die Referate müssen **bis** nächsten Monat fertig sein.	*The papers have to be done by next month.*
Sie mußten **durch** die Stadt fahren.	*They had to drive through the city.*
Sie fuhren den Fluß **entlang.**	*They drove along the river.*
Tu es bitte **für** mich.	*Do it for me, please.*
Er drehte sich um und fuhr mit dem Rad **gegen** einen Baum.	*He turned and rode his bike into a tree.*
Ohne dich können wir natürlich nicht fahren.	*Of course we can't go without you.*
Die Kinder rannten zweimal **ums** Haus herum.	*The kids ran around the house twice.*

A. *bis*

The preposition **bis** is often used with a second preposition that determines the case of the following noun. When the second preposition is an accusative/dative preposition, the accusative case is used.

AKKUSATIV	DATIV
bis an (*up to*)	bis nach (*till after*)
bis auf (*up to, including*)	bis vor (*until . . . ago*)
bis in . . . hinein (*into*)	bis zu (*as far as*)
bis um (*until*)	

Geh **bis an den Rand** des Felsens und spring!	*Walk to the edge of the rock and then jump!*
Das Konzert war **bis auf den letzten Platz** ausverkauft.	*The concert was sold out to the last seat.*
Sie schlief **bis** weit **in den nächsten Tag hinein.**	*She slept till late (late into) the next day.*
Wie lange hast du Zeit?—**Bis um acht.**	*How much time do you have?* —*Till eight.*
Warten wir damit doch **bis nach dem Essen.**	*Why don't we wait with this until after dinner?*
Bis vor einem Jahr wußte sie gar nichts davon.	*Until a year ago she didn't know anything about it.*
Ich begleite dich **bis zum Bahnhof.**	*I'll accompany you as far as the train station.*

B. *durch*

The preposition **durch** is commonly used to indicate the following three concepts.

1. movement through a place

Wir liefen **durch** den Wald.	*We ran through the forest.*
Sie ging **durchs** Zimmer.	*She went across the room.*

2. inanimate agents or causes (often in passive sentences)

Durch einen Unfall hatte er ein Auge verloren.	*He had lost an eye in an accident.*
Durch einen jähen Blitz wurde die Nacht erleuchtet.	*The night was lit up by a sudden flash.*

3. periods of time (often as **hindurch** after the noun)

Das ganze Jahr **hindurch** hatte es kaum geregnet.	*It had hardly rained all year long.*
Ich habe die ganze Nacht **durch** gearbeitet.	*I worked all night long (all night through).*

C. *entlang*

The preposition **entlang** usually follows the noun it determines.

Sie fuhr langsam die Straße **entlang.**	*She slowly drove along the road.*

To focus on the place rather than on the person or the object moving along, use **an** + *dative* together with **entlang.**

Am Zaun **entlang** wuchs viel Unkraut.	*Along the fence a lot of weeds were growing.*
Der Fluß wälzte sich langsam **an der Mauer entlang.**	*The river rolled slowly along the embankment.*

When **entlang** is used before the noun, it takes the genitive case.

Entlang des Weges standen viele Menschen.	*There were many people along the road. (Many people were standing along the road.)*

D. *für*

The preposition **für** is commonly used to indicate the following three concepts.

1. the person(s) benefiting from a particular action

Ich tue alles **für** dich.	*I'll do everything for you.*
Die Pralinen sind **für** euch.	*The chocolates are for you.*

2. a period of time

Ich bleibe **für** ein Jahr in Österreich.	*I'll stay in Austria for one year.*
Kannst du mir dein Auto **für** zwei Tage leihen?	*Can you lend me your car for two days?*

    Note that **für** + *time* cannot be used to refer to an event that started in the past and still goes on the present time.

Ich **war für** drei Jahre in den USA.	*I **was** in the USA for three years. (I'm not there anymore.)*
Ich **bin seit** drei Jahren in den USA.	*I **have been** in the US for three years. (I'm still there.)*

3. to name the price or the value of something

Wir haben das Haus **für** 200 000,– DM gekauft.	*We bought the house for DM 200,000.*

E. *gegen*

The preposition **gegen** is commonly used to indicate the following three concepts.

1. movement toward an encounter with something hard, unyielding

Sie schlug mit der Faust **gegen** die Tür.	*She banged against the door with her fist.*
Er fuhr **gegen** die Garagentür.	*He drove into the garage door.*

2. approximate time

Wir kommen **gegen** Mitternacht.	*We'll arrive around midnight.*

3. dislike or displeasure

Eigentlich bin ich ja **gegen** das Rauchen.	*I'm actually against smoking.*
Wir müssen etwas **gegen** die Mücken tun.	*We have to do something about the mosquitoes.*

F. *ohne*

The preposition **ohne** is used to describe the absence of something.

Man kann auch **ohne** viel Geld eine schöne Reise machen.	*Even without much money you can take a nice trip.*
Ohne eure Hilfe wären wir nie so schnell fertig geworden.	*Without your help we would never have finished so quickly.*

G. *um*

The preposition **um** is commonly used to indicate the following three concepts.

1. movement or location around another person or place (often with **herum,** to denote a full circle)

Wir saßen **um** den Küchentisch **herum** und unterhielten uns.	*We sat around the kitchen table and talked.*
Gehen Sie **um** die Ecke.	*Go around the corner.*

2. clock time and approximate time

Treffen wir uns doch **um** halb zehn.	*Why don't we meet at half past nine?*
Die Pyramiden wurden **um** 3000 vor Christus gebaut.	*The pyramids were built around 3000 B.C.*

3. changes in time, temperature, price, and so on

Die Temperatur ist **um** 10 Grad gefallen.	*The temperature dropped ten degrees.*
Ausverkauf! Alles **um** 20 bis 50 Prozent reduziert!	*Final Sale! Everything reduced by 20 to 50 percent.*

13.3 SATZKONNEKTOREN 6: Konditionale Subjunktoren, Präpositionen, Adverbien

Stating Conditions (*if . . . then*)

There are a number of ways to express the idea that something will happen conditionally—only if something else is happening as well. Compare the following sentences.

Wenn es regnet, bleiben wir zu Hause.	*If it rains we'll stay home.*
Bei Regen bleiben wir zu Hause.	

A. Subjunktoren

The conjunctions **wenn** (*if*) and **falls** (*if*, *in case, assuming*) commonly introduce dependent clauses and specify the condition under which the main clause may become true.

Wenn du dich mit jemandem verabreden willst, mußt du halt bei ihm vorbeigehen.	*If you want to set a date with somebody you just have to walk by his or her place.*
Wir könnten ja heute abend ins Kino gehen, **falls** du nicht schon was anderes vorhast.	*We could go to the movies tonight if you don't (assuming you don't) have any other plans as yet.*

In formal writing the dependent clause may begin with the conjugated verb instead of **wenn.** To make the conditional sense clearer, often the subjunctive is used and the main clause is introduced by **dann** or **so.**

Wäre er nur etwas schneller gegangen, **dann wäre** er noch rechtzeitig gekommen.	*If he had only walked a little faster he still would have been (come) on time.*

B. Präpositionen

The preposition **bei** is sometimes used to express a condition; the English equivalent is often an *if*-clause.

Bei schlechtem Wetter verschieben wir den Ausflug.	*If the weather is bad we'll postpone the trip.*
Bei langanhaltender Dürre besteht die Gefahr einer Hungersnot.	*The danger of famine exists during a long-lasting drought.*

C. Adverbien

The adverb **sonst** (*otherwise*) is often used to express a condition. **Sonst** (an adverb of cause) may occur as the first element of the clause (followed by the conjugated verb), or it may be in the middle field (after dative and accusative objects and before almost everything else.)*

Hoffentlich kommen sie bald, **sonst** müssen wir doch allein gehen.	*I hope they'll be here soon, otherwise we'll have to go alone.* (contrary to our expectations)
Ihr müßt zurück zur Grenze, **sonst** gibt's Ärger, wenn ihr zu spät kommt.	*You've got to get back to the border; otherwise you'll be in trouble if you get there too late.*
Ich muß noch mal schnell zur Bank. Ich habe **sonst** kein Geld für heute abend.	*I have to go to the bank. Otherwise I won't have any money for tonight.*

---

* Refer to **Strukturen 9.1** for more detailed information on word order in the middle field.

13.4 WORTSTELLUNG 3: Vorfeld; Thema/Rhema
Using the Front Field for Emphasis; Topic Versus Comment

A. Vorfeld

The two parts of the verb phrase that form the sentence frame **(Satzklammer)** separate the three parts of a sentence from each other.

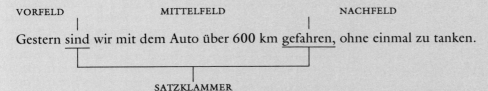

VORFELD · MITTELFELD · NACHFELD

Gestern sind wir mit dem Auto über 600 km gefahren, ohne einmal zu tanken.

SATZKLAMMER

The front field **(Vorfeld)** occurs before the first part of the verb; the middle field **(Mittelfeld)** lies between the first and the second parts of the verb; and the back field **(Nachfeld)** follows the second part of the verb.

A front field occurs in independent clauses (with the conjugated verb in second position); sentence questions (where the verb is first) and dependent clauses (a conjunction is first) have no front field. The back field usually consists of a dependent infinitive or a dependent clause; it is often empty.

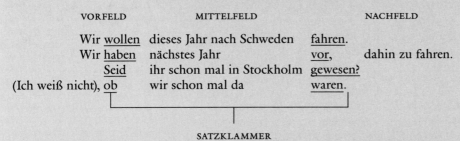

VORFELD	MITTELFELD		NACHFELD
Wir <u>wollen</u>	dieses Jahr nach Schweden	<u>fahren.</u>	
Wir <u>haben</u>	nächstes Jahr	<u>vor,</u>	dahin zu fahren.
<u>Seid</u>	ihr schon mal in Stockholm	<u>gewesen?</u>	
(Ich weiß nicht), <u>ob</u>	wir schon mal da	<u>waren.</u>	

SATZKLAMMER

In word questions (as opposed to yes/no questions), question words such as **wer** and **wann** are in the front field. In statements, almost any element,* including a dependent clause or a direct quote, may be put in the front field. The choice of what to put there is governed by the **Thema/Rhema** (*topic/comment*) structure of a sentence (see section B, following).

VORFELD		MITTELFELD
Wenn er nicht bald kommt,	gehen	wir nach Hause.
„Wann kommt denn der Zug?"	fragte	sie nach einer Weile.

---

* Flavoring particles and **nicht** may not be in the front field.

Note that coordinating conjunctions (**und, oder, denn, aber,** and **sondern**) do not occupy the front field; it is filled by another element.

	VORFELD	MITTELFELD
(Er wollte erst nicht,) aber	er	<u>kam</u> dann doch <u>mit</u>.

B. Thema/Rhema

Sentences do not normally exist by themselves. They are usually part of a text or a conversation, spoken or written within a particular context. This context influences the speaker's/writer's choice of words, the use of pronouns or nouns, and the word order. **Kapitel 9** introduced the principle of increasing news value in relation to the sequence of sentence elements in the middle field. This principle of increasing news value, or the notion that known information comes before new information, also governs the choice of what to put in the front field.

1. **Yvonne und Christoph** wohnen zusammen in einer kleinen 1-Zimmer-Wohnung am Prenzlauer Berg.
2. **In diesem alten Arbeiterviertel** leben heute vor allem junge Leute.
3. **Yvonne und Christoph** sind nicht verheiratet.
4. **Deshalb** bekommen sie vom Staat keine größere Wohnung.

The terms *topic* (**Thema**) and *comment* (**Rhema**) are often used to describe the sequence of elements in sentences. Topic refers to the focus of a sentence, the part about which information is being given or comments made. Comment refers to what is said about the topic. The topic is old (or shared) information, and the comment is new information.

In a German declarative sentence, the topic is usually placed in the front field. In sentence (1) Yvonne and Christoph are the topic, and the fact that they live in an apartment on the Prenzlau hill is the comment. In sentence (2) the neighborhood where they live becomes the topic, and the fact that it is mostly young people who live there becomes the comment.

Note that the topic does not have to be the subject of the sentence. In sentence (4) the topic is the fact that Yvonne and Christoph aren't married (referred to by **deshalb**), and the fact that they don't get a bigger apartment is the comment. „Topicalization," or putting an element other than the subject in the front field, is very common in German; it allows different topics to receive emphasis in a particular text or dialog and improves the flow of sentences.

13.5 KONJUNKTIV 1
Journalistic Reporting; Instructions; Toasts

A. Indirekte Rede

The subjunctive I **(Konjunktiv I)** is used particularly in newspaper writing, in indirect or reported speech. It is used primarily in the third person singular (formed by taking the infinitive stem and adding **-e)**.*

Gefragt, wer ihn geschickt **habe,** antwortete Kabe, er **komme** im eigenen Auftrag und **habe** nur auf die andere Seite gewollt.	*When asked who had sent him, Kabe answered that he came on his own account and that he had wanted only to go to the other side.*

The present subjunctive I **(komme)** signals that the action, the event, or the state referred to is going on at the same time as the reporting. The perfect subjunctive I **(geschickt . . . habe, habe . . . gewollt)** signals that the action or the event referred to happened before the time of the reporting.

Im übrigen ermüdete er seine Vernehmer, die von ihm wissen wollten, warum er nicht einen Grenzübergang **benutzt habe,** mit der wiederholten Erklärung, er **wohne** genau gegenüber, und der Weg über die Mauer **sei** der einzig gerade.	*In addition he tired out his interrogators (who wanted to find out why he hadn't used a regular border crossing) by repeatedly declaring that he lived just across from there and that the way over the wall was the only direct one.*

B. Anweisungen und Wünsche

The subjunctive I is also used in recipes and other kinds of directions and instructions.

Man **nehme** ein Stück Zucker und **lasse** es langsam im Tee zergehen.	*Take a lump of sugar and let it slowly dissolve in the tea.*
Man **nehme** ein Ei und etwas Petersilie, **vermische** es gut und **rühre** es in die Suppe.	*Take an egg and a little parsley, mix them well, and stir them into the soup.*

The subjunctive I is also used in formulaic wishes and toasts.

Lang **lebe** die Königin!	*Long live the queen!*
Das **gebe** Gott!	*May God grant it!*
Er **ruhe** in Frieden!	*May he rest in peace!*

---

* See **Strukturen 6.3** for more information on forming the subjunctive I.

14

Das tausendjährige Reich

Adolf Hitler bei einer der zahlreichen, mit viel Pomp und Pathos abgehaltenen Versammlungen der NSDAP.

Texte		**Strukturen**	
„Hitler vor Vertretern der deutschen Presse am 10. November 1938"		Partizipien 2: Erweiterte Partizipialgruppe	Adding action and detail to a description
Aus *Mephisto* Klaus Mann		*da*- als Korrelat	**da** as correlative: When a clause is the object of a preposition
Sprechakte			
Ärger/Enttäuschung/ Mißfallen ausdrücken *Freude/Überraschung ausdrücken*	Expressing emotion	Präpositionen 3: Dativ	Dative: Expressing movement, relationships of time, possession, and feelings
Wortschatz		Zeitenfolge: Vergangenheit und Gegenwart	Past time: Sequence of events in a narration
Geschichtliches	Historical matters		
Film; Filmkunst	Film; cinematic art		
Religion; Mythos	Religion; myth		
Radio; Presse	Radio; press		

A. Was assoziieren Sie mit dem „Dritten Reich" in Deutschland? Welche Namen und Begriffe fallen Ihnen ein, wenn Sie daran denken?

B. Was wissen Sie über die politische Situation in Deutschland und Europa zur Zeit des Dritten Reiches und davor?

1. Was fand 1914 bis 1918 statt? Wer waren die Gewinner und wer die Verlierer?
2. Wer hat den Ersten Weltkrieg begonnen?
3. Wann wurde der Versailler Vertrag geschlossen und von wem?
4. Wann kam Adolf Hitler an die Macht? Welcher Partei gehörte er an?
5. Wie lange blieb Hitler an der Macht?
6. Wann begann der Zweite Weltkrieg? Wo fand er statt?
7. Welche Länder waren am Zweiten Weltkrieg beteiligt?
8. Wie und wann endete der Zweite Weltkrieg?
9. Welche Stellung hatte Berlin im Dritten Reich?

LESETEXT: Es spricht der Führer . . . .

Hitlers fatale politische Wirkung beruhte[1] nicht zuletzt auf seiner Fähigkeit, die Massen mit seinen Reden zu begeistern. Dabei spielte weniger der Inhalt der Reden als sein besonderer Redestil eine Rolle. Der folgende Text ist ein Auszug aus einer Rede, die Adolf Hitler 1938 vor Hunderten von deutschen Journalisten hielt. Diese Rede macht in erschreckender Weise den wahren Charakter Hitlers bisheriger Außenpolitik deutlich. Sie läßt seine Ziele für die Zukunft erkennen und zeigt, welche Rolle das Volk dabei spielen soll: Es soll ein williges Instrument der Politik seines Führers sein. Die Presse als Werkzeug[2] der nationalsozialistischen Propaganda hat dabei wichtige Aufgaben zu erfüllen.

---

[1] *was based on*   [2] *tool*

Vor dem Lesen

Hintergrundwissen. Ohne zu wissen, was in der Zeit um 1938 in Europa geschehen ist, kann man den Inhalt der Rede kaum verstehen. Vertiefen Sie Ihr Wissen mit Fakten aus einem Geschichtsbuch. Lesen Sie die folgenden Informationen intensiv.

Das deutsche **Reich in den** Grenzen von **1939.**

AUS DEM INHALT DES VERSAILLER VERTRAGES (1919)

—Deutschland verliert Elsaß-Lothringen, Gebiete im Osten und Nord-schleswig.
—Deutschland muß auf seine Kolonien verzichten.[1]
—Deutsches Gebiet auf dem linken Rheinufer[2] bleibt entmilitarisiert und längere Zeit von den Siegern[3] besetzt.
—Deutschland darf sich nicht mit Österreich zusammenschließen.
—Das deutsche Heer[4] wird auf ein Berufsheer von 100 000 Mann beschränkt, Kriegsmaterial wird ausgeliefert.
—Als Verantwortliche[5] für alle Schäden und Verluste[6] des Krieges müssen Deutschland und seine Verbündeten Reparationen (269 Millionen Goldmark) zahlen.

FAKTEN ZUR NS-POLITIK

—November 1932: Nationalsozialisten bekommen 33% der Wahlstimmen; Präsident Paul von Hindenburg ernennt Adolf Hitler (30. Januar 1933) zum Kanzler der deutschen Republik.
—März 1935: Wiedereinführung der allgemeinen Wehrpflicht.[7]
—März 1936: Einmarsch in das seit Ende des Ersten Weltkriegs entmilitari-sierte Rheinland.
—November 1937: „Eroberung[8] neuen Lebensraums" wird zum wichtigsten Ziel der NS-Außenpolitik erklärt.
—1938: Die „Wiedervereinigung Österreichs mit dem Reich" (13. März) wird durch Volksabstimmung (April) bestätigt.
—28. Mai 1938: Hitler teilt Vertretern von Wehrmacht, Partei und Staat mit, daß die Tschechoslowakei von der Landkarte verschwinden muß.
—30. Mai 1938: Politische und militärische Vorbereitungen für eine Aktion gegen die Tschechoslowakei beginnen.
—29. September 1938: Abtretung[9] der sudetendeutschen Gebiete (Gebiete in der Tschechoslowakei, in denen hauptsächlich Deutsche wohnen) an Deutschland.
—21. Oktober 1938: Geheimbefehl Hitlers zur „Erledigung der Rest-Tsche-chei".
—15./16. März 1939: Einmarsch deutscher Truppen in die Tschechoslowakei.
—1. September 1939: Angriff auf Polen.
—10. Mai 1940: Besetzung[10] von Belgien und Holland.
—14. Juni 1940: Paris wird kampflos besetzt.
—22. Juni 1941: Deutscher Überfall auf die UdSSR ohne Kriegserklärung.

Lesen Sie den Titel und den ersten Satz des folgenden Texts. Von welchen „Erfolgen" des Jahres 1938 spricht Hitler hier? Lesen Sie noch einmal in den Fakten aus der Geschichte nach. Lesen Sie dann den ganzen Text, ohne die Randnotizen zu benutzen.

---

[1] *renounce* [2] *bank of the Rhine river* [3] *Winners of WWI* [4] *army* [5] *those responsible* [6] *losses*
[7] allgemeinen . . . *compulsory military service* [8] *conquest* [9] *cession* [10] *occupation*

„Hitler vor Vertretern der deutschen Presse am 10. November 1938"

Dieses Jahr 1938 hatte seine Erfolge zu verdanken: erstens selbstverständlich der ungeheueren Erziehungsarbeit, die der Nationalsozialismus am deutschen Volk vorgenommen hat. Langsam beginnen jetzt die Früchte dieser Erziehungsarbeit zu reifen: Das deutsche Volk hat die Bewährungsprobe° in den zurückliegenden Monaten glänzend bestanden, wir können wohl sagen, besser als irgendein anderes Volk in Europa. Diese Erfolge sind selbstverständlich weiter zuzuschreiben der Entschlußkraft° der Führung. Sie können mir glauben, meine Herren, daß es auch nicht immer leicht war, erstens diese Entschlüsse zu fassen und zweitens diese Entschlüsse durchzuhalten. Denn es ist natürlich nicht so, daß nun die ganze Nation, insonderheit in ihren intellektuellen Schichten, etwa hinter diese Entschlüsse getreten wäre; sondern es gab naturgemäß sehr viele geistreiche Menschen—sie bilden sich wenigstens ein, daß sie geistreich sind—die mehr Bedenken° als Zustimmung zu diesen Entschlüssen aufbringen konnten. Um so wichtiger war es, erst recht mit eiserner Entschlußkraft die einmal gefaßten, schon in den Mai zurückdatierenden Entschlüsse durchzuhalten und durchzusetzen gegen alle Widerstände. Weiter war eine Ursache für das Gelingen dieser Entschlüsse und damit ein Anlaß für den Erfolg: die Vorbereitung, die wir getroffen haben auf vielen Gebieten, in erster Linie selbstverständlich auf den Gebieten der militärischen Rüstung. Endlich war eine Ursache für diese Erfolge die Ausnutzung der Umstände,° vielleicht überhaupt die allerwichtigste. Die allgemeine Weltlage schien mir günstiger als je zu sein für das Durchsetzen unserer Forderungen. Bei alledem darf aber nicht vergessen werden, was auch entscheidend war: nämlich die *Propaganda,* und zwar die Propaganda nicht nur nach *innen* hin, sondern auch nach *außen* hin. Wenn das deutsche Volk dieses Mal—wie ich schon betonte—eine andere Haltung° einnahm, wie viele andere Völker es taten und wie es auch unser Volk noch vor kurzem getan haben würde, dann ist dies der fortgesetzten Aufklärungsarbeit° zuzuschreiben, also jener Propaganda, mit der wir das deutsche Volk erfaßt haben, und hier hat die Presse nun ihren großen Anteil.°

Wir haben uns einige Aufgaben gestellt in diesem Jahr, die wir durch unsere Propaganda—und hier darf ich die gegenwärtige Presse mit an die Spitze der Instrumente stellen—erreichen wollen. Erstens die langsame Vorbereitung des deutschen Volkes selbst. Die Umstände haben mich gezwungen, *jahrzehntelang* fast nur vom Frieden zu reden. Nur unter der fortgesetzten Betonung des deutschen Friedenswillens und der Friedensabsichten war es mir möglich, dem deutschen Volk Stück für Stück die Freiheit zu erringen° und ihm die Rüstung zu geben, die immer wieder für den nächsten Schritt als Voraussetzung notwendig war. Es ist selbstverständlich, daß eine solche jahrzehntelang betriebene Friedenspropaganda auch ihre bedenklichen Seiten hat; denn es kann nur zu leicht dahin führen, daß sich in den Gehirnen vieler Menschen die Auffassung festsetzt, daß das heutige Regime *an sich* identisch sei mit dem Entschluß und dem Willen, den Frieden unter *allen* Umständen zu bewahren.° Das würde aber nicht nur zu einer falschen Beurteilung der Zielsetzung dieses Systems führen, sondern es würde vor allem auch dahin führen, daß die deutsche Nation, statt den Ereignissen

Glosses (right margin):

- test of proving oneself
- resolve
- Zweifel
- circumstances
- attitude
- education
- share
- obtain through struggle
- maintain

gegenüber gewappnet° zu sein, mit einem Geist erfüllt wird, der auf die Dauer als
Defaitismus gerade die Erfolge des heutigen Regimes nehmen würde und nehmen
müßte. Der Zwang war die Ursache, warum ich jahrelang nur vom Frieden redete. Es

45 war nunmehr notwendig, das deutsche Volk psychologisch allmählich umzustellen
und ihm langsam klarzumachen, daß es Dinge gibt, die, wenn sie nicht mit friedlichen
Mitteln durchgesetzt werden können, mit Mitteln der Gewalt durchgesetzt werden
müssen. Dazu war es aber notwendig, nun nicht etwa die Gewalt als solche zu propa-
gieren, sondern es war notwendig, dem deutschen Volk bestimmte außenpolitische

50 Vorgänge so zu beleuchten,° daß die *innere Stimme* des Volkes selbst langsam nach
der Gewalt zu schreien begann. Das heißt also, bestimmte Vorgänge so zu beleuchten,
daß im Gehirn der breiten Masse des Volkes ganz automatisch allmählich die Überzeu-
gung ausgelöst wurde: Wenn man das eben nicht im Guten abstellen kann, dann muß
man es mit Gewalt abstellen; so kann es aber auf keinen Fall weitergehen. Diese Arbeit

55 hat Monate erfordert, sie wurde planmäßig begonnen, planmäßig fortgeführt, ver-
stärkt. Viele haben sie nicht begriffen, meine Herren; viele waren der Meinung, das sei
doch alles etwas übertrieben. Das sind jene überzüchteten° Intellektuellen, die keine
Ahnung haben,° wie man ein Volk letzten Endes zu der Bereitschaft bringt, geradezu-
stehen,° auch wenn es zu blitzen und donnern beginnt.

gegenüber. . . armed against

hier: darstellen

overeducated (overbred)
keine. . . have no idea
to stand upright, on their own two feet

Nach dem Lesen

A. Zusammenfassung. Hier ist die Rede noch einmal in gekürzter Form.
Lesen Sie den Text und setzen Sie die fehlenden Wörter ein. Benutzen Sie
Wörter aus der folgenden Liste.

Gewalt	Intellektuelle	Monate
Erfolge	Volk	Freiheit
militärische	außen	psychologisch
entschlossen	Welt	leicht
Frieden		

Das Jahr 1938 hat für Deutschland ―――― gebracht, weil die nationalsozialistische Führung des Landes so ―――― war. Das war nicht immer ――――, weil viele
―――― Zweifel an den Aktionen der Führung hatten. Eine wichtige Voraussetzung für die Erfolge war die ―――― Vorbereitung. Die Lage in der ―――― war
außerdem günstig für den Erfolg der Aktionen.

Die Propaganda hat das deutsche ―――― auf ―――― und Krieg vorbereitet,
nachdem jahrelang nur vom ―――― gesprochen worden war. Diese Friedenspropaganda nach ―――― war notwendig, um Deutschland mehr ―――― zu geben und
es militärisch zu stärken. Das Ziel der Regierung ist aber nicht die Erhaltung
des Friedens um jeden Preis. Das deutsche Volk mußte ―――― darauf vorbereitet
werden, Ziele mit Gewalt durchzusetzen und Gewalt zu fordern. Es hat ――――
gedauert, das Volk dazu zu bringen.

B. Fragen zum Text. Lesen Sie relevante Stellen im Text noch einmal, und benutzen Sie jetzt die Randnotizen.

1. Wem sind Hitlers Meinung nach die Erfolge des Jahres 1938 zu verdanken?
2. Wer hat Hitlers „Entschlüssen"[1] nicht ohne weiteres zustimmen können?
3. Was hält Hitler von den Intellektuellen?
4. Welchen Entschluß hat Hitler im Mai 1938 bekannt gegeben? Sehen Sie in den Geschichtsdaten (S. 403) nach!
5. Welche Vorbereitungen hat Hitler für seine Aktionen getroffen?
6. Die europäischen Staaten wollten keinen Krieg. Wieso war das ein „glücklicher Umstand" für Hitler?
7. Was hat die nationalsozialistische Propaganda in Deutschland bewirkt?
8. Was soll die Propaganda in der Zukunft bewirken, und welche Rolle spielt die Presse?
9. Welche Mittel könnte die Propaganda, ein sehr wichtiger Faktor in Hitlers Politik, benutzt haben? Was kann man sich unter Propaganda „nach innen", was unter Propaganda „nach außen" vorstellen?
10. Warum mußte Hitler „jahrzehntelang" nur vom Frieden reden? Denken Sie an den Ersten Weltkrieg und seine Folgen für Europa und Deutschland!
11. Warum ist Defaitismus[2] im deutschen Volk für Hitler „bedenklich"? Was ist das Ziel seiner Politik? Bedenken[3] Sie die Ereignisse zwischen 1936 und 1942.
12. Was halten Sie von Hitlers Methoden im Umgang mit dem deutschen Volk? Wie finden Sie seinen Redestil?

---

[1] Entscheidungen   [2] *defeatism*   [3] *consider*

Aktivitäten

A. Assoziogramme. Welche Wörter assoziieren Sie mit den Themen links? Bilden Sie Assoziogramme zu den folgenden Wörtern: Ärger, Freude, Überraschung, Mißfallen.

B. Gruppenarbeit. Erzählen Sie die Geschichte „Der undressierte Mann". Diskutieren Sie in Kleingruppen die Gefühle der Frau und des Mannes.

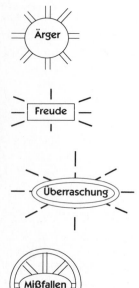

Der undressierte Mann

C.   Interaktion. Diskutieren Sie mit einem Partner folgende Fragen.

1.   Soll man seinem Ärger Luft machen oder ihn lieber unterdrücken?
2.   Was macht dich nervös? Wie beruhigst du dich?
3.   Was tust du, wenn du ungeduldig bist? Was solltest du tun?
4.   Was machst du, wenn du dich ärgerst? Was solltest du machen?
5.   Wovor hast du Angst? Wie reagierst du, wenn du Angst hast?

D.   Gruppenarbeit. Arbeiten Sie in Kleingruppen: Wählen Sie einen Film mit einer historischen Epoche oder mit einer historischen Person als Thema. Beschreiben Sie die Handlung. Wer sind „die Guten" und „die Bösen"? Wie werden sie dargestellt? Stellen Sie eine Liste mit den Eigenschaften der guten und bösen Menschen im Film zusammen.

E.   Propaganda. Bringen Sie einen Artikel, eine Anzeige oder eine Broschüre mit zur Klasse. Diese Texte sollen den Leser zu etwas überreden, also etwas „Propagandistisches" aus der Presse sein. Beschreiben Sie der Klasse, worum es geht und sagen Sie, ob Sie mit den Ansichten übereinstimmen und warum / warum nicht.

SPRECHAKTE

Ärger/Enttäuschung/Mißfallen ausdrücken: Ich ärgere mich so!

RICHARD: Du, Christian, weißt du was? Meine Schwester hat gestern in ihrem Schwimmwettbewerb die Silbermedaille gewonnen!

CHRISTIAN: Das ist ja fantastisch! Du, das freut mich aber für sie.

RICHARD: Ja, mich auch. Aber eigentlich hätte sie ja die Goldmedaille kriegen sollen, so wie die trainiert hat.

CHRISTIAN: Ach, wirklich? Und die hat sie nicht gekriegt? Das ist jammerschade! Das wäre wirklich toll gewesen.

RICHARD: Ja, meine Schwester ist auch ganz enttäuscht. Und ich kann das gut verstehen. Wenn man so viel trainiert und dann nur den zweiten Preis gewinnt, das kann einen schon verrückt machen.

CHRISTIAN: Andererseits . . . Wie heißt es doch noch so schön? Das Wichtigste ist nicht, daß man gewinnt, sondern daß man dabei ist.

RICHARD: Du hast gut reden . . .

Was sagt man?

ÄRGER	ENTTÄUSCHUNG	MISSFALLEN
Ich bin sauer/verärgert/wütend!	(Es ist) Schade (daß) . . .	Das gefällt mir (gar) nicht!
Das ist dumm/blöd/ärgerlich!	Oh, je!	Ich habe das (gar) nicht gern!
Das geht doch/einfach nicht!	Mensch! Ach!	Ich mag das (gar) nicht!
Das stört mich/regt mich auf!	Ich bin so enttäuscht (, daß) . . .	Pfui! Scheußlich! Schrecklich!
Ich ärgere mich so!	Ich bedaure es sehr (, daß) . . .	
So ein Mist/Unsinn!		
Scheiße/Quatsch/Verdammt!		

Variationen

Spielen Sie!

1. Sie haben Ihrem Freund / Ihrer Freundin Ihr Fahrrad geliehen, und er / sie hat schon zweimal vergessen, das Rad zurückzubringen. Sie ärgern sich sehr. Sprechen Sie mit Ihrem Freund / Ihrer Freundin.
2. Sie haben an einem Fahrradrennen teilgenommen und mußten wegen eines Unfalls ausscheiden.[1] Sie sind sehr enttäuscht. Sprechen Sie mit einem Freund / einer Freundin.
3. Sie haben in Ihrem Hauptfach für ein Gruppenreferat eine schlechte Note bekommen und sind deswegen deprimiert.[2] Sprechen Sie mit einem Freund / einer Freundin.

---

[1] *drop out*   [2] *depressed*

LESETEXT: Roman einer Karriere

Der folgende Text ist ein Ausschnitt aus dem Roman *Mephisto* von Klaus Mann. Klaus Mann wurde 1906 in München als ältester Sohn des berühmten Schriftstellers Thomas Mann geboren. Er interessierte sich sehr fürs Theater und arbeitete als Publizist und Schriftsteller. 1933 emigrierte er, zuerst nach Paris, später nach New York. 1949 nahm er sich in Cannes das Leben. Mephisto, 1936 im Exil geschrieben, war einer der ersten Romane, die sich mit den Zuständen im Dritten Reich auseinandersetzten.[1] Klaus Mann sah in seiner Hauptfigur, dem Komödianten Hendrik Höfgen, den Exponenten und das Symbol „eines durchaus komödiantischen,[2] zutiefst unwahren, unwirklichen Regimes".

Das Buch war seit seinem Erscheinen heftig umstritten[3] und wurde 1968 in der Bundesrepublik verboten, weil man in der Hauptfigur den Schauspieler und Intendanten[4] des Preußischen Staatstheaters zu erkennen glaubte, der im Dritten Reich Karriere gemacht hatte. Da er politisch Verfolgten geholfen und durch seine Kollaboration die Tradition des deutschen Theaters über das Dritte Reich hinweggerettet[5] hatte, spielte er auch im Nachkriegsdeutschland bald wieder eine bedeutende Rolle. Man fürchtete, durch den Roman das Ansehen des inzwischen Verstorbenen zu schädigen. Erst 1980 wurde das Verbot aufgehoben.

Allerdings wollte Klaus Mann in seinem Roman ausdrücklich keinen bestimmten Menschen, sondern einen Typus darstellen, „und mit ihm die verschiedenen Milieus,[6] die soziologischen und geistigen, die solchen Aufstieg erst möglich machten".

Der folgende Textausschnitt zeigt den Schauspieler Hendrik Höfgen bei der Premiere seiner berühmtesten Bühnenrolle, dem Mephisto.

---

[1] *confronted, dealt with*   [2] *ham-actor-like*   [3] *controversial*   [4] *director*   [5] *saved*   [6] *environments*

Vor dem Lesen

A. Was wissen Sie von Mephisto? Lesen Sie die Eintragung (links) aus der *Brockhaus-Enzyklopädie,* und dann beantworten Sie die folgenden Fragen.

1. Was assoziieren Sie mit der Figur des Mephisto?
2. Wer ist Mephisto oder Mephistopheles? Woher kommt er?
3. Welche mittelalterliche Legende ist mit der Figur des Mephisto verbunden? Schlagen Sie eventuell in einem Lexikon nach!
4. Was berichtet die Bibel über den Teufel[6]? Wer war er eigentlich, und woher kam er?
5. Welche berühmten Dichter haben den Fauststoff neu bearbeitet?
6. In welches Tier verwandelt sich Mephisto in Goethes *Faust?*

Mephisto, Mephistopheles, Name des Teufels in GOETHES ›Faust‹, im ältesten Volksbuch noch *Mephostophiles* genannt, aber schon wiederholt vor Goethe in der heute üblichen Form, die vermutlich auf die hebr.[1] Wörter *mephir* ›Zerstörer‹, ›Verderber‹[2] und *tophel* ›Lügner‹[3] oder *Mephostophiel* ›Zerstörer des Guten‹ (?) zurückzuführen ist. Goethe vertiefte die volkstümliche Gestalt des M.A.[4] und gab seinem Teufel geistige Überlegenheit, weltmännische Gewandtheit[5] und zynischen Witz; auch ließ er ihn gesellschafts- und wissenschaftskritische Bemerkungen machen. Der Pakt zwischen dem Herrn und M. im Prolog ist Hiob, Kap. I, 6–12 nachgebildet. – Oper von A. BOITO (Text vom Komponisten); Uraufführung: Mailand 1868. W. H. ROSCHER: Ephialtes (1900); M. MORRIS in: Goethe-Jb., 22 und 23 (1901/02); A. DAUR: Faust und der Teufel (1950).

[1] *hebräisch* [2] *corruptor* [3] *liar* [4] Mittelalter [5] *elegance* [6] *devil*

B. Der rote Faden. Klaus Mann ist im folgenden Textausschnitt durch die Verbindung heiter beschwingter[1] und unheimlich drohender[2] Bilder eine äußerst intensive Charakterbeschreibung gelungen. Lesen Sie den Text einmal ganz durch und versuchen Sie, den roten Faden zu finden. Unbekannte Wörter, die keine Kognate oder Komposita sind und die Sie dazu brauchen, finden Sie in den Anmerkungen am Rand. Machen Sie dann die Aktivität „Nach dem Lesen: Globalverständnis".

[1] *lighthearted* [2] *sinister*

Aus Mephisto

Klaus Mann

Mit der Anmut des Tänzers gleitet Hendrik-Mephisto im eng anliegenden Kostüm aus schwarzer Seide über die Szene; mit einer spielerischen Akkuratesse, die verwirrt und verführt, kommen die verfänglichen Weisheiten, die dialektischen Scherze von seinem blutig gefärbten Munde, der immer lächelt. Wer zweifelt daran, daß der
5 schaurig elegante Spaßmacher sich in einen Pudel zu verwandeln vermag,° Wein aus ⟶ kann
dem Holz des Tisches zaubern° kann und auf seinem gespreizten Mantel durch die ⟶ conjure up
Lüfte fährt, wenn er Lust dazu verspürt? Diesem Mephisto wäre das Äußerste zuzutrauen. Alle im Saale fühlen: Er ist stark —stärker selbst als Gott der HERR, den er von Zeit zu Zeit gerne sieht und mit einer gewissen verächtlichen Courtoisie behandelt. Hat
10 er nicht Grund genug, ein wenig auf Ihn herabzusehen? Er ist viel witziger, viel wissender, jedenfalls ist er sehr viel unglücklicher als jener —und vielleicht ist er stärker eben darum: weil er unglücklicher ist. Der riesenhafte Optimismus des erhabenen Alten, der von den Engeln° sich selbst und die Schönheit seiner Schöpfung im dekla- ⟶ angels

15 matorischen „Wettgesang" lobpreisen läßt—die euphorische Gutmütigkeit des All-
vaters wirkt beinahe naiv und ehrwürdig-senil neben der furchtbaren Melancholie, der
eisigen Traurigkeit, in welche der satanisch gewordene Lieblingsengel, der Verfluchte
und zum Abgrund Gefahrene zuweilen, zwischen all seinen fragwürdigen Munterkei-
ten, plötzlich verfällt.° Welch ein Schauspieler geht durch das Auditorium des Berliner   *lapses into*
Staatstheaters, da Höfgen-Mephistopheles mit seinen grellen Lippen die Worte formt:

20 „ . . . Denn alles, was entsteht,
ist wert, daß es zu Grunde geht°;   *zu . . . dies*
drum besser wär's, daß nichts entstünde."

Nun bewegt er sich nicht mehr, der gar zu gewandte Harlekin. Nun steht er regungslos.°   *still, motionless*
Ist er vor Jammer erstarrt? Unter der bunten Landschaft aus Schminke haben seine
25 Augen jetzt den tiefen Blick der Verzweiflung.° Mögen die Engel frohlocken um Gottes   *despair*
Thron—sie wissen nichts von den Menschen. Der Teufel weiß von den Menschen, er
ist eingeweiht in ihre argen Geheimnisse, ach, und der Schmerz über sie lähmt seine
Glieder und läßt seine Miene versteinern zur Maske der Trostlosigkeit.

Klaus Mann
Mephisto
Roman einer Karriere

ro ro ro

«Ich bin genötigt, feierlich zu erklären: Mir lag nicht daran, die Geschichte eines bestimmten Menschen zu erzählen, als ich ‹Mephisto, Roman einer Karriere› schrieb. Mir lag daran, einen Typus darzustellen und mit ihm die verschiedenen Milieus (mein Roman spielt keineswegs nur im ‹braunen›), die soziologischen und geistigen Voraussetzungen, die einen solchen Aufstieg erst möglich machten... Mein Mephisto ist nicht dieser oder jener. In ihm fließen vielerlei ‹Züge› zusammen. Hier handelt es sich um kein ‹Porträt›, sondern um einen symbolischen Typus – der Leser wird beurteilen, ob auch um einen lebensvollen, dichterisch geschauten und gestalteten Menschen.»
Klaus Mann (1936)

Nach dem Lesen

A. Verständnis. Bringen Sie die folgenden Sätze in die Reihenfolge, in der die Informationen im Text erscheinen. *Achtung:* Zwei Sätze passen nicht, sie müssen übrig bleiben!

_____ Außerdem kann Mephisto auf seinem Mantel durch die Luft fahren.

_____ Denn der satanisch gewordene Lieblingsengel verfällt oft in Melancholie.

_____ Der schaurig[1] elegante Spaßmacher kann sich in einen Pudel verwandeln.

_____ Mephisto weiß nämlich, wie die Menschen wirklich sind.

_____ Mephisto spricht jetzt mit einem alten Mann im Saal.

_____ Mephisto kann auch Wein aus dem Holz des Tisches zaubern.

_____ Mephisto trägt auf der Bühne[2] ein schwarzes Kostüm.

_____ Mephisto lächelt immer, während er seine Scherze[3] macht.

_____ Mephisto ist stärker als Gott, aber unglücklicher.

_____ Mephisto steht jetzt still und sieht sehr traurig aus.

_____ Plötzlich steht ein Harlekin auf der Bühne.

[1] *sinister*   [2] *stage*   [3] *jokes*

B. Stichworte.[1] Beantworten Sie die folgenden Fragen in Stichworten. Lesen Sie dazu die entsprechenden Textstellen noch einmal. Vergleichen Sie dann Ihre Stichworte mit einem Partner/einer Partnerin.

1. Wie sieht Mephisto aus, als er die Bühne betritt?
2. Wie ist Mephisto im Vergleich zu Gott?
3. Wie wird Mephistos Melancholie den Lesern vermittelt[2]?

---

[1] *key words*   [2] *conveyed*

C. Intensives Lesen. Lesen Sie den Text jetzt intensiv, um die folgenden Fragen zu beantworten. Benutzen Sie dazu das „Kleine Wörterbuch".

1. Womit verwirrt und verführt Mephisto? Wen verführt er?
2. Wie behandelt Mephisto Gott?
3. Wie werden Gott und die Engel beschrieben?
4. Was steht in der Bibel über den „satanisch gewordenen Lieblingsengel" (Zeile 16)?
5. Warum ist Mephisto so verzweifelt?
6. Welche Philosophie steckt hinter dem Goethe-Zitat (Zeile 20–22)?
7. Wie wird Mephisto insgesamt dargestellt? Aussehen, Charakter, Gefühle?

Kleines Wörterbuch

die Anmut grace, charm
arg evil
die Courtoisie courtesy, grace
ehrwürdig venerable
eingeweiht sein in to know about
eisig icy
erhaben sublime
erstarrt frozen, paralyzed
frohlocken to rejoice, jubilate
gespreizt spread out
gewandt elegant, versatile
gleiten to glide
das Glied limb
grell loud, garish
die Gutmütigkeit good-naturedness
der Jammer distress, despair
lähmen to paralyze; to cripple
lobpreisen to praise
die Miene countenance
die Munterkeit gaiety
riesenhaft huge
der Saal auditorium
schaurig horrible, sinister
die Schöpfung creation
die Szene stage, scene
die Trostlosigkeit desolation, hopelessness

verächtlich scornful, contemptuous
verfänglich insidious
verfluchen to curse
verführen to tempt; to lead astray
verspüren to feel
versteinern to turn into stone, petrify
verwirren to confuse
die Weisheiten wise remarks
zuweilen sometimes
zweifeln to doubt

D. Literatur als Zeitdokument.

1. Die Figur des Mephisto ist sehr symbolisch. Wen „verführt" (Zeile 3) er in der Literatur? Wer wurde im Dritten Reich „verführt"?
2. Höfgen wird im Roman als „Komödiant"[1] bezeichnet, das Hitler-Regime als „komödiantisch". Was ist damit gemeint? Wem wurde damals etwas vorgespielt und was?
3. Der Schauspieler Hendrik Höfgen hilft im Roman politisch Verfolgten. Welche dritte Ebene der Verführung oder Täuschung[2] gibt es damit?
4. Warum hält Klaus Mann die Karriere des Schauspielers Hendrik Höfgen im Dritten Reich für so typisch?
5. Klaus Mann benutzt das Adjektiv „blutig", um die Farbe von Mephistos Mund zu beschreiben (Zeile 4). Warum?
6. Wie zeigt sich, daß Mephisto nicht nur eine rein „teuflische" Figur ist? Welche Seiten hat er noch?
7. Warum hat Klaus Mann gerade dieses Zitat aus Goethes „Faust" in den Text integriert?
8. Wie wird die Religion hier dargestellt? Gibt es etwas, das so eine ketzerische[3] Darstellung erklären, vielleicht sogar rechtfertigen kann?
9. Wie wirkt Mephisto auf Sie, total negativ, positiv, zwiespältig? Warum?

---

[1] *ham actor* (derogatory expression)   [2] *deception*   [3] *heretical*

Aktivitäten

A. Gruppenarbeit. Was sagt man, wenn einem Freund /einer Freundin etwas sehr Schönes passiert ist? Arbeiten Sie in Kleingruppen und machen Sie zwei Listen: fünf schöne Ereignisse und was man dazu sagt.

> BEISPIEL: Ein Freund bekommt ein tolles Stipendium.
> Das ist ja super! Du hast das aber auch wirklich verdient!

B. Was passiert? Schreiben Sie den Text zu diesem Cartoon.

C.   Wie war das? Sprechen Sie in Kleingruppen über die folgenden Situationen. Erzählen Sie! Was ist passiert? Wie haben Sie sich damals gefühlt? Was fühlen Sie jetzt, wenn Sie daran denken?

— der erste Kuß (aber nicht der von Mami)
— der letzte Tag in der Oberschule
— etwas Peinliches ist passiert
— die erste Nacht in der neuen Wohnung oder im neuen Zimmer
— eine Begegnung mit der Polizei

— eine Sportverletzung
— die schönste Stunde Ihres Lebens
— eine schwierige Entscheidung
— eine gefährliche Situation
— Sie haben gelogen

D.   Negative Ereignisse. Beschreiben Sie der Klasse ein Ereignis oder eine Begebenheit, auf die Sie negativ reagiert haben. Erklären Sie: Was war das Ereignis? Wer spielte dabei eine Rolle? Warum haben Sie negativ reagiert? Was haben Sie enttäuschend gefunden?

E.   Wie war das damals? Sprechen Sie mit einem älteren Menschen, der sich an den Zweiten Weltkrieg erinnert. Wie hat er/sie sich damals gefühlt? Warum? Fühlt er/sie sich heute anders? Warum? Was hat er/sie dabei gelernt?

SPRECHAKTE

Freude/Überraschung ausdrücken: Fantastisch!

SUSANNE: Du, Peter! Ich habe für heute abend zwei Karten für „Don Carlos". Hast du Lust, mit in die Oper zu gehen?

PETER: Zu „Don Carlos"! Fantastisch! Du, das ist aber lieb von dir, mich einzuladen.

SEKRETÄRIN: Herr Marwitz? Ich habe ein Ferngespräch für Sie aus Ingolstadt.

HERR MARWITZ: Aus Ingolstadt? [*zu seiner Frau*] Das gibt es ja gar nicht! Das muß mein Vetter Reinhardt sein. Er ruft fast nie an.

POLIZIST: Herr Koch, wir haben Ihren Wagen gefunden, unbeschädigt. Wahrscheinlich nur zum Scherz gestohlen.

HERR KOCH: Ah, Gott sei dank! Da bin ich aber froh. Ich dachte, ich hätte ihn zum letzten Mal gesehen.

Was sagt man?

FREUDE	ÜBERRASCHUNG
Prima / Fantastisch / Toll!	Na, sowas! / Ist das wahr?
Sagenhaft / Klasse!	Unglaublich! / Stimmt das denn? / Wirklich?
Ich freue mich / Ich bin sehr froh (daß) . . .	Das überrascht mich. / Das kann nicht wahr sein!
Das ist aber schön / nett!	Das hätte ich nicht gedacht . . .

Variationen

Spielen Sie!

1. Ihre Mutter ruft an, um zu sagen, ein alter Freund aus der Schule käme morgen zu Besuch. Sie freuen sich riesig darüber.
2. Sie bekommen im Deutschunterricht eine gute Note; das ist für Sie eine große Überraschung.
3. Ihr Freund gewinnt bei einem Aufsatzwettbewerb zum Thema „Deutsche Kultur in Amerika" den ersten Preis — einen Zwei-Wochen-Aufenthalt in der Bundesrepublik.

Und jetzt zu Ihnen!

1

A: Sie hatten einen Autounfall. Ihnen ist nichts passiert, aber Ihr neues Auto sieht übel aus. Weil Sie schuld an dem Unfall waren, bezahlt Ihre Versicherung nichts. Die Reparatur kostet mindestens 1000,— DM. Sie sind aber total pleite, weil Sie Ihr ganzes Geld für das neue Auto ausgegeben hatten. Versuchen Sie, Ihren Freund / Ihre Freundin anzupumpen.

B: Ihr Freund / Ihre Freundin versucht immer, bei Ihnen Geld zu leihen, weil er/sie weiß, daß Sie ziemlich viel Geld haben. Sie haben aber nur deshalb soviel Geld, weil Sie nicht immer alles gleich ausgeben, im Gegensatz zu Ihrem Freund / Ihrer Freundin. Erst vor kurzem hat er/sie sich ein schickes neues Auto gekauft, eigentlich viel zu teuer für ihn/sie, aber er/sie muß ja immer das Neueste haben.

2

A: Sie gewinnen in der Lotterie viel Geld. Das ist eine Überraschung, und Sie wissen noch nicht, was Sie mit dem Geld machen sollen.

B: Ihr Freund / Ihre Freundin gewinnt in der Lotterie viel Geld. Gratulieren Sie und helfen Sie ihm/ihr planen, was er/sie mit dem Geld machen soll.

WORTSCHATZ

Geschichtliches (n.)   *historical matters*

Was wissen Sie über die Geschichte Ihres Landes?

Was wissen Sie über europäische Geschichte?

Welche historische Periode finden Sie am interessantesten?

Haben Sie die deutsche Geschichte in den letzten Jahren verfolgt? Welche großen Veränderungen hat es gegeben?

Das wissen Sie schon:

die Geschichte
die Propaganda

damals
danach

dauern (gedauert)
geschehen (geschieht, geschah, ist geschehen)

Das ist neu:

das Altertum   antiquity; early history
der Angriff, -e   attack
das Berufsheer, -e   standing army
die Dauer   duration
der Einmarsch, ̈e   invasion
der Entschluß, Entschlüsse   decision
der Erfolg, -e   success
die Eroberung, -en   conquest
die Gegenwart   present
der Gegner, - / die Gegnerin, -nen   opponent
die Gewalt   violence; power
das Mittelalter   Middle Ages

ewig   eternal
fortwährend   constant, continual
geschichtlich   historical

besetzen (besetzt)   to occupy
sich ereignen (ereignet)   to take place, happen
an die Macht kommen (kommt, kam, ist gekommen)   to come to power
vorkommen (kommt . . . vor, kam . . . vor, ist vorgekommen)   to happen

der Dreißigjährige Krieg   Thirty Years War (1618–1648)
das Dritte Reich   Third Reich
der (Versailler) Vertrag   treaty (of Versailles)
der Erste/Zweite Weltkrieg   First/Second World War

die Zukunft

früher
lange

passieren (passiert)
vergehen (vergeht, verging, ist vergangen)

die Neuzeit   modern times
der Sieger, - / die Siegerin, -nen   winner, victor
der Überfall, ̈e   attack
der Umstand, ̈e   circumstance
der / die Verbündete, -n   ally
die Vergangenheit   past
der Verlierer,- / die Verliererin, -nen   loser
die Volksabstimmung, -en   plebiscite
die Vorbereitung, -en   preparation
die Wehrmacht   armed forces
das Zeitalter, -   age, epoch

heutig   modern, contemporary
künftig   future
längst   for a long time

Film (m.); Filmkunst (f.)   *film; cinematic art*

Gehen Sie gerne ins Kino? Was für Filme mögen Sie am liebsten? Krimis, Zeichentrickfilme, Abenteuerfilme oder Liebesfilme?

Glauben Sie, daß Filme Kunstwerke sind?

Fotografieren Sie viel? Welche Motive interessieren Sie dabei am meisten?

Das wissen Sie schon:

der Farbfilm, -e
die Kamera, -s
das Kino, -s
die Kopie, -n

fotographieren (fotographiert)
eine Rolle spielen

der Schauspieler, - / die Schauspielerin, -nen
der Schwarzweißfilm, -e
der Star, -s
der Ton, ̈e

Das ist neu:

der (Elektronen-)Blitz, -e (electronic) flash
das Dia, -s slide
der Diafilm, -e slide film
die Filmkamera, -s movie camera
die Filmkunst, ̈e cinematic art
der Fotoapparat, -e camera
der Kleinbildfilm, -e 35-mm film
der Kurzfilm, -e short film
die Leinwand, ̈e screen

die Regie direction
der Regisseur, -e / die Regisseurin, -nen director
der Spielfilm, -e feature film
der Stummfilm, -e silent movie
der Untertitel, - subtitle
die Vergrößerung, -en enlargement
der Vorspann, ̈e opening credits
der Zeichentrickfilm, -e cartoon

einen Abzug von jedem Bild machen lassen to have a copy made of each picture
einen Film drehen (gedreht) to make a movie
einen Film vorführen (vorgeführt) to show a movie
Welcher Film läuft (denn) heute? Which movie is playing today?

Religion (f.); Mythos (m.)   *religion; myth*

Welche verschiedenen Religionen kennen Sie? Welcher Religion gehören Sie an? Auf welche Ideen gründet sich Ihre Religion? Was halten Sie davon?

Glauben Sie, daß Religion nicht mehr in die moderne Welt gehört?

Was ist der Unterschied zwischen Religion und Mythos?

Das wissen Sie schon:

der Glaube
(der) Gott
das Ideal, -e

die Idee, -n
die Kathedrale, -n
die Kultur, -en

der Mythos, Mythen
die Religion, -en
die Schuld

der Sinn
der Wille
die Wirkung, -en

böse

grundsätzlich

religiös

bitten (bittet, bat, gebeten)
erkennen (erkennt, erkannte, erkannt)
glauben (an) (geglaubt)

Angst haben (vor) (gehabt)

zur/in die Kirche gehen (geht, ging, ist gegangen)

Das ist neu:

die Annahme, -n assumption
das Bewußtsein consciousness
das Dasein existence
das Gebet, -e prayer
der Geist spirit; intellect
das Kreuz, -e cross, crucifix
die Messe, -n mass
das Opfer, - sacrifice
das Schicksal, -e fate, destiny

die Ursache, -n reason
der Ursprung, ̈e origin
das Urteil, -e judgment, verdict
die Vernunft reason
das Vertrauen trust
das Wesen, - nature, essence
der Zufall, ̈e coincidence
der Zweck, -e purpose
der Zweifel, - doubt

seelisch emotional; psychological
sinnlos senseless, pointless

ursprünglich original; initial
wesentlich essential

Radio (n.); Presse (f.)   *radio; press*

Was halten Sie von der Pressefreiheit? Welche Funktion erfüllen Radio und Presse?

Was für Eigenschaften sollte ein guter Journalist/eine gute Journalistin haben?

Das wissen Sie schon:

der Absatz, ¨e
der Artikel, -
die Bibliothek, -en
das Buch, ¨er
die Buchhandlung, -en
das Ereignis, -se
der (Radio-)Hörer
der Journalist, -en / die Journalistin, -nen

der Leser, - / die Leserin, -nen
das Mikrophon, -e
das Papier, -e
der Reporter, - / die Reporterin, -nen
die Wochenzeitung, -en
das Wort, ¨er *oder* **-e**
die Zeile, -n
die (Tages-)Zeitung, -en

laut
leise

erscheinen (erscheint, erschien, ist erschienen)
zuhören (zugehört)

Das ist neu:

der Abschnitt, -e   section; paragraph
der Aufsatz, ¨e   essay
das Blatt, ¨er   sheet; leaf
die Bücherei, -en   library
das CD-Gerät, -e   CD player
der Hi-Fi-Turm, ¨e   component stereo system
die Illustrierte, -n   magazine
die Meldung, -en   report; announcement
die Nachrichten   news
die Pressefreiheit   freedom of the press
der Rundfunk   broadcasting; radio

die Schallplatte, -n   record
die Schlagzeile, -n   headline
die Tatsache, -n   fact
das Tonbandgerät, -e   tape recorder
der Verstärker, -   amplifier
der Wetterbericht, -e   weather report
die Zeitansage, -n   time check
der Zeitungskiosk, -e   newsstand

aktuell   current
langweilig   boring
spannend   exciting; thrilling

eine Zeitung/Zeitschrift/Illustrierte abonnieren (abonniert)   to subscribe to a
   newspaper/news magazine/magazine
veröffentlichen (veröffentlicht)   to publish

Es steht in der (heutigen) Zeitung.   It's in (today's/the) paper.

Sprechakte

Es stört mich sehr, wenn ich Unsinn in der Zeitung lese!   It bothers me very
   much to read nonsense in the paper.
**Wir bedauern es sehr, aber wir können leider nicht zu deiner Party
   kommen.**   We are very sorry, but we can't come to your party.
Scheußlich, dieses Regenwetter!   This rainy weather is terrible!
Das finde ich ganz toll, daß du uns besuchen kommst!   I think it's great that
   you'll visit us!

STRUKTUREN

14.1 PARTIZIPIEN 2: Erweiterte Partizipialgruppe
Adding Action and Detail to a Description

A. Verwendung

In English, a relative clause describing a noun may often be shortened by dropping the relative pronoun and the conjugated auxiliary verb.

> The people (who are) living next door are never home.

The phrase *living next door* closely resembles an adjectival phrase since it specifies a quality or an attribute of the noun it refers to (*the people*). In German, such phrases are treated structurally as adjectives; that means they precede the noun they refer to, and the participle (the *-ing*-form in English) has adjective endings.

> Die **nebenan wohnenden** Leute sind nie zu Hause.

Note that in German the extended adjectival phrase comes between the article **die** and the noun **Leute.** This phrase may be rewritten as a relative clause.

> Die Leute, **die nebenan wohnen,** sind nie zu Hause.

To understand the extended adjectival phrase, the reader needs to sense what the tense and the voice in the corresponding relative clause would be. The form of the participle (present or past) together with the presence or absence of an accusative object provide the necessary clues.

A phrase with a present participle (such as **bearbeitend**) conveys the meaning of a verb in the active voice and in the same tense as the verb of the main clause.

> Der **meinen Antrag bearbeitende** Beamte war höchstens 30 Jahre alt.
> Der Beamte, **der meinen Antrag bearbeitete,** war höchstens 30 Jahre alt.

A phrase with a past participle (such as **gefunden**—a transitive verb, one that can take an accusative object) conveys the meaning of a verb in the passive voice.

> Die **im Keller gefundene** Vase war mindestens tausend Jahre alt.
> Die Vase, **die im Keller gefunden wurde,** war mindestens tausend Jahre alt.

When the past participle is an intransitive verb of movement (such as **eingetroffen**), then the corresponding verb phrase (with the auxiliary **sein**) is in the active voice and one tense earlier than the verb of the main clause. That means when the verb of the main clause is in the present tense, the verb of the relative clause is in the simple past or perfect tense; when the verb of the main clause is in the past tense, the verb of the relative clause is in the past perfect tense.

Der um 8 Uhr eingetroffene Zug **fährt** um 8.30 Uhr weiter.
Der Zug, der um 8 Uhr **eingetroffen ist, fährt** um 8.30 Uhr weiter.

Der um 8 Uhr eingetroffene Zug **fuhr** um 8.30 Uhr weiter.
Der Zug, der um 8 Uhr **eingetroffen war, fuhr** um 8.30 weiter.

B. Das Erkennen erweiterter Partizipialkonstruktionen

You can recognize that an extended adjectival phrase has been inserted when an article is followed not by an adjective or a noun but by another article, a preposition, or an adverb. For example:

Sie gab mir **einen in** ein Taschentuch eingewickelten Gegenstand.
Das ein bißchen zu schnell fahrende Auto geriet in der Kurve ins Schleudern.
Bei **dem schon** monatelang dauernden Streik ist immer noch kein Ende
    abzusehen.

Next, find the participle that concludes the construction, and then put the whole phrase behind the noun to further clarify meaning. Note that in German the participle comes immediately before the noun.

einen in ein Taschentuch *gewickelten* **Gegenstand**
einen Gegenstand, in ein Taschentuch **gewickelt**
an object *wrapped* in a handkerchief

das ein bißchen zu schnell *fahrende* **Auto**
das Auto, das ein bißchen zu schnell **fuhr**
the car that *was going* a little too fast

dem schon monatelang *dauernden* **Streik**
dem Streik, der schon monatelang **dauerte**
the strike that **had lasted** for months already

14.2 *DA-* ALS KORRELAT

da- as Correlative: When a Clause Is the Object of a Preposition

A number of verbs require a particular preposition, such as **denken an** (*to think of*) and **abhängen von** (*to depend on*).* The object of the preposition may be a noun, a pronoun, or a clause.

Ich **denke** oft **an** meine Schwester.	*I often think of my sister.*
Ich **dachte daran,** daß wir ja heute noch etwas arbeiten wollten.	*I was thinking of the fact that we wanted to get some work done today.*

---

* See **Strukturen 12.4** for a list of those verbs.

When the object is a clause introduced by **daß, ob,** or **wie** or a dependent infinitive clause, often a **da-**compound occurs in the main clause emphasizing the fact that the object of the preposition is a clause.

Sie konnte sich nicht mehr **daran** erinnern, wie sie in dieses Haus gekommen war.	*She could no longer remember how she had gotten into this house.*
Es hängt **davon** ab, wieviel Geld wir haben.	*It depends on how much money we've got.*
Er fürchtete sich **davor,** nachts allein gelassen zu werden.	*He was afraid to be left alone at night.*
Er wartete verzweifelt **darauf,** endlich nach Hause gehen zu können.	*He was waiting desperately to finally be able to go home.*

14.3 PRÄPOSITIONEN 3: Dativ
Dative: Expressing Movement, Relationships of Time, Possession, and Feelings

The following prepositions govern the dative case: **aus** (*from*), **außer** (*except*), **bei** (*at; near; with*), **gegenüber** (*across*), **mit** (*with*), **nach** (*after*), **seit** (*since*), **von** (*of*), and **zu** (*to*).

Dieses Bild stammt **aus dem** 16. Jahrhundert.	*This painting is from the 16th century.*
Hans ist dieses Wochenende **bei seinen** Eltern.	*Hans is at his parents' place this weekend.*
Nach der Vorlesung gab es Käse und Wein.	*After the lecture, there was wine and cheese.*

A. *aus*

The preposition **aus** is used to refer to (1) a movement out of a place, (2) the time or place someone or something comes from, (3) the material something is made of, and (4) to refer to emotions and other psychological states that describe the reason for an action.

1. Sie nahm den Brief **aus** der Schublade.	*She took the letter out of the drawer.*
2. Seine Familie kam ursprünglich **aus** Norwegen.	*His family originally came from Norway.*
3. Die Ohrringe sind **aus** Gold.	*The earrings are made of gold.*
4. Aus Furcht, erkannt zu werden, verließ er die Stadt.	*He left town for fear of being recognized.*

Note that in (3) and (4) no article is used.

B. außer

The preposition **außer** is used to refer to an exception.

Außer etwas Suppe konnte er nichts essen.	*He couldn't eat anything except for some soup.*

Außer is also used in the following idiomatic expressions.

Er war ganz **außer Atem.**	*He was completely out of breath.*
Der Fahrstuhl ist **außer Betrieb.**	*The elevator is out of order.*
Die Stadt war **außer Gefahr.**	*The town was out of danger.*
Das steht **außer Zweifel.**	*That is beyond doubt.*
Er war **außer sich** vor Wut.	*He was beside himself with anger.*

C. bei

The preposition **bei** is used to refer to (1) a place in the vicinity of another place and (2) an actual or figurative place where someone is. With nouns derived from verbs, **bei** signals that two actions or events are happening at the same time (3).

1. Freising liegt **bei** München.	*Freising is near Munich.*
Wir wohnen **beim** Bahnhof.	*We live near the station.*
2. Sie arbeitet **bei** Siemens.	*She works for Siemens.*
Meine Tochter wohnt jetzt **bei** ihrer Tante.	*My daughter now lives with her aunt.*
3. Er hatte sich **beim** Rasieren geschnitten.	*He cut himself while shaving.*
Beim Essen spricht man nicht.	*Don't speak while you eat.*

The preposition **bei** is also used in the following idiomatic expressions.

Ich nehme dich **beim Wort.**	*I'll take you at your word.*
Wir schlafen **bei offenem Fenster.**	*We sleep with the windows open.*
Ich habe kein Geld **bei mir.**	*I have no money on me.*

D. gegenüber

The preposition **gegenüber** is used to refer to a place that is across from another place. **Gegenüber** usually comes after the noun or pronoun it refers to, but it may also precede a noun.

Das Postamt liegt dem Dom **gegenüber.**	*The post office is across from the cathedral.*
Die Bank liegt **gegenüber** der Tankstelle.	*The bank is across from the gas station.*
Ihre Eltern saßen mir **gegenüber.**	*Her parents sat across from me.*

E. *mit*

The preposition **mit** is used to refer to (1) an actual or figurative connection or being together and (2) the means or the instrument with which something is done.

1. Ich habe **mit** meinen Freunden oft Fußball gespielt.	*I used to play soccer often with my friends.*
Ich habe mich immer gut **mit** ihr verstanden.	*I always got along well with her.*
2. Fahren wir doch **mit** dem Zug nach Rom!	*Why don't we go to Rome by train?*
Im Winter heizen wir meistens **mit** Holz.	*In winter we usually heat with wood.*

Mit is also used in the following idiomatic expressions.

Er tat es **mit Absicht.**	*He did it intentionally.*
Sie schrieb den Brief **mit der Hand.**	*She wrote the letter by hand.*
Mit 55 ging er in Pension.	*He retired at the age of 55.*

F. *nach*

The preposition **nach** is used to describe travel to cities, countries, and continents that are neuter in gender.* It is also used to describe movement toward the points of the compass and other directions and in the phrase **nach Hause.**

Morgen fahren wir **nach** Düsseldorf.	*Tomorrow we'll go to Düsseldorf.*
Ich möchte schon lange mal **nach** Afrika.	*I'v always wanted to go to Africa.*
Sie fuhren drei Tage lang **nach** Norden.	*They went north for three days.*
An der Ampel müssen Sie **nach** links gehen.	*At the light, you want to take a left.*
Ich gehe jetzt **nach** Hause.	*I'm going home now.*

With reference to time, **nach** means *after.* **Nach** is used without an article with religious holidays, clock time, the days of the week, the names of the months, and with **Anfang** and **Ende.**

Dieses Jahr fahren wir erst **nach** Ostern in Urlaub.	*This year we'll go on vacation after Easter.*
Nach Anfang der Vorstellung wird niemand mehr eingelassen.	*Nobody will be let in after the show has begun.*
Nach dem Essen gehen wir spazieren.	*After the meal we'll go for a walk.*

---

* To describe travel to cities and countries that are feminine, masculine, or plural, the preposition **in** + *accusative* is used: **in die Türkei** (*to Turkey*), **in den Iran** (*to Iran*), **in die Niederlande** (*to the Netherlands*).

The preposition **nach** is also used to mean *according to;* **nach** is then usually placed behind the noun it refers to.

Meiner Meinung **nach** könnte man schneller arbeiten.	*In my opinion they could work faster.*
Ihrer Karte **nach** müßte sie schon wieder zurück sein.	*According to her postcard she probably is back by now.*
Den neuesten Forschungen **nach** ist Zucker nicht so schädlich wie früher angenommen.	*According to recent research, sugar is not as harmful as previously thought.*

G. *seit*

The preposition **seit** is used to refer to an action or an event begun in the past and continuing into the present. **Seit** can refer to a point of time (with the meaning of *since*) or a period of time (*for*). In English, the present perfect tense (continuous form) is normally used with *since* or *for;* in German, the present tense is normally used with **seit.** In addition, the adverb **schon** often occurs with **seit.**

Seit wann wohnt ihr **schon** hier?	*Since when have you been living here?*
Wir wohnen **schon seit** einem Jahr hier, um genauer zu sein, **seit** August letzten Jahres.	*We've been living here for a year; since August of last year to be exact.*

H. *von*

The preposition **von** expresses (1) the place from which something or someone is coming or moving, (2) the agent in a passive sentence; in addition (3), **von** substitutes for the genitive case.

1. Von der Uni bin ich in 10 Minuten zu Hause.	*It takes me 10 minutes to get home from the university.*
Der Regen tropfte **vom** Dach.	*Rain was dripping from the roof.*
Nimm die Füße **vom** Tisch!	*Take your feet off the table!*
2. Er wurde **von** ihm verraten.	*He was betrayed by him.*
Sie wurde **von** einem Ball am Kopf getroffen.	*She was hit on the head by a ball.*
3. Der Präsident **von** Frankreich kam zu Besuch.	*The president of France came to visit.*
Das ist eine Schallplatte **von** meinem Freund.	*This is one of my friend's records.*

The preposition **von** is often used with **aus** to express a location and with **an** to express a time that serves as the focal point of an action or an event.

Von der Kirchturmspitze **aus** kann man die Berge sehen.	*From the top of the bell tower you can see the mountains.*
Vom Bahnhof **aus** sind es noch zwei Kilometer zum Haus.	*From the train station it's two kilometers to the house.*
Von heute **an** stehen wir früh auf.	*From today on we'll get up early.*
Er wußte **von** Anfang **an** Bescheid.	*He knew from the beginning what was going on.*

I. *zu*

The preposition **zu** (1) indicates the place to which someone or something is moving, (2) refers to specific points in time (with article) and religious holidays (without article), (3) expresses an aim or a goal (*in order to*), with nouns derived from verbs, (4) expresses a feeling or sentiment, (5) refers to the result of an action, and (6) expresses numerical relationships.

1. Morgen kommen wir **zu** dir.	*Tomorrow we'll come to your place.*
Ich gehe **zum** Fluß hinunter.	*I'm going down to the river.*
2. Wir wünschen dir alles Gute **zum** Geburtstag!	*We wish you all the best for your birthday! (Happy birthday!)*
Zu Weihnachten hat es gar nicht geschneit.	*It didn't snow for Christmas.*
3. Zum Beweis möchte ich nur folgendes sagen:	*As proof I'd just like to say the following:*
4. Ich bin hier nicht **zu** meinem Vergnügen.	*I'm not here for my own pleasure.*
5. Endlich kommen wir **zu** einem Entschluß.	*Finally we're coming to a decision.*
6. Im letzten Spiel verloren wir 1 : 3 (eins **zu** drei).	*The last game we lost 1 to 3.*
Ich sage das jetzt **zum** ersten und **zum** letzten Mal.	*I'll say it for the first and last time.*
Geben Sie mir 10 Briefmarken **zu** 60 Pfennig!	*Please give me ten 60-cent postage stamps!*

The preposition **zu** is also used in the following idiomatic expressions.

Er war **zu Hause.**	*He was (at) home.*
Sie kamen **zu Besuch.**	*They came for a visit.*
Wir sind hier **zu Gast.**	*We're here as guests.*
Gehen wir doch **zu Fuß!**	*Let's walk!*
Sie kam uns **zu Hilfe.**	*She came to help us.*
Er aß nichts **zu Abend.**	*He didn't eat anything for supper.*

14.4 ZEITENFOLGE: Vergangenheit und Gegenwart

Past Time: Sequence of Events in a Narration

A. Erzählte Welt (Vergangenheit)

The main tense in written narrations is the past tense **(Präteritum).** The past tense takes a neutral perspective in regard to time; it focuses attention on the gradual development of the story line, establishing a linear sequence of events. When this linear sequence of events is broken for the purposes of reaching back into the past or forward into the future, two other tenses are used. Reflections on a time preceding the time of the story line are in the past perfect tense **(Plusquamperfekt),** whereas assumptions about a time following the time of the story line are in the conditional **(Konditional).**

Rainer stand vor der Haustür und klopfte. Es regnete. Rainer fror. Zwei Stunden vorher **hatte** er noch gemütlich zu Hause **gesessen** und **ferngesehen.** Und jetzt stand er hier und wartete darauf, daß man ihm **aufmachen würde.** Plötzlich wußte er gar nicht mehr, warum er **hergekommen war.** Er wußte nur noch, daß gleich die Tür **aufgehen würde** und er irgendetwas sagen **müßte,** erklären **müßte,** warum er nun doch **gekommen war.** Aber es fiel ihm nichts ein. Er stand nur da und zitterte. Da ging die Tür auf . . .

Rainer stood before the front door and knocked. It was raining. Rainer was freezing. Two hours earlier he had been sitting comfortably at home watching television. And now he stood here and was waiting for someone to open the door. Suddenly he no longer knew why he had come. He only knew that very soon the door would open and that he would have to say something, that he would have to explain why he had come after all. But nothing occurred to him. He just stood there trembling. Then the door opened . . .

In the preceding text, the story line evolves from the time Rainer arrived at the door to the time when the door opened. The verbs that describe the development of this story line are in the past tense. The verbs that are in the past perfect tense refer to a time before, when Rainer was still at home watching TV; the verbs in the conditional refer forward to a time after, to something that had not taken place yet. To express the time before, German uses the simple past tense of the auxiliary **(hatte/war)** plus a past participle; and to express the hypothetical time after, German uses **würde** + *infinitive*. English uses the equivalent verb forms: *had come, would open.*

B. Erlebte Welt (Gegenwart)

In everyday conversation the present tense **(Präsens)** is the neutral tense that is used to describe ongoing events, and the perfect tense **(Perfekt)** is used to tell about events that happened earlier. In German, the present tense is also commonly used to refer to events in the time after, to events that have not happened yet; the future tense is used only for emphasis. The relationship of the tenses in past and present narration is summarized in the following table.

	ERLEBTE WELT GEGENWART	ERZÄHLTE WELT VERGANGENHEIT
Rückschau (*früher*)	Perfekt er hat gegessen	Plusquamperfekt er hatte gegessen
Neutrales Tempus (*jetzt*)	Präsens er ißt	Präteritum er aß
Vorausschau (*später*)	Präsens (Futur) er ißt (er wird essen)	Konditional er würde essen

15

Deutsche Perspektiven

Warten auf den Abriß der Mauer.

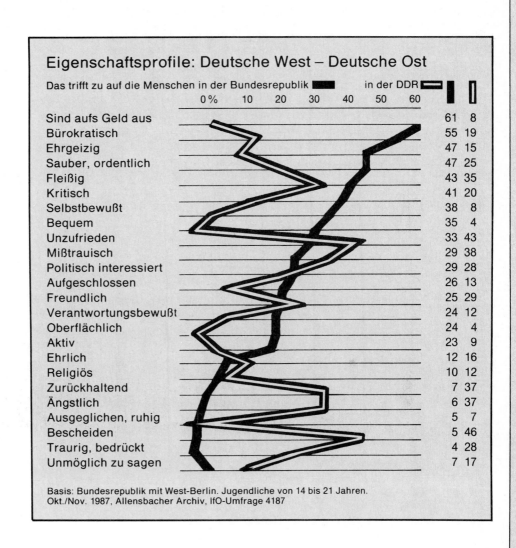

Eigenschaftsprofile: Deutsche West – Deutsche Ost

Das trifft zu auf die Menschen in der Bundesrepublik ■ in der DDR □

	0 %	10	20	30	40	50	60	BRD	DDR
Sind aufs Geld aus								61	8
Bürokratisch								55	19
Ehrgeizig								47	15
Sauber, ordentlich								47	25
Fleißig								43	35
Kritisch								41	20
Selbstbewußt								38	8
Bequem								35	4
Unzufrieden								33	43
Mißtrauisch								29	38
Politisch interessiert								29	28
Aufgeschlossen								26	13
Freundlich								25	29
Verantwortungsbewußt								24	12
Oberflächlich								24	4
Aktiv								23	9
Ehrlich								12	16
Religiös								10	12
Zurückhaltend								7	37
Ängstlich								6	37
Ausgeglichen, ruhig								5	7
Bescheiden								5	46
Traurig, bedrückt								4	28
Unmöglich zu sagen								7	17

Basis: Bundesrepublik mit West-Berlin. Jugendliche von 14 bis 21 Jahren.
Okt./Nov. 1987, Allensbacher Archiv, IfO-Umfrage 4187

Was könnte Bundesbürgern, die in die ehemalige DDR reisen, auffallen? Was ist anders, was sieht anders aus? Was könnte ehemaligen DDR-Bürgern, die in die Bundesrepublik kommen, auffallen? Was gibt es dort (nicht)?

LESETEXT: Beiderlei Deutsche—zweierlei Deutsche

Der folgende Text ist ein Auszug aus einem Bericht der Wochenzeitung *Die
Zeit*. Der Titel des Berichts lautet[1] „Beiderlei Deutsche—zweierlei Deutsche"
und beschäftigt sich mit dem Verhältnis zwischen Bürgern der Bundesrepublik
und der DDR.

    Während vor dem 9. November 1989 Begegnungen zwischen Deutschen
beider Staaten eher selten vorkamen, sind sie jetzt nach der Beseitigung der
Grenzen alltäglich. Tausende von Westdeutschen besuchen die ehemalige DDR
und umgekehrt. An der grundsätzlichen Problematik hat sich wenig geändert,
und andere Reibungspunkte[2] sind dazugekommen.

---

[1] *reads*   [2] *points of friction*

Vor dem Lesen

Damals und heute. Der Untertitel des Artikels ist „Wie ‚Westis' und DDR'ler
einander begegnen—Szenen und Beobachtungen". Was glauben Sie, welche
Gefühle hatten Bundesbürger, die früher in die DDR reisten? Was hat sich jetzt
vielleicht geändert? Wie verhielten sie sich, und warum? Wie ist das jetzt?
Benutzen Sie die Schlüsselwörter als Denkanstöße.

Angst	Sensationslust	Wut
Mißtrauen	Neid	Vorsicht
Freude	Abenteuerlust	Rücksichtnahme
Neugier	Verachtung	Rücksichtslosigkeit
Mitleid	Langeweile	Frechheit
Interesse	Arroganz	

Lesen Sie jetzt den folgenden kurzen Text.

„Ihr besichtigt uns wie Neger"

Bei der ersten Fahrt durch Ost-Berlin sagte ein Hamburger Kollege: „Man merkt
gleich, daß man im Osten ist. Woran liegt das?"

    Man merkt es an den Autos, zum Beispiel. Eine Stadt, durch die vor allem der
DDR-Kleinwagen „Trabant" rollt, sieht anders aus als eine, in der VW, Opel und Mer-
5 cedes fahren. Außerdem merkt man es an den anderen Namen: Ernst-Thälmann-Straße,
Leninallee, Marx-Engels-Forum. Dann die Neubauten. „Aber ist das nicht wie Neue
Heimat?" Noch so ein ungeschriebenes Gesetz für Westdeutsche Besucher: für DDR-
Negativa gleich entsprechende Sünden° aus dem Westen parat zu haben, um die   *sins*

eigene Kritik abzuschwächen.° Westdeutsche haben ihre Probleme mit denen aus der DDR. Bis in die intimsten Ost-West-Beziehungen hinein bleibt der Westdeutsche im Zweifel, ob er um seiner selbst willen geliebt wird oder ob nur die Exotik des bundes-deutschen Passes ihn so anziehend° macht. Die aus der DDR hingegen fühlen sich von denen aus der Bundesrepublik ständig mißverstanden: entweder wir beurteilen ihr Land positiv, oder wir tun das Gegenteil. Es ist schwer, es ihnen recht zu machen. Die Schriftstellerin Monika Maron sagte: „Hier ist mehr menschliche Wärme, behauptet ihr immer. Das kann ich schon nicht mehr hören." Sie wehrte sich gegen° das Etikett „typisch DDR": „Ihr besichtigt uns wie die Neger im Busch, seid schnell bei der Hand mit eurem Urteil, ohne daß wir uns wehren können." Ein junger Maler in Dresden sagte: „Ihre Zeitungen schreiben, wir dürfen nur malen, was wir dürfen. Wenn man solche Klischees vergißt, herrscht in der DDR große Vielfalt.° "

Right margin glosses:
- schwächer machen
- attraktiv
- Sie . . . *defended herself against*
- *diversity*

Line numbers: 10, 15, 20

Deutsch-deutsches Diktionär

Abkindern	Ehekredit durch Kinder-kriegen abzahlen (bei der Geburt des ersten Kindes werden 1000 Mark vom Kredit erlassen, beim zweiten 1600 Mark, beim dritten 2500 Mark)
AFG	Alkoholfreies Getränk
Bergeraum	Scheune
Blauhemd	FDJler
Broiler	Brathähnchen, Flattermann, Gummiadler
Brüder	Sowjets
Bückware	Mangelware, die der Ver-käufer unter dem Laden-tisch hervorholt
Datscha; Datsche	Sommerhaus
Delikat-Läden	In denen westliche Le-bensmittel zu erhöhten Preisen verkauft werden
EOS	Erweiterte Oberschule (die zum Abitur führt)
Exquisit	Pendant zu Delikat, für Kleidung
Kader	Jemand, der zur Füh-rungs-Elite gehört
Kaderwelsch	Der dazugehörige Jargon
Komplex-Annahmestelle	Annahmestelle für Repa-raturen aller Art, vom Regenschirm bis zum Kragen

Nach dem Lesen

A. Textanalyse.

1. Welche bekannten Persönlichkeiten sind in den Namen „Marx-Engels-Forum", „Leninallee" und „Ernst-Thälmann-Straße" verewigt[1]? Wer waren sie, und was haben sie gemacht? Schlagen Sie im Lexikon nach.
2. Was könnte mit der „Exotik des bundesdeutschen Passes" ge-meint sein? Warum macht er Bundesbürger attraktiv für DDR'ler?
3. Was kritisieren DDR-Bürger allgemein an Westlern? Was ist mit der Kritik „Ihr besichtigt uns wie die Neger im Busch"[2] gemeint?
4. Welche Probleme zwischen West- und Ostdeutschen werden in diesem kurzen Text angesprochen? Fassen Sie zusammen.
5. Warum sind das Probleme, die es vielleicht mit anderen Staaten wie Frankreich und England nicht gibt? Was ist das Beson-dere am „deutsch-deutschen Verhältnis"?

---

[1] *immortalized*   [2] *jungle, wilderness*

B. Fragen zum Text.

1. Woran merken Westdeutsche, daß sie in der DDR sind?
2. Womit werden die Neubauten in der DDR verglichen?
3. Wie lautet ein ungeschriebenes Gesetz für westdeutsche Besucher?
4. Woran haben Westdeutsche Zweifel?
5. Was kann Monika Maron schon nicht mehr hören, und wo-gegen wehrt sie sich?
6. Welche Probleme, die im Text angesprochen werden, sind Ihrer Meinung nach immer noch relevant? Was ist vielleicht kein Thema mehr?

Komplexe Versorgung	Läden, Schulen, Kindergärten in Neubaugebieten
Mandatsträger	Die Partei oder Massenorganisation, die einen Abgeordneten nominiert, nicht der Abgeordnete selber
POS	Polytechnische Oberschule
Reisekader	Einer, der in den Westen reisen darf
Reko	Rekonstruktion, Altbausanierung
Rostlaube	Moskwitsch
Rote Socke	Funktionär
Sero	Sekundärrohstoffe: Altpapier, Altglas, Altmetall
Sozialistische Wartegemeinschaft	Schlange
Stinos	Stinknormale
Valuta	Devisen
Vanja	Iwan, Sowjetsoldat
Veteran	Rentner
Wahlbewegung	Wahlkampf
Westis	Westdeutsche und Westberliner
Zielstellung	Zielsetzung
Zootechniker	einer, der in der LPG (Tierproduktion) arbeitet

Aktivitäten

A. Tatsachen. Was wissen Sie über die deutschsprachigen Länder?
1. Nach dem II. Weltkrieg haben die Russen die deutsche Hauptstadt _____ besetzt.
2. Nach dem II. Weltkrieg wurde _____ die Hauptstadt der DDR.
3. Können Sie eine wichtige politische Partei in der ehemaligen DDR nennen?
4. Wie viele Bundesländer hat Österreich?
5. In welchem Land gibt es fast keine Inflation oder Arbeitslosigkeit?
6. In Deutschland wohnen ungefähr _____ Menschen.
7. In welchem Jahr durften Frauen in der Schweiz zum ersten Mal wählen?
8. In welchem Land gibt es die wenigsten Verbrechen?
9. Wo findet man die meisten Gastarbeiter?
10. Welches Land hat den höchsten Lebensstandard?

B. Zur Diskussion. Im 8. Kapitel haben Sie Eigenschaften genannt, die „typisch deutsch" oder „typisch amerikanisch" sind. Erinnern Sie sich daran? Woher kommen solche Klischees über ein anderes Land? Woher bekommen Sie Ihre Informationen über die Deutschen, die Österreicher, die Schweizer? Aus dem Fernsehen? Aus der (deutschen oder amerikanischen) Presse? Von Freunden, Bekannten oder Verwandten? Aus eigener Erfahrung? Arbeiten Sie in Gruppen, und machen Sie Listen: Wählen Sie ein Land. Schreiben Sie acht Eigenschaften zu diesem Land auf. Schreiben Sie neben jede Eigenschaft, woher Sie diese Information haben.

C. Aufsatz. Schreiben Sie einen kleinen Aufsatz zum Thema: „Der Hauptunterschied zwischen dem West- und dem Ostdeutschen". Unterstützen Sie Ihre Argumente mit Beispielen aus der eigenen Erfahrung oder aus Texten, die Sie gelesen haben. Ist dieser Unterschied wesentlich oder oberflächlich?

SPRECHAKTE

Bewertung und Kommentar: Du mußt . . .

(Richard will sich ein gebrauchtes Auto kaufen.)

ROBERT: So, du willst dir also ein Auto kaufen? Das hab' ich selbst auch schon ein paarmal gemacht. Da kann ich dir ein paar gute Tips geben, worauf man achten muß und so weiter . . .

RICHARD: Wirklich? Das wär' toll.

ROBERT: Zuerst mußt du dir viel Zeit nehmen, Zeitungsanzeigen lesen und Preise vergleichen.

RICHARD: Ich brauche das Auto aber bald, am besten jetzt noch im Juli.

ROBERT: Wenn du den Kauf noch ein bißchen aufschieben könntest, wär's besser. Gebrauchtwagen sollte man im Herbst kaufen. Dann sind sie am billigsten.

RICHARD: Ja, aber . . .

ROBERT: Und besonders auf Lack[1] und Reifen achten, auch auf Roststellen auf den Kotflügeln.[2] Da gibt's öfters Probleme. Und auf jeden Fall eine Probefahrt machen.

RICHARD: Das tu' ich bestimmt.

ROBERT: Und auch einen Bekannten oder Freund mitnehmen. Vier Augen sehen mehr als zwei!

RICHARD: Das stimmt! Hättest du nicht Lust, mitzukommen?

ROBERT: Aber klar! Wohin geht's denn als erstes . . . ?

---

[1] *finish (paint)*   [2] *fenders*

Was sagt man?

Na, wie findest du meinen Stereoturm?

POSITIV	NEGATIV
Klasse!	Unmöglich!
Spitze!	Blöd!
(Das ist wirklich ganz) Toll!	Reiner Schrott![1]
Großartig!	Den? Dann lieber keinen!
Gerade richtig!	Viel zu alt!
Gefällt mir!	Hör dir mal den Ton an!
Nicht zu teuer.	Viel zu teuer!
Es geht.	Dazu kann ich nichts sagen.
Ganz gut.	Ich weiß nicht.
Ganz schön ist der!	Müßte repariert werden!

---

[1] *junk*

Variationen

Spielen Sie!

1. Ihr Freund / Ihre Freundin hat sich einen neuen Fotoapparat gekauft und will Ihnen seinen/ihren alten verkaufen, der eigentlich noch wie neu aussieht. Stellen Sie Fragen über diese Kamera und sagen Sie, wie Sie sie finden.
2. Sie sind Musiker/Musikerin und begutachten eine neue Band. Wie finden Sie die Musik? Sollte diese Band eine Tonaufnahme machen?
3. Ein Bekannter / Eine Bekannte hat eine Kurzgeschichte geschrieben und will Ihre Meinung. Er/Sie erzählt ein bißchen über die Handlung, die Personen, den Ton. Sollte er/sie versuchen, diese Geschichte zu veröffentlichen?
4. Sie sind Professor/Professorin an der Uni. Ein Student/Eine Studentin hat eine Arbeit geschrieben und kommt zu Ihnen ins Büro, um Ihren Kommentar zu hören. Wie finden Sie die Arbeit?

LESETEXT: Eine DDR-Schriftstellerin im Westen

Gabriele Eckart, 1954 als Tochter eines SED-Funktionärs in der DDR geboren, bekam Schwierigkeiten in ihrem Land wegen des Buches „So sehe
ick die Sache"—21 Protokolle von Tonbandinterviews mit Lehrlingen,
Arbeitern, Meistern und Funktionären aus einem der größten Obstan-
baugebiete[1] der DDR. Diese Interviews enthielten viel Kritisches über
den DDR-Alltag: die Isolation der Lehrlinge in den Ausbildungsin-
ternaten,[2] die Umweltvergiftung durch Verwendung von Pflanzen-
schutzmitteln, die Mißwirtschaft[3] in schlecht organisierten Groß-
betrieben. Bis zu diesen Interviews war Gabriele Eckart eine Art
Lieblingskind der DDR-Führung. Wegen der Schwierigkeiten sah
sie dann aber keine Veröffentlichungschancen für ihr Buch in der
DDR mehr und stellte im Juli 1984 einen Ausreiseantrag in die
Bundesrepublik. Erst als die DDR-Behörden ihr versprachen, daß
sie künftig wieder publizistisch arbeiten dürfte, zog sie den Antrag zurück und blieb in der DDR.

Mit einer offiziellen Einladung zur Frankfurter Buchmesse
und zu einer Lesereise durfte Gabriele Eckart dann 1986 die
Bundesrepublik besuchen. Im folgenden Artikel des Nachrich-
tenmagazins *Der Spiegel* berichtet sie von diesem Besuch.

---

[1] *orchard regions*   [2] *boarding schools*   [3] *mismanagement*

Vor dem Lesen

A. „Ein DDR-Indianer im Wilden Westen" . . . ist ein Zitat aus dem
folgenden Text. Was könnte damit gemeint sein? Welche Bilder verbinden Sie
mit „Indianer" und „Wilder Westen"?

B. Welche der folgenden Begriffe assoziieren Sie eher mit der DDR, welche
eher mit der Bundesrepublik?

Zivilisation	Solidarität	altmodisch
Konsumgesellschaft	Ellbogengesellschaft	Gemeinschaft
einfach	Kapitalismus	fremd
Werbung[1]	Sozialismus	Hektik
Geborgenheit[2]	Gesetz des Stärkeren	viele Verbrechen
Isolation	Geld	Wohlstand
primitiv	Freiheit	

Lesen Sie den Text extensiv, und machen Sie dann die erste Aufgabe.

---

[1] *advertising*   [2] *security*

„Ich kam mir überflüssig vor"

Gabriele Eckart

V om 28. September bis zum 1. Dezember war ich zum ersten Mal in Westdeutschland. Zur Frankfurter Buchmesse sowie zu einer Lesereise war ich eingeladen, und zu
meinem Erstaunen erhielt ich ein Visum. Andere junge DDR-Schriftsteller, die wie ich
meist bei der Kirche lesen, bekamen — trotz ähnlicher Einladungen ihrer Verlage — das
5 Visum nicht. Mein Staat verfährt nach der Devise „Teile und herrsche"!

Ich merkte, während ich an der Grenzübergangsstelle Friedrichstraße glücklich
meinen blauen Paß vorwies, wie leicht durch derlei Privilegien einem, der schreibt,
kritisches Engagement abgekauft werden kann. Manche Schriftsteller mit Reisepaß
vermögen sich kaum mehr in die seelische Situation eines DDR-Bürgers hineinzuverset-
10 zen, der nie aus dem Käfig herausdarf. Wer an der Welt gerochen hat, möchte den Duft
nicht mehr missen. Mithin kalkuliert man, ob bewußt oder unbewußt sein politisches
Wohlverhalten.

Was roch mir so gut? Schon das Straßenbild: Früchte zuhauf und Blumen. Ausländische Sänger. Ich drehte mich wie ein Kreisel, aus Furcht, irgend etwas zu übersehen.
15 Die Schaufenster der Reisebüros. Die Buchläden. Gespräche. Die für mich schwierige
allmähliche Gewöhnung, in geschlossenen Räumen frei von der Leber weg° sprechen   frei. . . frei und offen
zu können.

Gut roch mir die Freizügigkeit, die ich, belesen in kritischer westdeutscher Literatur,
nicht Freiheit nennen zu dürfen meinte. Auch war ich nur Gast und entsprechend
20 verwöhnt als solcher. Ich roch an der Oberfläche.

Nach der Euphorie der ersten Tage spürte ich Nervosität: Es schien mir zuviel des
Guten. Zu viele Taxis, Bananen und Käsesorten. Im Gegensatz zur DDR stehen hier die
Dinge Schlange nach den Kunden, beiderseits ein Schlangestehen. Dazu meinte ich, in
der großen, ungewohnten Freundlichkeit der Schaffner, Kellner und Verkäuferinnen
25 etwas Geschäftsmäßiges zu bemerken, als wollte mir jedermann immerzu irgend
etwas verkaufen. Oder sahen es meine voreingenommenen° Augen nur hinein?   prejudiced

Dann erschlug mich die Buchmesse. Die Tatsache, daß das Buch in diesem Land
gedruckt wurde, ohne eine Zensurbehörde passieren zu müssen, beeindruckte mich,
jedoch auf das Buch als Ware war ich nicht vorbereitet. Nach drei Tagen verwechselte
30 ich Menschen und Bücher. Ein Gefühl beschlich mich, daß es sinnlos sei, diesem
Überfluß von bedrucktem Papier auch nur eine Zeile, einen Vers hinzuzufügen.

Dieses Gefühl wurde in den folgenden Tagen beklemmend.° Ich fürchtete zu er-   oppressive
sticken und flüchtete in den Taunus. Der Herbst war schön. Die Bäume noch nicht so
sichtbar krank wie im Erzgebirge. Vom nächsten Kiosk sandte ich nach Hause eine
35 Ansichtskarte. Seht, ich bin im Taunus.

Bald wurde es mir leid, daß ich immer nur auf Asphalt ging und Autos mich
überholten. (Das Auto wurde im Westen mein Feind. Wo ich auch ging, schoben sich
Autoschnauzen an mir vorüber. In meinem Zimmer in Köln konnte ich vor Autolärm
nicht bei offenem Fenster schlafen. Bekannte nahmen mich im Wagen mit, wir steckten
40 drei Stunden im Stau. . . .)

Ich suchte mir einen Pfad, wo ich auf Waldboden ging. Nach zehn Minuten kam ein
Schild: „Bei Nässe Vorsicht Rutschgefahr". Wenigstens war es keine Reklame. Aber es

verdarb mir den Wald. Bei meinen Entdeckungen fand ich oft ein Übermaß an Zivilisa-
tion. War mir zu Hause auch mein Lebenslauf von Verbotstafeln fast verstellt, so waren
45 Wald und Feld dort unwegsam,° das Wandern als ein Springen über Pfützen, Klettern
über umgestürzte Bäume abenteuerlich. Hier entbehrte° es dieses Reizes.

    In die Messehallen zurückgekehrt, sprach mich ein etwa gleichaltriger west-
deutscher Schriftsteller an: In dieser Schaumgummigesellschaft° fehlt der Widerspruch. Die Leute leiden allenfalls darunter, daß sie nichts zu leiden haben. Alles ist
50 undialektisch. Du hast es gut als Schriftsteller in einer Diktatur. Ich war verblüfft.° Du
weißt nicht, wovon du redest! Der Dialog wiederholte sich fast wörtlich mit einem
anderen jungen Schriftsteller.

    Auf meiner Leserreise versuchte ich nachzufühlen, was ihr Problem war. Zum Schrei-
ben benötigt man offenbar Widerstände.° Der Geist braucht ein rotes Tuch. Derlei
55 besaß ich in der DDR bis zum Überdruß. Hier fehlte es. Und ich hatte dort ein Publikum,
das eben deshalb hungrig war auf Wahrheit, das Gespräch brauchte und Trost und
Hoffnung, oder was immer es war, wovon wir, die schreiben, zu schenken vermögen.

    Mein Publikum hier in Westdeutschland schien mir übersättigt. Keiner schnappte
mir die Worte von den Lippen weg. Ich kam mir überflüssig vor. Es kamen nicht viele
60 Leute zu meinen Lesungen, viel weniger als in der DDR. Die ohne propagandistische
Absicht erschienen, waren Bundesbürger, die sich aus beruflichen Gründen für die
DDR interessierten, oder frühere DDR-Bewohner. Die wollten genau wissen, wie es sich
jetzt in der DDR lebt, zumal für jemanden wie mich, die ich dem Staat ein Dorn im
Auge° bin. Ihre sächsische oder mecklenburgische Dialektfärbung klang vertraut, die
65 Fragen zielten präzise, sie lösten mir die Zunge, verliehen Sicherheit. Und ich erzählte
öfter, was ich eigentlich gar nicht erzählen wollte, nämlich, daß ich vom unausgesetz-
ten Grübeln — bleib' ich oder fahre ich zurück? — vollkommen zerrieben war. So sehr,
daß ich im Grunde genommen von Westdeutschland kaum etwas wahrnahm.

    Ich steckte immer noch im Käfig, war in der unerträglichen Notwendigkeit gefan-
70 gen, etwas entscheiden zu müssen, was keinem Menschen zugemutet werden dürfte.
Kaum ein Westdeutscher, der schon immer ein Westdeutscher war, vermochte das
nachzufühlen.

    Während ich dies verfasse, kommt aus Ostfriesland ein Brief: Schreiben Sie doch
etwas über Ihre Reise — ein DDR-Indianer im Wilden Westen. Aber lassen Sie die DDR
75 heraus, die interessiert hier keinen! Leider, denke ich. Und wirklich existiert die DDR für
viele Westdeutsche, die ich kennenlernte, auf dem Globus nicht. Was kann ich unter
dieser Voraussetzung schon erzählen. Die Zugbremsen quietschten so fürchterlich, wie
sie es, meinem Klischeebild von Westdeutschland entsprechend, nicht hätten tun dürfen. Überhaupt ging es mir zu geräuschvoll° zu. Und alles schien mir auch unglaublich
80 geschwind zu gehen, die Züge, das ganze Leben. Sogar die Uhren, meinte ich, gingen
hier schneller. Manchmal wähnte ich mich in einem Science-Fiction-Film. Auf jeden Fall
war ich im Ausland, das, obschon man Deutsch sprach, mir noch ausländischer schien,
als ich es für möglich gehalten hätte.

    Dies aber ängstigte mich nicht, im Gegenteil.

85   Gegen Ende meiner Reise sagten mir Bekannte, es sei nun mit mir kaum mehr
auszuhalten. Jedem Gespräch zwänge ich sofort die DDR mit ihrem Für und Wider auf.
Versuchte jemand das Thema zu wechseln, fuhr ich ihm unbeherrscht über den Mund.°

    So fuhr ich zurück, schweren Herzens. Vielleicht ist Haß nur eine Umkehrung von
Liebe, redete ich mir gut zu.

Glosses (right margin):

wild
gab es nicht

"foam rubber society"—here: a society where life is too easy

überrascht

opposition

Dorn. . . *thorn in their sides* (lit. *eye*)

laut

über den Mund fahren *to cut someone short*

90   Am Bahnhof Friedrichstraße versuchte ich, zu Hause anzurufen, damit ich, wie abgemacht, abgeholt werde. Die beiden öffentlichen Telefonapparate im Bahnhofs-gebäude waren kaputt. Ich bugsierte° mein Gepäck mühsam zu zwei anderen Tele-fonapparaten. Auch sie funktionierten nicht. Am Taxistand reihte ich mich als vier-zehnte in die Schlange ein. In der nächsten Viertelstunde kam kein Taxi. Dann erschien
95 ein Wagen. Wer will nach Lichtenberg? fragte der Fahrer, ich habe Feierabend. Nie-mand wollte nach Lichtenberg. Das Taxi fuhr leer ab. Ich hatte es satt zu warten und begab mich zur nächstgelegenen Bushaltestelle. Laut Fahrplan sollte in sechzehn Minu-ten ein Bus kommen. Er fiel aus. Es war kalt. Ich fror. Eine junge Frau, die vor mir Paß- und Zollkontrolle passiert hatte und ebenfalls mit umfangreichem° Gepäck zwischen Tele-
100 fonapparaten, Taxistand und Bushaltestelle herumgeirrt war, brach in einen Weinkrampf° aus. Fluchend machte ich mir Luft.°

    Ein Mann, der ebenfalls auf den Bus wartete, versuchte uns zu beruhigen. Ich wünsche jedem der uns Regierenden, einem DDR-Bürger nach seiner Rückkehr aus Westdeutschland in der folgenden Stunde einmal ins Herz zu sehen.

dragged

a lot of

sobbing/machte. . . let off steam

Nach dem Lesen

A. Verständnis. Wie findet die Schriftstellerin Gabriele Eckart die Bundesrepu-blik? Belegen Sie Ihre Behauptung mit zwei Beispielen aus dem Text.

BEISPIEL: Sie findet die Bundesrepublik positiv/negativ (sie ist sich nicht sicher), weil . . .

B. Information ordnen. Was gefällt der Schriftstellerin an der Bundesrepu-blik, was gefällt ihr nicht? Suchen Sie die Information im Text und ordnen Sie sie. Gehen Sie zurück zur Aufgabe B vor dem Lesen. Bei welchen Begriffen haben sich Ihre Assoziationen im Text bestätigt, bei welchen nicht?

C. Fragen zum Text.

1. In welchen Konflikt kam die Schriftstellerin bei ihrem Besuch in der Bundesrepublik? Wie ist die Situation jetzt? Gibt es immer noch dieselben oder vielleicht andere Konflikte? Welche?
2. Warum kam Gabriele Eckart sich überflüssig vor? Wie war das Publikum im Westen?
3. Was erlebte die Schriftstellerin bei ihrer Rückkehr in die DDR am Bahnhof Friedrichstraße? Hat sich an dieser Situation inzwischen etwas geändert?
4. Warum hätten die DDR-Regierenden DDR-Bürgern, die von einem Besuch im Westen zurückkamen, einmal ins Herz sehen sollen? Was hätten sie dort gesehen? Was hat das mit den Ereignissen im Herbst 1989 zu tun?
5. Warum war die Bundesrepublik für Gabriele Eckart trotz aller Kritik doch so positiv, daß sie ernsthaft überlegte zu bleiben? Welche Gründe haben sie wohl dazu gebracht, schließlich doch zurückzugehen? Was hätten Sie an ihrer Stelle getan? Warum / Warum nicht?

Aktivitäten

A. Kombinieren Sie!

1.	der Sportclub	a.	Schach
2.	eine Mannschaft	b.	auf einem Pferd
3.	der Schläger	c.	Fußball
4.	die Figur	d.	schwimmen
5.	das Stadion	e.	ein Team
6.	schlagen	f.	Tennis
7.	das Freibad	g.	das Sprungbrett
8.	tauchen	h.	der Sportverein
9.	Ski fahren	i.	in der Schweiz
10.	reiten	j.	siegen

B. Freizeit. Sport ist nur eine von vielen Freizeitbeschäftigungen. Was kann man sonst noch alles in seiner Freizeit machen? Machen Sie eine Liste der Sachen, die Sie in Ihrer Freizeit tun. (Geben Sie an, wie viele Stunden Sie damit ungefähr pro Woche verbringen.) Vergleichen Sie Ihre Liste mit der eines Partners oder einer Partnerin.

Fernsehen   _____ Stunden/Woche
Sport   _____
_____   _____

Machen Sie eine Umfrage: Was machen alle in ihrer Freizeit? Was die meisten? Wofür wird am meisten Zeit verwendet? Was machen nur wenige? Gibt es Unterschiede zwischen Männern und Frauen?

C. Sport für alle. Sprechen Sie mit einem Partner/einer Partnerin über Sportarten. Was ist seine/ihre Lieblingssportart? Lassen Sie sich erklären, was bei dieser Sportart wichtig ist. Was macht man? Wie sind die Regeln? Gibt es einen besonderen Platz dafür? Wie sieht er aus? Ist es ein Einzel- oder ein Mannschaftssport? Machen Sie sich Notizen, und erklären Sie anschließend der Klasse diese Sportart.

D. Gruppenarbeit. Diskutieren Sie in Kleingruppen über Freizeit in Amerika und in den deutschsprachigen Ländern. Was glauben Sie? Wer hat die meiste Freizeit? die wenigste? keine? Was sind Unterschiede in der Freizeitgestaltung in diesen Ländern?

E. Was passiert? Beschreiben Sie einem Partner das Befinden dieser Menschen.

F. Interaktion. Sprechen Sie mit einem Partner über Streß in Ihrer Familie oder in Ihrem Bekanntenkreis. Welche Einwirkungen hat Streß auf Menschen? Wie wirkt er sich auf zwischenmenschliche Beziehungen aus?

SPRECHAKTE

Aussage und Schlußfolgerungen: Dann können wir nicht . . .

Leider funktionieren die Bremsen nicht mehr so gut.
—Dann sollte man für den Wagen weniger bezahlen.

Und wenn ich am Samstag kein Geld mehr habe?
—Wenn du kein Geld hast, dann können wir nicht ins Kino.

Wir wollen doch am Wochenende ein Picknick machen. Was machen wir eigentlich, wenn es regnet?
—Wenn es regnet, bleiben wir zu Hause und sehen fern.

Ich weiß, wer der Mörder ist!
—Du hast also doch den Roman schon gelesen!

Was sagt man?

dann	daher
wenn . . . dann	es muß so (gewesen) sein
also	so kann es nicht (gewesen) sein
infolgedessen	ich vermute
deshalb	

Trabbi auf dem Müll.

Variationen

A.   Ergänzen Sie dieses Gespräch!

LEHRER: Ich denke an ein Tier. Ratet mal, an welches Tier?
SCHÜLER: Bekommen wir Tips?
LEHRER: Ja. Erster Tip: Das Tier, an das ich denke, findet man nicht in Städten.
SCHÜLERIN: _____
LEHRER: Nein. Zweiter Tip: Dieses Tier gibt es nicht in Nordamerika.
SCHÜLER: _____
LEHRER: Nein, auch nicht. Dritter Tip: Dieses Tier findet man auf Hochebenen.
SCHÜLER: _____
LEHRER: Nein, immer noch nicht. Vierter Tip: Dieses Tier hat einen langen Hals.
SCHÜLERIN: _____
LEHRER: Richtig.

B.   Spielen Sie!

1. Sie denken an eine berühmte Person; Ihr Partner/Ihre Partnerin muß den Namen der Person raten.
2. Sie denken an ein Reiseziel. Sagen Sie Ihrem Partner/Ihrer Partnerin, was Sie dort machen werden. Er/Sie muß raten, wohin Sie reisen.
3. Beschreiben Sie einem Partner/einer Partnerin ein Werkzeug oder Spielzeug, ohne dessen Namen zu nennen. Er/Sie muß raten, wie dieses Werkzeug oder Spielzeug heißt.

Und jetzt zu Ihnen!

1

A: Sie sind Trainer/Trainerin einer Jugendfußballmannschaft. Ihre Mannschaft hat heute verloren, und der Torwart/die Torfrau trägt Ihrer Meinung nach die Hauptschuld daran. Sprechen Sie mit dem Torwart/der Torfrau über das Spiel.

B: Sie sind Torwart/Torfrau einer Jugendfußballmannschaft und sprechen mit Ihrem Trainer/Ihrer Trainerin über Ihr heutiges Spiel. Sie sind der Meinung, daß Sie heute ganz gut gespielt haben, obwohl Ihre Manschaft das Spiel verloren hat.

2

A: Sie sind Vater/Mutter eines Teenagers und finden sein/ihr Benehmen einfach schlimm. Sprechen Sie mit ihm/ihr und versuchen Sie, ihn/sie zu überzeugen, sein/ihr Benehmen zu ändern.

B: Sie sind ein junger Mensch und finden die Ansichten Ihrer Eltern in punkto öffentliches Benehmen total altmodisch. Verteidigen Sie Ihr Verhalten.

WORTSCHATZ

Sport (m.)   *sports*

Welche Sportarten gefallen Ihnen am besten? Treiben Sie selber Sport, oder sehen Sie lieber zu?

Warum ist Sport so wichtig für die Gesundheit? Welche Vorteile haben verschiedene Sportarten?

Welche Sportarten sind besonders in Amerika/Deutschland/Australien/Kanada beliebt?

Das wissen Sie schon:

der Ball, ̈e	**der Schlitten, -**	**der Sport, die Sportarten**
der Fußball, ̈e	**das Schwimmbad, ̈er**	**das Tennis**
der Schläger, -	**das Spiel, -e**	**das Tischtennis**

baden (gebadet)
gewinnen (gewinnt, gewann, gewonnen)
kegeln (gekegelt)
reiten (reitet, ritt, ist geritten)
schwimmen (schwimmt, schwamm, geschwommen)
Ski fahren (fährt . . . Ski, fuhr . . . Ski, ist Ski gefahren)
spielen (gespielt)
verlieren (verliert, verlor, verloren)

Das ist neu:

der Club, -s club	**der Punkt, -e** point	**das Stadion, die Stadien** stadium
der Fußballplatz, ̈e soccer field	**das Rennen, -** race	**das Tor, -e** goal
die Mannschaft, -en team	**der Skilift, -e** ski lift	**der Verein, -e** club

unentschieden tie game, a draw

schlagen (schlägt, schlug, geschlagen) to beat, defeat
siegen (gesiegt) to win
Sport treiben (treibt, trieb, getrieben) to participate in a sport

physisches/psychisches Befinden (n.) *physical/psychological state*

Nach welchen Aktivitäten fühlen Sie sich besonders gut/schlecht/müde/nervös?

Was tun Sie, um sich zu entspannen/munter zu werden?

Wie viele Stunden Schlaf brauchen Sie, um am nächsten Tag munter zu sein? Was passiert, wenn Sie nicht genug Schlaf bekommen?

Das wissen Sie schon:

der Durst
der Hunger

heiß	**nervös**	**stark**
kalt	**schwach**	**wach**
müde	**schwanger**	**warm**

aufstehen (steht . . . auf, stand . . . auf, ist aufgestanden)
sich ausruhen (ausgeruht)
ein Kind bekommen (bekommt, bekam, bekommen)
ins/zu Bett gehen (geht, ging, ist gegangen)
ein Kind kriegen (gekriegt)
schlafen (schläft, schlief, geschlafen)
schlafen gehen (geht, ging, ist gegangen)

Das ist neu:

die Kraft, ¨e strength
die Ruhe quiet, silence

kaputt broken; exhausted

aufsein (ist . . . auf, war . . . auf, ist aufgewesen) to be up
aufwachen (aufgewacht) to wake up
einschlafen (schläft . . . ein, schlief . . . ein, ist eingeschlafen) to fall asleep
sich erholen (erholt) to relax
frieren (friert, fror, gefroren) to freeze
sich (wohl) fühlen (gefühlt) to feel (well)
schwitzen (geschwitzt) to sweat

Arbeitsplatz (m.); Arbeitsbedingungen (f., pl.); Lohn (m.) *workplace; working conditions; wages*

Was für Jobs haben Sie schon gehabt? Unter welchen Bedingungen mußten Sie arbeiten?

Was halten Sie von Streiks? Was sind deren Vor- und Nachteile?

Was sind Ihrer Meinung nach die Aufgaben von Gewerkschaften? Glauben Sie, daß sie diese Aufgaben erfüllen?

Das wissen Sie schon:

der Arbeiter, - / die Arbeiterin, -nen
das Büro, -s
der Chef, -s
der Direktor, -en / die
Direktorin, -nen

die Fabrik, -en
die Firma, die Firmen
der Gastarbeiter, - / die
Gastarbeiterin, -nen
das Geschäft, -e

die Gewerkschaft, -en
der Kollege, -n / die Kollegin, -nen
die Rente, -n
die Steuer, -n
der Streik, -s

frei

arbeiten (gearbeitet)
frei haben (hat, hatte, gehabt)

(beschäftigt / angestellt) sein bei (ist, war, ist gewesen)
verdienen (verdient)

Das ist neu:

der Betrieb, -e   business, place of work
der Betriebsrat, ¨e   factory, plant council (member)
das Gehalt, ¨er   salary
der Handwerker, - / die Handwerkerin, -nen   craftsman
der Lohn, ¨e   wage
die Pension, -en   pension
der Urlaub   vacation
die Verwaltung, -en   administration
das Werk, -e   factory

streiken (gestreikt)   to strike

Sprechakte

Dein neuer Wagen war viel zu teuer!   Your new car was much too expensive!
Wenn du dir mehr Mühe gibst, wird dein nächster Aufsatz bestimmt besser.   If
you work harder, your next essay will most likely be better.
Wenn du viel Zeit hast, können wir auch schwimmen gehen.   If you have a lot of
time, we can go swimming.
**Du kannst nicht lesen, was auf dem Schild steht? Dann hast du schlechte
Augen!**   You can't read what's on that sign? Then you must have bad eyes!

STRUKTUREN

15.1 PASSIV 3: Passiv und Stativ

Contrasting an Action and the Result of That Action

In German, there are two kinds of passive: (1) The **werden-Passiv (Passiv)** expresses an action or event that is dynamic, in process; (2) the **sein-Passiv (Stativ)** expresses a state that is ongoing or is the result of a previous action.

1. Der Laden **wird** um 18 Uhr   HANDLUNG
   geschlossen.
   The store closes at six.
2. Der Laden **ist** ab 18 Uhr **ge-**   ZUSTAND
   schlossen.
   The store is closed from six o'clock on.

The **werden-Passiv** (formed by the auxiliary **werden** plus the past participle) focuses on the process of the action itself.* The meaning of the auxiliary **werden** (*to become*) also focuses on the occurrence of the action. In English, this focus on the action is sometimes expressed with *got* as the auxiliary verb:

Die Bank **wurde** dreimal **ausgeraubt.**	*The bank **got robbed** three times.*

or with the progressive form:

Die meisten Autos **werden** bei hellichtem Tag **gestohlen.**	*Most cars **are being stolen** in broad daylight.*

The **sein-Passiv** (formed by the auxiliary **sein** plus the past participle) expresses the state that the subject of the sentence is in; the past participle is similar to an adjective. In fact, there is sometimes no difference in meaning between a **sein-Passiv** and the construction **sein** + *adjective.*

Die Tür **ist geöffnet.**	=	Die Tür **ist offen.**

A. Resultat eines Vorgangs

The **sein-Passiv** may often be understood as the current result of a past action. Compare the following sentences to trace this development from action to result. (1) The action is an ongoing event; (2) the action has been completed in the past; and finally (3) the current state is given as a result of the action completed in the past.

1. Das Auto **wird gewaschen.**	*The car is being washed.* (They are doing it right now.)
2. Das Auto **ist gewaschen worden.**	*The car has been washed.* (They just finished doing it.)
3. Das Auto **ist gewaschen.**	*The car is washed.* (It is clean.)

Here are some verbs that are commonly used to express a result:

abschließen	*to finish*	enttäuschen	*to disappoint*
ändern	*to change*	entscheiden	*to decide*
berücksichtigen	*to consider*	überraschen	*to surprise*
beweisen	*to prove*		

Die Verhandlungen **sind abgeschlossen.**	*The negotiations are finished.*
Seine Meinung **war geändert,** und es war nichts mehr zu machen.	*His mind had changed, and there was nothing one could do.*
Ich **bin enttäuscht,** daß du nicht früher gekommen bist.	*I am disappointed that you didn't come earlier.*

---

* See **Strukturen 8.1** for an explanation of the **werden-Passiv.**

B. Bestehender Zustand

The **sein-Passiv** may also be understood to describe a state of being (whereas the **werden-Passiv** focuses on the action as an ongoing event). English often does not make this distinction.

Sie **werden** doch für alles **eingeladen.**	*You are invited to everything.* (Someone is always asking you.)
Sie **sind** doch immer **eingeladen.**	*You are always invited.* (Nobody needs to say this anymore.)

Other verbs that focus on a state of being include:

achten	*to regard*		fürchten	*to fear*
ausschließen	*to exclude*		schützen	*to shelter*
bitten	*to ask for*			

Sie **sind gebeten,** so bald wie möglich zu antworten.	*You are asked to answer as soon as possible.*
Hier, hinter diesem Felsen, **sind** wir **geschützt.**	*Here, behind this rock, we are safe.*

C. Formelhafte Ausdrücke

Sometimes the use of the **sein-Passiv** is purely formulaic, as in the following examples.

Sind Ihre Fragen damit beantwortet?	*Have your questions been answered now? (Did I answer your questions?)*
Mit diesem Kauf waren Sie gut beraten.	*You got good advice on this purchase.*
Ich hoffe, Ihnen ist damit geholfen.	*I hope this was of some help.*

15.2 PRÄPOSITIONEN 4: Genitiv

Genitive Case: Outside, Inside, Instead, Despite, During, Because

The following prepositions take the genitive case.

außerhalb	*outside of*		trotz	*despite, in spite of*
innerhalb	*inside of, within*		während	*during*
laut	*according to*		wegen	*because of*
statt	*instead of*			

Außerhalb der Stadt wohnen wenig Menschen.	*Few people live outside of town.*
Bitte schicken Sie mir das Geld **innerhalb** einer Woche.	*Please send me the money within a week.*
Laut *Frankfurter Allgemeine* sind die Arbeitslosenzahlen wieder gestiegen.	*According to the* Frankfurter Allgemeine *the unemployment rates rose again.*

Statt des erhofften Aufschwungs kam es zu einer weiteren Verschlechterung.	*Instead of the expected boom there was a further deterioration.*
Trotz des hohen Zinssatzes wurde nicht mehr gespart.	*In spite of the high interest rates people did not save more.*
Während der letzten Woche kam es zu weiteren Schließungen.	*During the last week there were further closings.*
Wegen der schwierigen Lage wurden Neuwahlen ausgeschrieben.	*Because of the difficult situation new elections were announced.*

15.3 STEIGERUNG 3: Besondere Verwendung des Komparativs und Superlativs
More Ways to Compare, Evaluate, and Indicate Quality

A. *je . . . desto/um so*

The conjunction **je . . . desto/um so** plus comparative expresses the idea that two things are changing at the same rate.

Je weiter wir gehen, **desto** müder werde ich.	*The farther we go, the more tired I get.*

Both **je** and **desto/um so** are followed by an adjective in the comparative form. In the **je-**clause the conjugated verb occurs at the end, whereas in the **desto-**clause it follows the adjective (with the subject in third position).

Je früher du nach Hause *kommst*, **desto** früher *können* wir essen.	*The earlier you get home the earlier we can eat.*
Je älter ich *werde*, **um so** mehr *vergesse* ich.	*The older I get the more I forget.*

B. *immer* + Komparativ

The construction **immer** plus comparative adjective or adverb is used to express that something becomes "more and more."

Meine Tochter wird **immer hübscher.**	*My daughter is becoming prettier and prettier (more and more pretty).*
Wir fuhren **immer schneller.**	*We were going faster and faster.*
Das Wetter wird **immer besser.**	*The weather is getting better and better.*

C. Absoluter Komparativ

The comparative form of the adjective can be used to express that something does not quite have the quality that the positive form of the adjective would suggest.*

Es handelte sich um eine **größere** Summe. (keine große Summe!)	*It had to do with a relatively large amount.* (not a large amount)
Eine **ältere** Frau kam auf uns zu. (keine alte Frau!)	*A somewhat older woman approached us.* (not an old woman)
Die Zeitungen sind **neueren** Datums. (nicht neuen Datums)	*The newspapers are relatively recent.* (not the most recent)

D. Absoluter Superlativ

The superlative form of the adjective can also be used "absolutely"; it then expresses that something or somebody has that quality to a very high degree.

Bei **schönstem** Sonnenschein mußte ich krank zu Hause liegen.	*While the sunshine was at its most beautiful, I had to lie at home sick!*
Wir fuhren durch **dichtesten** Nebel.	*We were driving through the thickest fog.*

E. Superlativ auf *-stens*

A few frequently used adverbs form the superlative with **-stens** and occur without **am.** They include the following:

frühestens	*at the earliest*	spätestens	*at the latest*
höchstens	*at (the) most*	wenigstens/	*at (the) least*
meistens	*mostly, most often*	mindestens	

Es waren **höchstens** 20 Menschen da.	*There were 20 people at most.*
Ich kann **frühestens** um 8 Uhr kommen.	*I can come at eight at the earliest.*
Wir brauchen **mindestens** 10 Mark.	*We have to have at least 10 marks.*

---

* In this "absolute" use, the adjective refers to only one noun and makes no direct comparison with another noun.

15.4 WORTBILDUNG 7: Konversion

Forming Nouns from Verbs and Adjectives

In German, new words are most often created by adding prefixes or suffixes to existing words. Some new words, however, are created simply by taking a word out of one category and putting it into another one; for example, changing the verb **essen** (*to eat*) to the noun **das Essen** (*the meal*). The two most common changes of category are (a) from verb to noun and (b) from adjective or participle to noun.

Wir wollen **arbeiten.**	→	**Zum Arbeiten** habe ich keine Zeit.
Kennst du diesen **alten** Mann?	→	Siehst du den **Alten** da?

A. Verb → Nomen

The infinitive form of any German verb can be used as a noun. These nouns are neuter in German and often correspond to -*ing* forms in English.

Sie hat sich beim **Skifahren** ein Bein gebrochen.	*She broke a leg while skiing.*
Das **Rollschuhfahren** ist an Wochenenden verboten.	*Roller-skating is prohibited on weekends.*

B. Adjektiv/Partizip → Nomen

When adjectives and participles are used as nouns, they retain their adjective endings. They are masculine when they refer to males, feminine when they refer to females, and neuter when they refer to abstract concepts.

der Alte	*the old man*
die Alte	*the old woman*
das Alte	*the old* (for example, must give way to the new)

Wohin haben Sie den Verletzten gebracht? (*the injured man*)
Kennst du die Blonde da? (*the blonde woman*)
Das Schlechte daran ist, daß man es nicht zurückbekommt. (*the bad thing about this*)

When used with **etwas, nichts, viel,** or **wenig** to express *something, anything, nothing, a lot of,* or *little* these nouns are neuter.

Ich habe an **nichts Schlechtes** gedacht.	*I didn't think of anything bad.*
Haben Sie nicht **etwas Schöneres?**	*Don't you have something more beautiful?*
Wir haben **viel Gutes** von dir gehört.	*We've heard many good things (a lot of good) about you.*

Irregular Verbs

backen (bäckt)	backte	hat gebacken	to bake
beginnen (beginnt)	begann	hat begonnen	to begin
beißen (beißt)	biß	hat gebissen	to bite
beweisen (beweist)	bewies	hat bewiesen	to prove
bewerben (bewirbt)	bewarb	hat beworben	to apply
biegen (biegt)	bog	hat / ist gebogen	to bend
bieten (bietet)	bot	hat geboten	to offer
binden (bindet)	band	hat gebunden	to bind
bitten (bittet)	bat	hat gebeten	to ask for
bleiben (bleibt)	blieb	ist geblieben	to stay
braten (brät)	briet	hat gebraten	to roast
brechen (bricht)	brach	hat / ist gebrochen	to break
brennen (brennt)	brannte	hat gebrannt	to burn
bringen (bringt)	brachte	hat gebracht	to bring
denken (denkt)	dachte	hat gedacht	to think
dürfen (darf)	durfte	hat gedurft	to be allowed to
empfehlen (empfiehlt)	empfahl	hat empfohlen	to recommend
erschrecken (erschrickt)	erschrak	hat / ist erschrocken	to get frightened
essen (ißt)	aß	hat gegessen	to eat
fahren (fährt)	fuhr	hat / ist gefahren	to go, drive
fallen (fällt)	fiel	ist gefallen	to fall
fangen (fängt)	fing	hat gefangen	to catch
finden (findet)	fand	hat gefunden	to find
fliegen (fliegt)	flog	hat / ist geflogen	to fly
fliehen (flieht)	floh	ist geflohen	to flee
fließen (fließt)	floß	ist geflossen	to flow
fressen (frißt)	fraß	hat gefressen	to eat
frieren (friert)	fror	hat / ist gefroren	to freeze
geben (gibt)	gab	hat gegeben	to give
gehen (geht)	ging	ist gegangen	to go, walk
gelingen (gelingt)	gelang	ist gelungen	to succeed
gelten (gilt)	galt	hat gegolten	to be valid
geschehen (geschieht)	geschah	ist geschehen	to happen
gewinnen (gewinnt)	gewann	hat gewonnen	to win
gießen (gießt)	goß	hat gegossen	to water
haben (hat)	hatte	hat gehabt	to have
halten (hält)	hielt	hat gehalten	to hold
hängen (hängt)	hing	hat gehangen	to hang
heben (hebt)	hob	hat gehoben	to lift
heißen (heißt)	hieß	hat geheißen	to be called
helfen (hilft)	half	hat geholfen	to help
kennen (kennt)	kannte	hat gekannt	to know
klingen (klingt)	klang	hat geklungen	to sound

kommen (kommt)	kam	ist gekommen	*to come*
können (kann)	konnte	hat gekonnt	*to be able*
laden (lädt)	lud	hat geladen	*to invite*
lassen (läßt)	ließ	hat gelassen	*to let, leave*
laufen (läuft)	lief	ist gelaufen	*to run*
leiden (leidet)	litt	hat gelitten	*to suffer*
leihen (leiht)	lieh	hat geliehen	*to lend, borrow*
lesen (liest)	las	hat gelesen	*to read*
liegen (liegt)	lag	hat gelegen	*to lie*
messen (mißt)	maß	hat gemessen	*to measure*
mögen (mag)	mochte	hat gemocht	*to like*
müssen (muß)	mußte	hat gemußt	*to have to*
nehmen (nimmt)	nahm	hat genommen	*to take*
nennen (nennt)	nannte	hat genannt	*to name*
pfeifen (pfeift)	pfiff	hat gepfiffen	*to whistle*
raten (rät)	riet	hat geraten	*to advise*
reiten (reitet)	ritt	hat / ist geritten	*to ride*
riechen (riecht)	roch	hat gerochen	*to smell*
rufen (ruft)	rief	hat gerufen	*to call*
scheiden (scheidet)	schied	hat / ist geschieden	*to leave, divorce*
scheinen (scheint)	schien	hat geschienen	*to shine, seem*
schieben (schiebt)	schob	hat geschoben	*to push, shove*
schießen (schießt)	schoß	hat geschossen	*to shoot*
schlafen (schläft)	schlief	hat geschlafen	*to sleep*
schlagen (schlägt)	schlug	hat geschlagen	*to strike, beat*
schließen (schließt)	schloß	hat geschlossen	*to shut, close*
schmelzen (schmilzt)	schmolz	hat / ist geschmolzen	*to melt*
schneiden (schneidet)	schnitt	hat geschnitten	*to cut*
schreiben (schreibt)	schrieb	hat geschrieben	*to write*
schweigen (schweigt)	schwieg	hat geschwiegen	*to be silent*
schwimmen (schwimmt)	schwamm	hat / ist geschwommen	*to swim*
sehen (sieht)	sah	hat gesehen	*to see*
sein (ist)	war	ist gewesen	*to be*
senden (sendet)	sandte	hat gesandt	*to send*
singen (singt)	sang	hat gesungen	*to sing*
sinken (sinkt)	sank	ist gesunken	*to sink*
sitzen (sitzt)	saß	hat gesessen	*to sit*
sprechen (spricht)	sprach	hat gesprochen	*to speak*
springen (springt)	sprang	ist gesprungen	*to spring, jump*
stehen (steht)	stand	hat gestanden	*to stand*
stehlen (stiehlt)	stahl	hat gestohlen	*to steal*
steigen (steigt)	stieg	ist gestiegen	*to climb*
sterben (stirbt)	starb	ist gestorben	*to die*
stoßen (stößt)	stieß	hat / ist gestoßen	*to shove, push*
streiten (streitet)	stritt	hat gestritten	*to quarrel, fight*
tragen (trägt)	trug	hat getragen	*to wear, carry*
treffen (trifft)	traf	hat getroffen	*to meet, hit*
treiben (treibt)	trieb	hat / ist getrieben	*to drive; to drift*
treten (tritt)	trat	hat / ist getreten	*to step*

trinken (trinkt)	trank	hat getrunken	*to drink*
tun (tut)	tat	hat getan	*to do*
vergessen (vergißt)	vergaß	hat vergessen	*to forget*
verlieren (verliert)	verlor	hat verloren	*to lose*
verschwinden (verschwindet)	verschwand	ist verschwunden	*to disappear*
wachsen (wächst)	wuchs	ist gewachsen	*to grow*
waschen (wäscht)	wusch	hat gewaschen	*to wash*
wenden (wendet)	wandte	hat gewandt	*to turn*
werden (wird)	wurde	ist geworden	*to become*
wiegen (wiegt)	wog	hat gewogen	*to weigh*
wissen (weiß)	wußte	hat gewußt	*to know*
ziehen (zieht)	zog	hat / ist gezogen	*to drag*
zwingen (zwingt)	zwang	hat gezwungen	*to force*

German-English Vocabulary

The following word list defines words as they appear in context in *Assoziationen*. It does not include exact cognates of English, nor does it include very basic vocabulary, such as subject pronouns and numbers. Also omitted are regular forms of adverbs and compound forms whose meaning can be deduced from their component parts.

Nouns are listed with their plural endings; a hyphen without an ending means that the noun does not change its form in the plural; and no hyphen after the noun indicates the word does not normally exist in the plural. Nouns are listed with the abbreviation *pl.* when they either do not have a singular or are used almost exclusively in the plural.

The following symbols and abbreviations are used:

•	separable prefix
sein	verb requiring auxiliary **sein** in perfect tenses; if **sein** and **haben** are in () together, both auxiliaries are possible.
abbr.	abbreviation
acc.	accusative
coll.	colloquial
dat.	dative
f.	feminine
gen.	genitive
m.	masculine
n.	neuter
no pl.	no plural
pl.	plural
refl.	reflexive

ab: ab sofort; ab und zu   from; off; down; away: from now on; from time to time
ab•bauen   to reduce
ab•biegen (biegt . . . ab, bog . . . ab, abgebogen) (sein)   to turn off
ab•blenden (abgeblendet)   to dim (headlights)
ab•brechen (bricht . . . ab, brach . . . ab, abgebrochen)   to break off
ab•drucken (abgedruckt)   to print
Abend (*m.*)**: guten Abend!**   evening: good evening
Abendanzug, ¨e (*m.*)   dinner jacket
Abendbrot, -e (*n.*)   dinner
Abendessen, -(*n.*)   dinner
Abendkleid, -er (*n.*)   evening dress *or* gown
abends   in the evening
Abendwind, -e (*m.*)   evening breeze
Abenteuer, - (*n.*)   adventure
Abenteuerfilm, -e (*m.*)   adventure film

abenteuerlich   adventurous
abenteuerlustig   adventurous, thirsting for adventure
abfahren (fährt . . . ab, fuhr . . . ab, abgefahren) (sein)   to leave, depart
Abfahrt, -en (*f.*)   departure
Abfahrtslauf, ¨e (*m.*)   downhill skiing; race (skiing)
Abfall, ¨e (*m.*)   waste, garbage
ab•fressen (frißt . . . ab, fraß . . . ab, abgefressen)   to eat (away); to chew off
Abgas, -e (*n.*)   exhaust, exhaust fumes
ab•geben (gibt . . . ab, gab . . . ab, abgegeben)   to hand over, deliver; to give (*an explanation*)
ab•gehen, (geht . . . ab, ging . . . ab, abgegangen) (sein)   to leave, depart
abgesehen davon   apart from
abgesehen von (+*dat.*)   besides, apart from, disregarding
Abgrund, ¨e (*m.*)   precipice, abyss, chasm

ab•halten (abgehalten) von (+*acc.*)   to stop from
ab•hängen (abgehangen) von (+*acc.*)   to depend on
ab•heben (hebt . . . ab, hob . . . ab, abgehoben)   to withdraw from (*an account*)
ab•holen (abgeholt)   to pick up; to collect
Abitur (*n.*)   final examination in secondary school
Abiturient, -en (*m.*) / **Abiturientin, -nen** (*f.*)   student taking the Abitur
Abkommen, - (*n.*)   agreement
ab•lehnen (abgelehnt)   to decline, refuse, turn down, reject
Ableitung, -en (*f.*)   derivation
ab•lenken (abgelenkt)   to distract
Ablösesumme, -n (*f.*)   payoff sum; transfer fee; final payment
ab•machen (abgemacht)   to agree on doing

ab•melden (abgemeldet) *(refl.)* to cancel one's registration with the authorities

ab•nehmen (nimmt . . . ab, nahm . . . ab, abgenommen) to lose weight; to take off (glasses, backpack, and so on); to pick up (telephone receiver)

abonnieren (abonniert) to subscribe to a newspaper or magazine

ab•reißen (reißt . . . ab, riß . . . ab, abgerissen) to tear off

abrufbereit ready to be called (for)

Abrüstung (*f.*) disarmament

ab•sagen (abgesagt) to decline; to cancel

Absatz, ⁼e *(m.)* paragraph

ab•schicken (abgeschickt) to send (off)

Abschied, -e *(m.)* farewell, parting; leave-taking

Abschleppdienst, -e *(m.)* tow (towing) service

ab•schleppen (abgeschleppt) to tow, haul off

ab•schließen (schließt . . . ab, schloß . . . ab, abgeschlossen) to lock; to conclude

ab•schmettern (abgeschmettert) to smash; to throw out

ab•schneiden (schneidet . . . ab, schnitt . . . ab, abgeschnitten) to cut off

Abschnitt, -e *(m.)* section; paragraph

ab•schreiben (schreibt . . . ab, schrieb . . . ab, abgeschrieben) to copy (out)

ab•senden (sendet . . . ab, sandet . . . ab, abgesandt) to send (off)

Absender, - *(m.)* / **Absenderin, -nen** (*f.*) sender

ab•setzen (abgesetzt) to take off, remove; to drop off (*person*)

ab•sichern (abgesichert) to protect

Absicht, -en (*f.*) intention

absichtlich intentional(ly)

abspenstig machen (gemacht) to lure or draw away from

ab•spielen (abgespielt) to play; to happen

Abstand, ⁼e *(m.)* distance; gap; indemnity

ab•stechen (sticht . . . ab, stach . . . ab, abgestochen) to cut an animal's throat; to stand out against

ab•stehen (steht . . . ab, stand . . . ab, abgestanden) to stick out

ab•stellen (abgestellt) to put (down); to turn off

ab•stimmen (abgestimmt) to vote

Abstimmung, -en (*f.*) vote, voting; ballot

ab•streifen (abgestreift) to wipe off (*shoes*)

Abteilung, -en (*f.*) department

Abtretung, -en (*f.*) transfer; handing over

ab•trocknen (abgetrocknet) to dry, wipe the dishes

ab•wandern (abgewandert) (sein) to migrate

Abwanderung, -en (*f.*) migration; moving away

ab•warten (abgewartet) to wait

ab•waschen (wäscht . . . ab, wusch . . . ab, abgewaschen) to do the dishes, wash (up)

Abwehr, -en (*f.*) defense; protection

ab•werten (abgewertet) to cheapen, devalue

abwertend pejorative

ab•würgen (abgewürgt) to stall

Abzug *(m.)*: **einen Abzug von jedem Bild machen lassen** reprint: to have a copy made of each picture

ach oh (*expression of amazement*)

Achterbahn, -en (*f.*) roller coaster

Achtung! attention!

Adler, - *(m.)* eagle

adoptieren (adoptiert) to adopt

Adressat, -en *(m.)* addressee

Adresse, -n (*f.*) address

adressieren (adressiert) to address

Aerogramm, -e *(n.)* aerogram, airsheet (*airmail paper that does not require an envelope*)

Afrika *(n.)* Africa

aggressiv aggressive

ah; aha oh, ah (*expressions of amazement, surprise*)

ahnen (geahnt) to foresee; to know

ähnlich similar

Ahnung, -en (*f.*) hunch; knowledge

Ahorn, -s *or* **-e** *(m.)* maple

Aktenbrief, -e *(m.)* record; file

aktuell current, topical

aktuelles Geschehen topical events, happenings

akustisch acoustical(ly)

Akzent, -e *(m.)* accent

Alkohol *(m.)*, **Alkoholsorten** (*pl.*) alcohol

alkoholarm low in alcohol content

Alkoholeinfluß *(m.)*: **unter Alkoholeinfluß stehen (steht, stand, gestanden)** influence of alcohol: to be under the influence of alcohol

Alkoholsünder, - *(m.)* *(coll.)* drunk driver

Alkoholverbot, -e *(n.)* prohibition

Allee, -n (*f.*) avenue

allein alone

Alleinlage, -n (*f.*) isolated location

alleinstehend single

allerbest very best

allerdings though, mind you; but

allergisch allergic

allerlei some, a variety of

allerletzte very last

allesamt all (together)

Alles Gute! (zu) all the best!, good luck! (on the occasion of)

allgemein: im allgemeinen general: in general

Alliierten (*pl.*) allies

allmählich gradual(ly)

Alltag weekday; everyday life

allumfassend all-inclusive

Alpenkamm, ⁼e *(m.)* alpine mountain ridge

als when, as

also so; well

alt old

Altbau *(m.)*, **Altbauten** (*pl.*) old building

Alter *(n.)* age

Alternative, -n (*f.*) alternative; alternative movement in politics

Altersbeschwerden (*pl.*) old-age disabilities

Altersgenosse, -n *(m.)* **Altersgenossin, -nen** (*f.*) peer; child / person of the same age

Altersheim, -e *(n.)* retirement home

Altertum *(n.)* antiquity, early history

altmodisch old-fashioned

amortisieren (amortisiert) *(refl.)* to pay for itself

Ampel (*f.*): **bei Rot über die Ampel fahren (fährt, fuhr, gefahren) (sein)** traffic light; to run a red light

amtieren (amtiert) to be in office

Amtsgericht, -e *(n.)* district court

andere others

andererseits on the other hand

anders als different from

anderswo elsewhere

an•erkennen (erkennt . . . an, erkannte . . . an, anerkannt) to recognize

Anfall, ⁼e *(m.)* attack

Anfälligkeit, -en (*f.*) susceptibility; proneness

Anfang, ⁼e *(m.)* beginning

an•fangen (fängt . . . an, fing . . . an, angefangen) to start

Anfänger, - *(m.)* / **Anfängerin, -nen** (*f.*) beginner

an•fassen (angefaßt) to touch

Angabe, -n (*f.*) statement; information

angeblich supposed(ly)

Angebot, -e *(n.)* offer

angeeignet acquired; learned

an•gehen (geht . . . an, ging . . . an, angegangen) to concern

an•gehören (angehört) to belong to; to be a member of

Angehörige, -n *(m. / f.)* member (of a family), relative

Angelegenheit, -en (*f.*) matter; affair; concern

angemessen appropriate, adequate

angenommen assumed

angepaßt adapted

Angepaßtheit, -en (*f.*) adaptability

angeschickert (*coll.*) tipsy, slightly drunk

Angestellte, -n (*m. / f.*) employee; white-collar worker

Angriff, -e (*m.*) attack

an•grinsen (angegrinst) to grin at

Angst, ¨e (*f.*): **Angst haben (gehabt) (vor** + *dat.*) fear: to be afraid (of)

Angstauslöser, - (*m.*) something that triggers fear

ängstlich afraid, fearful

Angstlust, ¨e (*f.*) enjoyment and excitement combined with fear

Angstmotiv, -e (*n.*) reason for fear

angstvoll fearful

an•haben (hat . . . an, hatte . . . an, angehabt) to wear, have on

Anhalter (*m.*): **per Anhalter reisen (gereist) (sein) / fahren (fährt, fuhr, gefahren) (sein)** hitchhiker: to hitchhike

anhand with

anhänglich devoted

an•heben (hebt . . . an, hob . . . an, angehoben) to lift; to raise

an•klagen (angeklagt) to accuse; to charge

an•kommen (kommt . . . an, kam . . . an, angekommen) (sein) to arrive

an•kreuzen (angekreuzt) to check (off)

Ankündigung, -en (*f.*) announcement

Ankunft, ¨e (*f.*) arrival

Anlaß, ¨sse (*m.*) occasion

Anlauf, ¨e (*m.*) onset; attempt

an•machen (angemacht) to turn on

an•melden (angemeldet) (*refl.*) to register (*with the authorities*)

an•melden für (angemeldet) (+*acc. / refl.*) to enroll, register (in a course, a seminar)

Anmerkung, -en (*f.*) (foot)note; comment, remark

Anmut (*f. / no pl.*) grace

an•nähen (angenäht) to sew on

Annäherung, -en (*f.*) approach

annehmbar acceptable

Annahme, -n (*f.*) assumption

an•nehmen (nimmt . . . an, nahm . . . an, angenommen) to accept

an•packen (angepackt) to lend a hand; to take hold of; to grab

an•probieren (anprobiert) to try on

Anregung, -en (*f.*) stimulus; inspiration; idea

Anruf, -e (*m.*) phone call

an•rufen (ruft . . . an, rief . . . an, angerufen) to phone

Ansager,- (*m.*) / **Ansagerin, -nen** (*f.*) announcer

Ansammlung, -en (*f.*) accumulation; collection; crowd

Anschaffung, -en (*f.*) acquisition; purchase

anschaulich clear, vivid

anschließbar connectable

Anschluß, ¨sse (*m.*) connection

an•schmollen (angeschmollt) (*coll.*) to pout (at somebody)

Ansehen (*n. no pl.*) appearance; status

Ansicht, -en (*f.*) opinion, view

Ansichtskarte, -n (*f.*) picture postcard

Ansinnen, - (*n.*) notion, idea; suggestion

ansonsten otherwise

an•spielen (angespielt) to play a short part of a musical piece

an•sprechen (spricht . . . an, sprach . . . an, angesprochen) to address somebody

Anspruch, ¨e (*m.*) claim; demand

anständig decent

anstatt instead

an•stellen (angestellt) (+*acc.*) to employ; to turn on (*radio, TV*)

Anstellung, -en (*f.*) job

an•steuern (angesteuert) to steer toward something

anstrengend strenuous; demanding; taxing

Anstrengung, -en (*f.*) effort

Anteil, -e (*m.*) share, part; sympathy; interest

Antenne, -n (*f.*) antenna

Antrag, ¨e (*m.*) application; request

Antwort, -en (*f.*) answer

Antwortbrief, -e (*m.*) (letter of) response

antworten (geantwortet) to answer

an•vertrauen (anvertraut) to entrust

Anweisung, -en (*f.*) instruction(s)

Anwohnerhilfe, n (*f.*) help for local citizens

Anzeige, -n (*f.*): **eine Anzeige aufgeben (gibt . . . auf, gab . . . auf, aufgegeben)** advertisement: to place an ad; to press charges

an•ziehen, (zieht . . . an, zog . . . an, angezogen) to put on; to attract

Anzug, ¨e (*m.*) suit

Apfelbaum, ¨e (*m.*) apple tree

(Apfel-) Saft, ¨e (*m.*) apple juice

apolitisch apolitical

Apotheke, -n (*f.*) pharmacy, drugstore

Apotheker, - (*m.*) / **Apothekerin, -nen** (*f.*) pharmacist

Apparat, -e (*m.*) apparatus, appliance; gadget

Apparatur, -en (*f.*) equipment

Appetit (*m. / no pl.*): **guten Appetit!** appetite: bon appetit! enjoy your meal

Aprikosenbaum, ¨e (*m.*) apricot tree

Aquarell, -e *oder* **-s** (*n.*) watercolor

Aquarium (*n.*), **Aquarien** (*pl.*) aquarium

arabisch (*n.*) Arabic

Arbeit, -en (*f.*) work

arbeiten bei / in (+*dat.*) to work at

Arbeiter, - (*m.*) / **die Arbeiterin, -nen** (*f.*) worker

Arbeiterbewegung, -en (*f.*) workers' movement

Arbeiterviertel, - (*n.*) working-class area

Arbeitnehmer, - (*m.*) / **Arbeitnehmerin, -nen** (*f.*) employee

Arbeitsamt, ¨er (*m.*) employment office

Arbeitsbedingung, -en (*f.*) working condition

Arbeitserlaubnis (*f.*) permission to work; work permit

arbeitsfrei day off

Arbeitsgruppe, -n (*f.*) group of workers, project team

Arbeitskraft, ¨e (*f.*) worker

arbeitslos unemployed

Arbeitslosenunterstützung, -en (*f.*) unemployment compensation

Arbeitslosenversicherung, -en (*f.*) unemployment insurance

Arbeitslosenzahl, -en (*f.*) number of unemployed people

Arbeitslosigkeit (*f. / no pl.*) unemployment

Arbeitsmarkt, ¨e (*m.*) labor market

Arbeitsplatz, ¨e (*m.*) work place

Arbeitsplatzsituation, -en (*f.*) work place situation

Arbeitsraum, ¨e (*m.*) workroom; study

arbeitsscheu unwilling to work

Arbeitsverhältnis, -se (*n.*) employment; employee-employer relationship

Arbeitszimmer, - (*n.*) study

Architekt, en (*m.*) / **Architektin, -nen** (*f.*) architect

Architektur, -en (*f.*) architecture

Ärger, - (*m.*) annoyance; anger; trouble

ärgerlich / blöd: das ist ärgerlich annoying / stupid, idiotic: that is upsetting

ärgern (geärgert) (*ref.*) to be upset, troubled

arithmetisch arithmetic

arm poor

Arm (*m.*): **die Arme aus•strecken (ausgestreckt); auf den Arm nehmen (nimmt, nahm, genommen)** arm: to extend one's arms; to pull someone's leg

Armeedienst, -e (*m.*) military service

Ärmel, - (*m.*) sleeve

Armut (*f.*) poverty

Arschtritt, -e (*m. / coll.*) kick in the butt

Art, -en (*f.*) species

Art (*f.*): **nach Art von** style: in the style of

Artikel, - (*m.*) article

artikulieren (artikuliert) to articulate, enunciate
Arzt, ⁻e (*m.*) / **Ärztin, -nen** (*f.*) doctor
Arzthelferin, -nen (*f.*) doctor's assistant
Asche, -n (*f.*) ash
Asiat, -en (*m.*) / **Asiatin, -nen** Asian
Asyl, -e (*n.*) asylum
Atem (*m. / no pl.*) breath
atmen to breathe
Atomenergie, -n (*f.*) nuclear energy
Atomkraftwerk, -e (*n.*) nuclear power plant
Atomreaktor, -en (*m.*) nuclear reactor
Atomwaffe, -n (*f.*) atomic weapon
Attentat, -e (*n.*) assassination
au ow, ouch
Audienz, -en (*f.*) audience (*pope, king*)
Auditorium (*n.*), **Auditorien** (*pl.*) (lecture) hall
auf (*prep.*) on; onto
auf Anhieb (*m.*) right away; at the first attempt
Aufbau (*m. / no pl.*) construction, building; establishment
auf•blenden (aufgeblendet) to turn the headlights on full beam
auf•bringen (bringt . . . auf, brachte . . . auf, aufgebracht) to find; to come up with
Aufenthalt, -e (*m.*) stay
Aufenthaltsgenehmigung, -en (*f.*) residence permit
auf•fallen (fällt . . . auf, fiel auf, aufgefallen) (sein) to stand out, attract attention; to notice
Auffassung, -en (*f.*) opinion; view
auf•fordern (aufgefordert) to ask
Aufforderung, -en (*f.*) request; demand
Aufgabe, -n (*f.*) task; homework
aufgezeichnet recorded, taped
aufgrund (+*gen.*) on the basis of, based on
auf•halten (hält . . . auf, hielt . . . auf, aufgehalten) (*refl.*) to stay
auf•hängen (aufgehängt) (ein Bild) to hang (up) (*a picture*)
auf•heben (hebt . . . auf, hob . . . auf, aufgehoben) to pick up; to save, keep
Aufheben (*n. / no pl.*) fuss
auf•hören (aufgehört) to stop
Aufkleber, - (*m.*) sticker
auflagenstark high circulation (*newspaper*)
auf•legen (aufgelegt) to put down (*the receiver*)
auf•machen (aufgemacht) to open (up)
aufmerksam attentive
Aufmerksamkeit, -en (*f.*) attentiveness
aufmüpfig (*coll.*) rebellious
Aufnahmetaste, -n (*f.*) recording button
auf•nehmen (nimmt . . . auf, nahm . . . auf, aufgenommen) to take up; to accept; to tape, record

aufopfernd devoted, self-sacrificing
auf•räumen (aufgeräumt) to clean up, put away
aufrecht upright
auf•regen (aufgeregt) to annoy, irritate; to disturb; to upset
auf•regen (aufgeregt) (*refl.*) to get excited
Aufrichtigkeit, -en (*f.*) honesty
Aufsatz, ⁻e (*m.*) essay; composition
auf•schieben (schiebt . . . auf, schob . . . auf, aufgeschoben) to put something off
auf•schließen (schließt . . . auf, schloß . . . auf, aufgeschlossen) to unlock
Aufschnitt (*m. / no pl.*) (assorted) cold cuts
Aufschwung, ⁻e (*m.*) upswing
auf•sein (ist . . . auf, war . . . auf, aufgewesen) (sein) to be up
Aufsicht, -en (*f.*) supervision
auf•stehen (steht . . . auf, stand . . . auf, aufgestanden) (sein) to get up; to stand up
Aufstellung, -en (*f.*) putting up; erection; installation
Aufstieg, -e (*m.*) climb; advancement
Auftrag, ⁻e (*m.*) order(s); instruction(s)
Auftreten (*n. / no pl.*) appearance
auf•wachen (aufgewacht) (sein) to wake up
Aufwand (*m. / no pl.*) expenditure
auf•werfen (wirft . . . auf, warf . . . auf, aufgeworfen) to pile up; to bring up
auf Wiederhören! goodbye! (*on the telephone / radio*)
auf Wiedersehen! goodbye!; see you!
Auge, -n (*n.*) eye
Augenblick, -e (*m.*) moment
Augenbraue, -n (*f.*) eyebrow
Augenfarbe, -n (*f.*) eye color
augenzwinkernd winking
aus (*prep.*) from; out of
Ausbildung, -en (*f.*) training; instruction; education
Ausdruck, ⁻e (*m.*) expression
aus•drücken (drückt . . . aus, drückte . . . aus, ausgedrückt) to express
auseinander•gehen (geht . . . aus-einander, ging . . . auseinander, auseinandergegangen) (sein) to split up, to separate
auseinander•setzen (auseinanderge-sezt) to explain; to talk; to argue
aus•fallen (fällt . . . aus, fiel . . . aus, ausgefallen) (sein) to lose (hair)
ausfindig machen (gemacht) to find, discover
Ausflug, ⁻e (*m.*): **einen Ausflug** (*m.*) **machen (gemacht)** trip: to go on / take a trip

aus•führen (ausgeführt) to do; to carry out
ausführlich detailed
aus•füllen (ausgefüllt) to fill out
Ausgabe, -n (*f.*) edition
aus•geben (gibt . . . aus, gab . . . aus, ausgegeben) to spend
ausgeglichen balanced
aus•gehen (geht . . . aus, ging . . . aus, ausgegangen) (sein) to go out
Ausgereiftheit, -en (*f.*) maturity
ausgeschlafen well rested
ausgeschlossen excluded
ausgezeichnet excellent
Auskunft, ⁻e (*f.*) information
Ausland (*n.*) foreign country
Ausländer, - (*m.*) / **Ausländerin, -nen** (*f.*) foreigner
Ausländeramt, ⁻er (*n.*) office for foreigners
Ausländerfeindlichkeit (*f.*) hostility to(ward) foreigners
aus•leeren (ausgeleert) to empty out
aus•lösen (ausgelöst) to take out; to release
aus•machen (ausgemacht) to turn off, extinguish
ausnahmsweise just this once; exceptionally
Ausnutzung, -en (*f.*) exploitation
aus•rechnen (ausgerechnet) (*refl.*) to calculate
Ausreiseantrag, ⁻e (*m.*) exit application or request
Ausreisegenehmigung, -en (*f.*) exit permit
aus•ruhen (ausgeruht) (*refl.*) to relax, rest
Aussage, -en (*f.*) statement
aus•schlafen (schläft . . . aus, schlief . . . aus, ausgeschlafen) to rest up
aus•sehen (sieht . . . aus, sah . . . aus, ausgesehen) to look (like)
Außenpolitik (*f. / no pl.*) foreign policy
Außenseiter, - (*m.*) / **Außenseiterin, -nen** (*f.*) outsider
außer except; besides
außerdem besides
äußere Erscheinung, -en (*f.*) outward appearance
Äußere (*n.*) outward appearance
außergewöhnlich extraordinary
außerhalb outside
außerordentlich extraordinary; exceptional
Aussiedler, - (*m.*) / **Aussiedlerin, -nen** (*f.*) emigrant; evacuee
aus•sprechen (spricht . . . aus, sprach . . . aus, ausgesprochen) to articulate; to express; to declare

aus•stellen (ausgestellt): einen Scheck ausstellen to make out; to write (out): to write a check

Austauschdienst, -e (*m.*) exchange service

aus•tauschen (ausgetauscht) to exchange, interchange

aus•treiben (treibt . . . aus, trieb . . . aus, ausgetrieben) to drive out

Auswahl (*f.*) choice

aus•wandern (ausgewandert) (sein) to emigrate

aus•weisen (weist . . . aus, wies . . . aus, ausgewiesen) to expel; to deport; to extradite

auswendig by heart, from memory

aus•werten (ausgewertet) to evaluate; to analyze

Auszeichnung, -en (*f.*) award

Auszug, ̈e (*m.*) excerpt; extract

Auto (*n.*)**: ein Auto mieten (gemietet)** car: to rent a car

Autoabgas, -e (*n.*) car exhaust, emission

Autobahn, -en (*f.*) interstate highway

(Autobahn-) Raststätte, -n (*f.*) highway service area

Autofahrer, - (*m.*) **/ Autofahrerin, -nen** (*f.*) driver

Autor, -en (*m.*) **/ Autorin, -nen** (*f.*) author

autorisieren (autorisiert) to authorize

Autoverkäufer, - (*m.*) **/ Autoverkäuferin, -nen** (*f.*) car salesperson

Bach, ̈e (*m.*) brook, (small) stream

Bad, ̈er (*n.*)**; Badezimmer, -** (*n.*) bathroom

Badbenutzung, -en (*f.*) use of the bathroom

Badeanzug, ̈e (*m.*) bathing suit

baden (gebadet) (*refl.*) to take a bath

Badewanne, -n (*f.*) bathtub

Bahnhof, ̈e (*m.*) train station

Bahnsteig, -e (*m.*) platform; gate

bald soon

Ball, ̈e (*m.*) ball

Banane, -n (*f.*) banana

Banknote, -n (*f.*) bill

Bankräuber, - (*m.*) **/ Bankräuberin, -nen** (*f.*) bank robber

Banküberfall, ̈e (*m.*) bank robbery

barfuß barefoot

Bargeld (*n.*) cash

Barock (*m. or n.*) baroque age, period

Barometer (*n.*)**: das Barometer steigt (stieg, gestiegen) (sein) / fällt (fiel, gefallen) (sein)** barometer: the barometer is rising / falling

Baronin, -nen (*f.*) baroness

bar zahlen to pay cash

basteln (gebastelt) to make things with one's hands; to craft by hand

Batterie, -n (*f.*) battery

Bau, (*m. / no pl.*) construction

Bauch, ̈e (*m.*)**: auf dem Bauch liegen** stomach: to lie on one's stomach

Baum (*m.*)**: gegen einen Baum fahren (fährt, fuhr, gefahren) (sein)** tree: to hit a tree

Baumwolle (*f.*) cotton

beachten (beachtet) to heed; to follow; to observe

Beamte, -n (*m.*) **/ Beamtin, -nen** (*f.*) official; civil servant

beantragen (beantragt) to apply for; to propose

Bedarf (*m. / no pl.*) need

bedauern (bedauert) (+acc.): jemanden bedauern to pity; to feel sorry; to regret: to feel sorry for somebody

bedenklich dubious

Bedeutung, -en (*f.*) meaning

Bedienung, -en (*f. / no pl.*) service (*in a restaurant*)

Bedürfnis, -se (*n.*) need, necessity

beeilen (beeilt) (*refl.*) to hurry (up)

beeinflußen (beeinflußt) to influence

befolgen (befolgt) to follow (*instructions*)

Befriedigung, -en (*f.*) satisfaction

Befürchtung, -en (*f.*) fear

Begebenheit, -en (*f.*) event, occurrence

begehren (begehrt) to desire, crave

begeistert enthusiastic

Begeisterung (*f. / no pl.*) enthusiasm

beginnen (beginnt, begann, begonnen) to start

Begleiter, - (*m.*) **/ Begleiterin, -nen** (*f.*) companion; escort

begnügen (begnügt) (*refl.*) to be satisfied, content

begrüßen (begrüßt) (+acc.) to greet, say hello to

Begrüßung, -en (*f.*) greeting; welcoming, welcome

begutachten (begutachtet) to give expert advice about; to examine

behalten (behält, behielt, behalten) to keep

behandeln (behandelt) to treat; to deal with

behaupten (behauptet) to claim; to assert

beherrschen (beherrscht) to master, control

Behörde, -n (*f.*) authorities; (*state, government*) office

bei (*prep.*) near; at; with

beide both

Beifahrer, - (*m.*) **/ Beifahrerin, -nen** (*f.*) (front-seat) passenger

bei•fügen (beigefügt) to add; to enclose

Beileid (*n.*)**: mein herzliches Beileid** condolence(s), sympathy: my sincere sympathy

beinahe almost

Beiname, -n (*m.*) epithet

Beispiel, -e (*n.*) example

Beitrag, ̈e (*m.*) contribution

beitragen (trägt . . . bei, trug . . . bei, beigetragen) to contribute

beizeiten in (good) time, just in time

bekämpfen (bekämpft) to fight

Bekämpfung, -en (*f.*) fight, battle

Bekannte, -n (*m. / f.*) acquaintance

Bekanntenkreis, -e (*m.*) circle of acquaintences

bekannt•machen (bekanntgemacht): jemanden (*acc.*) **[mit jemandem** (*dat.*)**]** to announce, introduce: to introduce someone (to somebody)

beklemmend oppressive

bekommen (bekommt, bekam, bekommen): ein Kind bekommen to get, receive: to have a baby or child

belasten (belastet) to burden; to put weight on; to load

Belastung, -en (*f.*) burden

belaufen (beläuft, belief, belaufen) (*refl.*) to amount to

Beleg, -e (*m.*) receipt; reference; piece of evidence

belegen (belegt) to enroll in a class

beleidigt insulted, offended

beleuchtet lighted, lit

bellen (gebellt) to bark

bemalen (bemalt) to paint

benachrichtigen (benachrichtigt) to inform

benachteiligt disadvantaged; discriminated against

Benehmen, - (*n.*) behavior

benötigen (benötigt) to need, require

benutzen (benutzt) to use

Benzin (*n.*) gasoline

Beobachtung, -en (*f.*) observation

Beratungsstelle, -n (*f.*) counseling office

berechnen (berechnet): Zinsen berechnen to calculate: to calculate interest

Bereich, -e (*m.*) area; sphere; field; sector

bereits already

Bereitschaft (*f. / no pl.*) readiness; willingness

Bereitschaftsdienst, -e (*m.*) emergency service

Berg, -e (*m.*) mountain

bergsteigen gehen (geht . . . bergsteigen, ging . . . bergsteigen, bergsteigen gegangen) (sein) to go mountain climbing

Bericht, -e (*m.*) report

berichten (berichtet) to report; to tell

Beruf aus•üben (ausgeübt) to have an occupation, follow a profession

Berufsausbildung, -en (*f.*) (professional) training

Berufsheer, -e (*n.*) standing army

Berufsschule, -n (*f.*)   vocational school
beruhen (beruht) auf (+*dat.*)   to be based or founded on
beruhigen (beruhigt) (+*acc.*): **jemanden beruhigen**   to calm down: to calm someone down
beruhigen (beruhigt) (*refl.*)   to calm down
berühmt   famous
Berührung (*f.*): **in Berührung kommen**   contact: to come in contact with
beschäftigen (beschäftigt)   to occupy; to employ; to be busy with
Beschäftigung, -en (*f.*)   work; activity
Bescheid (*m.*): **Bescheid wissen (weiß, wußte, gewußt)**   knowledge; information: to know; to understand
bescheiden   modest
Beschiß, -sse (*m. / coll.*)   swindle, rip-off
beschleichen (beschleicht, beschlich, beschlichen)   to creep up on
beschränken (beschränkt)   to limit
beschreiben (beschreibt, beschrieb, beschrieben)   to describe
beschützen (beschützt)   to protect
Beschwerde, -n (*f.*)   complaint
beschweren (beschwert) (*refl.*)   to complain, file a complaint
beschwingt   swinging, lilting
beseitigen (beseitigt)   to remove, get rid of
Besen, - (*m.*)   broom
besessen   possessed
besetzen (besetzt)   to occupy
besetzt   occupied, busy
besichtigen (besichtigt)   to visit, have a look at
Besichtigung, -en (*f.*)   visit; sight-seeing tour
besinnlich   contemplative
Besitz (*m. / no pl.*)   possession
besitzen (besitzt, besaß, besessen)   to own
Besonderheit, -en (*f.*)   unusual, special feature
besonders   especially
besser   better
Besserung (*f.*): **gute Besserung!**   improvement: (I wish you a) speedy recovery
bestätigen (bestätigt)   to confirm
Besteck, -e (*n.*)   knives and forks, silverware
bestellen (bestellt)   to order
Bestellung, -en (*f.*)   order
bestimmt   certain(ly)
bestrafen (bestraft)   to punish
bestreiten (bestreitet, bestritt, bestritten)   to deny; to dispute, challenge; to pay for; to provide for
Bestürzung (*f.*)   consternation
Besuch, -e (*m.*)   visit(or)

besuchen (besucht)   to (pay a) visit
betonen (betont)   to emphasize
Betracht (*m.*): **in Betracht kommen (kommt, kam, gekommen) (sein)**   consideration: to be taken into consideration
beträchtlich   considerable
Betrachtung, -en (*f.*)   contemplation; examination
Betrag, -̈e (*m.*)   amount, sum
betreten (betritt, betrat, betreten)   to step on, walk on
betreuen (betreut)   to look after
Betrieb, -e (*m.*)   business; factory
Betriebsrat, -̈e (*m.*)   labor committee / council (member)
Betriebssystem, -e (*n.*)   operating system
betroffen   affected
Betrug, -̈e (*m.*)   deceit, deception; fraud
betrügen (betrügt, betrog, betrogen)   to deceive; to cheat
betrunken   drunk
Bett, -en (*n.*): **das Bett beziehen (bezieht, bezog, bezogen); ins / zu Bett gehen (geht, ging, gegangen) (sein)**   bed: to change the sheets, put clean sheets on; to go to bed
beugen (gebeugt)   to bend
beurteilen (beurteilt)   to judge
Beurteilung, -en (*f.*)   judging, assessing, assessment
Bevölkerung, -en (*f.*)   population
bevor (*prep.*)   before
bewahren (bewahrt)   to keep; to hold
Bewährungsprobe, -n (*f.*)   test
bewegen (bewegt) (*refl.*)   to move
Bewegtheit (*f. / no pl.*)   emotionally moving state; eventfulness
beweisen (beweist, bewies, bewiesen)   to prove
bewerben (bewirbt, bewarb, beworben) (*refl.*) **um** (+*acc.*)   to apply for (*a job or a position*)
Bewerber, - (*m.*) / **Bewerberin, -nen** (*f.*)   applicant
Bewertung, -en (*f.*)   evaluation; judgment
Bewohner, - (*m.*) / **Bewohnerin, -nen**   inhabitant
bewundern (bewundert)   to admire
bewußt   conscious; intentional
Bewußtsein (*no pl.*)   awareness, consciousness
beziehen (bezieht, bezog, bezogen)   to obtain; to cover; to move into; to get
Beziehung, -en (*f.*)   relationship; connection
Beziehungskiste, -n (*f. / coll.*)   relationship
Bezirk, -e (*m.*)   district
Bezug (*m.*): **in Bezug auf**   reference: in / with reference to, regard to

bezweifeln (bezweifelt)   to doubt; to question
Bhf. = Bahnhof, -̈e (*m.*)   train station
Bibliothek, -en (*f.*)   library
Bier, -e (*n.*): **ein helles / dunkles Bier**   beer: light / dark beer
Bierbauch, -̈e (*m.*)   beer belly
Bierdeckel, - (*m.*)   coaster
bieten (bietet, bot, geboten)   to offer
Bild, -er (*n.*)   picture; image
Bildergeschichte, -n (*f.*)   picture story
(Bild-) Röhre, -n (*f.*)   (cathode ray) tube
Bildschirm, -e (*m.*)   screen (TV)
Bildung (*f.*)   education
billig   inexpensive
bimmeln (gebimmelt)   to ring
binden (bindet, band, gebunden)   to bind, tie (together)
Biographie, -n (*f.*)   biography
Birnbaum, -̈e (*m.*)   pear tree
Birne, -n (*f.*)   pear; light bulb
bis: bis bald! bis dann!   until: see you! see you then!
bisher; bislang   so far
bißchen   a bit, a little
bitten (bittet, bat, gebeten)   to ask for; to beg
bitte schön!   please; you are (entirely) welcome
Bittgesuch, -e (*n.*)   petition
blamieren (blamiert)   to disgrace
blasen (bläst, blies, geblasen)   to blow
blasend   blowing
blaß   pale
Blatt, -̈er (*n.*)   sheet; leaf
blau   blue
blauschimmernd   shimmering blue
Blech, -e (*n.*)   tin
bleifrei   unleaded, leadfree
Bleistift, -e (*m.*)   pencil
Blick, -e (*m.*)   look; glance
blinken (geblinkt)   to use the turn signal; to signal
blitzen (geblitzt): es blitzt   to flash: there is lightning
blöd   stupid
bloß   mere; bare; only
Blume, -n (*f.*)   flower
Blumenstrauß, -̈e (*m.*)   bouquet of flowers
Bluse, -n (*f.*)   blouse
blutig   bloody
Bock(bier), -e (*n.*)   bock(beer) (*type of strong beer*)
Bombe, -n (*f.*)   bomb
borgen (geborgt)   to borrow; to loan
Börse, -n (*f.*)   stock market; stock exchange
Börsenmakler, - (*m.*) / **Börsenmaklerin, -nen** (*f.*)   stockbroker
böse   base, evil
Botschaft, -en (*f.*)   embassy; message
Braunkohle (*f.*)   soft coal
breit   wide

Bremse, -n (*f.*): **die Bremse geht (funktioniert) nicht mehr** brake: the brakes don't work any more
bremsen to brake
Brief, -e (*m.*) letter
Briefkasten, ¨ (*m.*) mailbox
Briefmarke, -n (*f.*) (postage) stamp
(Brief-) Umschlag, ¨e (*m.*) envelope
Brille, -n (*f.*) glasses
brisant (*explosive*)
Brombeere, -n (*f.*) blackberry
Brot, -e (*n.*) bread
Brötchen, - (*n.*) roll, bun
Brücke, -n (*f.*) bridge
Bruder, ¨ (*m.*) brother
brüllen (gebrüllt) to shout, roar, yell
Buch, ¨er (*n.*) book
Buche, -n (*f.*) beech tree
Bücherei, -en (*f.*) library
Buchführung, -en (*f.*) bookkeeping, accounting
Buchhandlung, -en (*f.*) bookstore
Buchmesse, -n (*f.*) book fair
buchstabieren (buchstabiert) to spell
bücken (gebückt) to bend (down)
buddeln (gebuddelt) to dig
bügeln (gebügelt) to iron
bugsieren (bugsiert) to maneuver
Bummel, -s (*m.*) stroll, tour
Bund (*m.*) **[Bundesregierung, -en** (*f.*)**]** Federal Government
Bundesbürger, - (*m.*) **/ Bundesbürgerin, -nen** (*f.*) citizen of Germany
Bundeskanzler, - (*m.*) Chancellor
Bundesnachrichtendienst (*m.*) Federal Intelligence Service
Bundesrepublik Deutschland (BRD) (*f.*) Federal Republic of Germany (FRG)
Bundeswehr (*f.*) armed forces of Germany
bunt (multi-) colored; colorful
bunter Flicken, - (*m.*) multicolored patch
Burg, -en (*f.*) castle
Bürger, - (*m.*) **/ Bürgerin, -nen** (*f.*) citizen
Bürgerinitiative, -n (*f.*) citizens' initiative; grassroots movement
Bürgschaft, -en (*f.*) security
Büro, -s (*n.*) office
Bürogebäude, - (*n.*) office building
Bürste, -n (*f.*) brush
Bus, -se (*m.*) bus
Busch, ¨e (*m.*) bush
bzw. = beziehungsweise and / or; respectively

ca. (*abbr. of* **circa**) approx.
CD-Gerät, -e (*n.*) CD player
Charakter, -e (*m.*) character
Charaktereigenschaft, -en (*f.*) character trait

charakterisieren (charakterisiert) to characterize
Chef, -s (*m.*) **/ Chefin, -nen** (*f.*) boss; leader; chief
Chefredakteur, -e (*m.*) **/ Chefredakteurin, -nen** (*f.*) editor-in-chief
Chemikalie, -n (*f.*) chemical
Christlich-Demokratische Union (CDU) (*f.*) Christian Democratic Union (*conservative political party: Germany*)
Christlich-Soziale Union (CSU) (*f.*) Christian Socialist Union (*Bavarian wing of CDU*)
chromblitzblank gleaming brightly with chrome
Chrysantheme, -n (*f.*) chrysanthemum
Co. (*abbr. of* **Kompanie**) Co.
Combiwagen, - (*m.*) station wagon
computergesteuert computer controlled
Computerzirkel, - (*m.*) computer users' group

dabei with; at the same time; yet
Dach, ¨er (*n.*) roof
Dachboden, ¨ (*m.*) attic
dafür for; for that; instead
dagegen against; on the other hand
damals then, at that time
damit with that / it; so that
dämlich stupid, dumb
Dampf, ¨e (*m.*) steam
danach after that, then
danken (gedankt): nichts zu danken! to thank: don't mention it, not at all
danke sehr / danke schön thank you very much
dann then
daraufhin as a result; after that
dar•bieten (bietet . . . dar, bot . . . dar, dargeboten) to perform; to present; to offer
darüber over; about
Dasein (*n. / no pl.*) existence, presence
das ist (doch) nicht (so) schlimm that's not (so) bad
(das ist ja) unglaublich! (that's) incredible
das macht (doch) gar nichts! that is quite all right!
das macht (keinen) Spaß that is (no) fun
das tut weh! that hurts!
Dauer (*f. / no pl.*) duration
dauern (gedauert) to last
dauernd lasting, permanent; constant
Dauerwelle, -n (*f.*) permanent wave, perm
Daumen, - (*m.*) thumb
davon from; of that / it
dazwischen•quatschen (*coll.*) to interrupt somebody by talking

debattieren (debattiert) to debate
Decke, -n (*f.*) blanket; table cloth
decken (gedeckt): den Tisch decken to cover: to set the table
Delikt, -e (*n.*) offense; crime
demnächst soon
Demokratie, -n (*f.*) democracy
Demoskopie, -n (*f.*) opinion research
Denkmal, ¨er (*n.*) monument, memorial
Deo(dorant), -s (*n.*) deodorant
dermaßen so; so much
derweil (*coll. regional*) in the meantime, meanwhile
derzeit at present, at the moment
deshalb therefore
deutlich clear
deutlich machen (gemacht) to make clear
Deutsche Demokratische Republik (DDR) (*f.*) German Democratic Republic (GDR)
Dia, -s (*n.*) slide
Diafilm, -e (*m.*) slide film
Dialekt, -e (*m.*) dialect
Dialektfärbung, -en (*f.*) accent
dicht tight; thick; closed
Dichter, - (*m.*) **/ Dichterin, -nen** (*f.*) poet; writer, author
dick fat; thick
diejenige the one, that one
Dienst, -e (*m.*) work; service
Dieselöl (*n.*) diesel oil
Diesseitigkeit, -en (*f.*) of this world, pertaining to this life
differenzieren (differenziert) to make distinctions, be discriminating
Diktatur, -en (*f.*) dictatorship
Ding, -e (*n.*) thing
Direktor, -en (*m.*) **/ Direktorin, -nen** (*f.*) director; principal
Dirigent, -en (*m.*) **/ Dirigentin, -nen** (*f.*) conductor
Diskette, -n (*f.*) disk
diskutieren (diskutiert) to discuss
Doktor, -en (*m.*) **/ Doktorin, -nen** (*f.*) physician
Dolmetscher, - (*m.*) **/ Dolmetscherin, -nen** (*f.*) interpreter
doof (*coll.*) stupid, dumb
Doppelzimmer, - (*n.*) double room
Dorf, ¨er (*n.*) village
Dorn, -en (*m.*) thorn
Dornenhecke, -n (*f.*) thorn(y) hedge
Dornröschen (*n.*) Sleeping Beauty
Dose, -n (*f.*) can
Dozent, -en (*m.*) **/ Dozentin, -nen** (*f.*) (university) instructor; docent
Drachen, - (*m.*): **Drachen steigen lassen (läßt, ließ, lassen)** kite; dragon: to fly a kite
Draht, ¨e (*m.*) wire; connection

drängen (gedrängt)   to push, press; to urge; to crowd
Dreck (*m. / no pl.*)   dirt
dreckig   dirty; filthy
drehen (gedreht)   to turn; shift; make (*film*)
drehen (gedreht) (*refl.*)   to turn
Dreißigjährige Krieg (*m.*)   Thirty Years' War (1618–1648)
dressieren (dressiert)   to train, condition, discipline
Dressurleistung, -en (*f.*)   training result
dringend   urgent
Dritte Reich (*n.*)   Third Reich
Drogenproblem, -e (*n.*)   drug problem
drohen (gedroht)   to threaten
drucken (gedruckt)   to print
drücken (gedrückt)   to press, push
Duft, ⁻**e** (*m.*)   smell; fragrance
dumm: so was Dummes!   stupid: how silly! how stupid!
Düngemittel, - (*n.*)   fertilizer
dunkel   dark
dünn   thin
durchdacht   thought through
durcheinander   mixed; messed up; confused
durch•machen (durchgemacht)   to go through
durch•setzen (durchgesetzt)   to push through
Dürre (*f.*)   drought
Durst (*m. / no pl.*)   thirst
Dusche, -n (*f.*)   shower
duschen (geduscht) (*refl.*)   to take a shower
Duschgel, -e (*n.*)   shower gel

Ebbe (*f.*)   low tide
eben   exactly; just, simply
Ebene, -n (*f.*)   plateau; plain; level
ebenfalls   also
echt   real, genuine
edel   noble; precious; fine; generous
Edelstein, -e (*m.*)   gemstone
egal / gleich: das ist mir egal / gleich   equal; the same: I don't care
Ehe, -n (*f.*)   marriage
Ehebruch, ⁻**e** (*m.*)   adultery; infidelity
Ehefrau, -en (*f.*)   wife
Eheleute (*pl.*)   married couple
ehemalig   former
Ehemann, ⁻**er** (*m.*)   husband
eher   sooner, earlier
ehrgeizig   ambitious
ehrlich   honest; sincere
ehrwürdig   honorable
Ei, -er (*n.*)   egg
Eiche, -n (*f.*)   oak
Eidgenosse, -n (*m.*) / **Eidgenossin, -nen** (*f.*)   Swiss citizen

eifersüchtig   jealous
eigen   own; separate
Eigenschaft, -en (*f.*)   trait; quality; property
eigentlich   real, actual; original; anyway
Eilzug, ⁻**e** (*m.*)   (express) train (*does not stop at every station*)
Einbauschrank, ⁻**e** (*m.*)   built-in closet
Einblick, -e (*m.*)   insight
Eindruck, ⁻**e** (*m.*)   impression
einfach   simple; simply; just
Einfall, ⁻**e** (*m.*)   idea
Einfaltspinsel, - (*m.*)   simpleton
einfarbig   all one color
ein•führen (eingeführt)   to introduce; to insert; to import
ein•geben (gibt . . . ein, gab . . . ein, eingegeben): dem Computer etwas eingeben   to give: to feed something into the computer
ein•gehen (geht . . . ein, ging . . . ein, eingegangen) (sein) auf   to respond to something (in a discussion); to pick up on something
einheimisch   native; local
Einheit, -en (*f.*)   unit; unity
einigermaßen   somewhat; fairly
ein•jagen: Angst einjagen (eingejagt)   to frighten
Einkommen, - (*n.*)   income
ein•laden (lädt . . . ein, lud . . . ein, eingeladen)   to invite; to load
einleitend   introductory
Einleitung, -en (*f.*)   introduction
ein•lösen (eingelöst): einen Scheck einlösen   to redeem; to cash: to cash a check
ein•machen (eingemacht)   to preserve, can; to wrap up
Einmarsch, ⁻**e** (*m.*)   invasion
ein•reichen (eingereicht)   to hand in; to file; to submit
Einreisebestimmung, -en (*f.*)   immigration / entry regulation
Einrichtung, -en (*f.*)   furniture, furnishings
einsam   lonely; isolated
Einsamkeit (*f.*)   loneliness; isolation
Einsatz, ⁻**e r.**(*m.*)   stake; entry; use; commitment; investment
Einsatzvorschlag, ⁻**e** (*m.*)   suggestion for use
ein•schalten (eingeschaltet)   to switch on, turn on
ein•schätzen (eingeschätzt)   to assess, to evaluate; to estimate
ein•schenken (eingeschenkt)   to pour (out)
ein•schlafen (schläft . . . ein, schlief . . . ein, eingeschlafen) (sein)   to fall asleep
einschließlich   inclusive; including

ein•schränken (eingeschränkt)   to limit, restrict
ein•schreiben (schreibt . . . ein, schrieb . . . ein, eingeschrieben) (*refl.*)   to register (*at the university*); to enroll (*as a student*)
ein•schwingen (schwingt . . . ein, schwang . . . ein, eingeschwungen) (sein)   to perch
ein•speisen (eingespeist)   to feed something into the computer
ein•sperren (eingesperrt)   to lock up; to lock in
Einspritzpumpe, -n (*f.*)   fuel-injection pump
Einsteckkarte, -n (*f.*)   punch card
ein•stellen (eingestellt)   to adjust; to tune (in); to hire, employ
Einstellung, -en (*f.*)   attitude; employment; adjustment
Eintrag, ⁻**e** (*m.*)   entry
Einwand, ⁻**e** (*m.*)   objection
ein•wandern (eingewandert) (sein)   to immigrate
Einwanderung, -en (*f.*)   immigration
ein•weihen (eingeweiht) (sein)   to open; to initiate
ein•werfen (wirft . . . ein, warf . . . ein, eingeworfen)   to break, smash; to interject; to throw in; to mail
Einwohner(melde)amt, ⁻**er** (*n.*)   registry office; bureau of vital statistics
ein•zahlen (eingezahlt)   to deposit (*into an account*)
Einzelheit, -en (*f.*)   detail
einzeln   individual; separate; single
Einzelzimmer, - (*n.*)   single room
Eis (*n.*); **Eissorten** (*pl.*)   ice; ice cream
Eisen (*n. / no pl.*)   iron
Eisenbahn, -en (*f.*)   railroad, train
eisig   icy
eitel   vain; conceited
elastisch   elastic
Elektrizität (*f. / no pl.*)   electricity
(Elektronen-) Blitz, -e (*m.*)   (electronic) flash
Elend (*n. / no pl.*)   misery, distress
Eltern (*pl.*); **Elternteil, -e** (*m.*)   parents; parent
emanzipiert   emancipated, liberated
Empfang (*m.*)**: der Empfang ist (nicht) gut**   reception: the reception is (not) good
empfangen (empfängt, empfing, empfangen)   to receive
Empfänger, - (*m.*)   recipient; receiver (*TV, radio*)
Empfehlungsbrief, -e (*m.*)   letter of recommendation
empfindlich   sensitive; delicate; touchy
Ende, -n (*n.*)   end
enden   to finish, end

endlich eventual(ly); final(ly)

Energiequelle, -n (*f.*) energy source

engagieren (engagiert) (*refl.*) to commit oneself

Engel, - (*m.*) angel

Enkel, - (*m.*) / **Enkelin, -nen** (*f.*) grandson; grandchild / granddaughter

entdecken (entdeckt) to discover

Ente, -n (*f.*) duck

Entfernung, -en (*f.*) distance

Entführung, -en (*f.*) abduction; kidnapping; hijacking

entlarven (entlarvt) to unmask, expose; to uncover

entlassen (entläßt, entließ, entlassen) (+*acc.*) to dismiss; to retire; to release; to expel

entnehmen (entnimmt, entnahm, entnommen) to take out, withdraw; to take from

entscheidend decisive; conclusive; crucial

Entscheidung, -en (*f.*) decision

entschlossen determined, resolute

Entschluß, Entschlüsse (*m.*) decision

entschuldigen (entschuldigt) (*refl.*) to excuse (oneself)

Entschuldigung, -en (*f.*) excuse; apology

Entspannung (*f.*) relaxation

entsprechend corresponding(ly)

entstehen (entsteht, entstand, entstanden) (sein) to come into being, originate; to arise

Enttäuschung (*f.*) disappointment

entweder . . . oder either . . . or

entwickeln (entwickelt) to develop

Entwicklung, -en (*f.*) development; evolution

Entwicklungshilfe (*f.*) foreign aid

Entwurf, ̈e (*m.*) outline, sketch

entziehen (entzieht, entzog, entzogen) to withdraw, take away, revoke

Erbpacht (*f.*) hereditary lease

Erdbeere, -n (*f.*) strawberry

Erde, -n (*f.*) earth; soil; world

ereignen (ereignet) (*refl.*) to take place, happen

Ereignis, -se (*n.*) event

erfahren (erfährt, erfuhr, erfahren) to experience

Erfahrung, -en (*f.*) experience

erfassen (erfaßt) to understand

erfinden (erfindet, erfand, erfunden) to invent

Erfolg, -e (*m.*) success

erfolgreich successful

erfordern (erfordert) to require, demand; to call for

erfüllen (erfüllt) to fulfill

ergänzen (ergänzt) to supplement; to complete; to supply

ergeben (ergibt, ergab, ergeben): es ergibt sich to yield, produce: it results in; it follows

Ergebnis, -se (*n.*) result; outcome

ergreifen (ergreift, ergriff, ergriffen) to grab; to take hold of

erhaben sublime

erhalten (erhält, erhielt, erhalten) to receive; to maintain; to preserve

erheblich considerable; important; relevant

erholen (erholt) (*refl.*) to relax; to recuperate

erinnern (erinnert) (*refl.*) to remember

Erkältung, -en (*f.*) cold

erkennen (erkennt, erkannte, erkannt) to recognize

Erkenntnis, -se (*f.*) knowledge; insight

erklären (erklärt) to explain; declare

Erklärung, -en (*f.*) explanation, declaration

erlangen (erlangt) to achieve; to gain

erlauben (erlaubt) to permit

erläutern (erläutert) to explain, comment on

Erläuterung, -en (*f.*) explanation; clarification

erleben (erlebt) to experience

Erlebnis, -se (*n.*) experience; adventure

erledigen (erledigt) to take care of, deal with; to process; to carry out; to finish

Erleichterung (*f.*) relief, alleviation

erlösen (erlöst) to save, rescue; to release

ermessen (ermißt, ermaß, ermessen) to estimate; to realize

ermitteln (ermittelt) to determie; to trace; to investigate

ermuntern (ermuntert) to encourage; to stimulate

ernst serious

Ernte, -n (*f.*) harvest

Eroberung, -en (*f.*) conquest; capture

Erprobung, -en (*f.*) test

erraten (errät, erriet, erraten) to guess

erreichen (erreicht) to achieve; to reach

erringen (erringt, errang, errungen) to achieve; to win; to gain

Ersatzteil, -e (*n.*) replacement part

erscheinen (erscheint, erschien, erschienen) (sein) to appear

Erscheinung, -en (*f.*) appearance

erschießen (erschießt, erschoß, erschossen) to shoot and kill

erschließen (erschließt, erschloß, erschlossen) to develop; to open (up); to find; to deduce

erschöpft exhausted

erschrocken frightened

erstarren (erstarrt) (sein) to grow stiff or numb; to solidify; to freeze

erstaunen (erstaunt) (sein) to be surprised

Erste / Zweite Weltkrieg (*m.*) First / Second World War

ersticken (erstickt) (sein) to suffocate

ertragen (erträgt, ertrug, ertragen) to bear, endure

ertrinken (ertrinkt, ertrank, ertrunken) (sein) to drown

Erwachsene, -n (*m.* / *f.*) adult, grown-up

Erwägung, -en (*f.*) consideration

erwähnen (erwähnt) to mention

erwarten (erwartet) to expect

Erwartung, -en (*f.*) expectation

erweisen (erweist, erwies, erwiesen) to prove; to show

erwidern (erwidert) to reply

erzählen (erzählt) to tell (a *story*)

Erzählung, -en (*f.*) story, tale; narration; account

Erzieher, - (*m.*) / **Erzieherin, -nen** (*f.*) educator; tutor

Erziehungsarbeit, -en (*f.*) educational work

Erziehungsheim, -e (*n.*) reform school

erzielen (erzielt) to obtain; to achieve

essen: im Restaurant essen (ißt, aß, gegessen) to eat: eat in a restaurant

Essig, -e (*m.*) vinegar

Eßkultur, -en (*f.*) gastronomic culture

Eßzimmer, - (*n.*) dining room

etwa about; for instance

etwas (ver)ändern (verändert / geändert) to change something

Europa (*n.*) Europe

(Euro-) Scheck, -s (*m.*) (Euro-) check

ewig eternal(ly), forever; always

Ewigkeit, -en (*f.*) eternity

Existenz, -en (*f.*) existence

existieren (existiert) to exist

exportieren (exportiert) to export

extensiv extensive

Fabrik, -en (*f.*) factory

Fabrikat, -e (*n.*) brand; product

Fach, ̈er (*n.*) subject; field

Fachbeirat, ̈e (*m.*) specialized (advisory) council

Fachblatt, ̈er (*n.*) (specialist) journal

Fachleute experts

Fachsprache, -n (*f.*) technical terminology

Fachwerkhaus, ̈er (*n.*) half-timbered house

Faden, ̈ (*m.*): **roter Faden** (*m.*) thread: red thread, line of thought or plot (*fig.*)

Fähigkeit, -en (*f.*) ability

Fahne, -n (*f.*) flag

Fahrbahn, -en (*f.*) lane

fahren (fährt, fuhr, gefahren) (sein) to drive

Fahrer, - (*m.*) / **Fahrerin, -nen** (*f.*) driver
Fahrkarte, -n (*f.*) ticket
Fahrplan, ̈e (*m.*) (*railroad, bus*) schedule
Fahrstuhl, ̈e (*m.*) elevator
Fahrzeug, -e (*n.*) vehicle
Fall, ̈e (*m.*): **mehr auf keinen Fall** case: definitely not more
fallen (fällt, fiel, gefallen) (sein) to fall
fällig due
falls if; in case
falsch wrong, incorrect
Fälschung, -en (*f.*) forgery
Familie, -n (*f.*) family
Familienstand (*m / no pl.*) marital status
fangfrisch freshly caught
Farbfernseher, - (*m.*) color TV set
Farbfilm, -e (*m.*) color film
fassen (faßt, faßte, gefaßt) to take hold of; to grab; to comprehend
Fassung, -en (*f.*) setting; frame; version; composure
fast almost, nearly
faul lazy
Faust, ̈e (*f.*) fist
Fazit, -s or -e (*n.*) result
Feder, -n (*f.*) feather
Fee, -n (*f.*) fairy
fehlen (gefehlt) to be missing; to be lacking
Fehler, - (*m.*) mistake
Feier, -n (*f.*) celebration
Feind, -e (*m.*) enemy
Feld, -er (*n.*) field
Fels, -en (*m.*) rock; cliff
Fenster, - (*n.*) window
Ferien (*pl.*): **Ferien** (*pl.*) **haben (gehabt)** vacation, holidays: to take a vacation
Ferngespräch, -e (*n.*) long-distance call
Fernheizwerk, -e (*n.*) central heating plant
Fern(melde)amt, ̈er (*n.*) central telephone exchange
Fernsehapparat, -e (*m.*) TV set
fern•sehen (sieht . . . fern, sah . . . fern, ferngesehen) to watch TV
Fernsehregisseur, -e (*m.*) / **Fernsehe-gisseurin, -nen** (*f.*) TV director
(Fernsprech-) Auskunft, ̈e (*f.*) telephone information
fertig (sein) (to be) finished
Fest, -e (*n.*) celebration
fest•halten (hält . . . fest, hielt . . . fest, festgehalten) to hold on to; to detain
fest•machen (festgemacht) to fasten; to arrange
Festplatte, -n (*f.*) hard disk
fest•reden (festgeredet) (*refl.*) to get deadlocked in a conversation
fett fat, greasy
feucht humid; wet

Feuchtigkeit (*f.* / *no pl.*) humidity; wetness
Feuer, - (*n.*) fire
Feuerwehr, -en (*f.*) fire department
Fichte, -n (*f.*) pine tree
Fieber (*n.*) fever
Figur, -en (*f.*) figure; character (*novel, film*)
Film, -e (*m.*): **einen Film drehen (gedreht); einen Film vor•führen (vorgeführt)** movie: to make a movie; to show a movie
Filmkamera, -s (*f.*) movie camera
Filmkunst (*f.*) cinematic art
finden (findet, fand, gefunden) to find; to think
Fingerabdruck, ̈e (*m.*) fingerprint
Firma (*f.*), **Firmen** (*pl.*) company, firm
Fisch, -e (*m .*) fish
flach flat; low; shallow
Flagge, -n (*f.*) flag
Flasche, -n (*f.*) bottle
Flaumfeder, -n (*f.*) down feather
Fleck, -en (*m.*) spot; marking
Fleisch (*n.* / *no pl.*) meat
Fleischerei, -en (*f.*) butcher shop (*primarily northern Germany*)
fleißig diligent, industrious
fliegen (fliegt, flog, geflogen) (sein) to fly
fließend fluent(ly); running (*water*)
flink quick
Fluch, ̈e (*m.*) curse
Flucht, -en (*f.*) escape; flight
Flüchtling, -e (*m.*) refugee
Flughafen, ̈ (*m.*) airport
Fluß (*m.*), **Flüsse** (*m.* / *pl.*) river
flüstern (geflüstert) to whisper
Flut (*f.*) high tide
Flutkatastrophe, -n (*f.*) flood disaster
Folge, -n (*f.*) result; consequence
Fön, -e (*m.*) hair dryer
fordern (gefordert) to demand; to ask
fördern (gefördert) to support; to promote; to help; to sponsor
Forderung, -en (*f.*) demand; claim
Formular, -e (*n.*): **Formular aus•füllen (ausgefüllt)** form: to fill out a form
Forscher, - (*m.*) / **Forscherin, -nen** (*f.*) researcher
Forschung, -en (*f.*) research
Fortbildung, -en (*f.*) continuing / further education
Fortpflanzung, -en (*f.*) reproduction
Fortschritt, -e (*m.*) advance; progress
fortwährend constant, continual
Fotoapparat, -e (*m.*) camera
fotografieren (fotografiert) to photograph
Frage, -n (*f.*) question
Fragebogen, ̈ (*m.*) questionnaire

fragwürdig doubtful, dubious
Franken, - (*m.*) franc
Frankieren (frankiert) to affix postage (*to a letter*)
Französisch (*n.*) French
Frau, -en (*f.*) woman
frech impudent
Frechheit, -en (*f.*) impudence
frei: frei haben (hat, hatte, gehabt) free: to have spare time
Freie Demokratische Partei (FDP) (*f.*) Free Democratic Party (*liberal*)
Freiheit, -en (*f.*) freedom
frei•machen (freigemacht) to affix (required) postage
freiwillig voluntary
Freizeit (*f.* / *no pl.*) spare time, leisure time
Freizügigkeit, -en (*f.*) freedom; liberalness
fremd foreign; strange; alien
(Fremden-)Verkehrsamt, ̈er (*n.*) tourist office
Fremdsprache, -n (*f.*) foreign language
fressen (frißt, fraß, gefressen) to eat (*said of animals*)
freuen (gefreut) (*refl.*) **an** to be pleased about
freuen (gefreut) (*refl.*) **auf** to anticipate (with pleasure)
Freund, -e (*m.*) / **Freundin, -nen** (*f.*) male / female friend; boyfriend / girlfriend
freundlich friendly
Freundschaft, -en (*f.*) friendship
Frieden (*m.*) peace
Friedensbewegung, -en (*f.*) peace movement
frieren (friert, fror, gefroren) to freeze; to be cold
frisch fresh
Frisör (Friseur), -e (*m.*) / **Frisöse, -n (Friseurin, -nen)** (*f.*) hairdresser
Frist, -en (*f.*) period; period of notice
Frisur, -en (*f.*) hairstyle
Frosch, ̈e (*m.*) frog
Frucht, ̈e (*f.*) fruit
früh early
Frühaufsteher, - (*m.*) early riser, early bird
früher before, earlier
Frühling, -e (*m.*) spring
Frühstück, -e (*n.*) breakfast
fühlen (gefühlt) to feel
Führerschein, -e (*m.*): **Führerschein entziehen (entzieht, entzog, entzo-gen)** driver's license: to lose one's license
Führung, -en (*f.*) guided tour
Fülle (*f.* / *no pl.*) fullness; wealth; abundance
Fundbüro, -s (*n.*) lost-and-found office
funktionieren (funktioniert) to function
für for; instead

furchtbar: das ist furchtbar   terrible: that is terrible!
fürchten (*refl.*)   to be afraid
Fuß, ˙e (*m.*): **(zu Fuß) gehen (geht, ging, gegangen) (sein)**   foot: to walk
Fußball, ˙e (*m.*)   soccer
Fußballplatz, ˙e (*m.*)   soccer field
Fußknöchel, - (*m.*)   ankle
Fußnote, -n (*f.*)   footnote
Fußspitze, -n (*f.*)   (tip)toes
füttern (gefüttert)   to feed

Gabel, -n (*f.*)   fork
Gallerie, -n (*f.*)   gallery
galoppieren (galoppiert) (sein)   to gallop
gammeln (*coll.*)   to loaf; to hang around
Gans, ˙e (*f.*)   goose
ganz   whole, entire; complete, intact; quite
Garantie, -n (*f.*)   guarantee
garantiert   guaranteed
Gardinenbrett, -er (*n.*)   curtain rail
Garten, ˙ (*m.*)   garden
Gas (*n.*): **Gas geben**   gas: to speed up
Gasherd, -e (*m.*)   gas stove
Gast, ˙e (*m.*)   guest
Gastarbeiter, - (*m.*) / **Gastarbeiterin, -nen** (*f.*)   guest worker
Gästehaus, ˙er (*n.*)   guest house
Gasthaus, ˙er (*n.*)   inn, guest house; restaurant
Gasthof, ˙e (*m.*)   inn
Gastland, ˙er (*n.*)   host country
Gattin, -nen (*f.*)   wife
Gebärdenspiel, -e (*n.*)   gesticulation; gestures
Gebäude, - (*n.*)   building
geben (gibt, gab, gegeben)   to give; to pass; to hand; to offer
Gebet, -e (*n.*)   prayer
Gebiet, -e (*n.*)   region; area; field
gebildet   educated
Gebirge, - (*n.*)   mountains
Gebiß, -sse (*n.*)   (set of) false teeth, dentures
Geborgenheit (*f.* / *no pl.*)   security
Gebrauchsanweisung, -en (*f.*)   instructions; directions
Gebrauchtwagen, - (*m.*)   used car
gebrochen   broken
Gebühr, -en (*f.*)   charge; fee
Geburt, -en (*f.*)   birth
Geburtsname, -n (*m.*)   family name, last name
Geburtsort, -e (*m.*)   place of birth
Geburtstag, -e (*m.*)   birthday
Gedächtnis, -se (*n.*)   memory
Gedanke, -n (*m.*)   thought
Gedicht, -e (*n.*)   poem
Geduld (*f.* / *no pl.*)   patience
geduldig   patient
gefächert   diverse, varied

Gefahr, -en (*f.*)   danger
gefährlich   dangerous
Gefallenen (*pl.*)   soldiers killed in action
Gefangene (*m.* / *f.*)   prisoner
Gefängnis, -se (*n.*)   prison
gefestigt   strengthened
Geflügel (*n.* / *no pl.*)   poultry
Gefühl, -e (*n.*)   feeling, emotion
gegen   against; around; toward; for
Gegend, -en (*f.*)   region; neighborhood
Gegensatz, ˙e (*m.*)   opposite; contrast; conflict
Gegenstand, ˙e (*m.*)   object; thing; article; topic
Gegenteil, -e (*n.*)   opposite; reverse
Gegentor, -e (*n.*)   goal scored by opposite team
gegenüber   opposite; to, toward
Gegenwart (*f.* / *no pl.*)   present (*tense*)
Gegner, - (*m.*) / **Gegnerin, -nen** (*f.*)   opponent
Gehabe, - (*n.*)   affected behavior
Gehalt, ˙er (*n.*)   income
Geheimdienst, -e (*m.*)   secret service
Geheimnis, -se (*n.*)   secret
gehen (geht, ging, gegangen) (sein) mit (+ *dat.*)   to go (out) with, go steady with
Gehirn, -e (*n.*)   brain
gehorsam   obedient
Geige, -n (*f.*)   violin
Geisel, -n (*f.*)   hostage
Geiselnahme, -n (*f.*)   hostage taking
Geist, -er (*m.*)   ghost; (*no pl.*) mind, intellect; spirit
Geisteswissenschaft, -en (*f.*)   humanities
geistig   mental; spiritual; intellectual
Gelächter (*n.*)   laughter
Gelände, - (*n.*)   ground
gelaunt: gut / schlecht gelaunt   to be in a good / bad mood
Geld, -er (*n.*): **Geld wechseln (gewechselt)**   money: to exchange money
Geldautomat, -en (*m.*)   automatic teller machine (ATM)
Geldverkehr (*m.*)   money transactions
Gelegenheit, -en (*f.*)   opportunity, chance
gelingen (gelingt, gelang, gelungen) (sein)   to succeed
gelten (gilt, galt, gegolten)   to be valid; to be in force; to be effective
Gemälde, - (*n.*)   painting
(Gemälde-) Galerie, -n (*f.*)   (art) gallery
gemein   common; mean
Gemeinde, -n (*f.*)   community; municipality
gemeinsam   together; in common
Gemeinschaft, -en (*f.*)   community
Gemüse (*n.*), **Gemüsesorten** (*pl.*)   vegetable

gemustert   patterned
Gemütsbewegung, -en (*f.*)   emotion
genau   exact(ly)
genehmigen (genehmigt)   to authorize; to approve
genießen (genießt, genoß, genossen)   to enjoy
Genossenschaft, -en (*f.*)   co-operative
genug / genügend   enough, sufficient
Genuß, ˙sse (*m.*)   consumption; pleasure
geöffnet   opened (up)
Gepäck (*n.*), **Gepäckstücke** (*pl.*)   luggage
gerade   just; straight
gerade•stehen (für) (steht . . . gerade, stand . . . gerade, geradegestanden)   to answer (for)
Geranie, -n (*f.*)   geranium
Gerät, -e (*n.*)   piece of equipment; device; unit
geraten (gerät, geriet, geraten) (sein) (in + *acc.*)   to get (into)
Geräusch, -e (*n.*)   noise; sound
gerecht   just; fair
Gerechtigkeit (*f.* / *no pl.*)   justice
Gericht, -e (*n.*)   dish; court
Gerichtstag, -e (*m.*)   court day
gering   low; modest; small; slight
gern   with pleasure
gern haben (hat . . . gern, hatte . . . gern, gern gehabt)   to like, be fond of
Gesamteindruck, ˙e (*m.*)   overall impression
Geschäft, -e (*n.*)   business; store
Geschäftsmann (*m.*), **Geschäftsleute** (*pl.*) / **Geschäftsfrau, -en** (*f.*)   businessman / businesswoman
Geschäftsmäßige (*n.*)   businesslike matters
geschehen (geschieht, geschah, geschehen) (sein): gern geschehen!   to occur, happen: you are welcome!, my pleasure
Geschenk, -e (*n.*)   present, gift
Geschichte, -n (*f.*)   history; story
geschichtlich   historical
Geschichtliches (*n.*)   historical matters
Geschick, -e (*n.*)   fate; fortune
geschickt   skillful; clever
geschieden   divorced
Geschirr (*n.* / *no pl.*)   dishes; pots and pans
Geschirrspülmaschine, -n (*f.*) (*automatic*)   dishwasher
Geschlecht, -er (*n.*)   gender, sex
Geschmack, ˙er (*m.*)   taste; flavor
geschmeidig   flexible
Geschwindigkeit, -en (*f.*)   speed
Geschwindigkeitsbegrenzung, -en (*f.*)   speed limit
Geschwister (*pl.*)   brothers and sisters, siblings
Gesellschaft, -en (*f.*)   society

Gesellschaftsleben (*n.*) social life
Gesellschaftsordnung, -en (*f.*) social order
Gesetz, -e (*n.*) law; bill
Gesetzgeber, - (*m.*) legislator; legislature
Gesicht, -er (*n.*) face
Gesindel (*n.*) riff raff
gespannt tight, anxious, tense
Gespenst, -er (*n.*) ghost
gesperrt blocked; closed
Gespräch, -e (*n.*) conversation, talk; discussion
gesprächig talkative; communicative
gespreizt affected
Gestalt, -en (*f.*) form, shape, figure
gestalten (gestaltet) to shape, form
gestehen (gesteht, gestand, gestanden) to confess
gestern yesterday
gesteuert controlled, steered
Gestik (*f. / no pl.*) gestures
gestreift striped
gestrichen painted; deleted
gesund healthy
Getöse (*n / no pl.*) noise
Getränk, -e (*n.*) drink
Getreide, - (*n.*) grain, cereal
getrennt separated; separate
getrost confident
Gewährleistung, -en guarantee
Gewalt (*f.*) violence, power
Gewandtheit (*f. / no pl.*) skillfulness
Gewässerverschmutzung, -en (*f.*) water pollution
Gewerkschaft, -en (*f.*) (*labor, trade*) union
Gewicht, -e (*n.*) weight
Gewinn, -e (*m.*) profit, gain; prize
gewinnen (gewinnt, gewann, gewonnen) to win; to profit; to gain
gewiß certain, sure
Gewissen, - (*n.*) conscience
Gewitter, - (*n.*) thunderstorm
gewöhnen (gewöhnt) to get used to
gewöhnlich usual(ly)
Gewürz, -e (*n.*) spice
Gezeitenkraftwerk, -e (*n.*) tidal power plant
gießen (gießt, goß, gegossen) to pour; to spill
Gift, -e (*n.*) poison
Gitterstab, ¨-e (*m.*) bar
glänzend splendid; radiant, beaming; sparkling
Glas, ¨-er (*n.*) glass
glatt smooth; slippery
Glatteis (*n. / no pl.*) (sheet of) ice
Glaube (*m. / no pl.*) belief
glauben (geglaubt) to believe; to think
glauben (geglaubt) (an + *acc.*) to believe (in)
Glaubwürdigkeit, -en (*f.*) credibility
gleichaltrig of the same age
Gleichberechtigung (*f.*) equal rights, equality
gleichen (gleicht, glich, geglichen) to resemble; to be equal
gleichermaßen equally
Gleichgewicht, -e (*n.*) balance
Gleis, -e (*n.*) track; rail; line
gleiten (gleitet, glitt, geglitten) (sein) to glide
Glied, -er (*n.*) limb
Glück (*n. / no pl.*): **viel Glück!; zum Glück!** luck, happiness: good luck; luckily!
glücklich happy
Glückwunsch, ¨-e (*m.*) congratulations
Glühlampe, -n (*f.*) electric light bulb
Glühwein, -e (*m.*) hot, spiced wine punch
Gold (*n. / no pl.*) gold
Göre, -n (*f.*) brat
Gotik (*f.*) Gothic (*style*)
Gott, ¨-er (*m.*): **Gott sei Dank!** God, god: thank God!
Götterfunke, -n (*m.*) divine inspiration (*from Schiller's "Ode to Joy"*)
Grab, ¨-er (*n.*) grave
graben (gräbt, grub, gegraben) to dig
Gras, ¨-er (*n.*) grass
gratulieren (gratuliert): ich gratuliere (Ihnen) zu (+*dat.*) to congratulate: I want to congratulate you on, congratulations on
grell bright
Grenze, -n (*f.*): **Grenze öffnen (geöffnet); Grenze überschreiten (überschreitet, überschritt, überschritten); Grenze verletzen (verletzt)** border: to open the border; to cross the border; to violate the border
Grenzgänger, - (*m.*) person crossing the border (*legally or illegally*)
Grenzposten, - (*m.*) border guard
Grenzstreifen, - (*m.*) strip along the border
Grenzübergang, ¨-e (*m.*) border crossing (point)
Grenzverkehr (*m.*): **kleiner Grenzverkehr** border traffic: limited border traffic
Grenzwert, -e (*m.*) limit
Grieche, -n (*m.*) / **Griechin, -nen** (*f.*) Greek
Griechisch (*n.*) Greek
grimmig grim(ly)
Groschen, - (*m.*) groschen (*smallest Austrian coin*)
groß big
Größe, -n (*f.*) height; size; greatness
Großeltern (*pl.*) grandparents
Großfamilie, -n (*f.*) extended family
Großkombinat, -e (*n.*) large industrial compound
Großmutter, ¨ (*f.*) / **Großvater, ¨** (*m.*) grandmother / grandfather
grün: ins Grüne fahren green; to go to the country
Grund, ¨-e (*m.*) reason
gründen (gegründet) to found, set up
Grundsatz, ¨-e (*m.*) principle
grundsätzlich in principle
Grundschule, -n (*f.*) elementary school, grade school
Grundstück, -e (*n.*) plot of land; estate
Grünen (*pl.*) the Greens (*environmentalists political party*)
Gruppe, -n (*f.*) group
Gruß, ¨-e (*m.*): **viele Grüße!; grüß dich!; grüß Gott!** greeting: best wishes, (best) regards; hello (there)! hi!; hello! hi!; how are you! (*southern Germany, Austria*)
gucken (geguckt) to look; to peek
gültig valid
günstig favorable; reasonable (*price*); good
Gurt, -e (*m.*) belt
Gürtel, - (*m.*) belt
(Gürtel-) Reifen, - (*m.*) (radial) tire
gut good
Gute (*n.*): **alles Gute (zu)** good (things): all the best (on)!, good luck (on)!
guten Appetit! (*m.*) bon appetit! enjoy your meal!
Gutmütigkeit, -en (*f.*) good-naturedness
Gymnasium (*n.*), **Gymnasien** (*pl.*) secondary school (*providing humanistic education*)
Gymnastik (*f. / no pl.*) exercise

Haar, -e (*n.*): **fettiges / trockenes Haar** hair: oily / dry hair
Haarbürste, -n (*f.*) hair brush
Haare fönen (gefönt) (*refl.*) to dry one's hair with a hair dryer
Haare schneiden (schneidet, schnitt, geschnitten) to cut hair
sich die Haare schneiden lassen to get a haircut
Haargel, -e (*n.*) (hair) styling cream
Haarstoppel, -n (*m.*) short hair / crew cut
Hafenrundfahrt, -en (*f.*) harbor cruise
Hagel (*m. / no pl.*) hail
Hahn, ¨-e (*m.*) cock, rooster
Halbwertzeit, -en (*f.*) half-life
Hals, ¨-e (*m.*): **jemandem den Hals umdrehen** neck: to break someone's neck
Halt, -e (*m.*) support; hold
halten (hält, hielt, gehalten) (von) to hold; to keep; think (of)
Haltung, -en (*f.*) attitude; posture; position

Hand (*f.*): **die Hände nach vorn strecken** hand: to extend one's hands forward
Handbuch, ⸚er (*n.*) handbook
handeln (gehandelt) von (+*dat.*) to deal with; to be about
Handgelenk, -e (*n.*) wrist
handgreiflich violent
Händler, - (*m.*) / **Händlerin, -nen** (*f.*) dealer; shopkeeper
Handlung, -en (*f.*) action; business; shop
Handschelle, -n (*f.*) handcuff
Handschuh, -e (*m.*) glove
Handtuch, ⸚er (*n.*) towel
Handwerker, - (*m.*) / **Handwerkerin, -nen** (*f.*) craftsworker; artisan
Hängematte, -n (*f.*) hammock
hängen (hängt, hing, gehangen) to hang
Hanseat, -en (*m.*) / **Hanseatin, -nen** (*f.*) citizen of a Hanseatic town
hartnäckig stubborn
Hase, -n (*m.*) hare, rabbit
Haselnußstrauch, ⸚er (*m.*) hazelnut bush
hassen (gehaßt) to hate
hauen (gehaut) to hit; to beat
häufig frequent, often
Hauptfigur, -en (*f.*) main character
Hauptgedanke, -n (*m.*) main idea
Hauptrolle, -n (*f.*) leading role
Hauptsatz, ⸚e (*m.*) main clause
Hauptschuld, -en (*f.*) main fault
Hauptschule, -n (*f.*) junior high school; years 5–9 of elementary school
Hauptstraße, -n (*f.*) main road
Hausarbeit, -en (*f.*) housework; domestic chores
Hausaufgabe, -n (*f.*) homework
(Haus-) Besitzer, - (*m.*) owner (*of a house*); landlord
Häusermeer, -e (*n.*) mass of houses
Haushalt, -e (*m.*) household
Hausmeister, - (*m.*) janitor, caretaker
Hausrat (*m. / no pl.*) household goods
Haustier, -e (*n.*) domestic animal, pet
heben (hebt, hob, gehoben) to lift up, to raise; to rise
Hecke, -n (*f.*) hedge
Heer, -e (*n.*) armed forces
Heft, -e (*n.*) writing book, exercise book
heftig severe; violent; fierce
Heidelbeere, -n (*f.*) blueberry
Heim, -e (*n.*) / **Heimat, -en** (*f.*) home; native country
heimatlos homeless (without a homeland)
Heimweh (*n. / no pl.*) homesickness
Heirat, -en (*f.*) marriage
heiraten (geheiratet) to get married
Heiratsanzeige, -n (*f.*) "marriage sought" ad (*in classified section*)
heiß hot
heißen (heißt, hieß, geheißen) to be named

heißen (heißt, hieß, geheißen) to call, name; to mean; to be called
heiter cheerful; happy
Heiterkeit, -en (*f.*) happiness
Heizung, -en (*f.*) heating
helfen (hilft, half, geholfen) to help
hell light
Hemd, -en (*n.*) shirt
Hemmung, -en (*f.*) inhibition
Henne, -n (*f.*) hen
heraus•finden (findet . . . heraus, fand . . . heraus, herausgefunden) to find out, discover
heraus•fordern (herausgefordert) to challenge; to provoke
Herausgeber, - (*m.*) / **Herausgeberin, -nen** (*f.*) publisher
heraus•kommen (kommt . . . heraus, kam . . . heraus, herausgekommen) (sein) to come out
herausragend outstanding
Herbst, -e (*m.*) fall
herein•lassen (läßt . . . herein, ließ . . . herein, hereingelassen) to let in
her•kommen (kommt . . . her, kam . . . her, hergekommen) (sein) to come from; to originate
Herkunft (*f. / no pl.*) origin
herrlich marvellous
Herr Ober! waiter!
Herrschaft, -en (*f.*) power; rule
herrschen (geherrscht) to rule
Herrscherthron, -e (*m.*) (ruler's) throne
Herstellung (*f. / no pl.*) production, fabrication
herum•fahren (fährt . . . herum, fuhr . . . herum, herumgefahren) (sein) to drive around
herum•schwirren (herumgeschwirrt) (sein) to buzz around
herum•sprechen (spricht . . . herum, sprach . . . herum, herumgesprochen) (*refl.*) to get around; to spread
hervor•bringen (bringt . . . hervor, brachte . . . hervor, hervorgebracht) to produce; to bring forth; to utter; to create
hervor•heben (hebt . . . hervor, hob . . . hervor, hervorgehoben) to bring up; to call to attention; to emphasize
Herz, -en (*n.*) heart
herzhaft hearty
herzlich cordial
herzlichen Glückwunsch, ⸚e (*m.*) **(zu** + *dat.*) congratulations (on)
heulen (geheult) to howl
Heulsuse, -n (*f.*) crybaby
heutig modern, contemporary
heutzutage nowadays
Hexe, -n (*f.*) witch
hiermit with this

hierzulande in this country
Hi-Fi-Turm, ⸚e (*m.*) hi-fi system
Hilfe, -n (*f.*): **Hilfe holen** help: to get help
hilflos helpless
hilfreich helpful
Hilfsarbeiter, - (*m.*) / **Hilfsarbeiterin, -nen** (*f.*) laborer, unskilled worker
hilfsbereit helpful, ready to help
Hilfskraft, ⸚e (*f.*) assistant
Hilfsmittel, - (*n.*) aid
Himbeere, -n (*f.*) raspberry
Himmel, - (*m.*) heaven; sky
Hindernis, -se (*n.*) obstacle, handicap
hinein•versetzen (hineinversetzt) (*refl.*) to empathize with sb.; to put oneself in another's place
hingegen however
hinlänglich adequate
hin•legen (hingelegt) (*refl.*) to lie down
hinter behind; after
Hintergrund, ⸚e (*m.*) background
Hinterhof, ⸚e (*m.*) backyard; courtyard
Hinterzimmer, - (*n.*) back room
hinweg•retten (hinweggerettet) to save over the course of time
Hinweis, -e (*m.*) reference
hinzu•fügen (hinzugefügt) to add
hissen (hißt, hißte, gehißt) to hoist
hoch high
Hoch, -s (*n.*) high pressure (*weather*)
Hochbett, -en (*n.*) bunk bed; raised / plateau bed
hoch•heben (hebt . . . hoch, hob . . . hoch, hochgehoben) to lift up
Hochmut (*m. / no pl.*) arrogance
höchstens at the most, at best; except
Hochzeit, -en (*f.*) wedding
hocken to sit; to squat
Hof, ⸚e (*m.*) yard
hoffen (gehofft) to hope
hoffentlich hopeful(ly)
Hoffnung, -en (*f.*) hope
höflich polite
Höflichkeit, -en (*f.*) politeness
holen (geholt) to get; to pick up
Holz, ⸚er (*n.*) wood
Honig (*m. / no pl.*) honey
hören (gehört) to hear; to listen
Hörer, - (*m.*) (phone) receiver
(Hörer) auf•legen (aufgelegt) to put down (the receiver)
Hose, -n (*f.*) pants; trousers
hübsch pretty
Hüfte, -n (*f.*) hip
Hügel, - (*m.*) hill
Huhn, ⸚er (*n.*) chicken; hen
Hund, -e (*m.*) dog
Hunger (*m.*) / **Durst** (*m.*): **ich habe Hunger / Durst** hunger / thirst: I am hungry / thirsty
hupen (gehupt) to blow the horn; to honk

Hürde, -n (*f.*) hurdle; obstacle
hüsteln (gehüstelt) to cough slightly
Husten, - (*m.*) cough
Hut, ⸚e (*m.*) hat
Hütte, -n (*f.*) cottage; hut, cabin

ich kann ihn gut / nicht leiden I like him / don't like him
Idealismus (*m. / no pl.*) idealism
Idee, -n (*f.*) idea
ideell related to an idea
identifizieren (identifiziert) to identify
Idiot, -en (*m.*) idiot
Igel, - (*m.*) hedgehog
Illustrierte, -n (*f.*) magazine
im Hinblick auf with regard to
immerhin anyhow; at least
immerzu all the time
imponieren (imponiert) to make an impression, impress
importieren (importiert) to import
inbegriffen included
Inder, - (*m.*) **/ Inderin, -nen** (*f.*) Indian
Indianer, - (*m.*) **/ Indianerin, -nen** (*f.*) Indian, Native American
Industrie, -n (*f.*) industry
Industriegebiet, -e (*n.*) industrial area
Infektion, -en (*f.*) infection
Inflation, -en (*f.*) inflation
Informatik (*f. / no pl.*) computer science
Information, -en (telephone) information
Ingenieur, -e (*m.*) **/ Ingenieurin, -nen** (*f.*) civil engineer
Inhalt, -e (*m.*) content(s); meaning
innerhalb within
Insekt, -en (*n.*) insect
Insel, -n (*f.*) island
inserieren (inseriert) to advertise
insgesamt all in all; altogether
in Sonderheit in particular
Installateur, -e (*m.*) **/ Installateurin, -nen** (*f.*) plumber
integrieren (integriert) to integrate
Intendant, -en (*m.*) **/ Intendantin, -nen** (*f.*) director; theater manager
Inter-City (Zug) (*m.*) inter-city train (express train)
interessieren (interessiert) (*refl.*) **(für** + *acc.* **)** to be interested (in)
interpretieren (interpretiert) to interpret
inwiefern to what extent, how far
inzwischen meanwhile
ironisch ironic
Irrtum, ⸚er (*m.*) mistake, error
Italiener, - (*m.*) **/ Italienerin, -nen** (*f.*) Italian
Italienisch (*n.*) Italian

Jacke, -n (*f.*) jacket
jagen (gejagt) to hunt; to chase
Jahr, -e (*n.*) year

jahrelang lasting for years
Jahreszeit, -en (*f.*) season
Jammer (*m. / no pl.*) distress, despair
Jammerlappen, - (*m. / coll.*) sissy
jammerschade (*coll.*) too bad
je ever; every; per; oh well!
jedenfalls anyhow; at least
jedoch however
jetzig present; current
jetzt now, nowadays
jeweils each time
Jod, -s (*n.*) iodine
jodeln (gejodelt) to yodel
Johannisbeere, -n (*f.*) (black / red) currant
jüdisch Jewish
Jugend (*f. / no pl.*) youth
Jugendliche, -n (*m. / f.*) young man / woman, youth
jung young
Jux, -e (*m. / coll.*) joke

Kabelfernsehen, - (*n.*) cable TV
Kabinett, -e (*n.*) cabinet
Kachelduschbad, ⸚er (*n.*) tiled bathroom with shower
Kachelofen, ⸚ (*m.*) tiled stove
Kaderleiter, - (*m.*) (*GDR*) personnel officer
Kaffee (*m.*)**, Kaffesorten** (*pl.*) coffee
Käfig, -e (*m.*) cage
kahl bare
Kalbfleisch (*n. / no pl.*) veal
kalt cold
Kamel, -e (*n.*) camel
Kamera, -s (*f.*) camera
Kamin, -e (*m.*) fireplace
Kamm, ⸚e (*m.*) comb
Kammer, -n (*f.*) chamber; small room
kämpfen (gekämpft) für / gegen (+ *acc.*) to fight for / against
Kanal, ⸚e (*m.*) channel
Kaninchen, - (*n.*) rabbit
Kanne, -n (*f.*) can; pot
Kantine, -n (*f.*) *cafeteria*
Kanton, -e (*n.*) canton (*Switzerland*)
Kapernklops, -e (*m.*) Swedish meat balls with capers
kapieren (kapiert) (*coll.*) to understand
Kapital (*n.*) capital
kapitalistisch capitalist
Kapitel, - (*n.*) chapter
kaputt broken; exhausted
Karibik (*f.*) Caribbean
kariert checkered, checked, plaid
Karte, -n (*f.*) map; ticket, playing card; card
Kartoffel, -n (*f.*) potato
Karussell, -e (*n.*) merry-go-round
Käse (*m.*)**, Käsesorten** (*pl.*) cheese
kassieren (kassiert) (*coll.*) to collect; to take in

Kassierer, - (*m.*) **/ Kassiererin, -nen** (*f.*) cashier
Kassler Rippchen, - (*n.*) lightly cured pork spareribs
Kastanie, -n (*f.*) chestnut tree
Kathedrale, -n (*f.*) cathedral
katholisch Catholic
Katze, -n (*f.*) cat
Kauderwelsch (*n. / no pl. / coll.*) jargon
kaufen (gekauft) to buy
Käufer, - (*m.*) **/ Käuferin, -nen** (*f.*) buyer
Kaufhaus, ⸚er (*n.*) department store
Kaufmann (*m.*) **/ Kauffrau** (*f.*), **Kaufleute** (*pl.*) salesman / saleswoman
Kaugummi, -s (*n.*) chewing gum
kaum hardly
Kaution, -en (*f.*) security deposit
kegeln (gekegelt) to bowl
Keilriemen, - (*m.*) fan belt
kein no; not; not any
keineswegs / keinesfalls not at all, by no means; not in any way
Keller, - (*m.*) basement
Kellner, - (*m.*) **/ Kellnerin, -nen** (*f.*) waiter; waitress
kennen (kennt, kannte, gekannt) to know
kennen•lernen (lernt ... kennen, lernte ... kennen, kennengelernt) to get to know, become acquainted
kenntlich: kenntlich machen (gemacht) recognizable; clear: to make something clear
Kenntnis (*n. / no pl.*) knowledge
Kennzeichen, - (*n.*) mark; label
Kerl, -e (*m.*) fellow; guy
Kernenergie (*f. / no pl.*) nuclear energy
Kernkraft (*f / no pl.*) nuclear power
Kernkraftwerk, -e (*n.*) nuclear power plant
Kette, - n (*f.*) chain
ketzerisch heretical
Kiefer, - (*m.*) jaw
Kilo, -s (*n.*) kilogram
Kilometer, - (*m.*) **(**abbr. **= km)** kilometer
Kind, -er (*n.*)**: ein Kind bekommen (bekommt, bekam, bekommen) / kriegen (gekriegt)** child: to have a child
Kinderheim, -e (*n.*) children's home
Kinderladen, ⸚ (*m.*) (*left-wing*) play group
kinderreich with many children
Kinderwagen, - (*m.*) stroller
Kinderzimmer, - (*n.*) children's room, nursery
Kindheit, -en (*f.*) childhood
kindlich childlike
Kino, -s (*n.*) movie theater
Kiosk, -e (*m.*) kiosk; newsstand
Kirche, -n (*f.*)**: zur / in die Kirche gehen (gegangen) (sein)** church: to go to church

Kirchturmspitze, -n (*f.*) church spire
Kirschbaum, ⸚e (*m.*) cherry tree
Kirsche, -n (*f.*) cherry
Kiste, -n (*f.*) box; trunk; chest
kitten (gekittet) to cement; to patch up; to putty
Kladde, -n (*f.* / *coll.*) scribbling pad
klagen (geklagt) to moan, wail; to lament; to sue
Klammer-Typ, -en (*m.* / *coll.*) person who clings to people
Klamotten (*pl.* / *coll.*) clothes
klappen (geklappt) to work out
klapprig shaky; rickety
klar clear; OK
Klasse, -n (*f.*) class
klasse! super!
Klassen-Gehabe (*n.* / *no pl.*) class behavior
Klassik (*f.* / *no pl.*) classical period
Klavier, -e (*n.*) piano
kleben (geklebt) to glue
Kleid, -er (*n.*) dress
Kleiderbürste, -n (*f.*) clothes brush
Kleidung (*f.* / *no pl.*) clothing
klein small
Kleinbildfilm, -e (*m.*) 35-mm film
Kleingeld (*n.* / *no pl.*) small change
Kleingewerbe, - (*n.*) small business
Kleinkram (*m.* / *coll.*) odds and ends
kleinlich petty
Kleinwagen, - (*m.*) compact car
klettern (geklettert) to climb
Klima, -s *or* **Klimate** (*n.*) climate
Klimaanlage, -n (*f.*) air-conditioning unit
klingeln (geklingelt) to ring
klingen (klingt, klang, geklungen) to sound
Klinik, -en (*f.*) hospital, clinic
Klinke, n (*f.*) doorknob
Klischee, -s (*n.*) cliché
Klo, -s (*n.*) rest room
klopfen (geklopft) to knock
Klub, -s (*m.*) club
klug bright, intelligent, clever
Knabberzeug (*n.*) finger food
knallen (geknallt) (sein) to bang; to slam; to hit
knapp tight; short; close
Knast, -e (*m.* / *coll.*) prison
knattern (geknattert) to roar
Knäuel, -e (*n.*) tangle
kneifen (kneift, kniff, gekniffen) to squint
Kneipe, -n (*f.*) pub; (student) restaurant; "watering hole"
Knie, -e (*n.*) knee
knifflig tricky
Knoblauch (*m.*) garlic
Knochen, - (*m.*) bone
Knopf, ⸚e (*m.*): **auf den Knopf drücken** button: to push, press a button

knurren (geknurrt) to grunt
Koalition, -en (*f.*) coalition
Koch, ⸚ (*m.*) / **Köchin, -nen** (*f.*) cook; chef
kochen (gekocht) to cook
Kochtopf, ⸚e (*m.*) pot
Koffer, - (*m.*) suitcase
Kohle, -n (*f.*) coal
Kohlekraftwerk, -e (*n.*) coal powered electrical plant
Kohlstrunk, en *or* **-e** (*m.*) cabbage stem
Kollege, -n (*m.*) / **Kollegin, -nen** (*f.*) colleague; fellow worker
kombinieren (kombiniert) to combine
Komfort (*m.* / *no pl.*) luxury
komfortabel comfortable; convenient
komisch funny, comical
kommen (kommt, kam, gekommen) (sein) to come
Kommentar, -e (*m.*) commentary
Kommode, -n (*f.*) chest of drawers
Komödiant, -en (*m.*) / **Komödiantin, -nen** (*f.*) comedian
komödiantisch theatrical; histrionic
Kommunalfriedhof, ⸚e (*m.*) local cemetery
kommunizieren (kommuniziert) to communicate
komplizieren (kompliziert) to complicate
komponieren (komponiert) to compose
Komponist, -en (*m.*) / **Komponistin, -nen** (*f.*) composer
Kompositum (*n.*), **Komposita** (*pl.*) compound
Kompromiß, -sse (*m.*) compromise
Kondensationskraftwerk, -e (*n.*) steam plant
Konditorei, -en (*f.*) pastry shop
König, -e (*m.*) / **Königin, -nen** (*f.*) king / queen
Konferenz, -en (*f.*) conference
Konfession, -en (*f.*) (*religious*) denomination
Konflikt, -e (*m.*) conflict
Konkurrenz (*f.*) competition, rivalry
können (kann, konnte, gekonnt) can, to be able to
konservativ conservative
Konservierungsmittel, - (*n.*) preservatives
Konsulat, -e (*n.*) consulate
Konsumgesellschaft, -en (*f.*) consumer society
Kontakt, -e (*m.*) contact
Kontaktlinse, -n (*f.*) contact lens
Konterspiel, -e (*n.*) counterplay; defensive play
Konto, Konten (*n.*): **auf ein Konto ein•zahlen (eingezahlt); von einem Konto ab•heben (hebt . . . ab, hob . . . ab, abgehoben)** account: to

deposit into an account; to withdraw from an account
Kontrolle, -n (*f.*) control
kontrollieren (kontrolliert) to control (*the majority*)
kontrovers controversial
Kopf, ⸚e (*m.*) head
Kopfschmerz, -en (*usually pl.*) headache
Kopie, -n (*f.*) copy
Korb, ⸚e (*m.*) basket
Körper, - (*m.*) body
körperlich physical
Körperpflege (*f.*) personal hygiene
Korrektur, -en (*f.*) correction
korrigiern (korrigiert) to correct
kosten (gekostet) to cost
Kosten (*pl.*) costs; expenses
Kostenübernahme, -n (*f.*) cost coverage
Kostprobe, -n (*f.*) sample
Kostümbildner, - (*m.*) / **Kostümbildnerin, -nen** (*f.*) costume designer
Kotflügel, - (*m.*) fender
Krach (*m.* / *no pl.*) trouble; noise
krachen (gekracht) to smash
Krad, ⸚er (*n.*) (*abbr. of* **Kraftrad**) motorbike
Kraft, ⸚e (*f.*) strength
Kraftfahrer, - (*m.*) / **Kraftfahrerin, -nen** (*f.*) driver
Krafttraining (*n.*) body building
Kragen, - *or* **(südd., österr.) ⸚** (*m.*) collar
krähen (gekräht) to crow
Krähenflügel, - (*m.*) crow's wing
Kram (*m.* / *no pl.* / *coll.*) junk; stuff
krampfen (gekrampft) (*coll.*) to slave away
krank ill, sick
Krankenhaus, ⸚er (*n.*): **ins Krankenhaus gehen** hospital: to go into the hospital
Krankenkasse, -n (*f.*) medical / health insurance (company)
Krankenpfleger, - (*m.*) / **Krankenschwester, -n** (*f.*) male nurse / female nurse
Krankenwagen, - (*m.*) ambulance
Krankheit, -en (*f.*) illness
Kranz, ⸚e (*m.*) wreath
Kräuterlikör, -e (*m.*) herbal liqueur
Krawatte, -n (*f.*) tie
Krebs (*m.*) cancer
Kredit, -e (*m.*) credit
Kreditkarte, -n (*f.*) credit card
Kreis, -e (*m.*) circle; sphere
Kreisel, - (*m.*) (*spinning*) top
Kreuz, -e cross, crucifix
Kreuzfeuer, - (*n.*) crossfire
Kreuzung, -en (*f.*) intersection
Krieg, -e (*m.*) war
kriegen (gekriegt) to get
Kriegsdienstverweigerer, - (*m.*) conscientious objector
Krimikrieg, -e (*m.*) murder mystery war
Kriminalität, -en (*f.*) crime; crime rate

Krise, -n (*f.*) crisis
kritisieren (kritisiert) to criticise
krumm crooked
kruppeln (gekruppelt) (*coll.*) to try hard; to work hard
Küche, -n (*f.*): **kalte Küche** kitchen: (*kitchen serves*) cold dishes only
Kuchen, - (*m.*) cake
Kugelschreiber, - (*m.*) ballpoint pen
Kuh, ⸚e (*f.*) cow
Kühler, - (*m.*) radiator
Kühlschrank, ⸚e (*m.*) refrigerator
Kühlwasser (*n.*) radiator fluid; coolant
Kultur, -en (*f.*) culture
Kummer (*m. / no pl.*) grief, sorrow
kümmern (gekümmert) (*refl.*) **um** (+*acc.*) to look after
Kunde, -n (*m.*) / **Kundin, -nen** (*f.*) customer
Kundendienst, -e (*m.*) customer service
kündigen (gekündigt) to cancel; to terminate; to discontinue; to fire; to quit
Kündigung, -en (*f.*) notice; termination
künftig future
Kunst, ⸚e (*f.*): **bildende Kunst** art: fine arts
Künstler, - (*m.*) / **Künstlerin, -nen** (*f.*) artist
künstlerisch artistic
Kunstwerk, -e (*n.*) piece of art
Kupplung, -en (*f.*) clutch
Kur, -en (*f.*) time spent at a health spa
Kurdirektion, -en (*f.*) spa management
Kurs, -e (*m.*): **der Kurs steigt (stieg, gestiegen) (sein) / (fällt) (fiel, gefallen) (sein)** exchange rate: the rate is rising / falling
Kurve, -n (*f.*) curve
kurz short
Kurzfilm, -e (*m.*) short subject / film
Kurzgeschichte, -n (*f.*) short story
Kusine, -n (*f.*) (*female*) cousin
Kuß, ⸚sse (*m.*) kiss
küssen (geküßt) to kiss
Küste, -n (*f.*) coast
Kutsche, -n (*f.*) carriage

lächeln (gelächelt) to smile
lachen (gelacht) to laugh
Laden, ⸚ (*m.*) store
Lage, -n (*f.*) situation; location
Lager, - or ⸚ (*n.*) storeroom
Lagerung, -en (*f.*) storage
Lähmung, -en (*f.*) paralysis
Lampe, -n (*f.*) lamp
Land, ⸚er (*n.*): **auf das Land** (*n.*); **auf dem Land** (*n.*) country, land: to the country; in the country
landen (gelandet) (sein) to land
(Land-) Karte, -n (*f.*) map
landläufig common; popular

Landschaft, -en (*f.*) landscape; scenery
Landwirt, -e (*m.*) / **Landwirtin, -nen** (*f.*) farmer
Landwirtschaft (*f.*) agriculture, farming
lang long
lange a long time
längerfristig for a longer period of time
Langeweile (*f. / no pl.*) boredom
Langlauf (*m.*) cross-country skiing
langsam slow
längst for a long time
langweilen (gelangweilt) (*refl.*) to be / get bored
langweilig boring
lassen (läßt, ließ, gelassen) to leave; to let; to let go
Last, -en (*f.*) load; burden; cost
Lastwagen, - (*m.*) truck
Latein Latin
Lateinisch (*n.*) Latin
Laub (*n. / no pl.*) leaves
Lauf, ⸚e (*m.*): **im vollen Lauf** run: at full speed
Laufbahn, -en (*f.*) course; career
Laufschritt, -e (*m.*): **im Laufschritt** jogging: jogging (in step)
Laufwerk, -e (*n.*) (disk) drive; running gear
lauschen (gelauscht) to listen
laut loud
lauten (gelautet) to be named; to be; to read
läuten (geläutet) to ring
Leben, - (*n.*): **das ewige Leben** life: eternal life
Lebensbedingung, -en (*f.*) living condition
Lebenserfahrung, -en (*f.*) life experience
Lebenslauf, ⸚e (*m.*) résumé, curriculum vitae
Lebensmittelgeschäft, -e (*n.*) grocery store
Lebensstandard, -s (*m.*) standard of living
Lebensverhältnisse (*pl.*) living conditions
Leber, -n (*f.*) liver
lebhaft lively, active, animated
Leder (*n.*) leather
ledig single, unmarried
lediglich merely, simply
leer empty
leer•machen (leergemacht) to empty (out)
Leerung, -en (*f.*): **wann ist die nächste Leerung?** collection: when is the next mail collection?
legen (gelegt) (*refl.*) to lie (down)
Lehrberuf, -e (*m.*) profession officially designated to train apprentices
Lehre, -n (*f.*) apprenticeship

Lehrer, - (*m.*) / **Lehrerin, -nen** (*f.*) teacher (*elementary school*)
Lehrling, -e (*m.*) apprentice
Leib, -er (*m.*) body
leicht easy; light; slightly
Leichtathletik (*f. / no pl.*) (*track and field*) athletics
leiden (leidet, litt, gelitten) to suffer
Leiden, - (*n.*) suffering; illness; complaint
leidenschaftlich passionate
leider unfortunately
leid tun (tut leid, tat leid, leid getan) to feel sorry
leihen (leiht, lieh, geliehen) to lend; to borrow
Leinwand, ⸚e (*f.*) screen
leise quiet
Leistung, -en (*f.*) performance; achievement; result; work
Leiter, -n (*f.*) ladder
Leitung, -en (*f.*) cable; line
lenken (gelenkt) to steer
Lenkung, -en (*f.*) steering
lesen (liest, las, gelesen) to read
Leser, - (*m.*) / **Leserin, -nen** (*f.*) reader
Leute (*pl.*) people
Licht, -er (*n.*) light, lighting
Lidschatten, - (*m.*) eye shadow
lieb dear; charming
Liebe (*f. / no pl.*) love
lieben (geliebt) to love
Lied, -er (*n.*) song
liederlich sloppy
liefern (geliefert) to deliver
Lieferschein, -e (*m.*) delivery note; packing slip
liegen (liegt, lag, gelegen) to lie
Limonade, -n (*f.*) lemonade; soft drink
links left (wing)
Lippe, -n (*f.*) lip
Lippenstift, -e (*m.*) lipstick
Liste, -n (*f.*) list
Live-Sendung, -en (*f.*) live broadcast, telecast
loben (gelobt) to praise
lobpreisen (lobgepriesen) to praise lightly
Locke, -n (*f.*) curl
locken (gelockt) to lure; to attract
Lockenkopf, ⸚e (*m.*) person with curly hair
locker loose; relaxed
Löffel, - (*m.*) spoon
Lohn, ⸚e (*m.*) wage; reward
Lokal, -e (*n.*) restaurant, "eatery"; inn
Lokomotivführer, - (*m.*) / **Lokomotiv-führerin, -nen** (*f.*) engineer
löschen (gelöscht) to erase
lösen (gelöst) to remove; to resolve
los•lassen (läßt . . . los, ließ . . . los, losgelassen) to let go, let loose
Lösung, -en (*f.*) solution
Lotto, -s (*n.*) lottery

Löwenzahn, ¨-e (*m.*) dandelion
Lücke, -n (*f.*) gap, space
Luft, ¨-e (*f.*) air; sky
Luftpost (*f.*): **mit Luftpost** airmail: by airmail
Luftverschmutzung, -en (*f.*) air pollution
lügen (lügt, log, gelogen) to lie
Lügner, - (*m.*) / **Lügnerin, -nen** (*f.*) liar
Lust, ¨-e (*f.*) pleasure; inclination; desire
lustig: lustig machen über (*refl.*) funny: to make fun of
Luxusartikel, - (*m.*) luxury item
Lyrik (*f.* / *no pl.*) lyric poetry, verse

machen (gemacht) to make; produce
Macht, ¨-e (*f.*): **an die Macht kommen** power: to come to power
Mädchen, - (*n.*) girl
mager thin, skinny; lean
Mahlzeit, -en (*f.*): **Mahlzeit!** meal: Enjoy your meal! (*greeting used at mealtime*)
malen (gemalt) to paint
Maler, - (*m.*) / **Malerin, -nen** (*f.*) painter
malerisch picturesque
Malheur, -s (*n.*) mishap
manchmal sometimes
Mandel, -n (*f.*) almond; tonsil
Mangel, ¨ (*m.*) fault; defect
Mangelware, -n (*f.*) rare thing, scarce item
Manier, -en (*f.*) manner
Männchen, - (*n.*) male (*animal*)
männlich male; masculine
Mannschaft, -en (*f.*) team, crew
Mantel, ¨ (*m.*) coat
Märchen, - (*n.*) fairy tale
Märchenzug, ¨-e (*m.*) fairy tale characteristic
Mark (*f.*) mark
markant prominent
markig vigorous
Marktwirtschaft, -en (*f.*) market economy
Marotte, -n (*f.* / *coll.*) peculiarity, idiosyncrasy
Maske, -n (*f.*) mask
Maß, -e (*n.*) extent; degree
Masse, -n (*f.*) mass (*of people*), crowd
Massenkarambolage, -n (*f.*) multiple car crash, pileup
Maßnahme, -n (*f.*) measure
Materie, -n (*f.*) subject matter; matter
Matratze, -n (*f.*) mattress
Mätzchen (*pl.* / *coll.*) **machen** to fool around
Mauer, -n (*f.*) wall; the Wall
Maurer, - (*m.*) / **Maurerin, -nen** (*f.*) bricklayer
Maus, ¨-e (*f.*) mouse

Mechaniker, - (*m.*) / **Mechanikerin, -nen** (*f.*) mechanic
meckern (gemeckert) (*coll.*) to complain
Medikament, -e (*n.*) medicine, medication
Medizin (*f.*) medicine
Meer, -e (*n.*) ocean
mehr more
meiden (meidet, mied, gemieden) to avoid
meinen: wie meinen Sie das? to mean: what do you mean (by that)?
Meinung, -en (*f.*) opinion
Meister, - (*m.*) master
Meister, - (*m.*) / **Meisterin, -nen** (*f.*) master (craftsworker); foreman, supervisor
Meldung, -en (*f.*) report; announcement
Menge, -n (*f.*) amount; lot; crowd
Mensa (*f.*), **Mensen** (*pl.*) student cafeteria
Mensch, -en (*m.*) human being
merken (gemerkt) to notice
Merkmal, -e (*n.*) characteristic, feature; marking
merkwürdig strange, odd
Messe, -n (*f.*) fair; exhibition; mass
Messer, - (*n.*) knife
Metallniete, -n (*f.*) metal stud
Metzgerei, -en (*f.*) butcher shop (*primarily southern Germany, Austria*)
miauen (miaut) to meow
Miene, -n (*f.*) facial expression
Miete, -n (*f.*) rent
mieten (gemietet) to rent
Mieter, - (*m.*) / **Mieterin, -nen** (*f.*) tenant
Mietshaus, ¨-er (*n.*) apartment house
Mietvertrag, ¨-e (*m.*) lease; rental agreement
Mietwagen, - (*m.*) rental car
Mietwohnung, -en (*f.*) rental apartment
Mikrophon, -e (*n.*) microphone
Mikroprozessor, -en (*m.*) microprocessor
Milch (*f.* / *no pl.*) milk
Milieu, -s (*n.*) environment
Minderheit, -en (*f.*) minority
Mindestalter, - (*n.*) minimum age
Mine, -n (*f.*) mine
(Mineral-)Wasser, -(*n.*) (mineral) water
Minister, - (*m.*) / **Ministerin, -nen** (*f.*) (cabinet) minister / secretary
Mischung, -en (*f.*) mixture
Mißfallen (*n.* / *no pl.*) disapproval; displeasure
mißtrauisch suspicious
Mißverständnis, -se (*n.*) misunderstanding
Mißwirtschaft, -en (*f.*) mismanagement
Mitbewohner, - (*m.*) / **Mitbewohnerin, -nen** (*f.*) (fellow) occupant
miteinander with each other; together
mitfühlend sympathetic; compassionate

Mitgefühl aus•drücken (ausgedrückt) to express sympathy
Mitglied, -er (*n.*) member
mit•halten (hält . . . mit, hielt . . . mit, mitgehalten) to keep up
Mitleid (*n.* / *no pl.*) pity, compassion; sympathy
mitleidig ansehen (sieht . . . an, sah . . . an, angesehen) to observe / watch with pity
mit•machen (mitgemacht) to join; to go along with; to participate
mit•nehmen (nimmt . . . mit, nahm . . . mit, mitgenommen) to take along
Mitschüler, - (*m.*) / **Mitschülerin, -nen** (*f.*) classmate
Mittagessen, - (*n.*) lunch
Mitte, -n (*f.*) middle
Mittel, - (*n.*) way, method; device; means
Mittelalter (*n.* / *no pl.*) Middle Ages
Mittelfeldspieler, - (*m.*) center field position in soccer
mittendrin in the middle of it
Mixer, - (*m.*) blender; mixer
Möbelstück, -e (*n.*) (piece of) furniture
möblieren (möbliert) (eine Wohnung) to furnish (an apartment)
mode in style
Mode, -n (*f.*): **das ist jetzt Mode** fashion: that's the latest fashion
möglicherweise possibly
Möglichkeit, -en (*f.*) possibility
mohammedanisch Muslim
Monat, -e (*m.*) month
Mond, -e (*m.*) moon
Monitor, -e *or* **-en** (*m.*) screen
Mord, -e (*m.*) murder, homicide
morgen tomorrow
Morgen, - (*m.*) morning
Morgenland, ¨-er (*n.*) Orient
Motorrad, ¨-er (*n.*) motorcycle
Mücke, -n (*f.*) mosquito
müde tired
Mühe, -n (*f.*) trouble; effort
mühsam laborious(ly)
Müll (*m.* / *no pl.*) garbage, trash
Mund, ¨-er (*m.*) mouth
mündig mature
mündlich oral
Munterkeit (*f.* / *no pl.*) liveliness
Münze, -n (*f.*) coin
murmeln (gemurmelt) to mumble
Murmel, -n (*f.*) marble
Muschel, -n (*f.*) shell
Museum (*n.*), **Museen** (*pl.*): **ins Museum gehen (geht, ging, gegangen) (sein)** museum: to go to the museum
Musik, -en (*f.*) music
Musiker, - (*m.*) / **Musikerin, -nen** (*f.*) musician

musizieren (musiziert) to play a
musical instrument
Muskel, -n (*m.*) muscle
Muster, - (*n.*) pattern; sample; model
mustern (gemustert) to check; to look
over
Mut (*m. / no pl.*) courage
mutig courageous, bold, brave
Muttersprache, -en (*f.*) mother tongue
Mutti, -s (*f.*) Mom(my)
Mütze, -n (*f.*) cap
Mythos (*m.*), **Mythen** (*pl.*) myth

na: na, sowas well, now (*expression of
amazement*)
Nachbar, -n (*m.*) / **Nachbarin, -nen**
(*f.*) neighbor
**nach•denken (denkt . . . nach,
dachte . . . nach, nachgedacht)** to
think about
Nachfeld, -er (*n.*) backfield
nach•fragen (nachgefragt) to ask,
inquire
nach•füllen (nachgefüllt) to refill, top
off
nach•haken (nachgehakt) to dig deeper
Nachhilfestunde, -n (*f.*) private
tutoring lesson
nach•machen (nachgemacht) to imitate
Nachmieter, - (*m.*) / **Nachmieterin, -nen**
(*f.*) next tenant
nach•rechnen (nachgerechnet) to check
(*the figures*)
Nachricht, -en (*f.*) news
nach•schauen (nachgeschaut) to follow
someone / something with one's eyes,
watch someone / something
Nacht, ⁼e (*f.*)**: gute Nacht!** night: good
night
Nachteil, -e (*m.*) disadvantage
Nachttisch, -e (*m.*) nightstand
Nachzeit, -en (*f.*) the time after
nackt naked
Nadel, -n (*f.*) needle; pin
Nagellack, -e (*m.*) nail polish
nagelneu brand new
Nähe (*f. / no pl.*) closeness, proximity;
vicinity
nahezu nearly, almost, virtually
Nahrung (*f.*) food
Nahverkehrszug, ⁼e (*m.*) local /
commuter train
nämlich namely
Narr, -en (*m.*) fool
Narzisse, -n (*f.*) Narcissus
Nase, -n (*f.*)**: die Nase voll haben**
nose: to be fed up
naß wet
Nationale Volksarmee (NVA) (*f.*)
National People's Army of the GDR until
1990

Natur, -en (*f.*) nature
natürlich natural(ly)
Naturwissenschaft, -en (*f.*) natural
science(s)
Nebel (*m. / no pl.*) fog
neben beside, next to; apart from;
compared to
(Neben-)Satz, ⁼e (*m.*) subordinate clause
Nebenstraße, -n (*f.*) side road
Neffe, -n (*m.*) nephew
Neger, - (*m.*) / **Negerin, -nen** (*f.*) black
(*person*)
nehmen (nimmt, nahm, genommen)
to take; accept
Neid (*m. / no pl.*) envy
neigen (geneigt) (sein) to bend; to lean;
to tend
neigend bending; leaning
Nelke, -n (*f.*) carnation
Nerv, -en (*m.*)**: jemandem auf die
Nerven gehen** nerve: to get on some-
one's nerves
nervös nervous
Nest, -er (*n.*) nest
nett nice
neuerdings recently
Neuerung, -en (*f.*) innovation; reform
neugierig inquisitive, curious; nosy
Neuigkeit, -en (*f.*) (piece of) news
Neuzeit (*f. / no pl.*) modern times
nicht: nicht mehr not: no longer
Nichte, -n (*f.*) niece
Niederschlag, ⁼e (*m.*) precipitation
niemals never
Niemandsland, ⁼er (*n.*) no man's land
Niete, -en (*f.*) *here:* rivet
Niveau, -s (*n.*) level
Note, -n (*f.*) grade, mark
Notfall, ⁼e (*m.*) emergency
notieren (notiert) to take notes; to write
down
Notiz, -en (*f.*)**: Notizen machen** note:
to take notes
notwendig necessary
nüchtern sober
Nudel, -n (*f.*) noodle
nutzen (genutzt) to use
nützen (genützt) to be of use, useful
Nylonstrumpf, ⁼e (*m.*) nylon (stocking)
Nymphomanin, -nen (*f.*) nyphomaniac

Oase, -n (*f.*) oasis
ob if, whether
Obdachlose, -n (*m. / f.*) homeless person
Oberarzt, ⁼e (*m.*) / **Oberärztin, -nen**
(*f.*) senior physician
Oberfläche, -n (*f.*) surface
oberflächlich superficial
Oberkörper, - (*m.*) upper body
Oberschule, -n (*f.*) high school
objektiv objective

Obst (*n.*)**, Obstsorten** (*pl.*) fruit
Obstanbaugebiet, -e (*n.*) fruit-growing
region
obwohl although, (even) though
Ochse, -n (*m.*) ox
Ofen, ⁼ (*m.*) oven
offen open
öffentlicher Fernsprecher public
telephone
Öffentlichkeit, -en (*f.*) the (general)
public
Öffnung, -en (*f.*) opening
oft often
ohnehin anyway; already
Ohnmacht, -en (*f.*) faint; fainting spell
Ohr, -en (*n.*) ear
Ohrfeige, -n (*f.*) slap in the face
Öl, -e (*n.*)**: in Öl malen; Öl
nach•schauen (nachgeschaut) /
kontrollieren (kontrolliert)** oil: to
paint in oil; to check the oil
Ölschock, -s (*m.*) oil crisis
Ölwechsel, - (*m.*) oil change
Oma, -s (*f.*) grandma, granny
Onkel, - (*m.*) uncle
Opa, -s (*m.*) grandpa, granddad
Opfer, - (*n.*) victim; sacrifice
ordentlich tidy, neat, orderly
ordnen (geordnet) to order; to arrange
organisch organic
organisieren (organisiert) to organize
orientieren (orientiert) to orient
Orientierungssinn, -e (*m.*) sense of
direction
Ort, -e (*m.*) place, location
örtlich local
Ortsgespräch, -e (*n.*) local call
Ostblock, ⁼e (*m.*) Eastern bloc
Österreich (*n.*) Austria
Österreichische Volkspartei (ÖVP)
(*f.*) Austrian People's Party (*conservative*)
Ozonloch, ⁼er (*n.*) hole in the ozone layer
Ozonschicht, -en (*f.*) ozone layer

paar: ein paar few: a few
Paar, -e (*n.*) pair; couple
Päckchen, - (*n.*) small parcel
packen (gepackt) to pack
Paket, -e (*n.*) parcel; package
Palme, -n (*f.*) palm tree
Panik, -en (*f.*) panic
Panne, -n (*f.*) breakdown
Panzer, - (*m.*) tank
Papa, -s (*m.*) Dad(dy)
Papier, -e (*n.*) paper
parat ready, prepared
parken (geparkt) to park
Parkett, -e *or* **-s** (*n.*) parquet (*flooring*)
Parkplatz, ⁼e (*m.*) parking lot; parking
space, place
Parkverbot, -e (*n.*) parking ban

Partei, -en (*f.*) party (*political*)
Partner, - (*m.*) / **Partnerin, -nen** (*f.*)
  partner
Partnerschaft, -en (*f.*) partnership
Paß (*m.*), **Pässe** (*pl.*): **Paß verlängern
  (verlängert) / aus•stellen (ausgestellt)** passport: to renew a passport /
  to issue a passport
passabel reasonable
Passant, -en (*m.*) / **Passantin, -nen** (*f.*)
  passerby
Paßbild, -er (*n.*) passport picture
passen: das paßt dir gut to fit: that fits
  you well
passend fitting, appropriate
passieren (passiert) (sein) to happen
(Paß-)Kontrolle, -n (*f.*) passport control
Pastor, -en (*m.*) / **Pastorin, -nen** (*f.*)
  pastor
Patent, -e (*n.*) patent
Patient, -en (*m.*) / **Patientin, -nen** (*f.*)
  patient
Patrouille, -n (*f.*) patrol
Pause (*f.*): **eine Pause machen (gemacht)** break: to take a break
Pech (*n.*): **so ein Pech!** bad luck: just my
  (our, etc.) luck!
pechschwarz pitch black
peinlich embarrassing
Pension, -en (*f.*) guest house, boarding-
  house
per Anhalter (*m.*) **fahren (fährt, fuhr,
  gefahren) (sein)** to hitchhike
Personalausweis, -e (*m.*) identity card
Personenwagen, - (*m.*) automobile
persönlich personal(ly)
Persönlichkeit, -en (*f.*) personality
Petersilie (*f. / no pl.*) parsley
Pfad, -e (*m.*) path
Pfeffer (*m. / no pl.*) pepper
Pfeife, -n (*f.*) pipe
**pfeifen (pfeift, pfiff, gepfiffen) (auf +
  acc.)** to whistle; not to care about
Pfennig, -e (*m.*) pfennig (*smallest
  German coin*)
Pferd, -e (*n.*) horse
Pferdeschwanz, ¨e (*m.*) ponytail
Pflanze, -n (*f.*) plant
Pflaumenbaum, ¨e (*m.*) plum tree
pflegen (gepflegt) to care for, look after;
  to be in the habit of
Pflicht, -en (*f.*) duty
Pflichteifer (*m.*) zeal
pflücken (gepflückt) to pick
Pfütze, -n (*f.*) puddle
Philosophie, -n (*f.*) philosophy
physisches Befinden, - (*n.*) physical
  condition
Pianist, -en (*m.*) / **Pianistin, -nen** (*f.*)
  pianist
Pichelsteiner Gemüseeintopf (*m.*)
  vegetable stew from Pichelstein (*Austria*)

piepen (gepiept) to chirp; to squeak
Pille, -n (*f.*) pill (*also, the contraceptive*)
Pilz, -e (*m.*) mushroom
Pinsel, - (*m.*) paint brush
Pioniergeist (*m. / no pl.*) pioneer spirit
Plakat, -e (*n.*) poster
Plan, ¨e (*m.*) plan; map
planen to plan
planmäßig as planned
Platte, -n (*f. / abbr. of* **Schallplatte**)
  record
Platz, ¨e (*m.*): **Platz nehmen
  (nimmt . . . Platz, nahm . . . Platz,
  Platz genommen)** seat: to have or take
  a seat
pleite (*coll.*) broke
plötzlich sudden(ly)
Poesie (*f.*) poetry
Pointe, -n (*f.*) punch line
Pokalendspiel, -e (*n.*) cup game final
  (*soccer*)
Politik (*f. / no pl.*) politics
Politiker, - (*m.*) / **Politikerin, -nen** (*f.*)
  politician
politisch political
Polizei, -en (*f.*) police force
Polizeirevier, -e (*n.*) police precinct
Polizeistreife, -n (*f.*) police patrol
Polizeiwache, -n (*f.*) police station
Polnisch (*n.*) Polish
Portion, -en (*f.*) portion
Porto, -s (*n.*) postage
Portugiesisch (*n.*) Portuguese
Post (*f.*), **Postämter** (*pl.*) post office
Postanweisung, -en (*f.*) postal money
  order
Postbedienstete, -n (*m. / f.*) post office
  employee
Postfach, ¨er (*n.*) mailbox
Postkarte, -n (*f.*) post card
Postleitzahl, -en (*f.*) ZIP code
(Post-)Moderne (*f.*) (post-)modern
  period (*art, literature*)
Postscheckkonto, -s (*n.*) account at the
  post office
Postsparkasse, -n (*f.*) postal savings bank
Potentialität, -en (*f.*) potentiality
prächtig marvellous
prägen to stamp; to mint; to mold
prägnant concise
Praktikant, -en (*m.*) / **Praktikantin,
  -nen** (*f.*) trainee
praktisch practical
Praline, -n (*f.*) praline, chocolate candy
Preis, -e (*m.*) price; prize
Preislage, -n (*f.*) price range
preiswert inexpensive; reasonable
Presse, -n (*f.*) press
Pressefreiheit (*f.*) freedom of the press
prickeln (geprickelt) to tingle; to tickle
prima! great!
Primärenergie, -n (*f.*) primary energy

Prinz, -en (*m.*) / **Prinzessin, -nen** (*f.*)
  prince, princess
Prinzip, -ien (*n.*) principle
prinzipiell in principle
pro per
Probe, -n (*f.*): **die Probe aufs Exempel
  machen** test: to put something to the
  test, to test something out
(etwas) probieren (probiert) to try
  (something); to taste, test (something)
Problematik, -en (*f.*) problem, difficulty
problematisch problematic, difficult
Produktwerbung, -en (*f.*) product advertising
produzieren (produziert) to produce
Programm, -e (*n.*) program
programmieren (programmiert) to
  program
Programmierer, - (*m.*) / **Programmiererin, -nen** (*f.*) (*computer*) programmer
projizieren (projiziert) to project
Prominente, -n (*m. / f.*) prominent figure
Propaganda (*f. / no pl.*) publicity;
  propoganda
propagandistisch propagandistic
Prospekt, -e (*m.*) brochure
Prost, Prosit! to your health! cheers!
Protagonist, -en (*m.*) / **Protagonist-
  in, -nen** (*f.*) protagonist
protestantisch Protestant
protestieren (protestiert) to protest
provisionsfrei free of commission
Provokateur, -e (*m.*) troublemaker
Provokation, -en (*f.*) provocation
provozieren (provoziert) to provoke
Prozent, -e (*n.*) percent
Prozentsatz, ¨e (*m.*) percentage
prüfen (geprüft) to test
Prüfung, -en (*f.*): **eine Prüfung
  bestehen (besteht, bestand, be-
  standen)** examination: to pass an ex-
  amination
Psychiater, - (*m.*) / **Psychiaterin, -nen**
  (*f.*) psychiatrist
Psychoanalytiker, - (*m.*) / **Psychoanaly-
  tikerin, -nen** (*f.*) psychoanalyst
Psychologe, -n (*m.*) / **Psychologin, -nen**
  (*f.*) psychologist
Publikum (*n. / no pl.*) audience
Pudel, - (*m.*) poodle
Pulli, -s (*m. / coll.*) sweater
Pullover, - (*m.*) sweater
Pumpe, -n (*f.*) (*water*) pump
Punkt, -e (*m.*) point
pünktlich punctual, on time
Puppe, -n (*f.*) doll
putzen (geputzt) to clean

Quark (*m. / no pl.*) soft curd cheese
Quarkspeise, -n (*f.*) dish made with
  soft curd cheese, sugar, milk, fruit, etc.

Quatsch (*m. / no pl. / coll.*) rubbish, nonsense
Quecksilber, - (*n.*) mercury
quellen (quillt, quoll, gequollen) (sein) to pour; to stream; to well; to swell
quer crosswise; diagonal
quetschen (gequetscht) (*coll.*) to squeeze
quietschen (gequietscht) to squeak
quittieren (quittiert) to give a receipt for; to resign
Quittung, -en (*f.*) receipt

Rabatt, -e (*m.*) discount
Rachegelüst, -e (*n.*) desire for revenge
rächen (gerächt) (*refl.*) to revenge
Rad, ⸚er (*n.*)**: Rad wechseln (gewechselt)** wheel: to change a tire
rad·fahren (er fährt ... Rad, fuhr ... Rad, Rad gefahren) (sein) bike: to ride a bike
Radio, -s (*n.*)**; Radiogerät, -e** (*n.*) radio (set)
(Radio) Hörer, - (*m.*)**/Hörerin, -nen** (*f.*) (radio) listener
Radioserie, -n (*f.*) radio series
Rahmen, - (*m.*) frame
Rakete, -n (*f.*) rocket; missile
ran: wir müssen ran closer: we have to do it
Rand, ⸚er (*m.*) edge; margin
Randgruppe, -n (*f.*) fringe group
randvoll filled to the brim
Ranzen, - (*m.*) satchel
Rappen, - (*m.*) centime (*smallest Swiss coin*)
rasch quick(ly)
rasen (gerast) (sein) to race; to rage
Rasen, - (*m.*) lawn, grass
Rasierapparat, -e (*m.*) razor; (electric) shaver
rasieren (rasiert) (*refl.*) to shave
Rasse, -n (*f.*) breed; race
Raster, - (*n.*) grid
Raststätte, -n (*f.*) service area
Rat (*m.*)**, Ratschläge** (*pl.*) tip; advice
raten (rät, riet, geraten) to guess; to recommend
Ratenkauf, ⸚e (*m.*) installment plan
Rathaus, ⸚er (*n.*) city hall
ratlos helpless
Ratlosigkeit (*f. / no pl.*) helplessness
Ratschlag, ⸚e (*m.*) piece of advice
Rätsel, - (*n.*)**: Rätsel auf·geben (gibt ... auf, gab ... auf, aufgegeben)** riddle: to pose a riddle
rattern (gerattert) (*coll.*) to rattle
rauchen (geraucht) to smoke
Rauchverbot, -e (*n.*) smoking ban
Raum, ⸚e (*m.*) room; space
rauschen (gerauscht) to rush
räuspern (geräuspert) (*refl.*) to clear one's throat
reagieren (reagiert) to react

Realismus (*m.*) realism
Rechenart, -en (*f.*) arithmetic operations
Rechenschaftsbericht, -e (*m.*) report
rechnen (gerechnet) to calculate, work out
Rechnung, -en (*f.*) bill
recht: das ist mir recht right; that is all right with me
rechtfertigen (gerechtfertigt) to justify
rechts right (wing)
Rechtsanwalt, ⸚e (*m.*)**/ Rechtsanwältin, -nen** (*f.*) lawyer, attorney
rechtslastig leaning to the right (*politically*)
rechtzeitig in time
Rede, -n (*f.*) speech
reden (geredet) to speak
Redensart, -en (*f.*) idiom
Redeweise, -n (*f.*) manner of speaking
Redewendung, -en (*f.*) idiom
reduzieren (reduziert) to reduce
Referat, -e (*n.*) presentation, paper
Referendum, -en *or* **-a** (*n.*) referendum
reflektieren (reflektiert) to reflect
reflexartig in a reflex action
Regal, -e (*n.*) shelf
Regel, -n (*f.*) rule
regelmäßig regular(ly)
Regen (*m. / no pl.*) **saurer Regen** rain: acid rain
Regie, -n (*f.*) direction
Regieanweisung, -en (*f.*) stage direction
regieren (regiert) to reign, rule, govern
Regierung, -en (*f.*) government
Regisseur, -e (*m.*)**/ Regisseurin, -nen** (*f.*) director; (*theater, radio, TV*) producer
regnen (geregnet) to rain
Reh, -e (*n.*) deer
reibungslos trouble-free; frictionless
Reibungspunkt, -e (*m.*) point of friction
reich rich
reichen (gereicht) (+ *dat.*) to hand
Reichtum, ⸚er (*m.*) wealth, fortune
reif ripe
Reifen, - (*m.*) tire
Reifenpanne, -n (*f.*) flat tire
Reifeprüfung, -en (*f.*) **Abitur;** final exam in Gymnasium
Reifezeugnis, -se (*n.*) high school (Gymnasium) graduation certificate
Reihe, -n (*f.*)**: der Reihe nach** row, line: in order, in turn
Reihenfolge, -n (*f.*) sequence
rein pure; sheer
Reinheit (*f. / no pl.*) purity; cleanness
reinigen lassen (läßt ... reinigen, ließ ... reinigen, reinigen lassen) to have dry-cleaned, take to the cleaner's
Reinigung, -en (*f.*) cleaning; dry cleaning
Reis (*m. / no pl.*) rice

Reise, -n (*f.*)**: eine Reise machen (gemacht)** trip: to go on a trip
Reisebüro, -s (*n.*) travel agency
Reiseführer, - (*m.*)**/ Reiseführerin, -nen** (*f.*) guidebook; tour guide (*person*)
reisen (gereist) (sein) to travel
Reisen (*n.*) traveling
(Reise-)Paß (*m.*)**, Pässe** (*f.*) passport
reißen (reißt, riß, gerissen) (sein) to rip; to tear
Reißzwecke, -n (*f.*) thumbtack
reiten (reitet, ritt, geritten) (sein) to ride (*on horseback*)
Reiz, -e (*m.*) stimulus; appeal
reizen (gereizt) to stimulate
Reklame, -n (*f.*) commercial, advertisement
reklamieren (reklamiert) to complain, make a complaint
Rekordauflage, -n (*f.*) record number published
religiös religious
rennen (rennt, rannte, gerannt) to run
Rennen, - (*n.*) race
Rennfahrer, - (*m.*)**/ Rennfahrerin, -nen** (*f.*) race car driver
renommiert famous
Rente, -n (*f.*) pension
Rentner, - (*m.*)**/ Rentnerin, -nen** (*f.*) pensioner, retired person
Reparatur, -en (*f.*) repair
Reparaturwerkstatt, ⸚en (*f.*) garage
reparieren (repariert) to repair
Reportage, -n (*f.*) report
Reporter, - (*m.*)**/ Reporterin, -nen** (*f.*) reporter
Republikaner (*m. / pl.*) Republicans (*ultraright political party: Germany*)
Reserverad, ⸚er (*n.*) spare tire
reservieren (reserviert) to reserve
resignieren (resigniert) to resign, give up
Rest, -e (*m.*) rest, remnant(s)
Resultat, -e (*n.*) result; outcome
retten (gerettet) to rescue
Rettich, -e (*m.*) radish
Rettung, -en (*f.*) rescue; salvation
Rettungswagen, - (*m.*) mobile rescue unit
revoltieren (revoltiert) to revolt, rebel
revolutionieren (revolutioniert) to revolutionize
Rezept, -e (*n.*) prescription; recipe (*cooking*)
Rezeptur, -en (*f.*) dispensing
Rhabarber (*m. / no pl.*) rhubarb
richten (gerichtet) nach (+ *dat.*) (*refl.*) to be oriented toward
richtig correct
Richtung, -en (*f.*) direction; orientation
richtungsweisend trendsetting
riechen (riecht, roch, gerochen) to smell
riesenhaft gigantic
Riesenrad, ⸚er (*n.*) Ferris wheel
riesig enormous

Rinde, -n (*f.*) bark; crust; rind
Rindfleisch (*n.*) beef
Ring, -e (*m.*) ring
Rippe, -n (*f.*) rib
riskieren (riskiert) to risk
risikofreudig venturesome; daring
Ritter, - (*m.*) knight
Rock, ⸚e (*m.*) skirt
Rohstoff, -e (*m.*) natural resource
Rohstoffmangel (*m. / no pl.*) shortage of raw material
Rolladen, ⸚ (*m.*) blinds
Rollbraten, - (*m.*) (stuffed, rolled) roast
Rolle, -n (*f.*)**: eine Rolle spielen (gespielt)** role: to play a role
rollen (gerollt) (sein / haben) to roll
Rolleneinübung, -en (*f.*) role study, rehearsal
Rollschuh, -e (*m.*) roller skates
Roman, -e (*m.*) novel
Romantik (*f.*) romantic period; Romanticism
romantisch romantic
Rose, -n (*f.*) rose
rosig rosy
Roststelle, -n (*f.*) rust spot
Rotwein, -e (*m.*) red wine
Rubrik, -en (*f.*) column
Rücken, - (*m.*) back
Rückerstattung, -en (*f.*) refund
Rückfalltäter, - (*m.*) repeat offender
Rückgliederung, -en (*f.*) reintegration
Rückkehr (*f.*) return
Rücklicht, -er (*n.*) taillight
Rucksack, ⸚e (*m.*) rucksack, backpack
Rückschau (*f. / no pl.*) reflection
Rücksicht (*f. / no pl.*) consideration
Rücksichtslosigkeit, -en (*f.*) inconsiderateness
rücksichtsvoll considerate, thoughtful
rückwärts backward
rufen (ruft, rief, gerufen) to call
Rufnummer, -n / Telefonnummer, -n (*f.*) telephone number
Ruhe (*f. / no pl.*)**; lassen Sie mich in Ruhe!** quiet, silence; peace: leave me alone!
ruhen (geruht) to rest
ruhig calm; quiet
Ruhmesblatt, ⸚er (*n.*) glorious chapter
rühren (gerührt) to stir
Ruine, -n (*f.*) ruin
rum•hocken (rumgehockt) (*coll.*) to sit around
Rummelplatz, ⸚e (*m.*) fairground
rund: bei rund about, roughly; round: at roughly; around
Runde, -n (*f.*) group, round
Rundfunk (*m. / no pl.*) broadcasting; radio
runzeln (gerunzelt) to wrinkle
Russe, -n (*m.*) / **Russin, -nen** (*f.*) Russian

Russisch (*n.*) Russian
Rüstung, -en (*f.*) armament; armor
Rutschgefahr, -en (*f.*) danger of skidding; slippery road (*road sign*)

Saal, Säle (*m.*) hall; room; auditorium; ballroom
Sache, -n (*f.*) thing; matter
Sachschaden, ⸚ (*m.*) damage (*to property*)
Sachverhalt, -e (*m.*) facts
Sackgasse, -n (*f.*) dead-end street
sagen (gesagt) to say; to mean
sagenhaft! fantastic!
Sahne (*f.*) cream
Salat, -e (*m.*) salad
Salatschüssel, -n (*f.*) salad bowl
Salz (*n. / no pl.*) salt
Salzsäure, -n (*f.*) hydrochloric acid
Samen, - (*m.*) seed
Sammelband, ⸚e (*m.*) anthology; collection
sammeln (gesammelt) to collect, gather
Sammlung, -en (*f.*) collection
sanft gentle, soft; mild; sweet
Sänger, - (*m.*) / **Sängerin, -nen** (*f.*) singer
Sanierung, -en (*f.*) renovation; urban renewal
Satellit, -en (*m.*) satellite
satt: ich habe es satt (*coll.*) full: I'm fed up with it
sauber clean
Sauberkeit, (*f. / no pl.*) cleanliness
sauber•machen (saubergemacht) to clean
sauer sour
Sauerbraten, - (*m.*) marinated roast
saufen (säuft, soff, gesoffen) to drink (*said of animals*)
saurer Regen acid rain
schäbig shabby
Schach (*n. / no pl.*) chess
schade: das ist aber schade! too bad, pity: what a pity!
Schaden, ⸚ (*m.*) damage
Schädling, -e (*m.*) pest
Schadstoff, -e (*m.*) harmful substance
Schadstoffbelastung, -en (*f.*) pollution caused by harmful substance
Schaf, -e (*n.*) sheep
schaffen (geschafft) (etwas) to achieve (something)
Schaffner, - (*m.*) / **Schaffnerin, -nen** (*f.*) conductor
Schafskopf (*m.*) (*card game, a simplified version of skat*)
Schal, -s *or* **-e** (*m.*) scarf; shawl
Schallplatte, -n (*f.*) record
Schalter, - (*m.*) switch; counter
schämen (geschämt) (*refl.*) to be ashamed
Schande (*f. / no pl.*) disgrace
Schandmauer, -n (*f.*) wall of shame

scharf (gewürzt) spicy (hot); clear
Schatten, - (*m.*) shadow
schätzen (geschätzt) to estimate
schauen (geschaut) to look
Schaufenster, - (*n.*) display window
Schaukelstuhl, ⸚e (*m.*) rocking chair
schaurig horrible, sinister
Schauspieler, - (*m.*) / **Schauspielerin, -nen** (*f.*) actor / actress
Scheck, -s (*m.*)**: einen Scheck aus•stellen (ausgestellt) / einen Scheck ein•lösen (eingelöst)** check: to write a check; to cash a check
Scheckkarte, -n (*f.*) check (cashing) card
Scheibe, -n (*f.*) slice
scheiden lassen (*refl.*) to (get a) divorce
Schein, -e (*m.*) (*course, seminar*) certificate (*at university level*)
scheinbar apparent
scheinen (scheint, schien, geschienen) to shine; to seem, appear
Scheinwe(r)fer, - (*m.*) headlight
Scheinwerferlicht, -er (*n.*) spotlight; floodlight
scheitern (gescheitert) (sein) to fail
schenken (geschenkt) to give (*as a present*)
Schere, -n (*f.*) (*pair of*) scissors; shears
scheußlich dreadful
Schicht, -en (*f.*) class (*social*); level, layer
schick (*coll.*) chic
schicken (geschickt) to send
Schicksal, -e (*n.*) fate, destiny
schieben (schiebt, schob, geschoben) to push, shove
Schießbefehl, -e (*m.*) order to open fire
Schießbude, -n (*f.*) shooting gallery
schießen (schießt, schoß, geschossen) to shoot
Schi•fahren (fährt . . . Schi, fuhr . . . Schi, Schi•gefahren) (sein) to ski
Schiff, -e (*n.*) ship; boat
Schi•laufen (läuft . . . Schi, lief . . . Schi, Schi•gelaufen) (sein) to ski
Schild, -er (*n.*) sign
Schilderung, -en (*f.*) description
Schilling, - (*m.*) Austrian schilling
schimpfen (geschimpft) to get angry; to swear
Schinken, - (*m.*) ham
Schlacht, -en (*f.*) battle
schlachten (geschlachtet) to slaughter
schlafen (schläft, schlief, geschlafen) to sleep
schlafen gehen (schlafen . . . geht, schlafen . . . ging, schlafen gegangen) (sein) to go to sleep
schläfern: mich schläfert (*poetic*) tired: I'm sleepy, drowsy
schlaff worn out; listless

Schlafzimmer, - (*n.*) bedroom
schlagen (schlägt, schlug, geschlagen) to beat, defeat
Schlager, - (*m.*) hit
Schläger, - (*m.*) racket; bat
Schlagzeile, -n (*f.*) headline
schlampig sloppy; careless
Schlange, -n (*f.*)**: Schlange stehen (gestanden)** line; snake: to stand in line
schlecht: mir ist / wird (es) schlecht. bad: I am not feeling well; I feel / am getting sick
schleudern (geschleudert) *here:* to spin
schließen (schließt, schloß, geschlossen) to close, shut
schließlich in the end, finally; after all
schlimm bad
Schlitten, - (*m.*)**: Schlitten fahren (fährt . . . Schlitten, fuhr . . . Schlitten, Schlitten gefahren) (sein)** sled, sleigh: to go tobogganing, bobsledding
Schloß (*n.*), **Schlösser** (*pl.*) lock; castle
schluchzen (geschluchzt) to sob
Schluckauf, -s (*m.*) hiccup
Schluckbewegung, -en (*f.*) swallowing motion
Schluß (*m.*), **Schlüsse** (*pl.*)**: Schlüsse ziehen** end(ing), conclusion: to draw conclusions
Schlüssel, - (*m.*) key
schmal narrow
schmecken (geschmeckt) to taste
Schmerz, -en (*m.*) pain
Schmetterling, -e (*m.*) butterfly
schminken (geschminkt) (*refl.*) to put on makeup
schmollen (geschmollt) to pout, sulk
Schmuck (*m.*), **Schmuckstücke** (*pl.*) jewelry
schmutzig dirty
schnappen (geschnappt) to snap; to grab
schnarchen (geschnarcht) to snore
Schnauzer (*m.*) = **Schnauzbart, -e** moustache
Schnee (*m. / no pl.*) snow
schneiden (schneidet, schnitt, geschnitten) (*refl.*) to cut (oneself)
schneien (geschneit) to snow
schnell quick, fast
Schnellzug, -e (*m.*) through train
Schnittstelle, -n (*f.*) interface, port (*computer*); splice (*tape*)
Schnitzel, - (*n.*) schnitzel (*pork or veal cutlet*)
schnüren (geschnürt) to tie up, lace up
schnurgerade (dead) straight
Schnurrbart, -e (*m.*) moustache
Schönheit, -en (*f.*) beauty
Schöpfung, -en (*f.*) creation
schräger Vogel, - (*m. / coll.*) queer fish

Schrank, -e (*m.*) closet, wardrobe; cabinet
Schraube, -n (*f.*) screw
schrecklich terrible
Schrei, -e (*m.*)**: der letzte Schrei** scream: the latest thing, fad
Schreiben, - (*n.*) letter; piece of communication
Schreibtisch, -e (*m.*) desk
schriftlich written
Schriftsteller, - (*m.*) **/ Schriftstellerin, -nen** (*f.*) author, writer
Schriftstück, -e (*n.*) paper, document
Schritt, -e (*m.*) step
Schrott (*m. / no pl.*) scrap metal
Schublade, -n (*f.*) drawer
schüchtern timid, shy
Schuh, -e (*m.*) shoe
Schuhband, -er (*n.*) shoelace
Schulbetrieb, -e (*m.*) school operation, school routine
Schuld (*f.*) blame, guilt; sin; debt
Schule, -n (*f.*)**: in die Schule gehen (geht, ging, gegangen) (sein)** school: to go to school
Schüler, - (*m.*) **/ Schülerin, -nen** (*f.*) pupil, student
Schulhof, -e (*m.*) school playground
schummeln (geschummelt) (*coll.*) to cheat
Schulter, -n (*f.*) shoulder
schütteln (geschüttelt) to shake
Schutz (*m. / no pl.*) protection
schützen (geschützt) to protect
Schutzmacht, -e (*f.*) protecting power
schwach weak
Schwager, - (*m.*) **/ Schwägerin, -nen** (*f.*) brother-in-law / sister-in-law
Schwalbe, -n (*f.*) swallow
schwanger pregnant
schwanken (geschwankt) to sway
schwärmen (geschwärmt) to swarm; to be crazy about
Schwarzmarkt, -e (*m.*) black market
Schwarzweißfilm, -e (*m.*) black and white film
schweben (geschwebt) to float
Schwefel, - (*m.*) sulphur
schweigen (schweigt, schwieg, geschwiegen) to be silent
Schwein, -e (*n.*) pig
Schweinefleisch (*n. / no pl.*) pork
Schweiz (*f.*) Switzerland
schwer heavy; tough
schwerhörig hard of hearing
Schwerverbrecher, - (*m.*) criminal
Schwester, -n (*f.*) sister
Schwiegereltern (*pl.*) parents-in-law, in-laws
Schwiegermutter, - (*f.*) mother-in-law
Schwiegervater, - (*m.*) father-in-law
Schwierigkeit, -en (*f.*) difficulty

Schwimmbad, -er (*n.*) (swimming) pool
schwimmen (schwimmt, schwomm, geschwommen) (sein) to swim
schwinden (schwindet, schwand, geschwunden) (sein) to dwindle; to fade
Schwips, -e (*m. / coll.*)**: einen (kleinen) Schwips haben** to be (slightly) tipsy
schwitzen (geschwitzt) to sweat
schwül muggy, humid
schwungvoll sweeping(ly)
See, -n (*m.*) lake
seelisch mental
Seemann, -er (*m.*) sailor
segeln (gesegelt) to sail
Sehenswürdigkeit, -en (*f.*) (tourist) sight, attraction
sehnen (gesehnt) (*refl.*) **(nach)** to long (for)
Sehnsucht, -e (*f.*) longing, yearning
Seide, -n (*f.*) silk
Seife, -n (*f.*) soap
sein bei (ist, war, gewesen) (sein) **(+ *dat.*)** to be at
seitdem since
Seite, -n (*f.*) page; side
seitwärts sideways
Sekundarschule, -n (*f.*) secondary school
selbständig self-employed; independent
Selbstbedienung, -en (*f.*) self-service
Selbstgefährdung, -en (*f.*) self-endangering
selbstsicher self-reliant, sure of oneself
selten rare(ly); scarce
seltsam strange, odd, peculiar
senden (gesendet) to send; to broadcast, telecast
Sender, - (*m.*) transmitter (*radio, TV*)
Sendung, -en (*f.*) broadcast, telecast; show
Senf (*m. / no pl.*) mustard
senkrecht vertical
sensibel sensitive; touchy
serienmäßig standard
(Servo-)Lenkung, -en (*f.*) (power) steering
Sessel, - (*m.*) chair
setzen (gesetzt) (*refl.*) to sit down
sicher certain(ly); confident; safe
Sicherheit (*f.*)**: soziale Sicherheit** security: social security
Sichtwechsel, - (*m.*) change in point of view
Sichtweite, -n (*f.*) visibility
siegen (gesiegt) to win
Sieger, - (*m.*) **/ Siegerin, -nen** (*f.*) winner
Siegermacht, -e (*f.*) victorious power
Siegestor, -e (*n.*) winning goal
siezen (gesiezt) to use the formal term of address (**Sie**)
Silber (*n. / no pl.*) silver
Sinn, -e (*m.*) sense

sinngemäß in the sense
sinnlos senseless; meaningless
Sinustelefon, -e (*n.*) cordless telephone
Sitte, -n (*f.*) custom
Sittlichkeit (*f. / no pl.*) morality
sitzen (sitzt, saß, gesessen) to sit
Skelett, -e (*n.*) skeleton
Ski fahren (fährt . . . Ski, fuhr . . . Ski, Ski gefahren) (sein) to ski
Skulptur, -en (*f.*) sculpture
Socke, -n (*f.*) sock
Sog, -e (*m.*) suction
Sohn, ̈e (*m.*) son
Soldat, -en (*m.*) / **Soldatin, -nen** (*f.*) soldier
Sommer, - (*m.*) summer
Sonderangebot, -e (*n.*) special offer
Sondermarke, -n (*f.*) special stamp
Sonderstellung, -en (*f.*) special position
Sonnenbrille, -n (*f.*) sunglasses, shades
Sonnenenergie (*f. / no pl.*) solar energy
Sorge, -n (*f.*)**: ich mache mir Sorgen (, weil . . .)** concern: I'm concerned (because . . .)
sorgen (gesorgt) für (+ acc.) to take care of, look after
sorgfältig careful
Sorte, -n (*f.*) sort, type; variety
Soße, -n (*f.*) sauce
soziale Sicherheit, -en (*f.*) social security
Sozialhelfer, - (*m.*) / **Sozialhelferin, -nen** (*f.*) social worker
sozialistisch socialist
Sozialistische Einheitspartei Deutschlands (SED) (*f.*) Party of Socialist Unity (*former GDR; renamed PDS in 1990*)
Sozialistische Partei Österreichs (*f.*) Austrian Socialist Party
Spalte, -n (*f.*) gap; column
spannend exciting, thrilling
Spargel (*m. / no pl.*) asparagus
Sparkasse, -n (*f.*) savings bank
Spaß, ̈e (*m.*)**: Spaß haben (gehabt) an (+ dat.)** fun: to have fun with
spät late
spazieren•gehen (geht . . . spazieren, ging . . . spazieren, spazierengegangen) (sein) to go for a walk
SPD (*f.*) (*abbr. of* **Sozialdemokratische Partei Deutschlands**) Social Democratic Party of Germany
(Speise-)Eis, - (*n.*) ice cream
(Speise-)Karte, -n (*f.*) menu
spicken (gespickt) (*coll.*) to cheat
Spiegel, - (*m.*) mirror
Spiel, -e (*n.*) play; game
spielen (gespielt): eine Rolle spielen to play: to play a role

Spielfilm, -e (*m.*) feature film
Spielzeug, -e (*n.*) toy
spinnen (spinnt, spann, gesponnen) to spin; to be crazy (*coll.*)
Spinnrad, ̈er (*n.*) spinning wheel
Spitze, -n (*f.*) tip
Spitze! great!
Sport (*m.*), **Sportarten** (*pl.*) sport
Sport (*m.*)**: Sport treiben** sport: to engage in a sport
sportbegeistert enthusiastic about sports
Sporthalle, -n (*f.*) (indoor) sports arena
Sportschau, -en (*f.*) TV sports program
spöttisch mocking; satirical, ironic
Sprachgebrauch, ̈e (*m.*) (*linguistic*) usage
Sprechstunde, -n (*f.*) (*doctor's*) office hour
Sprechstundenhilfe, -n (*f.*) medical assistant (*in doctor's office*)
Sprichwort, ̈er (*n.*) proverb
springen (springt, sprang, gesprungen) (sein) to jump
Spritztour, -en (*f.*) spin
Sprung, ̈e (*m.*) jump
Sprungbrett, -er (*n.*) diving board
Spur, -en (*f.*) trace; track
Staat, -en (*m.*) state
Staatsangehörigkeit, -en (*f.*) nationality
Staatsbürger, - (*m.*) / **Staatsbürgerin, -nen** (*f.*) citizen
Staatsgrenze, -n (*f.*) state border
Staatssicherheitsdienst, -e (*m.*) former State Security Service (Secret Police) of the GDR
Stadion (*n.*), **die Stadien** (*pl.*) stadium
Stadt, ̈e (*f.*) city
Stadtbummel, - (*m. / coll.*) stroll through town
Stadtplan, ̈e (*m.*) city map
Stadtviertel, - (*n.*) part of town, district, quarter
Stammspieler, - (*m.*) permanent player
ständig steady; always
Standpunkt, -e (*m.*) point of view
Star, -s (*m.*) film star
stark strong; large, big
Statistik, -en (*f.*) statistics
statt instead of
statt•finden (findet . . . statt, fand . . . statt, stattgefunden) to happen, take place
Stau, -s (*m.*) traffic jam
Staubsauger, - (*m.*) vacuum cleaner
staunen (gestaunt) to be amazed
Steckdose, -n (*f.*) electrical outlet
stehen (gestanden): das steht dir gut to suit: that suits you well
stehen (steht, stand, gestanden) to stand
stehend standing
Stehlampe, -n (*f.*) floor lamp

stehlen (stiehlt, stahl, gestohlen) to steal
steigen (steigt, stieg, gestiegen) (sein) to climb; to rise
Stein, -e (*m.*) stone, rock
Stelle, -n (*f.*) position; place; passage; job
Stellung, -en (*f.*) position; attitude
Stempel, - (*m.*) (rubber) stamp; postmark
sterben (stirbt, starb, gestorben) (sein) to die
Stereoanlage, -n (*f.*) stereo system
Stereoton (*m.*) stereo sound
Stereotyp, -en (*m.*) stereotype
Sternzeichen, - (*n.*) astrological sign, sign of the zodiac
stet constant, steady
Steuer, -n (*f.*) tax
Stichwort, ̈er (*n.*) key word
Stiefmutter, ̈ (*f.*) stepmother
Stiefvater, ̈ (*m.*) stepfather
Stier, -e (*m.*) bull
Stift, -e (*m.*) pencil
Stiftung, -en (*f.*) foundation
still silent(ly)
stimmen (gestimmt) to be right; to go together; to vote
stimmungsvoll idyllic; full of atmosphere
Stimmzettel, - (*m.*) ballot (*paper*)
Stirn, -en (*f.*) forehead
Stock (*m. / no pl.*)**; Stockwerk, -e** (*n.*) floor, story (*level of a building*)
Stock, - (*m.*) (*walking*) cane; stick
Stoff, -e (*m.*) material; substance
stolpern (gestolpert) to stumble
stolz proud
stolze 2,5 Millionen Mark (*coll.*) proud (generous) sum of 2.5 million marks
stören (gestört) to disturb
Störenfried, -e (*m.*) troublemaker
Störfall, ̈e (*m.*) disruptive accident
Störung, -en (*f.*) interference, disturbance
stoßen (stößt, stieß, gestoßen) to push
stottern (gestottert) to stutter
strafbar punishable
Strafe, -n (*f.*) punishment, penalty
strahlend gleaming
Strammer Max (*m.*) open sandwich of boiled ham and fried eggs
Strand, ̈e (*m.*) beach
Strapaze, -n (*f.*) strain
Straße, -n (*f.*) road, street
Straßenbahn, -en (*f.*) streetcar
Straßengraben, ̈ (*m.*) ditch
Straßenwesen, - (*n.*) road system
sträuben (gesträubt) (*refl.*) to struggle
Strecke, -n (*f.*)**: auf der Strecke bleiben (bleibt, blieb, geblieben) (sein)** distance: to drop out of the running
strecken (gestreckt) (*refl.*) to stretch; to reach

Streich, -e (*m.*) trick
streifen (gestreift) to touch; to brush against
Streifen, - (*m.*) stripe
Streik, -s (*m.*) strike
streiken (gestreikt) to strike
Streit (*m.*), **Streitfälle** (*pl.*) argument, quarrel, fight
streiten (streitet, stritt, gestritten) to have an argument, quarrel; to get into a fight
stricken (gestrickt) to knit
Strickzeug, -e (*n.*) knitting tools
Strom, ¨e (*m.*) electrical current, electricity; river
Strumpf, ¨e (*m.*) stocking
Strumpfhose, -n (*f.*) panty hose
Stück, -e (*n.*) play; part
Student, -en (*m.*) / **Studentin, -nen** (*f.*) student
Studentenheim, -e (*n.*) (student) dormitory
Stuhl, ¨e (*m.*) chair
Stummfilm, -e (*m.*) silent movie
Stunde, -n (*f.*) lesson; class, period; hour
Stundenkilometer, - (*m.*) kilometer per hour
Stundenplan, ¨e (*m.*) (school) schedule
Sturm, ¨e (*m.*) storm
stürzen (gestürzt) to fall headlong
Sturzhelm, -e (*m.*) safety helmet
suchen (gesucht) to search, look for
Summe, -n (*f.*) sum
summen (gesummt) to buzz; to hum
summieren (summiert) to add up
Sünde, -n (*f.*) sin
Supermarkt, ¨e (*m.*) supermarket
Suppe, -n (*f.*) soup
süß sweet
sympathisch pleasant, nice
Szene, -n (*f.*) stage, scene

Tabelle, -n (*f.*) chart
Tablette, -n (*f.*) pill
Tadel, - (*m.*) criticism
Tafel, -n (*f.*) board
Tag, -e (*m.*): **guten Tag!** day: hello; good day
Tagesschau (*f.*) TV evening news
Tagesumtausch (*m.*) required daily exchange (*of money*)
Tagesvisum (*n.*), **Tagesvisa** (*pl.*) one day visa
(Tages-)Zeitung, -en (*f.*) (daily) paper
Tal, ¨er (*n.*) valley
Tankstelle, -n (*f.*) gas station
Tante, -n (*f.*) aunt
tanzen (getanzt) to dance
Tasche, -n (*f.*): **(Hosen / Jacken) Tasche** pocket: (pants / coat) pocket

Taschentuch, ¨er (*n.*) handkerchief
Tasse, -n (*f.*) cup
Tastatur, -en (*f.*); **Keyboard** (*n.*) keyboard
Tastendruck, -e (*m.*) pressing of a key
Tatsache, -n (*f.*) fact
tatsächlich in fact, actually, really
taub deaf
tauchen (getaucht) (sein / haben) to dive
Taucherbrille, -n (*f.*) (diving) goggles
Taunus (*m.*) Taunus (*mountain range near Frankfurt*)
tauschen (getauscht) to change, exchange
Täuschung, -en (*f.*) deception
Tee, -s (*m.*) tea
Teich, -e (*m.*) pond
Teil, -e (*m.*) section, part
Teilnehmer, - (*m.*) / **Teilnehmerin, -nen** (*f.*) participant
Teilung, -en (*f.*) division
teilweise partly
(Telefon-)Apparat, -e (*m.*) phone
Telefonbuch, ¨er (*n.*) phone book
(Telefonhörer) ab•nehmen (nimmt . . . ab, nahm . . . ab, abgenommen) to pick up the receiver
telefonieren (telefoniert) to telephone, call
telefonieren (telefoniert) (mit + dat.) to be on the phone (with)
Telefonzelle, -n (*f.*) phone booth
telegrafieren (telegrafiert) to send a telegram
Telegramm, -e (*n.*): **ein Telegramm schicken (geschickt) / auf•geben (gibt . . . auf, gab . . . auf, aufgegeben)** telegram: to send a telegram
Teller, - (*m.*) plate
Tempel, - (*m.*) temple
Temperament, -e (*n.*) temperament
Temperatur, -en (*f.*) temperature
Tempo, -s (*n.*) speed
Tempolimit, -s (*n.*) speed limit
tendieren (tendiert) to tend to, lean toward
Tennisplatz, ¨e (*m.*) tennis court
Teppich, -e (*m.*) carpet
Termin, -e (*m.*) appointment
Terrasse, -n (*f.*) terrace
Terror (*m.* / *no pl.*) terror
teuer expensive
Teufel, - (*m.*) devil
Thema (*n.*), **Themen** (*pl.*): **zum Thema haben** topic, theme, subject: to have the topic, theme of
Thermalbad, ¨er (*n.*) thermal bath
tief low; deep
Tief, -s (*n.*) low pressure (*weather*)
Tier, -e (*n.*) animal
Tiergarten, ¨ (*m.*) zoo

Tierkreiszeichen, - (*n.*) astrological sign, sign of the zodiac
Tiger, - (*m.*) tiger
Tisch, -e (*m.*) table
Tischler, - (*m.*) / **Tischlerin, -nen** (*f.*) carpenter
Tischtennis (*n.*) table tennis
toben (getobt) to rage; to play wildly
Tochter, ¨ (*f.*) daughter
Tod (*m.*) death
Todesanzeige, -n (*f.*) obituary (notice)
Todesstrafe, -n (*f.*) death penalty
Toilette, -n (*f.*) rest room
toll! great
Ton, ¨e (*m.*) sound
Tonbandgerät, -e (*n.*) tape recorder
Topografie, -n (*f.*) topography
Tor, -e (*n.*): **das Goldene Tor** goal; gate: Golden Gate
Torte, -n (*f.*) cake
Torwart, -e (*m.*) goalkeeper
tot dead
total total(ly)
Totschlag (*m.* / *no pl.*) homicide
tragen (trägt, trug, getragen) to carry, take; bear
Träger, - (*m.*) strap; carrier
Tragweite (*f.* / *no pl.*) consequence; range
Trainer, - (*m.*) / **Trainerin, -nen** (*f.*) trainer, coach
Training, -s (*n.*) training; exercise
trampen (getrampt) (sein) to hitchhike
Transitvisum (*n.*), **Transitvisa** (*pl.*) transit visa
Transportmittel, - (*n.*) means of transportation
Trauer (*f.* / *no pl.*) mourning; sorrow, grief
Traumberuf, -e (*m.*) dream job
träumen (geträumt) to dream
traurig sad
treffen (trifft, traf, getroffen) (refl.) to meet (*frequently:* by chance)
treiben (treibt, trieb, getrieben): Sport treiben to drive; to pursue; to participate: to participate in a sport
Treibhauseffekt, -e (*m.*) greenhouse effect
Treppe, -n (*f.*) (flight of) stairs, staircase, steps
Treppenhaus, ¨er (*n.*) stairwell
Tresen, - (*m.*) bar; counter
treu faithful, loyal; devoted
trinken (trinkt, trank, getrunken) to drink
Trinkgeld, -er (*n.*) tip
trocken dry
Trockenheit, -en (*f.*) dryness; drought
Trompete, -n (*f.*) trumpet
Trost (*m.* / *no pl.*) consolation; comfort

Trostlosigkeit, -en (*f.*) desolation, hopelessness
Trümmer (*pl.*) rubble, ruins
Truppe, -n (*f.*) troop
Tschechisch (*n.*) Czech
Tuch, ¨er (*n.*) cloth; scarf
Tulpe, -n (*f.*) tulip
tun (tut, tat, getan) to do
Tür, -en (*f.*) door
Türke, -n (*m.*) / **Türkin, -nen** (*f.*) Turk
Türkisch (*n.*) Turkish
Turm, ¨e (*m.*) tower
turnen (geturnt) to do gymnastics
Türschwelle, -n (*f.*) threshold
Tüte, -n (*f.*) bag
Typ, -en (*m.*) person, character; type

übel bad
überall everywhere
überbetonen (überbetont) to overemphasize
Überblick (*m. / no pl.*) overview
Überdruß (*m. / no pl.*) surfeit
überein•stimmen (übereingestimmt) to agree, concur; to harmonize; to coincide
Überfall, ¨e (*m.*) attack
überfliegen (überfliegt, überflog, überflogen) to fly over; to glance at
Überfluß (*m. / no pl.*) abundance
überflüssig superfluous; spare; unnecessary
Überfremdung (*f.*) foreign preponderance
überhaupt in general; at all
überholen (überholt) to pass
Überholvorgang, ¨e (*m.*) passing procedure
überlassen (überlassen) to leave up to
überlegen (überlegt) (*refl.*) to think about, consider
Überlegenheit (*f. / no pl.*) superiority
Übermaß (*n. / no pl.*) excess
Übernachtung, -en (*f.*) overnight stay
überprüfen (überprüft) to check
überqueren (überquert) to cross
überraschen (überrascht) to surprise
Überraschung, -en (*f.*)**: das ist (aber) eine Überraschung** surprise: what a surprise!
überreden (überredet) to talk into, persuade
überschreiten (überschreitet, überschritt, überschritten) to cross; to exceed
Überschrift, -en (*f.*) headline; title
Überschwemmung, -en (*f.*) flood
übersetzen (übersetzt) to translate
Übersetzung, -en (*f.*) translation
übersiedeln (übersiedelt) (sein) to move
überspringen (überspringt, übersprang, übersprungen) to jump (over)

übertragen (überträgt, übertrug, übertragen) to transmit, broadcast, telecast
Übertragung, -en (*f.*) broadcast, transmission, telecast
übertreiben (übertreibt, übertrieb, übertrieben) to exaggerate
Übertreibung, -en (*f.*) exaggeration
über•treten (tritt . . . über, trat . . . über, übergetreten) (sein) to go over, cross
übertrieben exaggerated
überwachen (überwacht) to supervise, observe, watch
Überweisung, -en (*f.*) (credit) **transfer**
überwiegen (überwiegt, überwog, überwogen) to outweigh
überwinden (überwindelt, überwand, überwunden) to overcome
überzeugen (überzeugt) to convince
überzeugt convinced
überzüchtet overbred
üblich customary, usual
übrig remaining
übrigens by the way
Übung, -en (*f.*) practice; exercise
Ufer, - (*n.*) bank; shore, shoreline
Uhr, -en (*f.*) watch; clock
um•bringen (bringt . . . um, brachte . . . um, umgebracht) (*coll.*) to kill
Umbruch, ¨e (*m.*) radical change
umfangen (umfängt, umfing, umgefangen) to embrace
umfangreich extensive
Umfrage, -n (*f.*) survey
Umgebung, -en (*f.*) surroundings
um Gottes / Himmels willen! for God's / heaven's sake
umhüllen (umhüllt) to wrap
um•krempeln (umgekrempelt) to turn inside out
Umleitung, -en (*f.*) detour
Umsatz, ¨e (*m.*) turnover, sales
Umschlag, ¨e (*m.*) envelope
Umschulung, -en (*f.*) retraining, reeducation
um sicher zu gehen (geht, ging, gegangen) (sein) to be safe; to make sure
um so mehr all the more
umsonst for free
Umstand, ¨e (*m.*) circumstances
umstritten controversial
Umtausch, -s (*m.*) exchange
um•tauschen (umgetauscht) to exchange
Umwelt (*f. / no pl.*) environment
Umweltschutz (*m. / no pl.*) environmental protection
um•ziehen (zieht . . . um, zog . . . um,

umgezogen) (*refl.*) to change (clothes), get changed
unabhängig independent
unbedingt absolutely
unbekannt unknown
unbekümmert carefree
unbeteiligt uninvolved; indifferent
Unbill (*f. / no pl.*) injustice, wrong
undressiert untamed
uneinig divided
unentschieden tied
Unfall, ¨e (*m.*) accident
(Unfall-)Versicherung, -en (*f.*) (accident) insurance coverage
unfaßbar incomprehensible
Ungarisch (*n.*) Hungarian
ungebildet uneducated, stupid
Ungeduld (*f. / no pl.*) impatience
ungeeignet unsuitable
ungehemmt unhindered
ungeheuer huge, tremendous, vast; exceedingly
Ungewißheit (*f. / no pl.*) uncertainty
ungewöhnlich unusual
Unglück (*n. / no pl.*) accident
unheimlich frightening; tremendous
Uni, -s (*f.*)**: sich an der Uni(versität) ein•schreiben (schreibt . . . ein, schrieb . . . ein, eingeschrieben)** university: to enroll at the university
Universitätslaufbahn, -en (*f.*) university career
unklug not smart; stupid
Unkraut, ¨er (*n.*) weed
unmittelbar immediate
unmöglich impossible
Unordnung (*f. / no pl.*) untidiness
Unsinn (*m. / no pl.*) nonsense
unterbrechen (unterbricht, unterbrach, unterbrochen) to interrupt
unterdrücken (unterdrückt) to suppress
U(ntergrund)-Bahn, -en (*f.*) subway
unterhalten (unterhält, unterhielt, unterhalten) (*refl.*) (**mit** + *dat.*) to talk, carry on a conversation (with)
Unterhose, -n (*f.*) (under)pants
Unterkiefer, - (*m.*) lower jaw
Unterkunft, ¨e (*f.*) accommodation
Untermiete (*f. / no pl.*) sublease
unternehmen (unternimmt, unternahm, unternommen) to do, undertake
Unterricht (*m. / no pl.*) (course of) instruction; classes; lessons
Unterrichtswesen, - (*n.*) educational system
unterscheiden (unterscheidet, unterschied, unterschieden) to distinguish
Unterschied, -e (*m.*) difference
unterschreiben (unterschreibt, unterschrieb, unterschrieben) to sign

Unterschrift, -en (*f.*) signature
unterstreichen (unterstreicht, unterstrich, unterstrichen) to underline
unterstützen (unterstützt) to support
Untersuchung, -en (*f.*) investigation
Untertan, -en (*m.*) subject (*of a state*)
Untertitel, - (*m.*) subtitle
Unterwäsche (*f.*) underwear
unterziehen (unterzieht, unterzog, unterzogen) (*refl.*) to undergo
ununterbrochen uninterrupted
(un)vorsichtig careful (careless)
unwegsam rough
Unwetter, - (*n.*) (thunder)storm
unwillkürlich spontaneous; instinctive
Urlaub (*m. / no pl.*)**: in Urlaub gehen (geht, ging, gegangen) (sein)** vacation; leave: to go on vacation
Urne, -n (*f.*) urn
Ursache, -n (*f.*) cause
Ursprung, ⁓e (*m.*) origin; beginning
ursprünglich original
Urteil, -e (*n.*) judgment
urteilen (geurteilt) to judge
usw. (*abbr. of* **und so weiter**) and so on

Vase, -n (*f.*) vase
Vater, ⁓ (*m.*) father
Vegetarier, - (*m.*) vegetarian
verabreden (verabredet) (*refl.*) **(mit + dat.)** to make a date, an appointment (with)
verabschieden (verabschiedet) (*refl.*) to say goodbye, take one's leave
verächtlich scornful
Verachtung (*f. / no pl.*) contempt
verändern (verändert) to change
Veränderung, -en (*f.*) change
verängstigt frightened
veranlassen (veranlaßt) to arrange
veranschaulichen (veranschaulicht) to illustrate
veranstalten (veranstaltet) to organize; to give (*party*)
verantwortlich responsible
Verantwortliche, -n (*m. / f.*) person responsible, in charge
Verantwortung, -en (*f.*) responsibility
verärgert annoyed
verballern (verballert) (*coll.*) to spend carelessly
Verband, ⁓e (*m.*) association
verbergen (verbirgt, verbarg, verborgen) to hide
verbessern (verbessert) to improve
verbeult dented
verbieten (verbietet, verbot, verboten) to forbid
verbinden (verbindet, verband, verbunden) to associate; to put together, to connect

Verbindung, -en (*f.*)**: eine schlechte Verbindung haben (gehabt)** connection: to have a bad connection
verbleit leaded
verblüffen (verblüfft) (*coll.*) to stun, amaze
verbogen bent
verborgen hidden
Verbot, -e (*n.*) restriction
verbrauchen (verbraucht) to use; to consume; to exhaust, use up
Verbraucher, - (*m.*) **/ Verbraucherin, -nen** (*f.*) consumer
Verbrechen, - (*n.*) crime
verbrennen (verbrennt, verbrannte, verbrannt) to burn
verbringen (verbringt, verbrachte, verbracht) to spend time
verbunden connected
Verbündete, -n (*m. / f.*)
Verdacht (*m. / no pl.*) suspicion
verdammt! damn(ed)!
verdanken (verdankt) to owe (*something to someone or something*)
verderben (verdirbt, verdarb, verdorben) (sein) to spoil
Verderber, - (*m.*) **/ Verderberin, -nen** (*f.*) person who ruins something
verdienen (verdient) to earn
verdörrt withered
verdösen (verdöst) to doze away
verdrängen (verdrängt) to drive out; to replace
verdutzt (*coll.*) baffled
Verein, -e (*m.*) organization; club; society
vereinbaren (vereinbart) to agree on
vereinfacht simplified
Vereinigung, -en (*f.*) organization; union
verewigen (verewigt) to immortalize
verfahren (verfährt, verfuhr, verfahren) (sein) to proceed
verfahren (verfährt, verfuhr, verfahren) (*refl.*) to lose one's way
verfallen (verfällt, verfiel, verfallen) (sein) to decay; to become invalid
verfänglich insidious
Verfasser, - (*m.*) **/ Verfasserin, -nen** (*f.*) author, writer
Verfassung, -en (*f.*) constitution
verfluchen (verflucht) to curse
Verfluchte, -n (*m. / f.*) damned (*person*)
verfolgen (verfolgt) to pursue, follow
verführen (verführt) to tempt; to mislead
Vergangenheit, -en (*f.*) past
vergehen (vergeht, verging, vergangen) (sein) to pass
vergessen (vergißt, vergaß, vergessen) to forget
Vergleich, -e (*m.*) comparison

vergleichen (vergleicht, verglich, verglichen) to compare
Vergnügen, - (*n.*) pleasure
Vergrößerung, -en (*f.*) enlargement
vergrübelt (*coll.*) deep in thought
Verhalten (*n. / no pl.*) behavior
Verhältnis, -se (*n.*) relationship; affair
Verhältnisse (*pl.*) conditions
verhandeln (verhandelt) mit (+ dat.) to negotiate with
Verhandlungen (*f. / pl.*) **führen (geführt) mit (+ dat.) / ab•brechen (bricht . . . ab, brach . . . ab, abgebrochen) mit (+ dat.)** to carry on / break off negotiations with
verharren (verharrt) (sein / haben) to pause; to remain
verheiratet married
verhören (verhört) to question; to interrogate
Verhütungsmittel, - (*n.*) contraceptive, birth control
verirren (verirrt) (*refl.*) to get lost
verkaufen (verkauft) to sell
Verkäufer, - (*m.*) **/ Verkäuferin, -nen** (*f.*) salesman / saleswoman, salesperson; seller
Verkehrsamt, ⁓er (*n.*) tourist office
Verkehrsmittel, - (*n.*) means of transportation
(Verkehrs-)Schild, -er (*n.*) traffic sign
Verkehrsunfall, ⁓e (*m.*) traffic accident
verkehrt wrong
verkleiden (verkleidet) to disguise
Verlag, -e (*m.*) publishing house
verlangen (verlangt) to demand
verlängern (verlängert) to prolong, to make longer
verlassen (verläßt, verließ, verlassen) to leave
verlaufen (verläuft, verlief, verlaufen) (*refl.*) to get lost
Verletzte, -n (*m. / f.*) injured person
verlieben (verliebt) (*refl.*) **in (+ acc.)** to fall in love with
verlieren (verliert, verlor, verloren) to lose
Verlierer, - (*m.*) **/ Verliererin, -nen** (*f.*) loser
verloben (verlobt) (*refl.*) to become engaged
Verlobte, -n (*m. / f.*) fiancé / fiancée
verlocken (verlockt) to tempt
Verlust, -e (*m.*) loss
vermeintlich supposed
vermieten (vermietet) to rent (to)
Vermieter, - (*m.*) **/ Vermieterin, -nen** (*f.*) landlord / landlady
Vermögen, - (*n.*) fortune
vermögen (vermag, vermochte, vermocht) to be able (to do)

vermuten (vermutet) to suspect; to assume

vermutlich presumably

Vernehmer, - (*m.*) interrogator

Vernunft (*no pl.*) reason

vernünftig sensible

veröffentlichen (veröffentlicht) to publish

verpachten (verpachtet) to lease, rent out

Verpackung, -en (*f.*) packaging

verpassen (verpaßt) *here:* to make someone have something

Verpflegung, -en (*f.*) food; catering; provisions

verpflichten (verpflichtet) (*refl.*) to commit

verpönt frowned on

verraten (verrät, verriet, verraten) to betray; to tell

verreisen (verreist) (sein) to go on a trip

verringern (verringert) to reduce

verrückt mad, insane, crazy

Vers, -e (*m.*) verse

(Versailler-)Vertrag, ¨e (*m.*) Treaty (of Versailles)

versammeln (versammelt) (*refl.*) to gather

verschämt coy

verschieben (verschiebt, verschob, verschoben) to postpone

verschieden different

Verschlechterung, -en (*f.*) worsening, decline

verschmutzen (verschmutzt) to pollute

verschreiben (verschreibt, verschrieb, verschrieben) to prescribe

verschwenden (verschwendet) to waste

verschwinden (verschwindet, verschwand, verschwunden) to disappear

Versehen, - (*n.*): **aus Versehen** mistake, error: by mistake

versetzen (versetzt) (*refl.*) to shift; to transfer; to move

Verseuchung (*f.*): **radioaktive Verseuchung** pollution: radioactive pollution

versichern (versichert) to assure

Versicherung, -en (*f.*): **die (Kranken, Lebens, Unfall) Versicherung** insurance: (health, life, accident) **coverage**

Versicherungsschaden, ¨ (*m.*) damage covered by insurance

Versorgung, -en (*f.*) care; supply

verspäten (verspätet) (*refl.*) to be late

Verspätung, -en (*f.*) delay

verspotten (verspottet) to make fun of

versprechen (verspricht, versprach, versprochen) to promise

verspüren (verspürt) to feel

Verstand (*m.* / *no pl.*) reason, mind

Verständigung, -en (*f.*) communication

verständlich comprehensible

Verständnis (*n.* / *no pl.*) understanding

Verstärker, - (*m.*) amplifier

Verstärkung (*f.* / *no pl.*) reinforcement

verstehen (versteht, verstand, verstanden) to understand

versteinern (versteinert) to turn into stone, petrify

verstellen (verstellt) to obstruct

verstorben dead

verstummen (verstummt) (sein) to fall silent

Versuch, -e (*m.*) attempt

versuchen (versucht) to try, attempt

verteidigen (verteidigt) to defend

verteilen (verteilt) to distribute

Verteiler, - (*m.*) distributor

Verteilung, -en (*f.*) distribution

vertiefen (vertieft) to deepen

Vertrag, ¨e (*m.*) contract

vertragen (verträgt, vertrug, vertragen) to take; to stand

Vertrauen (*n.* / *no pl.*) trust, confidence

vertrauen (vertraut) to trust

vertraulich confidential

Verträumtheit (*f.* / *no pl.*) dreaminess

vertraut intimate

vertraut (sein) mit (+ dat.) to be acquainted with

vertreiben (vertreibt, vertrieb, vertrieben) to chase away

vertreten (vertritt, vertrat, vertreten) to represent; to stand in for, replace

Vertreter, - (*m.*) / **Vertreterin, -nen** (*f.*) representative; advocate

Vertretung, -en (*f.*): **ständige Vertretung** representation: permanent representation

vertun (vertut, vertat, vertan) (*refl.*) to make a mistake

verursachen (verursacht) to cause

vervollständigen (vervollständigt) to complete

Verwaltung, -en (*f.*) management, administration

verwandeln (verwandelt) to change

Verwandte, -n (*m.* / *f.*) relative, relation

Verwandtenbesuch, -e (*m.*) visit of relatives

Verwandtschaft (*f.* / *no pl.*) relatives, relations

Verwandtschaftsgrad, -e (*m.*) degree of relationship

verwechseln (verwechselt) to confuse; to mix up

verweigern (verweigert) to refuse

verweisen auf (verwiesen) (+ acc.) to refer to

verwelkt wilted

verwenden (verwendet) to use

Verwendung, -en (*f.*) usage

verwickeln (verwickelt) (*refl.*) to tangle; to get tangled up

verwirren (verwirrt) to confuse

verwirrend confusing

verwitwet widowed

verwöhnen (verwöhnt) to spoil

verwundert amazed

Verzeihung (*f.* / *no pl.*) pardon, forgiveness

verzichten (verzichtet) auf (+ acc.) to do without; to make a sacrifice

verzögern (verzögert) to delay

verzollen (verzollt): etwas zu verzollen haben (gehabt) to declare: to have something to declare

verzweifeln (verzweifelt) to despair

verzweifelt desperate

Verzweifelung (*f.* / *no pl.*) despair

Vetter, - (*m.*) male cousin

vgl. (*abbr. of* **vergleiche**) cf. (*abbr. of* compare)

Videokamera, -s (*f.*) videocamera

Videokassette, -n (*f.*) videotape

viel Aufhebens (*n.*) **machen** to make a great fuss about

Vielfalt (*f.* / *no pl.*) diversity

vielleicht maybe, perhaps

vielmals many times

vielseitig many-sided, versatile

Viermonatskind, -er (*n.*) child born after four months of pregnancy (*meaning the woman was pregnant when she got married*)

Villa (*f.*), **Villen** (*pl.*) villa

Visum, -a *or* **-en** (*n.*) visa

Vogel, ¨ (*m.*): **schräger Vogel** (*coll.*) bird: strange person

Volk, ¨er (*n.*) people

Volksabstimmung, -en (*f.*) plebiscite

Volksaufstand, ¨e (*m.*) national uprising

Volkshochschule, -n (*f.*) adult education center

Volksmusik (*f.* / *no pl.*) folk music

Volkspolizist, -en (*m.*) member of the former People's Police of the GDR

Volksschauspiel, -e (*n.*) play for the common people (*GDR*)

volkstümlich traditional

voll full; fed up

Vollfinanzierung, -en (*f.*) complete financing

Vollgas (*n.* / *no pl.*) full speed

vollgekritzelt scibbled full

völlig complete(ly)

volljährig of age

Volljährigkeit (*f.* / *no pl.*) of legal age

vollkommen complete(ly)

voll•machen (vollgemacht) to fill up; to complete

voll•tanken (vollgetankt) to fill up the tank

vollwertig adequate

Vollwertkost (*f.* / *no pl.*) natural food, health food

von Anfang an from the beginning
von der Seite from the side
voran ahead, forward
Voranmeldung, -en (*f.*) appointment
Voraussetzung, -en (*f.*) prerequisite
Vorausschau, -en (*f.*) prediction
vorbei•ziehen (zieht . . . vorbei, zog . . . vorbei, vorbeigezogen) (sein) to pass by; to pull past
vor•bereiten auf (vorbereitet) (+ *acc.* **/** *refl.***)** to prepare for
Vorbereitung, -en (*f.*) preparation
Vorbild, -er (*n.*) example
vor•bringen (bringt . . . vor, brachte . . . vor, vorgebracht) to propose
Vordergrund, ⸚e (*m.*) foreground; forefront
Vordersitz, -e (*m.*) front seat
vorerst for the time being
Vorfahr, -en (*m.*) / **Vorfahrin, -nen** (*f.*) ancestor
Vorfahrt (*f.*)**: die Vorfahrt (nicht) beachten (beachtet)** right of way: (not) to observe the right of way
vor•finden (findet . . . vor, fand . . . vor, vorgefunden) to find
vor•führen (vorgeführt) to demonstrate, show (a movie)
Vorgang, ⸚e (*m.*) occurrence; event
vorgefaßt preconceived
vorgeschrieben stipulated
Vorhaben, - (*n.*) plan; intention
vor•haben (habe . . . vor, hate . . . vor, vorgehabt) to intend to do
vorhanden available
Vorhang, ⸚e (*m.*) curtain
vorher•sagen (vorhergesagt) to predict
vor•kommen (kommt . . . vor, kam . . . vor, vorgekommen) (sein) to happen
vor•legen (vorgelegt) to present
Vorlesung, -en (*f.*)**: eine Vorlesung belegen (belegt)** lecture: to take a course (*of lectures*)
vor•machen (vorgemacht) to demonstrate; to pretend
Vorname, -n (*m.*) first name
vor•nehmen (nimmt . . . vor, nahm . . . vor, vorgenommen) here: to carry out
Vorort, -e (*m.*) suburb
vor•rechnen (vorgerechnet) to calculate
Vorreiter, - (*m.*) forerunner
Vorschlag, ⸚e (*m.*) suggestion, proposal
Vorschrift, -en (*f.*) regulation, rule; instruction
vor•setzen (vorgesetzt) to offer; to give
Vorsicht (*f.* / *no pl.*) care, caution
vorsichtig careful
Vorsitzende, -n (*m.* / *f.*) chairman / chairwoman

vorsorglich as a precaution, careful
Vorspann, ⸚e (*m.*) leader (*film*); opening credits
vor•spielen (vorgespielt) to act out
vor•stellen (vorgestellt): jemanden (*acc.*) **[jemandem** (*dat.*)**] vorstellen** to introduce: to introduce someone (to somebody)
vor•stellen (vorgestellt) (*refl.*) to introduce oneself
Vorstellung, -en (*f.*) imagination; performance
Vorteil, -e (*m.*) advantage
vor•tragen (trägt . . . vor, trug . . . vor, vorgetragen) to report
Vorurteil, -e (*n.*) prejudice
Vorwahl (*f.* / *no pl.*), **Vorwahlnummer, -n** (*f.*) area code
vorwärts forward
Vorwärtsverweis, -e (*m.*) cross-reference
vor•weisen (weist . . . vor, wies . . . vor, vorgewiesen) to show
Vorwurf, ⸚e (*m.*) accusation
Vorzeitigkeit (*f.* / *no pl.*) anteriority
vorzugsweise preferably
Vulkan, -e (*m.*) volcano
Vulkanausbruch, ⸚e (*m.*) volcanic eruption

wach awake
wachsam watchful
Wachsamkeit (*f.* / *no pl.*) watchfulness, vigilance
wachsen aus (wächst, wuchs, gewachsen) (+ *dat.***) (sein)** to grow from
Wachstum (*n.* / *no pl.*) growth
Wachstumsgesellschaft, -en (*f.*) flourishing society; growth society
Waffe, -n (*f.*) weapon
Waffel, -n (*f.*) waffle
Wagen, - (*m.*) car; carriage
Wahl, -en (*f.*) election; choice
wählen (gewählt) to dial; to choose
Wahlgang, ⸚e (*m.*) ballot
wähnen (gewähnt) (*refl.*) to believe (wrongly); to imagine (wrongly)
wahnsinnig crazy
wahr true
während while, during
Wahrheit, -en (*f.*) truth
wahr•nehmen (nimmt . . . wahr, nahm . . . wahr, wahrgenommen) to perceive, be aware of
wahrscheinlich probable, likely
Wahrscheinlichkeit, -en (*f.*) probability
Währung, -en (*f.*) currency
Wald, ⸚er (*m.*) forest
Waldsterben (*n.*) death of the forests
wälzen (gewälzt) (*refl.*) to roll
Wand, ⸚e (*f.*) wall
wandern (gewandert) (sein) to hike
Wange, -n (*f.*) cheek

Ware, -n (*f.*)**: Ware zurückgehen lassen** item; product; article: to return an item
Warndreieck, -e (*n.*) warning triangle
warnen (gewarnt) to warn
Warnung, -en (*f.*) warning
warten (gewartet) to wait
Waschbecken, - (*n.*) sink; washbasin
Wäsche (*f.* / *no pl.*) laundry
waschen (wäscht, wusch, gewaschen) (*refl.*) to wash
Waschküche, -n (*f.*) laundry room
Waschmaschine, -n (*f.*) washing machine
Wasser, - (*n.*) water
Wasserkraft (*n.*) water power
watscheln (gewatschelt) (sein) to waddle
wechseln (gewechselt) to change; to exchange
(Wechsel-)Kurs, -e (*m.*) exchange rate
wecken (geweckt) to wake
weg away; out
Weg, -e (*m.*) way
wegen because of, due to
weg•fallen (fällt . . . weg, fiel . . . weg, weggefallen) (sein) to cease to apply
weg•machen (weggemacht) to get rid of
weg•schnappen (weggeschnappt): jemandem etwas wegschnappen to snatch: to snatch from somebody
Wegweiser, - (*m.*) sign
weg•werfen (wirft . . . weg, warf . . . weg, weggeworfen) to throw away
wehren (gewehrt) (*refl.*) to defend oneself
Wehrmacht (*f.*) armed forces (*Third Reich*)
Wehrpflicht (*f.* / *no pl.*) compulsory military service; draft
Weibchen, - (*n.*) female (*animal*)
weiblich feminine, female
weichen (weicht, wich, gewichen) to retreat
weich•machen (weichgemacht) to soften up
Weide, -n (*f.*) willow tree
weigern (geweigert) (*refl.*) to refuse
Weihnachten, - (*n.*) Christmas
Weile (*f.* / *no pl.*) while
weilen (geweilt) to be; to stay, remain
Wein, -e (*m.*) wine
weinen (geweint) to weep, cry
Weinkrampf, ⸚e (*m.*) crying fit
Weise, -n (*f.*) manner, fashion, way
Weisheit, -en (*f.*) wisdom
Weißwein, -e (*m.*) white wine
weit far
weiter further; to be continued
Weizenbier, -e (*n.*) light, very fizzy beer made by using (wheat malt) top fermentation
Welt, -en (*f.*) world

Weltlage, -n (*f.*) world situation
weltmännisch urbane, sophisticated
Weltraum (*m.* / *no pl.*) space
Weltraumfahrt, -en (*f.*) space travel
wenden (wendet, wandte, gewandt)
  (*refl.*) to turn to
Wendung, -en (*f.*) expression
wenig a little bit
wenigstens at least
Werbeanzeige, -n (*f.*) advertisement
Werbeplakat, -e (*n.*) commercial
  billboard / poster
Werbespot, -s (*m.*) commercial,
  advertisement
Werbung, -en (*f.*) advertising
werden (wird, wurde, geworden)
  (sein) to become
werfen (wirft, warf, geworfen) to
  throw; to cast
Werk, -e (*n.*) factory
Werkstatt, ̈en (*f.*) garage; shop
Werkzeug, -e (*n.*) tool
Wert, -e (*m.*) value, worth; price
Wesen, - (*n.*) nature; essence
wesentlich essential
Westernfilm, -e (*m.*) western
Westfernsehen (*n.*) West German TV
Westi, -s (*m.* / *coll.*) / **Westler, -** (*m.* /
  coll.) West German person (*as referred to
  by an East German*)
weswegen why
Wetter (*n.*) weather
Wetterbericht, -e (*m.*) weather report
Wettervorhersage, -n (*f.*) weather
  forecast
Wettgesang, ̈e (*m.*) singing competition
Wettrüsten, - (*n.*) armament race
wichtig: ein wichtiges Gesicht ma-
  chen important: to act important
Widder, - (*m.*) aries; ram
widerfahren (widerfährt, widerfuhr,
  widerfahren) (sein) to happen; to befall
widerspenstig stubborn
widersprechen (widerspricht, wider-
  sprach, widersprochen) to contradict;
  to talk back
Widerspruch, ̈e (*m.*) contradiction
Widerstand, ̈e (*m.*) resistance
wieder again
Wiederaufnahme, -n (*f.*) resumption;
  reestablishment
wieder•geben (gibt . . . wieder,
  gab . . . wieder, wiedergegeben) to
  give an account of, describe; to reproduce; to return something
wiederholen (wiederholt) to repeat
wiederum on the other hand
(Wieder)Vereinigung (*f.*) (re-)unifica-
  tion
wiegen (wiegt, wog, gewogen) to weigh
wiehern (gewiehert) to neigh

(Wiener-)Schnitzel, - (*n.*) schnitzel
Wiese, -n (*f.*) meadow; grass, lawn
Wildleder (*n.*) suede
Wille, -n (*m.*) will
willig willing
Wimper, -n (*f.*) (eye-) lash
Wimperntusche, -n (*f.*) mascara
Windkraftwerk, -e (*n.*) wind power
  plant
Windmühle, -n (*f.*) windmill
windzerrupft windblown
winken (gewinkt) to wave
winzig tiny
wirbeln (gewirbelt) to swirl
Wirbelsturm, ̈e (*m.*) hurricane
wird's bald! come on! hurry up!
wirken (gewirkt) to appear, seem; to
  have the effect
wirklich real(ly)
Wirklichkeit, -en (*f.*) reality
Wirkung, -en (*f.*) effect
wirkungsvoll effective
Wirkstoff, -e (*m.*) active substance
Wirtschaft, -en (*f.*) *economy:* restaurant,
  eatery
Wirtschaft (*f.* / *no pl.*), **Wirtschafts-**
  form, -en (*f.*) economy; industry and
  commerce
wirtschaftlich economical
Wirtschaftswissenschaft, -en (*f.*)
  economics
wischen (gewischt) to wipe
Wißbegier (*f.* / *pl.*) thirst for knowledge
wißbegierig eager to learn
wissen (weiß, wußte, gewußt) to know
Wissenschaftler, - (*m.*) / **Wissen-**
  schaftlerin, -nen (*f.*) scientist, scholar
wissenswert worth knowing; valuable
Witz, -e (*m.*) joke
witzig funny
Woche, -n (*f.*) week
Wochenzeitung, -en (*f.*) weekly paper
Wohl (*n.*)**: zum Wohl!** health: to your
  health!
Wohlergehen (*n.* / *no pl.*) welfare
(wohl) fühlen (gefühlt) (*refl.*) to feel (well)
Wohlstand (*m.* / *no pl.*) affluence;
  prosperity
Wohlverhalten, - (*n.*) good behavior
wohnen (gewohnt) to live, reside
Wohngemeinschaft, -en ("die WG")
  (*f.*) people sharing an apartment or
  house; the sharing of an apartment or
  house
Wohnkultur, -en (*f.*) style of home decor
Wohnsitz, -e (*m.*) place of residence
Wohnung, -en (*f.*) apartment
Wohnungsmarkt, ̈e (*m.*) housing market
Wohnviertel, - (*n.*) residential area
Wohnzimmer, - (*n.*) livingroom
Wolke, -n (*f.*) cloud

Wolle (*f.*)**: aus (reiner) Wolle** wool:
  made from (pure) wool
Wort, -e (*n.*) word; great poetic word(s)
Wort, ̈er (*n.*) word; individual words
Wörterbuch, ̈er (*n.*) dictionary
wörtlich verbatim
wortlos speechless
Wunder, - (*n.*) wonder
wunderbar wonderful
Wunsch, ̈e (*m.*) wish
wünschen (gewünscht) to wish
Würfel, - (*m.*) die
Wurst, ̈e (*f.*) sausage
Wut (*f.* / *no pl.*) rage, fury
wütend furious

Zahl, -en (*f.*) number
zahlen (gezahlt) to pay
Zahlkarte, -n (*f.*) (*banking*) money
  transfer form
Zahlung, -en (*f.*) payment
Zahlungsverkehr (*m.*)**: bargeldloser**
  Zahlungsverkehr (mode of) payment:
  payment by money transfer
Zahn, ̈e (*m.*)**: die Zähne putzen** (*refl.*)
  to brush one's teeth
Zahnarzt, ̈e (*m.*) / **Zahnärztin, -nen**
  (*f.*) dentist
Zahnbürste, -n (*f.*) toothbrush
Zahnpasta, -s *or* **Zahnpaste, -n** (*f.*)
  toothpaste
zärtlich tender, soft
Zaubermeister, - (*m.*) master of magic;
  magician
zaubern (gezaubert) to perform magic
Zaun, ̈e (*m.*) fence
Zehenspitze, -n (*f.*) tip of the toes
Zeichen, - (*n.*) sign
Zeichentrickfilm, -e (*m.*) cartoon
zeichnen (gezeichnet) to draw
zeichnerisch graphic(al)
Zeichnung, -en (*f.*) drawing
zeigen (gezeigt) to show; to point
Zeile, -n (*f.*) line
Zeit, -en (*f.*) time
Zeitalter, - (*n.*) age
Zeitansage, -n (*f.*) time check, time
  announcement (*telephone, radio*)
zeitgenössisch contemporary
Zeitlupe, -n (*f.*) slow motion
Zeitraum, ̈e (*m.*) period of time
Zeitschrift, -en (*f.*) magazine
Zeitung, -en (*f.*)**: es steht in der**
  (heutigen) Zeitung paper: it is in
  (today's) paper
Zeitung / Zeitschrift / Illustrierte
  abonnieren (abonniert) to subscribe
  to a newspaper / news magazine /
  magazine
Zeitungskiosk, -e (*m.*) newsstand

Zelle, -n (*f.*)   cell
Zelt, -e (*n.*)   tent
zelten (gezeltet)   to camp, go camping
(Zentral-)Heizung, -en (*f.*)   (central) heating
Zentrum (*n.*), **Zentren** (*pl.*)   center
zerbrechen (zerbricht, zerbrach, zerbrochen) (sein)   to break into pieces
zerfallen (zerfällt, zerfiel, zerfallen) (sein)   to fall apart
zerfressen   eaten away
zerpflücken (zerpflückt)   to pick to pieces
zerquetschen (zerquetscht)   to smash
zerren (gezerrt)   to drag; to pull
zerstören (zerstört)   to destroy
Zerstörung, -en (*f.*)   destruction
zerstreuen (zerstreut)   to divert
zerteilen (zerteilt)   to divide
Zettel, - (*m.*)   piece of paper
Zeug (*coll.*) (*n. / no pl.*)   stuff
Zeuge, -n (*m.*) / **Zeugin, -nen** (*f.*)   witness
Zeugnis, -se (*n.*)   report (card)
Ziege, -n (*f.*)   goat
ziehen (zieht, zog, gezogen)   to pull; draw
Ziel, -e (*n.*)   goal
ziemlich   quite; rather
Zimmer, - (*n.*): **Zimmer mit fließendem Wasser**   room: room with running water
zimperlich   squeamish
Zimt (*m. / no pl.*)   cinnamon
Zinnie, -n (*f.*)   zinnia
Zins, -en (*m.*): **Zinsen berechnen (berechnet)**   interest: to calculate interest
Zitat, -e (*n.*)   quotation
zitieren (zitiert)   to quote
Zoll, ̈e (*m.*)   customs, duty; toll

Zollbeamte, -n (*m.*) / **Zollbeamtin, -nen** (*f.*)   customs officer
zollfrei   duty free
Zorn (*m. / no pl.*)   anger, rage
Zuchtgans, ̈e (*f.*)   domestic goose
Zucker (*m. / no pl.*)   sugar
Zufall, ̈e (*m.*)   chance; accident
zufrieden   content(ed), satisfied
Zufriedenheit (*f. / no pl.*)   contentedness, satisfaction
Zug, ̈e (*m.*)   train
zugetan   fond of; devoted to
zugewandert   newly arrived
Zugriff, -e (*m.*)   access
Zugriffgeschwindigkeit, -en (*f.*)   access speed
zu•hören (zugehört)   to listen
zu•kleben (zugeklebt)   to glue (shut)
Zukunft (*f. / no pl.*)   future
zu•machen (zugemacht)   to close, shut
zumindest   at least
zu•muten (zugemutet)   to expect
Zündkerze, -n (*f.*)   spark plug
zu•nehmen (nimmt . . . zu, nahm . . . zu, zugenommen)   to gain weight
Zunge, -n (*f.*)   tongue
zurück•fallen (fällt . . . zurück, fiel . . . zurück, zurückgefallen) (sein)   to fall back
zurück•pfeifen (pfeift . . . zurück, pfiff . . . zurück, zurückgepfiffen)   to call back by whistling
zusammen•fassen (zusammengefaßt)   to summarize
Zusammenhang, ̈e (*m.*)   correlation
zusammen•nähen (zusammengenäht)   to sew together
zusammen•passen (zusammengepaßt)   to match, fit together

zusammen•stoßen (stößt . . . zusammen, stieß . . . zusammen, zusammengestoßen) (sein)   to collide
Zuschauer, - (*m.*) / **Zuschauerin, -nen** (*f.*)   spectator; audience
Zuschlag, ̈e (*m.*)   supplement; extra charge, surcharge
zu•schnüren (zugeschnürt)   to tie shut
Zuschrift, -en (*f.*)   letter; reply
zusehen (sieht . . . zu, sah . . . zu, zugesehen)   to watch, observe
zuständig   responsible
zu•stimmen (zugestimmt)   to agree, consent
zu•stürzen auf (zugestürzt) (+ *acc. / refl.*)   to rush up to
Zutat, -en (*f.*)   ingredient
zuverlässig   dependable
Zuwanderung, -en (*f.*)   immigration; movement of population into an area
zuwider   unpleasant
Zwang, ̈e (*m.*)   compulsion; force; obligation
zwangseinweisen (zwangseingewiesen)   to commit to an institution by force
Zwangsjacke, -n (*f.*)   straight jacket
Zweck, -e (*m.*)   purpose
Zweifel, - (*m.*)   doubt
zweifellos   without doubt, undoubtedly
zweifeln (gezweifelt)   to doubt
Zwiebelturm, ̈e (*m.*)   onion tower
Zwilling, -e (*m.*)   twin
zwingen (zwingt, zwang, gezwungen)   to force
zwinkernd   winking, blinking
zwitschern (gezwitschert)   to twitter, chirp
zynisch   cynical

Index

This alphabetical index provides a quick reference to the grammatical principles discussed in the **Strukturen** sections of each chapter. In addition, following the grammatical index, a list of useful vocabulary items is provided under Speechacts (**Sprechakte**) and Topics, which directs the reader to the corresponding chapters.

aber vs. **sondern**, 135
Absolute comparative, 445
Absolute superlative, 445
Accusative case, 17–20, 43–45, 49. *See also* **es**
  interrogative pronouns in, 43
  objects in, 275
  personal pronouns in, 45
  prepositions with, 44, 194, 307, 392–395
  reflexive pronouns in, 49, 364
  relative pronouns in, 133
  tables of forms, 20
  time and measurement expressions in, 19, 219
  transitive verbs with, 309–311
Active voice, compared to passive, 244
Adjectival nouns, 446
Adjectival phrases. *See* Extended adjectives
Adjective endings. *See also* **der**-words; **ein**-words
  marked (strong), 47
  unmarked (weak), 48, 99
Adjectives:
  as adverbs, 46
  attributive, 46–47, 99, 338
  comparison of, 97–99, 339, 444
  endings of, 47–49, 99
  extended, 418–419
  participles used as, 361–363, 418–419
  possessive, 20, 219–220
  preceded, 47–48
  predicate, 46
  unpreceded, 47
  used as nouns, 222–223, 363, 446
  in word formation, 137, 252–253
Adverbial phrases. *See also* Time-manner-place
  as time expressions, 216–217
  word order of, 277–278
Adverbs:
  adjectives, used as, 46
  of cause, 100, 188, 190, 278
  of concession, 334–335
  of condition, 395–396
  da-compounds, used as 19, 193, 366–367
  of direction, 340–341, 367
  indefinite, 368
  interrogative, 100–101, 304, 368
  of manner, 100, 278, 368
  of place, 101, 278, 340, 368
  of purpose, 304
  of time, 100, 215–216, 278, 367–368
  superlative forms, 339, 445

used as conjunctions, 188–189, 215–217, 304, 335
  in word formation, 137, 367–368
  word order of, 276, 278
Agent in passive constructions, 244, 247
als:
  in comparisons, 98
  as conjunction, 136, 162, 215
also, 189
als ob, 336
als/wenn/wann, contrasted, 162–163
an/in/um, 215, 217–218. *See also* Time references
anstatt . . . zu, 136. *See also* Subordinating conjunctions
Articles. *See* Definite article; Indefinite article
Attributive adjectives, 46–48. *See also* **der**-words; **ein**-words
  comparative and superlative of, 99
  extended, 418–419
Auxiliary verbs. *See* **haben; sein; werden**

Backfield. *See* Word order
bei, 215, 396, 421
bevor, 216. *See also* Subordinating conjunctions
bis + preposition, 216, 392
bloß, 251. *See also* Flavoring particles
brauchen vs. **müssen**, 72

Case system, overview, 17–20. *See also* Accusative case; Dative case; Genitive case; Nominative case
Clauses: *See* Dependent clauses; Main clauses; Relative clauses. *See also* Word order
Command forms. *See* Imperative
Comment vs. Topic. *See* Word order
Comparative, 98–99. *See also* Comparison of adjectives
  absolute, 445
Comparison of adjectives, 97–99, 339, 444. *See also* Superlative
  with **als ob/wie wenn**, 336
  attributive forms, 99
  table of forms, 98–99
Complement. *See* Valence of verbs
Compound adjectives. *See* Word formation
Compound nouns, 104–105, 136–137
Compounds. *See* **da**-compounds; **wo**-compounds

Compound verbs. *See* Word formation
Conditional, 335–336, 395–396, 424–425
Conjugated verbs, 20, 22, *See also* Word order
Conjunctions, 21, 134–136, 188. *See also* Coordinating conjunctions; Subordinating conjunctions
Coordinating conjunctions, 135, 188, 398

da, 188. *See also* Subordinating conjunctions
da-compounds, 193–194, 366–367, 419–420
damit, 136, 303. *See also* Subordinating conjunctions
daß, 136, 191, 366. *See also* Subordinating conjunctions
Dative case, 18–20
  passive voice with, 246
  personal pronouns in, 45
  prepositions with, 306, 307–308, 420–424
  relative pronouns in, 133
  table of forms, 17–20
  verbs requiring, 19, 275, 305
Definite article, 20. *See also* **der**-words
  denn, 76–77, 188. *See also* Flavoring particles
Dependent clauses, 21–22, 136, 334–335, 360. *See also* Subordinating conjunctions
  as object of a preposition, 419–420
  relative pronouns in, 133
  word order of, 21, 397
der-words, 20, 47, 283. *See also* Adjective endings
  table of forms, 20
Destination. *See* Direction
dieser, diese, dieses. *See* **der**-words
Direct discourse, 72
Direction. *See also* Location
  adverbs of, 340
  prepositions of, 306–307, 341, 392–393, 395
  verbs of, 309–310
Direct objects, 17, 419. *See also* Prepositions
  in accusative case, 17, 275, 364, 419
  in dative case, 19, 219, 275, 305
  word order of, 277
doch, 76–77, 131–132, 251, 334. *See also* Flavoring particles
Double infinitive construction, 332–333, 337
durch, in passive voice, 247
dürfen, 69, 279
dürfen vs. **können**, 72

About the Authors

Ronald W. Walker is Associate Professor of German at Colorado State University, Fort Collins. He received his Ph.D. in German from The Ohio State University. Prof. Walker has published and conducted workshops at regional and national conferences in foreign language methodology, medieval German language and literature, and 16th century German drama.

Erwin Tschirner is Assistant Professor at the University of Iowa, Iowa City, where he teaches Germanic Linguistics and Applied Linguistics and directs the first- and second-year German language program. He received his Ph.D. in Germanic Linguistics from the University of California at Berkeley. Prof. Tschirner is the author of *Aktionalitätsklassen im Neuhochdeutschen* and is a coauthor of *Kontakte: A Communicative Approach.* He has lectured widely on communicative and proficiency-oriented approaches to language teaching.

Brigitte Nikolai is Instructor of German at the University of Iowa, Iowa City. She has taught linguistics at the Universität Bayreuth and German at Mills College in Oakland, California and at the University of Michigan, Ann Arbor. She completed her first Staatsexamen in English, German, and Physical Education at the Universität Göttingen and her second Staatsexamen at the Studienseminar Fulda. A coauthor of *Kontakte: A Communicative Approach,* Ms. Nikolai is currently writing her doctoral dissertation on the teaching of reading and reading strategies in German as a foreign language.

Gerhard F. Strasser is Associate Professor of German and Comparative Literature at The Pennsylvania State University, University Park, where he is in charge of the training and supervision of the German department teaching assistants and of language instruction. He completed his Wissenschaftliche and Pädagogische Staatsexamen in French, English, American Studies, and Foreign Language Pedagogy in Munich and Regensburg and received his Ph.D. in Comparative Literature from Brown University. Prof. Strasser was the editorial consultant for the second and third editions of *Alles Gute!,* for which he also coauthored the *Instructor's Manuals.*